"十三五"国家重点出版物出版规划项目

经济科学译丛

税收与企业经营战略
筹划方法
(第五版)

迈伦·S.斯科尔斯(Myron S. Scholes)

马克·A.沃尔夫森(Mark A. Wolfson)

默尔·埃里克森(Merle Erickson)   著

米歇尔·汉隆(Michelle Hanlon)

爱德华·L.梅杜(Edward L. Maydew)

特里·谢富林(Terry Shevlin)

张云华　缪慧星　等　译

Taxes and Business Strategy
A Planning Approach
(Fifth Edition)

中国人民大学出版社
·北京·

《经济科学译丛》总序

中国是一个文明古国，有着几千年的辉煌历史。近百年来，中国由盛而衰，一度成为世界上最贫穷、落后的国家之一。1949年，在中国共产党的领导下，中国从饥饿、贫困、被欺侮、被奴役的境地中解放出来。1978年以来的改革开放，使中国真正走上了通向繁荣富强的道路。

中国改革开放的目标是建立一个有效的社会主义市场经济体制，加速发展经济，提高人民生活水平。但是，要完成这一历史使命绝非易事，我们不仅要从自己的实践中总结教训，也要从别人的实践中获取经验，还要用理论来指导我们的改革。市场经济虽然对我们这个共和国来说是全新的，但市场经济的运行在发达国家已有几百年的历史，市场经济的理论亦在不断发展完善，并形成了一个现代经济学理论体系。虽然许多经济学名著出自西方学者之手，研究的是西方国家的经济问题，但其归纳出来的许多经济学理论反映的是人类社会的普遍行为，这些理论是全人类的共同财富。要想迅速稳定地改革和发展我国的经济，我们必须学习和借鉴世界各国包括西方国家在内的先进经济学理论与知识。

本着这一目的，我们组织翻译了这套经济科学译丛。这套译丛的特点是：第一，全面系统。除了经济学、宏观经济学、微观经济学等基本原理之外，这套译丛还包括了产业组织理论、国际经济学、发展经济学、货币金融学、公共财政、劳动经济学、计量经济学等重要领域。第二，简明通俗。与经济学的经典名著不同，这套丛书都是国外大学通用的经济学教科书，大部分都已发行了几版或十几版。作者尽可能地用简明通俗的语言来阐述深奥的经济学原理，并附有案例与习题，对于初学者来说，更容易理解与掌握。

经济学是一门社会科学，许多基本原理的应用受各种不同的社会、政治或经济体制的影响，许多经济学理论是建立在一定的假设条件上的，假设条件不同，结论也就不一定成立。因此，正确理解和掌握经济分析的方法而不是生搬硬套某些不同条件下得出的结论，才是我们学习当代经济学的正确方法。

本套译丛于 1995 年春由中国人民大学出版社发起筹备并成立了由许多经济学专家学者组成的编辑委员会。中国留美经济学会的许多学者参与了原著的推荐工作。中国人民大学出版社向所有原著的出版社购买了翻译版权。北京大学、中国人民大学、复旦大学以及中国社会科学院的许多专家教授参与了翻译工作。前任策划编辑梁晶女士为本套译丛的出版做出了重要贡献，在此表示衷心的感谢。在中国经济体制转轨的历史时期，我们把这套译丛献给读者，希望为中国经济的深入改革与发展做出贡献。

《经济科学译丛》编辑委员会

税收与企业经营战略：筹划方法（第五版）

前　言

　　本书为任何有兴趣了解税收与企业经营战略的读者而撰写。我们最初是为工商管理硕士（MBA）学生编写本书，但本书也适合本科生、会计或财务专业的硕士生以及博士生使用。具体而言，本书适合那些准备从事（或者已经从事）投资银行、公司财务、战略顾问、货币管理或风险投资等方面职业的人士使用。本书对会计师和律师具有一定的价值，可以帮助他们构建一个考虑税收策略，以及税收策略与公司的其他方面如何相互影响的严谨的框架体系。此外，那些自主开展经营活动并且独自管理财务的人士会发现本书有许多方面的价值。

　　我们承认，高层管理人员、企业家和金融专业人员通常并不致力于成为税收专家。但是，如果他们能够完整理解产生税收筹划机会的决策环境、如何将税收策略并入更大范围的公司决策蓝图中、交易结构的变化可能对税后现金流产生的巨大影响等问题并能寻求解决路径，确实能给其自身带来竞争上的优势。

　　每一个顶尖的商学院项目都向学生教授公司财务、公司报表分析、估价和投资等基础课程。每一个商学院的毕业生都知道如何进行折现现金流分析以及如何运用净现值（NPV）标准——这些都是非常有用的技能，却不懂得如何展示自身的能力水平，如何让自己与众不同。然而，过去的商学院项目都较少向学生讲述税收在公司决策中存在的普遍性和重要作用。本书的每一位作者都给工商管理硕士生和其他商学院的学生讲授过税收与企业经营战略课程。在各自的学院中，他们的课程无一例外地广受欢迎。以前的学生曾反馈说，他们比那些较少或者根本不了解税收策略的学生更具有竞争优势。本书的资料来源于作者们的课堂和商业经验，以及国内同行们的经历，没有抄袭其他任何教科书。

　　本书着重将税收法律和公司财务与微观经济学的基础原理相结合。通过与传统商学院课题结合在一起，本书提供了一个理论框架，有助于理解税收如何影响决策制定、资产定价、均衡收益以及公司财务和运营结构。相对于以法律为基础的税收课本而言，本书更加关注各项契约性交易安排的经济结果，而不是控制这种交易的税法的无数细节和例外规定。但这并不意味着税法的细节不重要，它们当然是重要的。事实上，刚刚接触税法的学生会发现，本书在某些关键领域向他们提供了许多重要的税法知识，这些领域可能是税收在决策中起着巨大作用的领域，也可能是商学院毕业生在其职业生涯中面临的领域（例如，公司并购、雇员股票期权和国际税收）。此外，本书通过强调某笔交易事项的税收和财务会计处理方法的差异和平衡，也将税收和财务会计结合起来。最后，本书展示了许多关于税收法律、税收会计和财务会计的通用规则。在此讨论的目的通常是提高读者的可及性和本书的可读性。然而，值得读者注意的是，本书的许多规则和概念都有例外，而这些例外通常可能也是重要的。

本书只是提供一个思考税收策略的基本框架。读者应该咨询专业顾问以获取基于典型事实的具体建议。税收法律存在许多例外和灰色地带，并且处于变化当中。基于典型事实的税收法律运用也会发生广泛的变化。

第五版的变化

本书的每一部分都保持和以前版本相同的章节和主题结构。

我们修订的主要目的包括：

- 更新本书相关内容以反映税法的主要变化；
- 对所选定的主要税改内容进行进一步解析；
- 增加与当今经济形势密切相关的例子；
- 用新的、更加相关的分析替代以往的分析；
- 更新对实证文献的讨论，提供许多源自本书分析预测的证据；
- 更新对大学教师和博士生尤为有用的附加读物目录。

在上一版本的基础上所有的章节对税法和财务会计规则都进行了更新。

在第2章，增加了税收筹划的新案例，并探讨部分坚持经济实质意义司法原则编撰的法典。将以前在附录2.2中的材料内容进行更新并移至第6章。这些材料内容是基于财务会计目的对所得税会计的描述。在第6章，我们将探讨由于财务会计的影响（包括如何征税等），税收筹划的非税成本是公司（尤其是上市公司）最重要的非税成本之一。

在第4章，增加了关于组织成立和业务经营组织形式选择的讨论。在该章中，将加入该主题近期的研究成果，同时也增加了来自国税局（IRS）的某一时期关于组织形式选择的资料。

在第6章，除了融入了所得税会计的内容之外，还增加了对当今经济形势下企业日益全球化的探讨，并分析了如何根据财务报表信息对应税收入进行评估。此外，我们还增加了关于账面税收平衡的近期研究等内容。

我们更新了第8章和第9章的内容，阐述了基于薪酬理论研究的最新薪酬制度。

在第10章和第11章，我们扩大了转移定价的讨论范围，更新了其内容以反映除了美国之外的绝大多数国家对区域税收制的倾向，更新了反—反转规则的变化内容，更新了放弃美国公民身份的人面临的税收变化的相关内容，并添加了对努力阻止跨境逃税的介绍。

在第12章加入了最新实证研究对负债税收利益的探讨，并且在以前版本的基础上更新了对负债—权益证券组合的讨论，以解释银行适用的监管规则的变化。

更新第13～17章（兼并与收购）的内容以反映近期税法变化，以及提供收购中产生税收利益的附加例证。

在第18章，我们对以前版本所探讨的关于遗产和赠与税的反复变化进行内容的更新

税收与企业经营战略：筹划方法（第五版）

及解释。我们还扩大了对遗产和赠与税筹划的探讨，这些筹划主要利用 529 个账户和以教育费用为代价的其他方面来进行，还讨论将未使用的遗产和赠与税排除在外可能出现的新特点。

致教师

本书所附的答案手册仅供教师在 www. pearsonhighered. com/irc 网站的教师资源中心下载。

致 谢

我们要向以下人士致谢，感谢他们对本书各版本所反馈的意见：

马克·巴尼奥利（Mark Bagnoli），普渡大学克兰纳特管理学院（Krannert Graduate School of Management Purdue University）

珍妮弗·布劳因（Jennifer Blouin），宾夕法尼亚大学（University of Pennsylvania）

詹妮弗·布朗（Jennifer Brown），亚利桑那州立大学（Arizona State University）

黛布拉·S. 卡里汉（Debra S. Callihan），弗吉尼亚理工学院暨州立大学（Virginia Polytechnic Institute and State University）

欧内斯特·卡拉韦（Ernest Carraway），北卡罗来纳州立大学（North Carolina State University）

陈夏（Xia Chen），新加坡管理大学（Singapore Management University）

安东尼·P. 库拉托拉（Anthony P. Curatola），德雷塞尔大学（Drexel University）

丹·S. 达利瓦（Dan S. Dhaliwal），亚利桑那大学（University of Arizona）

约翰·R. 多洛克（John R. Dorocak），美国加州州立大学圣伯纳迪诺分校（California State University-San Bernadino）

考特尼·爱德华兹（Courtney Edwards），北卡罗来纳大学（University of North Carolina）

亚历山大·杰拉尔迪（Alexander Gelardi），圣托马斯大学（University of St. Thomas）

丹·戈德（Dan Gode），纽约大学斯特恩商学院（Stern School of Business, New York University）

约翰·格雷厄姆（John Graham），杜克大学（Duke University）

保罗·A. 格里芬（Paul A. Griffin），加州大学戴维斯分校（University of California-Davis）

史蒂文·J. 赫达特（Steven J. Huddart），宾夕法尼亚州立大学（Pennsylvania State University）

斯泰西·凯利·拉普兰特（Stacie Kelley LaPlante），威斯康星大学（University of Wisconsin）

金伯利·G. 基（Kimberly G. Key），奥本大学（Auburn University）

迈克·R. 金妮（Mike R. Kinney），德州农工大学（Texas A&M University）

塔洛尔·凯尔特（Taylor Klett），萨姆休斯敦州立大学（Sam Houston State University）

迈克尔·诺尔（Michael Knoll），宾夕法尼亚大学（University of Pennsylvania）

林恩·克劳斯（Lynn Krausse），贝克斯菲尔德学院（Bakersfield College）

小吉尔·B. 曼宗（Gil B. Manzon Jr.），波士顿学院（Boston College）

凯文·马克尔（Kevin Markle），滑铁卢大学（University of Waterloo）

巴里·马克思（Barry Marks），休斯敦大学克利尔莱克（南达科他州）分校（University of Houston-Clear Lake）

罗伯特·马丁（Robert Martin），肯尼索州立大学（Kennesaw State University）

布莱恩·S. 马斯特森（Brian S. Masterson），乔治敦大学法律中心（Georgetown University Law Center）

加里·L. 梅杜（Gary L. Maydew），艾奥瓦州立大学（Iowa State University），已退休

杰弗里·梅杜（Jeffrey Maydew），贝克·麦肯齐律师事务所（Baker & McKenzie）

罗伯特·麦克唐纳（Robert McDonald），西北大学（Northwestern University）

利·米尔斯（Lil Mills），得克萨斯大学奥斯汀分校（University of Texas-Austin）

玛丽·玛格丽特·迈尔斯（Mary Margaret Myers），弗吉尼亚大学（University of Virginia）

凯伊·J. 纽伯瑞（Kaye J. Newberry），休斯敦大学（University of Houston）

帕特丽夏·诺多沙泥（Patricia Nodoushani），哈特福德大学（University of Hartford）

托马斯·C. 奥马尔（Thomas C. Omer），内布拉斯加大学（University of Nebraska）

索尼娅·雷戈（Sonja Rego），印第安纳大学（Indiana University）

约翰·R. 罗宾逊（John R. Robinson），得克萨斯大学奥斯汀分校（University of Texas-Austin）

理查德·C. 桑辛（Richard C. Sansing），达特茅斯学院（Dartmouth College）

吉姆·A. 思达（Jim A. Seida），圣母大学（University of Notre Dame）

道格拉斯·A. 赛克福特（Douglas A. Shackelford），北卡罗来纳大学（University of North Carolina）

基思·史密斯（Keith Smith），乔治·华盛顿大学（George Washington University）

威廉·D. 特南多（William D. Terando），巴特勒大学（Butler University）

拉尔夫·B. 托尔（Ralph B. Tower），维克森林大学（Wake Forest University）

王诗伍（Shiing-wu Wang），南加利福尼亚大学（University of Southern California）

艾拉·威斯（Ira Weiss），芝加哥大学（University of Chicago）

克雷格·怀特（Craig White），新墨西哥大学（University of New Mexico）

杰弗里·黄（Jeffrey Wong），内华达大学雷诺分校（University of Nevada at Reno）

小罗纳德·沃珊（Ronald Worsham Jr.），杨百翰大学（Brigham Young University）

罗伯特·W. 温德尔特（Robert W. Wyndelts），亚利桑那州立大学（Arizona State University），已退休

罗伯特·J. 雅特曼（Robert J. Yetman），加州大学戴维斯分校（University of California-Davis）

弗兰克·张（Frank Zhang），耶鲁大学管理学院（Yale School of Management）

关于作者

迈伦·S. 斯科尔斯 (Myron S. Scholes)

斯科尔斯教授因其在期权定价、资本市场、税收政策以及金融服务行业的开创性工作而广为人知。他是布莱克-斯科尔斯期权定价模型的共同创始人。该模型是定价和风险管理技术的基础，被用来评估和管理全球的金融工具风险。他在 1997 年被授予阿尔弗雷德·诺贝尔经济学奖。

从 1983 年到 1996 年他一直是斯坦福大学商学院法兰克·E. 巴克讲座金融学荣誉教授。1987 年到 1996 年他是胡佛研究所（Hoover Institution）的资深研究员。1969 年他获得芝加哥大学博士学位，并在 1974 年到 1983 年担任芝加哥大学商学院爱德华·伊格尔·布朗讲座金融学教授。从 1969 年到 1974 年，他担任麻省理工学院斯隆管理学院金融学助教和副教授。

斯科尔斯教授是计量经济学学会的成员，并在 1990 年担任美国金融协会主席职务。斯科尔斯教授拥有巴黎大学、麦克马斯特大学（McMaster University）、鲁汶大学（Louvain University）、威尔弗雷德·劳里埃大学（Wilfred Laurier University）的荣誉博士学位。他还拥有南京大学、厦门大学的荣誉博士学位。

斯科尔斯教授向许多金融机构、股份公司和交易所提供咨询服务。他目前是斯塔莫斯资本管理公司经济顾问委员会的主席。从 2000 年到 2012 年，他是格鲁夫白金资产管理公司的负责人和有限责任合伙人。从 1993 年到 1998 年，他是一家投资管理公司——长期资本管理公司——的负责人和有限责任合伙人。从 1991 年到 1993 年，他是所罗门兄弟公司的管理董事，是所罗门风险管理委员会成员，还是其固定收益衍生品销售和交易部门的联席主管。在这里，他帮助建立了所罗门互换公司，即该公司的衍生金融工具中介子公司，并扩大了其衍生工具销售和贸易集团规模。他目前服务于一家基金顾问公司的共同基金，即美国世纪（山景城）共同基金。他还是前芝加哥商业交易所（Chicago Mercantile Exchange，CME）的主任。

马克·A. 沃尔夫森（Mark A. Wolfson）

马克·A. 沃尔夫森是贾斯珀·里奇合伙公司的创始人和执行合伙人，是一个名门望族、基金会和全球机构的自由资产管理者。他也是橡树山资本管理有限责任公司（OHCM）的资深顾问。从1995年到2013年，马克隶属于罗伯特·M. 巴斯/橡树山组织。他在这些机构组织的任期内，在贾斯珀·里奇合伙公司、贾斯珀·里奇多样化战略经营公司以及橡树山资本合伙公司的成立中发挥了关键性的作用。马克是许多公共和私人公司董事会的董事。

在成为投资专家之前，马克·A. 沃尔夫森广泛研究并公开发表的论题是公司组织的融资结构和激励安排、税收与经营战略，以及信息披露对金融债权估值的影响。他在这些领域的研究赢得了许多奖项。他目前的收益，除了那些已经声明了的之外，还来自全球私人股权的产业组织和投资管理实业公司。

沃尔夫森博士拥有斯坦福大学商学院顾问教授的头衔。自1997年以来他一直是一名教师，曾担任3年任期的负责学术事务的副院长，曾拥有迪安维特讲座教授的称号。他还在哈佛商学院和芝加哥大学任教，并曾经在麻省理工学院斯隆管理学院和斯坦福大学胡佛研究所做访问学者。沃尔夫森博士一直是国家经济研究局（National Bureau of Economic Research）的助理研究员，担任斯坦福大学经济政策研究所的顾问委员会和执行委员会的董事，为威廉和弗洛拉·休利特基金会的投资委员会献言建策。

默尔·埃里克森（Merle Erickson）

默尔·埃里克森是芝加哥大学布斯商学院的会计学教授，他在那里教授MBA税收和经营战略课程。他还教授各种各样的高管教育课程，比如税收筹划安排、财务报表分析和通用会计准则。1996年他获得亚利桑那大学博士学位，并从那时起一直在芝加哥大学布斯商学院工作。埃里克森教授的研究侧重于在各种背景下的税收和财务会计问题，其成果已经发表在许多顶级期刊上。从2005年至2011年他是《会计研究期刊》的联合主编，并曾在其他学术期刊上担任编委。他是税收策略案例的作者/编辑，并在教学和研究上获得过国家奖项。在他的职业生涯中，埃里克森在各种背景下（如收购、破产、结构性融资、投资计划），就复杂的公认会计准则和税务会计问题提供咨询服务。他的客户包括美国司法部、国税局、各行业财富500强企业、金融机构（包括投资银行）、律师事务所、会计师事务所、个人纳税人。埃里克森教授还是一个狂热的渔夫，并在2003年获得了为释放全世界有条纹的高级枪鱼而建立的长嘴鱼基金会的垂钓者奖。

米歇尔·汉隆（Michelle Hanlon）

米歇尔·汉隆是霍华德·W. 约翰逊讲座教授和麻省理工学院斯隆管理学院的会计学教授。她是会计小组主席和斯隆本科教育委员会主席。她也担任引领会计研究的期刊之一《会计与经济学杂志》的编辑。

汉隆教授2002年从华盛顿大学获得博士学位，在此之前曾在毕马威会计师事务所有限责任合伙企业（KPMG LLP）工作。她在斯隆管理学院教授学生税收和商业战略课程。她一直给本科生、金融学硕士生、MBA学生教授其他各种各样的课程，包括财务会计（入门和中级水平）等。她还在斯隆管理学院教授高管教育课程和举办博士论坛，斯隆管理学院和其他学校的学生通过视频的方式参与。汉隆获得了斯隆管理学院著名的贾米森卓越教学奖。

她的研究跨越税收领域和财务会计领域，主要集中在税收和财务会计的交叉部分。汉隆教授最近的研究是探讨美国国际税收政策对跨国公司、资本市场的经济影响，企业避税的声誉影响，以及个人海外逃税的程度。她在许多大学、会议和政策论坛介绍她的研究成果。她的成果被发表在各种学术期刊上，且由于这些研究，她获得了许多奖项。

2012年，汉隆教授先于美国参议院金融委员会和美国众议院筹款委员会，在两个单独的听证会上对美国企业税收政策进行论证。汉隆教授是美国瑞士巴塞尔基金会青年领导人论坛（瑞士，2010年）的美国代表。

爱德华·L. 梅杜（Edward L. Maydew）

爱德华·L. 梅杜是北卡罗来纳大学（UNC）凯南-弗拉格勒商学院讲座教授。他教授MBA学生、会计硕士和博士相关课程，是北卡罗来纳大学税收研究中心主任。他的研究和教学领域包括税务、会计，以及它们在经济决策中的作用。他在1993年获得艾奥瓦州立大学的博士学位，之前受雇于芝加哥普华永道的前身。

梅杜教授已在《会计与经济学杂志》《会计研究期刊》《会计评论》《金融期刊》《会计研究评论》《当代会计研究》《公共经济学期刊》《审计：理论与实践期刊》《美国税务协会期刊》《国家税收期刊》等期刊上发表论文。他获得过许多研究奖项，包括三次美国税务协会的杰出论文奖、审计原著突出贡献奖。《商业周刊》三次将他评为其所在学校的顶尖教授。他获得过学校的工商管理硕士、会计硕士和博士等层次的课程教学奖。

梅杜教授担任北卡罗来纳大学会计领域的主席、美国税务协会的理事，以及国家税收协会董事会的成员。他为各种组织提供会计和税务问题的咨询服务。他曾担任《会计与经济学杂志》的副主编和其他几个期刊的编辑委员会委员。

特里·谢富林（Terry Shevlin）

特里·谢富林在加州大学欧文分校（UCI）保罗梅拉吉商学院拥有讲座教授席位。现担任美国会计学会（AAA）出版物委员会的主席，是美国会计学会出版物伦理工作组的成员，也是通路委员会的成员。他在加州大学欧文分校担任博士课程教导主任和会计领域的协调员。在2012年的那个夏天，他在加入加州大学欧文分校之前，在华盛顿大学福斯特商学院工作了26年，在那里他是保罗·佩格特/帕卡公司（PACCAR）的经营管理教授，是会计部门的主席。在1986年，他获取了斯坦福大学的博士学位。他一直教授本科生的财务会计课程、研究生的税收和商业战略课程，以及博士生的税收研究和资本市场研究的实证专题。他在美国会计学会博士联盟（AAA Doctoral Consortium）的三个不同场合就税收研究发表言论，并在十大（Big10）、泛美十国（PAC10）、美国税务协会博士联盟演讲。

谢富林教授的研究已发表在《会计评论》《会计研究期刊》《会计与经济学杂志》《当代会计研究》《美国税务协会期刊》《会计审计和财务》《会计研究评论》《会计视野》等刊物上。除了对税收研究感兴趣之外，他的研究兴趣还包括盈余管理、资本市场和员工股票期权。他被授予美国会计学会竞争力原著奖（两次）和美国税务协会税务原著奖（三次）。他在三个学术期刊担任编辑——《美国税务协会期刊》（1996—1999年），《会计评论》（2002—2005年）的资深编辑，《会计视野》（2009—2012年）的合作编辑，并在很多编辑委员会（包括四大会计期刊）担任编委。从2007年到2008年他担任美国税务协会的会长。2005年他被授予雷·M.索姆费尔德突出税收教育家称号，2012年被授予美国会计学会杰出教育家称号。

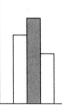

目　录

第1章　税收策略概论 ··· 1
　1.1　本书的主题 ··· 1
　1.2　为什么税收规则影响税前收益率和投资决策 ························· 4
　1.3　本书涉及的主题 ··· 7
　1.4　本书的阅读对象 ··· 9
第2章　税收筹划的基本原理 ··· 16
　2.1　收入税收筹划的类型 ·· 18
　2.2　对纳税人行为的约束 ·· 21
　2.3　立法程序和税务信息的来源 ·· 25
第3章　可供选择储蓄工具的收益 ··· 35
　3.1　跨期不变的税率 ··· 36
　3.2　税率随时间变化 ··· 45
　3.3　更多关于养老金计划的内容 ·· 46
第4章　选择最优的组织形式 ··· 56
　4.1　生产商品和提供劳务的组织形式 ······································· 57
　4.2　直通和非直通组织形式税后收益的计算 ································ 62
　4.3　初创企业：决策因素、期望值和观测数据 ····························· 64
　4.4　税收规则变化引起的组织形式选择偏好的变化 ······················ 67
　4.5　生产经营活动的其他组织形式 ··· 76
第5章　隐性税收和税收顾客、套利、限制和摩擦 ····························· 85
　5.1　税收优惠状况和隐性税收 ·· 86
　5.2　隐性税率、显性税率和总税率 ··· 91
　5.3　风险差异调整的重要性 ··· 93
　5.4　税收顾客 ··· 95
　5.5　隐性税收和公司税收负担 ·· 98
　5.6　税收套利 ··· 99
　5.7　组织形式套利 ··· 100
　5.8　基于税收顾客的套利 ··· 106

第6章　税收筹划的非税成本 ·· 117

　　6.1　对称不确定性、累进税率和风险承担 ···························· 119

　　6.2　考虑风险共享和隐藏行为因素的税收筹划 ···················· 123

　　6.3　考虑隐藏信息的税收筹划 ·· 127

　　6.4　税收筹划与组织设计 ··· 128

　　6.5　所得税税基的计算和财务会计结果在税收筹划中的重要性 ········· 130

第7章　边际税率和动态税收筹划的重要性 ······························ 167

　　7.1　边际税率：定义问题 ··· 169

　　7.2　低边际税率企业的税收筹划 ······································ 177

　　7.3　税收筹划的适应性 ··· 179

　　7.4　税收筹划的可逆性 ··· 181

　　7.5　应对税收状况不利变化的能力 ···································· 182

　　7.6　当纳税人的边际税率为策略依赖型时的税收策划 ············· 184

第8章　报酬筹划 ·· 191

　　8.1　工资与递延报酬 ·· 192

　　8.2　工资与附加福利 ·· 196

　　8.3　现金红利计划 ·· 198

　　8.4　基于股票的报酬项目 ·· 199

第9章　养老金和退休筹划 ·· 244

　　9.1　养老金计划的类型 ··· 244

　　9.2　工资与养老金报酬的比较 ··· 247

　　9.3　递延报酬与养老金 ··· 249

　　9.4　"股票与债券"之谜 ··· 251

　　9.5　维持超额缴款的养老金计划是否有利 ···························· 254

　　9.6　资助退休人员的健康福利 ··· 257

　　9.7　雇员股权计划 ·· 260

第10章　跨国公司的税收筹划：导论和投资决策 ······················ 269

　　10.1　跨国公司税收的概述 ··· 270

　　10.2　税收如何影响投资的地点和结构 ······························· 281

　　10.3　利润汇回或再投资的决策 ·· 286

第11章　跨国公司的税收筹划：外国税收抵免限额和收入转移 ······· 295

　　11.1　外国税收抵免限额和动因 ·· 295

　　11.2　跨税收管辖区转移收入 ··· 302

　　11.3　鼓励出口和/或国内生产的尝试 ·································· 305

　　11.4　外国投资者的美国税收待遇 ····································· 306

第12章　股份公司：成立、经营、资本结构和清算 ···················· 312

　　12.1　股份公司的成立 ·· 313

　　12.2　公司经营的税收制度 ··· 315

　　12.3　公司资本构成中举债经营产生的潜在税收利益 ··············· 319

　　12.4　负债—权益的组合证券 ··· 322

12.5 分配和股票回购的税收制度 ·································· 327

12.6 利用分配和股票回购的税收规则进行税收筹划 ·············· 332

12.7 清算的税收处理 ·· 333

第 13 章 兼并、收购和剥离的导论 ···························· 338

13.1 问题概述 ·· 339

13.2 兼并、收购和剥离中的主要税收问题 ······················ 340

13.3 兼并、收购和剥离中的非税问题 ·························· 343

13.4 收购一家独立 C 公司的五种基本方法 ···················· 343

13.5 剥离子公司或部门的四种方法 ···························· 345

13.6 在 197 款下可进行税收扣除的商誉和其他无形资产 ·········· 346

第 14 章 独立 C 公司的应税收购 ···························· 349

14.1 各种公司收购形式的税收影响 ···························· 350

14.2 应税收购结构之间的比较 ································ 358

14.3 与收购方式和定价有关的实际问题 ························ 364

第 15 章 S 公司的应税收购 ·································· 370

15.1 S 公司应税收购形式的纳税影响 ·························· 371

15.2 S 公司和 C 公司出售的比较 ······························ 383

第 16 章 独立 C 公司的免税收购 ···························· 393

16.1 免税重组的基本形式 ···································· 394

16.2 368 款 "A" 类重组：法定合并 ·························· 395

16.3 368 款 "B" 类重组：以股换股收购 ······················ 400

16.4 368 款 "C" 类重组：以股票换资产收购 ·················· 402

16.5 351 款下的免税重组 ···································· 404

16.6 对目标公司税收属性的限制 ······························ 407

16.7 量化独立 C 公司应税收购和免税收购的定价差异 ·········· 411

16.8 独立 C 公司应税收购和免税收购比较 ···················· 417

第 17 章 剥离税收筹划 ···································· 424

17.1 子公司出售 ·· 425

17.2 免税剥离方法 ·· 442

第 18 章 遗产和赠与税筹划 ································ 449

18.1 遗产和赠与税制度的基本原理 ···························· 451

18.2 遗产和赠与税筹划策略 ·································· 456

18.3 货币化升值资产而不产生税收：案例研究 ·················· 461

18.4 慈善性赠与的税收补贴 ·································· 464

18.5 现在赠与和临终遗赠的权衡模型 ·························· 465

词汇表 ·· 471

第1章

税收策略概论

阅读完本章，你应能：

1. 列举并简要解释贯穿有效税收筹划方法的三个关键主题。
2. 简要解释隐性税收的概念。
3. 简要解释税收顾客的概念。
4. 解释有效税收筹划和税收最小化的差异。
5. 理解显性税收如何影响税前收益率。
6. 理解税收筹划是一项税收优惠活动。

本书的宗旨是向读者展示一个基本框架，通过该框架，帮助读者思考税收如何影响决策行为——包括个人层面和组织层面的决策。

我们构建的是一个高度融合的框架体系，例如，通过纳税活动将企业内部的投资战略和融资决策紧密联系起来。也就是说，企业开展的各项投资活动取决于该投资是如何融资的。此外，公司的融资决策也取决于企业的投资项目。我们这里所指的投资资产，不仅仅是企业用于日常运营的积极管理资产，还包括各种消极资产，例如债券、股票以及直接投资于其他经济实体的资产等。

尽管我们在一定程度上探讨了新办企业行为和组织形式的选择，但是，我们更多地关注适用于现有企业的各种策略的演变。对这些企业进行的追加投资和融资决策部分取决于以往的投资和融资决策。企业的新策略之所以依赖于旧策略，是因为调整企业曾经做出的投资和融资决策需要付出高昂的代价。很显然，从本章简要概述中，我们采取了一个相当广泛的视角，去观察税收如何影响企业的融资决策和投资战略。

1.1 本书的主题

我们采取税收筹划方法和经营战略。更准确地说，我们采取一种总体的筹划方法。本书整体筹划框架的三个关键主题是：

（1）有效税收筹划需要筹划者考虑拟进行的交易行为对交易各方可能产生的税收影响。这是一个综合的或者多元的方法，而不是单一的方法。

（2）有效税收筹划需要筹划者考虑所有性质的税收。例如，在投融资决策中，不仅要考虑显性税收（直接支付给税务当局的税收），也要考虑隐性税收（在享受税收优惠的投资中以取得较低税前收益率的形式间接支付给税务当局的税收）。我们的兴趣点应在于衡量综合税收，而不仅仅是显性税收。

（3）有效税收筹划要求筹划者认识到，税收仅仅代表诸多经营成本之一，在筹划过程中，必须考虑所有成本。例如，实施某些被提议的税收筹划方案，可能需要进行极高成本的商业重组。

认识到有效税收筹划和税收最小化完全是两码事是至关重要的。有效税收筹划是指当实施税后收益最大化的决策规则时应考虑到税收的作用。在这个交易费用很高的世界上，实施税收最小化策略可能会由于非税因素导致大量成本的产生。例如，假设预期雇主在下一期的税率将上升，而员工的税率将保持不变，则雇主推迟员工的薪酬到下一期支付可以节省税收，但会导致员工承担如果公司破产薪酬就将被拒付的风险。此时，员工可能需要额外的付款（风险酬金）来补偿他或她所增加的风险。因此，这种税收最小化的策略可能并不可取。使税收最小化的一个特别简单的方法是避免进行利润可观的风险项目投资，但这并不能最大化税后收益。我们所建立的框架强调，税收筹划者在任何交易行为中为实现税收收益最大化都需要考虑各种因素。

我们将有效税收筹划看作在组织有效设计中具有更大问题的部分。在阐述该组织设计主题时，我们采用契约思维方式。契约详细地说明了在不同情况下，契约各方做出决策和获取现金流的权利。我们集中探讨通过契约确定的与税收密切相关的现金流如何影响交易资产的价格。我们还将进一步强调，这些现金流如何影响经营单位组织生产的方式。

□ 作为投资合伙人的税务当局

税收筹划中所有令人感兴趣的问题的出现是因为，从纳税主体的角度来看，税务当局是所有契约中的不速之客。税务当局给每个"被迫"加入合同的企业，即纳税人规定一套合同条款（税收规则）。税务当局不像其他合同当事人，通常不会与每个企业单独协商这些合同条款，因为如此做法的成本实在是太高了。相反，税务当局会宣布一系列纳税人必须接受的标准条款。此外，虽然税务当局对纳税主体有部分收益要求权，但它并不享有投票权。并且，作为所有企业的合伙人之一，税务当局能够确定纳税人申报的结果是在什么时候与其他纳税人的申报结果在类似的情况下出现严重偏离（该信息可用于选择需要审计的收益）。

税务当局强加于其合伙人的具体的合同规则（美国税法）是各种社会经济力量作用的结果。除了其他的目的外，征税旨在：（1）为公共项目融资（如国防和保障财产权利的法律体系）；（2）财富再分配（高收入者以比低收入者更高的税率缴税）；（3）鼓励各种被国会视为合乎公众利益的经济活动（如研发和油气勘探）。

从社会政策的角度来看，如果税收规则的制定旨在区别对待不同的经济活动，那么这些税收规则最具争议性。当税法援助活动对社会产生的整体收益，大于直接参与该项活动的个体获得的收益时，说明该税法援助活动成功。例如，国会通过对企业的研发（R&D）支出给予税收抵免以资助研发活动。在某种程度上，这一税收抵免政策鼓励企业进行更多的研发活动，从而使社会受益更多。但这种理想的结果并不绝对可以实现，因为这些特殊税收优惠政策有可能给予了那些能成功游说政府但并非合适的纳税人。

不管怎样，税收优惠待遇还是被世界各国税务当局广泛地给予各种活动。常见的例子包括给予下列机构或活动的税收优惠：慈善组织和教育机构、与能源相关的投资、研发活动、农业生产、生产设备投资、外贸出口活动、退休储蓄和创业风险投资活动。

尽管前面列出的目标可能比较高尚（为公共项目融资、财富再分配以及鼓励某些经济活动），然而，任何旨在实现各种社会目标的税收制度设计都不可避免地给社会和个人提供了相当大的激励以进行税收筹划活动。任何以追求财富再分配和资助某些经济活动为目标的税收制度，都可能导致显性边际税率在不同的契约方之间发生巨大的变化。显性边际税率会随着给定的契约方时间的推移和经济活动的变化而发生巨大的变化。

世界上绝大多数的纳税人不会缴比他们认为自己必须要缴纳的税款更多的税，相反，他们会花费大量资源努力安排各种经济活动，以便让税收带来的痛苦尽可能降到最低。正是这些行为，为税收政策作为实现各种社会目标的一种手段提供了巨大可能。

为了说明这一点，我们举一个保障性住房的例子。美国公民通过他们的民意代表，多年来一直选择通过各种税收优惠享有某种形式的补贴。如果纳税人不响应这些税收激励政策（并拒绝建造保障性住房来获得这些税收收益），则通过税收政策补贴保障性住房将是无效的。因而，政府将不得不选择在支出政策方面介入，直接参与保障性住房的建设和管理。而对增加保障性住房供应给予的税收补贴和政府直接的支出都将增加无谓成本。这表明，如果我们想要实现共同的社会目标，必须谨慎评价并运用税收补贴政策，因为在支持保障性住房建设方面，以政府直接支出方式替代税收补贴的成本可能更大。

另一个例子是州和联邦政府的可再生能源抵免政策。这些可再生能源的多数抵免额度可以被"卖"给其他纳税实体并允许使用，从而形成税收股权投资结构。该结构的形式之一就是，高税率的纳税人进行项目投资换取部分所有权并从低税率能源开发商那里获取能源税收抵免，从而为可再生能源企业提供资金支持。这样的税收抵免转移导致了一个新行业——使买家和卖家达成交易的"税收抵免经纪人"（如，税收抵免有限责任公司和大钟塔税收抵免）——的产生。另一可供选择的政策是，政府直接补贴给低税率的能源开发商而不是给予那些需要销售的税收抵免额度。事实上，2009 年颁布的《美国复苏与再投资法案》允许符合联邦可再生电力生产税收抵免（PTC）条件的纳税人在购置新设备时适用联邦商业能源投资税收抵免（ITC）规定，或给不适用 PTC 规定的纳税人提供美国财政部拨款资助。该资助规定仅适用于 2011 年 12 月 31 日之前开始建立的制度。

虽然在税收筹划中耗费的无谓时间损失似乎是一种社会浪费，但问题是，在使用各种备选方案实现相同的社会目标时，又会存在多少浪费？换句话说，如何区分由税收制度导致经济活动的变化而带来的净收益与次优制度选择所带来的净收益？显然，如果我们能够通过一种"零浪费"机制来实施社会政策，我们就会毫不犹豫地采用这种机制，但这并不总是一个现实的目标。

税收筹划（或避税，有时这样的称呼具有轻蔑意味）早已赢得了美国法院的认可。例如，在著名的 1947 年法庭判决书上，Learned Hand 法官陈述道（类似的表述也出现在其他国家的官方文件中）：

> 法院反复强调，纳税人为了维持尽可能低的税收而进行的事务安排并非险恶行

为。每个人都有权利这样做，不论贫富，而且如此行为是正当的，因为没有人应当承担超过法律要求的公共义务：税收是国家的强行征收，而不是自愿捐献，以道德的名义要求缴纳更多的税收纯属奢谈。

□ 契约观念的重要性

先将道德问题搁置一边，现在让我们回到贯穿本书的三个关键主题中的第一个主题上来，也就是说，为最大化税后收益进行组织生产，要求契约各方考虑在签订合同的时候以及未来的税收状况。管理者为了避免经营处于竞争劣势，必须理解税法的变化将如何影响其客户、雇员、供应商以及竞争对手的行为。在其他事情上，这种观察力揭示了企业税收筹划和个人税收筹划之间的天然差别，或者说某一类型企业的税收筹划与其他所有类型企业的税收筹划存在客观不同。

例如，正如我们在后面的章节中将会看到的，如果在为企业制定有效薪酬政策的同时，没有对每个员工进行个人税收筹划分析，将付出高昂的代价。同样，如果在为企业制定有效的资本结构政策（即确定企业应该以举债、优先股、普通股还是其他金融工具进行融资）时，没有同时考虑到未来企业可能的借款人和股东的报酬将如何课税，其成本也非常高。

为了更具体地说明这个问题，我们以应该购买设备还是租用设备的决策为例。美国和全世界大多数国家一样，政府通过允许对建筑物、设备和机械进行加速折旧来鼓励资本性投资。也就是说，允许企业使用一个折旧摊销表，该表中按照税法规定的冲销率超过企业投资的经济折旧率，从而获得更多的从应纳税所得额中扣除的抵扣额，以降低其投资成本。或者，如果一个企业实体租用的厂房和设备超过其经济寿命，那么只有已经实际支付的租金才被允许扣除。租金扣除额的现值通常远低于折旧扣除的现值。

然而，我们不能由此得出结论说，拥有资产的所有企业都能在经营中运用机械和设备最小化税负。因为一旦我们分析低税负纳税人和高税负纳税人的课税情况，我们就会发现，放弃节税和出租的机会对低税负纳税人更为有利，原因是，低税负纳税人和高税负纳税人都会发现，双方订立一个安排财产权的合同以便低税负纳税人有效地将税收收益让渡给高税负纳税人是合意的。当然，从税收的角度来看，这要通过降低低税负纳税人的设备租金率以换取对设备加速折旧的权利来实现。

1.2 为什么税收规则影响税前收益率和投资决策

税收规则影响资产的税前收益率。所谓税前收益率，本书是指，从一项资产投资中赚取的支付给国内和国外的联邦、州及地方政府税务当局的任何税收之前的收益率。为了说明我们的观点，令 $r=R(1-t)$，在这里，R 是税前收益率，t 是税率，r 是税后收益率。从关系式上分析，如果我们提高税率，也就是说，提高 t，税后收益率就会降低（反之亦然）。然而，这种分析忽略了税收规则影响税前收益率的可能性。如果我们把分析扩大到包括面临不同税率的多个纳税人和收益被课以不同税收的多个资产，那么就不会再出现这个简单结果。考虑两种债券，一种是免税的市政债券，债券的利息在联邦政府层面免税，另一种是完全应税的企业债券，在联邦政府层面对其利息完全征税。进一步假设，存在面临低税率的纳税人和其他面临高税率的纳税人。面临高税率的纳税人期望抬高免税市政债券的价格，因为这种债券或现金流享受税收优惠。对于一个给定的承诺的现金流，抬高价格将降低税前收益率 R。因此，税收规则影响税前收益率。

这个简单的例子解释了为什么有些纳税人选择有高税前收益率的项目投资，而另一些纳税人则选择有较低税前收益率的资产投资，即便这两种类型的投资都可供所有纳税人选择。在经济资产负债表中的资产方面，我们之所以强调税前收益率有所不同，是因为：（1）对不同类型的资产收益课以不同的税收；（2）如果类似的资产位于不同的税收管辖区，对其资产收益也课以不同的税收；（3）如果资产由不同的法律组织形式持有（如股份公司和个人独资企业），那么位于同一税收管辖区的相似资产收益可能被课以不同税收；（4）位于同一税收管辖区，且由相同的组织形式持有的相似资产收益，对其也可能会征收不同的税收，这取决于组织经营的历史、组织持有的其他资产的收益、组织个体所有者的特征等。

通过影响企业经营活动的融资成本，税收法规也影响企业的融资决策。当企业决定为其经营活动融资时，该企业被认为在进行一项"资本结构决策"。企业的资本结构由各种类型的所有权构成，有些被称为债权，其余的被称为股权。我们强调，一个资本结构工具的发行成本取决于它所适用的税收待遇，反过来，资本结构工具所适用的税收待遇又取决于该资本结构工具是：（1）负债、所有者权益，还是两者混合物；（2）是向员工、客户、关联方、银行，还是向众多其他特殊类别的资金供应商发行；（3）是以股份公司、合伙企业，还是其他法律组织形式发行。另外，资本结构工具的发行成本也取决于所处的税收管辖区。

□ 隐性税收和税收顾客

前文提到租赁的例子和市政债券的例子都阐明了两个非常重要的概念，我们将在整本书中多次遇到：

1. 隐性税收；
2. 税收顾客。

隐性税收的产生是由于享受税收优惠的资产可获得的税前投资收益要少于从非税收优惠资产上获得的税前投资收益。在设备是选择租赁还是购买的例子中，要诱导承租人放弃所拥有的税收利益，就应降低租金率，这就降低了财产出租方可获取的税前投资收益。另一个隐性税收的例子是美国免税市政债券，它相对于具有同等风险的应税企业债券而言，获得的收益减少。这里，减少的收益就是支付给发行债券的市政当局而不是联邦政府的隐性税收。

作为经常曲解隐性税收的例子，请看一篇刊登在《华尔街日报》上的文章，当 John Kerry 竞选总统的时候，他的妻子 Teresa Heinz Kerry 公开了她的税单。该文章指出，John Kerry 太太获得了 278 万美元免税市政债券利息，她没有足额缴纳她应缴的税款，因为她的税率低于其他富裕的美国人，也低于许多中产阶级。[①] 这篇文章的作者的错误是

---

① "Teresa's Fair Share", *Wall Street Journal*, October 18, 2004.

忽略了 John Kerry 太太通过获取一个较低的市政债券税前收益率所支付的隐性税收。一旦把隐性税收（较低的税前收益）考虑进去，她的总税率就远高于文章所计算的 12.4%。

税收顾客和隐性税收的概念密切相关。税收顾客的出现是由于税率存在横向差异性。这些纳税人要比其他纳税人更有可能拥有各种各样的资产或以特定的方式组织生产。例如，高税负纳税人更有可能持有免税市政债券而不是应税的公司债券，而且更可能成为应提折旧设备的出租方和所有者，而不是承租人。在我们前面所举例子中，Teresa Heinz Kerry 更有可能拥有市政债券，因为她是一个适用高显性税率的纳税人，拥有市政债券的税后收益率可能高于完全应税债券和资产的税后收益率。John Kerry 太太作为最高收入纳税群体的一员，应以略低于显性税率的税率承担市政债券隐性税收，否则她将被完全课税。在本书提到的每一个主题中，我们都会遇到隐性税收或者税收顾客概念，或两者兼而有之。

☐ 作为税收优惠活动的税收筹划

政府利用税收政策鼓励（或抑制）各种经济活动的一个原因是，税收筹划本身就是一项税收优惠活动。具体来说，纳税人花在税收筹划活动上的费用可以税前扣除，而源自税收筹划所节约的任何税收实际上就属于税收减免，因为减少了税款的缴纳。

假设某一纳税人投资一年期 10 000 美元的完全应税公司债券，每年产生的税前收益率是 10%。如果纳税人面临的边际税率为 28%，那么税后收益率是 7.2% [计算方法为 $0.10 \times (1-0.28)$]。相应地，假设纳税人投资 10 000 美元在税收筹划服务上，并在当年节省了 11 000 美元的税收。税前收益率是 10%，然而税后收益率是 13.89%，计算方法是将节约的税收减去税收筹划成本所得的净节税额即 1 000 美元，除以税收筹划服务的税后成本 $10 000 \times (1-0.28)$ 美元，即 1 000/7 200。注意，这里税收筹划的税收优惠待遇导致税后收益率高于税前收益率。在这种情况下，税收筹划获得的优惠比免税（这种免税是一种利用资产逃避显性税收的做法，导致税后收益率等于税前收益率的状态）更多。还要注意的是，税收筹划的税后收益取决于纳税人的边际税率。当纳税人面临的边际税率为 15% 时，税后收益率是 11.76%，计算方法为：1 000/[$10 000 \times (1-0.15)$]。当纳税人面临 35% 的税率时，税后收益率是 15.38%，即 1 000/[$10 000 \times (1-0.35)$]。对于适用高税率的投资者，其税后收益最大，所以这些纳税人对税收规则的变更往往最敏感，从而倾向于花费更多的资金聘请税务会计师和税务律师为之提供服务。

☐ 为什么要学习税收筹划？

我们下面举一个简单的例子回答这个问题。假设你能够获得两种技能：税收筹划和投资技能。进一步假设你只能学会其中一种。你正面临着以下实际方案。你得到 5 000 美元税后现金，准备进行 20 年期的投资，当前边际税率是 35%，这也是你希望在未来 20 年一直适用的税率。你希望消极地投资于指数基金，以便在未来 20 年内每年获得 10% 的税前收益。

你选择学习税收筹划技能并进行消极投资。你投资于一个养老金计划 [如 401 (k) 计划，这将在第 3 章详细讨论]，税后投资成本是 5 000 美元。该投资可税前扣除，而该计划的投资收益所负担的税收可递延到投资期限结束时缴纳。那么，该投资的税后积累是①：

$$\frac{5\,000}{(1-0.35)}\times(1+0.10)^{20}\times(1-0.35)=33\,650\,（美元）$$

相反，假设你选择的是投资技能，并且成天像商人一样积极进行股票交易。你持有股票不会超过一个月，这样，在你的年度利润中就没有递延税收。你要赚取多少税前资金才能与刚刚提到的进行税收筹划例子中获得的收益相当？在该税收筹划的示例中，由于每年税后收益为10%，你只有从每年进行积极管理的投资组合中赚取15.38%的税前收益，才能保证获取10%的税后收益，即15.38%×(1−0.35)＝10%。

对于大多数纳税人而言，更现实的是，尽管你相信自己可以击败市场，但实际上你并不一定能战胜市场。同样，你所积极管理的投资组合只能获得每年10%的税前收益。在这种情况下，20年后你的税后收益积累如下：

$$5\,000\times[1+0.10\times(1-0.35)]^{20}=17\,618\,（美元）$$

显然，这个收益远低于进行初始税收筹划活动所产生的收益。

当然，税收筹划和投资技能并不是相互排斥的。现在考虑，如果你可以战胜市场，你就是一个很好的税收筹划者，那将会发生什么呢？也就是说，你投资一个类似于401(k)的养老金计划，并积极管理该投资计划，在未来20年可获得14%的年度税前收益率。因为投资于401(k)计划，年度收益应负担的税收将递延到20年后撤回该资金时缴纳。这样，20年后的税后积累是：

$$\frac{5\,000}{(1-0.35)}\times(1+0.14)^{20}\times(1-0.35)=68\,717\,（美元）$$

企业花费数十亿美元用来进行税收筹划活动和税收遵从活动。这里，税收遵从活动是指保存记录和进行纳税申报准备活动。例如，Slemrod 和 Blumenthal（1993）在报告中称，1991年，在国税局的联合检查计划中有1 329家活跃公司花费了大约14亿美元在与联邦税相关的活动中。② 这些公司在1991年缴纳了510亿美元的税收，超过了全部公司税收入的50%。Mills，Erickson 和 Maydew（1998）估计，大公司每花费1美元进行税收筹划，节约的税收是4美元。因此，税收筹划是一个巨大的行业，投资于税收筹划的收益也十分可观。

1.3 本书涉及的主题

我们已经列出了本书一些重要的主题，现在让我们介绍一下本书如何展开论述。在下一章中，我们将介绍一些税收筹划基本原理：税法的结构和演变，包括对美国税法如何变化的讨论。如果我们要理解当前和未来税收规则的不确定性，该部分的文献资料非

---

① 该用来计算税后积累的公式在第3章进行推导和详细讨论。这里，我们的目的是简单说明在各种选择下的税后积累和税收筹划技能的优势或者收益。

② 包含在联合检查计划中的企业是基于其收益的规模和复杂性：收益规模越大、越复杂，被列入该计划的可能性就越大。国税局每年都对这些企业中的绝大部分进行纳税申报审计。

常重要。在第3章和第4章中，我们要说明纳税人如何通过各种不同的法律组织形式从事相同的生产和投资，而课税大相径庭。接着，我们将说明，通过一些组织形式进行投资所获得的税后投资收益如何超过通过其他组织形式获得的投资收益。我们还讨论了非税成本，这些成本可能会影响组织形式选择决策。

在第5章，我们关注的是在一个既定的组织内实施不同投资经营战略的问题。对投资收益采取不同的税收待遇所形成的差异会引起隐性税收，这些隐性税收使这些差别征税的资产的税后收益趋向相等。我们还将证明，当实施某些税收筹划策略没有发生成本时，各种可供选择的法律组织形式和被课以不同税收的投资项目通过简单的套利技术（该套利技术是指，在既没有投资成本也没有风险的情况下，在购买一种资产的同时卖出另一种资产可产生正的税后收益）就可避免各种所得税。此外，我们还将表明，当执行特定的税收筹划策略无成本时，对资产的差别征税会迫使经济中所有纳税人按照相同的税率支付其最后一美元收益所负担的税收，而不管他们是多么富有，不管法定税率是如何累进的。而且，简单的套利技术的有效性确保了这一结果的出现。由此我们可以推断，在这个世界上没有明显不同的税收顾客。在边际状态下，所有纳税人无论是开展税收优惠投资还是非税收优惠投资都是无差异的。

但是，这些结果有着致命的预测性力量。即使是最肤浅的经验主义者都可以确定如下两个反命题：（1）政府能筹集到大量的税收收入。（2）不是所有的纳税人都面临相同的边际税率；税收顾客不仅存在，而且无处不在。

显然，前5章的分析中我们忽略了一些重要的经济因素。通过结合摩擦和税收规则限制的重要性，我们对第5章加以完善。所谓摩擦是指，市场上发生的交易费用使某些税收筹划策略的执行代价高昂。所谓税收规则限制，是指税务当局通过施加限制，防止纳税人利用某些税收套利技术，以不受社会欢迎的方式来减少税收。正是这些摩擦和限制，使税收筹划具有较高的潜在收益。随着经济环境的变化，包括税收规则本身的变化，一旦实施了税收筹划策略，退出或者改变的代价就都是昂贵的。我们在第6章和第7章通过探讨以下情形的税收筹划方法来结束对理论框架的阐述：（1）关于税前投资收益和税收规则的不确定性；（2）非税成本；（3）纳税人边际税率估计的困难。第6章还包括企业所得税会计准则的解读。了解这些准则可以帮助税务规划师解释企业所披露的信息，并尽可能搜集他们开展税收筹划活动的信息。此外，在企业税务决策中，所得税的会计是一个重要的非税因素。

在本书的第二部分，我们把前7章讨论形成的概念应用到各种各样的组织环境中。我们开始在第8章和第9章分别介绍报酬计划和养老金计划，在那里，我们强调在各种可供雇主和员工选择的薪酬方案中考虑税收影响的重要性。同时我们也强调在设计高效薪酬政策中非税因素的重要性。

在第10章和第11章，通过引入不同的税收管辖权和跨国税收筹划，我们增加了一个重要的维度分析税收筹划问题。在跨国交易中，特定的纳税人可能面临不同税收管辖区下的差别税率。这样的纳税人可能有动力进行这样的事务安排，即在同一条裤子中将收入从高税率的口袋转移到征税适度的口袋。但是利用纳税人税率的差异，并不一定需要拥有差别征税口袋的裤子才可以进行。面对不同的税率，互不相关的纳税人也可以相互订立契约，将应税收入从那些高税率的纳税人那里转移至低税率的纳税人手中。

在第 12 章中，我们运用这些理论框架来分析公司资本结构决策。在该章，我们将看到，税收鼓励公司和资本供应商之间的两种联合，即在那些高税率企业和低税率资本供应商之间的联合，以及那些低税率企业和高税率资本供应商之间的联合。此外，在这两种联合关系中所发行的各种融资工具是截然不同的。该章还强调，如果没有同时考虑公司资产负债表中资产方的税收特征，融资决策将无法进行。此外，我们还描述大量法律组织形式，这些组织形式对各种税收扣除和不同类型的应税（非应税）所得的重新包装的要求产生重要的影响。

第 13 章至第 17 章致力于研究公司重组和调整。这些章节的特色之一是建立了一个模型，并通过该模型分析税收对收购、剥离结构与定价的影响。这些分析明确包括对公司所有权买卖双方的税收优惠。

在第 18 章，也就是本书最后一章，我们强调了将遗产和赠与税的筹划融入公司所得税筹划中进行分析的重要性。我们考虑了税法鼓励慈善和非慈善捐助的程度。此外，我们评估了税法鼓励慈善转让相对于非慈善转让的程度。我们还进一步分析了，应如何权衡活着时转移财富与死后的遗赠。我们研究最常见的遗产筹划技术，包括家庭有限合伙企业、人寿保险信托基金、避税信托基金和慈善信托基金。与大多数其他应用性章节一样，我们也非常关注税收筹划问题中的非税方面的因素。

1.4 本书的阅读对象

本书适合两类人：

（1）税收筹划者：指那些希望避免被其他税收筹划者和社会规划者击败的人士。我们使用广义上的税收筹划者术语。所有通过工作无论是为自己还是为其他纳税人赚取收入的个体都可以被视为税收筹划者，因为他们会发现，当自己交易和决策时都会受到税收的影响。这对 MBA 学生、税收专业毕业生、商业和法律本科生以及不同领域的创业者来说尤其如此，这些人都是本书的阅读对象。

（2）社会规划者：指那些希望参与有效的社会政策设计，同时避免被其他社会规划者和税收筹划者战胜的人。

我们认为，围绕本书业已发展完善的思想观点所建立的课程从根本上不同于在商学院、法学院和经济学项目所开设的传统课程。那些课程往往只关注：（1）税收政策，以探索现有的或者已纳入提议的税收制度对宏观经济的影响为目标，或者（2）税法，注重税收法律和司法的原则学说或税收规则本身的细节以及在给定的系列交易中最小化税负的方法。这些课程都不注意规划哪些交易应该发生，而我们这本书则不陷入这其中的任何一种误区。我们研究的既不是宏观税收政策方法，也不是具体交易的税务处理。相反，我们从微观经济学的角度关注税法对个人和公司行为的影响。

同样，我们的主要目标既不是评估各种税收规则的福利影响，也不是提供细致的培训去利用"税收漏洞"。确实，偶尔我们会显得非常热衷于描述各种巧妙的税收筹划技术。然而，我们的目标并非教你如何"击败"税收制度，尽管我们将为你提供必要的方法成功地进行税收筹划。这意味着，我们正为你提供各种方法来评估税收制度是否符合其各种立法目标，而没有在经济活动中产生过度扭曲。也许最重要的是，我们希望当你阅读完本书的时候，能认可我们的理论框架，并将之应用于更为广泛的领域，而不仅仅应用于如何将税收因素纳入企业决策中。该理论框架可以应用于许多非税政策和法规中，或许多非税成本的探讨中。

我们的意图是，本书建立的理论框架可以应用于许多地区和一定时期的税收筹划中。例如，为了应对变化的收入需求和变化的经济因素，全球税制也在不断发展变化。这样，辖区（国家和国家内的辖区）之间的税法存在差异以及几乎所有辖区的税收规则都随时间变化而变化。例如，被许多人称为最后一次重大的美国税收法典调整是1986年的税收改革法案。然而，1986年的税收改革法案的不寻常之处，仅仅表现为它对美国现有税收法典改变的程度。而引起税收规则的重大变化则是司空见惯的事情。国会通过一系列议案改革美国税收法典，在1986年重新修订税法之前的25年中有20年都在改革，且1986年后几乎每年都在进行。有关重要税改的呼声在过去的10年逐渐出现，并在过去的几年中呼声越来越大。如果没有一个理论框架引导公司应用决策规则，则在一门以规则为导向的课程中所获取的知识，表明你累积的仅仅是一点冷知识而已。这正是编写本书的原因。我们认为，我们为你提供的各种基本工具适合于你应对在未来可能会经历的几乎所有税收制度。而且，我们相信，你利用这些工具可以如同学习美国税收一样学习外国税收。

所有的税制变化基本上会涉及两个方面的调整：

1. 税率水平；

2. 相关税率。

● 相关税率在不同纳税单位之间的差异；

● 相关税率在同一纳税人的不同纳税期间的差异；

● 相关税率在同一纳税人和在同一时期内的不同经济活动间的差异。

我们的理论框架设计旨在处理这些差异。我们的目的是，让你在了解经营活动如何不可避免地随着游戏规则的变化而重组的过程中，成为一个引领者而不是追随者。

表1-1给出了在过去约30年间个人和公司所面临的法定最高所得税税率。该表说明个人纳税人面临这样的激励：使收入以更优惠的资本利得税税率纳税、跨期转移收入、以公司的形式组织投资活动。该表格还反映了，这些激励措施如何在一定时期随着税负水平和相对税率的变化而变化。

虽然这不是一本以规则为导向的书籍，但你仍然会了解到很多当前的所得税规则。这样的安排是必要的，原因有三：（1）通过插图和举例将使基本理论框架更生动；（2）检验基本理论框架解释发生在我们身边的经济活动的能力；（3）帮助你运用这些基本理论到具体的决策环境中，这些具体的决策环境是你们中的很多人现在面临或将在短期内面临的环境。对于几乎没有税收知识的读者而言，为方便其阅读本书，我们在本章附录简单介绍了关于个人纳税人和公司纳税人的纳税义务的计算。在本章附录我们还定义了一些常见的税收术语。

表 1-1　　　　　过去约 30 年间个人和公司所面临的法定最高所得税税率

时期	个人		公司	
	普通收入	资本利得	普通收入	资本利得
1981 年之前	0.70	0.28	0.46	0.28
1982—1986 年	0.50	0.20	0.46	0.28
1987 年	0.39	0.28	0.40	0.28
1988—1990 年	0.28	0.28	0.34	0.34
1991—1992 年	0.31	0.28	0.34	0.34
1993—1996 年	0.396	0.28	0.35	0.35
1997—2000 年	0.396	0.20	0.35	0.35
2001—2002 年	0.386	0.20	0.35	0.35
2003—2012 年	0.35	0.15	0.35	0.35
2013—	0.396*	0.20*	0.35	0.35

说明：* 从 2013 年开始，对于工资所得还有一个 0.9% 的附加税（超出我们这里所显示的），以及对个人投资收入调整后的总收益大于 250 000 美元（联合申请人）的要征 3.8% 的附加税。这些附加税被用于时任美国总统奥巴马制订的国家卫生保健计划——《患者保护与平价医疗法案》。

最后，我们引用一些实证和理论学术文献提供证据佐证本书理论框架提出的观点。这些文献收集了围绕 1986 年的税收改革法案而进行研究的成果。乍看起来，这些证据似乎过时了。然而，1986 的税收改革法案为学者们提供了一个重要的研究库，在这里可以专门对税收预测进行实证检验。学者们继续就来自 1986 年的税收改革法案的数据来验证他们的理论。我们之所以将与 1986 年的税收改革法案相关的参考文献包括进来，并在学术研究中继续使用这些数据，是因为所收集的和被引用的证据永不过时。它表明了这一理论框架的预测能力，而不是在一个特定研究中所分析的具体税收规则。这与我们重点关注理论框架分析，而不是集中于有时有较高技术性但又常常变化的税法具体条文一致。

▌ 要点总结

1. 税收规则广泛影响着企业的投资决策和融资决策。

2. 因为重新签订合同的代价很高，过去所做出的投资和融资决策会影响当前和未来的投资和融资决策。

3. 税法之所以影响投资决策和融资决策，是因为它们影响可供选择的投资和融资的税前收益率。与承担较低显性税收的投资相比，负担更多显性税收的投资需要较高的税前收益率。承担较低显性税收（原因是在税法中享受优惠待遇）的投资和融资方案，要承担较高的隐性税收。

4. 现行税收制度鼓励适用较低边际税率的纳税人与面临较高边际税率的纳税人订立合约进行交易。

5. 所有税收筹划行为的效果都被节税所产生的非税成本所减弱。

6. 有效的税收筹划方法意味着要考虑：(a) 筹划的交易对契约各方的税收影响；(b) 显

性税收、隐性税收和税收顾客；（c）实施各种税收筹划策略的成本。

7. 税收筹划是一种利用税收优惠政策进行的节税活动，在这些活动中，投资可进行税前扣除，收益（减少应纳税额）是免税的。纳税人的边际税率越高，税收筹划的收益就越高。

附录 1.1 计算美国应纳所得税的概述

附表1-1展示了计算公司和个人纳税人应纳联邦所得税的基本公式。我们以经济收入开始介绍，其被定义为任何来源的收入（工资和薪金、股息和利息收入、销售收入、持有资产的升值等）。经济收入包括纳税人的已实现的或未实现的财富增加。未实现收入（通常）被排除在征税之外，直到基础资产销售实现收入时才缴税。之所以将税收递延至收入实现才缴税是因为纳税人只有在那一时候才可能从销售中获得现金用于支付应纳税收。这使得应对实现的收入课税，但是也并非所有实现的收入都应纳税。税收法则明确将某类收入划在征税之外，主要有：赠与和继承所得、人寿保险收入、社会福利金、某些伤残和疾病补偿金、雇主提供的特定附加福利、州和地方政府（市政）债券利息以及出售个人住宅所得（受到某些限制）。扣除这些不计列项目之后，我们得出总收入。

附表1-1　　　　　　　　　　　基本税收公式

公司	个人
经济收入	经济收入
－未实现收入	－未实现收入
＝已实现收入（61款）	＝已实现收入（61款）
－不计列项目	－不计列项目
＝毛收入	＝毛收入
－可扣除项目	－为调整毛收入的扣除项目
	＝调整后的毛收入（AGI）
	－从调整后的毛收入中扣除的项目
	1. 分项扣除和标准扣除中的最大项*
	2. 免税*
＝应税收入	＝应税收入
×税率	×税率**
＝毛税收收入	＝毛税收收入
－税收抵免	－税收抵免
＝正常税收	＝正常税收
＋暂定的最低限度税负超过正常税收的部分（如果有）***	＋暂定的最低限度税负超过正常税收的部分（如果有）***
＝应纳联邦所得税	＝应纳联邦所得税

说明：* 随着调整后收益总额增加而逐步取消运用。

　　　** 适用不同的税率表，取决于纳税申报的身份状态（单身申报、已婚共同申报、已婚单独申报或户主申报）。

　　　*** 税收法典将之称为替代性最低限度税负。

接下来，纳税人减去允许扣除项目后得到应税收入。注意，所有的收入都应包括在总应税收入中，除非在税法中特别注明允许排除在外的。相反，除非在税法中明确规定，否则费用不允许扣除。对于公司，在贸易或业务经营中发生的所有成本都允许扣除，例如，支付给员工的工资和薪酬、销货成本、厂房和设备折旧、借款利息、州税和地方税等。对其他公司投资分得的股利也可以按照一定比例允许扣除（这里所谓的公司获得股息扣除细节在后面的章节中将进一步讨论）。值得注意的是，支付给公司的借款利息允许扣除，而支付给公司股东的股息不允许税前扣除。

个人纳税人应税收入的计算稍微复杂，因为其扣除项目划分为两大类：为调整毛收入的扣除项目和从调整后的毛收入中扣除的项目。为调整毛收入的扣除项目通常是指与个人纳税人进行贸易或经营活动时所支付的相关费用。从调整后的毛收入中扣除的项目是指国会允许进行税前扣除的个人费用。从调整后的毛收入中扣除的项目，也被称为分项扣除，主要包括住房抵押贷款利息费用、慈善捐赠支出和医疗费用（有限额）、房地产税、州和地方收入税（或销售税）。为了简化纳税人纳税申报的准备和记录工作，国会允许给每个纳税人进行标准扣除，其申报数额随着纳税人报税身份和年龄的变化而变化。只有当纳税人要求的扣除金额超过标准扣除的情况时才能实行分项扣除。除了分项扣除之外，对个人纳税人为自己和他们的家属支出也允许免税（免税的金额每年都进行调整，因为每年的生活成本在增加）。调整后的毛收入多次被用于对从调整后的毛收入中扣除的项目的限额的计算（如确定一个

最低限额，低于此限额不允许扣除，如医疗费用；或者确定一个最高限额，高于此限额的支出不允许扣除，如慈善捐款）。

纳税人由此得出应税收入额，然后运用适合于纳税人身份的税率表计算总的应纳税收。从应纳税总额中扣除任何税收抵免额（包括任何预付的税款），就得到应纳正常税收额或退税金额。税收抵免可分为可返还税收抵免和不可返还的税收抵免。可返还抵免能退税。如上所述，纳税人预付税款（例如，纳税人在纳税年度支付给政府的预提工资税）是一项税收抵免，这样，如果该纳税人已经超额纳税，则这项预付的税款就是一项可返还税收抵免。不可返还的税收抵免是国会提供的一种抵免，旨在实现比如鼓励某些合意的经济活动（如支持企业研发的税收抵免）目标和社会目标（例如儿童和抚养的税收抵免）。超过不可返还的税收抵免部分向后结转——超过的部分是指税收抵免金额超过了应纳总税收的金额的部分。这应该是显而易见的，税收抵免比税前扣除更有价值，因为1美元的税收抵免可以直接抵减1美元的毛税收，而税前扣除只减少应纳税收入额，1美元的税前扣除只能根据纳税人的税率计算抵减毛税收。

最后，纳税人进行一个替代计算［被称为替代性最低限度税负（AMT）计算］，并比较替代应纳税收和正常应纳税收，然后按照两者中的较大者缴纳。这里，我们不讨论替代性最低限度税负如何计算，但是应注意，其目的是确保拥有大量经济收入的纳税人应缴纳一定税收（因此，替代性最低限度税负计算中包括一些额外的收入项目和不允许扣除的项目——这些细节已超出我们的讨论范围）。

问题讨论

1. 为什么有效税收筹划不同于税收最小化？

2. 在什么情况下社会规划者应该鼓励纳税人从事高成本的税收筹划？

3. 列举出5个利用税收优惠政策进行投资的例子。

a. 这些投资承担较高的隐性税收吗？

b. 谁应该进行这些投资？他们进行了吗？

c. 谁获得这些隐性税收？

4. 下列哪种陈述准确地描述了一个有效税收筹划？

a. 高税率投资者应该投资市政债券。

b. 要支付显性税收的策略很少是个好策略。

c. 对于低税率投资者而言，租用耐用经营资产比拥有耐用经营资产更有效率。

d. 每当员工预期未来税率下降时，更愿意推迟收到其报酬（假设这种行为成功地推迟应纳税收入额的确认）。

5. 参考附表1—1。对于个人来说，应准备一份如下清单：

a. 应税收入项目（尤其是包含在已实现收入中的项目）

b. 排除在已实现收入之外的项目

c. 税前扣除和免税

d. 税收抵免

6. 参考附表1—1。对于普通公司来说，应准备一份如下清单：

a. 应税收入项目（尤其是包含在已实现收入中的项目）

b. 排除在已实现收入之外的项目

c. 税前扣除和免税

d. 税收抵免

7. 为什么对于税收筹划者而言，不仅要知道某一特定交易对于其雇主的税收后果，而且要知道对于交易的另一方（或双方）的税收后果？提供一个现实的例子来说明你的答案。

8. 我们通常认为，税收降低了投资收益，这意味着税后收益低于税前收益。这总是正确的吗？你能否提供反例？

9. 解释避税和逃税的区别。并对每种行为各提供一个例子。

练习题

1. 纳税人A购买100 000美元的公司债券，每年的收益率为12.5%；这些债券的利息收入适用税率是28%。纳税人B购买100 000美元的市政债券，每年收益率为9%。这些债券的利息免税。这两种债券有同样的到期日和风险。每个纳税人获得的税后收益率是多少？这里，B纳税人需要纳税吗？

a. 这些税收支付给谁？

b. 隐性税率是多少？

2. 某纳税人正在考虑购买完全应税的公司债券。该债券还有5年到期，公司承诺每年支付6%的利息（假设每年支付一次票面利息），债券面值为1 000美元。该纳税人的利息收入适用31%的税率，要求投资的税前收益率为6%。该纳税人愿意支付多少价格购买该债券？假设他也在考虑购买免税的市政债券，该市政债券还有5年到期，承诺每年支付6%的利息（同样，假设每年支付一次票面利息），债券面值为1 000美元。假定公司债券和市政债券面临着同样的风险。在公司债券和市政债券之间纳税人以什么样的价格购买是无差别的呢？（换言之，如果纳税人要求6%的税前收益率，面临31%的边际税率，他或她愿意支付多少价格购买市政债券？）本例与本章讨论的隐性税收有什么联系？（该练习假设读者熟悉现值计算和债券定价方法。）

3. 某纳税人正在考虑两个互斥的纳税方案。方案A是花费20 000美元雇用一个税务会计师来研究相关税法以制定避税方案。如果成功，该方案将为纳税人节省21 000美元的税。成功的概率大约是75%。方案B是花费18 000美元雇用一个市场策划，其任务是为纳税人的产品制定市场营销计划。如果成功，该计划将减少25 000美元的其他广告成本而不影响销售收入，方案成功的概率估计为80%。如果他或她将面临15%的税率，纳税人应选择哪种方案？如果面临35%的税率呢？评价你的结果。税收筹划是不是一个利用税收优惠的活动？如果是，那是为了谁？

4. 某纳税人在一家公司工作接近到财政年度末。该公司当年盈利丰厚，决定授予员工相当于年薪的20%的现金红利奖励（红利总值为30 000美元）。该公司宣布，员工可以当年领取现金红利或推迟到明年。该纳税人当年面临39.6%的税率，但是由于她打算明年仅工作半年，因此预计明年将适用31%的税率。如果她个人投资可以赚取5%的税后收益，她应该在今年领取这笔奖励，还是在明年领取？假设她个人投资可以赚取15%的税后收益，你该如何建议？

税收筹划的问题

1. 一家大公司聘请你担任顾问。该公司有累积的税收亏损，并预计会许多年处于这种状态。该公司打算在西海岸建立一个新的配送工厂以便更有效地服务其西海岸的客户。该配送工厂预计成本为 1 000 万美元。该公司正在考虑三个备选方案。根据 A 方案，公司可以借入 1 000 万美元，收购配送工厂；根据 B 方案，公司可以发行普通股筹集 1 000 万美元，收购配送工厂；根据 C 方案，该公司可以从当前所有者那里租用配送工厂。公司要求你准备一个简短的报告，列出每个方案的税收结果。在你的报告中，请你推荐从税收角度最有效的方案。

2. 一家大型上市公司的薪酬委员会聘请你为现任首席执行官（CEO）设计一份有效节税的薪酬方案。在与该薪酬委员会的初次访谈中，你要求会见该 CEO 并讨论她的个人理财和税收情况。

众多薪酬委员会成员质疑你会见 CEO 的动机。请你对该问题做出回应。

3. 请参见问题 2。你在为 CEO 设计有效节税薪酬方案时会考虑哪些非税因素？

4. ABC 公司是一家大型跨国公司，其有许多工厂（包括制造工厂和配送工厂）位于美国许多州和海外许多国家。该公司的首席财务官（CFO）刚刚退休，他的继任者正在审查公司的经济资产负债表。她发现该公司租赁许多配送工厂和在财务上严重依赖长期债务融资。她依稀回想起曾听到过隐性税收和税收顾客的理论，因此希望这些概念得以解释并将这些理论应用到她观察的情况中，以便确定该公司是否正在承担隐性税收，以及该公司是否处在正确的税收顾客的位置上。

参考文献

Commissioner v. Newman, 159 F.2d 848 (CA-2, 1947).

Hulse, D., 1996. "The Timing of the Stock Market Reaction to Rifle-Shot Transition Rules," *Journal of the American Taxation Association* (Fall), pp. 57–73.

Mills, L., M. Erickson, and E. Maydew, 1998. "Investments in Tax Planning," *Journal of the American Taxation Association* (Spring), pp. 1–20.

Slemrod, J., and M. Blumenthal, 1993. *The Compliance Costs of Big Business*. Washington, DC: The Tax Foundation.

"Teresa's Fair Share," *Wall Street Journal*, October 18, 2004.

第 1 章

税收策略概论

第 2 章

税收筹划的基本原理

阅读完本章，你应能：

1. 描述如何制定税收规则以获得对社会有益的结果。

2. 列出三大类型税收筹划的方法并提供案例。

3. 解释为什么要对纳税人的行为进行广泛的法律限制。

4. 概述导致税收规则修改的美国立法过程。

5. 解释税收筹划中收入裁定、法庭判例和次要法律依据的作用。

6. 解释税法的模糊性会如何影响税收筹划。

在概论中，我们讨论了税收制度如何实现各种社会目标，以及如何自然而然地导致：

● 在不同的经济活动中税率的变化；

● 不同的纳税单位税率不同；

● 特定纳税单位的税率随着时间推移而变化。

反过来，这些差别税率为纳税人进行税收筹划提供了强有力的激励。这些激励是税收制度能够被用于贯彻期望的社会政策的关键因素。[①]

然而，这种方法导致的问题是，为实现一定的社会目标而制定的税收规则通常过于宽泛，这将鼓励一些纳税人利用其模糊性，因而会引发一些社会不良的经济活动（socially undesirable economic activity）。社会不良的经济活动是纳税人从事的那些以减少税款为主要的或唯一的目的，而没有给社会带来任何实际非税利益的活动。这些活动往往都不是立法者的意愿，而是意料之外的。对此，立法者通常的反应就是调整税收制度。特别是，当纳税人在努力避税方面已经走得"太远"的时候，国会或财政部（或两者同时）通过立法限制（税收法案）、司法限制（法庭判例），或制定纳税人应该遵守的行政

---

① 不可否认关于税收制度的这种观点是非常乐观的。目前我们采用这种观点更多是为了教学的方便，而不仅仅是为了描述上更生动。我们承认，私人方面总是有激励让立法对其有利，即便这样会导致社会福利的减少。我们并不否认以下情况的存在：立法"受制于"某些特定纳税人群体的利益，哪怕在公开辩论呈现出一种"公共利益"的论调时也如此。感兴趣的读者可以浏览 Dan Morgan 在《华盛顿邮报》上写的两篇讨论减税的妙趣横生的文章——《爱斯基摩人的巨额减税》（1999.7.22，p. A21）和《商业从税收法典中获得巨额减税：经济剩余使游说者从美国国会共和党那赢得数十亿美元减税》（1999.7.24，p. A01）。第二篇文章有以下名言："如果你是一名商业游说者，且不能取得立法支持，你最好交出你的六发式左轮手枪，见鬼去吧。"一位民主党游说者说："这个世界到处洒满金钱。"

管理条例等来反击纳税人的避税行为。当然，这些法律的变化也是为了更多的目的，而不仅仅是弥补税收漏洞。正如第 1 章提到的，国会也通过变更立法，试图改变经济财富的分配、提高收入和/或根据经济的变化改变对某些活动的补贴程度。

为了打击违背社会意愿的税收筹划方案，国会增设两类限制，包括：（1）非常广泛的限制，适用于大量的各种不同的交易行为；（2）非常特定的限制，针对某些税收制度的特别滥用。当然，国会必须小心谨慎，一方面不要施加太多的限制，另一方面也不要使税收规则的执行太不确定。因为税收规则和执法的不确定性，恰好可能会抑制国会希望鼓励的交易。换言之，限制可以设置得宽泛一些。

此外，实施许多特定限制的相关成本相当高。这些成本包括：（1）立法成本，如民选代表及其研究和管理人员的成本，以及游说者的成本；（2）公众进行宣传以便其可以参与立法过程的成本；（3）税务执行成本。这些成本随着税收体系的复杂性和限定条件数量的上升而增加。

事实上，如果税收规则是明确的，一切都会变得很简单。但税收规则，像所有其他领域的法律一样，被界定得非常不清晰。这种税法的模糊性（tax-law ambiguity）意味着，即使你声称自己已经牢记整个国内税收法规，在准备纳税申报的过程中，你也只能够弄清很小程度的模糊性。尽管美国税法在技术上看起来似乎很详尽，但它还包含一些过于笼统的规则，以至于不能清晰地阐明特定的交易事项该如何课税。

税法这种固有的模糊性引致了纳税人与税务当局之间的诸多纠纷，因为当事人双方在税收义务评估上代表相反的利益。因而政府的司法部门（法院系统）必须解决这些争端。随着这些纠纷被法院不断解决，税收规则也会变得越来越细致，也就是说，法院帮助解释这些税收规则。

如果我们放弃将税收制度作为一种实现理想的社会政策的工具，我们也可以使税收制度变得更简单。事实上，1986 年的税收改革法案（TRA 86）明显朝这个方向发展。可以这么说，这一重大的法案带来了许多税收规则的变化，就是为了达到所谓"公平竞争"的目的。也就是说，这些变化消除或减少对许多经济活动的税收补贴。并不清楚政府应不应该使用税收政策来影响经济行为；对这个话题有许多含混不清的观点。这里需要考虑的一个问题是，政府将使用什么方法促进或抑制某些行为发生，以及这样的备选方案（在效率、效能、公平等方面）是否会更好或者更糟。此外，我们知道，在 TRA 86 之后的几年里，国会通过复杂的逐步淘汰规则[1]、特殊的资本利得率、各种税收抵免以及其他条款项目，重新将大量复杂规定引入税法，使税法更加复杂。因此，所有通过 TRA 86 获得的税法简单性，在大多数情况下都是短暂的。

在本章，我们将考虑利用税收制度实现社会目标的难点。特别是，我们设计一些税收筹划竞赛，富于进取心的纳税人可能自然而然地愿意参与。我们也提供一些当这样的税收筹划比赛导致社会不合意的结果时实施广泛限制的例子。

在本章的后面我们将详细说明更多具体的税收规则限制的重要性。我们还考虑了交易成本和信息成本将如何影响纳税人实施社会不可接受的税收筹划的能力。我们将看到，国会不必在交易成本很高的地方施加太多税收规则的限制。

---

① 为了了解逐步淘汰规则和其给税收筹划带来的困难，参见 Enis 和 Christ（1999）。

2.1 收入税筹划的类型

长期以来，纳税人已经表现出相当显著的聪明才智，试图将收入：（1）从一种类型转换为另一种类型；（2）从一个口袋转移到另一个口袋；（3）从一个时期转移到另一个时期。简单说来，我们认为每种形式都是税收筹划活动。

□ 将收入从一种类型转换为另一种类型

资本利得，通常通过出售资本资产如普通股得以实现。工资、债券利息和特许权使用费通常被认为是"普通收入"项目。在大多数国家，资本利得相对于普通收入往往被课以优惠税收。表1-1展示的是美国在过去32年间每种收入类型所适用的最高法定税率。试图将普通收入转化为资本利得是一种常见的税收筹划策略，有时被个人纳税人滥用。

除了资本利得和普通收入的区别之外，税收义务往往还受收入是否按照以下类别划分的影响：

- 利息、股息或经营收入；
- 在国内或国外赚取的收入；
- 来自营利企业或作为一种业余爱好活动的收入。

例如，收入被划分为利息还是经营收入可能决定利息费用准予扣除的数量。收入被认定源自美国，还是源自外国，不仅可能影响收入所适用的税率，还会影响外国缴纳的税收，以及美国是否允许将该外国缴纳的税收抵免美国应纳税收。收入是来自积极管理企业还是被动投资项目可能会影响此类活动的损失是否被允许当期扣除。收入被认定是来自以营利为目的的活动还是来自业余爱好的活动可能会影响此类活动的损失是否会被永久扣除。这些例子仅仅是挂一漏万（其中的一些将在后面的章节详细讨论）。许多其他已标示的区别对纳税人而言非常重要，特别是在国际税收领域。

示例 1

私人股本管理者报酬/收益的特点是一个很好的例证，说明了纳税人获取不同类型收入的影响。在此背景下，私人股本基金是指投资于其他公司或企业，目标是获得控股权益以便可以重组该企业的基金。企业通过杠杆收购、风险投资、天使投资、居间债务和其他方式进行重组。重组成功后，该基金经常通过首次公开发行（IPO）、公司出售或合并，或资本重组的方式套现。大多数私人股本基金组织为有限责任合伙企业，因为投资者持有有限合伙人的权益。这样，投资者每年从合伙企业获得的收入被征税。该普通合伙人通常是该基金管理者的下属。通常，该普通合伙人的报酬是基于管理资产总值进行提取发放（例如，资产总值的2%），而该基金收益的20%为绩效分红。后面的绩效分红被称为"附带权益"。如果该基金发行取得成功，由于附带权益是按资本利得征税，因此大部分普通合伙人（基金组织者）的收益不作为劳务报酬征税，但是作为投资收益按照优惠的资本利得税税率征税。[1]

---

① 此外，某些机构放弃2%的费用以获取可供选择的利润共享安排，因此将所有收入转化为资本利得。

附带权益课税问题一直是有很多争议的问题。私人股本行业认为，根据资本利得税税率对之征税是必要的，因为管理者承担一定风险并从事为经济创造就业机会的私人股本融资活动。其他所有人基本认为，如果没有管理者的潜在投资，所赚取的绩效分红部分应作为劳务报酬被课税。

众议院和参议院提出一些议案，要求把附带权益视作普通收入征税，但直到我们开始写作的那天为止，都没有对议案立法。提议修改的税收政策还列入 2013 年（和其他年份）奥巴马总统的预算提案中，在这些提案中，私人股本管理者或合作伙伴的收益被描述为"投资服务合作收入"，将被视作合作伙伴的普通收入征税，而不管合伙企业所赚取收入的根本性质；也就是说，即使投资合伙企业在一个潜在投资项目出售中实现了巨大的资本利得，该资本利得的合作人分享的部分收入也将被视作其普通收入征税。另外，由于该收入被视为普通收入，该合伙人需要就收入支付个体经营和医疗保险税。然而，任何投资于合伙企业基金的资本收益以及合伙企业权益的销售收入不会被重新描述为普通收入。考虑到该预算提案的目的，投资合伙企业是那些绝大部分资产是投资类型资产——如股票、债券、房地产等——的企业。最后，该预算提案估计，附带权益征税的这些变化将在 10 年预算期间，于 2022 年结束时筹集到 135 亿美元。①

□ 将收入从一个口袋转移到另一个口袋

在所有其他条件相同，且对于这样的转移没有任何限制的情况下，高税负纳税人希望：（1）通过免税养老基金获得收益，而不是存入个人账户获取收益，因为在个人账户那里是完全应税的；（2）让其低税负的孩子们或者低税负的公司（可能其中一个位于低税率外国辖区）获得收入，而不是他们自己赚取收入。

示例 2

收入转移到另一个口袋里的策略是使用一个个人退休账户（或称为 IRA），去创业投资或投资于一个公司。如果投资取得成功，该投资收益不需每年纳税，但要递延到退休投资撤回时缴税。该策略潜在的非税收益集中体现在长期绩效和增加的退休储蓄上〔个人退休账户策略的目标〕。应该说，该策略是有效的，但实施时必须慎之又慎（换句话说，实施该策略之前应拜访一个好律师和 IRA 专家）。例如，个人退休账户应是所谓的自主退休账户，该投资的许多非税成本潜在地存在（比如，直到退休才能退出投资收回收益，中途退出要受到处罚），退出时获得的收入（如果是从非罗斯账户中获得，在第 3 章将进一步讨论）应按照普通收入的税率纳税，并且美国国税局（IRS）对此还有很多限制以防它被滥用。

该策略的一个例子是，Mitt Romney 持有一些贝恩资本（Bain Capital），并通过 IRA 账户投资。在其竞选总统时，IRA 账户受到了大量的关注，因为 IRA 账户许多都是离岸账户。然而，这些离岸账户本身没有节约任何"正常"的收入税；事实上投资于 IRA 就足以递延收入税的缴纳。在 Mitt Romney 例子中的离岸账户，可能避免所谓的非关联商业所得税（UBIT）。这些 UBIT 虽然超出了本章讨论的范围，但通过基金利用离岸账户避免 UBIT 并不少见或是

---

① 为了进一步讨论该预算提案，参见 http://www.taxpolicycenter.org/taxtopics/2013-Tax-Carried-Interest-as-Ordinary-Income.cfm。

一种非法行为。事实上，它可能是这么多基金位于海外的原因（见第4章的讨论）。

□ 将收入从一个时期转移到另一个时期

如果税率不变或随着时间的推移呈下降趋势，那么纳税人愿意延迟确认收入，直到能以尽可能低的税率纳税。递延纳税也很有利，只要应纳税额不被加收利息。如果随着时间的推移税率在上升，纳税人加速确认收入并缴纳税收有利，除非利率很高。

例如，如果当前的税率是28%，预计将在一年内上升到33%，那么加速缴纳税收是合理的，除非纳税人当前投资28美分，在一年后可以获得超过33美分的税后收益。即，在这种情况下，必须在一年中获得近18%的税后投资收益率，才能确保递延缴纳税收是有利的。① 当然，一些非征税因素（例如，当前消费融资）也可能在纳税人决定是否推迟收入确认中起重要作用。

美国所得税制度和其他绝大多数国家的所得税制度一样，对所得征税基于实现原则。也就是说，在某类交易发生以前收入通常不被征税。例如，对绝大多数资产的增值不征税，直到资产出售才可能被征税。甚至是，收入还可能不被征税，直到在交易中收到现金时才被征税（例如，卖方可能从买方那里收到应收票据或者期票，从而延迟收到现金——比如一项分期付款销售）。这种税法呈现出来的救济色彩（税收递延到实现收益或损失时才缴纳），是国会为了避免迫使纳税人清算资产或借钱缴纳应纳税额的想法使然（也就是说，确保纳税人有足够的资金缴纳税收）。如果清算资产或借钱是低成本的，换言之如果没有市场摩擦，这样的法律救济将是不必要的。但在许多情况下，存在非常重要的市场摩擦，没有这些救济规定，纳税人将被迫从事成本较高的交易以履行其纳税义务。或者，他们预期可能会出现税收支付问题，就会选择放弃符合社会效益目标的活动（例如，把附带说明的资产出售给买家，可以更好地利用资产）。相反，提供这类税收法律救济也有缺点，因为这样的救济提供了被大规模滥用的可能，特别是当某些资产清算成本很低的时候。尽管纳税人滥用税收救济行为可能导致社会效率低下，但是他们在出售资产时，将收入从一个时期转移到另一个时期确实会产生实际成本。

示例3

举一跨期转移收入的简单例子（有很多例子可供选择）。近期其公司的支付行为随2013年1月1日后个人层面股息税的增加而增加。税法变化前的最高股息率为15%，现在增加到39.6%（最高普通股息率），加上3.8%的额外医疗保险附加税（该税对收入超过250 000美元的联合申报人的投资收入征收，通过2010年的《患者保护与平价医疗法案》得以实施）——因此，潜在的范围从3.8个百分点增加到28.4个百分点 [（39.6－15）＋3.8]。当2012年年底审查股息支付时（为了给上市公司提供可用数据）发现，2012年年底一些"特别"股息有

---

① 本例中，该18%的收益率可以这样计算，即（0.33/0.28）－1。但是更加正规的做法是，计算税后收益率。首先通过下式求解出R：$1 \times (1-0.28) \times [1+R \times (1-0.33)] = 1 \times (1+R) \times (1-0.33)$，然后确认税后收益率$r=R(1-t)$。左边代表纳税人当前缴纳税收，并将税后余额72美分以R的税前收益率投资1年，在第二阶段按照33%的税率对R缴纳税收。右边代表纳税人1年后获得1美元，因而第二阶段的纳税额是（1＋R）。该式表达了纳税人在两种选择中的无差异。求解出R等于0.266 5，于是，$r=R \times (1-0.33)=0.178$或者18%。

显著增加。事实上，在 2012 年最后两个月，支付特别股息的公司数量大约 9 倍于在 2011 年支付特别股息的公司数量。此外，还有一个定期股息支付从 1 月转移到了 12 月。特别股息增加和定期支付的转移，主要集中于具有高内部所有权的企业——在那里，那些控制股息的支付者是抢抓减税时机的最大受益者。一些企业披露了其行动。例如，沃尔玛将其 1 月定期股息转移到 2012 年 12 月，其声明如下：

尽管政府和国会持续进行着诚信谈判来解决这次财政危机的有关细节问题，但仍存在复杂的财政和联邦税率问题可能不会在未来几周内解决。鉴于这种不确定性，董事会决定将我们的股息向前移动几天到 2012 年支付，以符合我们股东的最佳利益。[①]

总而言之，这些实例给纳税人提供了减税的范例，主要的方法是通过将纳税人收入：（1）从一种类型转换为另一种类型；（2）从一个口袋转移到另一个口袋；（3）从一个时期转移到另一个时期。[②]

2.2 对纳税人行为的约束

税务当局有能力对纳税人的行为施加广泛的法律限制，实质上是给税务当局质询交易是否"通过嗅觉测试"的权力。让我们仔细看看所涉及的一些广泛限制条件。

□ 经济实质、商业目的和实质重于形式

美国国税局对具有一定侵略性的税收筹划者进行惩罚处理的最有力的工具是遵循经济实质、商业目的和实质重于形式等密切相关的原则。[③] 这些原则被广泛地、公正地应用，且不完全拆分，法院对它们的应用并不是始终如一的。一般来说，经济实质原则被应用于纳税人试图通过税务当局声称的除了节税以外没有经济目的的交易来获得非国会计划的税收优惠。2010 年 3 月 30 日，《2010 年卫生保健和教育调解法案》（以下简称《法案》）签署成为法律。该《法案》将第 7701（O）款添加到美国的税法中，这在某种意义上将经济实质原则编撰成法典，并给经济实质提供了一个定义，即无论经济实质是否是一个与交易相关的原则，其交易决定规则都和该《法案》以前一样。[④] 该节认为一个交易享受税收优惠是"不被承认的，如果该交易没有经济实质或缺少商业目的的话。"[第（5）部分]。此外，该《法案》对不遵循经济实质原则从事交易，并漏报此类交易相关事实的行为给予重大处罚。

商业目的原则不允许对除了节税（避税）以外，没有实质性动机或目的的交易提供

---

① 参见 Hanlon 和 Hoopes（2013）的大样本证据和 http：//money. cnn. com/2012/11/27/investing/dividend-stocks/index. html 关于沃尔玛的新闻报道。

② 对具有侵略性的避税策略中那些更复杂的案例感兴趣的读者可以参见财政部报告（1999）的附录 A 和 Wilson（2009）的观点。这些交易包括快捷支付或者递减的首选交易、清算房地产投资信托、租入和出租（LILO）计划。

③ 这里讨论的这些概念在本质上是非常普遍的，且忽略了很多重要问题，而这些问题对于裁定某个特殊交易来说意义非凡。

④ 如想更多地讨论经济实质原则的历史和以往的运用，可参见 Battle（1997）的那篇文章。美国财政部报告（1999）还讨论了现存规则对公司避税情况的适用性和采用新规则抑制避税的困难性。

税收优惠。[①] 一笔在税收方面有利的交易是否具有实质的商业目的，常常是纳税人与国税局争议的焦点。如果纳税人从事一系列法院认为除了避税之外没有实质的商业目的的交易，该交易行为就会被禁止适用税收优惠政策（并且可能要缴纳罚款）。就算该交易行为存在一些商业目的，税务当局也可能断言其商业目的不充分。法院在解释这些概念上起着重要的作用，并允许其定义随着时间的推移以及社会经济环境的变化而变化。实质重于形式原则允许美国国税局透过交易的法律形式洞察其经济实质。

Gregory（一个纳税人）诉 Helvering（一个国税局专员）案件对阐明这些原则，尤其是商业目的原则具有里程碑意义。在这个案件中，纳税人试图按照如下方式将股息转换为资本利得：（1）把公司一分为二进行免税重组；（2）对两个新公司的其中一个进行清算。

在 1986 年颁布的税收法案之前，一家美国公司进行彻底的清算（其资产负债表没有库存或应折旧资产）在公司层面不是一个应税事项。清算产生了股东的资本利得，以远低于普通收入的税率纳税，且股东获得的大部分销售收入被作为免税资本收益。法院认为，格雷戈里进行的两项交易的经济实质相当于获取股息，在当时应按照比长期资本利得的税率更高的税率征税。此外，由于除了避税目的之外没有看到两项交易的商业目的，法院裁定其属于以避税为目的的交易，应适用较少的股息税收优惠。[②]

当然，也有办法在不清算的情况下，将财产从一个公司转移到股东的手中，并按照资本利得的税率，或者作为免税资本收益收回。最简单的方法是在公开市场上回购股票。但是，如果股票回购与股东权益成正比，股票回购将被认为是一种普通的股息。这是实质重于形式原则的又一个例子。如果回购股票与股东权益成正比，回购股票实际上就是一种股息，即使交易在技术上是通过回购股票来实现的。

当纳税人在风险资产的投资组合中构造出实质上的无风险资产时，国税局也尝试（经常失败）对其运用实质重于形式原则。虽然风险资产收益通常按照资本利得的税率纳税，但无风险资产收益应按照普通收入的税率纳税（或免税）。考虑到当资本利得的税率低于普通收入的税率时可能出现的情况，假设纳税人可以按无风险利率借款，对利息进行一个普通的税收扣除，然后运用所借资金购买风险资产的投资组合，从而构造出无风险资产组合以分散风险。如果风险资产的投资组合以税前无风险利率赚取收入，但按优惠的资本利得税税率缴税，这样纳税人就可以成功地抵消他们的税收账单。我们将在第 5 章详述税收套利的概念。

实质重于形式和商业目的原则也已经被编入美国税法（IRC）的若干部分中。我们的意思是，通过编成法典，国会已经将这些原则的司法支持转化为法规或法律支持。IRC 的第 482 款已经被国税局最广泛地应用于国际转让定价案件中（例如，在不同国家

---

① 加拿大国税局，美国国税局的加拿大同行，可以利用一种类似的武器，即 1998 年引入的"一般反避税条款"（GAAP）。正如 Ernst 和 Whinney 在《国际税收新闻》（*Tax News International*，1988 年 12 月）中指出的，"加拿大国税局可以使用（一般反避税条款）消除由某一或者某些交易所产生的任何形式的税收优势，这些交易中的任何步骤主要是为了获得纳税好处……它意味着对所得税法案的某一条款的错误使用或者是对整个法案的全面错误使用"（第 5 页）。

② 在英国也类似，"Furniss 诉 Dawson 一案确立了，出于英国税收目的的预先设置的一系列交易应该被认为是单一混合交易，这些交易的一步或者更多步骤将会被认为没有商业目的，除了避税。"（普华永道，《国际税务评论》，1989 年 1/2 月，第 11 页）。

经营的母公司与子公司之间的贷款利率、商品或服务的转移售价）。进行转让定价活动的动因是母公司和子公司可能面临不同的税率。IRC 第 482 款也被应用于同一税收管辖区不同税率的关联个人的各种交易中（如父母和孩子们）。[①]

国会允许国税局引用 IRC 第 482 款重新定性交易的初衷是，防止纳税人不合理地利用他们的左口袋和右口袋在征收不同税收的情况下获取不合理的收益。国会赋予国税局的广泛权力与 IRC 相关的部分清单如下：

269 款	授权国税局不承认某些收购损失。
446 款（b）	当纳税人选择的方法"没有清楚地反映收入"时，美国国税局有权调整纳税人的会计方法。
7701 款（l）	授权国税局制定规则重新定义多方金融交易是一笔在任何两个或更多当事人之间的直接交易，毫无疑问，这样的重新定义有利于防止避税。
7701 款（o）	经济实质原则的解释权。

在国会 2000 年的预算中，列入了几个旨在限制公司避税增长的提案［如在财政部报告（1999）的附录 A 中讨论的那些提案］。2004 年，《美国创造就业法案》的颁布使许多新的信息披露要求付诸实施，随后的税收法案添加了必要的信息披露规则，所有这些都是美国国会和国税局采取行动限制公司避税活动的举措。下面列出一些核心项目清单（尽管这还不是一份详尽的清单）：

（1）披露公司的避税活动——"可报告的交易"［如，列举交易（美国国税局公布的已知交易）、权益交易、地下交易、合同保护的交易、损失交易、短暂持有期的交易］，所有这些必须在纳税人的纳税申报表上披露。

（2）增加大量关于减少申报收入税的处罚。

（3）不允许使用利用公司避税产生的税收收益的额外条款。

（4）规定对交易各方（发起人、顾问和税收的中间调解方）的税收后果（比如罚金），主要是通过扩大法典 6700 款"促进滥用避税等"和 6701—6703 款的适用范围来进行的。

（5）要求提供一个新的一览表 M-3，披露更详细的有关会计与税收差异的信息。

（6）要求大公司 2010 年提供一个新的一览表 UTP，披露并列出纳税人最大的不确定的税收状况（但不是美元价值）。

□ 推定收入原则

美国国税局有权调整纳税人的税务会计方法，以确保它"很清晰地反映收入"。大多数会计方法的滥用都涉及推迟应税收入。推定收入原则对此进行了相关的规定。这一原则基本上可以防止纳税人隐瞒他们已经赚取的收入，使税款容易筹集。例子主要有：（1）可供随时提取资金的银行账户的利息收入；（2）从工资管理部门可以获得的

---

① 如果读者想了解更多关于经济实质原则和其对当前公司避税方案的潜在适用的可能性的讨论（历史及以往的运用），请参见 Battle（1997）的文章。财政部报告（1999）也探讨了已有规则对公司避税情况的适用和采用新规则抑制避税的困难性。

年终工资。

□ 关联方合同与独立交易合同

值得注意的是，美国国税局更少关注存在于有对立利益的各方之间的交易，而更多地关注那些关联方之间交易中的形式重于实质问题。为什么？拥有对立利益的交易各方并不总是足够信任对方，去拟订法律形式与经济实质相差甚远的合同，若如此两者很难达成一致，因为即便达成协议，如果一方不根据合同履行承诺，法院可能也不会以合意的方式强制执行以保护另一方的财产权益。

例如，假设一个制造商从多个供应商那里购买钢材用于制造生产。从节税角度考虑，减少当期的应税收入而增加下期应税收入将对他非常有利。于是他与供应商达成协定，安排供应商今年以非常高的价格运送部分钢材至其公司，相应地降低明年的钢材价格。

这样的安排存在的问题是，一旦供应商在今年供货中获得高于市价的款项，其就几乎没有激励为了取悦制造商而安排明年的发货，也就是说，不一定按照制造商的意愿将价格压低。或者，供应商可能声称当时的协定是打算在下一时期提供质量较次的原材料。如果合同是非常明确的，就会阻止供应商违反合同（因为违反一个明确的合同可以采取法律行动进行补救），但如果由国税局审计，该项税收筹划活动就会失败。所以国税局关注关联方合同多于独立交易合同也就不足为奇了。

□ 收入分配原则

法院曾授权美国国税局援引另一个相关的原则，即收入分配原则。这里，纳税人指示一方代表该纳税人支付收入给第三方，转移纳税义务给第三方（第三方可能适用一个较低的税收等级）。例如，纳税人可能希望给孩子的好处是合伙企业的收入（树上的果实），但不是合伙企业的资本（树本身）。[①] 根据收入分配原则，纳税人必须放弃整棵树，才能成功地转移应税收入。由于纳税人已经制定了很多方法绕开该原则，美国税法制定了一些限制条件，能反击这些父母亲和孩子之间收入的转移计划。特别是，除了 18 岁以下的孩子（或 19 岁以下的孩子，用其赚取的收入的不超过一半供养自己；或 24 岁以下的全职学生，用其赚取的不超过一半的收入供养自己）所赚取的少量的消极收入之外，其余收入如同其父母亲所赚取的收入一样应全被征税。

在收入分配领域中具有里程碑意义的案件是 Lucas 诉 Earl 一案。在该案件中，丈夫和妻子签订了一份合同，赋予妻子要求获得其丈夫 50% 的收入的权利。该纳税人居住在一个夫妻不享有共同财产的州（在夫妻享有共同财产的州，妻子会自动被视为可获得丈夫的 50%）。之后这对夫妇各自填写纳税申报表，根据累进收入税表（税率伴随应税收入水平的提高而提高）计算税款，总税款低于他们联合申报的税款。法院支持美国国税局委员不接受上述行为，于是就诞生了收入分配原则。

非常有趣的是，一些涉及棒球球员的税务法庭案件也已经澄清了收入分配原则的含义。其中一个案例涉及 Randy Hundley，一个芝加哥小熊队接球手[48 TC 339（1967）]。Hundley 的父亲在他年轻时就开始训练他，而且 Hundley 在十几岁的时候就许诺，把他

---

① 这和 Helevering 诉 Horst 一案的情况类似，在该案中，一名父亲试图将可拆分的债券利息作为礼物赠送给他的儿子，然后让其儿子就利息收入缴纳税收。最高法院判决应该由该父亲而不是儿子就利息收入缴纳税收。

今后可能会获得的一半奖金给他的父亲。税务法院祝福并认可这一安排，并声明 Hundley 的父亲可获得他的奖金份额。

与此相比，思考一下费城人队棒球手 Richie Allen［50 TC 466（1969）］的案例。虽然 Allen 安排他的雇主给母亲支付其一半的奖金，但是税务法院裁定这是收入分配，并对支付给 Allen 的全部奖金征税。为了让其结论令人信服，税务法院强调，Allen 的母亲对棒球一无所知。

▌2.3 立法程序和税务信息的来源

尽管有许多广泛的限制条件，但仍然存在大量被滥用的机会。此外，只要税收制度鼓励特定的经济活动，滥用这些制度的机会就将存在。当然，税法如此设限显然也使税收筹划更加困难。正如我们在概论章节中所提到的，有效税收筹划需要考虑计划进行的交易对交易各方所带来的税收和非税影响。但正如我们刚才所讨论的，简单地确定计划进行的交易的税收影响并非易事，它要求了解本质上模糊的税收法规知识。

最小化计划进行的交易的税收影响的模糊性的重要步骤是，寻找适用特定税收规则的恰当依据。本章的剩余部分着重讨论该如何寻找合适的依据以适用美国税收规则。这些应该会给你提供一些启示，让你了解到你所聘请的税务专业人士是如何花费时间的。这也将有助于你研究自己的税收问题，并让你更好地了解税收制度是如何制定的。

☐ 主要和次要依据

在对交易进行适当的税务处理时，我们可以区分主要依据和次要依据。最重要的主要依据是 IRC。该税收法规提供法定依据。在对一个特定的交易进行适当的税收处理时，收集权威支持应该总是从其开始。其他主要依据包括财政部规章、司法判决、行政声明（例如，通过国税局所做的声明）和国会委员会报告。次要依据主要由税务专业人士（例如，会计师和律师）、商业税收服务机构和税收期刊所组成。现在，我们讨论每一个依据。

为了理解主要依据来源是如何帮助弄清该怎样对以避税为目的的交易进行税务处理，我们必须理解立法程序，即颁布税法的方式。这些法律的通过会引起税收规则的巨大变化。

☐ 立法程序

图 2-1 展示了一个税法从开始颁布到最终实施的路线。除少数例外情况之外，所有税法议案都起源于众议院，然后转递到众议院筹款委员会（见图 2-1 的箭头①）。如果该议案是一个重要的法案，众议院筹款委员会将举行公众听证会。然后众议院筹款委员会准备一份报告，把它发回到众议院的议会席（见箭头②）。该委员会的报告通常在法庭案例中被援引以帮助解决纳税人和国税局之间的纠纷。因为该报告通过表明该议案的立法意图，能提供重要的权威支持。

然后在众议院的议会席上讨论该议案，通常在"封闭规则"下进行，讨论是设限的，并不允许对某一议案进行修改［见 Graetz（1972）］。如果该议案通过，则被送到参议院（见箭头③），再转发给参议院财政委员会（见箭头④）。经过公众听证会，参议院财政委员会发送报告，连同对众议院议案提出的修正案，发回到参议院议会席（见箭头⑤）。在"开放规则"下可对它进行没有限制的讨论，并在强大的游说压力下提出修正。如果议案通过，众议院和参议院委员会的会议报告被转发给两院联席协调会（见箭头⑥）。

两院联席协调会由众议院和参议院的成员所组成。它的任务是消除众议院和参议院的分歧。两院联席协调会报告包含消除众议院和参议院对议案诠释差异的提议。实际上，两院联席协调会创建了一个折中法案。这份报告被发送回众议院，然后到参议院中进行表决（见箭头⑦）。如果两院批准，该议案被送交总统候签或否决（见箭头⑧）。如果总统否决了该议案，该否决可以被众议院和参议院成员三分之二的投票推翻。

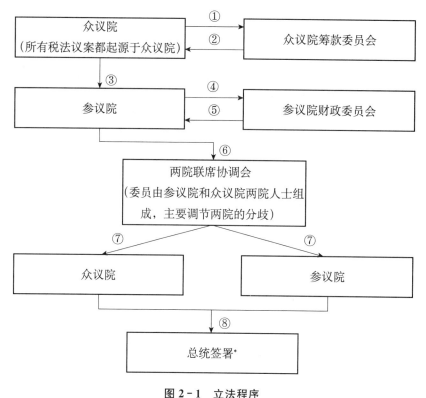

图 2-1　立法程序

说明：* 如果总统否决，议案会被退回众议院和参议院；两院 66% 的投票支持率又可以废弃总统的否决。

□ 基于已颁布税法的规章和收入裁决

议案一旦通过，美国财政部通常第一个解释它。财政部发布财政规章，提供综合的解释。有利害关系的各方（如税务律师、税务会计、其他受影响的纳税人）可以就提出的规章请求召开听证会。财政部还可以发布收入裁决，即对现有或新税法进行的具体解释。这些都源于纳税人对于一系列实际或提议的特定交易税法提出进行解释的请求。例如，当两个公司计划进行免税重组时可能提出这样的请求，希望国税局保证在该项合并中不对目标公司的股东课税。也就是说，美国国税局在其交易之前要保证把该合并当作一个免税重组对待。

收入裁决代表了国税局的官方政策。财政部将公布对某一纳税人的请求所做的裁决作为一个收入裁决，如果它足以代表大众利益的话。否则，它会作为一个私人信函裁决进行发布。根据《信息自由法案》，私人信函裁决对公众适用，但它们不能作为判例在法庭上被引用。尽管如此，它们作为国税局制定政策的参照可能是有价值的。另一种形式的信函裁决是技术咨询备忘录。当审计一个技术性的税收问题时，国税局分局或上诉办公室可能将该问题提交到在华盛顿特区的国税总局，寻求合适的税务处理的技术建议。公众能以被称为技术咨询备忘录的信函裁决方式获得解答。

收入裁决发布在每周的《内部收入公告》上，也会刊登在商业票据交换所（CCH）的"当前问题"部分和美国研究所（RIA）的税务服务中（在本章后面会更完整地描述）。因为收入裁决可能被取消或修改，因此在运用它们之前必须确定其当前状态。Merten 的《联邦所得税法》中包含一个比较实用的收入裁决当前状态表，正如 CCH 和 RIA 的税务服务所制作的那样。

☐ 司法判决的作用

司法判决在解释税收规则时也发挥着极其重要的作用。法院分为初审法院和上诉法院两个层级。初审法院包括美国税务法院、美国地方法院和美国索赔法院。只有美国地方法院提供陪审团庭审。美国税务法院只听审税务案件，该主审法官比其他法庭的主审法官更熟悉税法。

上诉法院包括 13 个巡回法院（编号 1 到 11 加上哥伦比亚特区以及联邦巡回法院）和最高法院。法律判例是一种特定的判罚，也就是说，基于相同的事实，不同巡回法院可以宣布不同的判决。当这种情况发生时，最高法院通常被要求提供终审判决。

美国税务法院的更多重要的案例判决公布在《税务法院报告》上。美国税务法院的备忘录决策（初步处理案件问题，只有一位法官书面裁决）刊登在 CCH 的税务法院备忘录决策和 RIA 的 TC 备忘录决策中。来自所有其他法院（地方法院、索赔法院、上诉巡回法院和最高法院）的所有与税收相关的案件，都发布于 CCH 的《美国税收案件》和 RIA 的《美国联邦税务报告》，以及其他的地方。

☐ 次要依据

到目前为止，我们已经讨论了几乎全部的主要依据来源：法定的（IRC）、行政的（财政规章、财政部裁决）和司法的（美国税务法院、地方法院、索赔法院、巡回法院和最高法院的案例）来源。对于非专业人士来说，次要依据可能更有用，特别是一些商业税务服务。两个最受欢迎的税务服务是 CCH 的《标准联邦税务报告》和 RIA 的《美国联邦税务报告》。这些服务报告的每一部分都从门外汉的角度开始讨论某一领域的税法，然后概括地介绍主题思想。接下来介绍的顺序依次是：（1）IRC 部分的正文（通过税收立法的程序制定法律）；（2）财政规章的正文（财政部的立法解释）；（3）社论解释（有时包括税收筹划技巧）；（4）法院判决、收入裁决和其他属于税法部分的财政部声明，连同整个文档的引文等。

另一个非常有用的参考依据是，美国国家事务出版局出版的好几百册的《税收管理文件》。每一文件长达 50～200 页，涉及某个特定的税收主题（如售后租回交易或公司收购策划）。该文件资料从一般到具体，是一套优秀的参考书。从国会对相关法规的实施情况的议事录中进行的摘录也十分有参考价值。值得注意的是，有用的样本合同或记录在企业会议备忘录中的文字措辞，也可能要符合税务当局的要求，从而确保你得到合意的税收待遇。

另一个有用的参考文献是 CCH 的《税收论文》，它按税法条文序号和章节号，按主题和作者列出所有论文和摘要。此外，RIA 的税务服务也提供"税收文章的索引"，按税法条文序号和章节号编排。

要点总结

1. 旨在激励对社会有益的活动的税收规则，却经常激励纳税人进行减少纳税义务而不是为社会服务的交易安排。这就产生了税收约束规则，以限制极端激进的税收筹划行为。

2. 模棱两可的税法无处不在。因此，纳税人和税务当局之间产生众多的争议，两者在税收义务评估方面存在对立利益，从而需要法院介入以解决这些争端。

3. 几种常见类型的税收筹划策略，包括试图将不享受税收优惠的收入类别转化为享受更多优惠的收入类别，将收入从高税负口袋转移至低税负口袋里，并将收入从适用高税率的时期转移到适用较低税率的时期。

4. 经济实质原则、商业目的原则和实质重于形式原则广泛用于限制纳税人的行为。如果交易安排可以被证明除了避税之外没有其他目的，或者可以采用简单的交易方式，无须采用此种复杂的交易形式，那么税务当局通常有权重新定性此种交易以影响税收结果。税务当局也可以透过交易的法律形式洞察其经济实质。因此，税务当局能否认纳税人的某些税收收益，或以某种给纳税人更少优惠的方式重新定性其交易安排。

5. 经济实质、商业目的和实质重于形式原则已经在某种程度上被编入美国税法，即司法支持这些原则转化为法令或法律。例如，第 482 款允许美国国税局透过交易的法律形式，对交易的经济实质进行重新定性。该节被应用于大量包括关联方之间交易的转让定价的案件中。经济实质原则至少就定义而言也应被编纂成法典，因为该原则无论是否与某一交易相关都仍然是一个普通法原则。

6. 收入分配原则是另一个重要的原则。税务当局使用这个原则防止高税负纳税人将其收入分配到其相关低税负的纳税人手中（其唯一的目的就是减少两者共同的税收负担）。

7. 税法具有模糊性。税法的模糊性可以使合法的税收筹划失效，纳税人必须了解主要依据和次要依据，用于确定一项交易合适的税务处理。理解国会的立法意图给税收规则的解释提供了额外的指导。国会的立法意图可能在帮助法院解释税收规则上发挥了重要作用。

8. 各种信息的来源都可以为纳税人提供指导，以预测将如何处理以税收为目的的交易。其中的一些来源在本章出现。其他的将在本章附录中列出。

附录 2.1 税收立法的信息来源

以下几种优秀的出版物提供了税法提案的发展进程，并提供了某些立法事件发生的日期。这些出版物包括：

- BNA（美国国家事务局）的《税务日报》
- BNA（美国国家事务局）的《税务周报》
- 《今日税务评论》：每天的电子简讯，也可

以从税务分析师那里获得纸质的简讯

●《税务评论》：每周一次从税务分析师那里获得的税务服务。有印刷版，有些文章可以在线访问。每个问题都包含：

- 税收立法议案概要介绍
- 税收立法议案每天状态变化的描述
- 提案公众听证会的描述
- 国会未来的听证会的日程表
- 游说集团发到财政部的信函的摘要，按 IRC 章节号排列
- 完整的发展报告，按 IRC 章节号排列，涉及：
  - 财政部规章
  - 司法判决
  - 行政声明
- 按照税法条文号排列最近发表的一系列税务文章

税务分析师还提供其他服务、研究工具和出版物；参见下一节列出的网站。

委员会报告的副本（众议院筹款委员会、参议院财政委员会或两院联席协调会）可以在以下资料中找到：

- 绝大多数法律图书馆的政府文件部分
- 国内收入每周公报，每 6 个月装订成公报汇总
- 美国国会和行政的法制新闻
- 美国研究所和商业票据交换所部分主要的税务服务活动，可分别在《美国联邦税务报告》和《标准联邦税务报告》中找到。

有时候了解到法案中某一特定规则开始生效的日子十分重要。查找 1954 年之前通过的法律有两条有用的渠道：

- 相关联邦税法（Barton and Browning，1936；Warren，Gorham，and Lamon，1969）
- 塞德曼（Seidman）撰写的《联邦收入税法制史和税法的额外收益，1939—1953 年》和塞德曼的《联邦收入税法制史，1861—1938 年》。

另外还有两个资料来源可用于追踪美国税法更多最近变化的立法历史：

- 美国研究所的《联邦税法修订汇总》
- 美国国家事务局（BNA）的《主要来源》

网站地址

有许多网站可供搜索税务信息。（这些网站地址在本书写作的时候有效，但是网站地址可能会随时更改。）

国税局
http://www.irs.gov

参议院财政委员会
http://www.finance.senate.gov

众议院筹款委员会
http://waysandmeans.house.gov

商业票据交换所
http://www.cch.com

美国研究所
http://www.riahome.com

国家事务局
http://www.bna.com

税务分析师、出版商的《税务评论》
http://www.tax.org

由丹尼斯·施密特（Dennis Schmidt）教授维护并保持广泛链接的网站
http://www.taxsites.com

四大会计师事务所

德勤
http://www.us.deloitte.com

安永
http://www.ey.com

毕马威（KPMG）
https://home.kpmg/xx/en/home.html

普华永道
http://www.pwcglobal.com

附录 2.2 税收筹划更详细的示例

这里我们提出更多充分利用当时存在的税法进行税收筹划的例子。这些税收筹划不再可行，因为筹划方案一旦确定，美国国会和财政部终究会迅速采取行动限制其运用。然而，随着某个税收筹划方案的结束，其他有创造性的筹划方案又开始出现。

示例 A1：重新划分公司收入以获得更多税收优惠待遇

公司有权对其持有的其他公司股份进行股息扣除（DRD）。进行股息扣除的目的是避免对初始公司的收益征收三次（或者更多次）的税收（第一次在初始公司获得收益时，第二次在持股公司收到股息时，第三次在股东层面当持股公司向股东分配股息时）。DRD 是指允许公司免除从其他公司收到的部分股息。如果公司拥有不到20%的其他公司股份，则现行的免税部分比例可达 70%。如果公司拥有超过 20%（80%）的其他公司股份，则该免税部分比例增加到 80%（100%）。因此，如果一家公司的边际税率是35%，并且它拥有另一家公司的股份超过 20%，那么股息的实际税率是0.35×0.2（股息金额包含于应税收入额中）＝0.07，即 7%。这项股息扣除给公司股东一个激励，即试图将出售股票收入转移为股息收入，因为出售股票要按资本利得进行征税（对于公司而言，该税率等于普通收入的税率，即 35%），而作为股息可以实际税率 7%缴纳税额。然而，为了使股票赎回（售后回购）到发行公司按股息扣除处理，需要该赎回不能是"实质性不成比例"。因此，要获得按股息扣除的待遇，这种股票回购就不能通过"实质性不成比例"的检验（即回购后持股比例没有实质性改变）。这样，如果股东只是售后回购其股份，将被视为不成比例（因为其他股东没有出售股票），因此所产生的销售所得要以 35%的税率征收。然而，如果"出售"股份后的股东仍然持有大约相同比例的该发行公司的股份，那么，该"出售"就不是不成比例，则允许获得股息扣除待遇。"出售"并保持相同份额的所有者权益的一种方法，是获得认股权证以购买发行公司的股票，作为

"出售"收入的一部分。这些认股权证被视为权益性工具，从而维持所有权比例。Seagram 在 1995年就曾这样操作，从而在赎回杜邦公司的股票时节约了 17 亿美元的税收。就该交易本身而言，杜邦公司获得了约 7 亿美元税收的节省。该交易在Erickson 和 Wang（1999）的论文中被讨论到。正如人们所预料的那样，国会迅速对该交易做出了反应。对公司股东参加赎回时，目前要求做销售处理，并不像所有股东那样按比例或是部分进行清算处理。

示例 A2：收入从一个口袋转移到另一个口袋

该示例可以节省州一级税收（"漏洞"已经在联邦政府层面被堵住了）。许多零售企业需要租入或者出租它们的商店。一些企业从自己的控股房地产投资信托公司（REIT）租用商店。企业支付给 REIT 的租金在州一级可以作为经营费用进行税前扣除。正如在第 4 章所讨论的，如果REIT 把租金作为股息支付给该企业，则税法不应就该利润对 REIT 征税。在这种情况下，获取股息的企业就逃避了税收，因为 REIT 被属于零售商店母公司的全资子公司控股接近 100%，且在母公司与子公司之间分配（或在一个子公司和另一个全资业务实体之间分配）的股息不被征税（以避免如同例子 A1 那样征收三次或者更多次税收）。这样，该零售企业在州一级支付租金给自己获得了税收扣除。

示例 A3：收入从一个时期转移到另一个时期

许多公司在 20 世纪 90 年代中期，通过公司所有的人寿保险（COLI）转移收入。在这种交易中，公司为员工购买了大量的现金价值人寿保险单，并使用借来的资金支付保险费或干脆直接从保险公司借入保险费。该人寿保险单在有效期内不断升值，当套取现金时须缴纳税收。从根本上说，这个策略利用了这样的事实，即借款利息在每一时期都可以扣除，相当于获得收入（即使尚未支付），而保险单的"投资内生息"（每年的投资收益可抵减保险单）不是每年都纳税，而且由于投资内生息约等于应计利息，公司可从该份保险单中获得免税好处。

这类保险单已经存在了很长时间，后来在1986年，国会对纳税人购买或持有这种保险单的利息扣除进行限制，但也只有每笔人寿保险超过50 000美元的借入所对应的利息被限制。公司对此的回应是，减少每位员工的投保数额，但增加员工保险覆盖的数量（一些公司为所有员工投保）。公司在保单总数上弥补了它们每笔保单合同失去的数额所带来的损失。

在1996年，国会对公司所有债务利息的扣除限定扩大到公司借入50 000美元买入20份人寿保单所应支付的利息。然而，公司没有因此被击败。一些公司打算与人寿保险企业签订员工人寿保险合同，并使用普通商业贷款而不是源于人寿保险的举债来支持这类投资。国会禁止利息扣除的反应在某种程度上表明保单并没有给公司

员工的生活提供保障。

示例A4：收入从一个时期转移到另一个时期

一些大股东努力推迟就其股票升值的收益缴纳税收，与此同时又从被称为"卖空持有股"的交易中获得现金。这种策略要求纳税人举债购买股票的数量等于已经拥有的数量。然后，纳税人将举债购入的股票出售，从而既套现但也没有欠税，因为在此股票销售中没有产生应税收益。而纳税人的贷款是日后通过转让原始升值的股票偿还。在这以后该股票转让所产生的收入要纳税。纳税人递延纳税的成本是借来资金购买股票的应付利息。注意，纳税人的收益已经锁定，因为他借来的股票是通过转让原始股票偿还，与它们的价值多少无关。然而在1997年从事这类交易的能力被大大削弱。

问题讨论

1. 举一例说明，原本旨在激励进行有利于社会活动的税收规则，同时也激励了纳税人进行减少纳税义务的交易安排，但该交易不是以服务社会为目的。

2. 以下说法正确或错误？请讨论。

a. 国会起草制定非常严谨的且具体的税收规则防止纳税人行为的扭曲。

b. 绝大多数税收立法都由参议院提出。

c. 财政部起草规章和颁布收入裁决以阐明税收规则。

d. 财政部发布的收入裁决可以被纳税人信赖，而私人信函裁决只对提出要求的纳税人有效。

e. 法院不能通过司法判决改变税法的实质。

3. 为什么国会和财政部应避免起草过于具体的税收规则？实施这样的税收规则给美国国税局带来哪些成本？又会给特定的纳税人带来什么好处？

4. 概述国会对一项税收议案从提议到通过的路径。为什么最终通过的议案不同于原来的提案？

5. 我们的税收制度如此复杂的成因是什么？这些原因中哪些是可修正的？

6. 这样一些司法原则，例如经济实质原则、实质重于形式原则和商业目的原则如何影响纳税

人的行为？这样的原则对社会有益吗？

7. 纳税人将收入从一方转移到另一方存在哪些激励？与这样的收入转移相关的成本有哪些？给出在制订家庭计划的情况下这类成本的例子。在不考虑收入分配原则的情况下，将如何影响收入转移的成本？纳税人该如何降低这些成本？

8. 为什么税法有时要辨别关联方交易？这总是体现社会的最大利益吗？

9. 税务当局是否总是应该同意应某一纳税人请求提供私人收入裁决，以阐明所提议交易的税收处理呢？纳税人申请裁决是否应支付一定费用来弥补税务当局回应纳税人请求所发生的成本？

10. 假设美国计划调整其税收制度，比如从所得税制改为国家商品和服务销售税制。一些生活必需品，比如食物，将免除税收，且低收入家庭可获得退税。那么这样的税收制度会不会消除以下转移收入活动的激励：（a）从一个时期转移到下一个时期；（b）从一种类型转移到另一种类型；（c）从一个口袋转移到另一个口袋？

11. 假设美国计划从收入税税制改为单一税制。对个人而言，不再有允许扣除的项目，但存在一个高标准豁免额（因此低收入纳税人不需要提出纳税申报），以及对股息和利息收入实行免

税。公司可以扣除所有工资开支，并把资产收购成本作为费用直接扣除。那么，这样的税收制度是否消除以下转移收入活动的激励：（a）从一个时期转移到下一个时期；（b）从一种类型转移到另一种类型；（c）从一个口袋转移到另一个口袋？你认为没有扣除项目的单一税制在美国政治上可行吗？

12. 假设你是个人纳税人。如果你预期边际税率在接下来的时期下降，你当下可能采取的税收筹划是什么呢？

练习题

1. 假设纳税人可以左右其获取 100 000 美元完全应税收入的时间。完全应税证券当前的利率是 10%，该纳税人当前面临的税率为 31%。如果纳税人延迟收款，其金额将在第二年年末增长到 110 000 美元。纳税人必须决定，是现在收取这笔钱还是 1 年后的年底或者 2 年后的年底收取。

a. 纳税人应该选择什么时间获取这笔收入？

b. 是否存在这样的利率，让纳税人在两个选项之间保持无差？

c. 纳税人预计 2 年后税率提高到 35%。他应该选择什么时候获取该笔收入？

d. 第二年的税率为多少时，纳税人在两个方案选择上无差异？

2. 假设某个纳税人投资 100 000 美元到一个合伙企业。该纳税人面临的个人普通收入税税率是 70%，资本利得税税率是 28%。在第一年，合伙企业花费 100 000 美元进行研发，纳税人可以要求将其冲减其他收入。第二年，合伙企业销售已开发技术，按比例纳税人享有的那部分收入是 50 000 美元，该收入作为资本利得缴纳税收。（在你的答案中，忽略资金的时间价值。）

a. 该纳税人的税前收益率是多少？

b. 该纳税人的税后收益率又是多少？

3. 某纳税人是一家小型公司唯一的投资所有人，也是雇员，准备纳税申报。在给自己支付任何工资或股息或附加福利之前，公司应纳税收入为 100 000 美元。试总结双方（公司和纳税人）在以下情形下的税收结果：

a. 支付 50 000 美元的工资。

b. 没有支付工资但是支付股息 50 000 美元。

c. 提供 10 000 美元附加福利和 40 000 美元的工资。

4. 某纳税人拥有两家独立的公司。A 公司的边际税率为 35%，B 公司的边际税率为 15%。A 公司以成本价出售其所有产品给 B 公司，而 B 公司将价格上涨 50% 后对外销售。A 公司的收入总额是 200 万美元，而 B 公司的收入总额为 300 万美元。这种安排的税收影响是什么？国税局对此将做何反应？

5. 某纳税人拥有并经营一家艺术画廊，该画廊拥有大量库存画作待售。她把其中一幅画带回家挂在她的餐厅。一周后，到她家做客吃饭的客人非常喜欢这幅画，并支付给该纳税人一笔巨款购买了它。该纳税人认为，由于这幅画是在家里展示的，是个人投资，因此该资本资产的利润应视为资本利得纳税。这幅画花费了纳税人 50 000 美元成本，在画廊上市标价为 90 000 美元，而晚餐客人支付了 80 000 美元将这幅画买走。作为一个国税局代理人，你会做何反应？你认为该国税局代理人将如何评估该纳税人应缴纳何种税收（假设纳税人面临着最高法定税率）？

6. 假设某家公司（投资公司）拥有另一家公司（被投资公司）1.64 亿股的股份。该投资公司希望清算其主要股份。该投资公司持有股票平均税基为每股 17.62 美元，被投资公司目前以每股 61 美元的价格在交易。[1]

① 该问题基于现实的交易。关于该交易的更好的诠释请参见 Erickson 和 Wang（1999）。Erickson 和 Wang 探讨了该交易控制股息待遇的规则以及交易双方如何组织该交易以符合该规则。Erickson 和 Wang 还对交易双方如何分享股息处理中产生的节税做出估计。有兴趣的读者可以参考《福布斯》杂志上的《好莱坞的高成本》一文（《福布斯》，1997 年 4 月，第 44～45 页），该文章讨论了施格兰清算其杜邦公司股份获取收益的过程。

a. 假设投资公司的税率是 35%。其在被投资公司持有的 95% 的股份按市价出售（即出售 1.56 亿股的股份）的税收后果是什么？

b. 注意，如果投资公司不是在一个公开市场中销售，而是直接出售股票给被投资公司，投资公司的税后收益是相同的。现在，假设该投资公司不是出售股票给被投资公司，该交易安排产生的"销售收入"将作为投资公司的股息征税。进一步假设该投资公司可以从获取的股息中，将 80% 的应税收入排除在外（因为该投资公司在该交易之前拥有被投资公司大约 25% 的股权）。请

问，该"销售收入"的股息处理引起的税收后果是什么？

c. 对于投资公司来说哪一种税收安排更好？如果有的话，对于被投资公司存在什么税收影响？这种股息处理存在什么非税成本？

7. 某纳税人持有微软公司 100 000 股的股份，目前价值 1 000 万美元。该纳税人以每股 10 美元的价格购买股票，因此有 900 万美元的未实现收益。该纳税人面临的资本利得的税率为 20%。他曾听说某种递延纳税策略，即"卖空持有股"。试给纳税人解释这种策略。

税收筹划的问题

1. 某纳税人在今年上半年遭受了 20 000 美元的资本损失（主要由于出售了部分证券），他正在考虑产生额外收入的两种可供选择的方案。第一种选择方案是找到一份兼职工作，在当地的大学教授税收课程。第二种选择方案是购买破旧的平房，并用晚上和周末的时间清洗、修理和涂装，然后出售装修好了的房子。从两种方案中纳税人估计获得的税前收入大约是 45 000 美元。请评价纳税人的两种选择方案。

2. 纳税人 A 作为一个木匠一年挣 50 000 美元。纳税人 B 也是一个从事贸易的木匠，在一年内装修她的房子。评论两个木匠的税后状态。假如纳税人 B 计划居住在她装修的房子里，1 年以上和 10 年以上真的没有区别吗？

3. 某纳税人正在成立一个新的公司，并投资 500 000 美元。该纳税人接受了其税务顾问的建议，提供 300 000 美元购买公司的股票和将 200 000 美元贷款给公司。请评述该税收筹划方案。

4. 某纳税人使用借入资金来收购非股息支付的公司股票。注意，借入资金的利息可以在支付时扣除，直至与从其他股票或投资中获得的净投资收入（即利息和股息收入）的数量相等。评论该方案的税收后果。

5. 发生税收损失的企业可以向前结转其税收损失，以获得之前支付税收的退还。但是到一定程度以后该损失就不能向前结转以获得退款了

（因为以前的应纳税收入比当前税收损失要少），但是可以向后结转，从未来应纳税收入额中扣除。1997 年颁布的《纳税人救助法案》规定从 1998 年开始向前结转期限从 3 年减少到 2 年，将向后结转期限从 15 年延长到 20 年。这样，公司在 1997 年的税收损失可以选择向前结转，以获得 1994 年、1995 年、1996 年所支付税款的退回（直到损失完全抵消为止）。

a. 一般来说，缩短（延长）向前结转（向后结转）期限对发生税收损失的企业有什么影响？

假设公司在 1997 年 11 月预计申报 1997 纳税年度 250 000 美元的税收损失。公司首席财务官认为，公司应当推迟确认 50 000 美元收入直到 1998 年，从而将向前结转的税收损失增加到 300 000 美元。该公司公布，在过去 5 年中每一年的年度应纳税收入额是 100 000 美元。该公司预计在 1998 年赚取 500 000 美元（在任何收入转移之前）。该公司使用 6% 的税后贴现率贴现。假定法定税率有望保持在 35% 不变。

b. 评估首席财务官（CFO）的计划。如果执行 CFO 的计划该公司将节省多少税收？

c. 如果向前结转时期的法定税率是 45%，而不是 35%，企业将省多少税收？

d. 在什么条件下你会建议公司向后结转税收损失，而不是向前结转以立即获得退税？

6. ABC 公司的首席执行官（CEO）是爱狗人士。他和他的妻子喜欢可卡犬，并拥有一只纯种

雄性可卡犬。因为他们爱狗，所以他们决定饲养和销售可卡犬幼崽。第一年，他们花 25 000 美元建设犬舍，支付兽医费用 5 000 美元，花费 5 000 美元购买雌性犬进行繁殖，食物和各式各样的供应花费 1 000 美元。在第一年结束的时候，他们已经成功地生产第一窝小狗，但尚未出售。他们希望税前扣除所发生的损失（他们通过简单的加法计算所有支出，共 36 000 美元），但他们也听说过一些关于业余爱好活动的损失扣除规则。在 IRC 中，对于被划分为爱好的活动，只有在产生收入的任何活动中所发生的损失才可以扣除。但是，如果该活动被列为贸易或商业活动，并且是纳税人积极投身其中的业务，对纳税人的损失则可从其他收入中扣除。

a. 为什么国会要区分爱好活动和贸易或商业活动？

b. 如果由你起草税法，你会制定何种规则（或试验）来区分一个活动是爱好活动还是贸易或商业活动？解释每个规则（或试验）的目的。

c. 在你制定的规则中，首席执行官的养狗活动应被列为一个爱好活动还是商业活动？

d. 参阅附录 2.1 中列出的依据来源之一确定 IRC 的分类规则。在 IRC 规则中，首席执行官的养狗活动将被归类为一个爱好活动还是商业活动？

e. 如果养狗活动被归类为商业活动，允许 CEO 从他的其他收入中获取多少税前扣除？

参考文献

Anderson, K. E., T. R. Pope, and J. L. Kramer (editors), 2007. *Federal Taxation 2001 Corporations, Partnerships, Estates and Trusts.* Upper Saddle River, NJ: Prentice Hall.

Battle, F., Jr., 1997. "Corporate Tax Shelters, Financial Engineering, and the *Colgate* Case," *Taxes* (December), pp. 692–705.

Enis, C., and L. Christ, 1999. "Implications of Phase-Outs on Individual Marginal Tax Rates," *Journal of the American Taxation Association* (Spring), pp. 45–72.

Erickson, M., and S. Wang, 1999. "Exploiting and Sharing Tax Benefits: Seagrams and Dupont," *Journal of the American Taxation Association* (Fall), pp. 35–54.

Erickson, M., S. Heitzman, and F. Zhang, 2012. "Tax-Motivated Loss Shifting," Working Paper, University of Chicago.

Graetz, M., 1972. "Reflections on the Tax Legislative Process: Prelude to Reform," *Virginia Law Review* (November), pp. 1389–1450.

Guenther, D., 1994. "Earnings Management in Response to Corporate Tax Rate Changes: Evidence from the 1986 Tax Reform Act," *The Accounting Review* (1), pp. 230–243.

Hanlon, M., and J. Hoopes, 2013. "What Do Firms Do When Dividend Tax Rates Change? An Examination of Alternative Payout Responses to Dividend Tax Rate Changes," Working Paper, MIT and Ohio State.

Klassen, K., M. Lang, and M. Wolfson, 1993. "Geographic Income Shifting by Multinational Corporations in Response to Tax Rate Changes," *Journal of Accounting Research* (Supplement), pp. 141–173.

Klassen, K., and D. Shackelford, 1998. "State and Provincial Corporate Tax Planning: Income Shifting and Sales Apportionment Factor Management," *Journal of Accounting and Economics* (3), pp. 385–406.

Lightner, T., 1999. "The Effect of the Formulatory Apportionment System on State-Level Economic Development and Multijurisdictional Tax Planning," *Journal of the American Taxation Association* (Supplement), pp. 42–57.

Lopez, T., P. Regier, and T. Lee, 1998. "Identifying Tax-Induced Earnings Management around TRA 86 as a Function of Prior Tax-Aggressive Behavior," *Journal of the American Taxation Association* (2), pp. 37–56.

Maydew, E., 1997. "Tax-Induced Earnings Management by Firms with Net Operating Losses," *Journal of Accounting Research* (1), pp. 83–96.

Murray, A., and J. Birnbaum, 1987. *Showdown at Gucci Gulch* (New York: Random House).

Scholes, M., P. Wilson, and M. Wolfson, 1992. "Firms' Responses to Anticipated Reductions in Tax Rates: The Tax Reform Act of 1986," *Journal of Accounting Research* (Supplement), pp. 161–191.

U.S. Department of Treasury, 1999. *The Problem of Corporate Tax Shelters: Discussion, Analysis and Legislative Proposals* (July).

Wilson, R., 2009. "An Examination of Corporate Tax Shelter Participants," *The Accounting Review* (84[3]), pp. 969–999.

第 3 章

可供选择储蓄工具的收益

阅读完本章，你应能：

1. 列举六种可供选择储蓄工具并描述它们不同的税务处理。

2. 计算六种储蓄工具的税后积累和税后收益率。

3. 解释并说明投资税收扣除的好处。

4. 解释并说明递延纳税的好处。

5. 解释并说明随着时间的推移税率变化对各种储蓄工具的影响。

6. 比较投资可扣除个人退休账户（IRA）和罗斯（Roth）个人退休账户（IRA）。

7. 评估从可扣除 IRA 到罗斯 IRA 的转换决策。

在本章中，我们首先讨论不同的法律形式，个人通过这些形式为将来储蓄。为了便于比较，假定对每一种储蓄工具将开展相同的基础投资。结果是，在每种情况下，每种储蓄获得的税前收益率将是相同的。然而，由于投资收益将在各种可供选择的工具之间被征收截然不同的税收，所以其税后收益率将存在很大的不同。可用作储蓄工具的组织形式包括货币市场共同基金和养老基金账户。在下一章我们将讨论各种可供选择的组织形式，如股份公司和合伙企业（这些企业可生产商品和提供服务）。

我们的主要目标是介绍一些将在后续章节中运用的数学公式。这些数学公式提供了一种强大的工具来挖掘和呈现税后收益差异，即不同储蓄工具和组织形式之间的税收差异。

在没有交易和信息成本（或摩擦）和/或税务当局没有施加显性约束时，各种储蓄工具之间获取税后收益的不同给予投资者机会以利用税收套利策略免除纳税。通过税收套利的意思是，通过不同形式借款筹集成本相对较低的资金，投资于享有税收优惠的组织形式，可以获取相对较高的税后收益率。在掌握一些预备知识之后，我们再讨论控制系统的现存限制和摩擦的性质。在此阶段，我们的目标只是证明可供选择储蓄工具所享受的不同税收待遇对投资效果的敏感性，并假设在可供选择储蓄工具安排中税前收益率相同。它允许我们每次只讨论一种情况。在基础投资不同的情况下，因为存在风险和税收差异，税后收益会有所不同，由此很难区分不同的税务处理对税后收益产生的影响。

我们从 3.1 节开始，比较在每年税率保持不变的情况下六种不同税收储蓄工具的相对吸引力。在 3.2 节，我们将阐述随着时间的变化税率如何影响六种储蓄工具的相对吸引力。最后，在 3.3 节，我们运用这些概念去分析可扣除个人退休账户（IRA）和罗斯

第 3 章

可供选择储蓄工具的收益

个人退休账户。综观我们的分析，我们假设交易成本和费用为零（或者至少在各储蓄工具上是相同的）。

3.1 跨期不变的税率

在本节中，我们假设税率不变。我们还假设投资者无论如何都不能通过购买活动影响税前投资收益率。换句话说，投资市场是完全竞争的。我们首先考虑一些相对简单的为未来消费而储蓄的方法。特别是，假设在每种储蓄形式中能进行的唯一投资是附息证券，比如某种具有充分担保（几乎无风险）的公司债券。

表3-1列出了六种不同的储蓄工具，以税收属性加以区分，六种储蓄工具之间的税务处理存在以下三个方面的不同：

（1）存入储蓄账户的存款是否可以即时直接税收扣除（只有储蓄工具Ⅵ会如此）。

（2）对投资收益征税的频率（每年被征税的，如储蓄工具Ⅰ和Ⅲ；只有在投资清算的时候被征税的，如储蓄工具Ⅱ、Ⅳ和Ⅵ；或者从不征税的，如储蓄工具Ⅴ）。

（3）对投资收益征税的税率（按个人普通收入税税率征税的，如储蓄工具Ⅰ、Ⅱ和Ⅵ；按资本利得税税率征税的，如储蓄工具Ⅲ和Ⅳ；或完全免税的，如储蓄工具Ⅴ）。

表3-1　　　　投资者通过六种不同法律形式（储蓄工具）持有的无风险债券

储蓄工具（例子）	投资税收扣除吗？	收益征税的频率	收益征税的税率	每一美元税后投资的税后积累（美元）
Ⅰ（货币市场基金）	否	每年	普通收入	$I[1+R(1-t)]^n$
Ⅱ（一次性缴清递延年金）	否	递延	普通收入	$I(1+R)^n(1-t)+tI$
Ⅲ（共同基金）	否	每年	资本利得	$I[1+R(1-t_{cg})]^n$
Ⅳ（外国股份公司）	否	递延	资本利得	$I(1+R)^n(1-t_{cg})+t_{cg}I$
Ⅴ（保险单）	否	不征	免税	$I(1+R)^n$
Ⅵ（养老金）	是	递延	普通收入	$[I/(1-t)](1+R)^n(1-t)$ 或 $I(1+R)^n$

上述每种不同的形式在美国以及许多外国税收管辖区中均有规定。我们的主要问题是投资者的收入以及何时被征税会对投资者的税后收益产生巨大的差别。我们在阐述每种储蓄工具的时候都将提供一些例子，但是你也许认为在未来会有不同的例子和新型的投资形式或存在其他税收管辖区，也适合描述这六种储蓄工具。例如，储蓄工具Ⅰ的例子包括公司债券以及由共同基金、银行、储蓄和贷款协会提供的货币市场基金账户。美国储蓄工具Ⅱ的常见例子是一次性缴清递延年金合同（由保险公司提供）和对不可扣除的IRA的一次性捐助（本章对两者进行解释）。储蓄工具Ⅲ包括某些共同基金，储蓄工具Ⅳ包括从投资利息免税的税收管辖区的某些股份公司获得的股份。而储蓄工具Ⅲ和Ⅳ相对少见，储蓄工具Ⅴ和Ⅵ被大量使用。储蓄工具Ⅴ的例子包括529个大学储蓄计划（以美国税法章节命名）、罗斯IRA、教育储蓄账户和某些美国人寿保险单的储蓄部分。

储蓄工具Ⅵ的一个例子是养老金账户（包括传统的或者经典的 IRA）。

但是，再一次提醒大家注意，列举每种储蓄工具的例子只是为了方便阐述。我们希望强调每种储蓄工具的税收特点（投资扣除、税率和征税频率）以及对税后收益率的影响。[①] 因此，在税前投资收益率保持不变的情况下，当我们改变投资的税收时，读者不要只考虑所谓的储蓄工具本身，而是要考虑税后收益率会发生怎样的变化。例如，考虑一个简单的没有股息支付的普通股投资。该投资符合储蓄工具（SV）Ⅳ的税收特点——投资时没有税收扣除，收入推迟到股票出售时获得，且只要投资者持有股票超过一年就适用长期资本利得的税率。如果发行股票的公司开始支付股息，投资收益计算将发生变化，因为当前每年都有收入要按照适用于股息的税率征税，以及要基于销售征收资本利得税（在有任何利得实现时）。

在这里：

$R=$ 税前收益率

$n=$ 时期数

$t=$ 适用于普通收入的税率

$t_{cg}=$ 适用于资本利得的税率

在接下来的讨论中，我们详细说明示例中括号内的内容，但我们避免讨论运用每一个例子在技术上存在的细微差别。因为讨论这些细微的差别只会掩盖基本观点，并且模糊我们本章正在详细阐述的分类法。在后续章节我们确实要更全面地探讨将遇到的每一个可供选择的投资。整本书我们都将用 R 表示税前收益率，r 表示税后收益率。在一个单利计息储蓄账户中进行 1 年期投资，其税后收益率 $r=R(1-t)$。

在表 3-1 中，我们展示了这六种不同的法律组织形式（通过投资者持有无风险资产）的每一美元税后原始投资（I）所产生的税后积累。税后积累是这样一个函数，变量是它们各自的税务处理方式，投资的税前收益率、投资持有期，以及普通收入和资本利得的适用税率等。普通收入的例子包括就业获得的工资收入和债券利息；资本利得的例子包括普通股票或者其他投资出售实现的收入。

□ 复利的回顾

要理解表 3-1 中的代数表达式，需要了解复利计算的简单原理。如果 I 代表一项以每期 r 的利率（税后）进行的投资，那么，本金加上利息后再投资 n 期，在 n 期之后积累的数额为：

$$I[(1+r)(1+r)\cdots(1+r)], \quad 即\ I(1+r)^n \tag{3.1}$$

例如，如果每年税后投资收益率是 12%，那么每 1 美元 10 年期投资的税后积累是 $(1+0.12)^{10}=3.11$（美元）。我们将此积累标识为 F（该投资未来的价值）。如果我们希望了解按年计算的收益率 r，首先应令 $F=I(1+r)^n$。求解 r，得出 $r=(F/I)^{1/n}-1$。例如，如果我们知道今天的 1 美元投资能在 10 年后积累至 3.11 美元，那么我们可计算得

---

① 例如，储蓄工具Ⅲ标注为共同基金，但这种共同基金不应与普通股票共同基金相混淆。普通股票共同基金的投资者就其获取的任何共同基金股票股息按年纳税，即使这些股息没有分配给共同基金的投资者。类似地，共同基金的投资者就共同基金实现的任何资本利得按年缴纳税收，正如投资组合中的股票交易一样。参见 Bergstresser 和 Poterba（2002）关于共同基金的税收讨论以及共同基金的税收如何影响投资者投向哪一个基金。

出每年的年收益率是 12% $[(3.11/1)^{(1/10)}-1=0.12$，即 12%$]$。

在储蓄工具 I 的案例中，每期以税前投资利率 R 获得的利息必须按照税率 t 缴纳税收。然后，每期赚取的税后收益率 r 等于 $R-tR$，即 $R(1-t)$。在式（3.1）中用 $R(1-t)$ 代替 r，得出：

$$I[1+R(1-t)]^n$$

这就是表 3-1 中给出的表达式。

□ 投资于储蓄工具 I 和 II

储蓄工具 I：将资金存入货币市场储蓄账户（money market savings account）不能进行税收扣除。该投资收益通常每年完全按照个人普通收入税税率征税。在某种意义上，储蓄工具 I 是在我们所有储蓄工具中获取税收利益最少的，它假定在个人普通收入税税率为常数时所产生的税后积累最低。

储蓄工具 II：将资金通过美国保险公司存入一次性缴清递延年金（SPDA）合同中，不能进行税收扣除。显然这种描述有点过于简单化。SPDA 投资的机制如下：投资者将现金交给保险公司，保险公司进而投资在有息证券中。保险公司从持有的证券中获得的累积利息不缴纳税收。该投资者获得的投资收益被延迟征税，即只有当投资者从合同之外获得收入时，才按照普通收入的税率征税。这份一次性付清保险费的年金合同由雇主制定。关于一个人能在 SPDA 上投资多少并没有限制。

储蓄工具 II 的另一个更为人们所熟悉的例子可能是不可扣除个人退休账户（也称为不可扣除 IRA）。其出资不能进行税收扣除（即出资额本身是税后资金，通常是由于投资者是退休计划的一部分，以及/或者投资者赚太多的收入而不能够扣除对 IRA 的出资），且其投资收益也不课税，直到退休提取款项时，才按普通收入征税。

递延纳税的价值，是相当大的，因此工具 II 的吸引力超过工具 I。在储蓄工具 II 中，投资者以税前收益率 R 获得收益，而不是像储蓄工具 I 一样以税后收益率 $R(1-t)$ 获得投资收益。那么，在投资清算之前，对储蓄工具 II 每一美元的投资产生的收益是 $(1+R)^n$。只有在投资 n 期期末该账户清算时获得 $[(1+R)^n-1]$ 的收入才按照税率 t 缴纳税收。这使得投资者的最终收入是

$$I(1+R)^n-t[I(1+R)^n-I]$$

在这里，第一项是税前积累，第二项是投资收益的应付税金。这个式子可以简化为：

$$I(1+R)^n-tI(1+R)^n+tI$$
$$=I(1+R)^n(1-t)+tI \tag{3.2}$$

这就是表 3-1 给出的关于储蓄工具 II 的表达式。理解此结果的另一种解释为：第一项的 $I(1+R)^n(1-t)$ 是计算 n 期期末的整个积累的应付税金，包括初始投资的税金。在最后一项，将该税金 tI 加回，获得准确的税后积累，在这里只有初始投资的累积收入才被课税。

在表 3-2 中，假设 $R=7\%$，$t=30\%$，我们分析了投资于不同持有期的储蓄工具 I 和 II 所获得的税后积累和税后年度收益率。税后积累绘制在图 3-1 上。对于储蓄工具 I，其货币市场账户的税后收益率将是 $7\%\times(1-0.3)=4.9\%$。且无论投资期限多长，税后收益率均为此值。相比之下，对于储蓄工具 II，其 SPDA 的税后收益率在持有期会不断变化。为了计算储蓄工具 II 每年的税后收益率，我们必须首先找到一个给定的持有

期的税后积累。让我们假设，投资者将 1 美元存入储蓄工具 II 达 5 年，该 1 美元的税后积累为 1.28 美元（如表 3-2 投资栏所示，持有期 5 年）。为了展示 1.28 美元是如何推导出来的，请注意 1 美元的 5 年期投资以 7% 的增长速度增长至 $1 \times (1.07)^5$，即税前 1.40 美元。到第 5 年年底从该账户中收回累积金额时，超过初始投资的数额应被征税。在这个例子中，超出的部分为 0.4 美元，对超出的部分征收的税款是 0.3×0.40 美元，即 0.12 美元，税后的收益为 1.28 美元（即 1.40 美元－0.12 美元）。

另外，使用式（3.2），我们可以直接得到相同的税后金额：

$$1 \times (1.07)^5 \times (1-0.30) + 0.30 = (1.40 \times 0.7) + 0.30 = 1.28$$

注意，除 1 年期的投资之外（当 SPDA 变成相当于货币市场账户时），SPDA（储蓄工具 II）的税后积累总是超过货币市场账户（储蓄工具 I）的税后积累——记住，我们在这里假设，纳税人面临着不变的跨期税率。并且，持有期越长，积累的差异就越大。例如，40 年后，在 SPDA 中的 1 美元可累积到税后 10.78 美元，即比货币市场账户的税后积累 6.78 美元高出 59%。

表 3-2　　当 $R=7\%$ 和 $t=30\%$ 时每 1 美元投资的税后积累和储蓄工具 I 和 II 在不同持有期的税后收益率

持有期 (n)（年）	1	5	10	20	40	100	1 000
税后积累（美元）							
储蓄工具							
I	1.05	1.27	1.61	2.60	6.78	119.55	5.96×10^{20}
II	1.05	1.28	1.68	3.01	10.78	607.70	1.69×10^{20}
税后年度收益率（%）							
储蓄工具							
I	4.90	4.90	4.90	4.90	4.90	4.90	4.90
II	4.90	5.09	5.31	5.66	6.12	6.62	6.96

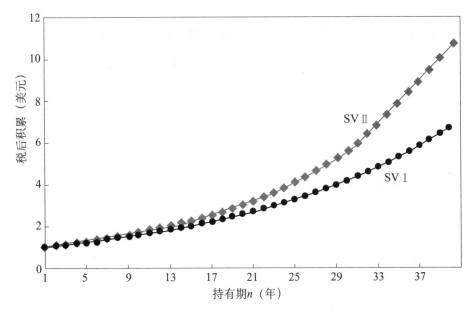

图 3-1　储蓄工具 I 和 II 的税后积累：$R=7\%$，$t=30\%$

表 3-2 的底部显示税后年度收益率。例如，将 1 美元投资于储蓄工具 I，5 年之后税后积累增长至 1.27 美元，这意味着年度收益率为 $1.27^{1/5}-1$，即 4.9%。在货币市场储蓄账户中，所有的税后年度收益率均为 4.9%，但如果在 SPDA 中，这些税后年度收益率随着持有期的增加而增加。事实上，随着持有期变得越长，每期税后收益率越接近7% 的税前收益率。

尽管税前收益率等于 7%，我们也必须谨慎，不要笼统地认为在 SPDA 中的长期投资与获得免税投资收益相当。当持有期 n 很大时，投资于 SPDA 的税后累积收益接近于收益率为 R 的免税投资所积累收入的 $(1-t)$（即相当于我们例子中的 70%）。原因在于，随着投资期变长，几乎所有的在 SPDA 投资中的收益均是利息收入（原来存入的初始美元存款在长期投资中变得相对不那么重要），当 SPDA 套现的时候，其收益（当 n 很大时，这意味着几乎所有的收益）将完全按照普通收入的税率征税。[①] 为了说明这一点，假设 $n=40$ 年，你以每年 7% 的收益率（$R=0.07$）进行 1 美元的免税投资。40 年后投资将积累到 $(1+0.07)^{40}=14.97$（美元）。将这与在表 3-2 中报告的 10.78 美元的积累（该积累是投资期限 40 年，$R=0.07$ 和 $t=30\%$ 的 SPDA 投资所得）相比较。注意，10.78美元是 14.97 美元的 72% 或接近 14.97 美元的 $(1-t)$（两者并不相等，因为在表 3-2中要将 0.30 加回 SPDA 的计算中）。

□ 混合储蓄工具

虽然没有在表 3-1 中列举，但某些储蓄工具只允许对部分收益递延至投资清算时才缴税，而以前的未征税收入随后按照个人普通收入税税率征税。这种储蓄工具作为工具 I 和 II 的混合被征税。例如，考虑对支付股息的普通股进行一项投资。每年按照适用于股息的税率征收收入税，并在股权出售环节征收资本利得税（基于任何实现收入）。这种混合工具的税后收益总是介于工具 I（无递延纳税）和工具 II（100% 递延纳税）之间。某些信托基金也可享受这种混合税收待遇。[②] 还有另外一个例子是或有权益债券，是根据一些业绩指数到期支付部分利息。

□ 受税前投资收益率影响的储蓄工具 I 和 II 的税后积累差异

SPDA 相对于货币市场账户的优势是随着税前收益水平的增加而增加。例如，如果R 是 12% 而不是 7%，1 美元投资于储蓄工具 I 会在 20 年后累积到 5.02 美元，储蓄工具 II 将累积至 7.05 美元。当 $R=12\%$ 时，储蓄工具 II 的累积超过储蓄工具 I 的 40%，而表3-2 表明，当 $R=7\%$ 时，储蓄工具 II 的累积超过储蓄工具 I 的幅度不到 16%（3.01 美元对 2.60 美元）。

□ 投资于储蓄工具 III

和存入储蓄工具 I 和 II 一样，存入储蓄工具 III 的存款是不允许扣除的。然而，与储蓄工

税收与企业经营战略：筹划方法（第五版）

---

① SPDA 可适用于个人纳税人。在 59.5 岁之前，如果部分或者全部 SPDA 合同契约解除，就会被征收 10% 的额外消费税，除非采取终身年金的形式发行。我们假设每个储蓄工具的收费标准和调整成本没有差异，但在现实中这些费用在不同类型的投资形式中可能非常不同。

② 信托是一种法律实体，通过该实体，一方代表另一方的利益管理资产。根据美国所得税法，对于信托的未分配收益经常是信托方而不是受益方缴纳税款。当信托方税率低于受益方税率时，本书讨论的混合税收待遇就会出现。

具Ⅰ和Ⅱ不一样的是，投资于储蓄工具Ⅲ的收益要定期按照资本利得的税率纳税。以资本利得的税率和以普通收入的税率征税通常是有区别的。大多数国家都把大部分资本利得排除在税收之外。资本利得和损失源于资本资产的出售或交换，包括各种被动投资，例如普通股票、债券和房地产。1921—1987年，美国税法区分资本利得和普通收入适用税率。1988年，在许多情况下两种税率的区别已不存在。1988—1991年最高法定资本利得的税率和普通收入的税率都被定为28％。1992年，普通收入的最高税率上升到31％，1993—1996年又上升到39.6％，但是资本利得的税率一直到1996年仍保持在28％。1997年，资本利得的最高税率降低到20％，但作为资本利得进行税务处理所需的持有期从12个月延长到18个月。1998年对持有期的要求又减少到12个月。2003年资本利得的最高税率进一步减少到15％，并在2013年又增至20％。[①] 因此，资本利得的最高税率远低于普通收入的最高税率。此外，在以下几种情况下，美国资本利得和普通收入税务处理的差异尤为重要：

● 如果财产作为遗产转移，资本利得的税率仍然是零；

● 如果财产赠送给一个较低税负的纳税人，那么其资本利得的实际税率变成受赠人的低税率；

● 如果纳税人出售其他资本资产遭受损失，那么资本利得的税率可能在0和个人普通收入税税率之间变化，具体多少取决于如何约束所谓的资本损失的限额。

此时，你不需要了解这些普通收入的税率和资本利得的税率之间存在差异的具体原因。你只需意识到，在许多情况下两者的区别是很重要的。你也应该知道，普通收入和资本利得的税率之间的差异可能会在未来无数次改变。我们将在3.2节阐述未来一些税率变化的潜在可能性。

储蓄工具Ⅲ的种类包括这样的安排，即资本利得每年通过"按市值计价"规则或年度"出售"进行确认。按市值计价是指资产以年底市场价值标价。在美国，按市值计价规则适用于期货合约，这些期货合约被列为资本资产、持有至年底但如同年底出售被征税的资产。年度出售税务处理适用于某些共同基金，这些共同基金只投资于完全应税债券，且通过从基金持有人那里回购共同基金股票的方式分配年度收入。此股票回购引起的资本利得税务处理等同于基金所持有的优先债券收入的税务处理。

□ 储蓄工具Ⅱ和储蓄工具Ⅲ的比较

储蓄工具Ⅲ可能或多或少比储蓄工具Ⅱ更具有吸引力，这取决于投资持有的期限 n 和资本利得的税率 t_{cg}。例如，如果 $t_{cg}=0$，即使 $n=1$ 的情况，储蓄工具Ⅲ也总是优于储蓄工具Ⅱ。在这种情况下，投资收益是免税的。当 $0<t_{cg}<t$ 时，对于短期投资，储蓄工具Ⅲ优于储蓄工具Ⅱ，但对于长期投资，储蓄工具Ⅱ优于储蓄工具Ⅲ。

例如，假设 $t_{cg}=0.5t$，也就是说，资本利得税税率是个人普通收入税税率的一半。那么，1年后的年底，1美元投资将增加到 $[1+R(1-0.5t)]$ 美元。当 $R=7\%$，$t=30\%$（意味着 $t_{cg}=15\%$）时，每年税后收益率是 5.95％ [即 $7\%×(1-0.5×30\%)$]。该收益率比货币市场储蓄账户年收益率超出 1.05 个百分点 [$5.95\%-7\%×(1-30\%)$]。

第3章

可供选择储蓄工具的收益

---

① 还请注意，从2013年1月1日开始，2010年颁布的《患者保护与平价医疗法案》征收的额外税收是有效的，对投资所得（包括其他类型在内，如股息和资本收益）增加3.8％的税收——针对年收入超过250 000美元（修改调整后的总收益）的夫妇。

对资本利得（相对于普通收入）的税率降低了 15 个百分点，乘以 7％的税前收益率，产生的税后收益率差异为 1.05 个百分点。在持有的 31 年间，投资于储蓄工具Ⅲ每年税后赚取 5.95％的收益，高出投资于 SPDA（储蓄工具Ⅱ）的税后收益。而持有期超过 31 年时，SPDA 则提供较多的税后投资收益。具体来说，当 $n=31$ 年时，投资 SPDA 每年赚取 5.95％的税后收益，这等于共同基金的年度税后收益；当 $n=32$ 年时，投资 SPDA 每年赚取 5.97％的税后收益。

☐ 投资于储蓄工具Ⅳ

与前面所说的储蓄工具一样，投资于储蓄工具Ⅳ的存款不能进行税收扣除。然而，其投资收益的税收可以递延，在投资清算时按照资本利得的税率征税。该储蓄工具的例子包括对位于税收天堂国家（也就是说，在那里投资的公司适用税率接近 0）[1] 的投资公司进行投资持股，以及在税收天堂国家购买公司债券。[2]

根据表 3-1 中给出的公式，我们注意到，除了投资后储蓄工具Ⅳ的收益按照更优惠的资本利得税税率 t_{cg}，而不是按照个人普通收入税税率 t 课税之外，储蓄工具Ⅳ的积累类似于储蓄工具Ⅱ。除了特殊情况之外，储蓄工具Ⅳ更加优于储蓄工具Ⅱ和Ⅲ，这些情况是：$t_{cg}=0$（对资本利得免税，如同大多数国家对许多纳税人免税一样）和 $t_{cg}=t$（美国在 1988—1990 年对资本利得按照普通收入的税率课税）。当 $t_{cg}=0$ 时，储蓄工具Ⅲ和Ⅳ产生的税后收益率都等于税前收益率（即我们示例中的 7％）。当 $t_{cg}=t$ 时，储蓄工具Ⅳ就相当于 SPDA（即储蓄工具Ⅱ）。表 3-3 说明了当资本利得按照普通收入的税率的一半课税时，储蓄工具Ⅳ优于储蓄工具Ⅰ和Ⅱ。该税后积累绘制在图 3-2 中。

表 3-3   储蓄工具Ⅰ、Ⅱ和Ⅳ，当 $R=7\%$，$t_{cg}=0.5t$，$t=30\%$ 时，每 1 美元投资的税后积累和不同持有期的收益率

持有期 (n)（年）	5	10	20	40	100	1 000
税后积累（美元）						
储蓄工具						
Ⅰ	1.27	1.61	2.60	6.78	119.55	5.96×10^{20}
Ⅱ	1.28	1.68	3.01	10.78	607.70	1.69×10^{29}
Ⅳ	1.34	1.82	3.44	12.88	737.71	2.06×10^{29}
税后年度收益率（％）						
储蓄工具						
Ⅰ	4.90	4.90	4.90	4.90	4.90	4.90
Ⅱ	5.09	5.31	5.66	6.12	6.62	6.96
Ⅳ	6.06	6.18	6.37	6.60	6.83	6.98

---

[1]   这种机会不再适合仅从事例如股票和债券等消极投资的公司投资者。这些公司被归类于"消极外国投资公司"，其收入实际上以个人普通收入税税率征税（如同储蓄工具Ⅰ）。然而，对于许多其他国家的居民投资者而言，这种机会仍然存在。

[2]   如果美国股东想获得储蓄工具Ⅳ的税收待遇，持有税收天堂国家债券的公司必须从事实际的经济活动，而不仅仅是持有消极投资债券。对于符合条件的公司，其从税收天堂公司获得的利息收入免税。对于美国股东，当股票出售或者公司清算时，其收入应课征资本利得税，只要其公司不是所谓的"受控外国公司"，也就是说不存在 5 名股东持有普通股的总额超过 50％的情况。

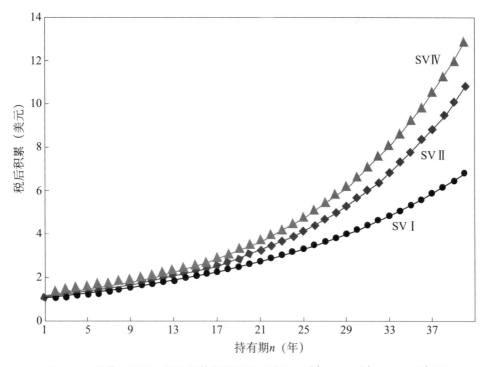

图 3-2　储蓄工具 I 、 II 和 IV 的税后积累（当 $R = 7\%$， $t = 30\%$， $t_{cg} = 15\%$时）

□ 投资于储蓄工具 V

　　虽然存入储蓄工具 V 账户的存款不能税收扣除，但是该投资收益完全免税。该投资工具的一个例子是 529 大学储蓄计划。在 2001 年 12 月 31 日后的纳税年度内，该投资税后收益用于捐助，提供资金用于符合条件的高校的相关教育费用免税。第二个例子是科弗代尔（Coverdell）教育储蓄账户，将该账户收益分配给教育相关（不只是大学）费用也免税。然而，捐助额度被限制于每个收益者每年 2 000 美元。[1] 第三个例子是终身寿险合同（或者万能寿险）的储蓄部分。正如在后面的章节我们将更全面地谈论到，终身寿险合同包括定期人寿保险（或者纯人寿保险）和储蓄账户。该储蓄账户持有人的债券收益免税，所以税前收益也等同于税后收益。保险公司通常将投资组合中的储蓄部分投资于普通附息证券中。[2] 最后一个例子是罗斯 IRA，这在之后的章节中讨论。

　　注意，只要资本利得的税率不是 0，储蓄工具 V 的税后积累就高于储蓄工具 I ～ IV。只有在资本利得收入免税的特殊情况下，储蓄工具 III 和 IV 才产生与储蓄工具 V 完全相同的税后积累。

第 3 章

可供选择储蓄工具的收益

---

　　① 关于教育储蓄账户的额外探讨，参见 http：//www. savingforcollege. com/intro ＿ to ＿ esas/和 http：//www. irs. gov/uac/Coverdell-Savings-Accounts。

　　② 如果人寿保险单在死前撤销，部分利息可能如同普通收入课税。尤其是，如果从保险单中撤走的资金超过所缴纳的保费（包括储蓄和保险费部分），那么其超过的部分应按照普通收入课税。本例中的情形是，保险单变成了储蓄工具 II 的范例。为什么？因为仅仅有部分利息收入课税（仅仅是超过定期保险费的利息部分），而且只是当该保险单兑换成现金时才被课税。

□ 投资于储蓄工具Ⅵ

在储蓄工具Ⅵ中，投资允许税收扣除，且对于投资收益可以递延纳税。养老金计划就是一个例子。尽管捐助于该计划款项允许税收扣除，以及对该计划的投资收益不征税，但是对从该计划中领取养老金的人则应完全课税。[①]

存入养老基金的每一美元在养老金资产分配给纳税人之前的 n 年间增长至 $(1+R)^n$ 美元，并且如果在 n 年所有累积收入被提取，按照 t 税率课税，其税后收入将增长至 $(1+R)^n(1-t)$ 美元。注意，养老金账户的收入在领取时按普通收入征税，即使该账户投资产生资本利得（或如果养老金投资于市政债券则免税）。这种征税办法会产生一个问题，即纳税人应该将什么类型的资产放在他们的养老金账户中。我们将这个问题推迟到第9章中讨论，该章节将更详细地讨论养老金问题。为简单起见，这里我们也假设，养老金账户的收益作为一次性收入获取，而不是作为年金分配。养老金账户的另一个复杂的问题是捐助的金额有限制，例如，人们只有捐助到某一特定数额才允许扣除。经过比较，当可选择投资金额超过已经确定的限额时，这些限额变得很重要，因为养老基金不适用于超出金额部分。

由于投资于养老基金的每一美元的成本在税后仅值 $(1-t)$ 美元，所以每一美元税后投资的税后收益是：

$$\frac{1}{(1-t)}(1+R)^n(1-t)=(1+R)^n$$

当税率在整个投资期间保持稳定时，储蓄工具Ⅴ就相当于储蓄工具Ⅵ，也就是说，养老金储蓄相当于免税。可以将养老基金当成与政府合作的免税合伙企业。对于你投入该合伙企业的每 $(1-t)$ 美元，你的合作伙伴（政府）也投资 t 美元。总的来说，该合伙企业共有1美元的投资。该1美元在 n 期按照每期 R 的利率增长。在清算之前，该合伙企业积累到 $(1+R)^n$ 美元。你完全有资格获得 $(1-t)$ 部分的该合伙企业的资产，你的合作伙伴将获取剩余 t 部分的资产。因此，在你 $(1-t)$ 美元的初始投资中，你可获得 $(1-t)(1+R)^n$ 美元的收益。你每一美元的投资收益仅为 $(1+R)^n$ 美元。

□ 优势关系和经验异常行为

到目前为止，我们已经了解，投资者已经意识到通过不同法律形式持有的同一资产的税后投资收益率是不同的。我们已经阐明了各种储蓄工具之间的几种绝对优势关系——那就是，投资者总是愿意避开一些储蓄工具的投资。在没有摩擦和冲突的情况下，我们在普通的货币市场储蓄中无法观察到税收优惠的储蓄工具。然而，在现实社会中，货币市场储蓄占有我们储蓄的份额比多数税收优惠储蓄形式要大。原因是，正如我们早先所说的那样，在现实社会中存在我们先前所暗示的各种摩擦和限制。例如，货币市场基金允许其投资者在任何时候（即流动性强）有权使用他们的基金，这区别于退休账户，退休账户经常锁定存款直至投资者退休才可以领取。

---

① 这里我们首先要忽略提前从养老金计划中提取资金所受到的惩罚（即在59.5岁之前提取资金时，作为惩罚应被课以 10% 的不可扣除的消费税）。

3.2 税率随时间变化

在本节中，我们放松在整个投资期间税率不变的假设。然而，值得注意的是，出于教学的需要，这里我们假设未来的税率已知。我们在以后的各章节中进一步放松这一假设。甚至在没有摩擦和限制的情况下，当我们介绍税率的跨时期变化时，3.1节得出的优势关系也不复存在。在这样的背景下，储蓄工具Ⅴ和工具Ⅵ不再等同；通过保险账户的免税储蓄不再等同于通过养老金账户的储蓄。尤其是，当税率逐步提高时，养老金（以及一次性缴清递延年金）的吸引力会减小，而当税率逐步下降的时候，则变得更有吸引力。

如果不考虑税率，储蓄工具Ⅴ获得 $(1+R)^n$ 的收益，但是储蓄工具Ⅵ的收益是

$$\frac{1}{(1-t_0)}(1+R)^n(1-t_n) \tag{3.3}$$

在这里，每个税率的下标是指时间，下标0表明开始捐助期间的税率，这里假设是当期。下标 n 表明未来第 n 期资金收回时的税率。当 $t_n > t_0$（即在第 n 期退休时的税率相对要高）时，储蓄工具Ⅴ更具优势。反之，如果 $t_n < t_0$（表明当下的税率相对要高），储蓄工具Ⅵ占优。

正如之前提到的，我们将养老金计划看作与政府建立的一种免税合伙企业，在该计划中，纳税人持有 $(1-t_0)$ 的资本份额，清算时从合伙企业中获得 $(1-t_n)$ 份额的收益。当 t_n 小于 t_0 时，纳税人的收益好过免税时的收益，而当 t_n 较高时，纳税人的收益比免税时更糟。

例如，考虑一个在1986年的税制改革法案后许多高收入纳税人所面临的情形。假设在1986年的边际税率为50%，该税率预计在退休之时下降到28%。鉴于这种税率结构，养老金计划提供比完全免税多出44%的税后积累。运用式（3.3）进行换算：

$$\frac{1}{(1-t_0)}(1+R)^n(1-t_n)=\frac{1}{(1-0.50)}(1+R)^n(1-0.28)=1.44(1+R)^n$$

相反，在2012年，随着所谓的布什减税政策（国家赤字越来越多）的限期临近，许多面临35%税率的高收入纳税人，期望税率提高并保持较高的状态进入退休期。如果他们预计在退休期税率增加至45%，那么其养老金将累积到：

$$\frac{1}{(1-0.35)}(1+R)^n(1-0.45)=0.85(1+R)^n$$

即比完全免税投资的税后收益少15%。在这种情况下，如果对免税保险单所有分配收入在后期加征15%的终端费，那么投资于养老金计划与投资于免税保险单完全一样。

事实上，当税率不断提高的时候，就短期投资而言，投资于养老金计划比投资于货币市场储蓄账户更糟。如果现行税率是35%，并且在5年内提高到45%（$n=5$），且 $R=7\%$，则养老金投资每年税后仅以3.5%的收益率累积，即每年以低于普通货币市场储蓄的0.9个百分点的比率累积。[①]

---

① 税后个人以7%的收益率对外投资 $1/(1-0.35)$，投资期为5年，然后就其累积收入按照45%的税率课税。5年后，税后积累是 $1/(1-0.35)×(1.07)^5×(1-0.45)=1.1868$（美元）。年度收益率为 $(1.1868)^{(1/5)}-1=0.0348$，即3.5%。4.4%的货币市场储蓄账户的税后收益率按如下方法计算，即 $[1+0.07×(1-0.35)]^4[1+0.07×(1-0.45)]=1.2408$（美元），$r=(1.2408)^{(1/5)}-1=0.0441$，即4.4%。

相比较而言，当 $n=10$ 时，投资于养老金计划的税后年度收益率是 5.2%，该收益率比投资于货币市场储蓄账户要高。当预期未来税率上升的时候，在所有可供选择的储蓄工具中，最佳税后收益率是 7%，该收益率可以通过投资于储蓄工具 V，例如罗斯 IRA 账户或者万能寿险保单获得。

在储蓄工具中的最佳选择不仅取决于各种组织形式如何被课税，而且取决于预期未来税率与现行税率的差异。尽管在税率保持不变时，某种特殊组织形式可以比另一种更优，但是如果税率在未来增加或者降低，这种优势排名可能会改变。当我们加入摩擦和限制条件时，优势排名会进一步改变，而且变化的方式因纳税人而异，即使在一段时间内面对相同的法定税率。

3.3　更多关于养老金计划的内容[①]

在本节中，我们提供关于养老金计划的一些制度上的细节，并运用储蓄工具概念去比较可扣除的个人退休账户（IRA）和罗斯 IRA。纳税人可利用各种各样的养老金计划作为退休储蓄。在我们的讨论中，我们提供 2013 年的捐助限额，但是，应注意的是，这些限额经常逐年增加。

雇主经常为其雇员制订退休计划。例如 401(k) 计划，雇员选择将他或她的一部分当前税前工资缴入所投资的（按照雇员的方向）计划中，其不断增长的缴款免税，直到提取的时候才缴税。在 2013 年，该类账户［对于 403(b) 计划，适用于公共教育机构和某些非营利机构］的缴款限额是 17 500 美元（如果雇员等于或者大于 50 岁，是 23 000 美元）。雇主经常给雇员配套税前缴款（按照雇主选择的比例）。如果雇主一比一地配套缴款，就意味着雇员每税前缴款一美元，雇主也缴款一美元。雇员在 59.5 岁时就能从账户中开始提取资金而不受处罚，并且在 70.5 岁时必须开始提取资金，否则将被处以罚金。

企业也能给雇员提供一个罗斯 401(k) 计划。在该计划中，雇员将税后资金缴入该计划中，且其收益免除未来的税收。该缴款限额和领取年龄规则与 401(k) 计划一样。[②]雇主可以配套雇员所缴资金将资金缴入罗斯账户，但是该匹配基金必须以税前利润为基数建立，且不能变为指定的罗斯账户，不能获得罗斯关于收入分配的税收优惠待遇。

对于规模较小的雇主（或者希望避免刚刚讨论过的较为复杂的这些计划的雇主），可以选择简单的雇员养老金计划（SEP）和雇员储蓄激励匹配计划（SIMPLE）。在 SEP 中，雇主为雇员开设 IRA 账户并将资金缴入 IRA 账户中（但是，雇员人数仅限于 25 人或者更少）。在 2013 年，雇主可提供的缴款上限为每年 51 000 美元或者员工收入的 25% 中的较小值。希望避免较为复杂的其他养老金计划的小规模雇主也可以选择 SIMPLE 计划。对于员工少于 100 人并能为每一位员工建立 IRA 账户的企业也可以选择 SIMPLE 计划。允许员工每年税前缴款最高达 12 000 美元（即 2013 年的限额），然后雇主给予配套

---

① 对于大多数退休计划，所谓追加缴费限额——高于允许缴费的部分——要求纳税人超过 50 岁。
② 是两种类型的员工缴费计划，即 401（k）和罗斯 401（k）计划的结合，不能超过规定的限额。

（上限是雇员收入的 3%）。①

□ 传统可扣除 IRA

自 2013 年起，符合条件的纳税人每年缴入传统可扣除 IRA 的金额可高达 5 500 美元（或者，如果少于 5 500 美元就缴入相当于 100% 的工资报酬额）。如果纳税人已经 50 岁或者年纪更大，该年度缴款限额上限可以是 6 500 美元。缴款额允许税收扣除，且养老金账户的收益推迟到纳税人在退休领取款项时缴纳税收。这样，可扣除 IRA 属于储蓄工具 IV 的范畴。不工作的配偶也可以缴款（上限相同）。对于参加由他们的雇主提供的养老金计划的纳税人，缴入 IRA 的允许税收扣除数依据纳税人的收入和纳税申报身份变化递减。例如，在 2013 年，联合纳税申报人可享受税收扣除的收入介于 95 000 美元至 115 000 美元之间。也就是说，如果纳税人收入高于 115 000 美元，那么所有的缴款都不能进行税收扣除。②

□ 不可扣除 IRA

如果雇主不愿或者不能（因为受收入限制）给传统的 IRA 账户提供可扣除缴款，那么纳税人可以建立上限至每年 5 500 美元（2013 年的限额）的不可扣除缴款账户。该账户收益推迟到纳税人退休领取养老金时缴税。这样，不可扣除 IRA 属于储蓄工具 II 的范畴。

□ 罗斯 IRA

从 1998 年开始，纳税人可以向罗斯 IRA 账户缴款。该缴款不可税收扣除，但如果在 59.5 岁后领取可以免税。也就是说，罗斯 IRA 的收益虽然没有递延课税但是可以免税（倘若取款满足某些条件）。注意，并不要求投资者与其他许多退休账户一样在 70.5 岁这个年龄开始从罗斯 IRA 中取款。罗斯 IRA 属于储蓄工具 V 的范畴。纳税人的缴款限额最高达 5 500 美元（如果纳税人 50 岁或者年纪更大，最高限额是 6 500 美元，2013 年的限额）。该缴款限额根据纳税人的收入和纳税申报身份递减。例如，2013 年，该限额对于收入介于 178 000 美元和 188 000 美元之间的联合申报人逐步降低。也就是说，收入在 188 000 美元以上的联合申报人不能投资于罗斯 IRA。

尽管高收入纳税人不能直接缴款给罗斯 IRA，但是他们能建立被称为"秘密的罗斯缴款"的账户，由此纳税人可投资给不可扣除的传统 IRA，然后立即将该账户转换为罗斯 IRA。从 2010 年开始，罗斯 IRA 的转换没有收入限制。如果在传统 IRA 缴款期间和转换期间该账户有收入，则该项收入应纳税。但如果该转换几乎同时完成，则所获取的收入是零，纳税人刚好秘密形成罗斯 IRA 缴款。

---

① 关于 SEP 的额外细节，参见 http：//www.irs.gov/retirement/article/0，id＝111419，00.html＃contributions。关于 SIMPLE 计划的额外信息，参见 http：//www.irs.gov/Retirement-Plans/Plan-Participant，-Employee/Retirement-Topics-SIMPLE-IRA-Contribution-Limits。注意，这类额外的计划对自由职业者适用——关于所有计划的额外信息，参见 http：//www.irs.gov/Retirement-Plans/ Retirement-Plans-for-Self-Employed-People and IRS Publication 560。注意，在该法律颁布之后，以前被称为"基奥计划"的自由职业者退休计划首次允许非法人企业赞助退休计划。因为该法律不再区别公司和其他计划发起人，该条款已经很少使用。

② 关于 IRA 的额外信息，参见 http：///www.irs.gov/publications/p590/index.html。

□ 可扣除 IRA 和罗斯 IRA 的比较——新缴款

如表 3-1 所示，罗斯 IRA（储蓄工具 V）将在 n 年期间累积到 $I(1+R)^n$，可扣除的 IRA（储蓄工具 VI）将累积到：

$$\frac{I^*}{(1-t_0)}(1+R)^n(1-t_n)=I(1+R)^n(1-t_n)$$

在这里，I^* 表示税前投资金额。假设纳税人想将税后 1 000 美元投资于 IRA，她期望当前 30% 的税率从现在到 30 年后从退休计划提取款项时不会发生改变。假定她在任何一个 IRA 账户每年的税前收益率为 8%，则投资于罗斯 IRA 将累积到 $1\ 000/(1+0.08)^{30}=$ 10 063（美元）。投资于可扣除 IRA 将累积到 $1\ 000/(1-0.30)\times(1+0.08)^{30}\times(1-0.30)=$ 10 063（美元）。这两个累积额是相同的，因为税率在缴款期和提取期之间预期不变。这相当于，政府将 t 百分比的投资额（税前）投入到可扣除 IRA，接下来收回 t 百分比的累积额。如果纳税人预期她的税率在其退休时提高到 35%，那么投资于可扣除的 IRA 将累积到 $[1\ 000/(1-0.70)]\times(1+0.08)^{30}\times(1-0.35)=9\ 344$（美元）。这样，如果纳税人预期其退休时税率高于（低于）缴款期间的税率，那么投资于罗斯 IRA 是有利的（不利的）。

我们比较了早先提到的可供选择的储蓄工具 V 和 VI，两者都是通过使用税后积累 F 推算出年度收益率 r，即 $r=(F/I)^{1/n}-1$。比较可供选择的工具的第三种方式是寻找代数表达式的差异并简化，如下所述：

罗斯 IRA 的积累－可扣除 IRA 的积累

$=1\ 000(1+R)^n-1\ 000/(1-t_0)(1+R)^n(1-t_n)$

$=1\ 000(1+R)^n-1\ 000(1+R)^n\dfrac{(1-t_n)}{(1-t_0)}$

$=1\ 000(1+R)^n\left[1-\dfrac{(1-t_n)}{(1-t_0)}\right]$ （3.4）

如果式（3.4）是正数，说明罗斯 IRA 是首选。我们仅仅通过分析方括号里的最后一项就可以得出哪一种投资选择最优［因为式（3.4）的符号只取决于最后一项的符号］。这样，正如该数学例子所表明的，当 $t_0=t_n$ 时，两个积累相等［根据式（3.4），积累之差是零］。当 $t_0<t_n$ 时，式（3.4）是正数，罗斯 IRA 是首选。例如，当 $t_0=0.30$ 且 $t_n=0.40$ 时，罗斯 IRA 的积累是 $[1-(1-0.40)/(1-0.30)]=0.142\ 8$，即 14.3%，超过可扣除 IRA 的积累。最后，当 $t_0>t_n$ 时，式（3.4）是负数，可扣除 IRA 是首选（因为未来的税率更低，政府从该账户中提取款项的百分比较其提供款项的百分比更小）。

值得一提的是，纳税人可以提供税后最大限额 5 500 美元到罗斯 IRA 账户，但只能提供税前最大限额 5 500 美元到可扣除 IRA 账户。税前和税后金额的等价关系取决于纳税人的适用税率。如果纳税人的税率是 30%，税前缴款的最高限额 5 500 美元与税后最高限额 3 850 美元等同。这样，我们必须仔细比较可扣除 IRA 和罗斯 IRA 这两项投资。为了进行有效的比较，我们必须让每一项投资的税后金额相等。在以前的例子中，这不是一个问题，因为纳税人缴款少于允许的最大限额。对于适用 30% 税率并希望尽可能提供最大限额到每一个 IRA 的纳税人，重要的是认识到，如果她选择可扣除的 IRA 进行投资，其将拥有额外的税后 1 650 美元可投资于不同的储蓄工具。换言之，如果纳税人的适用税率是30%，投资5 500美元到可扣除的IRA可以在纳税人的纳税申报上提供一个扣除额，从而节省1 650美元税收。然后纳税人将拥有这额外的1 650美元从事投资，然而，她不能投资于IRA，因为她处于IRA缴款限额之上。为了比较，我们假设把该超过的部分投资于SPDA（读者可以在假定将该超过的部分投资于表3-1列举的其他储蓄工具之一的情况下进行比较）。这样，拥有超额款项（例如，节约的税收）可投资于SPDA的可扣除IRA的积累等于两种账户（储蓄工具Ⅴ和Ⅱ）的积累之和：

可扣除的IRA/SPDA积累

$$=5\,500\frac{(1-t_0)}{(1-t_0)}(1+R)^n(1-t_n)+5\,500t_0[(1+R)^n(1-t_n)+t_n] \quad (3.5)$$

第一项的分子——[5 500(1−t_0)]——等于税后投资额，除以分母将数值还原至税前的数量，因为该缴款可以进行税收扣除。或者说，由于两个（$1-t_0$）可以相互约去，从而可获得5 500美元税前金额。

又如，比较投资于罗斯IRA和可扣除IRA/SPDA两个可供选择的方案，我们得出两种投资的积累之差，并进行简化如下：

罗斯IRA的积累—可扣除IRA/SPDA的积累

$$=5\,500(1+R)^n-\{5\,500(1+R)^n(1-t_n)+5\,500t_0[(1+R)^n(1-t_n)+t_n]\}$$

$$=5\,500(1+R)^nt_n-5\,500t_0[(1+R)^n(1-t_n)+t_n] \quad (3.6)$$

如果式（3.6）是正数，那么罗斯IRA是优选。如果纳税人的税率从现在至其退休整个期间预期保持不变，那么式（3.6）可简化为$5\,500t^2[(1+R)^n-1]$，该结果大于零，因此选择罗斯IRA是有利的。该数学表达式表明投资罗斯IRA可赚取基于5 500美元的$R\%$。然而，投资于可扣除IRA/SPDA，只能赚取投资于可扣除IRA部分的税后价值的$R\%$，即$5\,500\times(1-0.30)=3\,850$（美元）的$R\%$。而对于SPDA部分，可赚取的是$5\,500\times0.30=1\,650$（美元），少于$R\%$。

如果$t_0<t_n$，那么式（3.6）>0，此时罗斯IRA是首选。如果$t_0>t_n$，那么式（3.6）是正数或者负数取决于两个税率的相对大小。

该例子的数学表达式很容易被应用于比较雇员在传统的401(k)计划和新的罗斯401(k)计划之间的选择。这里，在新的罗斯401(k)计划中，5 500美元的最高投资限额被17 500美元所取代（2013年）。如果雇主在两个案例中的匹配缴款是相同的，而且形成一个税前账户（因为雇主为其缴款获得本期税收扣除），那么雇主的整个缴款额在本比较中可以忽略不计，因为两个可供选择的计划的结果是一样的。表3-4显示了税后积累和税后收益率，假定将最高投资限额17 500美元投入每一个401(k)计划中，并将在传统的401(k)计划投资中获得的额外资金投资于SPDA（储蓄工具Ⅱ账户）。A组设定投资持有期到35年，并检验在雇员退休时不同税率对积累/收益的影响。因为持有期是不变的，罗斯401(k)计划的积累在所有税率下都是不变的。传统的401(k)计划的积累和税后收益率随着退休期的税率下降而提高。例如，当退休时的税率t_n是25%时，传统的401(k)计划的税后积累超过罗斯401(k)计划的积累。B组设定退休期的税率上升到35%（在整个缴款期的税率一样），且持有期是变化的。由于在整个缴款期和退休期，税率保持一致，式（3.6）的分析表明罗斯401(k)计划占优，不管持有期如何变化。

表3-4　允许最大缴款到罗斯401(k)计划和传统的401(k)计划的税后积累：缴款17 500美元，$R=8\%$，$t_0=35\%$

A组：持有期 $n=35$ 年，允许 t_n 变化

n 期的税率	0.45	0.40	0.35	0.30	0.25	0.20	0.15
	税后积累（美元）						
罗斯 401(k) 计划	258 743.53	258 743.53	258 743.53	258 743.53	258 743.53	258 743.53	258 743.53
传统的 401(k) 计划	194 873.32	212 032.26	229 191.19	246 350.13	263 509.07	280 668.01	297 826.95
差额	63 870.21	46 711.27	29 552.33	12 393.39	(4 765.54)	(21 924.48)	(39 083.42)
	税后年度收益率（%）						
罗斯 401(k) 计划	8.38	8.38	8.38	8.38	8.38	8.38	8.38
传统的 401(k) 计划	7.13	7.39	7.63	7.85	8.06	8.25	8.43

B组：$t_n=35\%$，允许持有期变化

持有期 (n)（年）	10	20	25	30	35	40	50
	税后积累（美元）						
罗斯 401(k) 计划	37 781.19	81 566.75	119 848.32	176 096.50	258 743.53	380 179.13	820 778.22
传统的 401(k) 计划	35 296.74	73 718.57	107 310.65	156 668.42	229 191.19	335 750.93	722 376.64
差额	2 484.45	7 848.18	12 537.67	19 428.07	29 552.33	44 428.19	98 401.58
	税后年度收益率（%）						
罗斯 401(k) 计划	8.00	8.00	8.00	8.00	8.00	8.00	8.00
传统的 401(k) 计划	7.27	7.46	7.52	7.58	7.63	7.66	7.72

□ 可扣除 IRA 和罗斯 IRA 的比较——转换决策

在传统的 IRA（可扣除或者不可扣除）中，纳税人可以将 IRA 转换至罗斯 IRA。该转换的数额（少于任何基数）被包含在纳税人转换年度的应税收入中。为了分析转换决策，我们假设任何针对转换的应缴税款从非 IRA 基金中支付，纳税人的 IRA 的税基为零（该 IRA 是可扣除传统 IRA），并且通过非转换避免的税收支付被投资于 SPDA。如果纳税人不转换至罗斯，那么

$$可扣除 IRA 的积累 = V(1+R)^n(1-t_n) \tag{3.7}$$

在这里，V 是决策时可扣除 IRA 的积累的市场价值。

由于转换，罗斯 IRA 的税后积累将是：

已经转换的罗斯 IRA 的积累

$$= V(1+R)^n - Vt_0[(1+R)^n(1-t_n) + t_n] \tag{3.8}$$

式（3.8）中的第一项是罗斯 IRA 的积累（整个数量 V 被投资于罗斯 IRA，因为我们假定应付税款来源于非 IRA 转换基金）。式（3.8）中的第二项是转换的应付税款加上因支付税款而失去的 SPDA 收益。为了确定纳税人是否应该转换，我们从罗斯 IRA 的积累中减去可扣除 IRA 的积累[1]：

罗斯 IRA 的积累 - 可扣除 IRA 的积累

$$= V(1+R)^n - Vt_0[(1+R)^n(1-t_n) + t_n] - V(1+R)^n(1-t_n)$$

该式简化为[2]：

$$V(1+R)^n - Vt_0[(1+R)^n(1-t_n) + t_n] - V(1+R)^n + V(1+R)^n t_n$$
$$= V(1+R)^n t_n - Vt_0[(1+R)^n(1-t_n) + t_n] \tag{3.9}$$

如果 $t_0 = t_n = t$，那么式（3.9）简化为 $Vt^2[(1+R)^n - 1]$，该式大于零，因此转换可享受税收优惠。如果 $t_0 < t_n$，那么式（3.9）> 0，该转换又一次占优。最后，如果 $t_0 > t_n$，那么式（3.9）是正数、零或者负数，取决于 R、n 以及 t_0 和 t_n 之间的相对变化。运用式（3.9）能简单地分析一些特例，或者通过一览表分析评估决策的敏感性。正如比较之初所提到的，式（3.5）和式（3.8）——以及由它们推导出的式子，根据可供选择的投资工具（例如货币市场账户或者共同基金）的不同很容易被修改。

要点总结

1. 许多法律组织形式适用于储蓄。我们认为，大量可供选择的储蓄工具以投资收益的不同税收待遇为标准加以区别。尽管大多数储蓄工具的投资不能立即产生税收扣除，但是许多退休账户的投资允许扣除。尽管一些投资赚取的收入每年应纳税，但是也有一些其他的投资收益部分或者全部递延课税或者完全免税。一些储蓄工具赚取的收益以普通收入的税率课税，而另一些储蓄

---

[1] 公式明显表示，式（3.8）的第二项——表示应纳税款和因缴税而减少的收益——无论是从罗斯 IRA 的积累中扣除还是加回可扣除 IRA 的积累都无关紧要。

[2] 读者应该注意到评估一个新的投资项目时使用的式（3.6）与评估转换决策时使用的式（3.9）之间的区别。其唯一的区别是用 V（转存基金的价值）替代 I（税后新的投资）。

工具赚取的收益以资本利得的税率课税。由于这些不同的税收待遇，持有这些储蓄工具的完全应税债券组合获得的税后积累和收益率是完全不同的。

2. 由于税率不变，通过保险合同建立的养老储蓄和免税储蓄优于货币市场账户和诸如此类的其他储蓄工具，例如一次性缴清递延年金。

3. 如果没有摩擦和限制，从某些组织形式中所获得的具有优势的收益会创造税收套利机会。投资者可以通过这些具有优势的形式进行储蓄以节税。

4. 如果纳税等级在不同时期发生变化，这种优势关系也会发生变化。例如，当税率在整个期间一直上升时，货币市场账户（当税率保持不变时的最不具税收优势的形式）能提供比养老金账户（当税率保持不变时，最具税收优势的形式）更高的税后收益率。

5. 摩擦和限制的引入可进一步改变可供选择方案的排名。根据经验，我们发现投资者在实际中运用了所有我们分析的组织形式。

6. 纳税人可以利用各种各样的退休储蓄工具。受收入限制，除了公司发起的养老金计划之外，个人还能投资个人退休账户和其他退休储蓄账户。在大多数退休计划下，投资缴款可以享受税收扣除，其资产收益可递延至退休收回时缴纳税款。罗斯 IRA、罗斯 401（k）和不可扣除 IRA 例外。这些账户的缴款不允许税收扣除，且其预计寿命期间的收益也不征税。从罗斯账户收回款项时免税，但是从不可扣除 IRA 中收回时需要课税。这样，罗斯 IRA 比不可扣除 IRA 更优。

7. 根据现行和未来税率结构，罗斯 IRA 经常比可扣除 IRA 占优，即便缴款不允许税收扣除。纳税人被允许将传统的 IRA 转变为罗斯 IRA。该转换需要纳税人就转换数量少于 IRA 中任何基数的部分支付收入税。假如税收支付来源于非 IRA 基金，如果税率预期提高，则该转换通常优先。但是，如果税率预期在退休时下降，则可扣除的 IRA 可能占优。

问题讨论

1. 确定三种税收特征以区别可供选择的储蓄工具。

2. 免税组织发行的债券的利息收入通常免征美国联邦税收。在比较各种储蓄工具时，将这些债券视为诸如免税人寿保险合同的储蓄账户的最佳替代品为什么是不合适的？

3. 假设随着时间的推移税率保持不变，为什么一次性缴清递延年金（SPDA）合同能提供比货币市场账户更高的税后收益率？两种工具税后积累的差异如何受利率水平的影响？为什么持有期的长短影响 SPDA 每期的税后收益率而不影响货币市场账户每期的税后收益率？

4. 在什么情况下，每期都按照资本利得的税率征税的投资优于 SPDA 合同（投资收入只有在清算时按照个人普通收入税税率课税）？储蓄工具 IV（收入延迟并在清算时以资本利得的税率征税）在什么时候优于 SPDA？

5. 如果随着时间的推移税率是固定的，为什么养老金账户和人寿保险产品的储蓄部分提供相同的税后收益率？比较这两种储蓄工具，投资相同数量的资金到两种可供选择的工具中合适吗？

6. 如果随着时间的推移，税率是固定的，为什么纳税人愿意通过货币市场账户储蓄，而不是通过养老金账户或者免税保险单进行储蓄？

7. 如果随着时间的推移税率发生改变，养老金账户比免税储蓄账户更具有优势吗？

8. 为什么税率提高比税率降低使一次性缴清递延年金和养老金账户相对于普通货币市场账户更缺乏吸引力？

9. 在式（3.6）中分析是否缴款投资于可扣除 IRA 或罗斯 IRA 时，我们假定一次性缴款（I 美元）。如果纳税人正在考虑从当期至退休前的最后一年每年提供 I 美元，那么纳税人的选择该如何改变？

10. 在分析式（3.9）中的转换决策时，我们假设任何转换都在转换年度支付由转换产生的任何税金。只有在 1998 年，纳税人可以选择将税收分摊为 4 年。在什么条件下，这种选择没有意义？

1. 纳税人拟投资 1 000 美元到货币市场基金，预计每年产生的税前收益率为 8%，或以 1 000 美元收购一英亩的土地，以每年 7% 的比率增值。该纳税人计划 20 年后出售土地，并面临每年 25% 的税率。

a. 从每个投资中获取的 20 年后的税后积累是多少？

b. 每个投资年度的税后收益率是多少？

〔练习改编自达特茅斯大学（Dartmouth College）的 Richard Sansing 提出的问题。〕

2. 某纳税人拟投资 5 000 美元不支付股息的普通股，预计以 8% 的比率升值。纳税人的税率是 30%。他计划 30 年后出售该股票。

a. 求解该投资税后积累和年度税后收益率。

b. 如果对资本利得以特别税率 20% 征税，该股票年度税后收益率是多少？

〔练习改编自达特茅斯大学的 Richard Sansing 提出的问题。〕

3. 一个公司拟投资 10 000 美元到支付 6% 的红利且价格不上涨的优先股。该公司面临 40% 的税率。该股票的股息允许 70% 的税收扣除。也就是说，公司应税收入只包括 30% 的股息。这导致一个基于 12% 的股息的实际税率（＝0.30×0.40）。假设股息收入以高于 6% 的利率再投资于优先股。

a. 求解该项投资在 10 年后的税后积累。

b. 求解该项投资 10 年后的税后年度收益率。

〔练习改编自达特茅斯大学的 Richard Sansing 提出的问题。〕

4. 假设某一纳税人在 25 岁时，用其税后工资收入 2 000 美元投入可扣除的 IRA。她的投资（应税公司债券）可获得 12% 的年收益率，10 年后当她退休时清算取得这笔投资。她的税率为 35%，但她必须支付额外 10% 的特许权税，因为她要在 59.5 岁之前就清算 IRA 账户。

a. 当她清算 IRA 时，缴纳税收后她可获得多少现金？

b. 该纳税人建立个人退休账户是一个错误吗？如果她将其税后薪金直接投资到应税公司债券而不是通过一个 IRA 进行投资，她会赚得

多少？

5. 某纳税人打算从他的雇主那里获得 1 000 美元的奖金支付。他想把这笔奖金存进退休账户。他过来咨询你的意见，他应该把 1 000 美元存进可扣除传统 IRA 账户还是罗斯 IRA 账户。你得知他当前面临 28% 的边际税率，预计在 40 年内将面临同样的税率，他在 70 岁时计划提取该笔资金。他预计通过投资于公司债券，每一退休账户的税前收益率是 10%。请你建议纳税人他应该做什么。

6. 假设除了纳税人期望在他 40 年后退休时的税率是 20% 之外，出现与练习题 5 中相同的事实，纳税人应该如何做呢？

7. 某纳税人想以最大限额投资于他的退休账户。他过来咨询你的意见，他应该投资传统可扣除 IRA 账户还是一个罗斯 IRA 账户。你获知他当前面临的边际税率是 28%，预计 40 年后当其 70 岁计划提取资金时将面临同样的税率。他预计投资于公司债券，每一退休账户的税前收益率是 10%。请你建议该纳税人应该做什么。当比较两个可供选择的退休账户时，你需要做出明确的假设。

8. 假设除了现在纳税人预期他的税率从当前的 28% 提高到当他 40 年后退休时的 35% 之外，情况与练习题 7 提到的事实相同，纳税人应该做些什么呢？再次，你需要在比较两个可供选择的退休账户时，明确地做出假设。

9. 某纳税人目前有 20 000 美元存在可扣除传统 IRA 账户中。她来咨询你的意见是否将 20 000 美元转存进一个罗斯 IRA 账户中。纳税人当前面临的税率是 28%，而且她在 40 年后退休时将面临同样的税率。她目前在可扣除传统 IRA 中每年获得的税前收益率是 12%，并且她希望继续获得该税前收益率，不管她是投资可扣除传统 IRA 账户，还是罗斯 IRA 账户。纳税人应该转换为罗斯 IRA 账户吗？假定任何转换应纳税额支付来源于非 IRA 基金。在给纳税人提供建议时应明确提出各种假设。

10. 假设除了纳税人选择从 IRA 基金中支付

转换税收之外，情况与练习题 9 提出的事实相同，纳税人应该转换至罗斯 IRA 账户吗？

11. 假设除了纳税人预计她的税率将从目前的 28% 下降到 40 年后其退休时的 20% 之外，情况与练习题 9 提出的事实相同。纳税人应该转换至罗斯 IRA 账户吗？

12. 许多在 1998 年夏天选择将在可扣除传统 IRA 账户中的基金转换至罗斯 IRA 账户的纳税人，在 1998 年 9 月股市下跌之时又转回至可扣除传统 IRA 账户（道琼斯工业平均指数从大约 9 300 下降到 7 500）。许多这样的纳税人，在转换回传统可扣除 IRA 账户之后，在更低迷的股市下又转换到罗斯 IRA 账户。[①] 注意，财政规章允许纳税人撤销转换和在以后的日期重新转换。

a. 解释扭转原来的转换，然后在更低迷的股市下再转换的原理。在你的解释中，假设纳税人面临的边际税率是 39.6%，从 1998 年的夏天开始将 100 000 美元从可扣除传统 IRA 账户转入罗斯 IRA 账户。转换之后，股市下跌 20%（也就是说，养老金账户中的资产价值下降 20%，因为纳税人将资产投入股票市场）。同时假定纳税人有 20 年的投资期限，目前和退休时面临 39.6% 的税率。

b. 你的（a）部分答案取决于未来股市的表现（即，取决于 R）吗？

税收筹划的问题

1. 假设完全应税债券每年产生的税前收益率为 10%，免税债券的收益率为 6.5%，SPDA 的税前收益率为 9.5%。

a. 对于一个投资者，（i）每期个人普通收入税税率是 40% 时；（ii）每期个人普通收入税税率是 30% 时，下列投资的税后年度收益率（假设持有期为 3、5、10、20 年）是多少？

（1）免税债券；（2）应税债券；（3）59.5 岁后兑付的 SPDA（没有罚金）；（4）59.5 岁之前兑付的 SPDA，要求对累积的利息征收 10% 的不可扣除的特许权税（除了正常的税收之外）。

持有期	免税债券	应税债券	SPDA（没有特许权税）	SPDA（有特许权税）
3 年				
30% 税率的纳税人				
40% 税率的纳税人				
5 年				
30% 税率的纳税人				
40% 税率的纳税人				
10 年				
30% 税率的纳税人				
40% 税率的纳税人				
20 年				
30% 税率的纳税人				
40% 税率的纳税人				

b. 如何根据税率、投资期限和年龄的变化优化投资策略？

c. 在你 34.5 岁时，你将 50 000 美元存入 SPDA，产生的税前收益率是 9.5%。10 年后，

---

① 参见《华尔街日报》的《你的资金问题》专栏的《IRA 持有者通过账户实施转换》中财政金融出版界关于罗斯 IRA 账户转换的讨论（1999 年 5 月 4 日，第 B9 页）。

为了融资购买第二套住房，你需要一笔超过 SP-DA 兑付价值的抵押贷款。除了清算 SPDA 之外，你可以以每年 11% 的利率借入资金，可以扣税，15 年期。假设在贷款期结束时支付利息和本金。你目前的税率是 30%，你期望它保持在这一水平。如果你现在清算本在 59.5 岁时提取的 SPDA 账户（并产生 10% 的特许权税），以减小需要抵押贷款的规模，税后的你将变得更好还是更差？

d. 如果举债债务利息费用不免税（例如，你购买了豪华的、昂贵的私人汽车），你 c 部分的答案将如何变化？

2. 式（3.6）分析了在新增缴款方面对于可扣除传统 IRA 账户和罗斯 IRA 账户的选择，此时，纳税人希望提供最大允许限额的缴款。式（3.6）表明，如果纳税人预计他未来税率下降，缴款的抉择取决于纳税人当前的税率 t_0 和未来的税率 t_n、持有期 n，在计划资产上赚取的预期税前收益率 R [还要注意，式（3.6）假设可扣除传统 IRA 下任何超出的资金都投资于SPDA]。假设当前纳税人的税率 t_0 是 0.40。完成以下表格，首先假设 $R＝10\%$，然后假设 $R＝5\%$ 和 $R＝15\%$，重填此表。

持有期 n	5 年	10 年	20 年	30 年
$t_n＝0.40$				
$t_n＝0.35$				
$t_n＝0.30$				
$t_n＝0.25$				

解释你的分析结果。转换决策如何随着不同的税前收益率、持有期和税率的相对大小而改变？

3. 式（3.9）表明，当纳税人预计未来税率下降时，是否做出从可扣除传统 IRA 账户转换成罗斯 IRA 账户的决策，取决于纳税人当前的税率 t_0 和未来的税率 t_n，持有期 n，以及在计划资产上赚取的预期税前收益率 R [还要注意式（3.9）假设任何转换的应纳税款在转换年度从非转换基金中支付，而其原本可投资于SPDA]。假设 $V＝$ 50 000 美元，$t_0＝0.40$。完成以下表格，首先假设 $R＝10\%$。然后假设 $R＝5\%$，$R＝15\%$，重填此表。

持有期 n	5 年	10 年	20 年	30 年
$t_n＝0.40$				
$t_n＝0.35$				
$t_n＝0.30$				
$t_n＝0.25$				

解释你的分析结果。转换决策如何随着不同的税前收益率、持有期和税率的相对大小而改变？

4. 在比较可扣除传统 IRA 账户和罗斯 IRA 账户时，我们假设投资最大限额税前资金到可扣除传统 IRA 账户之后，全部超额资金投资到一个 SPDA 中。如果该超额资金投资于储蓄工具Ⅲ（一种特殊类型的共同基金），上述比较结果该如何变化？

5. 在分析式（3.8）和式（3.9）的转换决策中，我们假定任何税收都将由非转换基金支付，而其原本可投资于 SPDA。分析这些方程，以及转换决策的相关对比结果将如何变化，如果：

a. 任何应交税金由转换基金支付（忽略了对提前取款征收 10% 的特许权税的处罚）。

b. 不是从投资于 SPDA 的资金中支付税收，而是从投资于储蓄工具Ⅲ（一种特殊类型的共同基金）的资金中支付。

参考文献

Bergstresser, D., and J. Poterba, 2002. "Do After-Tax Returns Affect Mutual Fund Inflows?" *Journal of Financial Economics*, pp. 381–414.

Hrung, W., 2007. "Determinants of the Choice Between Roth and Deductible IRAs," *Journal of the American Taxation Association* (Spring), pp. 27–42.

Hulse, D., 2003. "Embedded Options and Tax Decisions: A Reconsideration of the Traditional vs Roth IRA Decision," *Journal of the American Taxation Association* (Spring), pp. 39–52.

Sieda, J., and J. Stern, 1998. "Extending Scholes/Wolfson for Post-1997 Pension Investments: Application to the Roth IRA Contribution and Rollover Decisions," *Journal of the American Taxation Association* (Fall), pp. 100–110.

第4章

选择最优的组织形式①

阅读完本章，你应能：

1. 解释各种组织形式的特点，包括每种形式的税收和非税成本及收益。
2. 解释和计算通过合伙企业形式投资的税后收益率。
3. 解释和计算通过公司形式投资的税后收益率。
4. 解释和说明公司形式股东层面税收递延的重要性。
5. 解释和说明对股东资本利得税务处理的重要性。
6. 估算使公司形式和合伙企业形式税后收益率相等所需的公司税前收益率。
7. 讨论对公司形式双重征税的税收弊端如何随着国会税率的变化而变化。

在第3章，我们考虑了可供选择的储蓄工具收益的税收待遇差别如何影响税后投资收益率。在本章，我们集中讨论公司提供商品和服务的经营收入的税收问题。例如，这类企业包括独资企业、合伙企业和公司。正如我们将看到的，这些不同的法律组织形式会产生税收待遇上的显著差异，甚至在实体进行同一个投资项目导致相同的税前现金流的情况下也存在这种差异。这种税收待遇差异对各组织形式经营业务有重要影响。

为了说明这些税收差异的本质，让我们考虑一些影响美国公司和合伙企业的重要税收规则。公司必须就其应税收入支付实体层面的税收（entity-level tax）。它们就公司应税收入以非常类似于个人的方式申报并缴纳税收。股东就股息缴纳附加税收（按照他们适用的法定税率），而股息却来源于公司的收益和利润。他们出售股票的收入也要缴税。于是就产生了这样一种论调，即公司利润遭受双重征税（double taxation）。这意味着公司股东的收入实际上被课征两次税收，一次是在企业层面，另一次是当利润作为股息派发时或者当股票出售时。相比之下，合伙企业和独资企业只承担一个层面的税收，按照它们各自适用的税率缴税。合伙企业和独资企业不支付实体层面的税收，而是充当管道（conduit），也称为直通实体（pass-through entity），将收入转移到它们的所有者身上。例如，合伙者无论利润是否被分配，都应在纳税申报表上填列自己占有的合伙企业利润和损失的份额。

在其他一些国家（如澳大利亚、加拿大和新西兰），公司收入税和个人收入税是一体的，因为股东被允许抵免作为所有者间接支付的公司收入税。在完全集成系统中，这种安排产生（通过公司经营赚取）收入的单一税收（即，没有公司实体的双重征税）。我们

税收与企业经营战略：筹划方法（第五版）

---

① 本章我们感谢 Ira Weiss 教授有益的评论。

在附录 4.1 提出税收集成的一个例子。注意，双重征税也能通过其他税收政策选择避免，例如，公司收入（股息和资本利得）在公司层级扣除或对所有者获益免征税收。这种情况与资本利得免税以及股息收益率很低的国家较为近似。

在这一章，我们首先描述美国各种可供选择的组织形式。我们讨论每一种形式的税收待遇及非税成本和收益。然后我们分析对来自美国公司和美国合伙企业从事的生产活动的收益征税的影响。我们运用一个没有交易和信息成本（摩擦）的简化的模型。该模型的主要含义是，在考虑税收的影响时，投资者在公司组织形式（两个层面的税收）和合伙企业形式（一个层面的税收）之间的选择取决于投资期限的长短以及三个税收因素：（1）投资者的个人普通收入税税率；（2）企业层面的税率；（3）就公司股份投资收益设置的股东层面的税率。

然而，该模型有一定的局限性。例如，模型不能解释合伙企业和公司如何在市场上通过相互竞争超越对方。事实上，该模型隐藏的一层含义是，如果所有投资者面临的上述三个税收因素完全相同，那么我们无法观察到合伙企业和公司提供相同的产品和服务。换言之，每个人都会选择模型优先决定的组织形式。

此外，在没有摩擦和限制的情况下，即使投资者最初面临这三种税收因素的差异——导致一些投资者以合伙企业形式提供商品和服务，另一些投资者以公司形式提供相同的产品和服务——税收套利机会将防止这些初始税收差异成为均衡状态（见第 5 章）。由于投资者利用了税收套利的可能性，他们的税收状况将会改变，且该项套利活动将持续下去，直到所有的投资者都面临同样的三个税收特征为止。结果是，我们再次无法观察到合伙企业和公司提供相同的产品和服务。

然而，在现实世界中，合伙企业和公司确实存在正面交锋。当存在市场摩擦和税收规则限制时，这种情况很自然地发生。正如我们之前一直强调的，为了最大化税后收益，投资者必须考虑税收和非税因素（即，所有的成本）。在这一章，我们考虑针对合伙企业和公司的特殊税收规定，减小模型所预测的税后收益率的差异。同样，我们引入市场摩擦，它可能阻止一个组织形式优于另一个组织形式。也就是说，尽管一个组织形式所享受的税收优惠可能少于另一个组织形式，但是，如果非税因素导致其税前利润更大，享受税收优惠更少的实体仍然可以有效地与对手竞争。例如，如果税收规则支持合伙企业超过公司，公司形式可能仍然值得选择，因为公司的所有者仅需承担有限责任、容易转移所有权，并且在管理控制上相对灵活。与此相比，限制合伙企业的责任、转移合伙企业的利益、变更合伙企业的控制权的代价相对高昂。

考虑所有这些问题后，我们继续讨论新设企业。基于所有的税收和非税因素，新设企业应该选择什么组织形式？我们讨论任何预见的组织形式选择是基于刚提出的模型和对其他税收属性的考虑。然后，我们看一些最近的数据。我们实际看到的是什么以及为什么如此？最后，我们简要介绍随着时间的推移，为了应对税率的变化该如何选择组织形式。

4.1 生产商品和提供劳务的组织形式

我们首先简要概述几种生产商品和提供服务组织形式的税收。我们在本章结束时将讨论更多具体的组织形式。

独资企业（sole proprietorship）：独资企业的应税收入或损失纳入企业所有者的个人收入纳税申报表中（表 1040 之附表 C）。经营利润只在个人层面上课税。在这点上，独资企业充当将经营收入传递到企业所有者纳税申报表中的管道角色。如果经营发生损失，该损失可以抵消纳税人的其他收入，但要受到一些限制。例如，这种经营必须是正当的（如，以营利为目的），而不是纳税人的一个业余爱好（在纳税人税收申报中，所谓的业余爱好损失规则可防止纳税人扣除其业余爱好的成本）。①

合伙企业（partnership）：合伙企业是这样一种法律组织形式，它充当经营业务和合伙人之间的税收管道。合伙企业将其信息纳入纳税申报表中（表 1065），包括损益表、资产负债表和每个合伙人的具体分配清单（附表 K-1）。这些分配额分解为各种收入项目和费用项目（例如，折旧、利息、租金和资本利得）；合伙人通过自己的纳税申报表申报他们被归集的收入和费用份额（如，资本利得和损失在合伙人申报表上保留资本特性）。合伙企业实体不支付任何实体层面的收入税。合伙企业可能有两类合伙人：普通合伙人（general partner）和有限合伙人（limited partner）。正如独资企业一样，普通合伙人根据其个人资源和破产法规定承担责任。但是，有限合伙人承担的责任是有限的——投资者通常只以他或她的出资额为限承担责任。有限合伙人通常不积极参与企业的经营。事实上，积极参与经营管理可能使"有限"合伙人的有限责任保护无效。

合伙企业遭受的损失会波及每一个合伙人。然而，在一定程度上，这些损失被列入合伙人的纳税申报表中用于抵消其他收入是有限制的。首先是所谓的"高危"局限性。合伙企业中合伙人不能扣除超过风险的损失。其次是消极活动损失规则限制消极投资者损失的可抵扣程度。消极活动是指在一年中纳税人没有实质性参与的贸易或经营活动以及租赁活动〔该租赁活动（除了房地产）即使纳税人实质性参与了，也仍属于消极活动〕（参见第 469 款——实施细则）。只有当所有者权益被出售时消极活动损失才能在一定程度上从消极收入中扣除，此时，任何延迟的消极损失都像普通损失一样可扣除。如果该损失在个人纳税申报表中不被认为是消极的，那么其营业损失可以用来抵消其他非消极收入。纳税人拥有的额外营业损失，即所谓的净营业损失，在某种程度上可以向前和向后结转到之前和未来的纳税申报表中。资本损失也可以前转和后转，但是受较短结转期的约束。最后，如果合伙人销售其所拥有的合伙企业权益，那么销售的损益（计算资产的税收基础和销售价格之间的差异）如同资本利得或资本损失一样被课税。

有限责任公司（limited liability company，LLC）：根据国家法律，LLC 是混合实体，它们既不是合伙企业，也不是股份公司。根据州法律，该组织结构规定了股东的有限责任（也就是说，防止个人的负债变成企业实体的债务）。根据当前联邦税收法律，这些企业实体可选择如同合伙企业一样纳税。在 1997 年之前，决定有限责任公司是否有资格如同合伙企业一样进行税收处理的规定非常复杂，但 1997 年制定的打钩规则（check-the-

---

① 房地产租赁的损失受到限制，并需遵守消极活动损失规则，这将在本章后面讨论，此外它也扩展到附表 C 中。

box regulation）简化了企业实体分类方法。① 打钩规则允许符合条件的不被自动地视为股份公司的实体，选择（打钩）被当成以联邦税收为目的的股份公司。② 那些不选择企业层面税收待遇的企业被当作直通实体。我们将对有限责任公司和合伙企业同等课税。

有限责任公司如果被视作以税收为目的的合伙企业，能提供单层有限纳税和允许无数投资者成为企业所有者的优势。该实体像合伙企业一样报送信息报表，因为每个有限责任公司的所有者（合伙人）均收到一张详细分配表（附表 K - 1），该表将在合伙人的个人纳税申报表上体现。此外，每张分配表都将保留其特色——例如，资本损失在个体所有者层面保留其资本性质。这种组织形式相对于其他形式是新颖的。首次引入该组织形式时，关于有限责任公司规则和法律的管理形式、运营、有限责任条款的强度以及许多特定的税收问题存在较大的不确定性。然而，随着时间的流逝以及更多的企业以这种形式经营，这些不确定性已经在一定程度上减轻。治理损失的规则、企业所有者消极活动损失和有限责任公司权益的出售与那些刚刚讨论过的合伙企业是一样的。

□ 合伙企业和有限责任公司的数据

在 SOI. gov 网站找到的最新数据，来自美国国税局（IRS）收入统计部门，提供如下：

- 2010 年，合伙企业的数量增加了 2.5%，从 2009 年的 3 168 728 家增加到 3 248 481 家。
- 合伙人的数量增加了 6.1%，从 2009 年的 21 141 979 人增加到 2010 年的 22 428 047 人。
- 在房地产和租赁行业中的合伙企业占整个合伙企业的 47.9%，合伙人占所有合伙人的 32.9%，在所有行业中这是最大的占比记录。
- 金融和保险部门报告称，2010 年所有合伙企业拥有最大份额的总净利润（损失），占 48.3%，总资产占 55.4%。

此外，收入统计（SOI）网站提供了下页图。最引人注目的是在过去的 10 年中有限责任公司实体的增长。

S 公司： S 公司是有限责任公司，但如同直通实体那样课税。换句话说，从法律上讲，它们虽然是有限责任公司，但是要作为直通实体被课税。股东每年在他们自己的收入纳税申报表上报告他们按比例分享的收入（损失），如同合伙人一样被征税。然而，我们注意到，S 公司的分配规则通常比合伙企业更缺乏灵活性（事实上，目前美国国会提议改变直通实体的税收；其中更重要的是一般通过让合伙企业的分配缺乏灵活性，使 S 公司和合伙企业在适用税收政策上更加相似）。控制损失流量的规则、股东处理消极活动损失的能力和 S 公司权益的出售等与前面讨论的那些合伙企业一样。

允许成为 S 公司的股东数量一直是有限制的。最初设定为 10 个股东，该限额随着时间的推移一直在增加，如今限额是 100 个股东（在 2004 年《美国就业机会创造法案》中设定）。其他关于 S 公司的要求限制了 S 公司筹集大量资金的能力。例如，股东的类型也

---

① 1997 年之前，如要作为合伙企业课税，税法要求合伙企业在经济意义方面不同于股份公司。所有行业（包括合伙企业）都作为股份公司课税，除非它不具有以下至少两个特征：（a）持续经营；（b）集中管理；（c）所有权的简单转移；（d）有限责任；（e）组织机构的经济目的。

② 基本上，企业实体被自动视为以税收为目的的股份公司，包括在联邦或者州法律框架下组成的公司：股份制公司、保险公司和银行。打钩规则无法运用于信托基金、房地产信托投资、房地产抵押贷款管道投资、上市的合伙企业。这些组织形式在本章稍后被讨论到。打钩规则通常被用于国际税收筹划。国际税收在本书后面探讨。

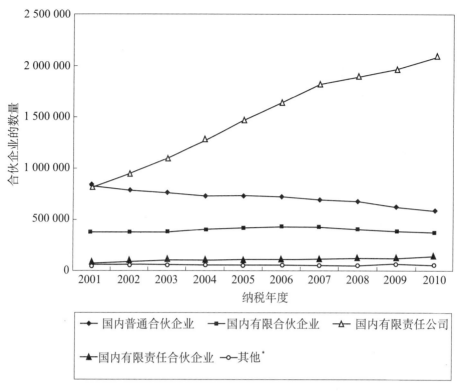

说明：* "其他"合伙企业的数据包括外国合伙企业，以及勾选"其他"的合伙企业，表1065，附表B，第一行，实体类型。

被限定为——公司股东、合伙股东，通常不允许是外国股东。然而，一些信托公司（中小企业信托）和一些免税组织［如 IRC401 款（a）所描述的符合条件的退休计划信托组织，和 IRC501 款（c)(3) 所描述的一些慈善机构］均允许成为 S 公司的股东。其他现存限制要求，超出了本章的范围，在此不一一赘述。

为了强调我们"全部税收"的主题，这里保证了 S 公司需要额外注意的一点。与其他任何公司的情况一样，FICA 税（即联邦社会保险税，或工资税）仅对员工工资课征，而不是对股东分得的股份收入课征。因此，如果有限责任公司如同合伙企业或独资企业一般纳税，以 S 公司形式组织经营活动相对于合伙企业而言通常可以节约雇佣税。但必须认识到，雇员股东为企业工作需要被支付合理的工资（市场价格）。这对于 IRS（以及州税务机关）来说非同寻常，即当雇员股东在其公司职位上提供服务没有被支付一个合理的工资时，IRS 要对公司如同工资一样支付给雇员股东的分配额重新确认。Lee（2011）在最近的一项研究中指出，根据 S 公司国家研究计划（NRP）抽样，政府会计办公室（GAO）估计，在 2003 年和 2004 年有 887 000 家 S 公司谎报股东报酬（总金额为 236 亿美元），因此瞒报了工资税。税收差异分析小组报告（2008）指出，"S 公司的自我雇佣是一种很常见的筹划问题，可能涉及纳税不遵从。"该问题在 John Edwards 参加总统竞选时表现得比较突出，据说他当时将他的合伙企业并入了一家律师公司，并将其合伙企业的收入份额经由一家 S 公司分配，进而节省了数千美元的自雇税（这就是有时该现象被称为"Edwards 漏洞"的原因）。作为回应，那时致力于 2010 年立法工作的美国众议院通过了一项议案（H. R. 4213），其中包括对 S 公司的直通收入征收自雇工资税的条款，在那里，S公司从事专业服务业务，其主要资产是三个或更少雇员的声誉和技能，或者该S公司是一家专业服务公司的合伙人。然而，关于S公司的该项提案被参议院否决了。

C公司：C公司在实体层面直接就其公司应税收入被课税。[①] 除了公司层面的税收之外，股东分得的股息收入和实现的资本利得也按照它们各自的税率课税。如果公司应税收入是1美元，公司边际税率是40%，那么公司税后利润是0.6美元，即1美元×（1−0.40）。然后，如果该公司支付0.6美元的现金股利（全部税后利润），那么股东在获得该股息收入时按照适用于股息收入的税率缴税。根据2003年的《就业和经济增长税收减免协调法案》（JGTRRA，2003年5月签署），符合条件的股息收入按照长期资本利得的税率课税。[②] 例如，目前对符合条件的股息收入适用的税率为20%（如果纳税人处于最高纳税等级，适用20%的税率，符合条件的股息率是15%或0%，其他收入的税率取决于收入水平）。因此，在我们的示例中，股东将在税后盈余0.48美元，即0.60美元×（1−0.20）。将公司层面和个人层面的税收加总在一起，所赚1美元收入的总税率是52%。股东在其股票销售中也实现其资本收益和损失，很像我们已经讨论过的其他组织形式那样出售所有的所有权权益。然而，C公司关于损失的处理与其他组织形式不同，因为C公司实体本身是应税的。C公司产生的净营业损失不流经公司所有者却暂时挂账在公司层面。这些损失可以向前（目前为2年）或向后（目前为20年）结转。这样，蒙受巨大损失的公司可以抵消未来20年的应纳税收入额，导致整个公司的税率发生变化。例如，如果初创企业可以扭亏为盈，通常也需要花费数年时间才产生应税利润。由于亏损向后结转规则的运用，初创公司的边际税率通常远低于公司法定税率。我们在本章稍后会回来探讨该规则如何影响初创企业组织形式的选择。

尽管通过美国公司赚取的收入要承担两个层面的税收，但通常提到的企业"双重课税"制度也由于某些原因被人误解。第一，对于公司层面的税后收入并不立即要求股东纳税，除非该公司将其所有税后利润作为股息立即支付或公司股东每期出售其股权。第二，股东只有在公司赚取公司税后利润时才被课税。公司所缴纳的税款在确定股东层面收入税时实际上被扣除。两个层面税收减少的其他原因包括：（1）具有通过利息、租金、特许权使用费、报酬和其他支付等允许税前扣除的方式，而不是通过不可扣除的股东股息方式分配公司利润的能力；（2）在股东层面出售股份以降低税率，包括股票回购（例如，正如前面所讨论的，大多数国家的资本利得以比普通收入如股息更低的税率被课税）。

□ 公司的数据

根据美国国税局收入统计署提供的数据（SOI. gov网站），在2010纳税年度，1 671 149家C公司的收入已申报纳税，根据这些申报数据，被课税的总收入约为1.02万亿美元。在2010年有4 127 554家S公司进行纳税申报，在这些申报中总收入（减去亏损）是

---

① 字母C和S源自界定每种类型公司结构的税法的各章节。在美国股票交易市场上上市的大多数公司的组织架构如同C公司那样。

② 也要注意，从2013年1月1日开始，纳税人股息收入也承担3.8%的医疗保险投资收入附加税，这些纳税人修改调整后的总联合申报收入大于250 000美元。颁布的这种附加税成为《患者保护与平价医疗法案》的一部分。在简单计算中我们省略这个额外的税收。

2 690 亿美元（不包括亏损是 3 580 亿美元）。S 公司一直是最受欢迎的一种公司形式，收入和资产规模较小（区别于 C 公司集团、房地产投资信托基金和所有列入表 1120 的任何类型的公司实体）。例如，对于 2003 纳税年度，大约 61.9% 的 S 公司申请列入表 1120S；到 2009 年，该比例接近 70%。在 2006 年，60% 的 S 公司只有一个股东，89% 有两个或更少的股东，94% 有三个或更少的股东。这种模式一直处于相当稳定的状态；在 2010 年，平均每个 S 公司的股东数是 1.7 个。[①]

4.2 直通和非直通组织形式税后收益的计算

在本节中，我们开发一个简单的模型来比较投资于直通组织形式如合伙企业或独资企业，与投资于非直通组织形式如 C 公司的税后收益。我们最初假设某个投资项目的税前收益率 R 保持每年不变，无论该项目是以公司的形式还是以合伙企业的形式进行。该项目持续经营 n 年，届时假设组织清算。这一期间产生的所有没有分配的税后收入，以每期税前利率 R 重新投资该企业。

如果该投资项目以合伙企业的形式进行，合伙人每年在赚取收入时以其边际个人普通收入税率 t_p 缴纳税收。我们假设每一个从合伙企业到使合伙人能够缴纳他们的个人普通收入税的期间，根据 $t_p R$ 比率分配。合伙人最初 I 美元投资的税后积累是[②]

$$I[1+R(1-t_p)]^n \tag{4.1}$$

请注意，我们在第 3 章的货币市场基金或储蓄工具 I 那儿已经看到过这个式子。例如，假设 $R=20\%$，$n=5$ 年，$t_p=40\%$。合伙人 1 美元投资的税后积累是：

$$1 \times [1+0.20 \times (1-0.40)]^5 = 1.76 （美元）$$

根据该结果得出每年税后收益率是 12%，即 $1.76^{1/5}-1$ 或更简单，$0.20 \times (1-0.40)$。

现在考虑如果该投资项目是以公司形式进行。我们假设最初公司没有支付期中股息。在这种情况下，股东在公司清算时或者销售其股份时以资本利得税税率 t_{cg} 纳税。该公司必须就税前收益每年以 t_c 的税率缴纳税收。结合年度公司层面的税收和投资结束后股东层面的税收，公司所有者初始 I 美元投资的税后积累如下：

$$I\{[1+R(1-t_c)]^n - t_{cg}([1+R(1-t_c)]^n - I)\}$$

这里，第一项产生于清算（或出售股票）时的收益，第二项是股东层面在清算（或股票销售）时的应纳税额。这个式子可以重新整理为

$$I[1+R(1-t_c)]^n(1-t_{cg}) + t_{cg}I \tag{4.2}$$

我们在前面的章节中已经看到过式（4.2）。更具体地说，式（4.2）中的积累与一次性缴清递延年金（或者储蓄工具 II）是一模一样的，该账户以每期 $R(1-t_c)$ 的比率增长，所有收益在第 n 期以税率 t_{cg} 课税。

---

① 由于 SOI 的网站上所能获得的最新数据不一样，所以选定的数据年份也不一样。

② 注意，假设合伙企业收益清算没有资本利得或资本损失。在第 n 期，合伙人收到的是整个 n 期产生的合伙企业所有的税后所得的清算分配，加上他们的初始投资额。

税收与企业经营战略：筹划方法（第五版）

假设 $t_c=30\%$，股东面临的资本利得税税率为 15%，公司形式初始 1 美元投资 5 年后的税后积累是

$$1\times[1+0.20\times(1-0.30)]^5\times(1-0.15)+0.15\times1=1.79（美元）$$

根据该结果得出年度税后收益率是 $12.31\%(1.79^{1/5}-1)$，大约比合伙企业高出 0.31 个百分点。假设忽略非税因素，只要式（4.1）中的积累超过式（4.2），纳税人将更愿意投资于合伙企业（或者独资企业），而不是公司形式，即

$$I[1+R(1-t_p)]^n>I[1+R(1-t_c)]^n(1-t_{cg})+t_{cg}I \qquad (4.3)$$
$$\text{合伙企业（P）} \qquad\qquad \text{公司（C）}$$

在式（4.3）中，t_c、t_p 和 t_{cg} 取值多少，投资者将更青睐合伙企业而不是公司形式呢？在考虑该问题的普遍性层面之前，让我们考虑 $n=1$ 的情形。当 $n=1$ 时，式（4.3）简化为

$$(1-t_p)>(1-t_c)(1-t_{cg}) \qquad (4.4)$$

例如，对于某期投资，如果 $t_p=40\%$，$t_c=30\%$，$t_{cg}=10\%$，则公司形式相对于合伙企业是首选，因为

$$(1-0.40)=0.60<(1-0.30)\times(1-0.10)=0.63$$

虽然公司收入有两个层面的税收，但在本例中，1 减去公司层面税率和减去股东层面税率的结果碰巧高于 1 减去个人普通收入税税率的结果。如果股东层面的资本利得税税率是 14%，而不是 10%，面临边际税率 40% 的投资者在投资合伙企业和公司形式之间选择无差别。［在式（4.4）中用 $t_{cg}=14\%$，$t_p=40\%$，$t_c=30\%$ 替换就可以得到这样的结果。］

抛开一期投资的情形，合伙企业是否比公司形式更受青睐也取决于股东层面资本利得税递延缴纳的价值。(a) 公司的税后积累 $R(1-t_c)$ 越高，(b) 递延时间 n 越长，递延缴纳的价值越大。因为如果股东能够递延股东层面税收的缴纳，股东的税后积累会更多。获得股息的股东比那些没有得到股息的股东早纳税。此外，如果 $t_{cg}<t_p$，发放股息是一个最佳的政策，因为对股息以 t_{cg} 税率缴税比以 t_p 税率缴税占优。[1] 这样，合伙企业形式提供的税后收益率是否大于公司形式提供的税后收益率取决于以下四个因素（仍然忽略非税成本）：

(1) 个人普通收入税税率 t_p；

(2) 公司税税率 t_c；

(3) 在股东层面支付的税收 t_{cg}；

(4) 投资期限 n。

让我们考虑以下情况［使用式（4.3）进行分析］。这里我们对非税成本忽略不计，假设该经营项目是盈利的，C 公司不支付股息，并假设如果合伙人/股东退出需要将他或她的合伙人利益或所占有的 C 公司股份退回给经营实体：

- 公司税税率 t_c 等于个人普通收入税税率 t_p，$t_{cg}=0$。由于 C 公司不支付股息，所有

---

[1] 非股息支付策略最优听起来有悖常理。毕竟，我们通常认为宣布股息的增加是好消息，因为可以增加公开交易股份的价值。然而，这样的价值增加源于投资者将公告解释为管理者拥有公司未来盈利能力的有利信息，这超出了目前的模型范围。事实上，宣布股息是一个发布这个私人信息信号的昂贵方式，因为它需要付出税收成本，正如我们已经说明的那样。

的利得都通过出售股票实现，投资者在合伙企业或者公司形式之间选择从事生产经营活动是无差别的。两者给予投资者的税后收益率相同。实际上，公司收入仅被课征一次税收，犹如合伙企业产生的收入一样以相同的税率课税。

- 公司税税率 t_c 等于个人普通收入税税率 t_p，但 $t_{cg} > 0$。即使 C 公司不支付股息，由于股东按照如同在合伙企业那里赚取的相同水平的税后利润支付附加税，因此合伙企业比公司形式更优。具体来说，随着收入流到合伙人手上，合伙企业收益基数会增加。然而，公司股东在股份基数上没有获得类似的增加，因为股东没有被分配到任何应税收入以增加基础（尽管该公司正在支付公司层面的收入税）。因此，当他们的所有者权益被清算时，C 公司的股东将确认收益，但合伙企业的合伙人不会确认（因为合伙人的税基随每年分配给他或她的收入而增加）。为了说明合伙企业形式优于公司形式，假设 $t_c = t_p = 0.35$，$t_{cg} = 0.15$，$R = 10\%$。合伙企业一年的税后投资收益率是 $10\% \times (1 - 0.35) = 6.5\%$，而公司一年的税后投资收益率是 $10\% \times (1 - 0.35) \times (1 - 0.15) = 5.525\%$。如果股东可以递延但不能消除股东层面税款的缴纳，合伙企业形式相对于公司形式的优势就会减少。

- 公司税税率 t_c 小于个人普通收入税税率 t_p，$t_{cg} = 0$。在这种情况下，在任意投资期间内投资于公司形式相对于投资于合伙企业形式具有优势。例如，由于税前投资收益率是 10%，公司税税率 t_c 是 35%，个人普通收入税税率 t_p 是 40%，投资者以公司形式赚取 6.5% 的税后投资收益率，但是以合伙企业形式赚取的税后投资收益率只有 6%。

- 公司税税率 t_c 小于合伙企业个人普通收入税税率 t_p，$t_{cg} > 0$。由于公司税税率和个人普通收入税税率的这种搭配，两种组织形式没有明确的税收优惠。公司形式与合作形式哪种较好取决于股东层面的税收。

4.3　初创企业：决策因素、期望值和观测数据

当开始投资一个新企业时，应该如何选择企业的组织形式？正如本书通篇所讨论的那样，重要的是要考虑税收和非税两方面的因素。对于初创企业，由于存在大量的非税因素，这意味着企业和所有者之间对选择何种形式这一问题的答案不会相同。不同类型的所有者团体可能有不同的偏好和局限性。（如，是不是都是外国所有者？任何所有者都是消极投资者吗？初创企业预期的融资途径是什么？）对于相对简单的初创企业，投资者开始运营时可能会保持较小规模，所有者将长期持续运营，且通常以盈利作为个人主要目标，4.2 节所建立的模型可以描述决策过程。然而，经营业务的复杂程度、所有者的数量，以及终端销售的可能性和形式都是影响决策的主要因素，这些因素使非税成本（和其他税收成本）的选择非常重要。

让我们从经验观察中开始分析，大多数初创企业实际上都是赔钱的。因此，我们需要关注对各种组织形式的经营损失的处理方式，而不是主要关注各组织形式的收入税税率。另一个重要的考虑因素是所需的投资经营模式，以及提供资金的需求和偏好。然而，还有一个重要的考虑因素是所有者是否打算长期持续运营，或者是否计划出售；如果是后者，那么其退出战略是什么？我们讨论若干对于每一个项目都很重要的问题，然后就

一些其他非税因素（如，行政负担）提供简要的讨论以及一些调研观察研究。我们本节介绍这些问题。然而，任何一个考虑创业风险的人都应该根据具体情况寻求专业的税务咨询。

正如前面所讨论的，不同组织形式对损失的处理是不同的。对于直通实体，损失经由所有者并可能被该所有者其他来源的收入弥补。这将使人们倾向于选择直通企业而不是公司形式，因为尽管C公司的损失可以向后结转到未来几年（在个人层面的经营损失也可以那样），但是公司损失的缺点是，它们不能被用来抵消所有者的其他收入。在某些投资退出策略中直通实体损失带来的税收利益也优于C公司，因为在C公司变更所有权时，C公司的净经营亏损（NOL）的结转在价值上实际上是损失的或者至少是减少的。这些损失限制规则将在关于合并和收购的章节（比如第382款）中深入讨论，但是现在必须认识到，当C公司所有权发生转移时，C公司的价值损失有时就真的无法弥补了。

除了损失的税务处理之外，我们还注意到，如果企业的所有者计划经营终端销售业务（而不是通过IPO上市），直通实体（如S公司）可能是更好的，因为直通组织形式能给所有者带来更高的销售价格。正如第15章更详细地描述的那样（Erickson and Wang，1999b），与独立的C公司相比，购买一家直通实体更有可能被买方打造成能获得升值的企业，使买方这项并购业务更有价值，从而导致在竞争性招标环境下直通实体的价格更高。

直通实体的这些优势会导致人们认为，即使不是全部，也有很多初创企业会因税收的目的而组建为直通实体。不过，事实并非如此，C公司与初创企业被证明具有惊人的共同之处。这是为什么？原因之一是通过直通实体传递给所有者的损失有时不是立即被所有者用于抵消其他来源的收入。例如，如果所有者是一个消极投资者，他或她只能在收入被清算的时候（此时消极损失被释放且可以被没有限制地运用）才能从消极收入中扣除消极损失。此外，如果任何所有者都是免税实体或是不受美国税收制度管制的外国投资者，该损失对于他们而言没有价值。因此，需要对特定所有者群体进行成本和收益评估。

让我们以进行风险投资（VC）的投资者为例，其中一些问题会得到证明（我们已经有一些研究证据）。[①] 风投公司从有限合伙企业那里筹集资金用来投资企业。该有限合伙企业被已出资的个人和实体所拥有。每一个有限合伙企业可能有多个有限合伙人（投资者），也可能投资于许多企业。乍一看，人们可能会认为该潜在的初创企业如同直通实体那样被组织起来。在这种情况下，企业经营损失将流经风险投资者且可用于抵消来自其他潜在投资的直通利润和/或其他收入（即，源自所有潜在投资的净损益）。然而，通常风险投资支持初创企业以C公司形式经营。这是为什么，它意味着什么？

基于该问题的一些研究，我们观察到其背后可能有几个原因。第一，C公司可以发行可转换优先股，这对于风险投资公司投资是最常见的结构，且通常考虑为快速投资。第二，C公司所适用的法律更确定和常见，所有权的转移相对简单。第三，根据现行税法，一个被称作"合格的中小企业股票"的联邦税收优惠，能让许多风险投资完全规避

---

① Bankman（1994），Fleischer（2003—2004），Johnson（2009），Allen和Raghavan（2012）在这些问题的研究方面都很优秀，参见 www.startuplawblog.com/Choice-of-entity。

资本利得税，但必须投资 C 公司股票并持有至少 5 年才得以避免确认为资本利得。[①] 第四，许多风险投资基金中的有限合伙人的基础投资者包括大部分免税实体和外国投资者（Fleischer，2003）。这些免税实体和外国投资者并不总是重视从一个直通实体流出的损失。因为这类投资者在该实体盈利或有某种类型的收入分配时考虑的是其他更重要的事项。例如，为了与我们的"总额税收"主题保持一致，免税的投资者也喜欢 C 公司形式，因为它使他们能够避免拥有无关联营业应税收入，否则，背离他们免税目的的收入，要按照美国税法纳税。外国投资者也更倾向于 C 公司形式，因为直通实体可以给他们分配普通收入，这是美国税收制度的管辖范围，而投资 C 公司不会受制于美国税收制度，因为投资收益是股息或清算时的资本收入（即，它们不是年度收入分配）。我们注意到避免这些问题的一个共同的方法是建立所谓的"拦截公司"（通过一个在外国/免税投资者与产生无关联的经营收入的投资对象实体之间成立的美国公司），目的是阻拦此类投资者获取收益分配。这增加了组织结构的复杂性，但使不同所有者能够根据他们的偏好进行不同的业务安排。

一个似乎相关联的代理人问题（与我们在第 6 章对非税问题的讨论相关）是风险投资基金的普通合伙人（GP）（那些决策者）通常不分担任何的直通损失，而只在出售投资实现基金利润时弥补损失。因此，普通合伙人没有报酬激励去最大化直通实体损失的价值（Allen and Raghavan，2012）。

在这里我们将讨论的最后一个原因是 C 公司相较直通实体的相对行政负担。当投资者投资于 C 公司时，在公司层面应支付收入税。对于直通实体，每个投资者获得 K-1 的收益，这包括他或她年收入项目的份额在内。想象一个投资者（风险投资基金或其他）投资于多个实体，他或她的每个投资均可获得 K-1。因此，直通实体的行政负担和遵从成本比 C 公司更高。

风险投资公司通过经营像 C 公司一样的潜在业务而不是利用流入的损失冲减利润留住了多少价值？Allen 和 Raghavan（2012）检验了 1995—2008 年 1 111 个风险投资支持的达到首次公开发行阶段的企业样本。他们发现 81% 的企业在首次公开发行之前有重大损失，每个公司平均损失 3 300 万美元，损失金额相当于公司股权的 66%。回顾一下，由于 C 公司在所有权转移（如在首次公开发行之前出售股票）时的损失限制规则，这些损失将会失去相当一部分的价值。作者们估算了先前从非直通实体获得的税收节约额。他们的预估范围很宽，政府流失的税收从 7.89 亿美元到 54 亿美元，因为税收流失的价值取决于难以鉴别的投资者类型（如，投资者的哪一部分是外国投资或者哪些是免税投资）。这些流失的税收代表什么？一种假说是，风险投资基金是不成熟的投资者，这样的解释令人难以置信。另一种假说是，这些税收节约额暗示了非税成本的价值，正如早先所讨论的那样不得不像有限责任公司一样去组织经营。

一个有趣的思维实验是，想象一下如果潜在的实体都如同年度亏损可被投资者分摊的直通实体那样进行组织会发生什么？风险投资基金的投资者基础可能会发生什么？不同的顾客是否会被吸引到这类投资——也许是有利可图的国内上市的 C 公司——上？

---

① 见美国国内税收法规第 1202 款。第 1202 款的规则和利益都随时间发生变化。一篇关于最近变化的文章见 http：//nvcatoday. nvca. org/index. php/from-oursponsors/recent-changes-make-qualified-small-business-stock-rules-attractive-for-shares-acquired-during-2013. html.

Johnson（2009）的观点是，损失的有效性会抬高风险基金利息价格和推动投资者的共同资金远离免税机制。但是，Fleisher（2003—2004）观察到，存在另一个与之对抗的观点，即基于税收和财务会计的目的，投资于 C 公司会被合伙企业的损失冲减利润，从而导致给股东报告的收益更低。这将增加这些公司此类投资的非税成本。

4.4　税收规则变化引起的组织形式选择偏好的变化

正如在 4.2 节评价模型中看到的那样，税率随着时间的推移发生变化，某些类型的组织形式的选择偏好也将改变。最具描述性和足以说明问题的极佳例子源自 1986 年的税收改革法案（TRA 1986）。正如我们已经讨论的那样，1986 年的税法降低了公司税税率和个人普通收入税税率，其中个人普通收入税税率降低的幅度更大。正如表 1-1 所示，美国公司税税率从 46％下降到 34％，美国个人普通收入税税率从 50％下降到 28％，资本利得税税率从 20％上升至 28％。因此，在 1986 年的税收改革法案之后，个人普通收入税税率是 28％，低于公司税税率 34％。为了适应这些税率的变化，更多的实体像 S 公司那样进行自我调整（或变更组织形式）以便利用更低的个人税率。1985 年，大约有 75 000 家企业选择 S 公司形式。在横跨 1986 年年底和 1987 年年初的 5 周内，大约有 225 000 家企业选择 S 公司形式，三倍（在这 5 周期间）于 1985 年一整年发生的数额。[①] 这表明，切换到 S 公司的税收利益超过作为一个 S 公司运营的任何潜在非税成本。

因此，很明显这是税率问题。在本节中，我们探讨一个更正式、更具有泛化意义的组织架构，体现整个决策过程中税收规则所带来的变化。

□ 公司和合伙企业活动所需的税前收益率

正如前面讨论的源自美国国税局（收入统计部门）的数据所展示的那样，经济中有更多直通实体，但就受控美元资本而言只有 C 公司形式的企业组织占据支配地位。在规模上 C 公司处于主导地位的主要原因是，作为公开上市的实体在大多数情况下可以得到大量的股权资本，而该实体必须是一个 C 公司（稍后将讨论一些例外）。在本节中，我们要确定究竟多大的公司税前收益才能确保在合伙企业和完全应税公司之间的选择无差异。

让我们用 R_c 表示公司形式的税前收益率和用 R_p 表示合伙企业形式的税前收益率。以前我们假设公司和合伙企业形式的税前收益率（R）是相同的。在本节中，我们考虑到的可能性是，由于非税原因，公司提供相同商品和服务的成本可能低于合伙企业。例如，合伙企业的合伙人可能不享有如公司股东那样明确的产权。此外，合伙企业进入资本市场较为困难，可能会面临更高的管理成本，合伙人可能在管理上比公司股东拥有更弱的监管能力。

在缴纳公司层面税收之后、股东层面税收之前，公司实现的收益是 r_c，这里 $r_c = R_c(1-t_c)$。在个人普通收入税后，合伙企业获得的利润收益是 r_p，这里 $r_p = R_p(1-t_p)$。

[①]　Tax Notes, 2/1/1988, p. 434，引自 Ronald Perlman。也可参见 Plesko（1999）对 1986 年后 S 公司的证明。

让我们假设 R_c 和 R_p 都随着时间不变，因此我们不需要使用第二个下标表示时间。

公司税后收益 r_c 处于什么水平将使税收筹划者在公司和合伙企业形式之间的选择无差异？我们将用 r_c^* 表示这个特定水平的收益率。为了求解 r_c^*，我们继续假设公司不支付股息，股东在资本利得实现时按低于个人普通收入税税率（$0 < t_{cg} < t_p$）的税率缴纳税收。假设该一般股东持有股票 n 年。为了具备竞争力，公司股份的税后收益率必须等于进行相同投资的合伙企业的税后收益率。从式（4.3）开始，让公司和合伙企业 I 美元的初始投资的税后收益相等，我们可以导出以下式子：

$$I[1 + R_p(1 - t_p)]^n = I[1 + R_c(1 - t_c)]^n (1 - t_{cg}) + t_{cg} I \tag{4.3}$$

$$(1 + r_p)^n = (1 + r_c^*)^n (1 - t_{cg}) + t_{cg} \tag{4.4}$$

$$[(1 + r_c^*)^n (1 - t_{cg}) + t_{cg}]^{1/n} - 1 = r_p \tag{4.5}$$

式（4.5）左边解释如下：在 n 年中每年股票投资升值率为 r_c^*。在第 n 年，该公司买回其所有的股份，并就回购股票的整个价值按照 t_{cg} 的税率支付股东层面的税收，除了已经免税返还给投资者的最初投资 I 美元之外。在第 n 年，税后积累是 $[(1 + r_c)^n (1 - t_{cg}) + t_{cg}]$。如前所述，非股息支付普通股的积累与一次性缴清递延年金的积累一模一样，该一次性缴清递延年金产生的利率为 r_c，并在退保的时候按照税率 t_{cg} 缴纳税收。该年度收益率等于每一美元投资税后积累的 n 次方根然后减去 1。

我们可以重新调整式（4.5）直接求出 r_c^*，使税收筹划者在公司和合伙企业之间的选择无差异：

$$r_c^* = \{[(1 + r_p)^n - t_{cg}]/(1 - t_{cg})\}^{1/n} - 1 \tag{4.6}$$

即使如式（4.6）假定的那样，税收筹划者也很难求得 r_c^*。他们必须知道股票持有期和公司股东适用的个人普通收入税税率。这是一项更加复杂的任务，因为股东面临的是不同的税率和投资时限。

不过，式（4.6）仍然是确定税前所需的收益率的关键所在。根据目前的税收规则，假设公司一般股东个人普通收入税税率 t_p 是 35%，资本利得税税率 t_{cg} 是 15%，股票持有期为 5 年（$n = 5$）。进一步假设合伙企业项目实施的税前收益率是 10%（也就是说，$R_p = 10\%$）。那么合伙企业税后收益率是 6.5%，即 $10\% \times (1 - 0.35)$。为了具有竞争力，股票必须按照超过 6.5% 但不到 10% 的比率升值。因为股票升值时股东面临税收，所以产生股票升值上限，但由于该税收按照优惠的资本利得税税率缴纳从而产生下限。通过求解式（4.6）的 r_c^* 得出所需的收益率。股票必须以每年 7.5% 的比率升值：

$$r_c^* = \{[(1 + 0.065)^5 - 0.15]/(1 - 0.15)\}^{1/5} - 1 = 0.075 = 7.5\%$$

股票 7.5% 的升值率导致股东 6.5% 的税后收益率。也就是说，如果股东就 5 年后其获得的资本利得缴税，他们得到的税后收益率刚好与投资于一个税前收益率是 10%、税后收益率是 6.5% 的合伙企业的收益率相同。每年按照税前收益率 7.5% 投资 1 美元股票，在 5 年后增长到 1.436 美元。对已经实现的 0.436 美元收入根据资本利得税税率 15% 纳税，股东保留 1.37 美元。每一美元的初始投资 5 年税后积累为 1.37 美元，相当于每年的税后收益率是 6.5% $[= (1.37)^{1/5} - 1 = 0.065]$。表 4-1 给出了公司股票所需的年度税前收益率 r_c^*（对于不同的持有期和边际税率）。

注意，对于任何水平的个人普通收入税税率 t_p，所需的股东税前收益率 r_c^* 随着持有期的增加而下降。由于持有期 n 的增加没有限制，r_c^* 接近合伙企业的税后收益率。股票股东层面的税前所需的收益率随着投资时限的延长而下降的原因是，持有的股票允许资本利得税递延。因此，对于任何给定的股票年度升值率 r_c^*，股票税后收益率随着持有期的增加而上升，如同一次性缴清递延年金合同那样。我们可以把这当成股东层面税率随着股票持有期的增加而降低。当该税率降低时，股票税前收益率的水平同样下降，需要达到税后收益率的目标水平。同时，由于优惠的资本利得税税率，股票在股东层面税前所需的收益率低于合伙企业的税前收益率（表 4-1 中的 10%），哪怕是短期持有。投资者对于有较少税收优惠的投资要求更高的税前投资收益率。

表 4-1 公司层面税后—股东层面税前股票的各种所需年收益率 r_c^*

[不同投资者边际税率（t_p 和 t_{cg}）和持有期（n），合伙企业税前收益率 R_p 是 10%]

股东税率		R_p	股东层面税前股票的所需收益率（%）r_c^*（公司层面税后，股东层面税前）[a]					税后收益率[b]（%）
t_p	t_{cg}		$n=1$	5	10	20	50	
50%	20%	10%	6.25	6.11	5.97	5.76	5.43	5.0
40%	16%	10%	7.14	7.00	6.86	6.65	6.35	6.0
30%	12%	10%	7.95	7.82	7.70	7.52	7.27	7.0

说明：[a] r_c^* 由式（4.6）计算得出。黑体字的数值由表中已知的参数计算得出。
　　　[b] 该数值是股票和合伙企业的税后收益率。

□ 股票的股息所需收益率

在式（4.6）中确定股票所需收益率，我们假设所有收益如同资本利得那样被课税。相反，如果股票以利率 d 支付股息，且这些股息以 t_{div} 的税率被课税，在一个时期股票所需收益率为 r_c^*，满足[①]：

$$[(1+r_c^*-d)(1-t_{cg})+t_{cg}]+d(1-t_{div})=1+r_p \tag{4.7}$$

即，股票税后资本利得［式（4.7）中的第一项］加上股票税后股息收益 $d(1-t_{div})$，式（4.7）中的第二项必须等于合伙企业的税后收益。再次求解 r_c^*，我们得出：

$$r_c^*=[(1+r_p)-d(1-t_{div})-t_{cg}]/(1-t_{cg})+d-1$$

这里，如果对股息课税比对个人股东资本利得课税优惠更少，正如我们最初假设的那样，股票的所需收益率将随着股息收益率的提高而提高。例如，当股票总收益以资本利得税税率课税时，纳税人面临 $t_p=t_{div}=40\%$ 和 $t_{cg}=16\%$ 的税率，要求 1 年期的税前股票收益率为 7.14%，同时产生与合伙企业一样的 6% 的税后收益率（见表 4-1 中税率 40% 的那一行）。也就是说，$7.14\%\times(1-0.16)=6\%$。但是，当股息收益率为 3% 时，所需的 r_c^* 是：

$$r_c^*=[(1+0.06)-0.03\times(1-0.40)-0.16]/(1-0.16)+0.03-1=0.08$$

此时股东层面税前总收益率是 8%，由 5% 的资本利得税税率和 3% 的股息收益率组成。

表 4-2 给出了对于各种投资者的税率和持有期，以及支付 3% 的股息收益率的股票所需税前收益率。在计算表 4-2 的数值时，我们假设分发给股东投资者的股息以投资者

---

① 在第 5 章，我们将探讨套利政策，允许对股息以比 t_{div} 更优惠的税率课税。

边际税率课税，即 $t_{div}=t_p$，然后税后股息再投资于收益率为 r_p 的合伙企业。[①]

比较表 4-1 和表 4-2 的所需报酬率。表 4-2 显示，当股息收益率为正时，股东层面税前的所需收益率较高。此外，表 4-2 显示，随着投资期的增加，所需收益率下降速度变慢。当然，原因是，当分配股息时，股票总收益中来自资本利得的比例要低一些，且只有资本利得税才随着投资期的增加而减少。

表 4-2　支付 3% 股息时，公司层面税后—股东层面税前股票的各种所需年收益率 r_c^*
[不同投资者边际税率（t_p 和 t_{cg}）和持有期（n），合伙企业税前收益率 R_p 是 10%]

股东税率		R_p	股东层面税前股票的所需收益率（%）r_c^*（公司层面税后，股东层面税前）[a]					税后收益率[b]（%）
$t_p=t_{div}$	t_{cg}		$n=1$	5	10	20	50	
50%	20%	10%	**7.38**	**7.28**	**7.17**	**7.02**	**6.76**	5.0
40%	16%	10%	**8.00**	**7.90**	**7.80**	**7.64**	**7.40**	6.0
30%	12%	10%	**8.57**	**8.48**	**8.38**	**8.24**	**8.04**	7.0

说明：[a] 黑体字的数值由表中已知的参数计算得出。
　　　[b] 该数值是股票和合伙企业的税后收益。

□ 股票实际年税率：t_s

表 4-1 和表 4-2 显示了公司与合伙企业竞争所需要的公司股票股东层面税前所需收益率。这些收益取决于投资期限的长短。我们发现定义一个用以描述理论上的年税率的变量是很方便的，每年股东能根据他们的股票税前收益支付税收，相当于当他们销售其股票时实际支付的股东层面税收。该变量被称为股票实际年税率（effective annualized tax rate on shares），用 t_s 表示。如果股东每年就其全部股票收益（股息加上资本利得）按照 t_s 的税率支付税收，他们最终获得的税后积累与其实际收入一样。股票实际年税率的推导如下：

$$r_c^*(1-t_s)=r_p \tag{4.8}$$

因此，

$$t_s=1-r_p/r_c^* \tag{4.9}$$

例如，在表 4-1 中，我们发现对于个人普通收入税税率 50%，10 年持有期，每年股东层面税前所需收益率 r_c^* 是 5.97%。因此，$t_s=1-0.05/0.0597$，即 16.2%。如果投资者按 16.2% 的税率就每年累积的应计收益支付税收，就相当于就其 10 年后股票销售按照 20% 的资本利得税税率缴纳税收。

□ 税前所需收益率：公司与合伙企业：R_c^*

在界定了 r_c^* 后，现在我们可以很容易地用公式表示公司从事投资项目的税前所需收益率 R_c^*。

---

① 表中数值 r_c^* 满足（由迭代求得）：$(1+r_c^*-d)^n(1-t_{cg})+t_{cg}+d(1-t_{div})\sum_{t=1}^{n}(1+r_c^*-d)^{t-1}(1+r_p)^{n-t}=(1+r_p)^n$。

$$R_c^* (1 - t_c) = r_c^* \tag{4.10}$$

将式 (4.10) 的 r_c^* 代入式 (4.8)，得出

$$R_c^* (1 - t_c)(1 - t_s) = r_p$$

注意，由于 $r_p = R_p(1 - t_p)$，我们现在可以确定相对于合伙企业项目的公司项目的税前所需收益 R_c^*：

$$R_c^* (1 - t_c)(1 - t_s) = R_p(1 - t_p)$$

或者

$$\frac{R_c^*}{R_p} = \frac{1 - t_p}{(1 - t_c)(1 - t_s)} \tag{4.11}$$

注意，如果该股票实际年税率 t_s 很低，且公司税税率稍微低于个人普通收入税税率，公司项目的所需税前收益率可能约等于合伙企业项目的所需税前收益率。例如，如果公司税税率是 35%，个人普通收入税税率为 39.6%，股东层面实际年税率是 7%，那么公司项目税前所需收益率约等于合伙企业项目税前所需收益率。

然而，如果个人普通收入税税率只有 28%，而不是 39.6%，则

$$\frac{R_c^*}{R_p} = \frac{1 - 0.28}{(1 - 0.35) \times (1 - 0.07)} = 1.191$$

换句话说，公司项目税前收益必须超过合伙企业项目的 19%。如果合伙企业项目税前收益率是 10%，那么公司项目的税前收益率必须是 11.9%（$= 0.10 \times 1.191$），才能提供相同的税后收益。公司如果不具备超过合伙企业至少税前 1.9% 的非税优势，公司就无法与合伙企业就同一投资项目进行竞争。

根据这些关系式，我们现在可以很快弄清，公司对于合伙企业形式的相对吸引力是如何随国会改变税率而波动的。我们总结比较表 4-3。在生成此表时，我们假设投资合伙企业形式的税前收益率为 10%，投资者投资持有期为 10 年，公司是盈利的且按照最高公司法定税率缴纳税收，没有中途支付股息，投资者每年适用最高法定税率。

正如我们可以看到的，20 世纪 80 年代前是个人普通收入税税率最高的时候，个人普通收入税税率 t_p 高达 70%。该税率远远高于公司税税率 t_c（46%）。然而，资本利得适用的税率大大低于个人普通收入税税率，也低于公司税税率（t_{cg} 为 28%）。这种税率结构对公司形式有利（除了非税因素外，目前公司利润按照股息分配，股东无法通过套利策略将股息转化为资本利得）。[①] 例如，正如在表 4-3 中记录的那样，对于一个投资者，公司所需收益率 R_c（包括公司和股东层面等所有税收之前）在税前赚取 10% 的合伙企业形式和赚取 7.37% 的公司形式之间是无差异的。因此，即使公司形式遭受双重征税，但是税收递延、更低的股东层面资本利得税税率以及相对于个人普通收入税税率而言较低的公司税税率等所有这些组合使公司形式在这一时期具有税收优势。回想一下，这些结果是针对非派息股票和持有期达 10 年的投资者的。对于派息股票，公司税前所需报酬率将略高于 7.37%。为什么？因为没有股息部分的递延，股东层面的税收会更高，它将以更高的个人普通收入税税率被课税。在表 4-3 中假设持有时间超过 10 年，股东层面的实际税率更低，因此，公司税前所需收益率甚至低于 7.37%（在表 4-4 中列出）。

---

① 我们将在第 5 章研究此类套利策略。

表 4 - 3　为了使公司获取与合伙企业形式一样的税后收益，公司层面税后—股东层面税前股票的各种所需年收益率 r_c^*、股票实际年税率 t_s、公司税前所需收益率 R_c^* [a]

（假设投资者持有期 n 为 10 年，合伙企业的税前收益率 R_p 为 10%）　　　　　　　（%）

期间	R_p	t_c	t_p	t_{cg}	r_c^*	t_s	R_c^*
1981 年以前	10.0	46	70	28	**3.98**	**24.7**	**7.37**
1982—1986	10.0	46	50	20	**5.97**	**16.3**	**11.06**
1987	10.0	40	39	28	**7.81**	**21.9**	**13.02**
1988—1990	10.0	34	28	28	**9.12**	**21.1**	**13.82**
1991—1992	10.0	34	31	28	**8.77**	**21.3**	**13.29**
1993—1996	10.0	35	39.6	28	**7.77**	**22.0**	**11.91**
1997—2000	10.0	35	39.6	20	**7.16**	**15.7**	**11.02**
2001—2002	10.0	35	38.6	18	**7.14**	**14.0**	**10.99**
2003—2012	10.0	35	35	15	**7.34**	**11.5**	**11.30**
2013[b]—	10.0	35	39.6	20	**7.16**	**15.7**	**11.02**

说明：[a] r_c^* 是由式（4.6）计算得出，t_s 由式（4.9）计算得出，R_c^* 由式（4.11）计算得出。黑体字的数值由表中已知的参数计算得出。2001—2002 年 18% 的资本利得税税率适用于持有期超过 5 年的资产。

[b] 我们忽略根据 2010 年签署为法律的《患者保护与平价医疗法案》征收的额外医疗保险附加税。

□ 1986 年后的税收改革法案（1987 年，1988—1990 年）

在 1986 年的税收改革法案之后，与之前的时期相比，最高个人普通收入税税率降到最高公司税税率之下，两年间仅为 28%，我们从表 4 - 3 中可以看出，在所有期间中这是最低的。随着个人普通收入税税率低于公司税税率，合伙企业形式的税后收益率高于公司形式的税后收益率。因此，1986 年税法改革的结果是，作为一种最小化税收的方式，合伙企业相对于公司在税收上变得更为有利。1987 纳税年度是一个过渡年，因为新的较低的法定税率在跨两个年度中被逐步采用。然而，即便在 1987 年，公司形式相对于合伙企业形式也明显在税收上变得更为不利。在 1988—1990 年这一期间，13.82% 的公司税前所需收益率表明，为了使公司能赚取与合伙企业相同的税后收益，公司项目税前收益需要超过合伙企业项目至少 38%。这是一个巨大的税收劣势。至此，本节中大量的 S 公司选择背后的原因的讨论已经开始。然而，值得注意的是，上市公司不可能转换为直通实体，除非它们私有化。因此，C 公司形式的非税收益是巨大的。如果该实体转换为直通企业，那么当时大型和小型实体考虑的其他因素是消极损失规则。最后，"家庭经营"类型的企业可能认为，将收入分别装进两个口袋（企业和个人），利用每个口袋的较低纳税等级的能力将随着转换为直通企业实体而消失。因此，虽然税率的变化导致许多实体转换成直通组织形式，但我们没有观察到在 1986 年后所有 C 公司都变成直通实体。

前面的表格和讨论假设投资者持有期为 10 年。在表 4 - 4 中我们改变持有期进行了对比分析，并展示了基于不同时期税率变化的所需收益率。

表 4 - 4 中的结果显示，正如预期的那样，随着持有期的增加，公司税前所需收益率下降。更长的持有期允许投资者递延非派息股票股东层面的税收。对于持有期相对较长

的投资者来说，在当前最高法定税率结构下，公司形式只有轻微的税收劣势。

表4-4 使公司获取与合伙企业形式一样的税后收益的公司税前所需收益率[a]

（假设合伙企业的税前收益率 R_p 为 10%，公司股息＝0） （%）

					所需收益率 R_c^*，n 年持有期				
期间	R_p	t_c	t_p	t_{cg}	$n=1$	5	10	20	50
1981 年以前	10.0	46	70	28	**7.72**	**7.55**	**7.37**	**7.09**	**6.56**
1982—1986	10.0	46	50	20	**11.57**	**11.32**	**11.06**	**10.67**	**10.06**
1987	10.0	40	39	28	**14.12**	**13.56**	**13.02**	**12.29**	**11.28**
1988—1990	10.0	34	28	28	**15.15**	**14.46**	**13.82**	**13.00**	**11.95**
1991—1992	10.0	34	31	28	**14.52**	**13.88**	**13.29**	**12.51**	**11.49**
1993—1996	10.0	35	39.6	28	**12.91**	**12.40**	**11.91**	**11.24**	**10.32**
1997—2000	10.0	35	39.6	20	**11.62**	**11.31**	**11.02**	**10.60**	**9.99**
2001—2002	10.0	35	38.6	18	**11.52**	**11.25**	**10.99**	**10.61**	**10.06**
2003—2012	10.0	35	35	15	**11.76**	**11.53**	**11.30**	**10.98**	**10.51**
2013[b]	10.0	35	39.6	20	**11.62**	**11.31**	**11.02**	**10.60**	**9.99**

说明：[a] R_c^* 由式（4.11）计算得出。黑体字的数值由表中已知的参数计算得出。2001—2002 年 18% 的资本利得税税率适用于所有持有期的资产。

[b] 我们忽略根据 2010 年签署成法律的《患者保护与平价医疗法案》征收的额外医疗保险附加税。

☐ 2003 年税法的进一步分析

如前所述，2003 年颁布的《就业和经济增长税收减免协调法案》（JGTRRA）将最高资本利得税税率降低到了 15%，将最高个人普通收入税税率降低到了 35%。然而，在彻底背离以前政策方面，该法案也将公司股息的最高个人普通收入税税率降低到了 15%，且此项变化对 2013 年有效，保留对符合条件的股息以长期资本利得税税率征税的待遇（从 2013 年开始最高税率为 20%），而不是以普通收入的税率征税。[①] 由于股息税率的降低以及股息和资本利得税税率的等同，现在股息相对于资本利得在税收上的不利更少，尽管资本利得仍然提供递延纳税的好处。我们在表 4-5 中将说明这个问题。由于支付 100% 的应税收益，股东的税后积累计算如下：

$$I[1+R_c(1-t_c)(1-t_{div})]^n \qquad (4.12)$$

且年度税后收益率为

$$r_c = I[1+R_c(1-t_c)(1-t_{div})]^{n(1/n)} - I$$

---

① 美国前布什总统最初提出 0% 的股息税率和纳税人股票基数的指数是为了计算股票资本利得，使其支付不到 100% 的应税所得（这将导致美国税法更复杂）。已降低的股息税率仅适用于公司利润派发的股息，该公司利润已经被课税。而对于 0% 的股息税率，一种方案是允许公司在计算其应税收入时扣除股息，另一种方案是将股息包含在纳税人的应税收入中，同时允许在个人纳税申报表中抵免已缴纳的公司税收。后者被称为一个集成或股息归集体系。在附录 4.1 中我们将分析这样一种制度。

表 4-5

表 4-5　　　　　　　假设公司税前收益率为 10% 的股东税后收益率

（股息和资本利得以 15% 的税率课税[a]）　　　　　　（%）

股息政策	R_c	t_c	t_{div}	t_{cg}	股东税后收益率 r_c				
					$n=1$	5	10	20	50
支付 100%	10.0	35	15	15	**5.53**	**5.53**	**5.53**	**5.53**	**5.53**
支付 0%	10.0	35		15	**5.53**	**5.56**	**5.72**	**5.90**	**6.17**

说明：[a] 黑体数字是基于正常字体参数值计算得出的。

在这里，由于没有递延纳税，式（4.12）可以简化为：

$$r_c = R_c(1-t_c)(1-t_{div}) \tag{4.13}$$

因此，由于没有股东税收的递延，不管持有期多长，税后收益率都是一个常数。相比之下，由于零股息、资本利得可递延纳税等优点，因而随着持有期的增加，股东的税后收益率也在提高。使用式（4.2）可计算支付 0% 这一行的相关数值。

用另一种方式来呈现这些比较，那就是当与投资于合伙企业具有同样的税后收益时，计算公司获得的税前所需收益率 R_c^*。由于 100% 的股息支付，我们通过令每个组织的积累相等来计算 R_c^*，即令式（4.1）和（4.12）相等：

$$I[1+R_p(1-t_p)]^n = I[1+R_c(1-t_c)(1-t_{div})]^n \tag{4.14}$$
$$(1+r_p)^n = [1+r_c^*(1-t_{div})]^n$$

求解 r_c^*，我们得到：

$$(1+r_p)^{n(1/n)} = [1+r_c^*(1-t_{div})]$$
$$(1+r_p)-1 = r_c^*(1-t_{div})$$
$$r_c^* = r_p/(1-t_{div}) \tag{4.15}$$

然后通过 $R_c^* = r_c^*/(1-t_c)$ 得出 R_c^*。对于零派息公司的税前所需收益率，通过式（4.6）和式（4.10）得出，也可以在表 4-4 的倒数第二行中找到。在表 4-6 中记录的是不同时期的公司税前所需收益率。因为实施 100% 派息政策的公司没有税收递延，公司税前所需收益率是一个常量（不管持有期为多长），而资本利得继续提供税收递延优势。当股息收入以较低的税率课税时，公司税前所需收益率则相应降低。

假设投资者次优选择合伙企业的税前收益率是 10%，公司税前所需收益率可以被认为是权益资本的成本。这样，对于支付 100% 收益的公司而言，降低股息税率（从 35% 降到 15%）会减少公司的资本成本（从 15.38% 降至 11.76%）。对于非股息支付公司而言，降低资本利得税也会降低其资本成本。进一步地，由于资本利得递延缴税的效应（对于 $n=20$ 年，支付 100% 股息的公司税前所需收益率是 11.76%，与之相比，支付 0% 股息的公司税前所需收益率是 10.98%），即使当 $t_{div}=t_{cg}$ 时，对于非股息支付公司而言资本成本仍然较低。当公司支付股息的比例小于 100% 时，公司税前的所需收益率（或其资本成本）介于支付 100% 和支付 0% 的所需收益率之间。

总之，表 4-3 到表 4-6 表明，1981 年以前，公司即使遭受双重征税，一般也要比合伙企业获得更多的税收优惠。在 20 世纪 70 年代早期，许多专业组织都是合并的。尽管它们在公司清算的时候面临股东层面的税收，但是许多医生、律师和顾问联合在一起是为了逃避非常高的个人普通收入税税率，将收入控制在不到 50％ 的较低公司税税率下。[1] 在 1981 年颁布《经济复苏税收法案》后，许多这样的公司转换回合伙企业（或其他组织形式，对所有者的利润直接课税而不是首先在实体层面征税）。

这种转换随着 1986 年的税收改革法案的出台变得更为频繁，因为公司税税率高于个人普通收入税税率。表 4-6 表明，1986 年的税收改革法案使公司非税优势大大超过合伙企业，这必然使得公司试图克服合伙企业的税收优势。在随后的几年一直到 2000 年，国会逐渐提高了普通收入的税率，从而减少了合伙企业的税后收益。最近，国会将降低最高资本利得的税率，以及个人收入和股息的税率。对于非股息支付股票，最高个人普通收入税税率的降低相对于公司而言更有利于合伙企业形式，但对于派息股票，相对的税收不利则会减弱。然而，仍然有利于公司的是，推迟股息支付可为股东获得递延资本利得税的待遇。

表 4-6 对于不同持有期，公司赚取与合伙企业相同的税后收益的公司税前所需收益率 R_c^* [a]
（假设合伙企业税前收益率 R_p 是 10％） （％）

股息政策	R_c	t_c	t_{div}	t_{cg}	所需收益率 R_c^*，n 年持有期				
					$n=1$	5	10	20	50
支付 100％	10.0	35	35		**15.38**	**15.38**	**15.38**	**15.38**	**15.38**
	10.0	35	15		**11.76**	**11.76**	**11.76**	**11.76**	**11.76**
支付 0％	10.0	35		20	**12.50**	**12.16**	**11.82**	**11.35**	**10.70**
	10.0	35		15	**11.76**	**11.53**	**11.30**	**10.98**	**10.51**

说明：[a] 假设 $t_p=35\%$。黑体数字是基于正常字体参数值计算所得。

☐ 累进的个人普通收入税税率：t_p 和 t_{cg}

最后，并不是所有的个人对普通收入和资本利得都面临同样的边际税率。个人（和公司）税率表是累进的：法定税率作为纳税人应税收入的函数是提高的。税率表取决于申报纳税者身份（单身申报、已婚共同申报、已婚单独申报和户主申报）。并不是所有个人都面临着最高法定税率，例如，在我们的模型中进行这样的假设，股息收入和合伙企业收入可以以低于最高法定税率的税率课税。同时，对于低收入个人，资本利得的税率是 5％，而不是 20％。最后，许多纳税人承担替代性最低税（AMT），意思是他们适用一个较低的税率（28％），但允许的扣除较少（即一个更广泛的税基）。因此，无论纳税人是否被纳入替代性最低税体系，适用边际决策的税率都应该被考虑在内。

这些复杂的情形不会影响我们模型中描述的基本要点，但是要求税收筹划者为个人纳税人进行税收筹划时（他们面临什么税率？）或对不同组织形式制作税收成本报表时谨慎行事。实际的税收成本差异将取决于所经营业务的盈利能力（即 t_c）、投资者的身份（个人、免税组织，或另一个公司），以及投资者自身的边际税率。

---

① 有助于促成联合决策的另一个重要因素是通过代表公司所有者—管理者向养老金账户缴纳可抵扣税收的款项，获得大量递延税收支付的机会。我们将在第 9 章进一步探讨这种因素。

4.5 生产经营活动的其他组织形式

下面是关于若干可供选择的特定组织形式的简要讨论。

小型商业公司（Small Business Corporation，1244 款）：在这样一个实体中，原始股东共同出资，总股东权益高达 1 000 000 美元。该实体被允许从它们的其他收入中扣除发生的资本损失，不考虑平常普通股票出售的年度限额（目前为 3 000 美元）。1244 款中年度扣除限额是每纳税人为 50 000 美元（夫妻共同申报是 100 000 美元）。为了符合条件，其必须实质上是一个运营公司，而不是主要从事消极投资的公司。

少数人持股公司（Closely Held Corporation）：少数人持股公司是由少数几个股东拥有的公司，这在家庭或小型企业中常见。相对于广泛持股公司，少数人持股公司的老板和员工之间往往会存在相当多的信任。事实上，少数人持股公司通常是由老板自主经营管理。通过给自己支付丰厚的工资和奖金，所有者也就是经营者可以避免部分公司层面的税收，并且通常利用公司税税率表中的较低等级。不像股息分配和资本利得，所有者—经营者的薪酬支付可以作为公司税前扣除的费用。许多联合咨询公司以年终奖的形式支付大部分税前利润，以避免公司层面的税收。然而，这里有限制。税务当局可以把部分薪酬作为变相股息并对之课税。

少数人持股公司的特殊类型是个人服务公司。这样一个实体的主要经营活动是由雇主即雇员提供个人服务。例如，在商学院提供咨询服务的某一教授可能将她的咨询业务组建成公司，她本人既是唯一的股东，也是个人服务公司的主体。

非营利性公司（Not-for-Profit Corporation）：作为一个免税实体可以提供一定的商品和服务，而避免就其收益缴纳公司税。突出的例子包括非营利性医院、大学和宗教组织。此外，在 20 世纪 60 年代之前，大多数储蓄和贷款协会实际上免征公司税。所有这些免税企业的"所有者"实际上都作为特殊类型的合伙企业被课税。例如，非营利性医院的医生可能随着医院收入增加而获得更高的工资，这些收入只在个人层面被课税。此外，尽管同样的机会存在于营利性公司中，但是免税实体的递延报酬可能会以未扣除实体层面税收时的收益率进行投资。[①]

业主有限合伙制企业（Master Limited Partnership，MLP）：MLP 基本上有两种类型的合伙人：普通合伙人和有限合伙人。假设有限合伙人不积极参与合伙企业的管理，他们的合伙企业债务责任仅限于其投资资本。普通合伙人管理合伙企业并且承担对合伙企业债务的无限责任。为了承担有限责任，普通合伙人经常组织为公司形式。在 20 世纪 70 年代和 80 年代初，MLP 是避税企业的主要形式。例如，富人作为有限合伙人将资本投资在研发或者石油和天然气勘探中，引发了头几年的业务亏损，有限合伙人可以从他们的其他收入中弥补该亏损。[②] 如前所述，1986 年的税收法案通过限制投资者进行这种补亏的能力抑制了这些行为。许多财经新闻评论员认为，这种变化对美国房地产市场产

---

① 在免税活动中的税前收益率低于在征收公司层面税收活动中的税前收益率的可能性大。我们将在下一章再一次讨论该隐含的税收。

② 我们将在第 6 章更详细地讨论这些活动。

生不利影响。LLC 形式往往是一个比 MLP 形式更好的选择，因为 LLC 的投资者可以在拥有直通税收和承担有限责任的同时，不放弃管理活动。

公开上市合伙企业（Publicly Traded Partnership，PTP）：合伙企业形式的局限性之一就是合伙人在试图退出企业时所面临的困境。合伙企业权益不容易转移，因为对于这些权益没有一个活跃的二级市场。这种可转让性的缺乏代表该组织形式的主要非税成本。在 20 世纪 80 年代初，一些合伙企业，特别是石油和天然气实体，在有组织的证券交易所登记其合伙企业权益，这让合伙人更容易出售或扩大其对合伙企业的持有股份。然而，随着 1997 年税收法案的颁布，合伙企业权益的易转换性（例如，在纽约证券交易所进行合伙权益的交易）导致除了个别例外，合伙企业被当作公司课税。PTP 被特别排除在合伙企业税收待遇之外。[①] 为了取得 PTP 资格，合伙企业所赚取收入中必须有至少 90％来自合格的来源，其中包括利息、股息、房地产租金、房地产的销售收入、商品或商品期货收入，以及来自矿产和自然资源开发的收入。因此大多数 PTP 在能源、木材或房地产等相关行业中从事经营。今天，PTP 也被当作 MLP，反之亦然。当 LLC 的权益被公开交易时，LLC 必须遵从对 PTP 有效的 PTP 税收规则。

有限责任合伙企业（Limited Liability Partnership，LLP）：LLP 是改进的普通合伙企业，专门为专业服务组织设计，如四大会计师事务所，像合伙企业那样经营，保护一些个人责任。合伙人违反了专业职责则不被保护。许多但不是所有的国家都认可 LLP，并提供类似于 LLC 的优势：有限责任和单一层面税收。

房地产投资信托公司（Real Estate Investment Trust，REIT）：REIT 实体组织为信托或者公司，其获取的大部分收益来自房地产经营活动。如果所有的收益每年被分配给受益者或者股东，REIT 可以避免实体层面的税收。为了获得直通企业的税收待遇资格，REIT 必须满足以下约束条件：至少拥有 100 个股东，没有明显的所有权集中，并且通过两项收入审查（被称为 95％/75％检测，但基本收入必须来自房地产相关活动）和一项资产审查（至少 75％的资产投资于合格的房地产）。

房地产抵押贷款的投资管道实体（Real Estate Mortgage Investment Conduit，REMIC）：REMIC 是另一个直通实体。实质上，所有 REMIC 的资产都必须包括合格的抵押贷款以及与抵押相关的贷款资产。REMIC 有两类所有者："常规"利益的所有者以及"剩余"利益的所有者。前者就像债券持有人，而后者就像股东（除了 REMIC 不支付实体层面的税收之外）。[②]

▮ 要点总结

1. 不同的组织形式会提供相同的产品和服务。由于税收待遇的差异，在不同的组织形式开展相同的活动会导致不同的税后收益率。

2. 在许多国家常规公司都受到双重征税，即第一次在公司层面被课税，第二次在股东层面被课税。相比之下，合伙企业（和其他直通实体）

---

① 关于公开上市合伙企业的额外信息，见 http：//www. naptp. org/Navigation/PTP101/PTP101 _ Main. htm。著名的黑石集团 L. P. 是一家公开上市的合伙企业。

② 见第 2 章附录示例 A2 关于 REIT 如何被零售商用于降低其州所得税的讨论。

仅在投资者层面被课税。

3. 在拥有相同的税前投资收益率的情况下，如果公司税税率和个人普通收入税税率是相同的，但公司利润在股东层面征收非零税收，即 $t_c = t_p$，$t_s > 0$，则合伙企业在税收上获得的好处要超过公司形式。

4. 在拥有相同的税前投资收益率的情况下，如果公司税税率低于个人普通收入税税率，即 $t_c < t_p$，且在股东层面的税率 t_s 足够低，则公司形式获得的税收优惠超过合伙企业形式。

5. 一般来说，如果 1 减去公司税税率，乘以 1 减去持有公司股票获得的收入所适用的实际年税率，超过 1 减去合伙企业收入适用的税率，则公司形式获得的税收优惠超过合伙企业形式，即

$$(1 - t_c)(1 - t_s) > (1 - t_p)$$

6. 如果合伙企业形式获得的税收好处超过公司形式，且对两种形式进行类似投资，则一些市场摩擦、税收规则限制和公司形式经营中的非税利益等综合因素对于防止套利是必需的。

7. 个人普通收入税税率和股东层面税率的横向差异为公司和合伙企业组织形式的税收套利创造了机会。在没有摩擦或限制的情况下，如果一些投资者对选择两种组织形式的生产经营没有差异，那么其他适用不同税率的投资者将倾向于以一种组织形式进行投资，并不惜通过举债筹集资金的方式进行投资，而不愿意转为其他组织形式。

8. 当个人普通收入税税率超过公司税税率时，对于一个给定持有期限的股票投资，存在一个独特的股票税率 t_s，使通过合伙企业生产和通过公司生产具有同样的吸引力。投资期限较长的投资者喜欢公司形式；投资期限较短的投资者更喜欢合伙企业形式。

9. 随着时间的推移，税率的相对变化改变了组织形式的选择。

10. 近年来出现了一些组织形式，如有限责任公司和有限责任合伙企业，它们综合了有限责任和单一层面税收的优势。对 S 公司规则的放松也使这种组织形式更有吸引力。

11. 当公司形式存在税收劣势时，除非通过公司形式经营存在非税好处，或除非对公司清算存在重要成本，否则税务规则将迫使公司解散或转换为其他形式。

12. 公司形式超过合伙企业形式的非税好处包括：有限责任、更好的已制定的公司判例法；公司控制的市场比合伙企业控制的市场更有效；更易进入资本市场；公司所有者权益的易转让性。这些增强了投资者的变现能力。

附录 4.1 公司形式的股息归集

一些国家有"股息税归集"制度，即将公司层面的部分税收转化为合伙企业层面的税收，目的是减轻或消除公司股息的双重征税，这就是固有的古典税制。例如，澳大利亚、法国、意大利、德国和加拿大允许部分或全部股息归集。我们的意思是，通过股息归集，如果公司从公司税后的利润中支付股息给那个国家的居民股东，股东（a）获得税收抵免（作为补偿，因为公司税转嫁给他们支付），相当于他们获得的部分股息，（b）将其作为股息收入，即获得的股息加上税收抵免额申报纳税（按照个人普通收入税税率征税）。例如，如果公司税税率是 40%，那么税前利润 100 美元导致公司税后利润是 60 美元。在一个完全的股息归集制度中，如果公司支付 60 美元的现金股息，在税单上显示给其股东分发 40 美元，该税单连同一张表格，表明他们在其个人纳税申报单中申报 100 美元的股息收入。例如，处于 40% 税级的股东，记录的 100 美元的收入中有 40 美元是应纳税额，但是这正好被股息税收抵免额抵消，导致零附加税。例如，处于 30% 税级的股东，记录的 100 美元收入中有 30 美元是应纳税额。40 美元的税单留下了 10 美元的净抵免额用于抵消其他收入的应纳税额。附带的股息税收抵免被称为免税股息。针对 100% 的派息政策，归集抵免制将公司征税形式转换为合伙企业征税形式，让那些有足够应税收入的投资者使用

税收抵免制。公司收入仅仅引起某一层面的按照个人普通收入税税率征收的税收。归集抵免制的结果是，免税股东例如养老金被迫按照高的公司边际税率缴纳税收。对他们来说，40 美元的税单没有价值，除非他们产生"无关的业务收入"，否则应纳税。

更为正式的是，股东就其完全免税股息按照下式纳税：

$$\text{Div} - [t_p \text{Div}/(1-t_c) - t_c \text{Div}/(1-t_c)] \quad (A4.1)$$

中间项是个人应纳税额的数量，该税就公司税收抵免之前总共赚得的股息征收，该税收抵免按照最后一项计算。该式可以重新整理为

$$\text{Div}[1 - t_p/(1-t_c) + t_c/(1-t_c)]$$
$$= \text{Div}(1-t_p)[1 + t_c/(1-t_c)] \quad (A4.2)$$

为了检验，我们将之前例子的数据代入，得到 $65 \times (1-0.40) \times [1 + 0.35/(1-0.65)] = 65 \times 0.60 \times (1 + 0.538\ 46) = 60$（美元税后股息）[①]。

在某些情况下，股东可能获得不免税股息。也就是说，当股息从利润中支付，而该利润在公司层面没有被课税时，该利润在海外获得并被课税，该利润在股息归集抵免制度引入之前获得。为了说明这种情况，假设一个公司支付 100 美元的股息，其中有 70 美元由免税股息所组成。在这种情况下，股东面临以下情形：

30 美元的不免税股息 + 70 美元的免税股息

$$30 \times (1-0.40) + 70 \times (1-0.40)[1 + 0.35/(1-0.65)]$$
$$= 18 + 64.62$$
$$= 82.62（美元股东层面税后股息）$$

该答案也能够被更简单地推导出：

$$= \text{Div}(1-t_p)[1 + kt_c/(1-t_c)] \quad (A4.3)$$

其中 k 为免税股息的比例。

$$100 \times (1-0.40) \times [1 + 0.70 \times 0.35/(1-0.35)] = 100 \times 0.60$$
$$(1 + 0.376\ 92) = 82.62（美元）$$

我们现在可以调整该式用于表 4-2 的股息归集。如果股票支付股息率为 d，k 百分比是免税的，股息收入的税率是 t_p，在某一时期的股票所需收益率 r_c^* 满足

$$[(1+r_c^*-d)(1-t_{cg})+t_{cg}]+d(1-t_p)(1+k(t_c/(1-t_c))) = 1+r_p \quad (A4.4)$$

这是正文式（4.7）被调整过的股息归集，包括 $(1+k(t_c/(1-t_c)))$ 项乘以 $d(1-t_p)$。求解 r_c^*，我们发现

$$r_c^* = [(1+r_p) - d(1-t_p)(1+k(t_c/(1-t_c))) - t_{cg}]/(1-t_{cg}) + d - 1 \quad (A4.5)$$

假设 $d=0.03$，$R_p=10\%$，$t_p=40\%$，$t_{cg}=20\%$，$t_c=35\%$，以及 k（完全免税的股息百分比）= 100%，那么

$$r_c^* = [(1+0.06) - 0.03 \times (1-0.40)(1+1.00 \times (0.35/(1-0.35))) - 0.20)]/(1-0.20) + 0.03 - 1$$
$$= 0.070\ 4$$

当 $k=70\%$ 时，

$$r_c^* = [(1+0.06) - 0.03 \times (1-0.40)(1+0.70 \times (0.35/(1-0.35))) - 0.20)]/(1-0.20) + 0.03 - 1$$
$$= 0.074\ 0$$

同样，多时期式子能被简单地改写为：

$$(1+r_c^*-d)^n(1-t_{cg})+t_{cg}+d(1-t_p)(1+k(t_c/(1-t_c)))\sum_{t=1}^{n}(1+r_c^*-d)^{t-1}(1+r_p)^{n-t} = (1+r_p)^n \quad (A4.6)$$

我们用这个式子生成表 A4-1 中的数值。

表 A4-1 的第一行重复正文表 4-2 的内容，表明当股息收益率与表 4-1 中的零股息情况相比为正时，股东层面税前所需收益率较高。此外，随着投资期限的增加，表 4-2 中所需收益率下降速度慢于表 4-1 的所需收益率。当然，原因是，当分配股息时，股票总收益率的较小部分来自资本利得，而且只有对资本利得的征税是随着投资期限的增加而减少的。由于完全股息归集（$k=100\%$），公司税前所需收益率更低。进一步地，因为我们的模型派息不到 100%，$t_p > t_c$，所以仍有税收递延的优势。由于不到 100% 的免税股息支付，公司税前所需收益率介于 100% 归集和零归集所需收益率之间。

[①] 纳税人获得公司税收抵免的股息归集制度的运行机制类似于我们将在第 10 章和第 11 章讨论的美国跨国公司外国税收抵免的机制。进一步地，我们这里的描述与澳大利亚 1987 年引入的制度类似。

表 A4－1　　股息归集效应，基于公司层面税后—股东层面税前股票的各种所需年收益率 r_c^*，
不同持有期 (n) 3%的股息支付，合伙企业税前10%的收益率 (R_p)

股东税率			股东层面税前股票的所需收益率（％），r_c^*（公司层面税后，股东层面税前）[a]					税后收益率[b]（％）
t_p	t_{cg}	R_p	$n=1$	5	10	20	50	r
来自表4－2，没有股息归集								
40％	20％	10％	**8.25**	**8.15**	**7.17**	**7.95**	**7.88**	**6.0**
$k=100\%$[c]，$t_c=35\%$，进行股息归集								
40％	20％	10％	**7.04**	**6.82**	**7.80**	**6.66**	**6.40**	**6.0**
$k=70\%$，$t_c=35\%$，进行股息归集								
40％	20％	10％	**7.40**	**7.17**	**8.38**	**6.99**	**6.71**	**6.0**

[a] 黑体字的数值由表中已知的参数计算得出。

[b] 该数值是股票和合伙企业的税后收益。

[c] $k=$ 完全免税的股息百分比。

附录 4.2　其他投资工具

在过去的10年中，各种投资工具通过投资者自身的经营安排逐步演变。在这里简要地对这些投资工具进行讨论。

私人股本基金（Private Equity Fund）：这是一个投资于其他公司或交易的基金，目的是获得控股权，以便该基金接下来可以重组业务。该基金可能通过杠杆收购、风险投资、慈善投资、居间债务和其他方式发生重组。在重组成功后，该基金通过IPO、出售或合并业务、资本结构调整套现。大多数私人股本基金组织成为有限合伙企业。由于投资者持有有限的合伙人权益，因此投资者作为有限合伙人被课税（如本章正文中所讨论的）。大多数私人股本基金出售给机构投资者和富有的个人（例如，净资产超过100万美元、年收入超过200 000美元的人）。这些基金面临的监管大大少于普通共同基金（该基金对所有投资者开放）。

普通合伙人通常是该基金管理者的下属成员。通常，普通合伙人以基于管理资产总值的费用（例如，资产总值的2%）和一般基金收益20%的绩效分红来支付报酬。后者的绩效分红被称为"附带权益"，因此如果该基金盈利，那么给普通合伙人（基金组织者）的大多数收益被当作劳务报酬时不被课税，但被当作投资收益时，要以优惠的资本利得税税率课税。对于非常成功的基金，产生的这些利润可能是可观的，吸引了国会和收费媒体的关注，这些基金的管理者利用税收漏洞，得到实际服务补偿（工资）而没有就普通收入缴纳35%的税收。众议院和参议院引入一些议案要求附带权益应被视作普通收入课税，但在写作本书时，所有这一切尚未通过。

在2007年中期，百仕通集团，一个大型私人股本基金上市。百仕通集团因此成为一个公开上市的合伙企业，并声称其收入满足PTP收入条件（因此，它不应该被作为公司征税）。虽然该投资是由一个私人股本基金在进行积极管理，但百仕通辩称，其投资活动出现了异常情况（产生利息和股息等消极收入），为税收目的需要取得PTP资格。根据PTP税收待遇，利润流经有限合伙人和普通合伙人，因此百仕通的普通合伙人的附带权益的利润被视为资本利得。这种情况也多多少少激发了国会提出议案，特别是1624年美国参议员Baucus和Grassley提出将对PTP

被视为公司执行资产管理活动进行课税。[1]

另一个被报道的私人股本基金是赛伯乐斯（Cerlberus）资本管理公司，属于有限合伙企业。赛伯乐斯最近收购了源自戴姆勒-克莱斯勒股份公司（DaimlerChrysler AG）的克莱斯勒集团（Chrysler Group）80.1％的股份。收购后，克莱斯勒集团重组为克莱斯勒有限责任公司（Chrysler LLC）——一个直通实体。[2]

对冲基金：对冲基金是一个私人投资基金，该基金向富有的投资者开放。对冲基金除了一般投资于股票、债券和其他金融工具进行套利活动或冒险持仓之外，在许多方面与私人股本基金相似。但与私人股本基金不同的是，对冲基金的目的不是获得控股权以便重组基础业务。对冲基金通常是离岸注册。在 2004 年年底，55％的对冲基金（管理着 65％的对冲基金资产总额）位于海外（开曼群岛、英属维尔京群岛、百慕大和巴哈马群岛）。对于拥有广泛美国纳税人基础的对冲基金，该基金以类似于私人股本基金的形式组织，因为投资者收购该基金有限责任合伙企业权益且该基金组织者充当普通合伙人角色。在美国，34％的基金管理 24％的资产。作为管理者的普通合伙人收取管理费（通常为管理资产总值的 1.5％到 4.0％）和占基金总收益的大约 20％的业绩提成（类似于股票基金的附带权益）。因为大多数对冲基金投资于流动资产，投资者通常允许在短时间内进入或离开该基金，而私人股本基金的投资往往被捆绑数年（非流动性投资），以至于投资者在很长一段时间内被锁定。

对冲基金可以和共同基金进行对比。两者都是以税收为目的的直通实体。然而共同基金不同于对冲基金，因为前者通过公开招股说明书接受普通居民投资，由美国证券交易委员会（SEC）进行管制。对冲基金只接受来自富人的投资，不公开发行招股说明书，只是由 SEC 简单监管。共同基金必须每天给基金定价，且天天变化。

■ 问题讨论

1. 解释"公司遭受双重征税"。这句话适用于所有的公司形式吗？解释什么是"作为一个直通实体征税"。

2. 在比较公司和合伙企业投资者的相对税收状况时，公司股息起到何种作用？

3. 影响公司层面税后—股东层面税前所需收益率 r_c^* 的主要变量是什么？举例说明每个变量的重要性。是否可以将每个变量的重要性进行排序？

4. 影响股东层面税收 t_s 的主要变量有哪些？举例说明每个变量的重要性。是否可以将每个变量的重要性进行排序？

5. 影响公司税前收益率 R_c 大小的主要变量有哪些？举例说明每个变量的重要性。是否可以将每个变量的重要性进行排序？

6. 表 4-3 中给出的数据表明，从 1987 年到 1992 年，公司形式相对于合伙企业形式存在税收劣势。列举并解释导致这种结果的因素。为什么在此期间没有更多的公司转为合伙企业形式？

7. 什么因素可能会导致公司税税率、个人普通收入税税率和股东层面税率的横向和纵向的差异？这些差异如何影响税收筹划者的行为？这些差异又如何影响税收政策制定者的行为？

8. 为什么某些投资者更喜欢公司形式，而另一些投资者则更喜欢合伙企业形式？

9. 如果公司相对于合伙企业处于税收劣势，为什么我们发现公司形式继续存在，特别是那些大型公共企业？

10. 解释打钩规则。在这之前，美国国税局是如何确定某企业按照实体层面被课税，还是作为一个直通实体被课税的？

---

[1] 参见 http：//fraebgate. access. gpo. gov/cgi-bin/getdoc. cgi？ dbname＝110＿cong＿bills&docid＝f：h2834ih. txt. pdf。

[2] 参见 http：//fraebgate. access. gpo. gov/cgi-bin/getdoc. cgi？ dbname＝110＿cong＿bills&docid＝f：s1624is. txt. pdf。

11. 列举五种生产商品或提供劳务的组织形式。每种组织形式的税收特征有什么不同？

12. 对比 S 公司、普通合伙企业和有限责任公司。

13. 解释股息归集制度是如何运作的。

14. 关于公司层面税后、股东层面税前所需收益率 r_c^* 的股息归集效果是什么？随着 k（股息免税的百分比）下降至零，关于 r_c^* 的股息归集效果是什么？

15. 比较和对比政策：

a. 对个人纳税人征税时扣除股息。

b. 允许公司支付股息时进行税前扣除。

c. 在股息归集制度下，纳税人获得已付公司税收抵免。

d. 设置公司税税率至零。

练习题

1. 假设个人普通收入税税率 t_p 等于 40%；公司税率 t_c 等于 35%；资本利得税税率 t_{cg} 是 20%。还假设公司和合伙企业形式的每年税前投资收益率是 15%。这些税率和投资收益率在一段时间内是常数。在上述条件下，判断以下是对还是错。（用数值例子支持你的答案。）

a. 投资于公司形式的年度税后收益率会随着投资者持有期的增加而提高。请解释。

b. 投资于合伙企业形式的年度税后收益率会随着合伙人持有期的增加而提高。请解释。

c. 如果公司每年将其税后利润作为应税股息进行派发，那么股东获得的税前收益率将低于公司保留税后利润不予派发的情形。请解释。

d. 由于公司税税率低于个人普通收入税率，所以公司形式总是优于合伙企业形式。

e. 由于公司收入承担两个层面的税收，合伙企业形式总是优于公司形式。

2. 1986 年税法颁布后，公司税税率为 34%，高于个人普通收入 28% 的税率，且已实现的资本利得的 100% 成为按普通投资者的个人普通收入税税率课税的应税收入。如果投资者要求其在同等风险下进行投资的税后收益率为每年 15%，一般股东持有 8 年股票，则对于公司和合伙企业而言，其各自的所需税前收益率是多少（即权益资本的成本）？在什么情况下，我们可能会看到一个公司和合伙企业根据这些所需的税前收益率提供同样的商品和服务？

3. 纳税人投资 100 000 美元成立全资公司。公司投资的项目赚取的年度税前收益率为 15%，面临的公司税税率为 15%。纳税人面临的个人普通收入税税率为 39.6%，预计 20 年后公司将清算。

a. 该项投资的税后收益率是多少？

b. 你是否建议该纳税人通过一家 S 公司进行投资从而避免双重征税？假设该公司每年分配足够多的现金给该纳税人，以便他就 S 公司收入支付税收。（该题目改编自达特茅斯学院 Richard Sansing 提出的问题。）

4. 假设国会将最高资本利得税税率 t_{cg} 从 15% 降至 10%。这将如何影响表 4-4 的最后一栏所计算的公司所需税前收益率 R_c^*？换言之，重新计算表 4-4 中 2003 年这一行列举的公司持有期间所需的税前收益率和其他参数值。

5. 假设国会将最高个人普通收入税税率 t_p 从 35% 提高至 45%。这将如何影响表 4-4 的最后一栏所计算的公司所需税前收益率 R_c^*？换言之，重新计算表 4-4 中 2003 年这一行列举的公司持有期间所需的税前收益率和其他参数值。

6. 假设国会将最高公司税税率 t_c 从 35% 降至 30%。这将如何影响在表 4-4 最后一栏所计算的公司所需税前收益率 R_c^*？换言之，重新计算表 4-4 中 2003 年这一行列举的公司持有期间所需的税前收益率和其他参数值。

7. 在股息税归集制度中，免税股息的百分比 k 要为多少才相当于 15% 的税率？如果有必要，假定 2003 年的最高税率。

税收筹划的问题

1. 随着 1986 年的税收改革法案出台，公司税税率从 1986 年的 46％下降到 1987 年的 40％，1987 年后个人普通收入税税率进一步下降到 34％。税法允许在此期间的净经营损失向前结转 3 年，那么，在 1984—1986 年盈利的企业在 1987—1989 年采取以下方式产生净经营损失是否有税收优势：（1）亏损卖出某些资产；（2）推迟收入确认；（3）加速某些可税收扣除的支出？如果税后贴现率为 7％，那么该策略的税收优势在哪？企业将在 1987—1989 年采取哪些特殊行为以产生净经营损失？

2. 由于美国公司从其他美国公司获得股息的 70％的应税收入免税，因此税收筹划者有时候建议美国公司应投资派息的普通股或优先股。

购买派息股票对于美国公司存在税收优势吗？如果美国公司购买的是可调整利率的优先股（短期付息的优先股，股息收益直接随着短期国债收益而浮动）而不是购买一般的派息股票，那么会不会存在税收优势？公司发行优先股具有税收优势吗？加拿大公司从其他加拿大公司获得的 100％的股息免税。加拿大公司购买其他的加拿大公司的股票是否有税收上的优惠呢？

3. 某公司目前将 50％的利润作为股息支付。该公司首席财务官（CFO）问你，公司支付股息给公司以外的股东是否有税收优势？1986 年的税法如何影响这些计算？

4. 让我们假设，20 世纪 60 年代美国富人的个人普通收入税税率是 70％，所实现的资本利得按照最高个人普通收入税税率的一半，即 $t_{cg}＝35％$征税。假设公司的最高税率是 48％。投资税前收益率是 15％。你被要求向一位医生建议她是否应该成立公司。对于投资期 5 年、10 年、15 年，具有税收优势的战略分别是什么？假设她确实成立公司，5 年后，个人普通收入税税率出乎意料地下降到 50％。那么，她是否应该清算公司，并重新创办新的合伙企业？

5. 某富有的纳税人正计划投资基于互联网的经营。纳税人预期至少头 5 年的经营会出现税收流失。该纳税人还希望在 10 年内要么通过上市，要么通过出售给其他经营实体来套现。讨论作为常规 C 公司和个人独资公司（或其他直通实体）进行经营的优缺点。在讨论中，你应说明投资者是否值得采取以下行为：

a. 通过公开上市或者销售给另一经营实体进行套现。

b. 积极参与操作经营。

如果投资者没有那么富有，问题（a）和（b）的答案将有何不同？

6. 假设你为某大学篮球教练是否成立 C 公司或 S 公司为高中学生组织篮球夏令营提供建议。纳税人计划经营该夏令营 5 年，然后在最后一年将所有留存收益作为股息发放以结束公司运营。该纳税人面临的边际税率为 35％，公司税税率是 35％。该夏令营预计的税前收益率是每年 12％（支付给纳税人收入或股息之前）。

a. 假设每年支付零股息，你建议纳税人选择哪种公司形式？

b. 假设每年作为股息分配 50％的应税收入，你会建议纳税人选择哪种形式？用文字解释你的答案（这里不需要数学表达）。

c. 再次假设每年零派息，当 C 公司股东层面的税率 t_s 为多少时，对于纳税人而言，两种公司形式产生相同的税后收益率？

d. 用文字解释，（c）部分股东层面税收降低到多少时，对于纳税人而言，两种公司形式的税后收益率是相同的。

7. ABC 公司打算与另一家公司合资经营一家互联网公司。该新公司将接手 ABC 公司在复杂的软件算法方面开发的专业技术，并且对其复杂的制造和分销流程进行管理。每个实体需要初始投资 2 000 万美元，持有该合资企业 50％的股份。与大多数互联网企业一样，合资企业合伙人不期望在可预见的未来赚取正利润。

a. 讨论合资企业可能采取的组织形式的优缺点。在讨论中，你应考虑该选择的税收和非税成本以及收益。注意，为了填写收入合并申报表（即包括投资于 ABC 的另一个公司的纳税申报表），某公司必须拥有其他公司至少 80％的投票权（出于财务会计目的的，只需拥有 50％的股份）。你会推荐该合资企业采取哪种组织形式？

b. 在投资 2 000 万美元时，ABC 公司正在考虑两个方案：

i. 所有的投资数额均作为权益。

ii. 1 000 万美元投资作为权益，剩下的 1 000 万美元被当作年利率 10％的应付票据。

评估这两个方案。

当合资企业最终盈利时（10 年后），预计每年可获得大约 20％的税前收益。合资公司预计不会支付任何股息，且 ABC 公司从今天起 20 年后进行清算。在接下来的 20 年中，将面临最高公司税税率（35％）。最后，假设 ABC 公司在合资企业的投资 2 000 万美元均作为权益。

c. 如果合资企业被组织为一个 C 公司，ABC 公司的预期年度税后收益是多少？

d. 如果合资企业组织作为一个有限责任公司，ABC 公司的预期年度税后收益是多少？

参考文献

Allen, E., and S. Raghavan, 2012. "The Impact of Non-Tax Costs on the Tax-Efficiency of Venture Capital Investments," Working Paper, USC.

Ayers, B., C. Cloyd, and J. Robinson, 1996. "Organizational Form and Taxes: An Empirical Analysis of Small Businesses," *Journal of the American Taxation Association* (Supplement), pp. 49–67.

Bankman, J., 1994. "The Structure of Silicon Valley Start-Ups," *UCLA Law Review*, Vol. 41, Issue 7 (September 1994), pp. 1737–1768.

Beatty, A., P. Berger, and J. Magliolo, 1995. "Motives for Forming Research & Development Financing Organizations," *Journal of Accounting and Economics* (2&3), pp. 411–442.

Carroll, R., and D. Joulfaian, 1997. "Taxes and Corporate Choice of Organizational Form," *U.S. Department of the Treasury, Office of Tax Analysts Working Paper 73*. Washington, DC: U.S. Department of Treasury.

Erickson, M., and S. Wang, 1999a. "Exploiting and Sharing Tax Benefits: Seagrams and Dupont," *Journal of the American Taxation Association* (Fall), pp. 35–54.

Erickson, M., and S. Wang, 1999b. "The Effect of Transaction Structure on Price: Evidence from Subsidiary Sales," *Journal of Accounting and Economics* (April), pp. 149–176.

Fleischer, V., 2004. "The Rational Exuberance of Structuring Venture Capital Start-Ups," *57 Tax L. Rev.*, pp. 137–186.

Gentry, W., 1994. "Taxes, Financial Decisions, and Organizational Form: Evidence from Publicly Traded Partnerships," *Journal of Public Economics* (February), pp. 223–244.

Goolsbee, A., 1998. "Taxes, Organizational Form, and the Dead Weight Cost of the Corporate Income Tax," *Journal of Public Economics* (July), pp. 143–152.

Goolsbee, A., and E. Maydew, 2002. "Taxes and Organizational Form: The Case of REIT Spin-Offs," *National Tax Journal* (September), pp. 441–456.

Gordon, R., and J. Mackie-Mason, 1994. "Tax Distortions to the Choice of Organizational Form," *Journal of Public Economics* (October), pp. 279–306.

Gordon, R., and J. Mackie-Mason, 1997. "How Much Do Taxes Discourage Incorporation?" *Journal of Finance* (June), pp. 477–505.

Guenther, D., 1992. "Taxes and Organizational Forms: A Comparison of Corporations and Master Limited Partnerships," *The Accounting Review* (January), pp. 17–45.

Hofmann, M.A., 2007, "Tax-Motivated Expense Shifting by Tax-Exempt Associations," *Journal of the American Taxation Association* (Spring), pp. 43–60.

Johnson, C., 2009. "Why Do Venture Capital Funds Burn Research and Development Deductions?" *VA TAX REV.* (29), pp. 31–32.

Lee, John W. 2011. "Wage Taxes and Compensating S Corporation Officers and Members of LLCs and LLPs," Working Paper, William & Mary Law School.

Maydew, E., 1997. "Tax-Induced Earnings Management by Firms with Net Operating Losses," *Journal of Accounting Research* (Spring), pp. 83–96.

Omer, T., G. Plesko, and M. Shelley, 2000. "The Influence of Tax Costs on Organizational Choice in the Natural Resource Industry," *Journal of the American Taxation Association* (Spring), pp. 38–55.

Petroni, K., and D. Shackelford, 1995. "Taxation, Regulation, and the Organizational Structure of Property-Casualty Insurers," *Journal of Accounting and Economics* (3), pp. 229–253.

Plesko, G., 1999. "The Role of Taxes in Organizational Choice: S Conversions after the Tax Reform Act of 1986," Working Paper, MIT.

Scholes, M., and M. Wolfson, 1990. "The Effects of Changes in Tax Laws on Corporate Reorganization Activity," *Journal of Business* (January), pp. S141–164.

Shelley, M., T. Omer, and T. Atwood, 1998. "Capital Restructuring and Accounting Compliance Costs: The Case of Publicly Traded Partnerships," *Journal of Accounting Research* (2), pp. 365–378.

Shevlin, T., 1987. "Taxes and Off-Balance-Sheet Financing: Research and Development Limited Partnerships," *The Accounting Review* (3), pp. 480–509.

Terando, W., and T. Omer, 1993. "Corporate Characteristics Associated with Master Limited Partnership Formation," *Journal of the American Taxation Association* (Spring), pp. 23–45.

Willens, R., and H. Wright, 2002. "Tax-Free Real Estate Spin-Offs: Will They Catch On?" *Tax Notes* (February 4), pp. 619–627.

Wolfson, M., 1985. "Empirical Evidence of Incentive Problems and Their Mitigation in Oil and Gas Tax Shelter Programs" in *Principals and Agents: The Structure of Business*, edited by John W. Pratt and Richard J. Zeckhauser (Boston, MA: Harvard Business School Press), pp. 101–125, 221–224.

税收与企业经营战略：筹划方法（第五版）

第 5 章

隐性税收和税收顾客、套利、限制和摩擦

阅读完本章，你应能：

1. 解释和计算各种资产的隐性税率。

2. 列出享受税收优惠待遇的资产，以及由此承担的隐性税收。

3. 解释为什么在计算隐性税收时有必要调整资产之间的风险差异。

4. 解释和说明税收顾客的概念。

5. 解释税收套利的概念和解释为什么它是重要的。

6. 解释并提供基于税收套利的组织形式的例子。

7. 解释并提供基于税收套利、税收顾客的例子。

8. 讨论市场摩擦和税收规则限制的重要性，并提供例子。

在第3章，我们讨论了投资收益的不同税收处理如何影响可供选择的储蓄工具的税后收益率。为了便于比较，我们假设对每类储蓄工具进行相同的投资。在第4章，我们讨论了对不同组织形式从事生产经营活动的收益进行的不同税收处理如何影响其税后收益率。为了便于比较，我们假定这些可供选择的组织形式生产同样的商品和服务。

在本章的上半部分，我们假定组织形式不变，但根据不同经济活动改变其税收待遇。我们强调征税活动会不均等地影响投资的相对价格和税前收益率。税前收益率之所以发生变化是由于优惠的或者非优惠的税收处理导致市场上相对价格的改变。例如，如果我们购买一幢大楼，租赁一定的空间给别人，那么在所有剩余的收入纳税之前，我们不仅可以从租金收入中扣除运营成本，而且可以每年扣除房屋的部分购买价格（"折旧"）。相反，如果投资于一项设备，可以产生如同租赁房屋一样的税前现金流，同时可能产生更多的折旧扣除额，因此，会导致比房地产投资更高的税后现金流。因为设备的税后现金流超过房屋租赁的税后现金流，因此投资者愿意花更多的钱购买设备。更普遍的是，当两种资产产生相同的税前现金流，而一种资产的现金流比另外一种资产的现金流享受更加优惠的税收时，纳税人将竞价收购享有税收优惠的资产。因此，相对于没有税收优惠的资产的价格，享有税收优惠的资产的价格将会相对提高。而且，由于两项投资资产的税前现金流相同，有税收优惠的资产的税前收益率将低于没有税收优惠的资产的收益率。在重要且特殊的情况下，它们的价格会改变，结果导致某些投资者（边际投资者）获得的税后收益率都相同。事实上，随着我们在本章解释得更为具体，在没有更多的税收规则限制或市场摩擦的情况下，税后收益率的均衡是市场均衡的必要条件。

鉴于不同的税收待遇，如果要使税后收益率相等，资产间的税前收益率必须不同。税负较轻的投资要求比税负较重的投资有更低的税前收益率。因此，投资者针对较重税负的投资支付显性税收，而通过获得较低税前收益率对税负较轻的投资支付隐性税收。此外，对投资行为征收不同税收会产生税收顾客。也就是说，对于税负较轻的资产的合适投资者（"税收顾客"）与税收负担重的投资者，通常属于不同的投资者群体。

在本章的大部分内容里，我们假定市场是完全的。在这种假设背景下，从事投资或经营不产生交易成本。所有投资者都被假定可以平等地拥有关于各种投资选择方案未来现金流的相同信息。此外，投资者行为好像没有影响可以在市场上买卖的资产价格。例如，假定对租赁一栋房子或一辆车与购买一栋房子或一辆车都提供相同的服务流程。承租人被假定与所有者一样采取完全相同的方式经营财产。

因此，财产所有者不会由于租赁房子给别人而产生监督成本或其他信息成本。此外，如果投资的财产必须出售，就能很容易地确定它们的市场价值，且无须任何成本。完全竞争市场假设为我们的分析带来了方便，但是我们也认识到，完全竞争市场假设只是对现实进行的简单描述，因为实际上存在税收规则限制和摩擦（例如，签订合同的交易成本）。

在我们的讨论和分析中，我们首先假设不存在摩擦（摩擦是指在不完全竞争市场上购买或出售资产时，存在必要的经纪费用和其他相关信息成本）和税收规则限制。在这种情况下，如果一种储蓄工具或组织形式优于另一种储蓄工具或者组织形式，那么纳税人可以消除他们所有的税收。他们通过次等投资工具（即借入资金或承诺对次等工具所赚取的税后收益）持有一定负的财产数量和通过优等投资工具持有正的财产数量，即可以实现该目标。这是税收套利（tax arbitrage）的一种形式。当检验我们的讨论和示例时，读者必须牢记，我们不能过分强调，我们最初假设没有税收规则限制——比如，个人贷款利息不能被个人纳税人进行税收扣除。虽然套利策略理论上在很多情况下是可能的，但是实际上市场摩擦经常阻止它们的实施。并且，缺乏市场摩擦的地方，通常引入税收规则限制防止这些套利机会产生。

然后我们转向考虑防止税收套利政策有效实施的作用力，即税收规则限制和市场摩擦。在第2章，我们讨论了一些广泛的税法限制，防止纳税人从事不受社会欢迎的税收筹划，如经济实质原则、商业目的的原则和实质重于形式原则。在本章，我们考虑关于税收法律方面的一些更具体的限制，这些税收法律的设计是用来防止纳税人通过税收套利过于成功地减少税收。税收规则限制和市场摩擦在防止税收套利方面发挥核心作用，而且在某些方面它们可相互替代。事实上，随着市场摩擦由于创造新的市场或强化技术交易而减少或消除，新的税收规则限制可能被要求防止我们在本章中讨论的套利形式。我们很快就会发现，在没有摩擦的情况下，我们观察到的税收规则限制是简单的，并不足以消除套利机会。这意味着实施税收筹划策略的成本越高，需要防止的那些税收筹划策略的显性限制就越少。

5.1 税收优惠状况和隐性税收

正如在第1章简要讨论的那样，隐性税收之所以出现是因为享受税收优惠待遇的投资（如市政债券）的价格被市场推高。因此，享受税收优惠待遇的投资税前收益率低于那些不能享受税收优惠待遇投资的税前收益率，但是纳税人通过降低投资税前收益率隐性地纳税。为了计算隐性税收，需要用基准资产（benchmark asset）来比较税前收益。假设我们的基准资产是一种所有收益每年按照普通税率被完全征收的资产。也就是说，针对持有该资产所获得的任何经济利益的课税不递延。无违约风险的完全应税债券就是这样的资产，其利率按照每期的市场利率设置。此外，该债券的经济价值没有随着时间的变化而变化。这样，我们可将被课以比完全应税债券投资更轻的税收的投资称为可享受税收优惠的投资，而把税负较重的投资称为非税收优惠投资。

投资可能享有一种或几种类型税收优惠待遇的情形，包括：

● 完全免税（例如，美国的市政债券）。

● 部分免除或较低的边际税率（例如，对大多数国家的资本资产给予这种优惠）。

● 税收抵免（例如，投资税收抵免、临时工作的税收抵免、酒精燃料抵免、研究和实验抵免、经济住房抵免、能源投资抵免、工资税抵免、再投资抵免）。

● 允许以快于资产经济价值下降速度的速度进行税前扣除（例如，对经营资产加速折旧，研究直接费用、实验成本和广告支出）。

● 允许以慢于资产现金流的经济价值增长速度的速度确认应纳税收入额（例如，大多数升值的资产）。

同样，许多非税收优惠待遇来自多个方面，包括：

● 特定税收评估（例如，石油暴利税、进口关税、消费税）。

● 以快于所赚收入的速度确认应纳税收入额（例如，对于高风险债券，以较高票面利率获取的收入完全应税，即使它包括违约金在内。从经济意义上说，该违约金代表资本收益而非利息收入）。

● 以慢于经济价值下降的速度进行税前扣除（例如，非分期摊销的有限经济寿命的商标）。

相对于同等风险的完全应税债券，具有较低的税前收益率的市政债券，为隐性税收概念提供了最直接的和生动的例证。市政债券是由州和地方政府发行的债券，这些债券的利息大多免除美国联邦税收。[①] 为此，它们被称为免税债券。投资者会推高这些市政债券的价格，导致它们的税前收益率要比完全应税债券低。

某些州的居民，如果他们持有由权威机构在自己的国家发行的市政收入债券或一般责任债券，则不仅在联邦政府层面免税，而且在州一级也免税。这些被称为双重免税债券工具。然而，如果本州居民持有州外发行者发行的市政债券，则他们要支付这些州外债券赚取利息的州个人收入税。州税制也会影响市政债券的价格。某些州（例如，加利福尼亚和纽约）对其居民以较高的边际税率课税，而对居民持有本州和地方政府发行的债券利息免税。由这些州发行的市政债券的收益率，相对于低边际税率州〔如得克萨斯州（没有州个人收入税）〕发行的市政债券的收益率低，也比对在自己境内发行的市政债券利息征税的州所发行债券的利率要低。

其他类型的债券也获得某种形式的税收优惠待遇。例如，联邦政府发行的债券利息（如国库券、债券和票据）和某些机构部门（如联邦农业信贷银行系统，其中包括合作社

---

① 并非所有国家都对地方政府发行的债券免征国家层面的税收，例如加拿大各省债券在联邦层面完全应税。

银行和联邦土地银行、联邦住宅贷款银行系统、融资公司和清算融资公司）发行的债券利息在联邦政府层面完全应税，但允许免除所有的州所得税。波多黎各还发行在联邦政府层面和在所有 50 个州免税的债券。值得注意的是，与此相反，源自投资公司债券的利息在联邦和州的层面都应完全应税。

因此，在重要税率给定的情况下，甚至在控制风险差异后，美国国债的税前收益率往往低于非国债的税前收益率。例如，面临 10％的州边际税率和 30％联邦边际税率的加利福尼亚州居民，在持有 9％收益率的美国国债和同样高风险的 10％收益率的非国债之间将无差异，因为两种债券的税后收益率都为 6.3％。①

现在让我们考虑税收抵免和加速折旧扣除如何影响税前的所需收益率，以及由此产生的投资隐性税收。财产、工厂和设备的折旧费降低应纳税收入额。允许扣除数的不同安排适用不同类型的财产。加速折旧数安排越多，越接近纳税人直接投资成本的费用化，可更多地享受投资税收优惠。例如，如果一项投资的成本是 100 000 美元，纳税人的边际税率是 40％，全部投资成本在当期直接扣除，将减少 40 000 美元（即 100 000×0.40）的税收。如果不允许直接费用化，但运用在资产寿命期间提取折旧的方法，那么未来扣除的现值取决于折旧的速度和税后贴现率。对于一个既定的（正的）贴现率，折旧率越低，减免的税收现值越小，投资税收优惠越少。例如，假定实行两年的直线折旧法，税后贴现率为 9％。在我们前面的例子中，这将意味着纳税人被允许在第一年从应税收入额中扣除 50 000 美元，在第二年追加扣除 50 000 美元。假设这些扣除额可以立即用以减少税收，折旧减免额的税后现值是

$$50\ 000 \times 0.40 + \frac{50\ 000 \times 0.40}{1.09} = 38\ 349\ （美元）$$

这比总成本在当期直接扣除的情况下减少了 1 651 美元。对于一个既定的折旧规则，贴现率越高，减免税收的折旧额现值越低。例如，使用相同的折旧规则，但增加 12％的贴现率，产生折旧减免的现值是 37 857 美元——低于贴现率为 9％时的现值。

在许多国家，纳税人购买某种设备可以获得投资税收抵免，该抵免额相当于购买该资产价格的一小部分。税收抵免就像预付税款。例如，如果设备成本为 20 000 美元，允许 10％的税收抵免，税收抵免额将是 2 000 美元。如果纳税人的其他收入应支付15 000美元的税，2 000 美元的税收抵免将应纳税额从 15 000 美元减少到 13 000 美元。一般来说，税收抵免比税收扣除的优惠力度更大、更有价值。而且，税收抵免以抵免额抵减税收，而税收扣除是以税率乘以扣除额计算的收入抵减税收。但是随着 1986 年的税收改革法案的颁布，美国取消了投资税收抵免。

设备的大量折旧费扣除和税收抵免影响投资税前所需的收益率。越是"慷慨"的折旧费扣除或投资税收抵免，投资的税前所需收益率越低（我们将在本章后面看到，即隐性税收越高）。在美国，美国税法的 179 款中允许一定量的投资成本直接费用化。此外，在经济衰退和复苏时期，为了鼓励投资，美国制定了所谓的"分红折旧"允许设备成本直接费用化。例如，在 2008 年的《经济刺激法案》中，179 款的限制条款有所增加，且

① 该税后收益率计算如下：对于国债，税收收益率为 0.09×(1−0.30) ＝0.063，即 6.3％。因为州所得税在联邦层面可以税前扣除，因此，这里加利福尼亚州的居民面临的税率是 0.10×(1−0.30) ＝0.07，即 7％。如果非国债的税后收益率是 0.10×(1−0.37) ＝0.063，即 6.3％。加利福尼亚州面临的总税率是 30％＋7％＝37％。

制定了分红折旧额。具体来说，在 179 款税收扣除中，前面的 125 000 美元的限制增加到 250 000 美元（设备购买的总量 500 000 美元的扣除限制增加到 800 000 美元）。此外，该税收法案提供 50% 的分红折旧，通过允许企业立即冲销高于 179 款扣除限制的折旧资产的 50% 成本，使企业比普通折旧能够更快地补偿资本支出的成本。179 款的限制和分红折旧随着时间的变化而改变。从 2013 年 1 月 1 日开始，179 款的扣除限制是 500 000 美元（不超过购买资产的 2 000 000 美元），分红折旧率设置在 50%。给予研发投资和广告支出快速注销或抵免的税收待遇。

为了说明大量折旧和投资税收抵免对隐性税率的影响，假定税收当局允许对某种设备实行快速折旧冲销成本。事实上，抵扣税款金额（外加投资税收抵免）是如此之大，以至于在现值上相当于投资成本立即费用化。再假设该投资所有的收益完全应税。我们继续用 t_0 表示目前投资者的边际税率，t_n 表示 n 年后投资者的边际税率。为简单起见，假设我们的投资项目直到 n 年后无法产生现金流，在那时它将生成 $(1+R)^n$ 美元（因此，每期的税前投资收益率是 R）。每 1 美元税后投资的税后收益可用下式表达：

$$\frac{\text{税后收益}}{\text{税后投资}} = \frac{1 \times (1+R)^n (1-t_n)}{1 \times (1-t_o)} \tag{5.1}$$

因为纳税人可税前扣除投资成本，今天 1 美元投资的税后成本是 1 美元 $\times (1-t_0)$。例如，如果投资者的边际税率为 40%，每 1 美元投资的税后投资成本将是 0.60 美元。如果投资了 n 年，每 1 美元税前投资收益是 $(1+R)^n$ 美元，那么该纳税人税后保留 $1 \times (1+R)^n (1-t_n)$ 美元。因为所有的现金收益都要以 t_n 的税率支付税收。因此，如果该投资项目在 5 年内，每年税前收益率为 8%，纳税人的边际税率保持在 40%，则纳税人 1 美元投资可得到税后 $[(1.08)^5 \times (1-40\%)] = 0.882$ 美元的收益。因为纳税人 0.6 美元税后投资获得 0.882 美元税后收益，5 年期间每 1 美元的收益是 1.469（即 0.882/0.60）美元。这样，每一年的收益是 8%，即 $1.469^{1/5}-1$。

在随着时间变化，税率保持不变（$t_n = t_o$）的特殊情况下，投资的税前和税后收益率是相同的（即保持在前面所描述的 8%）。我们可以从式（5.1）推导出来。由于税率固定不变，式（5.1）可以简化为 $(1+R)^n$。这意味着每期的税后收益率是 R。但是 R 同时也是投资的税前收益率，所以税前和税后投资收益率相等——投资收益都是免税的。

如果我们假设边际税率固定不变，那么在均衡状态下，该项目所需的税前收益率 R，必须等于税后债券利率 r_b。注意，这个比率正是免税市政债券所需的收益率。如果投资者能获得高于 r_b 的收益率，他们可以通过以税后利率 r_b 借入资金，并以更高的收益率投资获利。因此，投资者会抬高具有税收屏蔽的投资所必需的价格。此外，随着越来越多的投资出现，投资者可能会减少向顾客索取的商品和服务的产出价格。这将持续到最后一美元投资的预期税后收益率等于次优替代方案的预期税后收益率，例如税后债券利率或市政债券利率。

式（5.1）是我们熟悉的，因为我们在第 3 章（储蓄工具Ⅵ）描述养老基金的投资收益时就使用相同的数学表达式。在这里所讲的投资和养老基金投资中，我们允许扣除投资成本，而且投资收益都是完全应税的。两者的主要区别是，养老基金可以投资于完全应税债券，以获得税前债券利率收益。然而，这里的投资例子，由于竞争的存在导致享有税收优惠投资的税前收益率等于税后债券利率（假设风险相等或在同一个风险调整的基础上，这将在本章后面讨论）。在完全应税债券与免税投资之间存在的税前收益率差异，代表了一种支付给顾客（通过降低价格）和（或）支付给要素供应代理商（通过增加买进的价格）的隐性税收的存在。

在式（5.1）中，我们允许存在边际税率随时间变化的可能性。如果税率预期下降（即 $t_n < t_o$），投资税前所需收益率将低于税后债券利率 r_b。如果税率预期增加（即 $t_n > t_o$），则情况正好相反。为了说明税率变化的影响力，考虑下面的例子。假设 $t_o = 40\%$，$t_n = 30\%$，$n = 5$ 年，税后债券利率 r_b 是 7%。我们知道在同一风险调整的基础上，在平衡状态下，该投资 n 年后的税后收益累积和完全应税债券必须相同：

$$\frac{(1+R)^n(1-t_n)}{(1-t_o)} = (1+r_b)^n \tag{5.2}$$

求解得出每期所需的风险调整后的税前收益率 R：

$$R = \left[\frac{(1+r_b)^n(1-t_o)}{(1-t_n)}\right]^{1/n} - 1$$

代入本例中的 r_b、t_o 和 t_n 的值，我们得出：

$$R = \left[\frac{(1.07)^5 \times (1-0.40)}{(1-0.30)}\right]^{1/5} - 1 = 3.75\%$$

这个税前所需的收益率 3.75%，远低于债券税后收益率 7%。由于政府对每 1 美元投资的 40% 允许扣除，只需对由此产生的收益征收 30% 的税收，因此投资者会哄抬投资项目的价格（或者拉低商品和服务的价格），以至于该投资税前收益率低于免税债券利率。通过投资建设，5 年间每年获取 3.75% 的税前收益，刚好使每 1 美元税后投资获得的税后收益率等于进行完全应税（或者免税）债券投资的税后收益率，即 7%。

相反，如果税率预期在未来会上升，该投资项目所需的税前收益率将超过税后债券利率，该项目也必须承担一些显性税收。当税率随着时间的变化保持不变，而折旧和税收抵免额少于直接费用化的投资成本时，类似的结果就会发生。该项目的收益将支付显性税收，且该项目税前所需的收益率将超过市政债券利率。

税收优惠待遇（如大量的折旧费扣除或投资税收抵免）刺激了投资需求。新增的投资（加大投资力度）对要素价格施加上行压力（例如，劳动力成本和设备成本），除非此类要素的供给是完全弹性的，即随着价格的提高，对提供更多的产品没有限制。新增的投资也对消费者价格造成了下行压力，除非这些消费者需求是完全弹性的。[①] 例如，对建筑物实施加速折旧（在税法中该建筑物被称为不动产）会鼓励更多的租赁单位产生。但是租赁单位供应的增加将加大租赁费率的下行压力（因为更多的租赁供应商会竞争以获得租客）。反过来，这又激励人们去租赁较低价格的房子。由于预期租赁单位的供应会增加，以及租赁费率会下降，因此，现有租赁单位的转售价格不会随着与折旧相关的节税额现值的增加而增加。

如果我们有一可以立即重新部署新用途的股票资本（即存在没有税收规则限制和没有摩擦的完美市场），那么该股票资本与商品和服务的价格将随着折旧费未能意料到的变化而立即做出调整，而基础资产的价格不会改变。由于改变股票资本要负担调整成本，

---

① 弹性是指数量变化的百分比与价格变化的百分比的比率。具有单位弹性的需求函数意味着随着价格的变化，其需求数量也会发生变化，以至于总收入保持不变。无弹性需求函数是指随着价格的变化，需求的数量不变（这样，需求数量不是价格的函数）。完全需求弹性曲线是指某个很小的价格变化都会导致需求数量很大的变化（需求曲线相对是平的）。完全供给弹性曲线是指某个很小的价格变化都会导致供给数量很大的变化。

因此资本的供给和价格不会尽快调整，而未预料到的大量的税收免税额通常会为资本资产的持有人带来资本利得。相反，股票资本的所有者将遭受资本损失，这是因为未曾料的避税消除（例如，折旧费减少）。

5.2 隐性税率、显性税率和总税率

假定税率保持不变，则高风险债券所需的收益率会超过低风险债券所需的收益率，因为在相同数量的约定息票和本金偿还额的情况下，投资者必须弥补其承担的风险（即高违约风险的债券价格低于较低违约风险债券的价格）。由于我们希望分离出不同的税收待遇对税前所需的收益率的影响，因此我们必须调整风险差异债券的税前收益率。我们使用术语"风险调整后的"（risk-adjusted）表示我们在调整风险差异后比较各种投资方案的收益。在分离出差别税收待遇对税前收益率的影响之后，我们将把风险和非税成本差异引入分析当中。

□ 隐性税收的计算

对任何资产收益征收的隐性税收被定义为完全应税债券（我们的基准证券）的税前收益和可供选择的资产（比如享受税收优惠待遇的市政债券）的风险调整后的税前收益之间的差额。例如，假设完全应税债券的税前收益率是 10%，免税债券的风险调整后的收益率是 7%。则免税债券的隐性税收是 3%，即 10%减去 7%。而完全应税债券的隐性税收是零。

对于一个特定投资项目 a，隐性税收税率 t_{la} 是指这样一个税率，即如果该税率被显性地运用于完全应税债券，将使完全应税债券的税前收益率等于可供选择投资的税前收益率。如果我们定义 R_b 是风险调整后的完全应税债券（基准资产）的税前收益率，R_a 是可供选择投资的风险调整后的税前收益率，则隐性税率由下式得出：

$$R_b（1-t_{la}）=R_a$$

即

$$t_{la}=（R_b-R_a）/R_b \tag{5.3}$$

以 $R_b=10\%$ 和 $R_a=7\%$ 代入式（5.3）中，我们得出市政债券的隐性税率是 30% ［即（10%-7%）/10%］。[①] 因此，对完全应税债券按照 30%的税率缴纳隐性税收后获得 7%的收益率，这与免税债券的税前收益率一样。尽管投资者对持有市政债券的利息收入不支付任何显性税收，但他们却以一个更低的税前收益率的方式，相当于以 30%的税率支付了隐性税收。

对谁支付了隐性税收？在我们这个免税市政债券的案例中，税收支付给了免税证券的发行人。发行市政债券当局以承担较低的资本成本这种方式获得这种隐性补贴。在本

---

① 尽管我们的讨论集中在完全应税债券和享有税收优惠的资产的税前收益率的差异上，但是对于那些所获得的收益在纳税上比完全应税债券更为不利的资产，我们能计算其隐性税收。这些资产会产生税前溢价。它们会通过被定价而产生负的隐性税收。

例中，该补贴为正常借贷成本（即完全应税债券利率）的30％。该征税方案使用隐性税收补贴市政开支项目，类似于这样一个备选方案，即所有的债券（包括市政债券在内）在联邦政府层面完全应税，再由联邦政府将筹集的市政债券税收返还给发行当局。在此可供选择的方案中，市政债券和完全应税债券的税前收益率将达到10％。对投资者而言，无论是市政债券还是完全应税债券都没有任何区别。

□ 在竞争市场中的总税率

任一投资缴纳的总税收都是隐性税收和显性税收的总和，这里的隐性税收用一些相关基准资产来测量。在竞争均衡中（没有税收规则限制和摩擦），所有资产的风险调整后的税后收益都必须相等，否则将存在套利机会。我们以 r^* 表示这种共同的税后收益。

在前面的部分，我们定义了任何一种资产（假设为资产a）的隐性税收是我们的基准资产（假设为资产b，我们这里称之为完全应税无风险债券）的税前收益率和正在讨论中的资产的税前收益率的差额，即 $R_b - R_a$。任何一种资产的显性税收是指该资产的税前和税后收益率的差额，即 $R_a - r_a$。在竞争均衡中，显性税收可以表示为 $R_a - r^*$。那么

$$总税收 = 隐性税收 + 显性税收 = (R_b - R_a) + (R_a - r^*)$$
$$= R_b - r^* \tag{5.4}$$

换句话说，在竞争均衡中所有资产的总税收是相同的。

正如我们通过说明隐性税收是我们基准资产税前收益的一部分来定义隐性税率一样——即 $(R_b - R_a)/R_b$，我们可以通过说明显性税收是基准资产税前收益率的一部分来定义显性税率——即 $(R_a - r^*)/R_b$。该定义确保了总税率（total tax rate）——即隐性税率加上显性税率——对所有资产是相同的（需要注意的是，一旦我们引入市场不完全因素，总税率会因为资产不同而变动，正如我们将在税收顾客讨论中看到的那样）。更正式地，我们可以得到：

$$总税率 = 隐性税率 + 显性税率$$
$$= (R_b - R_a)/R_b + (R_a - r^*)/R_b$$
$$= (R_b - r^*)/R_b \tag{5.5}$$

假设完全应税债券产生10％的税前收益率，部分应税债券的税前收益率为8％，那些免税债券的收益率是7％。每种证券均无风险。如表5-1所示，虽然在三种资产中隐性和显性税收的组合不同，但是每一种资产的总税率是相同的（30％）。这意味着普通应税收入的法定税率是30％。[①]

为了避免混淆，我们再次强调，对于任何资产显性税率的衡量用基准资产的税前收益率作分母。因此本例中，部分应税资产的显性税率是1％/10％，即10％，而不是用1％除以部分应税资产税前收益率从而得到12.5％。我们使用这个定义确保了所有资产的总税率一致。

---

① 有兴趣的读者可以证明，部分应税资产的所得按照法定税率30％纳税的部分 g 是债券收益的41.67％。你可以从计算式中得到：$0.08 \times (1 - 0.30g) = 0.07$。

表 5 - 1 　　　　　　　　　不同税收待遇资产的隐性税率、显性税率和总税率

	完全应税债券	部分应税债券	免税债券
税前收益	$R_b=10\%$	$R_p=8\%$	$R_e=7\%$
隐性税收	$R_b-R_b=0\%$	$R_b-R_p=2\%$	$R_b-R_e=3\%$
隐性税率＝隐性税收/R_b	0%	20%	30%
显性税收	$R_b-r^*=10\%-7\%$ $=3\%$	$R_p-r^*=1\%$	$R_e-r^*=0\%$
显性税率＝显性税收/R_b	30%	10%	0%
总税收＝隐性税收＋显性税收	3%	3%	3%
总税率[a]	30%	30%	30%

说明：[a] 总税率＝隐性税率＋显性税率＝（隐性税收＋显性税收）/R_b。

5.3　风险差异调整的重要性

在本章前述部分，我们假定所比较的资产具有同样风险（或者收益都已进行风险调整）。重要的是要进行风险差异的调整，可以避免不正确地计算资产收益的税收影响。或者说，税收筹划者可能错误地估计资产的隐性和显性税率，导致错误的决策，例如，投资于哪项资产这种投资决策。

这里的重点问题是，为什么要进行风险调整，而不是如何推导出风险调整。事实上，我们需要一个调整风险差异模型。这些模型，比如资本资产定价模型（capital asset pricing model，CAPM）或者套利定价模型，都可以用来计算税前的风险溢价。使用资本资产定价模型调整风险将在附录 5.1 中阐明。这里假设我们已知所需的税前风险溢价（例如，从 CAPM 中获得）。

为了便于讨论风险调整，我们介绍一些新符号。我们继续使用 R 表示税前收益率，用 r 来表示税后收益率。我们使用以下符号和定义：

R^o＝所需的（或被观察到的）税前总收益率（包括风险和税收效应）；

R^{rp}＝一些风险资产所需的税前风险溢价；

R^{ra}＝一些风险资产风险调整后的税前收益率＝R^o-R^{rp}；

r^{rp}＝一些风险资产所需的税后风险溢价，因为 $r^{rp}=R^{rp}(1-gt)$，则 $R^{rp}=r^{rp}/(1-gt)$，其中 g 表示计入应纳税收入中的资产税前收益百分比；

r^{ra}＝一些风险资产风险调整后的税后收益率＝均衡状态下的 r^*，这进一步表明，因为 $r^{ra}=R^{ra}(1-gt)$，所以 $R^{ra}=r^*/(1-gt)$。

在这些定义中，g 定义为计划进行投资的资产税务处理。对于一种完全应税债券，g＝1(所有收入以个人普通收入税税率征税)。对于免税市政债券，g＝0，因此没有对债券收益征税。对于部分应税资产，0＜g＜1。利用这些定义，现在我们准备说明在计算隐性税率之前进行风险调整收益的重要性（或者，更普遍的是，在比较税收待遇不同的资产时，由于风险差异可以掩盖税收差异）。

表 5 - 2 给出了三种资产的隐性和显性税率的计算：完全应税资产（资产 b，用下标

b 表示)、部分应税资产(资产 a,用下标 a 表示)和一个免税资产(资产 m,用下标 m 表示)。三种资产所需的税前总收益率 R^o 分别为 20％、12％ 和 12％。如果我们忽略任何风险差异会怎样呢?在这种情况下,免税资产 12％ 的收益率代表均衡条件下持有的所有资产所需的税后收益率,即 r^*。运用所需的税前总收益率(忽略风险差异),我们可以快速计算每个资产的显性和隐性税率。对于完全应税资产,显性税率是 40％〔由($R_b -$ $r^*)/R_b =$($0.20-0.12$)/0.20 计算得出〕。这个显性税率等于总税率,因为完全应税资产没有负担隐性税收,即〔($R_b -R_b$)/$R_b =$($0.20-0.20$)/0.20=0〕。对于免税资产,隐性税率也是 40％〔由 ($R_b -R_m$)/$R_b =$ ($0.20-0.12$)/0.20 计算得出〕。这个隐性税率等于总税率,因为免税资产不负担显性税收〔由($R_m -r^*$)/$R_b =$($0.12-0.12$)/0.20=0 计算得出〕。对于部分应税资产,隐性税率也是 40％〔由 ($R_b -R_a$)/$R_b =$($0.20-0.12$)/0.20 计算得出〕。这个隐性税率也等于总税率,因为部分应税资产的显性税率为零〔由($R_a -$ r^*)/$R_b =$($0.12-0.12$)/0.20=0 计算得出〕。因此,如果忽略风险的差异,我们认识到,部分应税资产和免税资产的隐性税率相同——即使其中一项资产是部分应税,而另一项资产是免税也如此。

表 5-2　　　　　　　　　　不同风险和不同税收资产的隐性、显性和总税率

	完全应税资产 (b 资产)	部分应税资产 (a 资产)	免税资产 (m 资产)
所需的总税前收益率 R^o	20％	12％	12％
忽略风险差异			
$R_m =r^* =12$％,意味着			
显性税率 t_e	(20％−12％)/20％=40％	(12％−12％)/20％=0％	(12％−12％)/20％=0％
隐性税率 t_i	(20％−20％)/20％=0％	(20％−12％)/20％=40％	(20％−12％)/20％=40％
总税率	40％	40％	40％
风险调整			
所需的税前风险溢价 R^{rp}	5％	2％	3％
$R^{ra}=R^o -R^{rp}$	15％	10％	9％=r^*
显性税率 t_e	(15％−9％)/15％=40％	(10％−9％)/15％=6.7％	(9％−9％)/15％=0％
隐性税率 t_i	(15％−15％)/15％=0％	(15％−10％)/15％=33.3％	(15％−9％)/15％=40％
总税率	40％	40％	40％
其他计算:			
g(应税收入的％)^a	100％	25％	0％
$r^{ra}=R^{ra}$($1-gt$)	0.15×(1−1×0.40) =9％	0.10×(1−0.25×0.40) =9％	0.09×(1−0×0.0) =9％
$r^{rp}=R^{rp}$($1-gt$)	0.05×(1−1×0.40) =3％	0.02×(1−0.25×0.40) =1.8％	0.03×(1−0×0.0) =3％

说明:^{a} g 是资产收入的一部分,应以个人普通收入税税率(本例中是 40％)对之征税。我们通过 R^{ra}(1−g× 0.40)= r^* 估计 g 值。这样,对于部分应税资产,将 $R^{ra}=10$％ 和 $r^*=9$％ 代入,得出结果 $g=25$％。

当我们把三种资产的风险差异混合在一起时,会呈现出一幅不同的画面。表 5-2 呈

现的所有资产所需的（既定的）税前风险溢价 R^{rp} 对于完全应税资产是 5%，对于部分应税资产是 2%，对于免税资产是 3%。现在我们可以计算风险调整后的税前收益率 R^{ra}，通过从所需的（或者被观察到的）税前总收益率中减去税前风险溢价，即（$R^o - R^{rp}$）得出。假定给出每种资产的风险调整后的税前收益率，现在简单计算显性和隐性税率。对于完全应税资产，显性税率仍然是 40%（隐性税率为 0%）。对于免税资产，隐性税率仍然是 40%（显性税率是 0%）。对于部分应税资产，显性税率是（10%－9%）/15%＝6.7%。隐性税率是（15%－10%）/15%＝33.3%。正如所预期的那样，部分应税资产的隐性税率小于免税资产的隐性税率。

表 5-2 中列示了每种资产的税收待遇，用 g 表示（资产收入的百分比，按法定税率征税）。对于完全应税资产，$g=1$，正如所预期的那样。显然对于免税资产，$g=0$。注意，来自部分应税资产 25% 的收入按法定税率征税。因此，该资产相对于完全应税资产是享受税收优惠的资产（因为有一个较低的 g）。表中还列举了每种资产风险调整后的税后收益率。对于在均衡状态下持有的每种资产，该收益率必须相同。最后，也是非常重要的，表中还呈现了每种资产的税后风险溢价。税前收益率反映税收差异和风险差异，因此，税前的风险溢价将不仅体现资产的风险差异，而且体现税收差异。为了评估哪些资产具有更多（更少）的风险，我们必须比较税后的风险溢价。在表 5-2 的示例中，税后风险溢价为 1.8% 的部分应税资产在三种资产中风险最小。其他两种资产税后风险溢价都为 3%，表明它们具有同样的风险。

然而，这两种资产的税前风险溢价明显不同，完全应税资产是 5%，而免税资产是 3%。这种差异来自对这两种资产的税务处理的不同。进一步说，因为这两种资产具有同样的风险，我们可以通过比较其所需的总税前收益率（分别为 20% 和 12%），计算两种资产的隐性和显性税率。然而，为了正确计算部分应税资产的隐性和显性税率，有必要对三种资产的收益进行风险调整。

总之，除非我们已适当调整这些比较资产的风险差异，否则我们将被资产的隐性税收和显性税收所误导。此外，风险差异可以抵消资产税务处理的差异，如表 5-2 的例子所示，部分应税资产和免税资产的税前收益率都是 12%。

5.4　税收顾客

纳税人负担的总税收等于显性和隐性税收的总和。处在 30% 的法定纳税等级的纳税人，投资于税前收益率为 10% 的应税债券与投资于收益率为 7% 的市政债券（以及其他经济投资项目，风险调整后的税后收益率为 7%）是无差异的。这样的纳税人在支付所有隐性税收、所有显性税收，或者显性和隐性税收加总在一起是 30% 的任何组合之间是无差异的。对于某些纳税人，购买两种风险相同但收益的税收待遇不同的资产对其是无差异的，这种纳税人被称为边际投资者（marginal investor）。适用显性税率的投资者不同于显性税率边际投资者，在不同已税资产的选择上是有差别的，只关心资产的不同税收待遇，这样的投资者被称为非边际投资者（inframarginal investor）。我们现在考虑这些非边际投资者的投资策略。

处在同一纳税等级的纳税人会被吸引到税负类似的投资中。回到我们的免税和应税债券的例子，适用高边际显性税率的投资者更加倾向于投资免税债券，而适用低边际显性税率的投资者更喜欢投资于完全应税债券。倾向于选择一项投资而不是其他投资项目（非边际投资者）的纳税人我们称之为该项投资的税收顾客。除非投资者能正确识别其适当的税收顾客，否则他们就不能使其税后收益率最大化。

例如，假设市政债券的隐性税率是30%，应税债券的税前收益率为10%。完全应税债券的税收顾客是边际显性税率低于30%的纳税人。一个边际显性税率为20%的纳税人通过投资于完全应税债券，将赚得8%的税后利润，比投资于市政债券多赚1%。投资于完全应税债券支付20%的显性税收，要比投资于市政债券支付30%的隐性税收好得多。

类似地，一个边际显性税率是40%的投资者投资于市政债券会更好。支付一个30%的隐性税率要比支付一个40%的显性税率更加便宜。而对于一项既定资产，对所有投资者适用的隐性税率相同，但是显性税率会因为投资者不同而有所差异。适用高显性税率的纳税人将投资在承担高隐性税收的资产上。只有那些边际投资者才缺乏"品牌忠诚度"。在没有交易成本的情况下，他们会在应税债券和市政债券之间，随着相对价格的变化而来回选择。

税收顾客无处不在，既有组织也有个人。例如，如果某公司面临一个比免税资产的隐性税率更低的法定税率，那么持有完全应税债券比投资市政债券更好。由于存在不同的税收顾客，市场摩擦或税收规则限制被用来防止套利机会产生。我们在本章后面部分探讨这个主题。

□ 隐性税收和税收顾客存在的证据

我们已经预测，税收优惠待遇会导致享受税收优惠资产获得较低的税前收益率，因为纳税人会哄抬享受税收优惠的资产的价格。税收优惠待遇导致该纳税人支付较低的显性税收及获得更低的税前收益。我们把这种关系称为隐性税收模型。[①] 如果美国个人投资者是股票的边际持有者，我们可以预期：（1）股票相对于债券而言承担了隐性税收；（2）支付低股息的股票承担的隐性税收多于支付高分红股票承担的隐性税收。换句话说，我们预期风险调整后的股票的税前收益会低于债券，以及风险调整后低股利股票的收益要低于高分红股票。会计文献中的研究证据所暗示的资产价格反映了隐性税收。

实证研究的一个分支围绕出人意料的税法公告变化，探讨了股票收益，这些变化影响公司股息或资本利得税收。Ayers，Cloyd 和 Robinson（2002）探讨了1993年个人普通收入税税率提高时股票收益的变化，其研究报告声称，高股息率公司的股票价格下降更多，但通过公司机构投资者持股，这种下降得以缓和。Dhaliwal，Li 和 Trezevant（2003）发现，股票收益与公司的股息收益率呈正相关关系（与投资者要求更高的税前收益率相符，因为股东面临更高水平的税收）。然而，股票收益和股息收益率之间的这种正相关关系在机构和公司所有制层面正在减少，因为它们的代理人无论是否为边际投资者，都是一个面临高股息税率的个人。最近，几项研究使用会计基础估值模型已经得出公司预期收益（或股权资本的成本）的估值。这些模型都是基于未来收益的现值，可以反向

---

① 资产价格的税收效应被认为是税收的资本化。有许多实证文献研究了这个问题，其数量之多让我们在这里很难总结。

使用当前的股票价格和分析师预期未来收益，解出股权资本的隐含成本。① Dhaliwal，Li 和 Moser（2005）证明了股权资本隐含的成本和股息收益率之间呈正相关关系。而这种正相关关系也按机构投资者持有的该公司的股票所占比例在减少。Dhaliwal，Krull 和 Li（2007）验证了 2003 年当股息和资本利得税减少时股权资本隐含成本的变化。他们证明了，与反映在股票收益上的个人投资者股东层面的税收一致的资本权益成本的下降（机构持股越多，这种下降的幅度越小）。

Erickson 和 Maydew（1998）探讨了股票价格对于公司提议减少允许税前扣除的股息（DRD）的反应。在 1995 年 10 月一个出人意料的通告中，美国财政部提出将公司的 DRD 从 70％降低到 50％。回想起第 2 章，DRD 允许公司从其应纳税收入额中扣除（或不计列）70％的股息，这些股息源于它们持有的其他国内公司的股票。如果由于这种税收优惠，高股息率的股票承担了隐性税收，那么一个意想不到的降低 DRD 的数量的提议将会降低股票的价格（即，投资者不会以同样高的价格出价）。Erickson 和 Maydew 报告说，优先股的价格（支付高额股息）下降了，但高股息率普通股的价格没有下降。这些结果与优先股而非普通股承担的与公司 DRD 相关的隐性税收的观点相一致。或者说，该结果与公司优先股而非普通股的边际投资者承担的与公司 DRD 相关的隐性税收的结论相一致。这并不稀奇，普通股可能不承担与公司 DRD 相关的隐性税收，因为有许多原因会导致投资于不同股息收益率的股票（投资多样化是一个重要原因）。Erickson 和 Maydew 也提供了一个很好的问题以供讨论，该问题也是研究人员在测试权益证券，包括普通股的隐性税收时面临的问题。

一些研究已经证明，并购企业支付的价格包含收购活动对销售公司和销售公司股东的税收影响，即销售方税收成本越高，购买价格越高，以补偿卖方较高的税收［例如，Hayn（1989）、Erickson（1998），以及 Erickson 和 Wang（1999）］。同时，对收购方的所有税收好处（如 1993 年后收购资产价值基础的递增和商誉的税收扣除）也与较高的购买价格关联［例如，Henning，Shaw 和 Stock（2000）；Ayers，Lefanowicz 和 Robinson（2000）；Weaver（2000）］，即买家哄抬价格，以反映收购资产的税收优惠待遇。

一种证明隐性税收存在的较为成功的方法是，验证资产价格变化受税收规则变化的影响。Guenther（1994）的研究表明了在法定税率下降期间国债价格的变化（更具体地说，是收益率的变化）。美国国库券票面利率为零，因此折价出售。对于一个采用收付实现制的纳税人，源自贴现的利息收入应在国债到期时课税。因此，来自两种不同的在年底到期、与税率变化一致的国债利息被课以不同的税率，而该税率取决于国债是在 12 月还是在 1 月到期。如果税率的降低导致投资者债券所需的税前收益减少，那么隐性税收模型预测，从高税负年度的 12 月到低税负年度的 1 月投资收益将减少。当在 1981 年和 1986 年税率下降后检验投资收益时，该研究发现了这样一个差别，这为隐性税收的存在提供了证据。

Key（2008）提供了另一个改变一种资产的税务处理对资产价格产生影响的有趣例子，其中，她验证了特别红利折旧规则对纯种马的影响。在 2002—2004 年所购买的一岁的马（年轻的马）有资格获得红利折旧，Key 证明了一岁的马在这个时期能竞出高价

---

① 见 Ohlson（1995）的会计基础估值模型和 Gebhardt，Lee 和 Swaminathan（2001），以及 Gode 和 Mohanram（2003）的应用模型来估计股票的资本成本。

（在决定幼马竞拍价格的其他特征受控的情况下）。

在美国之外的环境下，Edwards 和 Shevlin（2011）调查发现，股票价格围绕 2006 年关于加拿大收入信托税收变化的出人意料的公告而变化。在这里，我们不打算详细说明变化的细款，我们注意到，他们记录了在 3 天之内股票价格随着税收规则的变化下跌了 13%。也就是说，税法调整提议之前，投资者哄抬收益型信托的价格，并愿意接受较低的税前收益。然而，随着税收优惠待遇的移除，投资者要求更高的税前收益，导致价格大幅下降。这项研究提供了令人信服的证据，那就是在税法调整提议之前给予收入型信托税收优惠待遇是确定税前收益率要考虑的重要因素。

最后，由于证券所有权的详细数据很难获得，大多数研究人员选择检验隐性税收的存在，而不是广大税收顾客的存在，因为其价格、收益、收益率的数据更容易获得。然而，几项研究证明，投资者的变化与税收规则的变化相混合。例如，Dhaliwal，Erickson 和 Trezevant（1999）发现，当无红利分配股票开始进行股息分配时，公司的股东从个人转向机构。这种转变与个人投资者出售股票给支付较低股息税的投资者一致，如同养老基金这样的免税实体。这样的结果与股息税收顾客的存在一致。其他证明税收顾客围绕税收规则变化而变化的文献主要有 Seida（2001）及 Lightner，Morrow，Ricketts 和 Riley（2008）。

5.5 隐性税收和公司税收负担

多年来，一些公司没有缴纳显性税收。这里的主要原因包括这些公司可能获得大量的折旧扣除、税收抵免、某些投资的即时冲销［如广告支出、研发（R&D）成本和某些人力资源成本］、利息费用扣除，以及无数推迟应税收入确认的机会。某些行业还享受特殊税收规则，例如石油工业的钻井成本得到快速冲销；木材公司可能将大部分收益作为资本利得；制药公司可享受研发税收抵免。Wilkie（1992）证明了，税收补贴和税前投资收益率之间一贯的（跨年）和统计上显著的负相关关系，所提供的证据与隐性税收相符［Wilkie 使用了一种税收补贴衡量方法，我们可以把这种衡量方法当作由于投资享受税收优惠待遇的资产而得到的显性税收减免，减免的额度即如果对公司的收入以最高法定税率课税的话，（1）显性税收和（2）实际税收的差别］。然而，在完全竞争和无摩擦的经济条件下，这种负相关关系比预计的还要弱，这表明实际上存在重要的市场摩擦。

不缴纳显性税收可能会有政治和声誉成本。例如，纳税正义联盟组织 1985 年发表了一项研究成果，名为"公司纳税人和公司寄生虫"。这项研究把矛头指向那些缴纳很少或没有缴纳显性税收的公司。该组织的使命是曝光那些利用税收"漏洞"来避免纳税的公司。在他们 1985 年的研究期间，税前利润适用的联邦公司税税率是 46%。该项研究声称"129 家公司——或者几乎一半——绝对没有设法要缴纳联邦收入税，或者获取完全的退税，这种情况至少在从 1981 年到 1984 年的 4 年中的某 1 年存在……该 129 家公司在几年中赚取了 665 亿美元的国内税前利润，但是它们没有缴纳联邦所得税……"有 9 家公司在 4 年中的每一年都没有缴纳联邦税：波音（Boeing）、ITT 公司、通用动力公司（General Dynamics）、泛美（Transamerica）、弗雷德·卡尔的第一执行官公司（First

税收与企业经营战略：筹划方法（第五版）

98

Executive)、米切尔能源和发展（Mitchell Energy and Development）、美国灰狗长途公共汽车公司（Greyhound）、斯罗普·格鲁曼公司（Grumman）和洛克希德马丁公司（Lockheed）。[①] 该研究称赞那些缴纳显性税收的公司，声称一些企业避免缴纳它们份额内的税收本身是不公平的。很多国会议员认为，由于税收漏洞，才会让这些公司可以避税，导致无法缴纳其应缴的税。出于这个原因，美国国会通过了一项替代性最低税（AMT）条款来取代约束较弱的"附加"公司税条款，该举措是 1986 年的税收改革法案的一部分。该 AMT 的目标是，让每个公司都应该缴纳一定的显性税收。

这场争论一直延续到今天。有数据表明，（显性的）公司税收入正在下降，降幅相当于所申报的账面收入的 1%。在 20 世纪 90 年代末和 21 世纪初，对于公司避税方法的运用存在很多担忧［参见美国国会研究服务部，《平均有效税率》（2000）；美国财政部，《公司避税的问题》（1999）；Manzon 和 Plesko（2002）；Desai（2002）］。财政部和国会运用各种规则来限制公司避税方法的使用（例如增加披露；处罚所有避税当事人，包括发起人；增加税收）。虽然已经重新考虑税收改革，但更宽泛的公司税基和较低的公司税税率是目前的政策选择之一。评估在避税中和那些源于税法特别规定的隐性税收的影响（如果有的话）通常是一个艰巨的任务。然而，如刊登在《华尔街日报》的文章（第 1 章提到）那样没有恰当地考虑隐性税收，并由此批评特蕾莎·克里不缴纳足够税收有失公允。如果计算和考虑隐性税收在内，一项公司税收负担的评估才仅仅完成。

5.6 税收套利

我们接着分析在不存在市场摩擦和税收规则限制的情况下，如果一种储蓄工具或组织形式优于另一种储蓄工具或组织形式，即给定较高的税后收益率，则纳税人通过税收套利（tax arbitrage）可以消除他们的总体税收。与其他任何类型的套利一样，税收套利是购买一项资产（多头头寸）和同时销售另一个资产（空头头寸），以便在净投资水平为零的情况下产生一个确定的利润。同时，我们也应考虑到防止有效实施税收套利的约束力，即税收规则限制和市场摩擦的存在。

我们划分两种税收套利类型：（1）组织形式套利；（2）基于税收顾客的套利。组织形式套利（organizational-form arbitrage）是指通过享受税收优惠的组织形式"多头"持有一项资产或进行一项生产活动，同时通过非税收优惠组织形式"空头"持有一项资产或进行一项生产活动。尽管基于税收顾客的套利（clientele-based arbitrage）也可能涉及对税收优惠资产持有"多头"以及对非税收优惠资产持有"空头"，但是基于税收顾客套

---

① 考虑通用动力公司一案。通过使用完全合同会计法，通用动力公司能将所有显性联邦税递延至许多年后支付。在某种意义上，通用动力公司必须与其他公司竞标才能取得国防部的货物供应的资格，但是，它必须缴纳高昂的隐性税收。如果国防合同市场是完全竞争的，通用动力公司将支付全部的隐性税收。本案例中，隐性税收的接收者是国防部。由于采用了该会计法，国防部能够通过竞标的程序支付较低的价格获得商品和服务。然而，有人认为国防市场竞争程度不够。因此，通用动力公司有机会获取大部分显性税收的节约。Wilkie（1992）的研究报告提供了与处于不完全竞争行业的公司能够获取一些投资税收优惠这个假设相符的证据。值得注意的是，以税收为目的的完全合同会计法在 1986 年的税收改革法案中取消了。

利的性质取决于纳税人一开始适用较高的边际税率还是相对较低的边际税率。对于适用较高税率的纳税人，基于税收顾客的套利是对具有相对税收优惠资产持有"多头"（该资产承担较低的显性税收，但可能存在较高的隐性税收）；对于适用较低税率的纳税人，基于税收顾客的套利是对非税收优惠资产持有"多头"，而对税收优惠资产持有"空头"。

▊ 5.7　组织形式套利[①]

☐ 应税收入为负时立即退税

假设两种适用不同税收待遇的组织形式持有相同的资产，且该资产没有承担隐性税收。[②] 进一步假设，纳税人的边际税率总是正数，即当应税收入为负时，政府通过某种补偿分担纳税人损失。在这种情况下，纳税人可以创造无限的财富。例如，假设某投资于一次性缴清递延年金（SPDA）的纳税人，反过来投资于一种无风险债券，该债券在2年期间以每期税前 R 的比率增值。对增值部分课税一直递延到第2年年底。我们再假设该投资以税前利率 R 借入（即通过发行债券方式）该投资所需资金。支付的利息在每年年底允许扣除，导致年度税后利率为 $R(1-t)$。该纳税人在第一期结束后再借入一笔额外贷款，金额相当于第一期产生的税后利息。在边际税率 t 下，该策略中安排的每1美元投资产生的税后美元收益是：

SPDA 的税后积累－税后还贷

$$= [(1+R)^2(1-t)+t] - [1+R(1-t)]^2 = R^2t(1-t) > 0 \qquad (5.6)$$

在没有限制或摩擦的情况下，只要 t 保持正数，纳税人就会继续借贷以便增加财富。

例如，如果我们假设 $R=10\%$，$t=40\%$，纳税人在净投资为零的情况下，对借贷并投资2年期的 SPDA 合同的每1 000美元的税后积累为 $1\,000 \times (0.10)^2 \times 0.40 \times (1-0.40) = 2.40$（美元）。即投资在 SPDA 上的每1 000美元的税后积累是1 126美元［即 $1\,000 \times (1.10^2 \times 0.60 + 0.40)$ 美元］，且该融资的税后成本为1 123.60美元（即 $1\,000 \times 1.06^2$ 美元），得出净收益为2.40美元。政府在第一年针对利息费用提供了一个 tR 的退税，并在第2年对 SPDA 累积利息征税。

注意，该组织形式套利的例证表明，对享受税收优惠待遇的组织形式（SPDA 或不可扣除的个人退休账户 IRA）的债券投资做"多头"和对不享受税收优惠待遇的组织形式（每个时期对于出借人产生普通应税收入，对借款人产生相应扣除的贷款）的债券投资做"空头"。但是，这不符合投资者均衡条件。为了防止这种无限制的套利形式，大多数国家，包括美国的税收制度，对于负的应税收入不提供退税。相反，这些负的应税收

[①]　第2章讨论的示例 A2、A3 和 A4，附录2.2 都是组织形式套利的例子。示例 A2 讨论了零售租赁公司通过受控的房地产信托基金节约州所得税，示例 A3 探讨了公司所有的人寿保险（COLI），示例 A4 讨论了避税卖空。组织形式套利的另一个例子是在集团公司内普遍拥有的或密切相关的收入转移。例如，Gramlich，Limpaphayom 和 Rhee（2004）表明，日本企业集团会员组织都承担低于非企业集团会员组织的有效税率。集团成员显示出较低的有效税率，因此导致了群体成员之间的收入转移（通过增加股息转移收入进行补偿）。

[②]　具体例子包括无风险公司债券（基准资产）、产生的收入按个人普通收入税率课税的可折旧资产，以及为了税收目的的折旧扣除在现值上等于经济折旧。

入会向后结转抵消未来可能产生的大量正应税收入。我们接着考虑这种税收结构。

□ 对负的应税收入未退税

假设某纳税人产生的应税收入为 Y，面临的边际税率为 t。如果该纳税人打算缴纳 tY 的税收，税后她将剩下 $Y(1-t)$。现在假设该纳税人投资于一种组织形式，且产生完全免税的投资收益（如寿险保单的储蓄部分）。如果该纳税人能够以每期免税利率 R 借入资金，并将借款以同样的利率 R 投资于免税组织形式，这样该纳税人就可以免除他们应税收入的所有税收（但增加的财富不能超过 tY，因为对负的应税收入没有退税）。现在我们举例演示这个组织形式如何套利。

示例 1

假设我们的纳税人在即将到来的一年将获得 100 000 美元的工资。在任何税收套利活动之前，她将就该项收入以 40% 的税率缴纳税收，产生 40 000 美元的税收。假设无风险完全应税债券的税前利率是 10%。该纳税人 40 000 美元的纳税义务通过借贷就可以减少到零，即在年初借入相当于 100 000 美元/0.10，即 1 000 000 美元的资金，并通过一家人寿保险公司将借款以同样的利率 R 投资于一种免税保险产品（该人寿保险公司持有无风险的应税债券的收益率为 10%）。纳税人 100 000 美元的工资用于支付贷款的利息（1 000 000×0.10 美元）。因为应税收入由工资减去支付贷款的利息计算得出，所以应税收入变成了零。但这并不会令纳税人烦恼，因为人寿保险单中的储蓄部分现在已增长到 1 100 000 美元（即 1.10×1 000 000 美元），比 1 000 000 美元贷款多出 100 000 美元。在清算这份免税保险单和偿还贷款后，纳税人税后剩下 100 000 美元收益，该数量与其税前工资相等。①

注意，该组织形式套利的例证展示了一种通过享有税收优惠组织形式（寿险）"多头"持有的债券，和一种通过非税收优惠组织形式（每个时期对出借人产生普通应税收入和对借款人产生相应扣除的贷款）"空头"持有的债券进行的套利。这种套利活动的结果是工资薪金收入免税。此外，对未来收入可以重复这一过程。

当然，如果免税储蓄工具是严格意义上的人寿保险单，那么必须购买一定数量的"定期"（或纯粹的）保险，这对缺乏遗赠动机的人而言可能没有价值，但在缺乏税收规则限制的情况下，任意购买少量金额的定期寿险足以享有保险单的免税储蓄所带来的好处。此外，在没有摩擦的情况下，纳税人可以通过出售保险单给其他投资者或者投资中介机构的方式，抵消为自己购买的定期寿险。然而，这将被证明是非常困难的且付出的成本很高。

□ 对组织形式套利的限制

我们刚刚描述的套利类型，可通过限制纳税人从应税收入中扣除利息的能力来避免。

---

① 在美国税收法则下，如果纳税人中途清算人寿保险单，则超过从保单中实现的所得部分（即保险单受益人分得的股息和退保补偿金）要以个人普通收入税率课税。然而，投资者可以不退保，而是利用他们的保险单的累积价值作为抵押借入所需资金。这种交易免税。由于借款有保险单作全额抵押，因此借款的利率等于保险单的收益率，这样，以保险单赚取的累积收益作抵押的借款成功地使投资收益免税。1988 年的税收改革法案对 1988 年后签发的保险单储蓄部分进行借款加入了多项新的限制。

例如，如果纳税人只允许在其他应税投资所获得的收入内扣除利息（即没有净利息扣除），则我们所讨论的组织形式套利就无法消除工资收入税收。这种限制避免了纳税人借款的税后成本低于免税储蓄工具上可得到的税后收益。美国税法在163款（d）部分中提供了类似的限制。这部分规定允许税前扣除的利息只限定在纳税人获得的投资应税收入的范围内，这些收入包括利息、股息、租金、特许权使用费和资本利得（如果纳税人选择把资本利得视为普通收入缴税的话）。

利息扣除限额的例外是美国住房抵押贷款利息。但是纳税人不能真正利用这个例外的方式，使他们能够影响组织形式进行税收套利。毕竟，一个人必须实际买房才有资格申请抵押贷款。而且任何通过房屋所有权获得的套利机会都应该影响房子的购买价格，从而产生一个隐性税收。此外，美国税法对住房抵押贷款利息的扣除数量也做出了限制。

组织形式套利活动的其他一系列限制与允许储蓄积累免税的人寿保险单有关。回想一下，某个人寿保险单有两个组件：一个是保护生命损失的纯保险（或定期）部分，另一个是储蓄部分。储蓄部分有助于确保有足够的资金用于支付未来的保险费，尽管这些储蓄也可以从保单中提取出来。美国税收法典对保险单上定期人寿保险储蓄的最低比率提出了要求。[①] 该限制确保，如果纳税人希望在很大程度上利用具有现金价值的人寿保险的免税储蓄特性，那么额外的储蓄存款的一个重要部分必须用于购买额外定期保险。[②]

所以，在没有限制和市场摩擦的情况下，如果纳税人通过免税组织形式进行投资，由贷款融资产生的利息可税前扣除，那么就可以消除所有的所得税。[③]

□ 完全税收递延和组织形式套利

接下来，我们证明当享受税收优惠待遇的组织形式把税收递延纳入进来，但投资者最终就所有投资收入完全纳税（如同 SPDA 一样）时，纳税人可以减少但不能消除他们的收入税（忽略税收规则限制，例如，利息扣除限制和摩擦、SPDA 的费用）。为了说明这一点，假设某纳税人将在即将到来的一年获得 100 000 美元的收入，且税前利率是10%。现在她借入 1 000 000 美元投资于某个 SPDA。第一年的利息扣除是 100 000 美元，这在未有利息可扣除限制的情况下，抵消了应税收入。然而，如果该 SPDA 在第一年年底被套现，通过 SPDA 赚取的 100 000 美元利息又将成为应税收入。所以，必须持有 SP-DA 至少 2 年，才能成功递延所有税款。第一年收入的税收统一递延到当 SPDA 套现和贷款被偿还的某个时候。在极端的情况下（即无限期持有 SPDA 和贷款），这个策略会导致工资税的消除。[④]

---

① 正如前面所提到的，在缺乏摩擦的情况下，这并不是具有约束力的限制。税收当局能利用存在的摩擦选择制定限制性条款。

② 由于使用现金价值的人寿保险单越来越流行，因此立法者频繁地提议修改税法，取消该组织形式享有的税收优惠待遇。

③ 注意，并不必然为了消除所得税投资于产生完全免税收益的项目。利用部分免税储蓄工具也可以实现组织形式套利。用 g 表示应税收入中应全额课税部分的比率，与前面的例子中的借款 Y/R 不一样，套利包括更大的借款金额，即 $Y/[R(1-g)]$，该策略在任何 $g<1$ 时都有效。

④ 在 11 年期（即领取收入后再递延 10 年）、税率为 40%、税前利率为 10% 的条件下，该策略的税负按现值计算将减少近 50%。

□ 摩擦对组织形式套利的影响

现在，让我们再考虑存在（但没有税收规则限制）市场摩擦，并运用允许投资收益完全免税的储蓄工具（如寿险保单的储蓄部分）的情况下参与组织形式套利的机会。假设由于纳税人投资在一种特定的储蓄工具中会产生特别费用（如交易成本、给保险公司付费以抵消其成本等），因此该纳税人从该储蓄工具获得投资税前收益率 R 但损失 f 部分，也就是说，纳税人意识到通过该储蓄工具获取的税前收益只有 $R(1-f)$。另外，摩擦可能与借用资金从事其他投资所产生的特殊成本有关，在这种情况下，即使贷款是无风险的，税前借贷利率也会变成 $R(1+f)$。

假设某纳税人当前应税收入为 Y 美元，试图通过以利率 R 借款投资于免税储蓄工具，从而影响组织形式套利。然而，由于摩擦的存在（如，各种费用），该免税储蓄工具产生的收益率只有 $R(1-f)$。纳税人必须在今年年初借入 Y/R 来产生足够的利息扣除以便减少应税收入至零。该笔借款产生 RY/R，即 Y 美元的利息费用，金额相当于准备隐匿的收入。由于 Y 美元数量的收入刚好足以支付贷款利息，因而可减少应税收入至零。用借入资金投资于可享受税收优惠的储蓄工具所产生的收益只有 $R(1-f)Y/R$，即 $Y(1-f)$。注意，初始收入 Y 美元中的 fY 部分已经流失，这不是因为缴纳了税款，而是由于市场摩擦。就好像纳税人以 f 税率支付显性税收一样。我们可以看到，摩擦与隐性税收对投资收益有相同的影响。

假设管理成本的存在要求保险公司把支付给储蓄账户的利率降低到 9%，而具有同样风险的完全应税投资此时的收益率为 10%。因此，f 等于 10% ［因为 10%(1-f) = 9%］。以 10% 的税前可扣除利率借入资金，并以 9% 的免税利率进行投资，该纳税人可以转换 100 000 美元的应税收入为 100 000 美元×0.9，即与保险有关的税后利息收入为 90 000 美元。

我们刚才只是考虑在投资交易方面引起一系列摩擦的一个示例。假设由于出借人需承担管理成本，所以不能以 10% 的无风险利率借贷现金。如果纳税人预期的 100 000 美元收入来自工资，贷款人可能担心纳税人会辞职，从而无法得到工资收入，然而工资是贷款人担保的重要组成部分。因此贷款人会对纳税人进行信用核查来减轻其担心，但这样的信息获取和处理成本是昂贵的。出于该原因，假设贷款人就贷款收取 12% 的利率，即便纳税人知道贷款是没有风险的。

纳税人以 12% 的利率借入资金，现在借入 100 000 美元/0.12，即 833 333 美元，产生足够的利息扣除（每年 100 000 美元）来抵消应税工资收入。这意味着纳税人减少了保险产品的投资额，现在只要 833 333 美元而不是之前的 100 万美元。在税前投资收益率为 9% 的情况下，投资 833 333 美元的人寿保险储蓄就可产生 75 000 美元的利息收入。所以，尽管显性税收被消除，但这些市场摩擦却引起"隐性税收"。100 000 美元的工资收入变成只有 75 000 美元的税后人寿保险储蓄，就好像纳税人缴纳了 25 000 美元的"隐性税收"一样。"隐性税率"是 25%，它等于借款利率 12% 减去 9% 的贷款利率，再除以借款利率 12%。相应地，它等于 100 000 美元的税前工资减去支付"隐性税收"后 75 000 美元的人寿保险投资收入，再除以 100 000 美元的税前工资。这个公式与本章前面用于计算隐性税率的式（5.3）完全相同。

那么，"隐性税收"去哪里了？本例中，它的 2/3 跑到了债主那里，1/3 跑到了保险公司。然而，不像前面隐性税收的例子，这里所筹集的隐性税收分配给了债主和保险公司，以便弥补与交易业务成本有关且可能没有人从中受益的成本，即无谓成本。

注意，对于显性边际税率低于25％的纳税人，自然的市场摩擦足以防止组织形式套利以减少税收的情况发生，而税收规则限制则成为多余。假设纳税人有100 000美元的工资收入，适用一个显性税率20％，不使用组织形式套利策略可保留税后80 000美元的收益，运用该策略则只有75 000美元的收益。然而，对于显性边际税率25％以上的纳税人，通过套利策略提供25％的隐性税率仍有吸引力。如果想要阻止高税率纳税人参与该套利策略，此时税收规则的限制是必要的。

□ 破产规则和组织形式套利

我们已经假定投资一项保单的收益全部免税。在美国，为了得到全额免税的待遇，纳税人不能取消保单，而是要持有保单直到死亡。当时，所有保单积累（所谓的"投资内生息"）免除收入税。[①] 但是，如果保单套现，它将类似于SPDA被征税（除了利息收入中用来支付定期人寿保险的部分可以免税）。正如前面所讨论的，相对于利息收入永远免税的储蓄工具而言，这种借入资金并投资于储蓄工具获得的收益最终要课税的情况，减少了组织形式套利的空间。

养老金账户能否替代保险账户成功地影响组织形式套利？回想一下，组织形式套利需要对一个相对没有税收优惠的组织形式做"空头"，以及对一个相对具有税收优惠的组织形式做"多头"。如果对养老金计划缴款的税前扣除方面没有任何限制，那么纳税人存放在养老金账户中的收入可以消除工资收入税。当纳税人将资金投入养老金账户时，不用确认应税收入。然而，在退休期间，纳税人必须就其从养老金账户提取的金额缴税。

我们接下来讨论对此加以限制的法规，可以想象一下没有摩擦或限制的世界的情形。如果纳税人在退休期间不是从其退休账户取款，而是借入资金满足消费，他们将继续避免对退休积累的养老金缴纳任何税。事实上，如果纳税人以养老基金的资产作为抵押的贷款，在没有摩擦的情况下，借贷利率应该等于持有养老基金资产的税前收益率。如果纳税人筹划得当，在他们去世之时，其贷款数量（包括累积的利息）将恰好等于养老基金的积累。那么，抵押债权人将得到养老基金的资产来偿还贷款，而不留下任何资产向征税机关缴纳税收。

无疑，引入其他限制，是为了努力防止这样的套利现象发生。这些限制包括：（1）当纳税人作为贷款抵押品分解养老金资产的时候限制缴款扣除；（2）限制每年可以存入养老基金的报酬金额（如美国税法的415款；这些限制在第3章中进行了某种程度的讨论）；（3）如果养老金不被提取，限制可以保留免税积累的时间。特别是，所谓的"最低要求分配"规则要求纳税人在退休期间从养老金账户移除养老金资产。例如，根据现行规定，纳税人必须在不晚于他们70.5岁后的次年4月1日开始减少养老金资产，或在70.5岁时如果他们仍然工作，则必须在退休当年开始提取养老金资产，提取的比率不低于达到他们预期寿命的年金利率。注意，罗斯IRA不遵从这些最低要求分配原则。

此外，如果纳税人在他去世后，在其遗产中有其他资产，美国国税局将要求用这些

---

① 然而，要缴纳遗产税，见第18章的讨论。

资产来支付退休账户上的收入税。如果遗产中没有其他资产（即破产），美国国税局可能会在破产法庭质询这种情况。最后，市场将对这种税收规则限制做出回应，这可能会增加纳税人的成本。例如，因为有了扣除限制，当纳税人将所分配的养老金资产作为抵押品时，该交易可能被调整，以至于该资产不能正式作为抵押品进行分配，但接着贷款人就会变得产权不清。如果没有抵押担保，贷款人就会收取比税前无风险利率贷款更高的利率。正如我们看到的保险储蓄，这些摩擦对采用这种特殊策略的纳税人而言会产生隐性税收。

对 SPDA 的税务处理与此相似。如果该账户持有人可以凭借 SPDA 融资并永远不去兑现这项 SPDA，则其可以实现完全免税。这将要求在纳税人去世的时候，SPDA 账面金额和 SPDA 贷款额规模相等，贷款人可以在税务当局征税之前再次获得 SPDA 中的资产以清偿贷款。

☐ 隐性课税资产买卖影响组织形式套利

在前面的例子中，组织形式套利受没有承担隐性税收（可能通过市场摩擦的除外）的资产持仓头寸的影响。但只要持有的资产以多头和空头的方式能有不同的税收待遇，组织形式套利就可以由承担隐性税收的资产来实现。例如，在没有任何限制时，纳税人可以通过持有同一资本资产，比如普通股的多头和空头，消除工资收入税收。

在无摩擦的市场环境中，纳税人可以"卖空"股票，以及使用卖空交易收入的现金，购买平仓所需要的多头股票。这样，净投资的头寸是零，且税前投资收益是完全对冲的。该战略需要足够大的仓位，这样在纳税年度结束之前，无论股票的价值是增加还是减少，都与纳税人希望隐藏起来的应税收入金额即 100 000 美元相等。

如果股票升值了，那么空头头寸可以通过购买更多股票，并将股票交付给开始出借股份给纳税人的经纪人来"轧平"。这导致从空头交易中确认 100 000 美元损失，可以抵消工资收入。如果股票价值下降，那么简单地通过出售股票确认 100 000 美元损失，多头头寸可以被轧平，再次抵消工资收入。当然，纳税人可继续持有股票多头（或空头）得到 100 000 美元的对冲收入，但是在轧平头寸之前，该笔收入不征税。

如果税收规则规定，只有 L 部分的损失可从普通收入中扣除，那么套利交易规模大小只需要乘以 $1/L$ 系数，以保持零应税收入的结果。不管怎样，发生损失后，可以回购售出的仓位以恢复投资者完全对冲可以套利保值的位置。该仓位头寸可以终身持有，直到死亡。这样就把未实现的收益锁定在 100 000 美元（或者 100 000 美元/L）。如果实现的资本利得在纳税人去世时免税，正如纳税人在美国那样，那么纳税人就可以逃避资本利得税（但是该资产被包含在纳税人的遗产中，可能会承担遗产税，在第18 章中将讨论这一问题）。[1] 因此，资本资产可以通过组织形式套利交易完全免税，就像人寿保险账户那样。[2]

正如之前的例子中，由于市场摩擦和一些税收规则限制，防止纳税人利用这样的

---

① 如果资本利得在死亡的时候应税，但是已经被花光，那么税务当局将再一次陷入在纳税人遗产里没有资产可以履行纳税义务的处境。

② 一些国家对资本利得在死亡时征税，课税的税率如同损失扣除时的税率。在这样的国家，资本资产可以用来实施组织形式套利，与我们运用的 SPDA 方法完全一样。损失被认为是"早期的和经常的"，而收益却被推迟实现。

事实实施套利，该事实是销售产生的收益和损失通常仅以税收为目的被确认。首先，资本损失限制防止纳税人用资本损失抵消过多的普通收入。当前在美国的限制是个人每年3 000美元，任何未抵扣的损失可以无限期向后结转以冲抵未来收益。对公司的限制甚至更严格：资本损失只能从资本收益中扣除，尽管这样的损失可以向前结转3年，且在向后结转到期之前可以向后结转5年。其次，根据所谓的虚假交易规则［美国税法1091款（a）和1256款］，如果出售资产30天内回购非常类似的资产，则当期资本损失不可以扣除。这意味着由于在30天内允许资本损失的扣除，投资者持有头寸就可能暴露很高的风险。再次，对冲规则阻止损失被扣除，除非纳税人的投资头寸实质上与完全对冲状况不同——那就是，投资者的总收益或损失都面临较高风险。最后，1259款的推定销售规则要求纳税人在进行升值金融头寸的推定销售时确认收入（但不是损失）。

总之，尽管理论上组织形式套利策略在很多情况下是可能的，但是从实践中看，市场摩擦经常阻碍其有效实施。在市场摩擦不足的地方，通常引入税收规则限制防止大部分套利机会的出现。

5.8 基于税收顾客的套利

基于税收顾客的套利策略是指以增加隐性税负为代价，减少显性税收义务，反之亦然。这种策略会在以下情况中出现：（1）纳税人可以对不同的税收资产进行买空或卖空，至少有一个负担部分隐性税收。（2）纳税人面临不同的边际税率。在大多数收入所得税制中，法定税率实行累进制，边际税率随着应税收入的增加而增加。实行税率累进制的目的在于实现税负公平分配（或者说收入再分配）。与此同时，由于国会运用税收制度鼓励各种经济活动，因此资产被课以不同的税收。正如我们已经讨论的，对资产课税差异化的结果是隐性税收制度的产生。享受税收优惠的资产的价格被竞相抬高，从而使得它们的税前利润率要低于那些在同等风险条件下拥有较少税收优惠的资产的税前利润率。在没有摩擦和限制的条件下，我们将在本节证明，基于税收顾客的套利导致所有纳税人面临同样的边际税率（这一均衡状态下的边际税率刚好等于零！）。此外，所有的资产会承担同样的（显性和隐性）总税率。为了确保通过累进制税率起到再分配收入的作用，联邦政府已经建立了许多税收规则来防止基于税收顾客的套利。

以下是假设在没有摩擦和限制环境下这种类型套利的例子。接下来我们会讨论用于防止该套利行为的限制。基于税收顾客套利的一个特别简单的例子，就是通过贷款购买免税债券，这会产生可税前扣除的利息。虽然该策略可以成功地减少显性税收，但是同时它也造成了隐性税负。我们再假设这样的一种情况：预期即将到来的一年工资收入是100 000美元，法定税率是40%。应税债券税前收益率为10%，纳税人可以在这个比率下进行无限量借款。最后，假设市政债券的免税收益率是7%。注意，市政债券承担了30%的隐性税收［即(0.10 - 0.07)/0.10］。

为了消除100 000美元工资收入的收入税，假设我们借入1 000 000美元，即100 000美元/0.10，投资市政债券获利70 000美元，即税后获得100 000美元×0.07，并从应税收入中扣除利息费用。注意，我们已经将显性税率为40％的工资收入转换为隐性税率为30％的政府债券。正如本例所表明的，任其发展的基于税收顾客的套利使高税级纳税人能够将课以较高显性边际税率的收入转变为课以较低隐性税率的收入。如果低税级的纳税人可以在税收优惠资产中采取卖空策略，那么他们采取相反的策略将有利可图。

在我们的例子中，当纳税人面临的税率低于30％时，他们将不愿为购买政府债券而借款，因为这实际上将会增加其税收。比如，如果纳税人第一笔50 000美元的工资面临的税率是25％，下一笔50 000美元的工资面临的税率是40％，那么最优策略是通过借款购买市政债券来减少应税收入，当然，应税收入不会从100 000美元降到0美元，而是降到50 000美元。实施这种策略的路径是在10％的利率下借入500 000美元，并投资到利率为7％的政府债券上，产生免税利息35 000美元。该税后的净头寸是

$$50\,000 \times (1-25\%) + 35\,000 = 72\,500 \text{（美元）}$$

相反，没有实施借贷购买市政债券的策略的税后净头寸是

$$50\,000 \times (1-25\%) + 50\,000 \times (1-40\%) = 37\,500 + 30\,000$$
$$= 67\,500 \text{（美元）}$$

而借入1 000 000美元抵消了所有显性税收，从而导致70 000美元的净头寸，即1 000 000美元×7％。

为了保留更为累进的税率结构，国会尝试对纳税人的套利活动施以更大的限制。除了我们之前提到的利息扣除限制之外，美国税法256款禁止用于购买某些资产的贷款利息扣除，这些资产，例如市政债券产生的收入免税。[1] 值得注意的是，当纳税人购买市政债券面临的显性税率低于隐性税率时（在我们的例子中，这个临界点是30％），这个限制不产生效果。此外，无风险利率和纳税人借款利率之间的差额为正数时，该约束对于更高等级的纳税人而言也无效。比如，如果在同样的风险条件下应税债券收益率为10％时，纳税人必须以12％的利率支付利息才能借到款项，那么隐性税率会变成41.67％，即 $(0.12-0.07)/0.12$。[1] 因为该隐性税率超过最后50 000美元薪金所承担的显性税率的40％，市场摩擦足以防止这种基于纳税顾客的套利策略有利可图。[2]

如前所述，在低边际税率条件下，纳税人借款购买税收优惠资产是无利可图的。但是，如果可能，相反的策略将会有利可图。例如，这些纳税人更愿意发行市政债券，或者利用这些收益投资应税债券。如果他们以7％的税前收益率发行债券，并购买税前收益率为10％的完全应税债券，他们的应税收入会持续增加，直到他们的边际税率达到30％为止。基于税收顾客的套利机会在这一点上消失。

---

① 然而，这有一个"慷慨的"最小额规则适用于这种情况。公司可以持有最高达到其美国总资产的2％的免税证券或应税票据而不违反265款的规定。但是，对于那些将商品或服务赊销给免税实体的经营活动，该限制仍然是一个问题。

② 多年以来，银行和保险公司被允许从事税收顾客基础套利活动；它们用于购买市政债券的借款利息允许扣除。只要市政债券的隐性税率低于它们的完全应税所得的显性税率，这些公司就可以通过从事税收顾客基础套利获利。在20世纪80年代各种税收法案对这些活动做出了限制规定。为了进一步探讨这些税收规则变化和它们对于银行持有市政债券的影响，可参见 Scholes，Wilson 和 Wolfson（1990）。

□ 投资于优惠税收资产而不是免税债券的税收顾客基础套利

虽然借款购买市政债券存在局限性，但是借款用于购买某些享有税收优惠的投资，比如股票[①]、土地、符合加速折旧条件的机器设备，或者一系列其他享受税收优惠的投资却不存在这种限制。如果反映税收优惠投资的市场价格的边际总税率（隐性税率加显性税率）低于纳税人其他完全应税收入的显性税率，纳税人可以借款购买这些资产来影响税收顾客的基础套利。因为美国公司并不受利息扣除的限制，这样的税收顾客基础套利活动对他们尤其有好处。尤其在近年来随着 1986 年的税收改革法案的颁布，公司边际税率高于个人时更是如此。

但是，值得注意的是，享受加速折旧税收扣除优惠的资产并不像免税类型资产，例如市政债券那样，可构建税收保护屏障，产生税收顾客基础套利的效果。加速扣除税收的套利行为需要有其他应税收入，从而使得加速折旧可以从这些收入中扣除。因为市政债券投资不需要从其他应税收入中扣除就能获得免税待遇，因此，纳税人能使大量的应税收入从显性税收转为隐性税收。这有助于解释为什么要对那些产生免税利息收入的费用扣除做出一些特别的限制，而对其他的享受税收优惠的资产则没有这种限制。

□ 免税实体的市场均衡

假设像大学和市政府这样的免税实体，对于应税债券和免税债券面临的税率均为 0%。在没有限制的情况下，只要两种债券的利率之差保持正数，这些纳税人就可以通过购买应税债券并销售免税债券来获利。

对于免税投资者而言，均衡需要所有资产承担的隐性税收为零。但另一方面，对于面临边际税率为正的纳税人来说套利机会也会增加。这些纳税人会购买免税市政债券，并卖出完全应税债券，从而产生足够的利息扣除以抵消他们的应税收入。结果，没有人缴纳任何税收。除了税收规则限制之外，我们已经讨论了如何防止高税收等级纳税人从事基于税收顾客的套利行为，以及防止市政府和其他免税纳税人发行任意数量免税债券的额外限制。相反，他们只能为了某些符合条件的目的而发行免税债券。

这种税收顾客基础套利的形式似乎仍然保留在市政府中。他们能通过发行免税债券为其营利性项目筹集资金。换言之，他们可以从税前收益中扣除免税债券的利息费用，并只就剩余的应税收入按照公司税税率（所谓的"不相关的商业收入"）缴纳税收。假设该营利性的项目风险调整后的税前收益率为 R_b，以利率 $R_b(1-t_{lm})$ 进行融资，这里 t_{lm} 是市政债券的隐性税率。那么，在净投资为零时，应税收入是 $R_b - R_b(1-t_{lm})$，即 $R_b t_{lm}$。那么如果公司税税率是 t_c，市政府获得的税收收益为 $R_b t_{lm}(1-t_c)$。比如，如果 R_b 等于 10%，t_{lm} 等于 30%，那么市政当局通过以 7%，即 10%×（1−0.30）的利率发行市政债券融资可以赚取 10% 的利润。这样，在净投资为零的情况下，3% 的税前利润率，以 40% 的公司税税率纳税，最终获得的总投资税后收益率为 1.8%。然而，大多数市政

[①]　然而，请注意，尽管对使用借款购买股票的利息扣除没有限制，但是如果公司直接借款购买股票，则公司投资者已获股利扣除就会减少。因此，公司需要小心谨慎地从事该套利活动，注意不要违反 246 款的规定。

当局不会利用这种套利机会从事这样的营利性活动以获利。也许是由于市场摩擦，比如没能对这些活动进行有效管理，或者他们发放的免税债券数量受到限制，从而阻碍了市政当局从事税收顾客基础的套利活动。

要点总结

1. 即使是由同一组织从事的活动，也要对不同的经济活动课以不同的税收。对投资收益征收不平等的税收会影响投资需求，从而影响税前收益率。尤其是，如果两种资产产生相同的税前现金流，但是其中一种资产的税负比另一种资产更重，那么税负较轻的资产的竞价会高于税负较重的资产。在没有市场摩擦的情况下，资产价格会自动调整，以至于经济中所有资产的税后收益率对于所有投资者而言都相等。因此，资产收益的不同税收待遇会导致隐性税收出现。举例来说，相对于完全应税债券，那些享受税收优惠的投资赚取的税前收益率要低于完全应税债券所赚取的税前收益率。完全应税债券和享受税收优惠的资产的不同税前收益率之差就是隐性税收。也就是说，通过获得较低的税前收益率的形式隐性地支付了税收。

2. 相对于完全应税债券，非税收优惠投资赚取的税前收益率要比完全应税债券赚取的高，而且，以完全应税债券作为基准，这些非税收优惠资产所负担的隐性税收为负值。

3. 如果一项投资的折旧和税收抵免的税收扣除额现值等于（大于，小于）该投资逐期下降市值的现值，则该投资所需的税前投资收益率将等于（小于，大于）风险调整后的完全应税债券的税前投资收益率。

4. 隐性税收的典型特点是没有直接支付给税收当局。由于纳税人转移了部分税收给政府补贴或者转移支付给受益人，因此，纳税人充当了某种类型的转移代理人的角色。比如，市政债券发行者收到了作为补贴的隐性税收。消费者消费拥有大量折旧扣除和税收抵免资本密集型工业生产的商品和服务，只需支付较低的价格。当折旧政策较为宽松时，出租者则面临更低的租金率。

5. 在比较不同资产的收益时，极为重要的是区分风险差异和税收差异。风险投资定价时要考虑风险溢价。税负轻的风险投资（比如普通股）可以产生高额的税前收益，但相对于较低风险的完全应税资产（比如应税债券），它仍然要承担大量的隐性税收。

6. 除了不同税收待遇的资产之外，如果我们还有不同税收待遇的投资者，投资合适的税收顾客取决于该项投资所承担的显性和隐性税收组合情况。市场上设定价格的边际投资者是投资于不同资产税收都无差异的纳税人。适合高额隐性税收投资的税收顾客是那些法定税率超过市场上边际投资者设定税率的投资者。而适合高额显性税收投资的税收顾客是那些法定税率低于边际投资者税率的投资者。

7. 适用法定税率的投资者与市场上制定价格的边际投资者的区别在于他们是非边际投资者。正是这些非边际投资者根据各种投资隐性税率水平形成清晰可辨的税收顾客。

8. 许多政策制定者在其公开声明中似乎忽视隐性税收，如果我们仅仅通过显性税收去评价税收结构的累进性，那么美国的税收结构并不特别具有累进性。也就是说，对于富裕的纳税人和贫穷的纳税人而言，显性税收作为总体收入的一部分几乎相等。相反，如果隐性税收和补贴都纳入税收负担计算中，那么该税率表会变得更加具有累进性。原因是富裕的投资人倾向于持有高隐性税收的资产，比如市政债券、普通股以及不动产。

9. 在没有市场摩擦及税收规则限制的情况下，如果一种储蓄工具或者组织形式优于另一种储蓄工具或者组织形式，那么纳税人会通过税收套利来消除他们的税收。税收套利是对资产的购买（多头），同时对另一种资产的卖出（空头），从而在净投资为零的水平上均产生一笔确定的收益。

10. 当纳税人通过税收优惠组织形式持有多头资产并通过非税收优惠形式持有空头资产时，就产生了组织形式套利。当纳税人面临不同的税率以及资产被课以不同税收时（这会引起隐性税收），税收顾客基础套利将会产生。税收顾客基础套利将应税收入从隐性课税形式转变为显性课税形式，或者相反。

11. 组织套利能够在投资期限短至一个纳税年度之内，将收入纳税减少为零。这仅需要以税收优惠组织形式持有的多头资产获得的收益所适用的税率，低于以非税收优惠组织形式持有的空头资产所引起的损失所适用的税率。

12. 如果组织形式套利策略包括产生递延应税收入的多头资产，以及产生潜在纳税扣除的卖空资产，同时税收制度对负的应税收入不提供退税，那么组织形式套利不会将收入的适用税率降

为零。

13. 资产收益可以免除显性税收，要么通过未来收益的免税待遇（正如美国的市政债券），要么通过对投资成本的直接扣除及随后对收益全额课税的方式。如果不存在与利息相关的税收规则限制，那么在税收顾客基础套利策略中免税债券比那些依靠投资成本扣除获得免税的资产更有意义。

14. 市场摩擦降低了纳税人实施税收套利行为的能力。大多数市场摩擦的出现是由于信息成本较高，且并不是所有的纳税人都拥有相同的信息。这将是我们下一章全面关注的一点。

15. 美国税法关于纳税人实施税收套利的能力限制方面有许多细节性的规定。这些限制看起来很多（它们的确有很多；这里我们仅仅提到重点的几个），如果没有市场摩擦，这些约束会少很多。

附录 5.1　利用资本资产定价模型调整风险

资本资产定价模型可以记为：
$$E(R_j) = R_f + \beta_j [E(R_m) - R_f]$$

这里，$E(R_j)$ 表示证券 j 的预期收益，$E(R_m)$ 表示在同一时期市场的收益预期，R_f 表示无风险收益率，而 β_j 表示证券 j 的系统风险。从直观上说，β_j 可被认为是市场定价风险数量，$E(R_m) - R_f$ 可被认为是单位风险的价格。这两项的乘积就是风险数量乘以价格，即风险收益 R^{rp}，且该数值在计算证券预期收益之内。对于每一种证券风险调整后的收益 R^{ra} 都会估计为

$$R^{ra} = R^o - R^{rp}$$
$$= R^o - \beta_j [E(R_m) - R_f]$$

这里的 R^o 正如之前所定义的是所需的税前总收益率。因此，为了调整债券之间的风险差异，我们需要估计每种证券的 β 和 $E(R_m) - R_f$ 的数值。从历史角度来看，在市场上实现的收益率和无风险利率的差别每年大约是 8 个百分点。给定 β 的预估值为 1.5，那么，风险收益 R^{rp} 可估计为

1.5×0.08＝0.12，即 12%。我们从所需的（预期的）证券税前总收益率减去该数值来估计风险调整后的收益率。

我们怎样可以得到证券系统风险预估值？有几个服务网络可提供预估值。例如，进入 http：yahoo. finance. com，然后输入你的股票代码即可获得你所需要的估计值。

最后，运用以下公式预估每种证券利息的 β 值。β 被定义为：

$$\beta_j = cov(R_j, R_m) / \sigma^2(R_m)$$

这里，$cov(R_j, R_m)$ 表示证券收益和市场收益的协方差，$\sigma^2(R_m)$ 是市场收益的方差。该项代表 R_j 对 R_m 回归的斜率系数。因此，我们仅仅通过证券的收益对市场收益进行简单回归就可以估计 β_j（这些数值可以从标准普尔 500 指数或者道琼斯工业平均指数中获得）。传统上，采用 60 个月的证券收益数据即可进行回归估计。

问题讨论

1. 判断正误并讨论：

a. 在没有用来比较税前收益率的基准资产的情况下，不能计算出资产的隐性税率。

b. 隐性税率一直为正值。

c. 隐性税率总是低于显性税率。

d. 虽然显性税收缴纳给税收当局，但是隐性税收是支付给证券发行人、商品和服务的消费者和投入要素的供给者的补贴。

2. 列举五种可以承担正隐性税收的资产。详细解释为什么每一种资产可以承担隐性税收。（也就是，该项资产的税收优惠应该是怎样的？）

3. 举出一个承担负隐性税收的例子，并详细解释该资产为什么会承担负隐性税收。

4. 资产的风险差异掩盖了不同税收待遇对收益的影响。如果我们知道资产所需的税后风险溢价，那么我们如何确定税收待遇差异对预期税前收益率的影响？

5. 许多国家对资本投资都实行税收优惠。比如，1989 年新加坡允许当年购买某些自动化生产设备实行 100％ 的税收折旧核销。在 20 世纪 80 年代早期，英国也允许对各种各样的资本性支出实行同样的税收政策。投资税收抵免和大量的税前折旧扣除是如何影响投资所需的税前收益率的？在均衡条件下，风险调整后的税前投资收益率是否要比免税的无风险债券的收益率低？为什么？风险调整后的税前投资收益率会比免税无风险债券收益率高？为什么？

6. 为什么一些国家会通过提供税收激励，比如投资税收抵免或者大量的折旧扣除来鼓励投资？为达到同样的目标还有其他可供选择的策略吗？你如何判断税收激励比这些可供选择的替代方案更优？

7. 什么是投资的税收顾客？如果市场设定隐性税率，为什么我们还对各种投资合适的税收顾客确定感兴趣？为什么公司战略设计者对税收顾客感兴趣？

8. 隐性税收的概念如何应用于在不同税收管辖权下的投资？

9. 什么是组织形式的套利？举一个能为纳税人带来无限财富的组织形式套利的例子。防止这些发生的必要条件有哪些？

10. 什么是税收顾客基础套利？举一例子说明这一策略。税收顾客基础套利是否不适合于高税级的纳税人？

11. 列出一些可以防止组织形式套利的税收规则约束。它们是如何成功阻止这种套利行为的？

12. 在没有税收规则限制的情况下，如何利用退休金实施组织形式套利？为了防止退休金进行这种操作，必要的约束是什么？

13. 就利用公司和合伙企业进行组织形式的套利举出一例。有关普通股长期投资的组织形式的例子是什么？目前限制纳税人利用这些策略进行避税的能力的约束条件是什么？

练习题

1. a. 某纳税人想购买完全应税公司债券。该债券剩余期限为 5 年，每年支付 6％ 的利率（假设每年定期支付该债券利息），债券面值为 1 000 美元。该纳税人的投资收益面临 31％ 的税率，所需的税前投资收益率为 6％。该纳税人愿意支付给该债券的价格是多少？

b. 同样，纳税人也考虑购买免税市政债券。该免税市政债券剩余的期限同样为 5 年，同样承诺按照 6％ 的利率进行利息支付（假设每年同样定期支付利息），面值为 1 000 美元。假设公司债券和市政债券风险等同。在什么价格上，纳税人选择两种债券没有差别？或者说，假设纳税人面临 31％ 的边际税率，所需的税前收益率为 6％，那么市政债券的价格为多少的时候，他才愿意购

111

买？该题目与我们在本章所讨论的隐性税收有何联系？

2. 如果无风险完全应税债券的税前收益率是7％，而一种无风险税收优惠资产的税前收益率是5％，那么该税收优惠资产的隐性税率为多少？如果一种免税的无风险资产的税前收益率为4％，则对于收益率为5％的无风险税收优惠资产，边际投资者的显性税率为多少？

3. 计算以下三种资产的显性和隐性税率。对于完全应税资产和部分应税资产来说，所需的税前总收益率 R^o 均为20％，免税资产的 R^o 为8％。各种资产所需的税前风险收益率 R^p 分别是：完全应税资产，7％；部分应税资产，10％；免税资产，3％。编制出一个与表5-2类似的表格（首先忽略风险差异，然后调整不同资产的风险差异）。讨论你的结论。

4. 计算以下三种资产的显性和隐性税率。每一种资产所需的税前总收益率 R^o 分别为：完全应税资产，15％；部分应税资产，20％；免税资产，10％。每种资产所需的风险收益率 R^p 分别为：完全应税资产，3％；部分应税资产，9％；免税资产，0％。编制出一个同表5-2类似的表格（首先忽略风险差异，然后调整不同资产的风险差异）。讨论你的结论。尤其是在忽略风险差异时：

a. 最高的法定税率为多少？

b. 部分应税资产是真的部分应税吗？或者是没有享受到税收优惠？

c. 调整风险差异后，最高的法定税率为多少？哪一种资产风险最高？

5. 以下投资均承担相同的税后风险收益率 r^p。计算风险调整后资产Ⅱ、Ⅲ，还有Ⅳ的税前收益率 R^{ra}，以及对于资产Ⅲ和Ⅳ的预期税前总收益率（没有调整风险的税前总收益率为 R^o）。解释你的答案，并举一个市场上可观察到的这些资产的例子。

资产	预期税前总收益率 R^o	风险收益的税收待遇	风险调整后的税前收益率 R^{ra}	风险调整后的收益的税收待遇	风险调整后的税后收益率 r^{ra}
Ⅰ	20％	完全应税	10％	完全应税	6％
Ⅱ	12％	免税	？	免税	6％
Ⅲ	？	按 $t=25％$ 课税	？	免税	6％
Ⅳ	？	按 $t=25％$ 课税	？	完全应税	6％

6. 假设投资者的税率为40％，在竞争均衡条件下，使投资者在资产之间选择无差异的所有资产必须获得相同的风险调整后的税后收益率为7％（$=r^*$）。投资者考虑两种类型的资产：资产1和资产2。投资者对于资产1所需的税前总收益率 R^o 为16％，资产2的 R^o 为14％。分析以下三个案例。

案例1：假设两种资产均完全应税，即 $g=1$。因为两种资产完全应税，很显然它们所需的税前总收益率不同就必须要有不同的风险。那么，每一种资产的税前风险收益率 R^p 是多少？从单纯的税收角度来看，边际投资者更偏好哪一种资产？

案例2：假设两种资产具有相同的风险，所需的税后风险收益率为 $r^p=3.5％$。因为两种资产风险相同，很显然它们要获得不同的税前总收益率，就必须具有不同的税收待遇。假设 $g_1=0.86$，$g_2=0.625$，这里的 g 表示从资产中获得的收入列入应税收入的百分比，下标分别表示资产1和资产2。

阐述投资者在两种资产选择中无差异（从税收的角度）。

如果你的边际税率为30％，你会选择哪种资产？

如果你的边际税率为50％，你会选择哪种资产？

案例3：现在假设两种资产具有不同的税收待遇及不同的风险，对于资产1，$g_1=0.80$，$r^p=3.88％$。对于资产2，$g_2=0.20$，$r^p=5.88％$（因为两者的税后风险收益率不同，所以它们的风险水平也不相同）。

哪一种资产获得税收优惠？

税收与企业经营战略：筹划方法（第五版）

哪一种资产风险程度更高？

投资者更偏好哪一种资产（当边际税率为40%时）？

如果你的边际税率是30%，你会选择哪种资产？

如果你的边际税率是50%，你会选择哪种资产？

7. 在没有税收规则的限制和市场摩擦的情况下，如果人寿保险单储蓄部分所获得的一半利息是应税的，纳税人是否仍然可能抵消他们的应税收入？在阐述本题答案时假设纳税人套利策略前的应税收入为100 000美元，税前利率为10%。

8. 假设人寿保险单是完全免税的，但（a）对该保险单支付的保险费小于完全应税债券收益，以弥补保险公司的成本。（b）借款只有在利率高于完全应税债券的利率时，才可以弥补贷款人的成本。我们能用保险单来抵消100 000美元应税收入所负担的税收吗？在这个策略中隐性税率是多少？隐性税收是怎样产生的？又到了哪里？是不是每一个纳税人都会使用该策略？

税收筹划的问题

1. 假设你是一个为客户提供服务的税收筹划者，遇到以下所担心的问题。

a. 假设有三种无风险资产。第一种完全应税，税前收益率为7%；第二种的税前收益率为6%，只有一半是应税收入；第三种完全免税，收益率为5%。在什么样的税率范围内，每一种资产会获得最高的税后收益率？这些怎样与税收顾客联系起来？

b. 假设税率表如下：投资总收入的第一个5 000美元的税率为20%，第二个5 000美元的税率为30%，超过100 000美元投资收入的税率为40%。如果你有150 000美元进行投资，而你不得不在这三种资产中选择一种，哪种选择会使你的税后收入最大化？

c. 你能通过资产投资组合击败b中的投资策略吗？

在0到500 000美元的投资范围之内，最优投资额（最大化税后收益的投资额）是多少？

2. 假设应税债券的期限为5年，每年税前的收益率为10%。

a. 要使下列纳税人在投资5年期的债券和股票之间无差异，要求非股息支付普通股风险调整后的增值率是多少？

（1）纳税人对应税债券利息支付30%的税收，在资产收益实现时征收30%的税收。

（2）纳税人对应税债券利息支付30%的税收，在资产收益实现时，适用20%和30%税率纳税的机会各为一半（结果独立于股票收益）。

b. 如果在a（2）中的纳税人是在市场中设定价格的边际纳税人，那么股票收益的隐性税率是多少？

c. 如果在a（2）中的纳税人是在市场中设定价格的边际纳税人，在无市场摩擦的情况下，以下的投资者可以采取怎样的套利策略？

（1）免税实体；

（2）可以在借贷中税前扣除利息支出，普通收入面临40%的税率，资本利得和损失面临30%的税率的个人纳税人；

（3）可以在借贷中税前扣除利息支出，普通收入和资本利得面临40%的税率，资本损失面临30%税率的个人纳税人。

d. 假设有这样一个投资者，其所获股息收入适用税率是30%，从现在开始，5年后实现的资本利得预期税率为20%。如果股票在每年年末按照年初股票价格的5%支付股利，那么，要使股票投资在5年内每年获得的税后收益率为7%，股票的增值率为多少？

e. 在d中的股票收益的隐性税率为多少？

3. 在一次大地震过后，西海岸一所主要的大学遭受1亿美元的财产损失。假设这次遭遇的损失使这所大学可以发行一笔额外的价值为1亿美元的免税债券。该大学发行20年零息债券，直到债券到期日其收益率都为7%——也就是，该所大学将支付给债券所有者1×1.07^{20}亿美元，即3.869 7亿美元利息。任何来自该所大学友人的捐赠都投资于无风险应税债券中，获取的收益率为10%。

a. 到期时，该所大学需要筹集多少善款才能够偿清其发行的债券义务？

b. 如果债券到期的期限由 20 年变为 30 年，你的结论会发生怎样的变化？

4. 假设你是一个被纳入高税级的纳税人。你怎样利用免税资产的隐性税率不同于完全应税资产收入适用的边际税率这种情况？一个低税级的纳税人又怎样利用这种情况？什么阻碍（限制和摩擦）的存在会限制你利用该套利机会的能力？

5. 假设你面临的是一个累进税制。说明将你的完全应税收入所适用的显性税率降低至免税证券的隐性税率，对你并没有好处。当你的边际税率超过在免税债券中的隐性税率时，在什么条件下，你会选择不再专注于税收顾客基础套利？甚至在缺乏借款利息扣除限制的情况下也如此？

6. 假设你为当地市政府工作。进一步假设没有税收规则限制，防止市政当局利用发行免税债券（产生较低的税前收益率）所筹集的资金购买应税债券。则市政当局应当采取怎样的套利策略？套利机会什么时候会消失？一旦市政债券不再存在套利机会，应税投资者还能有什么样的套利机会？这样的套利机会什么时候消失？什么时候免税投资者或者应税投资者同时面临这些套利机会？什么样的税收规则限制对于防止这种税收顾客套利形式是必要的？

7. 假设你为当地市政府工作。在什么样的条件下，市政当局从事营利性经营具有税收优势？为什么我们看不见更多的市政当局的经营活动？你能想到现在有哪些<u>应税企业是由市政当局经营</u>的吗？同样的理论是否适用于其他免税实体，比如大学、医院和福利单位？

8. ABC 公司的首席财务官（CFO）让你陈述以下三个问题。ABC 公司普通收入和资本利得面临的最高公司边际税率为 35%。

a. 该公司计划在某台设备上投资 500 000 美元。公司按照设备投资额的 10% 获得税收抵免。该设备采用直线法提取折旧，三年后残值为零。公司对该类型的投资采用的税后折扣率为 10%。首席财务官让你估计从该项投资中节约的税收现值。假设税收抵免和第一年的折旧立即扣除，那么税前扣除的现值与当期直接费用化的支出总额相比较应该是多少（在没有投资税收抵免的情况下）？

b. 上述设备预期（这里为简单起见）在第 5 年年底将产生一次大约为 805 255 美元的税前现金流。首席财务官让你预估这项投资年平均税前和税后的收益率。你会建议该公司从事该项投资吗？这属于税收优惠投资吗？该投资是否承担隐性税收？

c. 公司有 500 万美元的短期投资。这笔投资将用于扩建工厂。然而，由于获得环保审批延误，工厂扩建延迟了 5 年。该公司现在希望把这笔资金投资于高收益的长期证券上。公司面临三种选择：

i. 投资公司债券，每年获得的税前收益率为 12%。

ii. 投资于非股息支付的公司股票，预期每年税前的收益率为 12%。

iii. 购买其他公司的优先股，每年获得 10% 的分红。该公司 70% 的股息可以获得税前扣除。

你将建议选择哪种投资？为什么？阐述你需要做出的一些假设。

d. 首席财务官让你编写一份让纳税人减少纳税的税收套利策略的建议书。在准备的提案中，你要确保你的策略与我们本章中所列出的税收规则约束不发生冲突。对于每一种策略，提供大量的例证来阐述策略是怎样产生效果的，以及可以节省多少税收。

税收筹划的问题

Atwood, T. J., 2003. "Implicit Taxes: Evidence from Taxable, AMT, and Tax-Exempt State and Local Government Bond Yields," *Journal of the American Taxation Association* (Spring), pp. 1–20.

Auerbach, A. J., and K. A. Hassett, 2006. "The 2003 Dividend Tax Cuts and the Value of the Firm: An Event Study," in *Taxing Corporate Income in the 21st Century*, edited by A. Auerbach and J. Slemrod (Cambridge: Cambridge University Press).

Ayers, B., B. Cloyd, and J. Robinson, 2002. "The Effect of Shareholder-Level Taxes on Stock Prices: Evidence from the Revenue Reconciliation Act of 1993," *The Accounting Review*, pp. 933–947.

Ayers, B., C. Lefanowicz, and J. Robinson, 2000. "The Effects of Goodwill Tax Deductions on the Market for Corporate Acquisitions," *Journal of the American Taxation Association* (Supplement), pp. 34–50.

Ayers, B., C. Lefanowicz, and J. Robinson, 2003. "Shareholder Taxes in Acquisition Premiums: The Effect of Capital Gains," *Journal of Finance* (58), pp. 2783–2801.

Ayers, B., C. Lefanowicz, and J. Robinson, 2004. "The Effect of Shareholder-Level Capital Gain Taxes on the Taxability and Method of Payment in Corporate Acquisitions," *The Accounting Review* (4), pp. 859–887.

Berger, P., 1993. "Explicit and Implicit Tax Effects of the R&D Tax Credit," *Journal of Accounting Research* (2), pp. 131–171.

Black, F., and M. Scholes, 1974. "The Effect of Dividend Yield and Dividend Policy on Common Stock Prices and Returns," *Journal of Financial Economics* (1), pp. 1–22.

Callihan, D., and R. White, 1999. "An Application of the Scholes and Wolfson Model to Examine the Relation Between Implicit and Explicit Taxes and Firm Market Structure" *Journal of the American Taxation Association* (Spring), pp. 1–19.

Cannavan, D., F. Finn, and S. Gray, 2004. "The Value of Dividend Imputation Tax Credits in Australia," *Journal of Financial Economics* (73), pp. 167–197.

Chetty, R., J. Rosenberg, and E. Saez, 2006. "Market Responses to Dividend Announcements and Payments: Evidence from the 2003 Dividend Tax Cut and the Time Series," *Taxing Corporate Income in the 21st Century*, edited by A. Auerbach and J. Slemrod (Cambridge: Cambridge University Press).

Chetty, R., and E. Saez, 2005. "Dividend Taxes and Corporate Behavior: Evidence from the 2003 Dividend Tax Cut," *Quarterly Journal of Economics* (120), pp. 791–833.

Dai, Z., E. Maydew, D. Shackelford, and H. Zhang, 2008. "Capital Gains Taxes and Asset Prices: Capitalization or Lock-in?" *Journal of Finance*, pp. 709–742.

Desai, M., 2002. "The Corporate Profit Base, Tax Sheltering Activity, and the Changing Nature of Employee Compensation," Working Paper 8866, Cambridge, MA: NBER.

Dhaliwal, D., M. Erickson, M. M. Frank, and M. Banyi, 2003. "Are Shareholder Dividend Taxes on Corporate Retained Earnings Impounded in Equity Prices?" *Journal of Accounting and Economics*, pp. 179–200.

Dhaliwal, D., M. Erickson, and S. Heitzman, 2004. "The Effect of Seller Income Taxes on Acquisition Price: Evidence from Purchases of Taxable and Tax-Exempt Hospitals," *Journal of the American Taxation Association* (Fall), pp. 1–22.

Dhaliwal, D., M. Erickson, and L. Krull, 2007. "Incremental Financing Decisions and Time-Series Variation in Personal Taxes on Equity Income," *Journal of the American Taxation Association* (Spring), pp. 1–26.

Dhaliwal, D., M. Erickson, and R. Trezevant, 1999. "A Test of the Theory of Tax Clienteles for Dividend Policies," *National Tax Journal*, pp. 179–194.

Dhaliwal, D., L. Krull, and O. Z. Li, 2007. "Did the 2003 Tax Act Reduce the Cost of Equity Capital?" *Journal of Accounting and Economics* (March), pp. 121–150.

Dhaliwal, D., L. Krull, O. Z. Li, and W. Moser, 2005. "Dividend Taxes and Implied Cost of Equity Capital," *Journal of Accounting Research* (December), pp. 675–708.

Dhaliwal, D., O. Z. Li, and R. Trezevant, 2003. "Is a Dividend Tax Penalty Incorporated into the Return on a Firm's Common Stock?" *Journal of Accounting and Economics*, pp. 155–178.

Dyreng, S., M. Hanlon, and E. L. Maydew, 2008. "Long-Run Corporate Tax Avoidance," *The Accounting Review* (83), pp. 61–82.

Edwards, A., and T. Shevlin, 2011. "The Value of a Flow-Through Entity in an Integrated Corporate Tax System," *Journal of Financial Economics*, pp. 473–491.

Erickson, M., 1998. "The Effect of Taxes on the Structure of Corporate Acquisitions," *Journal of Accounting Research* (2), pp. 279–298.

Erickson, M., and E. Maydew, 1998. "Implicit Taxes in High Dividend Yield Stocks," *The Accounting Review* (October), pp. 435–458.

Erickson, M., and S. Wang, 1999. "The Effect of Transaction Structure on Price: Evidence from Subsidiary Sales," *Journal of Accounting and Economics* (April), pp. 149–176.

Fama, E., and K. French, 1998. "Taxes, Financing Decisions, and Firm Value," *Journal of Finance*, pp. 819–843.

Gebhardt, L., C. Lee, and B. Swaminathan, 2001. "Toward an Implied Cost of Capital," *Journal of Accounting Research* (39), pp. 135–176.

Gode, D., and P. Mohanram, 2003. "Inferring the Cost of Capital Using the Ohlson–Juettner Model," *Review of Accounting Studies* (8), pp. 399–431.

Gramlich, J., P. Limpaphayom, and S. Ghon Rhee, 2004. "Taxes, Keiretsu Affiliation, and Income Shifting," *Journal of Accounting and Economics* (37), pp. 203–228.

Grinstein, Y., and R. Michaely, 2005. "Institutional Holdings and Payout Policy," *Journal of Finance* (60), pp. 1389–1426.

Guenther, D., 1994. "The Relation Between Tax Rates and Pre-Tax Returns: Direct Evidence from the 1981 and 1986 Tax Rate Reductions," *Journal of Accounting and Economics* (November), pp. 379–393.

Hanlon, M. and S. Heitzman, 2010. "A Review of Tax Research," *Journal of Accounting and Economics*, pp. 127–178.

Hanlon, M., J. Myers, and T. Shevlin, 2003. "Dividend Taxes and Firm Valuation: A Re-Examination," *Journal of Accounting and Economics*, pp. 119–153.

Harris, T., and D. Kemsley, 1999. "Dividend Taxation in Firm Valuation: New Evidence," *Journal of Accounting Research*, pp. 275–291.

Hayn, C., 1989. "Tax Attributes as Determinants of Shareholder Gains in Corporate Acquisitions," *Journal of Financial Economics* (June), pp. 121–153.

Henning, S., and W. Shaw, 2000. "The Effect of the Tax Deductibility of Goodwill on Purchase Price Allocations," *Journal of the American Taxation Association* (Spring), pp. 18–37.

Henning, S., W. Shaw, and T. Stock, 2000. "The Effect of Taxes on Acquisition Prices and Transaction Structure," *Journal of the American Taxation Association* (Supplement), pp. 1–17.

Kern, B., and M. Morris, 1992. "Taxes and Firm Size: The Effect of Tax Legislation during the 1980s," *Journal of the American Taxation Association* (Spring), pp. 80–96.

Key, K. G., 2008. "Taxes and Assets Prices: The Case of Thoroughbreds," *Journal of the American Taxation Association* (Spring), pp. 29–48.

Lang, M., and D. Shackelford, 2000. "Capitalization of Capital Gains Taxes: Evidence from Stock Price Reactions to the 1997 Rate Reduction," *Journal of Public Economics*, pp. 69–85.

Liang, J-W., S. Matsunaga, and D. Morse, 2002. "The Effect of the Expected Holding Period on the Market Reaction to a Decline in the Capital Gains Tax Rate," *Journal of the American Taxation Association* (Supplement), pp. 49–64.

Lightner, T., M. Morrow, R. Ricketts, and M. Riley, 2008. "Investor Response to a Reduction in the Dividend Tax Rate: Evidence from the Jobs & Growth Tax Relief Reconciliation Act of 2003," *Journal of the American Taxation Association* (Fall), pp. 21–46.

Liztenberger, R., and K. Ramaswamy, 1979. "The Effect of Personal Taxes and Dividends on Capital Asset Prices," *Journal of Financial Economics* (7), pp. 163–195.

Litzenberger, R., and K. Ramaswamy, 1982. "The Effects of Dividends on Common Stock Prices: Tax Effects or Information Effects?" *Journal of Finance* (37), pp. 429–443.

Manzon, G., and G. Plesko, 2002. "The Relation between Financial and Tax Reporting Measures of Income," *Tax Law Review*, pp. 175–214.

Miller, M., and M. Scholes, 1982. "Dividends and Taxes: Some Empirical Evidence," *Journal of Political Economy* (90), pp. 1118–1141.

Naranjo, A., M. Nimalendran, and M. Ryngaert, 1998. "Stock Returns, Dividend Yields, and Taxes," *Journal of Finance* (53), pp. 2029–2057.

Novack, G., 2005. "Treasury Bill Yield Reactions to the 1997 Capital Gains Tax Rate Reduction," *Journal of the American Taxation Association* (Supplement), pp. 55–70.

Ohlson, J., 1995. "Earnings, Book Value, and Dividends in Security Valuation," *Contemporary Accounting Research* (11), pp. 661–687.

Scholes, M., P. Wilson, and M. Wolfson, 1990. "Tax Planning, Regulatory Capital Planning, and Financial Reporting Strategy for Commercial Banks," *Review of Financial Studies*, pp. 625–650.

Seida, J., 2001. "Evidence of Tax-Clientele-Related Trading Following Dividend Increase," *Journal of the American Taxation Association* (Supplement), pp. 1–21.

Shackelford, D., 1991. "The Market for Tax Benefits: Evidence from Leveraged ESOPs," *Journal of Accounting and Economics*, pp. 117–145.

Shackelford, D., 2000. "Stock Market Reaction to Capital Gains Tax Changes: Empirical Evidence from the 1997 and 1998 Tax Acts," in *Tax Policy and the Economy*, Vol. 14, edited by J. Poterba (Cambridge, MA: MIT Press).

Shackelford, D., and T. Shevlin, 2001. "Empirical Tax Research in Accounting," *Journal of Accounting and Economics* (September), pp. 321–387.

Shevlin, T., and S. Porter, 1992. "The Corporate Tax Comeback in 1987: Some Further Evidence," *Journal of the American Taxation Association* (Spring), pp. 59–79.

Weaver, C., 2000. "Divestiture Structure and Tax Attributes: Evidence from the Omnibus Budget Reconciliation Act of 1993," *Journal of the American Taxation Association* (Supplement), pp. 54–71.

Wilkie, P., 1992. "Empirical Evidence of Implicit Taxes in the Corporate Sector," *Journal of the American Taxation Association* (Spring), pp. 97–116.

Yin, G., 2003. "How Much Tax Do Large Public Corporations Pay? Estimating the Effective Tax Rates of the S&P 500," *Virginia Law Review* (December), pp. 1793–1856.

Zodrow, G., 1991. "On the 'Traditional' and 'New' Views of Dividend Taxation," *National Tax Journal*, pp. 497–509.

第6章 税收筹划的非税成本

阅读完本章，你应能：

1. 准确定义累进制度，并解释累进税制如何影响公司的风险承担和套期保值激励。
2. 解释累进税制如何影响公司组织形式的选择。
3. 描述交易成本和隐藏行为问题如何影响税收筹划。
4. 解释隐藏信息问题如何影响税收筹划。
5. 阐述财务报告问题如何影响税收筹划。
6. 解释为何税务规则会不同于会计规则。
7. 定义并举例说明短暂性差异和永久性差异。
8. 描述财务报告问题如何影响税收筹划。

如果经济生活中，市场交换可以不受所有交易成本的影响，这个世界会更容易被理解，但这种交易成本却普遍存在。虽然我们已经讨论了不同组织形式之间税收成本的差异，但重要的是要认识到，组织经济活动的不同方式也会导致交易成本的差异。因此，有效的组织选择是在计算投资收益时要考虑税收和非税成本。[①] 在制定有效的税收筹划策略时，我们再怎么强调非税成本的重要性也不为过。

简言之，人们总会考虑到在实施税收筹划过程中所支付的费用和成本。正如第1章提到的，税收筹划是一个庞大的行业。仅美国，每年就有数十亿美元用于保证纳税人在减少纳税义务方面得到专业援助，且每年政府提供数十亿美元用于保存档案记录，旨在维护纳税人权益。此外，每年还需要支付数十亿美元的法律和管理费用，用于签订和执行合同协议，部分目的是减轻合同双方的共同税负。必须从实施这些策略的成本角度来看待有效的税收筹划。虽然复杂的合同可以成功地减少缔约方之间更多的利益冲突，但是简单明了的合约往往更具实效。同样，从总成本的角度来看，复杂的策略虽然能够减少税费，但简单的税收筹划更具效率。

随机观察表明，税收的影响已经渗透到生产和交换的方式中。毫无疑问，组织安排之所以产生是因为信息在经济主体之间的分布是不对称的。必须经常监督或激励雇员，

---

① 如果这些非税成本差异被视为隐性税收（毕竟本书是税收筹划教材），那么税负最小化这一简单决策就是有效的（具有欺骗性）。但是，我们会保持隐性税收（不同的显性税收待遇产生的税前投资收益率的差别）和其他非税成本的区别。

使之为雇主利益最大化而努力工作；消费者的权益必须经常得到保证才能促使他们购买产品，而且需存在各种各样的消费者保护团体；要求独立的第三方对公司的财务状况进行审计；要求独立的第三方审计上市公司的财务报表。即使没有任何监管要求，许多公司也会自愿向第三方支付大笔款项，以核实某些信息披露的真实性。这些信息披露的目的是促进信息不那么灵通的公司之间的经济交流。

在许多合同问题中，实现税负最小化的愿望，与解决消息灵通机会主义者的激励问题一样，都鼓励完全一致的组织安排。当这种情况发生时，外部观察人员（如研究人员、顾问、公司掠夺者、投资银行家和监管者）在分辨哪些经济力量应对观察到的合同关系负责时，将面临所谓的识别问题。

然而，通常税收因素和与信息相关的交易成本因素，在有效的组织设计中确实仍然会发生冲突。在重要性上有时税收因素占主导地位，有时信息因素占优势。不过，通常两个因素都很重要，因此必须做出权衡取舍。由于需要进行这些权衡，因此，有效的税收筹划策略通常与最小化税收截然不同。我们在本章中阐述这个主题，并在后面的几章中加以说明。

迄今为止，在我们的讨论中，不确定性尚未重点探讨。我们从这里开始探讨该问题。特别地，我们区分了两种类型的不确定性：

- **对称不确定性**（symmetric uncertainty）：所有合同的缔约方对投资的未来现金流都同样地充分了解，但仍不确定。

- **策略不确定性**（strategic uncertainty）（也称信息不对称）：合同缔约各方对未来的投资现金流信息并不对等地充分了解。

我们进一步区分关于未来现金流的两种信息不对称。第一种情况是，当契约一方对影响未来现金流的行动选择拥有控制权时，其他缔约方无法察觉该行动选择，即所谓的**隐藏行动**（hidden-action）或存在**道德风险**（moral hazard）情形。第二种信息不对称是指缔约一方已经观察到其无法控制的影响未来现金流的生产函数特征，而其他缔约方却无法完全观察到这种特征，即所谓的**逆向选择**（adverse-selection）问题。[①]

在这一章中，我们将说明每种形式的不确定性如何导致有效的税收筹划策略，从而减轻税负。我们在累进税率表中讨论了对称不确定性的影响。累进税率表会影响公司关于投资选择和对冲活动的风险激励（即使公司是风险中性的），也能够影响组织选择（例如，与更有利可图的实体合资）。隐藏的问题可以通过资本市场活动（如，通过影响借贷利率）来抑制税收套利，也可以影响劳动力市场的契约安排。隐藏的信息问题可能会阻碍资产出售，从而可能将税负降至最低。

让税负最小化的组织形式安排和收入转移，通常会导致其他方面成本的增加，从而导致在税收与非税成本之间要做出权衡和选择。例如，组织内部的收入转移可能需要更集中的组织结构，但是在信息不对称情况下，则可能要求更分散化的组织结构。此外，许多税收筹划活动可能导致不良的财务报告结果，导致需要在由于报告低收益或高负债权益比率（杠杆）所获得的税收利益（节约）与产生的成本之间进行权衡。最后，使用复杂的组织结构（如有限责任合伙公司、合资公司和特殊目的实体）来实现税务和/或财务会计目标，往往也会在各方之间产生严重的利益冲突，导致税收筹划者不得不进行折

---

① 进一步的详细描述请参见 Arrow（1985）。

中处理。因此，有效的税收筹划要求税收筹划师识别和衡量任何税收筹划的非税成本，并与相应的税收利益进行比较。

6.1 对称不确定性、累进税率和风险承担

正如我们先前定义的那样，对称不确定性是指所有契约缔约方都均等地获得同样信息（即，不存在不对称信息），但是投资带来的未来现金流仍然具有不确定性。未来现金流的不确定性意味着投资是有风险的。当未来现金流（或盈利能力）的不确定性与累进所得税制度相关联时，一些纳税人可能不太愿意承担风险投资，反之，则愿意承担。假设税率表如下：

- 如果收入为正，要缴纳 40% 的税。
- 如果收入为负，税率是 0%；也就是说，你不会得到退税。[①]

这个税率表是累进的。在图 6-1 中，它被绘制成（y 轴为应纳税额，x 轴为应税收入）从原点处出发的一条粗黑线。它以凸函数的形式出现，因此也被称为凸税收函数。

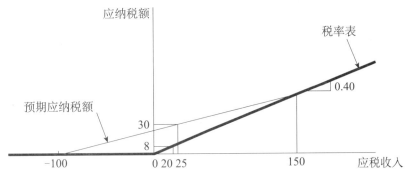

图 6-1　累进税率表和风险选择动机

假设你有 10 万美元投资于两个项目中的一个。其中一个项目是无风险的，产生了 2 万美元的利润。另一个项目是有风险的，一半时间产生 15 万美元的利润，一半时间亏损 10 万美元。因为该风险项目中两种结果出现的可能性一样，所以其预期的税前利润是 2.5 万美元，即 $0.5 \times 150\,000 + 0.5 \times (-100\,000)$ 美元。这些税前预期收益显示在图 6-1 的横轴上。目前，假设你对一个确定性的收益和一个具有相同预期价值的风险收益是无差异的。换句话说，你属于风险中性的投资者。

如果没有任何税收，你会投资哪个项目？考虑到你是风险中性者，你会选择提供更高预期税前利润的项目。该项目风险很大，比无风险项目高 5 000 美元，即 25 000 — 20 000 美元。换言之，风险项目的预期税前收益率为 25%，即 25 000/100 000，而无风险项目的预期收益率为 20%。

累进税率表如何影响投资项目的选择？其影响非常之大，如下述税后利润数据所示：

---

① 如例中目标假设，税收损失既不能向前结转也不能向后结转以抵消其他年份的收益。我们将在本章后面讨论损失向前结转和向后结转的影响。

无风险项目	税后收益：20 000×（1−0.40）＝12 000（美元） 预期税后收益率＝12％
风险项目	税后收益：0.5×[150 000×（1−0.4）]＋0.5×（−100 000）＝−5 000（美元） 预期税后收益率＝−5％

考虑税收因素后，无风险项目的预期收益比风险项目高出 1.7 万美元，而在无税收的情况下，无风险项目的预期收益比风险项目的预期收益低 5 000 美元。

（注意：为了简单起见，我们假设投资不可税前扣除。）为什么引入税收因素后，无风险项目占优呢？这是因为税率表具有累进性，风险项目的预期税收比无风险项目高 2.2 万美元（如图 6−1 所示，3 万美元对比 8 000 美元）。该例子表明累进（或凸的）税制的一个一般特征：平均税率随应税收入水平的提高而提高。[1] 因此，即使纳税人是风险中性的，当适用累进税率时，他们也对税前收益可变的资产表现出风险厌恶。[2]

正如第 4 章所述，C 公司可以将亏损向前结转 2 年，以获得已缴税款的退还，或将亏损向后结转 20 年，以抵减未来应缴税款。虽然这些规则降低了税率表的累进性，但如果损失不能向前结转，而必须向后结转（比如像 C 公司这样的初创公司），则税率表仍然会在零应税收入附近呈现出累进性质。（美国公司的税收损失程度和税率的证据见第 7 章。）这样，初创公司会面临累进税率表。在极端情况下，如果风险投资没有成功，那么创业公司实际上面临的是本例中的税率表（税收损失不能获得税前扣除而产生税收利益）。在这种情况下，累进税率表为现有的成功公司（如微软、IBM、英特尔、默克）提供了实施风险投资的好处，因为损失可以立即从公司的其他收入中扣除，从而降低投资的税后成本。然而，对于没有收入的初创公司而言，税收损失将不会被使用的概率非零，即并非毫无用处。因此，累进税率表对像 C 公司这样的初创公司区别对待。对于流通实体，早期亏损流入合伙人/投资者，可用于抵消合伙人/投资者其他收入的税收。这里涉及几个问题。

□ 研究与开发、石油和天然气活动

美国税法（IRC）第 174 款规定，符合条件的研究与开发（R&D）支出可直接扣除。并且，成功开发的技术的转让通常会带来资本收益。同样，石油和天然气（O&G）投资也可以获得优惠的税收待遇，无形的钻探和开发支出可以直接扣除（综合性石油公司有特殊限制）。此外，O&G 的投资还可获得一定比例的损耗费津贴，其中，一定比例油井收入明确免税，而且部分收入（油井销售收入）可能会享受到资本利得税收优惠待遇。[3] 回顾一下，投资成本在当期直接扣除，然后以相同税率全额征税，这就相当于对投资免税。通过对支付的款项实施税收优惠，税后收益率可以超过税前收益率（甚至可以将负的税前收益率变为正的税后收益率）。

---

[1] 具有数学背景的读者可能知道这个结论是詹森（Jensen）不等式 $E[f(X)] > f[E(X)]$ 的一个应用，这里 $f(X)$ 是凸的税收表。

[2] 进一步讨论，参见 Fellingham 和 Wolfson（1985）。

[3] 具体比例和规则随着时间的推移而变化，随着公司的类型（例如，独立的与综合的石油和天然气公司）以及不同活动而变化。

为了更清楚地阐述税制的累进性对公司进行 R&D（以及 O&G）动机的影响，假设某公司进行了 1 美元的研发投资（如果觉得不够实际，你可以轻而易举地在后面加上 6 个或者 7 个零）。假设该公司当期边际税率为 40%，其投资产生的任何收益都将在未来被课税，届时公司的预期税率预计为 30%。进一步假设研发支出可直接获得 10% 的税收抵免。[①] 这项研究风险很大：

概率	支出（美元）	税率
90%	0（无价值）	—
10%	11（成功）	30%

预期税前收益率为 10%，计算方法为 $0.90 \times 0 + 0.10 \times 11 = 1.1$（美元），即 1 美元投资的预期现金收益为 1.10 美元。但预期的税后收益率可能更高，即使我们假设 1 美元投资成功，所产生的收益全部按 30% 课税：

$$\frac{11 \times 0.1 \times (1 - 0.30)}{1.00 - 0.40 - 0.10} - 1 = \frac{0.77}{0.50} - 1 = 54\%$$

上述等式中，分母是投资的税后成本：1 美元现金投资减去从税前扣除而省下的 0.4 美元的税款，再减去 0.10 美元税收抵免。如果该研究是由一个累积税收损失（称为向后结转净营业损失）的公司，或一个没有收入来抵消研发扣除或抵免的初创公司进行的，那么税后收益将大幅下降。例如，假设一家随着时间推移将扣除的好处分散开来的初创公司的研发支出实际上以 20% 的速度扣除［比如，扣除须向后结转 10 年进行，然后以 40% 的税率扣除，而以每年 7% 的现值计算，实际税率为 20%：$0.40/1.07^{10}$］。在这种情况下，研发税收抵免的现值仅为 5%，且任何收入仍需按 30% 的税率纳税。然后税后预期收益率将从 54% 下降到 2.7%，即 $[0.77/(1.00 - 0.20 - 0.05)] - 1$。

在这种情况下，对不理想的税收待遇的一种可能反应是，无论如何都要坚持投资，并承担税收成本。另一种反应就是放弃投资。不管怎样，税收规则都抑制了低税负公司的研发支出。然而，低税负公司可以通过将这种享受税收优惠待遇的权利让渡给那些能够更好地利用优惠抵消税收的其他纳税人，支持开展研发活动。

20 世纪 70 年代和 80 年代初避税行业的产生与发展，在一定程度上是由初创高科技公司税率表的累进性所推动。此外，在 20 世纪 70 年代，最高的个人法定税率超过了最高的公司法定税率，因此，即使是盈利公司，如果能将税收减免转移到高税收纳税人手中，也能从中受益。这些公司创建了有限合伙企业（LP，请参阅第 4 章关于合伙企业的讨论），将有限合伙人的权益出售给能更好地利用研发与石油和天然气直接扣除的外部合伙人（高税负的个人，税率高达 70%）。而且，各方任何收益都作为资本利得征税。从事研发或勘探工作的公司获得管理费和从许可证或销售已开发技术或石油所产生的任何收入中获得利息。在一项学术研究中，Shevlin（1987）提供的实证证据与税收动机促成研发有限合伙企业成立的结论相一致。[②] 他发现，与靠自己实施研发的公司相比，设立研发有限合伙企业开展研究的公司更有活力，有更多的向后结转的净营业损失。

---

① 用税率和研发税收抵免百分比来说明。实际费率随时间变化而变化。
② 参见 Beatty，Berger 和 Magliolo（1995）。

石油和天然气以及研发活动都能享受税收优惠，正如我们在第 5 章中看到的，投资于这些活动的有限合伙企业的投资者可能通过抬高有限合伙企业的权益价格（或接受较低的税前收益率）来承担隐性税收。因此，研发或石油和天然气公司组织成合伙企业能够以较低的成本筹集资金。同时，由于这种投资需要承担隐性税收，高税率的投资者是这些投资的天然客户（因此，这些投资的市场定位是富有和高收入的个人）。从税收的角度来看，虽然这些合伙企业可能很有效，但可能带来巨大的非税成本。这些实体在组织过程中需要大量的行政管理费用，包括销售佣金和投资银行费用，这些费用很容易达到总投资额的 10% 或以上。合伙企业还可能需要向投资者披露影响公司竞争优势的研发内容和性质。而且，正如下节所讨论的，这些安排会导致由于策略不确定性（即隐藏信息和隐藏行动问题）而产生的非税成本。因此，税收筹划师必须权衡这些组织形式的税收利益和非税成本。

1986 年的税收改革法案实际上终止了有限合伙企业让渡税收优惠权利给外部合伙人的做法，这些外部合伙人通过利用消极活动损失（passive activity loss）规则，能够更好地利用这些优惠。实际上，这些至今仍在实施的规则被用于限制个体的扣除额，原因是这些个体获得的往往是消极所得。[①] 消极活动损失仅限于投资者在其纳税申报表上报告的消极收入数量（积极和消极的定义见第 469 款和相关法规）。在出售基础投资之前，这些消极活动损失不能抵销其他类型的收入（也就是非消极收入）。有限合伙权益的损失在 TRA 86 中被归类为个人纳税人的消极活动损失。自 1986 年以来，初创公司和低税公司很可能与更老、具有更高盈利的公司组建合资公司，就可利用税收优惠（也就是说，这些公司面临较低的累进税率表）。这些合资公司的代理（非税）成本可能更低，因为双方都可能更多地参与合资公司的活动。而且，合资公司也可能受到非税因素的激励：外部合伙人可能会为合资公司带来专门的研究、营销或管理经验，以及风险共担的好处。

□ 累进税率和套期保值

对于适用累进税率表的公司来说，套期保值（hedging）降低了预期的纳税义务。这种减少是通过降低预期应纳税所得额分布的方差来实现的。套期保值可以通过期权、互换和其他衍生品等金融工具进行。因此，税收可以激励公司进行套期保值活动（除了对冲以减少处在财务困境时的预期成本和减少债权人与股东之间的代理成本之外）[②]。

Graham 和 Smith（1999）提供了一些关于公司税收激励套期保值的实证估计数值。Graham 和 Smith 依托标准普尔统计数据库分析了 8 万多家公司的年度报告。这个数据库包含大多数美国上市公司的财务报表信息。研究发现，在大约 50% 的公司年度内，面临着凸的（累进）税率表，因此有基于税收原因的对冲激励。在 25% 的公司年度内，公司面临线性税率函数，因此没有税收激励来对冲。在剩余 25% 的公司年度内，面临着一个凹（累退）的税率函数，因此面临着基于税收原因的对冲抑制。

对于 50% 的公司来说，面临着一个凸的税率函数，大约 25% 的公司可以通过套期保值节省税收。对于其余 75% 的公司，节省的税收却很少。进一步说，他们的研究结果表

① 租赁活动虽然也是被动的，但受超出本章范围的略微不同的规则的约束。

② 关于企业进行套期保值的动机的进一步讨论，参见 Nance，Smith 和 Smithson（1993）。

明，公司处于以下三种情形最有可能面临一个凸函数：（1）公司的预期应税收入处于法定税率表临界点附近（即应纳税所得额为正且接近于零）[①]；（2）公司收入是不稳定的；（3）公司可能来回切换盈利和亏损。

6.2　考虑风险共享和隐藏行为因素的税收筹划

在第 5 章中，我们讨论了市场摩擦如何在资产的买卖价格之间制造一个楔子，这有助于防止税收套利机会被用来消除所得税。我们举例说明了超过贷款利率的借款利率对组织形式和基于客户的套利驱动的影响。我们现在进一步研究这个问题。

□ 资本市场的缔约

假设对由一次性缴清递延年金完全担保的贷款所产生的利息没有扣除限制，我们是否可以预期年金合同的税前收益率与贷款利率相同？答案是否定的。如同银行贷款一样，提供递延年金合同的保险公司必须收取运营成本费用。

对于保险公司而言，运营成本是多少？保险公司拥有一定的营销网络，专门负责向公众宣传递延年金，从中赚取佣金。保险公司还必须建立和维护一套信息系统，以跟踪自身资产和保单持有人，并投资建设一个内部控制系统，确保所有收到的保险金都用于投资，并向所有可能的保单持有人保证其偿付能力。此外，保险公司必须承担签订合同的成本，以清晰界定其产权和保单持有人在各种意外情况下的产权。提供递延年金的公司的年度费用通常超过公司投资资金的 2%。

贷款人的成本是多少？贷款人还必须开发和维护一个信息系统和一个内部控制系统，并承担签订合同的费用。贷款人还必须向经纪人（例如，信贷人员）支付报酬，以确定合适的借款人。此外，贷款人必须投入资源调查利用递延年金担保贷款的保险公司。贷款人必须确信，支持递延年金保险公司的资产足以按市场收益率给年金所有者支付收益。而且，贷款人必须承担成本，以确保递延年金不能在贷款人不知情的情况下由年金所有者兑现并用于其他用途。否则，这笔贷款就不会真正得到担保。将所有这些成本汇总可以得出一个结论，无风险借款利率和有担保借款利率之间的利差超过 300 个基点（3%）并不罕见。

例如，从事担保借款的一种简单方法是向经纪行或银行借款，并以股票作为抵押。这类贷款对贷款人来说几乎没有风险，因为投资者最初只能借入相当于股票价值 50% 的资金。如果股票价值下降到危及全额偿还贷款的程度，经纪人就可以出售股票。尽管这些贷款明显没有风险，但经纪行收取的利率往往远高于借款成本（通常利差为 2%）。在一定程度上，如果经纪行被迫在市场大幅下跌时出售客户的股票，客户会声称自己没有得到公平对待而对经纪行提起诉讼，这种差价就会为他们支付可能产生的成本。当然，我们可能会希望包括个人投资者在内的特大型投资者可以安排较低的利差，例如低至

---

①　预期将连续亏损、现有净营业损失向后结转的企业，有提高应税收入变动幅度的动力，从而增加获得大额应税收入的可能性，这样才能抵消亏损。这很好地描述了一些互联网公司，例如亚马逊公司的情况。

0.5%。如此低的交易成本必然源于规模经济，因为我们提到的大多数交易成本实质上是固定的。如果这是一个正确的描述，那么如此大的投资者借款投资于可以享受税收优惠的储蓄工具（如递延年金）的难度确实会小一些。递延年金策略是我们在第5章中讨论过的一种税收套利。因此，税收制度必须对这些活动加以约束。或许，正是这些大规模、低成本交易的威胁导致了一种特定的限制，即对用来购买一次性缴清递延年金的借款所形成的利息费用不予税前扣除。

由于用有担保借款购买递延年金受到税收规则的约束，现在让我们来考虑一下，无担保借款是否有很大不同。无担保借款的利率可能大大高于有担保借款的利率。并且与有担保的借款不同，无担保贷款的借款利率往往随某一特定个人借款水平的上升而呈上升趋势。上升的原因相当明显，与策略不确定性，即隐藏行为有关。

借款人不能总是以他们承诺的方式行事。也就是说，他们可能会采取危及合同背后的现金流的行动（因为他们不承担现金流减少的所有成本），而这些行为通常都不能被贷款人所观察到。

假设你将10万美元储蓄全部投资于无风险债券，而且你没有负债。你去银行申请一笔5万美元的贷款。你告诉银行，这笔贷款是为了度假和投资，而你不希望因此影响你10万美元的储蓄账户。由于有10万美元的无风险资产，我们可以想象，银行不会收取太多的违约溢价。

但假设你想要的假期和投资需要耗尽你的储蓄账户，比如去拉斯维加斯，在一个公平的旋转赌盘的红格内押上15万美元的赌注。银行会很高兴你这样做？不太可能。如果你赢了，你将得到15万美元减去作赌注用的5万美元银行借款所负担的小额贷款费用；如果你输了，你只会损失对银行贷款违约而需要承担的10万美元违约金。假设输赢的可能性相等，你的预期利润（不考虑5万美元一天的"租金"这笔小额费用）是2.5万美元，即 $0.5 \times 150\,000 + 0.5 \times (-100\,000)$ 美元。你预期的2.5万美元的收益正好等于银行的预期亏损。

但是你可以通过承担更多的风险来做得更好。假设你的策略是所有财产在40槽的转盘赌"红7"。那么，你现在的收益是有1/40的机会获得600万美元（即 40×15 万美元）。偿还5万美元贷款后净收益为595万美元；同时你有39/40的概率获得0美元收益。对于这个赌局，预期的终端现金头寸为148 750美元（即 $5\,950\,000 \times 1/40$ 美元），预期收益增加到48 750美元（即 $148\,750 - 100\,000$ 美元）。在这个赌局中，你仅有一次机会可以归还银行贷款。因此，5万美元投资（考虑利息之前）的实际预期收益只有1 250美元。当然，随着实际风险的进一步增加，你的预期利润（以及银行的预期亏损）可以任意接近5万美元；例如，如果你所要的数字出现在第一次旋转之后，就意味着你成功了，你再把所有的钱投到另一次旋转上。

破产法关于有限个人责任的规定鼓励无担保债务人从事风险较高的投资，因为他们不完全承担此类风险的成本。这种激励问题不幸的方面是，一个毫无担保的借款人（他肯定不愿购买风险资产）可能无法以成本效益的方式让贷款人相信其所借款项会被用来购买风险资产这样的事实。减轻此问题的一种方法是让借款人建立确实没有利用贷款人策略优势的声誉（例如，通过与贷款人建立良好的信用记录）。避税团体（避税的辛迪加组织者）和投资顾问很清楚建立声誉的好处，我们将在本章后面讨论。但这里的寓意是，由于策略不确定性（隐藏行动）而产生的信息成本，使借贷利率之间的差距进一步加大。

难怪贷款机构经常在贷款协议中写入大量的贷款契约来限制借款人的行为。但是制定这样的契约代价高昂，因为未来可能发生的意外事件如此之多，其中一些甚至在签订合同时都无法预见。这些契约条款的监管成本也很高。因此，它们无法完全阻止部分借款人的机会主义行为。而且，限制性契约已被证明可能会以代价高昂的方式阻碍借款人的活动。正如第5章所表明的，这些成本可以大大减少资本市场交易的数量，而这些交易可以被用来以成本效益的方式减少税收。

☐ 劳动市场的缔约

现在让我们在简单情况下考虑雇员报酬合同。我们首先从没有隐藏行为（道德风险）问题的情境开始分析，也就是说，雇主不需要担心雇员在工作中采取了雇主无法察觉的行动，或者会以雇主的福利为代价改善雇员的福利。这将使我们能够很容易地揭示我们先前讨论的识别问题的性质。

假设雇员适用的税率是固定的，与所获得的报酬无关。然而，雇主适用累进所得税税率，即如果利润高，税率也高。虽然雇员适用固定税率而雇主适用累进税率这种情况似乎很少见，但事实并非如此。例如，假设雇员是一名高薪高管，适用固定的边际税率；而雇主经营的是一家初创公司，其费用支出形成当期的净运营损失，但预期未来会盈利。在这种情况下，减税合同是指当（未来）利润较高时，向雇员支付的工资增加，雇主支付报酬所获得的税前扣除是值得的。同样，当雇主的利润和税率较低（目前初创公司的报酬计划是这样）时，应尽量减少工资支付。

在这个报酬计划中，雇员为了取得与公司利润挂钩的未来报酬而放弃目前的收入。请注意，尽管没有任何激励问题，但该合同看起来是基于激励的安排。这种安排可能是由于税收动机或激励动机，或两者兼而有之；这些所有可能性的集合就是我们想要说明的识别问题。这些问题使得我们很难厘清观察到的各种合同安排的原因。如果不充分了解情况，外部观察者很容易误解合同安排的经济意义。

假设公司指派一名主管从事某项有风险的项目。该项目有一半时间赚取的税前利润（扣除雇员报酬支出前）为40万美元，另一半时间则产生10万美元的损失。正如先前的例子中说到的，应税收入为正的，适用的税率为40%；否则，适用税率为0%。这个税率表既适用于公司，也适用于该公司雇员。假设雇员和公司所有者都是风险中性的。雇员可有其他的工作选择，报酬相当于75 000美元。这意味着公司必须给该雇员提供一份与税后工资是4.5万美元（即75 000×(1－0.40)美元）相匹配的报酬合同，这等于可从其他工作中得到的收入。

该雇员应获得什么样的报酬合同？请注意，从税收筹划的角度来看，这份7.5万美元的薪资合同并不会有效。为什么？因为有一半的时间（产生损失时）雇主不会从工资支付中获得税收收益。应该实施这样的策略，即当利润为负时，公司最好什么都不付，当利润为正时，公司支付15万美元的红利。因为每种情况都有一半的时间发生，所以预期工资是75 000美元，而这就满足了雇员的薪酬要求。

该协议的预期税后成本为4.5万美元，即0.5×0+0.5×150 000×(1－0.40)美元。这比7.5万美元工资合同的预期税后成本要低1.5万美元。这一节税的来源在于，在税率为0的情况下，避免支付7.5万美元的工资，而在税率为40%的情况下支付这笔工资，如此就会产生 3 万美元税收差异。而且，这种情况在项目进行到一半时就会发生。

□ 风险共享和税负最小化之间的冲突

现在假设雇员是风险厌恶型的，而雇主对风险无差异。由于雇员愿意获得当期报酬以避免风险，而雇主不介意承担风险，因而从风险共享的角度看，最好是向雇员提供一份完全独立于公司盈利的工资合同。这将导致雇主承担所有利润不确定性引起的风险。

但是，如果雇员面临一个固定的税率，而雇主面临一个不断增长的税率，那么纯工资合同就会导致相对于税负最小化合同（一种将所有风险转移到雇员身上的奖金合同）的共同税负增加。因此，双方既不签订税负最小化合同，也不签订可使风险厌恶方规避所有风险的合同，这对大家都有利。这样，他们将权衡这两种方案并做出折中选择。

□ 激励契约与税负最小化之间的冲突

现在，让我们通过引入隐藏行为和涉及几个时期的合同来扩展我们的报酬合同问题。而且允许税率随时间的变化而变化，雇主关心的是如何使雇员激励与雇主自身利益保持一致。

特别地，假设雇主当期税率比将来更高。这种税率结构更倾向于鼓励支付当期工资，而不是递延报酬：当雇主的税率最高时（目前是最高的），最好采取减税措施。进一步假设雇员面临着相反的税率配置，即现在税率很低，将来会很高。这会进一步强化加快报酬支付的激励：雇员希望税率较低时确认应纳税收入。最后，假设雇员税后边际投资的收入至少与雇主一样多。这也有利于当期报酬给付，因为递延报酬实际上会导致雇主为雇员的利益进行投资，因此税负最小化合同显然会"增加"当前报酬。

但现在假设雇员在一家生产耐用品的公司工作，雇主和雇员的利益相互冲突。特别地，假设雇员可以采取如下两种行动中的一种。行动 1 是努力工作，导致产品持续 W 周期。或者，雇员可以采取行动 2，就是开小差回避，在这种情况下，产品会持续 S 期，这里 S 小于 W。在两种行动中，雇员更喜欢行动 2 而不是行动 1，但是产品耐久性增加的市场价值被认为超过了两种行为选择下的个人成本差额。换句话说，如果雇主能够观察到雇员的行为，那么雇主就会愿意为其付出的努力支付奖金，其金额远远超过个人付出的代价。

我们还假设破产法约束和劳动法防止雇主对因开小差而使产品只持续了 S 期的雇员处以高额罚款。最后，假设雇员的目标是使生活消费最大化，即将来的消费水平几乎和今天的消费水平一样高。消费在雇员获得报酬时发生。

然后，不考虑税收因素，有效的激励安排要求将雇员报酬推迟到所生产产品持续超过 S 期后支付，这表明雇员的行为成本更高（也更有价值）。但这与税负最小化合同存在直接冲突，后者将加速支付报酬，以利用税率随时间变化的优势。递延支付报酬所带来的生产效率收益可能不足以补偿由此产生的额外税收，一般来说，这两方面的因素必须加以权衡。

在我们的示例中，雇主和雇员的税率会导致这样的情况：与递延支付报酬相比，当期工资支付减少了税收。假设随着时间的推移，税率发生了逆转，仅就税收角度考虑，递延支付报酬合同是理想的合同。在递延支付中，要利用递延支付报酬合同推迟接受报酬，雇员必须是雇主的无担保债权人。当雇员是无担保债权人时，他或她将希望确保公司保持偿付能力。这可能导致雇员放弃正的净现值项目，如果该项目增加了公司不履行递延支付报酬合同的风险的话。与前面的例子一样，为了恰当地调整激励措施，可能不得不放弃税负最小化策略。

6.3 考虑隐藏信息的税收筹划

到目前为止，我们所讨论的例子说明，尽量减少税收而鼓励组织安排可能与考虑风险共享或隐藏行为后所鼓励的安排发生冲突。下面我们来看一个例子，由于存在隐藏信息问题，减税可能无法实现。出现这种情况的典型场景主要是出售资产的时候（比如在二手车市场）。假定卖方比买方更了解被出售资产的质量或价值。

假设一家公司在过去几年里产生了巨大的税收损失，并且目前 NOL 结转即将过期或在税率下降前将不会使用。进一步假设，大家都知道如果一家盈利的公司与我们的 NOL 公司合并，就可以节省一些税收（第 14 章和第 16 章讨论了合并和收购中的 NOL 的税收限制）。如前所述，资产卖家通常比潜在买家更了解待售资产的价值。如果 NOL 公司的所有者认为，该公司资产的价值超过了潜在买家在有限信息下评估的预期价值，那么可能不存在双方都同意的价格以出售公司资产。更正式地说，高价值公司可能被迫退出市场，除非有足够大的税收收益抵消高价值公司退出市场时的廉价价格。

当然，出售公司资产并不是 NOL 公司所有者弥补因向前 NOL 结转不能使用而产生损失的唯一手段。但是，正如我们将在以后的章节中讨论的那样，所有的替代方式（包括发行股票、回购债券、实现可折旧资产的出售和回租，以及许多其他方式）都会产生不小的交易成本。而且，这些成本可能会超过重组带来的税收利益。因此，在一个充满摩擦的世界里，NOL 结转经常会出现，尽管这明显不是一种最小化税负的状态，但也并不意味着是一种低效的税收筹划。

纳税人可以理性放弃税收优惠的一种相关情形是出售可折旧的公司资产，按普通税率确认当期发生的税收损失。在这种情况下，该资产的价值下降幅度超过迄今为止的累计折旧。出售资产的另一种方案是，通过折旧扣除在未来确认税收损失，但从现值的角度来看，这是不可取的，除非预计未来的税率将显著上升。或者，如果出售资产的利得以优惠的税率交税，而新买家被允许以普通税率基于递升的税基（按市价计算）提取折旧，那么出售已增值资产的策略可能是合意的。在这两种情况下，买家和卖家都可能认可通过交易资产获利。然而，如果卖方比买方更了解资产的价值，他们可能无法达成一致的合同条款。

一般的公司避税行为也会造成隐藏信息问题，因为公司在进行避税时管理层的意图是什么不甚明朗。例如，Desai 和 Dharmapala（2006）提供了几家公司使用激进的税收筹划技术获得税收优惠待遇的例子。作者提到一个案例，在这个案例中，公司是出于节约税收还是盈余管理的目的而进行交易尚不清楚（这是一个识别问题）。更通俗地说，他们认为，制定激进的税收筹划和避税策略，是为了混淆基础交易，从而使美国国税局

（IRS）难以识别交易和完全阐明交易。这种复杂的交易结构也会混淆管理层的行为，模糊财务报表中潜在的公司绩效，从而助长管理层的机会主义，甚至从中寻租（这是一个隐藏行为问题）。因此，投资者和其他外部观察者可能会以负面的眼光解读公司参与避税或任何激进的税收计划的行为（尽管在一个没有隐藏信息问题的世界里，大多数股东宁愿管理者在节税方面采取积极行动）。因此，目前投资者对公司积极报税的态度也模棱两可。在另一项独立的学术研究中，Hanlon 和 Slemrod（2009）发现，一般来说，当市场第一时间得知一家公司参与避税活动时，其股价会下跌，这表明投资者认为这种参与是负面的。然而，这样的解释令人困惑，因为投资者预计，该公司现在将受到 IRS 的征税和罚款。Frischmann，Shevlin 和 Wilson（2008）在一项先前未披露的关于税收计划活动信息的研究中，分析了股票市场对 FIN 48"所得税不确定性会计"（参见后面讨论）中新披露的未被确认的税收优惠的反应。尽管这些未被确认的税收优惠被归类为负债（Frischmann 等），但他们可能夸大了这一概念，把将实现的税收优惠也包括在其中。在这些信息披露之前，投资者对公司的税务状况知之甚少，而这些信息向市场表明了公司税收筹划是否积极。市场对披露的信息做出了积极的反应，人们能够正确理解税收激进性，而且他们从报告的税务费用数字中降低了对公司税务负担的估值。

6.4　税收筹划与组织设计

当一个复杂的组织机构由不同的法律实体组成时，它的左口袋和右口袋的税收待遇通常不同。不同法律实体之间税收差异的来源包括：（1）多重管辖的税收；（2）某个特定行业的税收；（3）具体特定经济规模的税制；（4）与 NOL 和税收抵免有关的特别规定。在 NOL 和税收抵免情况下，税收规则经常被限制运用这些特性（NOL 和税收抵免），以抵消合并后集团中任何其他实体的税收责任。将收入从一个口袋转移到下一个口袋可能需要相当大力度的协调，而税收规则往往会导致比在其他情况下更大程度的集中管理。集中式管理（centralized management）被定义为最高管理者为组织做出绝大部分决策。相反，基于税收筹划目的而进行的集中可能会由于非税原因而降低分散化管理（decentralized management）的效率，因此为了实现这些目标而牺牲税收利益往往是可取的。[①] 税收规则在影响组织设计方面并非独一无二。类似的问题也出现在许多法律规则和监管政策方面，如贸易法和反垄断法。

在生产中选择使用本地还是外国供应商时，这种考虑也会出现。假设在不考虑税收的情况下，本地供应比国外供应更具成本效益（例如，因为监测成本更低，协调成本更低，运输成本更低）。但是，与外国供应商实现纵向一体化，能够使公司通过明智的转让定价而在税率较低的税收管辖区内确认利润（要经过税收当局的详细审查，正如我们在关于跨国税收筹划的章节中更深入地讨论的那样）。然而，在分散的公司中，重要的信息广泛地分散在组织内，为税收筹划目的而进行的明智的转让定价可能会破坏转让定价系

---

① 如果低层或在职管理者比高层或离职管理者更清楚自己面临的情况，那么由低层管理者依据其掌握的信息做出的决策可能是更好的决策。允许低层管理者做出决策就被定义为分散化管理。

统的计划和控制特性。

正如我们前面所讨论的，面临累进税率表的公司有形成有限合伙企业和合资公司的税收激励。当外部投资者在公司的管理中没有起到积极的作用（这是有限合伙人获得有限责任保护的必要条件）时，就会出现隐藏行为问题。[①]

1. 研发公司或石油和天然气公司向有限合伙企业提供商品和服务并定价（资源分配问题）。

2. 研发公司或石油和天然气公司从有限合伙企业资助的活动中了解与其他项目相关的信息（剽窃信息）。

3. 所有来自研发或石油和天然气项目的收入或收益都不是完全可衡量的（收益分配和计量）。

4. 研发公司或石油和天然气公司仍继续进行有限合伙企业的活动，但从有限合伙投资者的角度判断，此时这些活动在经济上已无必要，因为有限合伙人正在为该活动提供资金（过度投资）。

5. 研发公司或石油和天然气公司不在商业上利用已开发技术或进行石油和天然气储备（未完成）。

下面我们分析未完成问题。如果有限合伙企业（或合资公司）是为了应对累进税制而成立的，那么税收利益最大化的策略就是让有限合伙人预先投资，这样它们就可以在税率较高时获得税前扣除。这被称为石油和天然气开发区域的功能分配钻井程序。发起公司作为普通合伙人（GP），负责钻井后的竣工费用。钻完井后，这口井要么被继续使用，要么就被废弃。而且只有 GP 知道钻井的状态。合伙人通常承担 100％ 的完工成本，但得到的收益却不到 100％，这就造成了未完成问题。例如，假设 GP 与有限合伙人合资钻井，该合伙人认为这口井会生产价值 2 美元的石油，假设完成此钻井需 1 美元。如果 GP 是一家独资公司，那么这口油井将会完工（不管有限合伙人在钻井上花费多少支出，因为这是一种沉没成本：花 1 美元收回 2 美元是有利可图的）。但是假设合作伙伴中的 GP 只能获得所有收入的 40％（这是在这些项目中一个典型的分享比例）。如果油井完工了，GP 花费 1 美元，但只会得到 0.80 美元，因此完成油井就不符合 GP 的最大利益，而且由于废弃会造成 1 美元的损失。

这种激励问题可以通过钻勘探井来最小化，因为勘探井成为边际井的可能性更低。在勘探井中，根本没有发现石油的可能性很高，发现大量石油的可能性很低（换句话说，成为边际井的可能性相对较低）。相比之下，开发钻井在边际井中所占比例相对较高。

当 GP 的部分收益来自建立起的专业或诚信声誉形象时，激励问题可能会减少。Wolfson（1985）提供的经验证据证明，功能分配程序钻勘探井的比例高于其他类型的项目［如平衡项目（50 勘探井/50 开发井），以及开发项目］，而且，这些声誉效应在市场定价中得以体现：良好的跟踪记录使发起人可以收取更高的价格转让自己在合伙企业的份额。

---

① 进一步的讨论参见 Wolfson（1985）。

6.5 所得税税基的计算和财务会计结果在税收筹划中的重要性

当税收筹划的结果导致公司股东和其他利益相关者的报告收益降低时，就产生了一系列非税成本。而我们刚讨论的问题适用于很多税收筹划公司，例如，财务会计方面表现出来规模较小，却在经济上起着重要作用的系列公司——上市公司；有与业绩相关的其他资本市场或信贷压力的公司；以及（或者）基于财务会计指标而设计薪酬奖励方案的公司。对于这些公司（数量较少但资本规模较大），我们不能夸大税收筹划的财务会计结果的重要性。

虽然公司纳税人通常希望向税务机关报告低水平的应税收入，但他们通常希望向投资者报告高水平的收入。管理者之所以关注财务报表中的数字，原因有很多：

1. 高层管理人员的报酬合同通常以会计收入为基础。

2. 贷款人为遏制贷款人与借款人之间的利益冲突而订立的债券契约，通常以会计数据为基础，如债务股本比率、一定比例留存收益的股息支付限制、流动资产对流动负债的流动比率，以及利息比率倍数或息前收益。

3. 分析师和投资者使用会计数字为证券（包括债券和股票）定价，而基金经理可能担心，报告一个较低的收入可能导致股价下跌和利息成本上升。

4. 监管者经常使用会计数字来监管公司。

5. 游说者和其他利益相关者利用会计数据来推动增税举措和其他惩罚措施。

6. 账面收入和应税收入之间的巨大差异可能导致税务当局（如美国国税局）进行更严格的审查和审计调整。

在考虑税收筹划如何与财务会计相互作用时，主要有三个重要方面。第一，税收筹划——例如，一个能产生额外可扣除金额的税收计划——如果以与税务会计目的相同的方式进行核算，可能会导致一个财务会计费用项目的产生。因此，所进行的交易会尽可能地降低税前收入以达到节税目的。在这种情况下，公司面临着税收收益和财务报告成本的权衡。第二，一些类型的税收筹划可以保持财务会计收入不变，但所得税费用较低。一般来说，这意味着税前会计收入没有因为交易而减少，而是因为减少了所得税支出，从而增加了会计收入。在这种情况下，存在一种财务会计"收益"，即所得税费用较低，每股收益较高。第三，某些类型的行为虽然可以减税，但对税后的财务会计收入报告没有影响。在下面的部分，我们将提供每种类型的详细示例。

导致按照账面价值纳税的交易的一个例子是，公司出于税收目的，使自身拥有的资产的市场价值低于账面价值。若该资产成功售出，公司就可以确定损失。但也要认识到此举意味着财务报告损失（尽管我们知道损失的数量可能有所不同，因为出于税收和会计的不同目的，计提折旧的时间不同，进而导致税收基础可能不同于会计账面价值）。即使买卖双方对资产价值的确认完全达成一致，卖方也可能担心，以亏损的价格出售此类资产，将以超过所节省的税收数量增加它们的资本成本。另外，那些报酬与报告盈利能力挂钩的经理人，可能会理性地放弃由于内在利益冲突而节省的税收。在后一种情况下，牺牲节税方案是由于隐藏行为的问题。在这种情况下，股东可能希望管理者出售资产以减少税收，但作为局外人，他们可能缺乏必要的信息，以约束选择不这么做的管理者。

我们注意到，在评估交易对税前会计收入和应税收入的影响时，并不总是需要权衡取舍。有时税收激励和财务会计激励是一致的。例如，在设立研发有限合伙企业时，发起人会避免发行债券，避免使用研发费用，避免这两种行为导致更低的杠杆率和更高的报告收益。因此，有限责任合伙人是受税收驱动的，但他们也通过有限责任合伙人的选择获得了良好的会计结果。

一个典型例子是，跨国公司决定在海外市场开展业务时，它们会考虑没有财务会计成本（不需要权衡取舍）的税收筹划。国际税收筹划将在第 10 章和第 11 章以及本章后面的所得税会计中进行更详细的介绍。美国跨国公司在海外开展业务的一个动机就是可以用较美国更低的税率申报所得税。只要公司不将这些外国收益汇回美国，这些收益在美国就不需要纳税，因此在国外经营可以节省税收。此外，正如本章后面所讨论的，根据财务会计规则，公司可以将这些收益指定为永久性再投资，且不记入未来任何汇回时到期的美国递延税义务。正因为这一递延所得税会计（ASC 740-30）的例外，公司出于财务会计动机会在海外进行经营活动——出于财务会计目的，会安排较低的税收支出，导致较高的财务会计利润报告。实际上，根据最近一项对公司税务主管的调查，将业务定位在海外的财务会计激励与外国的税率同等重要（Graham，Hanlon 和 Shevlin，2011）。

从会计的角度来看，一个不影响会计税后收益的税收优惠的例子是，由于加速折旧和奖金折旧扣除激励而产生的暂时性差异。出于税务目的，公司将采取加速折旧（或当期支出），而出于会计目的，公司通常使用直线折旧法。在资产生命周期初期（资金时间价值），税收利益就是节税额。正如我们在本章后面将进一步讨论的那样，这种暂时性差异在减少应付当期税收的同时，也增加了递延所得税费用（即，账面与税务的差额只是暂时的，财务核算不计入资金的时间价值），基于财务会计目的，总税务费用不变，从而使财务会计的税后净收入不变。

在评估税收和账面激励及结果时，关键是要记住，税收规则往往与财务报告规则不同，导致应税收入与会计报告收入之间的差异。在确定任何税收筹划是否对财务报告产生影响时，必须牢记这些差异。接下来，我们将解释账面收入和应税收入之间的差异，以及这些差异在财务核算时是如何体现的。我们以微软为例说明公司信息披露的问题。遵循这些规则，我们将讨论从学术研究和趣闻中了解到的关于财务会计的重要性，以及公司在何种程度上用税收来换取会计收益。

☐ 公司所得税会计——规则和信息披露的例子

上市公司在税务和财务报告方面面临两套不同的规则。这两套规则基于不同目的而制定。正如第 1 章所解释的那样，税法是多种（有时是相互矛盾的）目标的结果：增加收入是为政府活动提供资金，重新分配财富，鼓励（或阻止）某些经济活动，以及作为刺激整体经济的宏观经济政策工具。相比之下，公司向股东和其他利益相关者报告其活动结果的财务会计规则也有着不同的目标：在为公司配置资源的决策中，为投资者、贷款人和债权人提供有用的财务信息。[①] 我们将把财务会计准则作为公认会计准则（GAAP）和/或国

---

① 参见概念报表 NO. 8 "财务报告的概念框架" 的第一章 "财务报告一般目的的主体" 和第三章 "财务信息的品质特征"（也可参见 FASB 概念报表 NO. 1 和 NO. 2），2009 年。

际财务报告准则（IFRS），区别于税务规则。美国公认会计准则的标准制定机构是财务会计准则委员会（FASB），IFRS的标准制定机构是国际会计准则委员会（IASB）。

接下来我们讨论公司所得税的会计核算，因为渊博的读者有时可以从公司所得税披露中了解到公司的税务情况。纳税申报单不是公开的，投资者、分析师、税收筹划者、政府机构和学者可以利用财务报表来分析和解决各种各样的问题。公司在当年是否支付现金税？如果没有，那么是为什么？尤其是如果它在公开发布的财务报表中向股东报告了巨额利润的情况下？是否有 NOL 结转？公司是否期望实现 NOL 结转等来实现未来税收利益？我们有时也可以从中了解公司的税收筹划活动。然而，要对这些披露进行有意义的解释，需要了解税务和账面数字之间的差异，以及这些会计披露信息是如何准备的。[①] 这几年来，账面和应税收入的差异之所以吸引了政界、学界和金融媒体的关注，是因为以下几个原因：20 世纪 90 年代公司避税（减少应税收入，而不是减少账面收入）现象屡见不鲜；2005 年之前的雇员股票—期权待遇的账面和税收报告发生极大变化；以及 21 世纪早期频发的财务会计丑闻（例如"安然丑闻"）。

主要有三种财务会计报表：损益表、现金流量表和资产负债表。损益表采用权责发生制会计方法，对公司在该期间的经营成果进行汇总。经营成果的汇总衡量被称为净收入（或更通俗的说法是账面收益或 GAAP 收益）。现金流量表提供了该期间现金流入和流出的概况，并解释了公司现金账户从期初到期末的结余变化。现金流量表的营运部分核算来自经营活动的现金流量，可以认为是一种以现金为基础、衡量公司经营绩效的方法，与使用权责发生制的净收入形成对比。收付实现制下，现金收到时确认销售收入，而支付时确认费用；而在权责发生制下，销售收入可以在收到现金前确认（如赊销），假设公司对收取费用有相当的信心，并且可以在不同于支付现金的时期内确认费用（例如，设备租赁会要求提前付款）。经营中现金流量一开始在权责发生制下计算净收入，然后进行调整，从营运中获得现金流量。资产负债表列出了公司在会计期末的资产、负债和股东权益。

由于税法和 GAAP 或 IFRS 的目标不同，在计算应税收入和财务会计收入时，对同一笔交易的解释往往不同。与权责发生制下损益表中计算净收入的方法相比，税收规则通常更接近收付实现制，且允许的选择较少。[②] 这种差异可能是巨大的。表 6-1 报告了 Compustat（Compustat 是一个由标准普尔公司编制的电子数据库，它包含了美国多数上市公司当前和过去几年的财务报表数据）中所有公司（金融公司除外）的美国税前账面收入和美国估测应税收入［如式（6.4）中的估计］。具体数字如图 6-2 所示。虽然这些都是应税收入的估计，必须谨慎解释，但我们注意到一些有趣的观察结果。首先，20 世纪 80 年代中期，账面收入超过了应税收入，1986 年的税收改革法案扩大了公司税基后，两者的差额减小了，到了 90 年代初，应税收入超过了账面收入。[③] 20 世纪 90 年代初，

---

① 关于所得税会计处理的更多细节和技术性讨论可参考 Revsine，Collins，Johnson 和 Mittelstaedt（2012）以及 Knott 和 Rosenfeld（2003）。关于财务报表信息的限制因素进一步的讨论可参见 Hanlon（2003a）。

② 国内税收法［446 款（a）］规定"应税收入结算应采用纳税人一般计算收入的方法以保持与账面收入的一致"。税收法［446 款（b）］进一步规定应税收入应"准确反映实际收入"。因此造成应税收入和账面收入十分接近的假象，实际情况并非如此。

③ 参见"雇主的退休后福利（非养老金）结算"，1999 年财务结算标准 No.106。例如，通用汽车公司在其 1992 财政年度的一次账面费用记录为 208 亿美元，以适应 SFAS 的调整。

会计账目中关于退休福利未确认利得也发生了重大变化，从以前的收付实现制转为权责发生制。20 世纪 90 年代末，账面收入再次超过应税收入，1999 年两者的最大差额为 650 亿美元。这一巨大差异促使美国财政部开始担心公司避税（美国财政部 1999 年）。

表 6-1　　　　　　　　　　美国税前账面收入和估测应税收入
（N 家公司的可用数据总结）

年份	N（家）	美国税前账面收入（百万美元）	美国估测应税收入（百万美元）	差额（百万美元）
1980	2 741	175 960	60 203	115 757
1981	2 746	176 034	56 036	119 998
1982	2 774	152 125	35 229	116 896
1983	2 982	178 404	51 049	127 355
1984	3 047	150 114	56 979	93 136
1985	3 072	142 298	56 512	85 785
1986	3 332	124 951	47 859	77 092
1987	3 084	117 751	82 917	34 834
1988	3 059	125 870	110 675	15 195
1989	3 018	119 415	105 057	14 357
1990	3 057	113 380	106 067	7 312
1991	3 117	76 200	101 228	(25 027)
1992	3 254	109 592	108 515	1 076
1993	3 554	127 592	142 422	(14 830)
1994	3 726	204 090	166 680	37 410
1995	3 945	209 594	163 843	45 751
1996	4 523	243 016	189 185	53 831
1997	4 496	248 397	208 095	40 302
1998	4 297	248 403	194 951	53 452
1999	4 419	273 920	215 306	58 614
2000	4 250	256 128	209 811	46 317
2001	4 006	(145 127)	131 535	(276 662)
2002	3 784	100 744	75 254	25 489
2003	3 622	291 698	107 440	184 258
2004	3 579	283 578	208 848	74 730
2005	3 433	353 311	289 013	64 299
2006	3 343	431 443	342 191	89 252
2007	3 175	362 823	340 314	22 509
2008	3 035	99 926	291 127	(191 202)
2009	2 913	329 157	127 512	201 645
2010	2 845	415 742	195 278	220 464

年份	N （家）	美国税前账面收入 （百万美元）	美国估测应税收入 （百万美元）	差额 （百万美元）
2011	2 681	458 016	230 237	227 778
共计		7 597 924	5 263 163	2 334 760

说明：美国税前账面收入如报表所示。

美国估测应税收入＝（目前美国税费/最高公司法定税率）－NOL 结转变化额。2005 年之前，估测应税收入和税前账面收入不考虑股票期权税收减免和补偿的影响；2005 年之后，估测应税收入和税前账面收入把账面股票期权补偿的税收影响纳入考虑范围。

资料来源：Compustat.

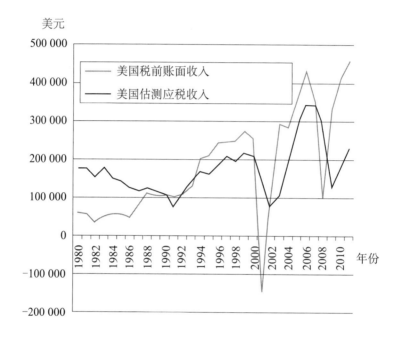

图 6－2　美国税前账面收入和估测应税收入图

2001 年，账面收入低于应税收入。一个假设的原因是，科技泡沫在那个时候破灭了，导致许多公司为了财务报告的目的而进行大量冲销。我们要记住，财务会计是以权责发生制为基础，十分保守（意味着损失提前确认），因此公司注销了各项预期损失（例如，关厂歇业、辞退雇员以及重组等）。但出于税收目的，这些损失在实际支付之前是无法确认的。2008 年左右的金融危机也出现了类似的现象。需要注意的是，应税收入的下降与财务会计类似，但有所滞后。这可能有两个原因。第一，这些费用出于税收目的在实际支付之前不能扣除，而不像刚才讨论的那样，出于会计目的，是允许扣除的。第二，出于税收目的，公司可以将亏损结转，而在财务会计中，则是记录当年的亏损，而没有结转。因此，由于这两个原因，税收损失会随着时间的推移而分散，从而使图表中观察到的"下降"对税收的影响不那么严重，对财务会计的影响也不十分严重〔但是，我们再次注意到，应税收入是一种估计，可能被高估了（例如，因为股票期权），或者有时被低估〕。

税收和账面收入的差异可以分为两大类：暂时性差异和永久性差异。[①]

暂时性差异（temporary difference）：交易包含在两套账目中（例如在应税收入和净收入计算中），但处于不同时间段（因此，这些差异有时也被称作时间性差异）。

永久性差异（permanent difference）：交易只包含在一套账目中（例如应税收入或净收入中），但是不存在于另一方的账目中。

☐ 暂时性差异的例子

表6-2总结了一些暂时性差异的典型例子。这些例子假设公司正采用权责发生制方法进行会计核算和申报税收。[②] 然而，正如我们将看到的，基于税收和会计目的的权责发生制之间有一些区别。收益是收入和费用的差额。出于会计目的，收入在取得时（当公司大体上完成了所要提供的商品或服务时）以及购买公司已经支付或者同意支付的商品及服务（这些被认为是收入确认条件）时会被确认（计入账面收入中）。就税收目的而言，收入也会在获得时进行记录，但在某些情况下，基于税收目的的确认要早于基于会计目的的确认。例如基于税收目的，提前收到现金通常会及时进行收入确认。而出于会计目的，费用是在与收入相匹配的时期（例如销货成本、折旧），或在当期发生的时候（例如，总部费用和CEO的报酬）确认。反之，出于税收目的，直到商品满足了"所有事件"测试条件，它才会被扣除。具体是指：（a）确定纳税人对费用承担责任的所有事件必须发生；（b）数额必须准确合理地确定；（c）经济效益必须产生，即货物或服务必须提供给纳税人。由于所有事件测试的费用通常在扣除税款之前在账面上确认，例如保修费用、坏账费用、贷款损失、重组费用，以及递延支付报酬，一般都按照权责发生制从账面收入中扣除，但在以后的一段时间内扣除是出于税收目的。

表6-2	典型的大型企业的暂时性差异	
项目	账面处理	税务处理
折旧	方法、使用寿命和残值取决于管理，通常使用直线法计提折旧	在MACRS规则下的加速折旧——以资产类别规定期限
预收收入（提前收到现金）	收入要等到公司提供商品或服务时才确认	不允许递延，因此当收到现金时就要确认收入
坏账	基于管理层估计的不可收回的费用，与赊销产生的应收账款同时确认	当特定应收款被实际冲销时可扣除
保修费用	基于管理层估计的与当期销售相关的未来保修费用	在满足所有事件测试之前不可扣除
递延支付报酬	负债发生时产生的费用（当雇员获得递延支付报酬时）	支付给雇员的报酬计入应税收入可扣除，通常是在支付时扣除
退休后的福利义务（不包括养老金）	负债发生时产生的费用（雇员获得递延支付报酬时）以及基于精算假设的费用支出	一般不扣除，直到支付时才扣除

① 目前GAAP不使用术语"永久性差异"，但是早期报表中会使用，而出于方便区分这些差异类型的目的，我们会继续使用该术语。

② 鉴于个体报税时经常采用收付实现制，如果公司每年的总收益超过了500万美元，它们报税时必须采用权责发生制。

项目	账面处理	税务处理
存货估价津贴	采用较低的成本或市场可能导致账面资产贬值	不允许库存，当存货以较低价格出售或冲销时，通常会确认损失
待摊费用（租金、保险）	收到利益产生的费用	支付时扣除
长期建设合同	允许的完工比例或已完成合同（合同完成时确认的收入）	完成的百分比（合约期内确认的收入）；允许在有限的情况下完成合同
分期付款销售的收益（客户承诺在未来一定时期内偿还）	通常在销售时确认收益；当收款非常不确定时使用分期付款法	分期付款法可将收益延迟到收到现金后。某些类型的销售不能使用分期付款处理（例如，库存销售）
无形资产——商誉	在收购中，收购方在目标资产的基础上得到增值，商誉的价值（如果存在的话）出于会计和税收目的的被确认记录。在这种情况下，出于税收目的商誉在15年内摊销（第197款），但不是基于会计目的的摊销，而是要接受减值测试（发布在 SFAS 142 中，现在在会计准则汇编 ASC 350 中）。在这种情况下，递延所得税负债是在资产出于税收目的的摊销时产生，如果商誉受损，递延所得税负债将被撤销 在收购中，如果收购方的资产基础没有得到增值，那么商誉（如果存在的话）会基于财务会计目的的被记录，但不会基于税收目的的被记录。基于财务会计目的的商誉是要经过减值测试的，如果减值，就会导致会计账面和税收的永久性差异	
无形资产——采购过程中的研发（IPR&D）	自实施 SFAS141（R）以来，从会计核算的角度来看，"业务合并"（business combination）现在在 ASC 805 IPR&D 中，是按照其收购日期公允价值进行资本化。它最初被认为是一种不确定存在的无形资产，不得摊销 在完成或放弃相关的研发工作之前，收购后的知识产权和研发都会受到损害测试。如果被放弃，知识产权资产的账面价值就会被消耗掉 如果研发工作完成，被收购的知识产权的账面价值将被重新归类为有限寿命资产，并在其使用寿命内进行摊销［在 SFAS 141（R）前所有收购的 IPR&D 资产的费用在收购时支出］	而在税务方面的处理取决于交易是否在目标公司资产的基础上得到增值。如果存在税基的增加，则根据第197款，基于税收目的，资产摊销期为15年（所有第197款无形资产的摊销期为15年）。如果目标资产基数没有增加，那么出于税收目的，在收购之日，任何采购过程中的研发不能记录为资产价值 请考虑这样的情况，出于财务会计目的，IPR&D 项目已经完成，并被记录为有限寿命资产 如果购买者出于税收目的所确认的目标资产基数增加，那么就会产生暂时性差异（递延所得税资产），并且在两套账目中，资产在其生命周期内摊销（账目寿命通常比纳税期限短）。如果交易中买方目标资产没有在税务方面的基础上增值，则存在递延所得税负债，而当资产基于财务会计目的的进行摊销时，不存在递延所得税负债

另一种暂时性差异产生于净营业损失结转。具体来说，不能向前结转的税收损失可以向后结转（目前是20年）。这些向后结转的税收损失会减少未来可结转年度的应税收入。这样一来，它们会产生一项未来经济效益（节税额产生的正的未来现金流）。并且出于财务会计目的，在作为递延税项资产产生亏损的阶段进行分类（数额等于向后结转损失乘以向后结转损失可被利用年度的预期有效税率）。这是一种暂时性差异，因为在使用

结转税款的那一年，应纳税所得额会降低，但是财务会计收入不会降低（基于财务会计目的没有结转亏损）。

在某些并购案例中，会计处理和税务处理有显著差别。我们在表 6-2 中做了简要讨论，而在第 13～17 章中做了更详细的分析。

□ 永久性差异的例子

永久性差异指的是在一个账目中有记录，而另一个账目却没有记录形成的差异（即，会计税收差额在未来不可逆转）。永久性差异的典型例子是免税市政债券的利息。利息包括账面收入，但不包括应税收入。另一个例子是餐费和业务招待费，这些费用在税务方面只能部分扣除，但在财务会计方面却是全部支出。另一个更复杂的例子是股息扣除（DRD）。DRD 是一种基于税收目的的税收减免，是税收政策的一部分，以避免对国内公司之间的股息征收多层次的税。它的运作方式是允许公司在其应税收入中排除其持有其他公司股票所获得的股息收入的一个百分比（这将在第 12 章中详细讨论）。DRD 和财务会计规则的运作都包括不同的股息水平或从拥有所有权的投资公司获得收入。让我们用最简单的例子来解释，即投资公司持有被投资方的不到 20% 的股份。在这种情况下，投资者将获得 70% 的已获股利扣除（因此，只有 30% 的股利包含在应纳税收入中）。但是，出于财务会计目的，投资者公司收到的股利完全包含在财务会计收益中。因此，在这种情况下，70% 的股息是永久性的会计和税收差额，因为收入包含在财务会计收益中，但从未包括在投资者公司的应税收入中。[1] 其他永久性差异包括一些罚款和罚金以及超额的非绩效补偿（第 162 款）。最后一个例子是寿险保费和收益的处理。寿险保费在税务方面是不可扣除的，但从会计角度可计入费用。此外，人寿保险死亡保险金包括在账面收入中，但不包括在应税收入中。

□ 解释所得税费用披露

ASC 740 税收规定（以前称为 SFAS 109：所得税会计法）列示了所得税的会计方法。在这里，我们就采用损益表进行较为简化的讨论，这对于许多财务报表的读者和用户来说比 SFAS 109 中采用的资产负债表方式更加直观。企业损益表中报告的所得税费用反映了权责发生制的应用。为了更清晰地阐述，在此我们忽略了一些复杂因素，以免对读者造成压力。我们可以认为总税费相当于：

$$总所得税费用＝（税前账面收入＋/－永久性差异）×公司法定税率（str）$$

(6.1)

总所得税费用也可以参照所得税条款得出。总所得税费用由两部分组成：

$$总所得税费用＝当期税费＋递延税费$$

(6.2)

当期税费是根据公司当期的应税收入得出的当期税费估计值，是对公司当期应纳税所得额的估计。递延税费则是取决于暂时性差异的应计税费。换言之，递延税费是在不

---

[1] 若所有权比重大于 20%，会计程序会变得更加复杂。例如，20%～50% 的所有权利益会采用权益法进行报账，该会计方法把从被投资公司获取的收入按一定比例纳入投资公司的会计收益。可是，这两家公司的收入纳税时不会一起申报。而且，当被投资公司向投资公司支付股利时，根据所有权比重得知 DRD 为 80%。当所有权比重达到 80% 以上时，DRD 纳税额为 100%，但是两家公司为了节约税收可以合并报税。在财务报账时，拥有超过 50% 股权的企业选择和投资公司统一报账。

同时间段两套账目包含事项所产生的未来所得税影响的估计值，具体来说，

$$当期税费＝应税收入×str \tag{6.3}$$

为了从公开报告中得到公司当期应税收入的粗略估计，我们可以把式（6.3）重新整理为

$$估计应税收入＝当期税费/str \tag{6.4}$$

这只是一个估计值，原因有几个。第一，使该式错误的一个重要因素，即未确认的税收收益（稍后讨论），难以调整。[①] 第二，在我们的估测中将美国法定税率作为适用税率，忽视了各州税率和外国税率。由于外国法定税率普遍低于美国公司税税率（2011 年美国公司税税率竟然比经济合作与发展组织的各成员国平均公司税税率高 10 个百分点），越来越多的公司选择在国外发展，并不在美国报告其实质收益。所以，采用美国税率会产生错误估值。例如，假设一家公司报告其全球范围内的当期税收支出为 1 万美元。如果除以 0.35（美国法定税率），我们得到的应税收入估计值是 28 571 美元。然而，如果它的大部分收入是在公司税税率为 12.5％的爱尔兰取得的呢？对其应税收入的"真实"估计应是多少？实际总额将是 80 000 美元（10 000 美元/0.125），这是一个更大的数字。困难在于，公司没有准确披露它们在哪些国家赚取了多少利润，而搜集各个国家的法定税率并不是一项简单的任务（更别提该公司是否完全按法定税率课税或者在该国是否属于免税期）。因此，我们继续使用美国法定税率，这主要是因为我们很难为读者找到全世界的各种税率作为参照，我们也无法获取各国公司的收益。我们只能提醒读者，如果某个公司的收益大部分是在国外取得，一定要小心（尽可能避免）使用这种估测方法。第三，使用式（6.4）会导致由于雇员股票—期权税收抵扣而高估了应税收入（参见第 8 章的讨论）。

递延税费或收益可以通过税前账面收入和应税收入的暂时性差异乘以法定税率得出。[②]

$$递延税费（收益）＝暂时性差异×str \tag{6.5}$$

□ 企业所得税披露的例子

一个简单的数值例子可以很好地阐明刚刚讨论的概念。假设以下数据（单位都为美元）属实：

销售额	1 000
销售成本	−400
研究与开发	−200
折旧—账面	−120
利息开支	−100
市政债券的利息收入	＋50
税前账面收入	230

---

① 注意公司的纳税义务（应税收入×str）会被任意税收抵免减少（该抵免在纳税义务中是美元换美元的减除），我们在此忽略税收抵免的影响。

② 此注解是进一步阐明递延税费概念。严格来讲一段时间的递延税费是基于公司的税收财务会计资产负债表产生的。具体地说，递延税费就是指该公司的净资产的报税基础和账面基础从期初到期末的差异（例如，资产累计折旧在课税时和报账时的差异）。

其他信息：

公司法定税率＝35％＝str

计税折旧额＝200 美元

市政债券利息收入免税

在这种简单案例中，总所得税费用可以按照如下方法得出：

＝（税前账面收益－永久性差异）×公司法定税率（str）

＝（230－免税的市政债券收益）×0.35

＝（230－50）×0.35

＝63（美元）

更正式地说，总所得税费用是按式（6.2）计算的当期税费和递延税费的总和。当期税费收入可由式（6.3）得出，即应税收入×str。本例中的应税收入（美元）为

销售额	1 000
售出货物成本	－400
研究与开发	－200
折旧－税收	－200
利息开支	－100
应税收入	100

因此，当期税费＝100×0.35 ＝ 35（美元）。

如式（6.5）所示，递延税费（收益）＝ 暂时性差异×str。本例中唯一的暂时性差异是当期报账和课税时不同的折旧额。因此，

递延税费（收益）＝（税收折旧－账面折旧）×str

＝（200－120）×0.35

＝80×0.35＝28（美元）

正如式（6.2）所提及的，总所得税费用为当期税费和递延税费的总和：35 美元＋28 美元＝63 美元。

还有一种估测应税收入的方法：

税前账面收入＋/－暂时性差异＋/－永久性差异   (6.6)

＝230－80－50＝100（美元）

ASC 740（SFAS 109）要求公司提供相对详细的税费披露，对所得税会计有一定了解的财务报表使用者有时能从披露中学到不少。公司也需要解释（通过税率调节表）为何 GAAP 中定义为总所得税费用的有效税率与美国最高企业法定税率（现在是35％）不同。

参照式（6.1）我们可以得知，一般来说，差异是由永久性差异，而不是暂时性差异造成的：

总所得税费用＝（税前账面收入＋/－永久性差异）×str   (6.1)

其他可以影响税率调节表却不算作永久性差异的因素有：(1) 在采用 ASC 740-30（前名为 APB 23）的低税负地区取得的收益，或者，理论上讲，是在高税负地区取得的收益；(2) 公司除了联邦税外还必须支付额外的州税；(3) 税收抵免减少实际课税额却不影响账面和应税收入（例如，研发税收抵免）。

在这个简单的例子里，唯一的永久性差异是 50 美元的免税市政债券利息。公司提供百分数或税收效应美元单位的调节表。本例中，50 美元的免税市政债券利息使公司的有效税率降低了 7.6 个百分点，即从 35％ 降到 27.4％。如果是以美元为单位，则减少了 17.5 美元的应税收入。

	％	美元
最高法定税率	35	0.35×230＝80.50
市政债券利息	7.6	0.35×50＝17.50
有效税率	27.4	63.00

导致账面收入超过应税收入的永久性差异（例如，免税市政债券利息）会使实际税率低于美国最高法定税率。而导致账面收入低于应税收入的永久性差异（例如，不能扣除的罚款、工作餐和娱乐费用，以及财务会计商誉损失）会产生比最高法定税率高的有效税率。各公司财务报表披露的细节程度各不相同，这使我们的了解具有局限性。公司有动机掩盖其规避税收的手段，这并不意外。我们可能期望理想的税收减免（减少的应税收入对当前或未来的账面收入没有影响——永久的差异）会在有效的税率调整中显现出来。在对被财经媒体和财政部点名进入避税天堂的公司的税率调整进行审查时，都无法提供此类避税活动的证据。

为了举例说明税率调整中会计核算和相关规则的复杂性，需要考虑国会关于所谓的"美国财政悬崖"和 2012 年美国研发税收抵免到期的争论。美国的研发税收抵免是一种临时的税收抵免，也就是说，它的实施期限是几年，然后由国会决定是否延长。确切地说，该抵免在 2012 年正式到期。大部分专家认为研发税收抵免应该延期，作为 2012 年《美国纳税人救助法案》的一部分，该税收抵免在 2012 年全年确实得到了延期。不过，直到 2013 年 1 月 2 日，才由总统签署将其写入税法。根据财务会计规则，除非公司当期处于税法有效阶段，否则公司就不能得到研发税收抵免。因此，公司不能把研发税收抵免纳入它们 2013 年的所得税会计中。它们不得不在 2013 年第一季度将所有影响都考虑在内，这可能会增加报告收益的波动性。2012 年 Eli Lilly 公司的税率调节表如下所示（取自该公司 2012 年的年度报告）：

以下是将美国联邦法定税率适用于所得税前收入的所得税费用与报告所得税费用的调整：

单位：美元

	2012	2011	2010
按美国联邦法定税率课税的所得税	1 892.9	1 872.3	2 283.8
附加（扣除）			
国际经营，包括波多黎各	(593.8)	(796.7)	(823.3)
美国健康改革	59.8	62.9	85.1
一般商业信贷	(11.2)	(80.8)	(83.2)
国税局审计结果	—	(85.3)	—
其他	(28.1)	29.4	(6.7)
所得税	1 319.6	1 001.8	1 455.7

《美国纳税人救助法案》修正版包括了 2012 年研发税收抵免，该法案于 2013 年年初生效。如果我们希望在 2012 年申请研发税收抵免，我们需要在法律生效那年提供包括其他一般企业抵免的税收优惠记录。

Eli Lilly 公司是这样解释为何其 2012 年的税收抵免额度项目低于往年的——因为研发税收抵免在修正法案颁布前两天到期了，财务会计规则不能将抵免纳入报账范围，必须严格按照报账期间的税法进行报账。[①]

暂时性差异会产生未来税收债务或者未来税收扣除。未来税收扣除会节约未来税费，因此称为递延税项资产；而因为未来税收债务就相当于未来纳税额，因此也称为递延税项债务（注意，因为永久性差异既不会产生未来税收债务也不会产生未来税收扣除，所以它们也没有递延税项债务或递延税项资产）。在我们的简单例子中，如果是第一年运营，那么初期的递延税项资产和债务为零；而在末期账面基础和税收基础（折旧资产×法定税率）则会出现差异。假设公司资产价值为 1 000 美元，末期税收基础为 1 000 美元－200 美元（累计税收折旧额）＝800 美元；账面基础为 1 000 美元－120 美元（累计账面折旧额）＝880 美元。资产账面基础和税收基础的差额为 80 美元，这说明未来账面折旧在纳税时得到了扣除——如果资产账面折旧超过了税收折旧，暂时性差异在未来则会发生逆转。因此，当期的税前账面收入超过了应税收入，那么在未来时期应税收入会增加，从而导致税收债务增加。折旧暂时性差异会产生与未来账面收入有关的税收债务，在会计账目中称为递延税项债务。递延税项债务为 80 美元×0.35＝28 美元。本例中会有递延税项债务为 28 美元的资产变动，鉴于我们没有递延税项资产，所以递延税项资产和债务变动为 28 美元，此结果等同于根据式（6.5）计算出的递延税费。[②]

ASC 740 要求公司递交其递延税项资产和递延税项债务总结表（参见本章节后面的微软公司信息披露）。可是，各公司披露的详细程度不同，从而其披露的价值多少也有待商榷。此外，数据不会以机器可读的形式编译。

Poterba，Rao 和 Siedman（2011）收集了 1993—2004 年 73 家公司的数据。他们证明了递延税项资产的最大组成部分为损失和抵免向后结转以及雇员福利和退休人员福利（记住有时会在未来的税收扣除前确认账面支出）。递延税项债务最大的组成部分毫无疑问则是财产、工厂和设备（产生于不同的账面和税收折旧表，纳税时有更多加速折旧）以及租赁。2004 年，25 家公司报告了净递延税项资产，其总和为 619 亿美元；48 家公司报告了净递延税项债务，其总和为 2 238 亿美元。1993 年，大概有一半的公司报告了净递延税项资产，而 2004 年的报告比例下降到了 34%。

如果一家公司在资产负债表中有递延税项资产，那么它需要评估这些资产在报告期间是否估值过高（这一点和其他资产的报账很相似——较低的成本或市场研发、长期有形资产和商誉的减值准备、坏账准备金净值应收款项等）。因为递延税项资产需要报账，所以公司需要评估未来应税收入是否能有效地实现递延税项产生的节税额——也就是说，是否能使用递延税项资产。若公司认为一部分递延税项资产很有可能不能使用，那么它

---

① 有关议题讨论详见《税收杂志》2013 年 6 月刊"第九部分：税收改革和美国无形资产收益"；如果想了解金融专家的分析或无法理解临时性税法延期，也可参照 Hoopes（2013）。

② 因此，在此例中总所得税费用可以写为：总所得税费用＝当期应付税金＋（增加的递延税项债务＋减少的递延税项资产）－（减少的递延税项债务＋增加的递延税项资产）。

必须针对递延税项资产进行备抵计价（应计项目）。例如，公司由于过去和当期的税收损失产生了递延税项资产，但是管理部门不期望公司能产生有效的应税收入来抵消这些损失。在这种情况下，公司必须针对递延税项资产进行备抵计价，这样的话才不会高估资产负债表上的净资产。因为备抵计价减少了期末递延税项资产的净账面价值，净递延税项资产的变动也会减小，从而影响损益表上递延税项资产的征税费用。换言之，递延税项资产的递延收益会减少，于是征税费用会增加而报账收入会减少（因为此阶段的税收收益未被确认）。[1]

前面我们已经讨论过了美国联邦所得税。美国的公司支付联邦税后还要支付州税，这在联邦一级是可以扣除的。此外，许多大公司也会在海外开展业务，所得按外国税率课税。我们会在第10章和第11章详细讨论海外业务课税。除此之外，许多大型上市公司会以母公司的形式组织一批子公司（完全拥有或部分拥有）分管部分业务。税收规则和账面规则在子公司的整合问题上是不同的——在税收处理上，如果公司拥有子公司至少80%的股份，那么它们可以选择合并美国子公司。这些公司报税时也可以选择不合并它们的子公司，哪怕它们拥有全部股份。出于财务报告的目的，如果公司控制了这些子公司的资产和业务，它们会将国外和国内的子公司合并起来。控制的一个评测标准是所有权，因此在决定是否基于财务报告目的而合并子公司时，50%的所有权常常被用作分界值。根据ASC 740，在必要条件下，公司需要公布当期和递延的所得税费用，并将其分为州税费、当地税费和海外税费三部分。由于不同的整合规则，所报告的税费和由此产生的应税收入估计值对企业来说都只包括在综合财务报告实体内。[2]

□ FIN 48 不确定税收利益的会计方法

2006年7月，FASB发布了新的不确定税务状况会计准则——参见2006年FASB解释文件48号（FIN 48）"所得税的不确定性会计"，现属ASC 74。企业在税收申报表上的立场，往往会引起税务机构怀疑，有被推翻的风险。例如：免税清算或重组真的是免税吗？企业在研发税收抵免计算中的所有成本都合乎要求吗？所有申请的扣除都是可行的吗？公司的所有转让定价安排都得到了税务机构的允许吗？不申报纳税的决定在某些辖区是不是正确的？这些问题都被定义为不确定税收状态，因为纳税人也不确定他或她能不能保留节税额。如果税收利益是不确定的，那我们应该如何处理公司的财务报表？

在FIN 48出台之前，公司一般采用SFAS 5或有会计事项（现属ASC 450）来调节或有损失——如果损失是可能发生且可估计的则会被确认。不同公司对SFAS 5的采用程度也不同，几乎没有公司（微软公司例外）会披露实际的不确定税收利益额。因此，FASB会发布FIN 48，旨在使不确定税收利益的会计方法更加一致和公开。

FIN 48的不确定税收利益会计方法有两个步骤：第一步，确认。这要求公司确认不确定税收状态，然后决定该状态在接受税务局审查时是否有可能保持恒定。50%以上的

税收与企业经营战略：筹划方法（第五版）

---

① 备抵计价的增加会减少递延税项利益，增加总的税费支出，从而减少账面收入。同样，备抵计价的减少也会增加账面收入。因为决定价值的主观因素，管理部门能通过备抵计价管控账面报告收入。然而，Miller 和 Skinner（1998）发现，几乎没有证据能够证明企业通过备抵计价管控账面报告收入。

② 我们需要注意几个方面：第一，总税费支出只与持续经营所得收入有关。在损益表中所报告的低于该额度项目也常用于报告它们的特定税收影响净值（有时会特地公开税收影响）。第二，因为在准备向国税局填报纳税申报表前，公开募股公司需要向美国证券交易委员会递交财务报表，所以当期税费支出其实也是实际的纳税金额估计值。

可能性是税收状态维持不变。更有可能的是，只根据税收状态的技术能力进行评估。公司会假定税收状态由合适的税务机关审查（审计），且税务机关对所有税务状态相关的信息都十分了解。公司提前将审计的可能性纳入了它们的预期税收利益估测中。如果税收状态可能不会被检验，那么公司必须对所得收益交纳 100% 的税金。如果税收状态有可能会通过检验，那么公司必须估量该状态的影响。因此，FIN 48 的第二步就是估量——公司在财务报表中会确认多少税收利益（通常会为了增加报告收益而减少损益表中的所得税支出）。未被确认的税收利益额，即未确认税收利益，会作为债务报账。

让我们来进一步说明估量问题。在结算时，50% 以上的大量可确认税收利益是有可能获利的。管理部门必须通过几个步骤来估量该值。这里有一个例子帮助阐明这些概念（该例取自 FIN 48，A21 节）。

假设公司已经确定，可确定的税务状态能产生 100 美元的收益且发生的概率较高，因此该税务状态是可估量的。公司已经评估了以下可能的结果和每个结果发生的概率：

可能预计结果（美元）	单个发生概率（%）	累积发生概率（%）
100	5	5
80	25	30
60	25	55
50	20	75
40	10	85
20	10	95
0	5	100

在本例中，最大值是 60 美元，其在结算时可获利的累积发生概率是 50% 以上，从而公司在财务报表上确认 60 美元的税收利益（减少所得税支出）和 40 美元的未确认税收利益。若公司希望能在一年内结算（缴纳税款），那么该税务会归类于当期债务；否则，它会归类于非当期债务，与普通递延税项债务相区别（除非未确认税收利益产生于应税暂时性差异）。

FIN 48 适用于所有遵循美国 GAAP 的公司。对采用该标准的公司进行的一项研究表明，作为研究对象的 361 家公司总计披露了 1 410 亿美元的未确认税收利益（Zion 和 Varshney，Credit Suisse，2007）。根据 2007—2011 年的数据，在近 9 000 家公司样本中，未确认的纳税债务平均占公司资产的 1.1%（Hanlon，Maydew 和 Saavedra，2013）。如果采用该标准，就 FIN 48 债务而言，除了未确认税收利益（又称债务）外，公司的利息和罚款可能会增加。

FIN 48 要求在每个年度报告的末期进行广泛的披露：

a. 初期和末期的未确认税收利益对账表，至少应包括如下几个方面：

    1. 未确认税收利益的增加总额和减少总额，作为前期的税收状态结果；

    2. 未确认税收利益的增加总额和减少总额，作为当期的税收状态结果；

    3. 和税务机构结算有关的未确认税收利益减少总额；

    4. 由于采用的法定时效期满产生的未确认税收利益缩减量。

b. 未确认税收利益的总量（如果确认，会影响有效税率）。

c. 营业报告里已确认的利息和罚款总量及财务状况表里已确认的利息和罚款总量。

d. 因为税收状态的未确认税收利益在报告期间的 12 个月内极有可能大幅增加或减少：

    1. 不确定性的性质；

    2. 在接下来的 12 个月会发生改变的事件的性质；

    3. 合理可变化范围估测或不可估测范围的描述。

e. 受到主要税收管辖区审查的课税年度说明。

另一种需要披露的是未确认税收利益总量，一经确认，就会影响有效税率（第 21 节 b 项）。未确认税收利益债务会影响两种税收状态：该阶段的项目是扣除还是应税的不确定性，即"时间性差异"；扣除是否允许或收入是否需要课税的不确定性，即"永久性差异"。因为时间性差异的审计调整会影响未确认税收利益但不会影响总的所得税费用（因为所得税费用已经反映了税收优惠金额）或实际税率。此外，由第二种税收状态（扣除是否允许或收入是否需要课税的不确定性）引起的未确认税收利益确认会影响（降低）有效税率（ETR）。例如，许多制药公司经常使用研发税收抵免，如果得到允许这将降低公司的有效税率（因为它是抵免）。

总的来说，公司需要披露的所得税信息包括：（1）当期和部分递延税费，分为美国、海外和州税三部分；（2）递延税项资产表和递延税项债务表；（3）按联邦税率对税前账面收入计税与实际税收的比较；（4）公司未确认税收利益（或它的不确定税务状况）的详细披露。有了这些披露，聪明的财务报表读者可以：

1. 通过当期税费披露估测当期应税收入。

2. 推断公司的主要暂时性差异。

3. 推断公司的主要永久性差异。

4. 了解公司与未确认税收利益相关的潜在债务。

5. 容易看出公司在海外市场的收益状况。

了解财务报表的税收信息在一定程度上能帮助外行读者理解公司参与了哪些重大税收优惠活动，这会体现在永久性和暂时性差异中，因为是美国税法的优惠待遇产生了这些差异。随着未确认的税收利益信息披露的增加，人们还可以评估公司在税收筹划方面有多积极——报告的未确认税收利益越多，通常意味着税收筹划就越积极。此外，税单中的信息还提供了一些关于公司应纳税所得额与财务会计所得额为何不同的信息。账面—税收差异，尤其是暂时性差异，可以用来推断公司在计算净收入时有多积极地采用权责发生制。[①]

□ 实际企业披露的例子

在本章末尾部分是微软公司年终报告（其财政年度截至 6 月）的摘录。根据 GAAP，2012 年损益表提供了 3 年的业务对比。微软 2012 年报告的税前账面收入（表示为微软"税前收入"，单位为百万美元）为 22 267，低于 2011 年的 28 071。2012 年的总税收支出（表示为微软"备付所得税"）为 5 289，而 2011 年为 4 921。这些数据可得出 GAAP 有

---

① 通过递延税费得出了企业的收益管理方式；Hanlon（2005）查明了暂时性收益值高是否就意味着短期收益管理产生的持续净收益值低的问题。

效税率，如下表所示：

	2012	2011	2010
备付所得税	5 289	4 921	6 253
税前收入	22 267	28 071	25 013
GAAP 有效税率	23.75%	17.53%	25.00%

所得税信息披露（微软年终报告第 13 条）分为两个部分：当期税费为 4 335，递延税费为 954，即损益表所报告的总所得税费用为 5 289。微软提交了它的递延税项资产和递延税项债务情况。需要记住的是，递延税项资产和暂时性差异产生的债务都会在账面上得到确认，只是确认时间不同。在递延所得税资产中，"其他税费支出"是最大值。

相较于实际支出项目，这种说法虽然比较含糊，但也说明了微软在税收扣除前确认了该项财务会计支出。这类支出的一个例子就是坏账费用。第二大递延所得税资产被称为"基于股票的补偿费用"。根据股票期权会计准则（雇员股票期权的税收和会计处理将在第 8 章详细讨论），微软在期权的归属期在财务报表（降低账面收入）里确认股票—期权费用。但是，在行使期权之前，股票—期权报酬支出是不允许扣除的，而行使期权的时间要晚于归属期。

因此，在 2012 年（2011 年），在课税之前确认账面支出产生 882（1 079）的递延税项资产。微软将软件的现金销售归类为"未实现的预期收益"，合计 571，从而推迟账面的收益确认；但是这些销售会被纳入需要课税的收益中。152 的受损投资表明，微软减少了投资的账面价值。该类投资的价值会下降（账面损失确认时），但在投资出售并实现损失之前，不能扣除税务损失。最后，微软也报告了 532 的"损失向后结转"递延所得税资产。该公司声明，大部分损失是在收购 Skype 的过程中获得的，且这些损失皆产生于海外市场。

对于递延所得税债务，2012 年国际收益为 1 072，这反映了税收与账面之间不同的合并规则。外国子公司的营业收入包括在账面收入中（因为外国子公司的账目都会合并），但是当外国收入通过股息支付汇回美国时，这种营业收入一般包括在应税收入中。[①] 因此，收入在获得时计入账面收入，而在汇回国内时计入应纳税所得额，两者之间存在暂时的差异，也会产生美国未来税收的递延税项债务。关于国际税收的更多细节见第 10 章和第 11 章。此外，我们还将在本章后面讨论一些关于外国子公司所得税核算的其他问题。830 的未实现投资收益在财务上可以确认，但是在课税时还不能确认。只有投资被售出且收益被确认，该收益才能纳入应税收入。微软还记录了与折旧相关的递延税项债务。递延税项债务表现了递延税额在账面折旧和税收折旧末期的不同。同样，由于税收折旧通常在资产生命周期的早期以比账面折旧更大的金额记录，因此产生了递延税项债务。微软记录了一笔标为"其他"的金额（就像大多数公司一样），这笔金额汇总了那些规模太小、无法单独披露的项目的递延税费。

在 2012 年，扣除估值备抵后的递延税项资产净额减少 718（从 3 446 降至 2 728），递

---

① 在同期，国外子公司（国外控股公司）的消极收益一般会同账面收入一样纳入美国应税收入。这属于受控外国公司分部的反递延条款的一部分。更多细节参见第 10 章和第 11 章。

延税项负债增加 151（从 2 435 降至 2 586），因为递延所得税资产净额减少 869。递延税项资产的净值减少额等于在损益表中计算总所得税费用的递延税费——然而，微软总所得税费用的递延税费部分为 954，这种差异没法解释（这种差异的存在不足为奇，我们猜测是微软的兼并活动导致了该阶段初期和末期的递延税项资产和债务净值差异）。需要注意的是，在微软内部可以协调这些项目，这表明如果排除兼并（或其他调节项目），公司递延税项资产和债务的变化等于递延所得税费用。我们只是财务报告的读者，没有详细的数据完成那种调节。

递延税项资产和递延税项债务的当期部分和非当期部分分别在资产负债表上反映。当期（非当期）部分是指与当期（非当期）资产和债务相关联的暂时性差异。微软披露的当期递延税项资产为 2 035，长期递延税项债务为 1 893，总计为 142。这些数值是可以直接在资产负债表中得出的（自行检验）。可是，对许多公司而言，资产负债表中不能得到总额，因为在资产负债表的"其他"类中，净值和其他项是合并在一起的（例如，当期递延资产类的"其他流动资产"或者当期税项债务的"其他流动债务"）。

微软 2012 年的备抵计价为 453。公司透露，备抵计价和收购 Skype 公司产生的20 亿美元净营业损失结转有关，也与主要海外公司的亏损有关。微软通过备抵计价的记录披露了公司不能充分利用这些损失（可能是因为净营业损失的使用限制或者在相关海外领域应税收入额不充足）。所得税申报表还显示，2012 年的总当期所得税费用为 4 335，而国际税费为 1 947。披露信息也包括了美国和国际公司的税前收入——注意 2012 年几乎93％的微软税前收入来自海外业务。

最后，微软解释了为何 GAAP 有效税率不同于美国最高法定税率。其以税率调节表的形式解释了原因，并揭示了其和永久性差异有关。

	2012	2011	2010
最高联邦法定税率	35.0％	35.0％	35.0％
按最低税率课税的国外收益	(21.1)％	(15.6)％	(12.1)％
商誉减损	9.7％	0％	0％
国税局清算	0％	(1.7)％	0％
其他应调节项目	0.2％	(0.2)％	2.1％
GAAP 有效税率*	23.8％	17.5％	25.0％

说明：* 根据早期计算和微软的报告得出。

该公司的实际税率低于法定税率，微软在表下给出了一些额外的解释。2012 年（和 2011 年）的主要因素是"外国收入税税率较低"。我们在本书的前一版已经提过，2007 年和 2006 年税率调节表中的比例分别为 5.1％和 4.6％。账面和应税收入的差异是由于不同的合并规则（前面讨论过），以及递延所得税会计适用的例外情况造成的。如前所述，账面收入与应税收入之间存在时间差异，因为外国子公司的营业收入在取得时计入财务会计收入，但在这些收入汇回国内之前不计入应税收入。在确定这些收入的所得税核算时，管理部门必须明确这些外国收入是否属于"永久性再投资"，即它们不打算将这些收入汇回美国。如果管理层将这些收益指定为基于财务会计目的的永久性再投资，那么该公司就不必为未来汇回美国的收益缴纳税款。如前所述，这是 AC 740−30（前 APB

23）中发现的递延所得税会计的一个例外。

注意，因为微软把一些国外收益记为递延税项债务，且在税率调节表里有许多调节项目，公司表示部分国外收益可能会汇回本国（那些已经记录了递延税项债务的收益），但是不希望把某些收益带回美国（那些收入会作为永久性再投资）。微软在税收报告后面声明："我们没有提供递延美国所得税或者国外预提所得税的信息，非美国子公司的收益产生了大约608亿美元的暂时性差异，且那些收益会在国外进行永久性再投资。截至2012年6月30日，这些与暂时性差异有关的未确认递延税项债务约为194亿美元。"这些数据意味着美国对这些海外收入的预期增加的税率为31.9%（即19.4/60.8）。根据国外已支付税收的美国税收抵免情况，假设没有其他复杂的因素，这些数据表明微软平均只缴纳了3.1%（35%－31.9%）的国外税收，即在2012财政年度中，用作永久性再投资的608亿美元的国外收益只缴纳了18.8亿美元的税收。根据微软的信息披露，我们可以推测出美国应税收入如下所示［采用式（6.4），美国应税收入估计值＝美国当期税费/str］，忽略雇员股票期权的税收利益（第8章会讨论）和未确认税收利益（如上面的讨论）。在此也应忽略税收抵免。

	2012	2011	2010
美国当期税费/0.35	2 235/0.35	3 108/0.35	4 415/0.35
＝美国应税收入估计值	6 385	8 880	12 614
已报告的税前收入	1 600	8 862	9 575
美国应税收入估计值和美国税前收入的总差额	4 785	18	3 039

通常，学者和其他财务报表使用者会用这些披露信息估测全世界的应税收入［（同样使用式（6.4）：全世界的应税收入估计值＝全世界的当期税费/str，美国法定税率作为分母以合计出全世界的当期税费。然而，如上所述，这种做法是有问题的，因为各国对应税收入的定义和计算不同，各国的税率也不同。例如，以微软为例，我们估测出2012年全世界的应税收入为11 949（即4 182/0.35），即应税收入估计值是报告账面收入的54%。例如，在2005—2007年，应税收入和账面收入之比从77%增加到了85%。因为2012年微软报告的收入有93%来自海外市场，我们如果采用过高的美国法定税率，很可能会低估公司的全世界应税收入。通过分析微软列出的子公司数据可知，在波多黎各、新加坡和爱尔兰等国家所设的子公司均有相较于美国更优惠的公司法定税率。与之前计算的平均外国税率只有3.1%相比，这些较低的税率显而易见，而微软把那些国外收益用作永久性再投资。请注意，对于微软来说，不能简单地用估计的外国税率3.1%来估测外国应税收入，因为这个税率适用于公司指定为永久性再投资的收益部分。微软也有一些海外收入，用于增加美国的税收，如递延税项债务为1 072。

至于未确认税收利益，微软报告称，截至2012年6月30日，其未确认税收利益的余额为72亿美元，相当于总资产的0.06%和约占总债务的13%。无独有偶，以下是通用电气（General Electric，GE）根据FIN 48的未确认税收收益披露（来自截至2012年12月31日的公司10-K年度报表）。此次披露显示，GE的资产负债表上未确认税收收益债务总额为54.45亿美元。这是公司的总金额，与所有地区的税务状况有关。

GE（摘录自 2012 年 10-K 年度报表）

未确认税收利益的余额，相关利息和罚金的金额以及我们认为在未来 12 个月内可能改变的合理范围如下：

12 月 31 日（单位：百万美元）	2012	2011
未确认税收利益	5 445	5 230
部分（如果确认）将减少税收费用和有效税率（a）	4 032	3 938
未确认税收利益的应计利息	961	1 033
未确认税收利益的应计罚金	173	121
可能减少的未确认税收利益的余额接下来 12 个月的收益	0～800	0～900
部分（如果确认）将减少税收费用和有效税率（a）	0～700	0～500

（a）部分减少金额可能会报告为非持续经营

未确认税收利益开始和结束的对账金额如下：

（单位：百万美元）	2012	2011
1 月 1 日结余	5 230	6 139
当年增加的税收项目	293	305
前年增加的税收项目	882	817
前年减少的税收项目	(723)	(1 828)
税务机关清算	(191)	(127)
诉讼时效届满	(46)	(76)
12 月 31 日余额为	5 445	5 230

GE 在 10-K 中也提供了附加文本披露信息，该文本可从 SEC Edgar 网站上获得。该附加材料对财务报告读者十分有用，尤其是那些对 GE 的税收筹划很感兴趣的人。GE 是美国一家大型跨国公司，在超过 250 个地区设有分公司，需要填报提交超过 5 900 份纳税申报表。GE 透露，在 2011 年，美国国税局对 GE 2003—2005 年的合并联邦纳税申报表进行了审计，对最近 2008—2009 年的纳税申报表还在审计中。美国许多大型公司的合并联邦纳税申报表都需要审计，大部分公司在关闭前都面临着 5～7 年的滞后发展期——因此 GE 的情况并不例外。此外，即使审计已经结束，也不意味着公司不会对审计结果进行申辩。例如，GE 表示，美国国税局不承认其 2003 年出售一家子公司造成的税务损失，而 GE 正考虑对国税局的驳回进行申辩。它们还表明，与美国国税局还存在其他一些未解决的纠纷，这对大型企业来说也并不罕见。尤其是涉及未确认税收利益披露时，GE 表示这些争议在 12 个月内得到解决，这可能导致其未确认税收利益的余额减少 54.45 亿美元。有意思的是，GE 提供了一些细节，以说明审计结束后解决的税务事项对其 GAAP 有效税率的影响。例如，2003—2005 纳税年度的审计决议导致 2010 年（审计事项解决之年）的有效税率大幅下降 5.9 个百分点。同样，2006—2007 纳税年度的决议将 GE 在 2011 年的实际税率下调了 2.3 个百分点。这些披露表明，GE 最终可能会确认此前在纳税申报表中声称的一些税收利益，但这些优惠并未被确认为账面上的减税。

最后，GE 指出，在 FIN 48 下，对于向税务机关支付的税款不足的任何利息都被归类为利息费用，而任何罚金都被包括在损益表上的税金费用中。GE 在其税务脚注中披露的金额几乎都接近 1 亿美元，尽管从绝对值来看，这一数字显得很大，但对 GE 这样的大公司来说也只是九牛一毛。

□ 未确认税收利益的其他细节

在这里列出关于未确认税收利益的会计处理办法的最后两个说明。首先，尽管许多人认为，这些披露将向税务机关提供大量信息，但证据并不表明如此。国税局（从 2010 年开始）已经要求公司纳税申报时要分别填写表格，对于不确定的税收状况填写表格 UTP（这是另一个缩写词）。其次，正如本章所指出的，FASB 新问题工作组发布了第 13-C 号文件。"当 NOL 结转或税收抵免结转存在时，需提交未确认税收优惠表"。这就影响了 FIN 48 负债的披露，因为它要求在资产负债表上显示任何未确认税收利益，作为 NOL 结转或税收抵免结转的减税资产（而不是作为负债），除非根据辖区所适用的税法，无法结转在报告日期结转的款项，以结清因取消税收减免而产生的任何额外所得税；然后，它将作为负债呈现。在第 13-C 号文件发布之前，实际处理方法显然有所不同，这个问题将使各公司的处理方法更加标准化。我们注意到，这种"净额结算"方式使得 UTB 的数额较少反映了公司总体不确定的税务状况。不过，净额结算方式更能反映未来可能需要用现金支付的税额。

微软公司（摘自 2012 10-K）项目 8 财务报表和补充数据
收入报表
（单位：百万美元，每股金额除外）

截至 6 月 30 日	2012	2011	2010
收入	73 723	69 943	62 484
营业费用：			
收入成本	17 530	15 577	12 395
研究与开发	9 811	9 043	8 714
销售和市场营销	13 857	13 940	13 214
一般和行政	4 569	4 222	4 063
商誉减值	6 193	0	0
总营业费用	51 960	42 782	38 386
营业收入	21 763	27 161	24 098
其他收入	504	910	915
税前收入	22 267	28 071	25 013
备付所得税	5 289	4 921	6 253
净利	16 978	23 150	18 760
每股收益（美元）：			
基本	2.02	2.73	2.13
稀释	2.00	2.69	2.10

截至 6 月 30 日	2012	2011	2010
未支付的加权平均流通股			
基本	8 396	8 490	8 813
稀释	8 506	8 593	8 927
每股普通股宣布的现金股利（美元）	0.80	0.64	0.52

资产负债表
（单位：百万美元）

6 月 30 日	2012	2011
资产		
流动资产：		
现金和现金等价物	6 938	9 610
短期投资（包括 785 和 1 181 的证券）	56 102	43 162
总现金、现金等价物和短期投资	63 040	52 772
应收账款、呆账准备（389 和 333）	15 780	14 987
库存	1 137	1 372
递延所得税	2 035	2 467
其他	3 092	3 320
总流动资产	85 084	74 918
财产和设备，累计折旧（10 962 和 9 829）	8 269	8 162
股票和其他投资	9 776	10 865
商誉	13 452	12 581
净无形资产	3 170	744
其他长期资产	1 520	1 434
总资产	121 271	108 704
负债和股东权益		
流动负债：		
应付账款	4 175	4 197
长期债务当前部分	1 231	0
应计补偿	3 875	3 575
所得税	789	580
短期的预收收入	18 653	15 722
证券借贷支付	814	1 208
其他	3 151	3 492
总流动负债	32 688	28 774
长期债务	10 713	11 921
长期的预收收入	1 406	1 398
递延所得税	1 893	1 456
其他长期负债	8 208	8 072
总负债	54 908	51 621

（单位：百万美元）

6 月 30 日	2012	2011
承诺和意外事项		

股东权益：

24 000 股普通股和实收股本授权	65 797	63 415
未支付的 8 381 和 8 376		
留存收益（赤字），包括累计		
其他综合收入（1 422 和 1 863）	566	(6 332)
总股东权益	66 363	57 083
总负债和股东权益	121 271	108 704

附注 13—所得税

所得税组成部分如下：

（单位：百万美元）

截至 6 月 30 日	2012	2011	2010
当前的税收			
美国联邦	2 235	3 108	4 415
美国州和地方	153	209	357
国际	1 947	1 602	1 701
当前税收	4 335	4 919	6 473
递延税			
递延税	954	2	(220)
备付所得税	5 289	4 921	6 253

所得税之前的美国和国际收入部分如下：

（单位：百万美元）

截至 6 月 30 日	2012	2011	2010
美国	1 600	8 862	9 575
国际	20 667	19 209	15 438
税前收入	22 267	28 071	25 013

以美国联邦法定税率计算的所得税与有效税率的差额的项目如下：

截至 6 月 30 日	2012	2011	2010
联邦法定税率	35.0%	35.0%	35.0%
影响：			
以较低的税率征税的外国收入	(21.1)%	(15.6)%	(12.1)%
商誉减值	9.7%	0%	0%
国税局进行结算	0%	(1.7)%	0%
其他协调项目	0.2%	(0.2)%	2.1%
净有效税率	23.8%	17.5%	25.0%

由于我们在爱尔兰、新加坡和波多黎各的外国区域运营中心生产和分销我们的产品和服务，对原本适用联邦法定税率的国外收益采取较低税率。一般来说，其他调节项目包括利息、美国州所得税、国内生产扣除和抵免。在 2012 年、2011 年和 2010 年的财政年度里，没有什么特别重要的调节项目。对国税局清算讨论如下。

递延税项资产和债务的构成情况如下所示：

6 月 30 日	2012	2011
递延所得税资产		
股票报酬费用	882	1 079
其他花费项目	965	1 321
预收收入	571	463
不良投资	152	424
亏损结转	532	90
其他收入	79	69
递延所得税资产	3 181	3 446
低估值津贴	(453)	0
递延所得税资产，净估值津贴	2 728	3 446
递延所得税债务		
国际收入	(1 072)	(1 266)
未实现的投资收益	(830)	(904)
折旧及摊销	(670)	(265)
其他	(14)	0
递延所得税债务	(2 586)	(2 435)
净递延所得税资产	142	1 011
报告		
当前递延所得税资产	2 035	2 467
长期递延所得税债务	(1 893)	(1 456)
净值递延所得税资产	142	1 011

上表中披露的估值准备金涉及主要在国外产生的 20 亿美元净经营亏损的部分（主要是通过收购 Skype）可能无法实现。

递延所得税余额反映了资产和债务账面价值与其税基之间的暂时性差异的影响，并在实际支付或收回税款时对预计实施的税率进行列示。

截至 2012 年 6 月 30 日，我们尚未为某些非美国企业因盈利而产生的约 608 亿美元暂时性差异提供递延所得税或外国预扣税。这些子公司是在美国以外进行永久性再投资的公司。2012 年 6 月 30 日，与这些暂时性差异相关的未确认递延税项债务约为 194 亿美元。

2012 年、2011 年和 2010 年的所得税分别为 35 亿美元、53 亿美元和 31 亿美元。

不确定的税收状况

从 2012 年 6 月 30 日开始，我们持有 72 亿美元未确认税收利益，一经确认，就会有 62 亿美元影响有效税率。从 2011 年 6 月 30 日开始，我们持有 69 亿美元未确认税收利益，一经确认，就会有 59 亿美元影响有效税率。

2012 年、2011 年和 2010 年的税收利息分别为 1.54 亿美元、3 800 万美元和 1.93 亿美元。从 2012 年、2011 年和 2010 年 6 月 30 日开始，我们已经分别累计了 9.39 亿美元、7.85 亿美元和 7.47 亿美元的不确定税收状态的联邦所得税收益净值。

总未确认税收利益差额变化如下所示：

截至 6 月 30 日	2012	2011	2010
年初期余额	6 935	6 542	5 403
与清算有关的减值	(16)	(632)	(57)
与当年税收状况有关的增值	481	739	1 012
与前年税收状况有关的增值	118	405	364
与前年税收状况有关的减值	(292)	(119)	(166)
由于限制法规失效导致的减值	(24)	0	(14)
年末期余额	7 202	6 935	6 542

在 2011 财政年度的第三个季度，我们清算了部分国税局对 2004—2006 财政年度的审计结果，减少了 4.61 亿美元所得税支出。我们在清算国税局的部分审计结果的同时，也在接受审计。2012 年 2 月，国税局撤回了税收审计报告并重新开始了检查的审计阶段。从 2012 年 6 月 30 日开始，主要的未解决问题和转让定价挂钩，如果没有解决好会对财务报表产生较大影响。我们认为税收统一是合理的，但是我们认为未确认税收利益的总额在接下来的 12 个月不会有大的增加或减少，待解决问题在接下来的 12 个月也不会得到解决。我们也会在 2007—2011 财政年度继续接受国税局的审查。

我们会受许多国外地区的所得税影响。一些地区仍需接受对 1996—2011 财政年度的检查，其中有一部分正在接受当地税务局的审查。这些审计结果对财务报表并不重要。

□ 财务会计收入的重要性表现

账面—税收折中处理：跨时间收入转移

正如第 2 章所述，如果法定税率预期会下降（提高），公司会有递延（加速）应税收入的动机。在 TRA 86 中，公司税税率的降低为公司提供了激励政策，使其能够在税率较低的情况下，将收入推迟到纳税期。研究者利用 TRA 86 可以弄清楚公司在节税额和财务报告成本中如何做出这种选择。虽然财务会计成本和税收利益之间的权衡是 TRA 86 研究的核心，但也有必要指出，在考虑"所有成本"这一主题时，与收入转移相关的其他各种非税成本也可能存在。例如，收入的转移可能会改变潜在经济活动的时间安排，这可能会带来巨大的非税成本，比如运营效率降低、客户关系恶化以及额外的库存持有成本由于延迟发货而上升。收入转移活动的筹划和协调也需要管理成本和实施成本，转移收入当期可能会影响到高管报酬计划。另一种需要注意的是要考虑到"各方"，因为可能会给转移收入的另一方带来税收成本（这是多边税收筹划的一个例子）。

一些学术研究专门研究了 TRA 86 的收入转移。一般结果如下：首先，在 TRA 86 之后税率较低时，盈利公司似乎为了报更多的税会转移收入（在 TRA 86 之前会申报更多支出）。对于财务会计成本相对较少的公司（如违反债务契约可能性较小的公司）来说，这种转变更为明显。因此，如果公司有债务且契约是和财务会计相关的，那么该公司就不太可能为了节约现金税收而转移收入，因为这也会减少会计收入，从而说明会计收益对公司和管理部门更加具有价值。另一个研究发现是，有 NOL 的公司一般会选择转移收入。因为在 TRA 86 之后税率下降了，如果一个公司有 NOL，那么 NOL 在税率下降后就变得不那么值钱了，所以这些公司会把收入转移到税率较高的 TRA 86 发布前期。同样，对于那些有报告高财务会计收益压力的公司（例如，具有杠杆能力的公司，契约会基于会计收益）来说，公司转移收入以节省现金税的可能性要低得多。这些公司不能为了节约税收而转移收入，因为它们也要报告财务会计收益，从而产生了账面—税收的折中问题。[①]

账面—税收折中处理：后进先出法/先进先出法研究

能说明账面—税收折中处理的另一设定是那些有存货的公司，它们需要选择一种方法来计算它们的存货。后进先出（last-in, first-out，LIFO）是一种库存核算方法，当价格上涨、库存水平不变、税率不随时间增加时，它可以使税收最小化（在那些国家这是可接受的会计方法）。如果在美国纳税时使用 LIFO，那么财务报账时也必须使用 LIFO（一致原则）。随着时间的推移，使用后进先出法的公司被允许通过脚注信息披露来报告足够的信息，以便用户估计基于先进先出（first-in, first-out，FIFO）的收益。因此用户可以同时拿到 LIFO 和 FIFO 的收益数据。然而，由于基于 LIFO 的收益报告是在损益表中公布，依赖于审计报告数字的合约（甚至可能是资本市场参与者）可能会使用较低的基于 LIFO 的收益。正因为如此，只有通过减少向股东、贷方和其他利益相关者报告的利润，应税收入才可能会减少，而这不利于税收最小化策略。

我们能从 LIFO/FIFO 的决策数据观察到什么呢？一般来说，研究表明公司节税的首选是 LIFO（适用决策）。可是，当财务报告压力较大时，公司很可能会清算 LIFO 层——这意味着存货水平下降——从而导致在账面和税收中会低成本高收入地记录售出货物。因此，似乎公司为了显示更高的会计收入而报告更多的应税收入和缴纳更多的税款。最后，学术界也有证据表明公司有时会一起放弃 LIFO，例如当公司杠杆较高，有可能影响公司最低资本要求时。这一证据也与财务报表影响决策的结论相一致（如果出于税收目的，财务报表"更便宜"，也就是说，当公司存在能降低放弃 LIFO 决策可能性的税收损失结转额时，情况更是如此）。[②]

监管成本

财务报告的关注点延伸到了监管者、投资者和债权人。例如，美国银行业必须维持最低限度的"监管资本"，以保持其运营独立于银行监管机构。此外，授权银行发行的联邦保险需求存款的数量和监管成本密切相关。减少应税成本的交易在一定程度上也会减少监管资本（大部分情况是这样），银行可能会理性地选择放弃节税额。对于面临相对较高的破产概率和较低的监管资本水平的银行来说，尤其如此，因为这些机构发现，通过发行有担保的活期存款，以无风险利率借入资金特别有吸引力。在早期一个学术研究话题中，Scholes，Wilson 和 Wolfson（1990）发现银行在管理证券投资组合时会把税收筹划和非税因素一起考虑。也就是说，公司为了增加监管资本会放弃节税额（通过不售卖未实现损失的有价证券），有时会故意产生税收成本（通过售卖已经涨价的证券）。在其

---

① 有兴趣的读者可以参见 Guenther（1994）和 Maydew（1997）。

② 有兴趣的读者可以参见 Dopuch 和 Pincus（1988）；Cushing 和 LeClere（1992）；Johnson 和 Dhaliwal（1988）；Dhaliwal，Frankel 和 Trezevant（1994）；Hunt，Moyer 和 Shevlin（1996）。

他研究里，Beatty，Chamberlain 和 Magliolo（1995）与 Collins，Shackelford 和 Wahlen（1995）拓展了 Scholes，Wilson 和 Wolfson 的研究，并用多种方式检验除了管理售卖有价证券的收益和损失外，银行也能管理它们的收益、监管资本和税收。他们也发现了监管资本和财务报告是最受关注的税收问题。可是，Collins，Geisler 和 Shackelford（1997）证明了在保险业税收和监管问题与财务报告影响一样重要。

另一项关于检验税收利益和会计成本的折中处理的研究证明了公司的决策与组织形式有关。1996 年的税法改变使商业银行的合作对象由应税的 C 公司转换为直通的 S 公司。Hodder，McAnally 和 Weaver（2003）发现银行出于节税目的更有可能转换合作对象，尤其是当这种转换能节约股息税、避免公司可选择的最低税，并将国家所得税减到最低时。

当转换限制进入股票资本市场（例如进行扩张）、限制银行 NOL 结转的使用，并对转换日存在的未实现利益征收潜在惩罚税金时，银行不太可能进行转换。此外，拥有大量递延税项资产的银行不太可能转换：在转换过程中注销递延税项会减少监管资本，并使银行面临可能代价高昂的监管和干预。因此，在这个转换决策中，税收节省被用来抵消监管成本的增加。

在一项研究中，根据所有数据做出了私有公司和上市公司的对比——上市公司的行为往往表现出更关注财务会计。一般来说，我们观察到上市公司不愿意在有财务会计成本的情况下减税。对于有监管要求的银行和保险公司来说，可以随时获得私有公司的数据。例如，Beatty 和 Harris（1999）（审查银行）与 Mikhail（1999）（审查保险公司）均报道的结果是，私有公司会更积极地进行税收筹划，这说明私有公司的非税成本是比较低的。这些结果是众望所归的，因为私有公司不用担心股票市场对它们收益报告的反应，当然也因为经理人就是老板，私企的信息隐藏问题更少。

资产剥离

资产出售也存在账面—税收折中处理问题。有例为证，Maydew，Schipper 和 Vincent（1999）研究发现公司是通过应税销售而不是免税分拆进行资产剥离决策，在决策中公司会对税收成本和非税成本进行权衡。在税率为正、非税成本为零的情况下，有未实现应税收益的资产可以免税剥离，有未实现可抵扣损失的资产可以出售，以提供税收收益。他们发现在 1987—1995 年，在 270 起资产剥离事件样本中，至少有 30% 的应税资产售出和 33% 的免税分离是没有税收优惠的，这表明要么存在重大的非税成本，要么存在放弃的税收优惠。他们也发现了相关证据，即公司为了取得有力的财务报告结果和筹集现金会故意产生税收成本。他们报告的证据与公司为取得有利的财务报告结果和融资而产生的税收成本一致。

公司愿意放弃节税额的估计

我们刚刚提到的研究证实了公司经理人要在节税和非税成本中做出选择，这种非税成本特指任何税收筹划的财务报告所引起的各种成本。这就提出了一个问题，公司愿意为有利的财务报表结果"支付"多少（通过放弃节税）。换言之，通过观察被放弃节税额的估计值我们能估测出财务报表成本的底线值。以下几个研究论证了该问题。

Engel，Erickson 和 Maydew（1999）研究了信托优先股（TRUPS），以得出公司愿意为有利的资产负债表待遇支付的较低和较高估值。简言之，TRUPS 在税收方面类似于负债，因为优先股息与利息一样是可以税前扣除的。相比之下，出于财务会计目的（在本研究期间内），TRUPS 被视为资产负债表上的传统优先股（即非债务）。（关于 TRUPS，将在第 12 章进一步讨论。）TRUPS 的发行者将这些收益用于偿还传统优先股、偿还未偿还债务，或作一般性公司之用。对于已偿还债务的 TRUPS 发行人而言，保留了可抵扣税款的权利，而资产负债率平均下降 12.8%。[①] Engel，Erickson 和 Maydew 还估计了公司资产负债率下降产生的成本的最低值和最高值。根据 TRUPS 的实际发行成本估计，该下限为 1 000 万美元。最高值用 TRUPS 发行人收回的债券估计，而不是用传统优先股估计。因为放弃回收传统优先股，TRUPS 发行人损失了平均为 4 300 万美元的税收利益。因此，公司愿意支付 1 000 万～4 300 万美元将资产负债率降低 12.8 个百分点，以改善资产负债表。

虽然大部分的研究显示，公司为了避免消极收入或平衡资产负债表是愿意放弃节税额的，但是也有证据显示一些公司会在账面收益的纳税情况上作假。Engel，Erickson 和 Maydew（2004）研究的 27 家公司样本中，这些公司需要重新申报收益，因为美国证券交易委员会认为它们存在欺骗性行为。在它们重新申报的报表里，这些公司大约支付了 3.2 亿美元的税收，之前申报的收益为 3 360 亿美元（或者说平均每申报 1 美元就夸大了 11 美分）。其中一些公司甚至申请退税，这引起了媒体的关注和国会的一些行动。这些公司可能是为了避免受到国税局和股东的审查（通过报告与会计收入一致的应税收入），或者是避免公司内部人员的怀疑（因为许多公司的会计和税务职能是分开的）。很显然，这些公司表现出了一些极端的行为，但也表明了公司愿意付出多少来获得收益。

调查游说活动的证据和轶事

一起针对大约 600 名公司税务主管的调查提供了更多关于账面—税收折中处理的证据。数据显示，84% 的上市公司回应称，公司高管人员对 GAAP 有效税率和支付的现金税款一样关注。

57% 的上市公司认为，增加每股收益是税收筹划策略的一个重要结果。这些数据显示了财务会计盈余对上市公司的重要性——通常至少与实际现金流同等重要（或更重要）。调查数据还显示，在回答同样的问题时，私有公司的回答非常不同。48% 的私有公司说高管对 GAAP 有效税率的关注与支付的现金税款的关注相当，而只有 22% 的私有公司会说，提高每股收益是税收筹划的重要结果。

另一种评估财务会计与税收结果重要性的方法是观察公司游说行为。21 世纪初出现了一个有趣的情况，当时国会正在考虑在之前的税收优惠（某些美国域外收入的免税）被取消后，如何为美国出口商提供税收优惠。国会也考虑降低对制造公司的税率或对国内制造费用进行同等扣除。从纯经济学的角度来看，税收节省额是一样的。然而，根据 SFAS 109（现在是 ASC 740），如果制定了较低的法定税率，公司可能不得不使用较低的法定税率重新计算其递延税项资产和债务。因此，拥有递延税项资产的公司极有可能会在资产负债表（使用较低的新税率）上记录较低的递延税项资产实际价值。递延税项资产实际价值的这一变化将导致相应的递延税费的增加，从而降低所报告的账面收入。

① Engel，Erickson 和 Maydew（1999）列出了减免杠杆作用（信用评级结构、债券契约的放松和公司减免的潜在影响）的潜在收益，但是并不知道这些收益在解释变量中是不是重要的。

这些公司进行了积极的游说，国会也选择了减税方案。[1] 在积极讨论税收政策的同时，关于采用专利或创新优惠政策还是降低一般公司税税率的讨论也在进行。

▋ 要点总结

1. 累进制度鼓励纳税人以比实际情况更厌恶风险投资的态度进行投资（也就是说，纳税人将选择风险较小的项目）。这是因为，在累进税制下，平均税率随着应税收入的增加而增加，由此增加了投资的税后成本，或者说，降低了税后预期收益率。这种税收制度增加了初创公司风险投资的税后成本，因为它们可能面临的是累进税制（例如，税收损失向前和向后结转规则）。这类公司也可能会成立合资企业来降低税收成本。

2. 尽管有限合伙企业和合资企业为税收结构不同的纳税人提供了一种税收优惠方式去进行风险投资，但这种安排并非没有成本。所有共同投资都会产生利益冲突。负责为该企业做出决策的一方采取符合其自身最佳利益的行动的动机，而这种利益可能与其他共同投资者喜欢的行动不太一致。

3. 利益冲突的存在产生了降低成本的需求。在这些冲突中，监控、激励合同、履约保证金、担保、声誉和诉讼都是对这一需求的回应。

4. 累进税制鼓励一些公司进行套期保值和分散投资，以减少现金流和应税收入的波动性，提高税后预期收益率。

5. 市场摩擦导致资金的借款利率超过贷款利率，部分原因是借款人不能总是被信任会按照承诺行事。具体来说，借款人可能会有动机采取贷款人看不到的行动，而这些行动会对他们的现金流产生不利的、不可预测的影响。这反过来也损害了借款人偿还债务的能力。

6. 在现实的市场环境中，在缔约各方之间普遍存在信息差异的情况下，有效的税收筹划可能会与税负最小化产生较大偏离。

7. 贷款人试图通过签订大量限制借款人行为的贷款契约来提高贷款的可回收性。但是，这种代价高昂的契约在防止借款人的投机行为方面并

不完善。此外，限制性契约可能会限制借款人采取对借贷双方都有利的行动。

8. 在组织契约问题上，外部观察者，如咨询者、企业掠夺者、投资银行家、监管者或研究人员，通常很难确定与利润挂钩的合同是出于激励考虑、税收考虑还是两者兼而有之。这个识别问题使人们很难知道是什么经济问题导致了合同微观结构的形成。

9. 如果雇主是风险中性的，而雇员厌恶风险，那么在忽略税收的情况下，纯工资合同以一种有效的方式在雇佣双方之间分配所承担的风险。如果一个基于利润的报酬合同偏向税收目的，但税收因素和风险共享因素将会产生冲突，那么我们必须在这两个因素中做出权衡和选择。

10. 在道德风险（隐藏行为问题）的情况下，递延报酬合同可能具有吸引人的激励特征。在这种情况下，如果出于税收的原因，当期支付工资是更为可取的方案，那么递延报酬和当期工资支付这两种力量之间就会产生冲突，必须对二者进行权衡。

11. 当存在隐藏信息问题时，节约税收策略自然会被牺牲。资产的卖家通常比预期买家更了解被出售资产的质量或价值。若考虑税收方面的因素，卖家可能希望出售资产以实现损失，从而减少税收。然而，潜在买家将很难区分出售资产的动机是为了获得税收利益，还是资产不再像卖家宣称的那样富有生产力。因此，资产可能不会被出售，因为买方理性地不愿意为它支付全部价值，从而使卖家损失税收收益。

12. 在组织设计问题上，税务筹划的考虑往往与非税因素相冲突，如等级结构（集中程度和垂直整合程度）以及是否将某些业务组织为分公司或子公司。

13. 许多税收筹划策略会影响向公司股东和

---

[1] Poterba，Rao 和 Seidman（2011）以及 Hanna（2012）。

其他不那么直接的"利益相关者"的财务报告。许多减税策略要求的交易会减少向其他各方报告的利润。在一定程度上，这些财务会计数据会被用于各种合同（如报酬合同、债券契约、监管合同），同时也被外部利益相关者（如分析师和投资者）利用来评估公司股票和债券价格。此时，非税成本上升，减税可能会受到阻碍。

14. 许多交易的财务会计处理不同于税务处理。这些差异可以被认为是暂时性的或永久性的。暂时性差异是指在计算税前收入和应税收入时会被确认或包括在内的项目，但会在不同的时间段被确认或包括在内。折旧是暂时性差异的典型例子。永久性差异只会纳入一种收入类别而不是其他的项目。市政债券利息是永久性差异的典

型例子（它包括在税前账面收入中，但不纳入应税收入）。

15. 公司的财务报表披露中有大量信息，尤其是关于所得税脚注部分，说明了公司如何为账面交易、重复征税的目的而记账。因为一些其他原因，读者可以使用这些详细的披露来得出公司的应税收入的估计值，包括美国和不太准确的全世界的应税收入，来分别估算美国和外国收入的有效税率。

16. 有效的税收筹划必须考虑执行该策略所需的成本。除了这些策略可能带来的某些组织效率低下之外，这些成本还包括获得专业建议、保存记录、签订和执行合同等费用。因此，有效的税收筹划必须与税负最小化区分开来。

问题讨论

1. 以下表述是正确的还是错误的？讨论。

a. 在累进税制中，风险中性投资者更喜欢变动资产，而不是无风险资产，因为它们可以把投资者面临的税率平均化。

b. 在累进税制中，风险中性投资者将要求投资组合多样化，且进行套期保值活动。

c. 在信息对称的双方相互隐藏信息时，就会产生隐藏行为问题。

d. 隐藏行为问题之所以产生是因为委托人监督代理人行为产生成本。

d. 隐藏行为问题的出现是因为委托人监控代理人行为的成本很高。

e. 未来现金流的对称不确定性导致雇员更喜欢当期工资而不是递延报酬。

2. 隐藏行为问题在导致资金借款利率高于贷款利率方面发挥了什么作用？我们能消除隐藏行为问题吗？为什么呢？借款利率和贷款利率的差异是如何影响纳税人实施基于顾客的套利能力的呢？

3. 什么是"身份识别问题"？说明在哪些条件下可能会出现识别问题，包括：雇员－雇主的报酬合同；出售资产；合并。为什么局外人认识到身份识别问题何时会出现很重要？

4. 如果雇主是风险中性的，而雇员是偏好规避风险的，在忽略税收和信息不对称因素的情况下，为什么工资合同是最优的？在什么情况下，雇员报酬合同中的税收因素和风险共享因素会发生冲突？这些冲突的结果是，雇员承担的风险是否比仅仅为了有效地分散风险承担的风险更大？

5. 在存在隐藏行为问题的情况下，递延报酬合同在什么条件下既能最大限度地减少税收，又能为雇员提供理想的工作激励？

6. 隐藏行为问题是如何影响公司重组成本的？重组的税收利益是否会因为这些问题而被牺牲？

7. 隐藏行为问题在有限合伙企业和其他合资公司中起什么作用？如何降低这些问题的成本？

8. 什么是未完成问题？请在研发药物方面举例说明。如何降低这个问题的成本？

9. 考虑税收因素与财务报告因素如何发生冲突？举一个银行业的例子。

10. 债券契约如何影响公司税收筹划行为？请为使用 LIFO 法进行存货成本计算的公司提供一个例子。

11. 经理们经常担心税收筹划部门建议的任何行动对利润报告的影响，请解释原因。

12. 如果经理得到报酬，部分是基于会计收入的奖金，他们可能会反对任何减少报告收入的

税收筹划。公司可以采取什么措施来缓解这种担忧？

13. 在法定税率下降之前推迟收入确认有什么税收利益？如果有的话，非税成本是多少？

14. 如何牺牲税收的节约来实现组织设计效率或降低政策成本？

15. 以下是思科系统（Cisco Systems）公司2012 年度报告的部分摘录。该公司的 GAAP 有效税率是多少？为什么它不同于最高法定税率？思科系统公司主要的递延税费是什么？截至 2012 年 7 月 28 日，思科系统公司获得了多少未确认的税收收益？

思科系统公司（节选自 2013 年 10-K 年度报表）

15. 所得税

（a）备付所得税

备付所得税由如下项目组成（单位：百万美元）：

截至	2012 年 7 月 28 日	2011 年 7 月 30 日	2010 年 7 月 31 日
联邦政府：			
当前	1 836	914	1 469
递延	(270)*	(168)	(435)
	1 566	746	1 034
状态：			
当前	119	49	186
递延	(53)	83	—
	66	132	186
国外：			
当前	477	529	470
递延	9	(72)	(42)
	486	457	428
总额	2 118	1 335	1 648

所得税备付之前的收入包括以下内容（单位：百万美元）：

截至	2012 年 7 月 28 日	2011 年 7 月 30 日	2010 年 7 月 31 日
美国	3 235	1 214	1 102
国际	6 924	6 611	8 313
总额	10 159	7 825	9 415

以联邦法定税率计算的所得税与所得税计提差额的项目如下：

截至	2012 年 7 月 28 日	2011 年 7 月 30 日	2010 年 7 月 31 日
联邦法定税率	35.0%	35.0%	35.0%
影响：			
国家税收，联邦税收优惠	0.4	1.5	1.4
除美国以外的外国收入	(15.6)	(19.4)	(19.3)
税收抵免	(0.4)	(3.0)	(0.5)
转让定价调整（关于以股票为基础的报酬）			(1.7)

不可扣除的报酬	1.8	2.5	2.0
其他净值	(0.4)	0.5	0.6
总额	20.8%	17.1%	17.5%

在 2011 财政年度，税收减免、《失业保险修订案》和《2010 年就业法》在 2011 年 12 月 31 日恢复了美国联邦研发税收抵免，追溯到 2010 年 1 月 1 日。结果，2010 财政年度的研发税收抵免 6 500 万美元归入 2011 财政年度的税金。

在 2010 财政年度里，美国第九巡回上诉法院（"第九管辖区"）撤回了之前的裁决并要求 2005 年税务法庭重新审查 Xilinx 公司负责人。为了决定在公司研发成本分摊安排的情况下的研发成本，最终决策影响了股份补偿开支的税收待遇。而公司不属于这种情况，这个决定导致了公司在财务报告上确认税收利益。该决策带来的结果是，该公司在 2011 财政年度确认了共 7.24 亿美元的税收利益，其中 1.58 亿美元为所得税税金减免，5.66 亿美元为增加的附加实缴资本。

在 2012 财政年度末期，和国外子公司调回国内收益有关的美国所得税和外国预扣税并没有计入未分配收益积累总额 413 亿美元。公司倾向于无限地再投资于这些国外子公司。如果这些收益以股利或其他形式分配回美国，或者如果国外子公司的股份被售卖和转让，公司会受美国额外所得税（外国税收抵免调整）和外国预扣税的影响。这些收入的未确认递延所得税债务数额是无法计算的。

由于雇佣和投资行为，一些外国公司的收入会得到税收减免，有的情况下可能会完全免税。一部分税收优惠在 2015 财年年末到期，大部分的未缴余额也会在 2015 年年末到期。2012 年税收优惠获得的总所得税优惠估计为 13 亿美元（每股收益为 0.24 美元），其中 2015 年年末会到期的税收优惠约为 5 亿美元（每股收益为 0.09 美元）。从 2011 年和 2010 年年末开始，税收优惠获得的总所得税优惠估计分别为 13 亿美元（每股收益为 0.24 美元）和 17 亿美元（每股收益为 0.30 美元）。这两年美国未分配收益的所得税都抵消了部分总税收利益。

(b) 确认税收利益

总未确认税收利益差额变化总表如下所示（单位：百万美元）：

截至	2012 年 7 月 28 日	2011 年 7 月 30 日	2010 年 7 月 31 日
期初余额	2 948	2 677	2 816
与本年度相关的基于税收项目的增额	155	374	246
前年增加的税收项目	54	93	60
前年减少的税收项目	(226)	(60)	(250)
清算	(41)	(56)	(140)
诉讼时效终止	(71)	(80)	(55)
末期余额	2 819	2 948	2 677

自 2012 年 7 月 28 日起，未确认税收利益为 24 亿美元，如果这些收益被确认的话就会影响有效税率。在 2012 财政年度，公司确认了 1.46 亿美元净利息支出和 2 100 万美元的罚金。在 2011 年财政年度，公司确认了 3 800 万美元净利息支出和 900 万美元罚金。公司 2012 年和 2011 年年末的总利息和罚金分别为 3.81 亿美元和 2.14 亿美元。公司不再受美国联邦所得税审计的影响，因 2001 年属于税务年。除了一些有限的例外情况，公司不会受国外所得税审计的影响，2000 年的收益属于税务年，也不会受州所得税和地方所得税审计的影响，因为 1997 年属于税务年。

在 2010 财政年度，第九管辖区撤回了之前对 Xilinx 公司负责人的裁决并要求美国税务法庭对其再次进行审计。在 2010 财政年度，公司最终决定减少大约 2.22 亿美元的未确认税收利益总额和 2.18 亿美元的应计利息。

说明：* 报表中加括号的数字是负数，本书后文中类似的情况与此相同，不再一一说明。

公司就不同地区的税收问题和税务当局进行协商讨论。公司认为，在接下来的12个月里一些联邦税、海外税和州税问题应该进行总结，尤其是关于转让定价和其他方面的问题需要解决。公司估计2012年7月28日的未确认税收利益在接下来的12个月里可以大约减少11亿美元。

(c) 递延税项资产和负债

以下是流动和非流动的净递延税项资产分类表（单位：百万美元）：

	2012年7月28日	2011年7月30日
递延税项资产—当期	2 294	2 410
递延税项债务—当期	(123)	(131)
递延税项资产—非当期	2 270	1 864
递延税项债务—非当期	(133)	(264)
总净递延税项资产	4 308	3 879

递延税项资产和负债的组成部分如下（单位：百万美元）：

	2012年7月28日	2011年7月30日
资产		
呆账和退货津贴	433	413
S销售类型和直接融资租赁	162	178
存货减记和资本	127	160
投资条款	261	226
IPR&D、商誉和无形资产购买	119	106
递延收入	1 618	1 634
信用和净营业亏损结转	721	713
基于股份的报酬费用	1 059	1 084
应计报酬	481	507
其他	583	590
递延税项资产总值	5 564	5 611
估值津贴	(60)	(82)
递延税项资产总额	5 504	5 529
负债		
无形资产购买	(809)	(997)
折旧	(131)	(298)
未实现收益的投资	(222)	(265)
其他	(34)	(90)
总递延税项负债	(1 196)	(1 650)
总净递延税项资产	4 308	3 879

从2012年7月28日开始，公司联邦所得税、州所得税和海外所得税的净营业损失向前结转分别为3.21亿美元、15亿美元和2.4亿美元。收购的联邦净营业损失向前结转额会受到任何一年确认数额的限制。如果这些额度没被使用，联邦净营业损失会在2019财政年度到期，海外和州净营业损失向前结转会在2013财政年度到期。公司递延税项资产的备抵计价为5 500万美元，公司不期待能实现这些资产的国外净营业损失。

从2012年7月28日开始，公司联邦所得税、州所得税和海外所得税的税收抵免向前结转额分别为600万美元、5.62亿美元和400万美元。联邦和海外税收抵免向前结转额分别会在2019财政年度和2027财政年度到期。大部分的税收抵免可以无限期向前结转。

1. 假设应税收入为正时税率为 30％，应税收入为负时税率为 0。计算以下四个项目的预期应纳税款。请注意，每个项目的预期收入为 50 000 美元。对于每个项目，也计算其预期平均税率（预期总税收除以预期应税收入）。并解释和讨论你的结果。

a. 确定收入为 50 000 美元。

b. 50％的概率是获得 100 000 美元收入，50％的概率是获得 0 美元。

c. 50％的概率是获得 200 000 美元收入，50％的概率是损失 100 000 美元。

d. 50％的概率是获得 500 000 美元收入，50％的概率是损失 400 000 美元。

可以通过绘制与图 6-1 类似的图表，帮助你解决此题。

（1）绘制应税收入的税率表，区间范围为－500 000 美元到＋500 000 美元，横轴表示应纳税收入，纵轴表示应纳税额。

（2）在每个项目的纳税计划上标记两个端点（如对于项目 2，两个端点为 0 美元和 50 000 美元）。在两个结果之间画一条直线。

（3）在应纳税收入等于 50 000 美元的情况下，从横轴向上画一条垂直线。

（4）最后，读出每个项目的预期应纳税额，其中预期应纳税额是第 2 步和第 3 步中各行的交叉点。

2. 假设应税收入少于 0 美元时的税率为 0％（同样，无损失退税，无 NOL 向前或向后结转）。对于 25 000 美元以下的正应税收入，税率为 15％；对于超过 25 000 美元但低于 50 000 美元的应税收入，税率为 25％；对于高于 50 000 美

元的应税收入，税率为 34％。计算以下两个项目的预期应纳税额。解释并讨论你的结果。

a. 50％的概率获得 100 000 美元收入，50％的概率损失 50 000 美元收入。

b. 50％的概率获得 75 000 美元收入，50％的概率获得 25 000 美元收入。

3. 假设如果应税收入为正，税率是 30％；应税收入为负，税率是 0％。考虑以下三个项目的税前收益：

a. 无风险：确定的 10％。

b. 中等风险：一半的概率为 30％，一半的概率为－10％。

c. 高风险：1/10 的概率为 300％，9/10 的概率－20％。

要求：

（1）计算每个项目的税前和税后预期收益率。

（2）收益的变化是如何影响预期税率的？为什么？

（3）该税收结构是鼓励还是阻碍高科技风险创业企业？

4. 假设公司的税收资金成本为每年 6％。假设公司的边际税率为 35％，那么将 1 美元的收入推迟 1 年、2 年和 5 年确认的收益分别为多少？又假设公司明年最高法定税率会增加到 40％。将收入推迟 1 年、2 年和 5 年确认仍然值得吗？解释并讨论你的结果。

5. 假设 Sonics 公司在本期刚刚开始营业。该公司在此期间以各种价格购买了 400 单位存货，具体情况如下表所示：

时间	数量（单位）	单位成本（美元）	总额（美元）
1 月	100	10	1 000
3 月	100	12	1 200
6 月	100	14	1 400
10 月	100	15	1 500
总额	400		5 100

公司以每单位 30 美元的价格售出了 250 单位　产品，售出时间如下：

时间	数量（单位）	单位价格（美元）	总销售额（美元）
2 月	75	30	2 250
5 月	90	30	2 700
8 月	75	30	2 250
12 月	10	30	300
总额	250	30	7 500

要求（假设公司的边际税率为 35%）：

a. 假设公司使用 FIFO（先进先出法）对存货成本进行计算，计算应纳税所得额和应纳税额。

b. 假设公司使用 LIFO（后进先出法）对存货成本进行计算，计算应纳税所得额和应纳税额。讨论你的结果，包括任何可能与库存成本计价方法相关的非税成本。

6. 假设 Sonics 公司在之前使用了 LIFO 和定期库存制度。因此，在第一年年末 150 单位存货的成本是 1 600 美元（100×10＋50×12）。假设在第二年，Sonics 公司报告了以下购买和销售情况：

	数量（单位）	单位成本/价格（美元/单位）	总额（美元）
购买			
6 月	100	17	1 700
销售			
7 月	200	30	6 000

要求：

a. 计算第 2 年的应税收入和应纳税额（再次假设 Sonics 公司的边际税率为 35%）。Sonics 公司卖出单位比买入单位多了多少？单位成本和最新购买价格之间的差额是多少？

b. 假设 Sonics 公司在 6 月买入的不是 100 单位，而是 110 单位。重新计算应税收入和应纳税额。

c. 假设 Sonics 公司在 6 月买入的不是 100 单位，而是 90 单位。重新计算应税收入和应纳税额。

d. Sonics 公司应购买多少单位才能避免使用更早一期的存货成本？

e. 你觉得 Sonics 公司有机会顺利处理报告的净收入吗（通过改变和出售相对应的购买数量）？这种策略有相关的成本吗？FIFO 是否能提供同样的机会？

f. 假设 Sonics 公司高层管理人员得到了部分报酬，部分红利与报告的净利润挂钩。你可能期望经理们偏爱哪种存货成本计算方法？该公司将为这一选择付出多少代价？

税收筹划的问题

1. 一家新兴生物技术公司的税收筹划师正在就如何有效组织研发活动向她的客户提出建议。税收筹划师提出的一项建议是与另一家生物技术公司组建合资企业。请列出并解释此类计划的税收收益和非税成本。如果另一家公司是一家初创公司，对于计划会产生什么影响？如果是一家成立已久、具有较强盈利能力的公司呢？

2. 一家公司的所有者兼经理正考虑将公司出售给任何潜在的买家。买方对该公司的 NOL 的估计要比卖方高出 5 000 万美元。尽管当前所有者知道自己的价值，但买家并不清楚该公司的价值是 5 亿美元（包括额外的 5 000 万美元 NOL 的价值）还是 7 亿美元。消息获取不充分的买家认为这两种可能性都差不多。

要求：

a. 买家应该出价多少来收购这家公司？

b. 卖家会永远接受最高的理性报价吗？

c. 如果公司的不确定价值是 5 亿美元和 5.4 亿美元，而不是 5 亿美元和 7 亿美元，分析会有何变化？

3. 假设你为一家经营汽车出租服务的企业工作。该公司有 30 辆丰田凯美瑞轿车。所有费用（保险、登记注册、燃料、维护和修理）都由公司支付。你确定每三年更新一次轿车是经济合算的（从税收和运营成本的角度来看）。你打算拍卖那些已使用的车。

a. 如果公司支付所有汽车的运营成本，是否存在与这项安排有关的代理成本（激励问题）？

b. 出售这些汽车会产生代理成本吗？

c. 你如何减轻（a）和（b）部分的问题？列出可能产生的任何新问题并给出建议。

4. 假设你是一个适用高税率的纳税人。你如何利用免税资产的隐性税率与完全应税资产所得的边际税率之间的差距而形成的优势？存在哪些非税成本来限制你利用这种套利机会？有什么方法可以降低这些非税成本？

5. 你被一家大型互联网公司聘用，向该公司的薪酬委员会建议如何向首席执行官（CEO）提供最佳报酬计划。首席执行官是风险厌恶者，他的行为也不是完全可以观察到的（隐藏的行为问题）。该互联网公司目前正在产生税收损失，但公司的一些投资如果获得成功，将在 3 年内开始纳税。公司必须考虑哪些问题？以及如何设计一个既考虑到经理的风险规避和隐藏行为，又能考虑公司和 CEO 税务状况的报酬合同？

6. 假设公司最高法定税率明年将从 35％降至 30％。ABC 公司的 CFO 希望尽可能多地推迟收入确认，并要求你准备一份详细的收入转移清单（即公司转移收入的方式）。她希望你列出与该行动相关的所有非税成本。

参考文献

Arrow, K., 1985. "The Economics of Agency" in *Principals and Agents: The Structure of Business*, edited by J. W. Pratt and R. J. Zeckhauser. Boston, MA: Harvard Business School Press, pp. 37–51.

Ayers, B., C. Lefanowicz, and J. Robinson, 2002. "Do Firms Purchase the Pooling Method?" *Review of Accounting Studies* (March), pp. 5–32.

Bartov, E., 1993. "The Timing of Asset Sales and Earnings Manipulation," *The Accounting Review* (October), pp. 840–855.

Beatty, A., P. Berger, and J. Magliolo, 1995. "Motives for Forming Research & Development Financing Organizations," *Journal of Accounting and Economics* (March–May), pp. 411–442.

Beatty, A., S. Chamberlain, and J. Magliolo, 1995. "Managing Financial Reports of Commercial Banks: The Influence of Taxes," *Journal of Accounting Research* (2), pp. 231–261.

Beatty, A., and D. Harris, 1999. "The Effects of Taxes, Agency Costs and Information Asymmetry on Earnings Management: A Comparison of Public and Private Firms," *Review of Accounting Studies* (December), pp. 299–326.

Boynton, C., P. Dobbins, and G. Plesko, 1992. "Earnings Management and the Corporate Alternative Minimum Tax," *Journal of Accounting Research* (Supplement), pp. 131–153.

Calegari, M., 2000. "The Effect of Tax Accounting Rules on Capital Structure and Discretionary Accruals," *Journal of Accounting and Economics*, pp. 1–31.

Choi, W., J. Gramlich, and J. Thomas, J., 2001. "Potential Errors in Detecting Earnings Management: Reexamining Studies Investigating the AMT of 1986," *Contemporary Accounting Research*, pp. 571–613.

Collins, J., G. Geisler, and D. Shackelford, 1997. "The Effects of Taxes, Regulation, Earnings, and Organizational Form on Life Insurers' Investment Portfolio Realizations," *Journal of Accounting and Economics* (1997), pp. 337–361.

Collins. J., D. Shackelford, and J. Wahlen, 1995. "Bank Differences in the Coordination of Regulatory Capital, Earnings, and Taxes," *Journal of Accounting Research* (2), pp. 263–291.

Cushing, B., and M. LeClere, 1992. "Evidence on the Determinants of Inventory Accounting Policy Choice," *The Accounting Review* (April), pp. 355–366.

Desai, M., and D. Dharmapala, 2006. "Corporate Tax Avoidance and High-Powered Incentives," *Journal of Financial Economics* (January), pp. 145–179.

Dhaliwal, D., M. Frankel, and R. Trezevant, 1994. "The Taxable and Book Income Motivations for a LIFO Layer Liquidation," *Journal of Accounting Research* (Autumn), pp. 278–289.

Dhaliwal, D., and S. Wang, 1992. "The Effect of Book Income Adjustment in the 1986 Alternative Minimum Tax on Corporate Financial Reporting," *Journal of Accounting and Economics* (1), pp. 7–26.

Dopuch, N., and M. Pincus, 1988. "Evidence on the Choice of Inventory Accounting Methods: LIFO Versus FIFO," *Journal of Accounting Research* (Spring), pp. 28–59.

Engel, E., M. Erickson, and E. Maydew, 1999. "Debt-Equity Hybrid Securities," *Journal of Accounting Research* (Autumn), pp. 1–26.

Enis, C. R., and B. Ke, 2003. "The Impact of the 1986 Tax Reform Act on Income Shifting from Corporate to Shareholder Tax Bases: Evidence from the Motor Carrier-Industry," *Journal of Accounting Research* (41), pp. 65–88.

Erickson, M., M. Hanlon, and E. Maydew, 2004. "How Much Will

Firms Pay for Earnings That Do Not Exist? Evidence of Taxes Paid on Fraudulent Earnings," *The Accounting Review* (2), pp. 387–408.

Fellingham, J., and M. Wolfson, 1985. "Taxes and Risk Sharing," *The Accounting Review* (January), pp. 10–17.

Frischmann, P., T. Shevlin, and R. Wilson, 2008. "Economic Consequences of Increasing the Conformity in Accounting for Uncertain Tax Benefits," *Journal of Accounting and Economics* (December), pp. 294–311.

Graham, J., M. Hanlon, and T. Shevlin, 2011. "Real Effects of Accounting Rules: Evidence from Multinational Firms' Investment Location and Profit Repatriation Decisions," *Journal of Accounting Research* (Spring), pp. 137–185.

Graham, J., J. Raedy, and D. Shackelford, 2012. "Research in Accounting for Income Taxes," *Journal of Accounting and Economics*, pp. 412–434.

Graham, J., and D. Rogers, 2001. "Do Firms Hedge in Response to Tax Incentives?" *Journal of Finance*, pp. 815–839.

Graham, J., and C. Smith, 1999. "Tax Incentives to Hedge," *Journal of Finance* (December), pp. 2241–2262.

Gramlich, J., 1991. "The Effect of the Alternative Minimum Tax Book Income Adjustment on Accrual Decisions," *Journal of the American Taxation Association* (Spring), pp. 36–56.

Guenther, D., 1994. "Earnings Management in Response to Corporate Tax Rate Changes: Evidence from the 1986 Tax Reform Act," *The Accounting Review* (January), pp. 230–243.

Guenther, D., E. Maydew, and S. Nutter, 1997. "Financial Reporting, Tax Costs, and Book-Tax Conformity," *Journal of Accounting and Economics* (3), pp. 225–248.

Hanlon, M., 2003. "What Can We Infer about a Firm's Taxable Income from Its Financial Statements?" *National Tax Journal* (16 December), pp. 831–864.

Hanlon, M., 2005. "The Persistence and Pricing of Earnings, Accruals, and Cash Flows When Firms Have Large Book-Tax Differences," *The Accounting Review* (80), pp. 137–167.

Hanlon, M., E. Maydew, and D. Saavedra, 2013. "The Taxman Cometh: A Tax-Based Explanation for Why Firms Hold So Much Cash" Working Paper, Cambridge, MA: MIT.

Hanlon, M., and J. Slemrod, 2009. "What Does Tax Aggressiveness Signal? Evidence from Stock Price Reactions to News about Tax Shelter Involvement," *Journal of Public Economics*, vol. 93 (February), pp. 126–141.

Hanna, C., 2012. "Corporate Tax Reform: Listening to Corporate America," *Journal of Corporation Law*, Forthcoming.

Hodder, L., M. L. McAnally, and C. Weaver, 2003. "The Influence of Tax and Nontax Factors on Banks' Choice of Organizational Form," *The Accounting Review* (78), pp. 297–325.

Hoopes, J., 2013. "Financial Accounting Consequences of Temporary Tax Law: Evidence from the R&D Tax Credit," Working Paper, Ohio State.

Hunt, A., S. Moyer, and T. Shevlin, 1996. "Managing Interacting Accounting Measures to Meet Multiple Objectives: A Study of LIFO Firms," *Journal of Accounting and Economics* (June), pp. 339–374.

Johnson, W., and D. Dhaliwal, 1988, "LIFO Abandonment," *Journal of Accounting Research* (Autumn), pp. 236–272.

Kinney, M., and W. Wempe, 2004. "JIT Adoption: The Effects of LIFO Reserves and Financial Reporting and Tax Incentives," *Contemporary Accounting Research* (Fall), pp. 603–638.

Klassen, K., 1997. "The Impact of Inside Ownership Concentration on the Trade-off between Financial and Tax Reporting," *The Accounting Review* (3), pp. 455–474.

Klassen, K., J. Pittman, and M. Reed, 2004. "A Cross-National Comparison of R&D Expenditure Decisions: Tax Incentives and Financial Constraints," *Contemporary Accounting Research* (Fall), pp. 639–681.

Knott, A., and J. Rosenfeld, 2003. "Book and Tax (Part One): A

Selective Exploration of Two Parallel Universes," *Tax Notes* (May), pp. 865–897.

Manzon, G., 1992. "Earnings Management of Firms Subject to the Alternative Minimum Tax," *Journal of the American Taxation Association* (Fall), pp. 88–111.

Matsunaga, S., T. Shevlin, and D. Shores, 1992. "Disqualifying Dispositions of Incentive Stock Options: Tax Benefits versus Financial Reporting Costs," *Journal of Accounting Research* (Supplement), pp. 37–76.

Maydew, E., 1997. "Tax-Induced Earnings Management by Firms with Net Operating Losses," *Journal of Accounting Research* (Spring), pp. 83–96.

Maydew, E., K. Schipper, and L. Vincent, 1999. "The Impact of Taxes on the Choice of Divestiture Method," *Journal of Accounting and Economics* (December), pp. 117–150.

Mikhail, M., 1999. "Coordination of Earnings, Regulatory Capital and Taxes in Private and Public Companies," Working Paper. Cambridge, MA: MIT.

Miller, G., and D. Skinner, 1998. "Determinants of the Valuation Allowance for Deferred Tax Assets Under SFAS No. 109," *The Accounting Review* (April), pp. 213–234.

Mills, L., 1998. "Book-Tax Differences and Internal Revenue Service Adjustments," *Journal of Accounting Research* (2), pp. 343–356.

Mills, L., M. Erickson, and E. Maydew, 1998. "Investments in Tax Planning," *Journal of the American Taxation Association* (Spring), pp. 1–20.

Mills, L., and K. Newberry, 2005. "Firms' Off-Balance Sheet and Hybrid Debt Financing: Evidence from Their Book-Tax Reporting Differences," *Journal of Accounting Research* (43), pp. 251–282.

Moyer, S., 1990. "Capital Adequacy Ratio Regulations and Accounting Choices in Commercial Banks," *Journal of Accounting and Economics* (July), pp. 123–154.

Nance, D., C. Smith, and C. Smithson, 1993. "On the Determinants of Corporate Hedging," *Journal of Finance* (March), pp. 267–284.

Nichols, N., C. Baril, and J. Briggs, 2007a. "Early Indications of the Impact of FIN 48," *Tax Notes* (July 9), pp. 119–125.

Nichols, N., C. Baril, and J. Briggs, 2007b. "And the Impact Is…First Quarter Results from Adopting FIN 48," *Tax Notes* (July 30), pp. 377–388.

Northcutt, W., and C. Vines, 1998. "Earnings Management in Response to Political Scrutiny of Effective Tax Rates," *Journal of the American Taxation Association* (Fall), pp. 22–36.

Petroni, K., and D. Shackelford, 1999. "Managing Annual Accounting Reports to Avoid State Taxes: An Analysis of Property-Casualty Insurers," *The Accounting Review* (3), pp. 371–393.

Phillips, J., 2003. "Corporate Tax Planning Effectiveness: The Role of Compensation-Based Incentives," *The Accounting Review* (July), pp. 847–874.

Phillips, J., M. Pincus, and S. Olhoft Rego, 2003. "Earnings Management: New Evidence Based on Deferred Tax Expense," *The Accounting Review* (78), pp. 491–521.

Poterba, James M., N. S. Rao, and J. K. Seidman, 2011. "Deferred Tax Positions and Incentives for Corporate Behavior around Corporate Tax Changes," *National Tax Journal* (64, 1, March), pp. 27–57.

Randolph, D., G. Salamon, and J. Seida, 2005. "Quantifying the Costs of Intertemporal Taxable Income Shifting: Theory and Evidence from the Property-Casualty Insurance Industry," *The Accounting Review* (80), pp. 315–349.

Revsine, L., D. W. Collins, W. B. Johnson, and F. Mittelstaedt, 2012. *Financial Reporting & Analysis*, 5th ed. Upper Saddle River, NJ: Prentice Hall.

Scholes, M., P. Wilson, and M. Wolfson, 1990. "Tax Planning, Regulatory Capital Planning, and Financial Reporting Strategy for Commercial Banks," *Review of Financial Studies*, pp. 625–650.

"Session 9. The Road Ahead: Tax Reform and U.S. Source Intangible Income," *Taxes, The Tax Magazine* (June 2013).

Shackelford, D., and T. Shevlin, 2001. "Empirical Tax Research in Accounting," *Journal of Accounting and Economics*, pp. 321–387.

Shevlin, T., 1987. "Taxes and Off-Balance Sheet-Financing: Research and Development Limited Partnerships," *The Accounting Review* (July), pp. 480–509.

Slemrod, J., 1997. *Measuring Taxpayer Burden and Attitudes for Large Corporations: 1996 and 1992 Survey Results.* Office of Tax Policy Research Working Paper No. 97–1. Ann Arbor, MI: University of Michigan Press.

Slemrod, J., and M. Blumenthal, 1993. *The Compliance Costs of Big Business.* Washington, DC: The Tax Foundation.

Weber, R., and J. Wheeler, 1992. "Using Income Tax Disclosures to Explore Significant Economic Transactions," *Accounting Horizons* (September), pp. 14–29.

Wheeler, J., and E. Outslay, 1986. "The Phantom Federal Income Taxes of General Dynamics Corporation," *The Accounting Review* (October), pp. 760–774.

Wilson, R, 2009. "An Examination of Corporate Tax Shelter Participants," *The Accounting Review*, pp. 969–999.

Wolfson, M., 1985. "Empirical Evidence of Incentive Problems and Their Mitigation in Oil and Gas Tax Shelter Programs" in *Principals and Agents: The Structure of Business,* edited by J. W. Pratt and R. J. Zeckhauser. Boston, MA: Harvard Business School Press, pp. 101–125, 221–224.

Zion, D., and A. Varshney, 2007. "Peeking Behind the Tax Curtain," *Credit Suisse* (May 18).

税收与企业经营战略：筹划方法（第五版）

第7章

边际税率和动态税收筹划的重要性

阅读完本章，你应能：

1. 定义和区分边际税率、平均税率和有效税率。

2. 解释并说明估算公司边际税率的困难所在。

3. 在不确定的未来，解释税收筹划适应性的重要性，税收筹划的可逆性，以及防止税收状况发生不利变化的能力。

我们首先简要定义几种在实践中、学术界和新闻界常用的不同税率。这些术语有时被错误地使用——他们有时说的是一种税，实际上指的是另一种税。此外，事实证明，错误的税率有时会被用于公司和个人层面的重要决策。而且，这些术语的定义并不是跨学科、实践或媒体的标准。我们将这些术语定义如下。边际税率是指每一美元额外（或边际）应税收入所应缴纳的额外税款的现值。如果纳税人多赚了一美元的应税收入（或取得了额外收益扣除），纳税人现在和未来会支付（节约）多少税款呢？边际税率是纳税人适用的税率。另一种完全不同的税率是 GAAP 有效税率。该比率是一个会计术语，指用于会计目的的所得税费用除以某种收入的比率，这种收入通常是指税前的财务会计收入，GAAP 有效税率是平均税率的一种形式。我们注意到一些国家使用通用术语"有效税率"等同于平均税率（例如，美国的申报个税网站上），与 GAAP 有效税率区别开来。一般来说，平均税率用缴纳的税款除以某种收入来衡量。重要的是，平均税率可能不是纳税人下一笔交易（边际交易）适用的税率，而是所有交易合计计算得出的平均税率。一般 GAAP 有效税率和平均税率也是纳税人特有的。当然，还有法定税率。法定税率是指对某一特定交易或某一特定时期适用于一大批纳税人（某些收入等级的共同纳税夫妻具有相同的法定税率）的税收法规或规则所规定的税率。[①] 同一纳税人在同一时期可以有不同的法定税率、边际税率和平均税率。在不同纳税人、不同时间、不同组织形式和不同经济活动之间存在法定税率差异的地方，纳税人有动机以可能改变其特定边际税率的方式彼此签约。在第 5 章我们证明了，在不同征税的资产和没有摩擦与限制的情况下，

---

① 在经济和政治讨论中，另一种税率，即边际有效税率，经常被使用。该税率以税法为基础，在投资、通货膨胀和折旧扣除与投资税收抵免的收益计入账面后，可估测边际投资项目的税前和税后收益的差额。这和会计所计算的有效税率或用于公司财务的边际税率是截然不同的。

基于顾客的税收套利会使所有纳税人的总边际税率相同。[1] 我们也证明了税收规则的限制和市场摩擦会减少基于顾客的税收套利的有效实施。本章首先对边际税率进行较为详细的界定，并进一步将其与 GAAP 有效税率进行区分。我们认为，GAAP 有效税率不适用于把税收效应纳入企业决策中。我们也说明了在决定边际税率时的复杂性，该决策会进一步限制税收套利和税收筹划活动。然后，我们考虑一个实体可能采取的策略，通过税收套利技术来改变其边际税率。税收筹划师面临的问题是，考虑到公司发展到今天的决策和历史结果，如何将扣除非税成本的税后收益最大化。大多数投融资决策都是在不确定的环境中做出的，一旦计划实施，事件就会暴露出一些新的情况；鉴于这一过程的结果，各实体必须决定如何改变其投资和融资决策。

考虑到这些结果，许多实体将采取基于顾客的套利策略，以改变它们的边际税率，假如这样做成本更低的话。然而，约束和摩擦限制了这种策略。我们考虑适用于低税收等级的企业的税收筹划策略，如那些具有净营业损失、投资税收抵免或可选择的最低税收抵免结转的企业。在此之后，我们将围绕动态税收筹划策略进行讨论，即如何为未来的突发事件进行规划。回顾一下，有效的税收筹划需要识别特定的纳税人是否属于某项投资和融资适当的税收顾客。在一个静态环境中，识别是相对直接的。

但是，当决策在许多纳税年度中产生不确定的后果时，这些顾客依靠调整投资和融资政策的重组成本，以应对纳税人环境的变化。在未来税前现金流和税收规则本身存在不确定性的情况下，为应对税收状况的意外变化而在税收筹划方面提供灵活性的合同会获得溢价，但在合同中建立灵活性并非易事。例如，它可能需要缔约方之间的某种程度的相互信任（就像雇员福利计划一样），而这种信任是无法持续的。此外，灵活性通常需要更大的合同成本。

假设一家公司知道，由于其当前的税率很高，它应该举债资助新项目，以便利用利息允许税前扣除的税收优惠。然而，该公司不确定其未来的税率是多少。它可以发行股票而不是债券，但如果公司是完全应税的，那么股票发行所提供的隐性扣税通常比债券利息的显性扣税价值要低。更灵活的方法是借款 1 年，如果公司在 1 年内的税率仍然很高，它可以再发行 1 年的债券。然而，与发行债券相关的某些固定成本使发行长期债券更为经济。[2] 在这里，有效的税收筹划需要权衡发行不那么灵活的债务（即长期债务）所节省的交易成本与重组成本，或者如果纳税人的情况发生变化而出现错误税收顾客的成本。

还要考虑是否购买或租赁可折旧资产，例如办公楼或生产设备的问题。正如我们已经讨论过的，可折旧资产在目前允许大量的折旧免税额税制下可享受税收优惠。因此，从税收的角度来看，资产所有者是那些边际税率最高的人，因为他们可以从大量的计提

① 对高税率纳税人而言，以顾客为基础的税收套利意味着多头持有相关税收优惠资产（产生相对较高的隐性税收）和空头持有不具有税收优惠的资产（产生较多的线性税收）。对低税率纳税人而言，以顾客为基础的税收套利意味着多头持有不具有税收优惠的资产和空头持有不具有税收优惠的资产。相反，组织形式的套利意味着通过优惠的税收组织形式多头持有资产或进行生产活动，以及通过不具有税收优惠的组织形式空头持有不具有税收优惠的资产或进行不具有税收优惠的生产活动。

② 注意，问题并不能简单地通过公司发行债券（债券可以按设定价格补足发行人的需求额）而解决。贷方每次投资时会产生固定成本，例如经纪人费用和调查借款人/发行人的信誉成本。而且，尽管投资者产生了一定成本，但可回收债券不具有使税收有效的灵活性。

折旧免税额中获益最多。边际税率较低的公司更适合租赁。假设一家公司目前的税率非常高，但未来税率可能会下降，到那时，持有可折旧资产将不再具有税收效率。公司在什么条件下应购买可折旧资产？答案取决于该公司税率下降的可能性，以及由此产生的顾客选择错误的成本。如果它租赁了这笔资产，它将在利率高企的当下，承担错误顾客的成本。如果它购买了这些资产，那么如果税率真的降低了，它可能会承担在错误顾客身上的成本。如果公司的税率发生变化，在未来某个时候，出现错误的投资或融资顾客的成本取决于几个因素。我们在这里探讨其中三个：

1. 税收筹划的可逆性；
2. 税收筹划的适应性；
3. 应对税收状况不利变化的能力。

7.1 边际税率：定义问题

在第 5 章中，我们证明了不同课税资产会导致隐性税收，即课税较重资产的税前收益率超过了课税较轻资产的税前收益率。在第 5 章和第 6 章中，我们说明了摩擦因素会导致交易成本。隐性税收对所有投资者都是一样的，但摩擦部分（交易成本）更为特殊。它不仅取决于试图进行基于顾客套利的个人或实体，还取决于交易的微观经济组织。我们认为，高边际税率纳税人有动机持有可享受税收优惠的资产，而低税率投资者愿意持有非税收优惠资产。如果购买和出售资产的成本不是太高，边际税率相对极端（或极高或极低）的纳税人，会产生从事税收套利的动机。要从事基于顾客的套利活动，或者更普遍地说，在任何税收筹划活动中，纳税人了解自己的边际税率是很重要的。因此，我们转而讨论边际税率。

我们将边际税率（marginal tax rate）定义为每一美元的额外（边际）应纳税所得额（即应纳税所得额累计起来，包含已支付的隐性税款）所应支付的当期加未来所得税（显性加隐性）的现值。请注意，这里我们将边际税率的定义扩展为包括当期应纳税收入对未来纳税义务的影响。由于税收总量对投资决策具有重要意义，因此，投资决策中的基本税率既包括显性税率，也包括隐性税率。有时我们只关注边际税率的显性税收部分，有时我们只关注隐性税收部分。当我们这样做的时候，我们将分别把它们称为**边际显性税率**（marginal explicit tax rate）和**边际隐性税率**（marginal implicit tax rate）。

为了向公司纳税人更好地解释边际显性税率（mextr）的概念，我们可以考虑以下四种可能出现的情况——现时应税收入是正值还是负值（TI_t）；公司在初期是否进行了净营业损失向后结转（NOL_{t-1}）：

	$TI_t<0$	$TI_t>0$
$NOL_{t-1}=0$	情况 1	情况 3
$NOL_{t-1}>0$	情况 2	情况 4

在推敲这四种情况时，我们还有一些注意事项。边际税率一般会将公司采用的法定

税率和资金时间价值影响结合在一起，且该资金从税收损失向后或向前结转的过程中（而不是当期）获得（第6章的不对称税收功能）。我们会花较多时间解释税收损失的影响。考虑纳税人实际适用哪种法定税率也同样重要。听起来很简单，实际并非如此。就以我们在第6章研究的微软财务报告为例。我们发现微软报告的93%的收益都来自国外。通过研究其子公司的信息披露情况，我们能发现一些地区的税率很低。因此，我们要用什么法定税率来计算边际税率呢？如果我们假设微软有可能会将这些收益汇回美国，并在按照外国税率缴纳税收的基础上再额外缴纳一笔美国税，这种情况下将35%的美国税率作为法定税率是正确的选择。可是，实际上增加的美国税额可以多年后再缴纳，那时这些美国税收的现值会远远低于35%。更糟糕的是，如果我们假设微软从不会以应税收入的形式把收益调回美国，那么它的边际税率的计算就该采用外国法定税率（如果国家为了吸引投资给予公司免税期，微软适用的税率和账面上的法定税率可能会不同）。微软在考虑边际税率的决策影响时，它的税收筹划者会拿到微软收益分布和未来调回资金计划的内部信息，并用该地区使用的法定税率和净营业损失规则进行计算。我们作为外部人员（财务报告读者、研究人员）是没有这种信息的。公司在考虑任何决策带来的税收影响时也会考虑州税和当地税，这也是我们在本章会举例的情况。我们在以下分析中使用的是美国法定税率，但是我们知道做内部决策时会有更详细的信息。

个人也会碰到这种问题，如果他们在国外有营业收入的话。对个人而言，普遍遇到的问题是替代性最低税额（alternative minimum tax，AMT）对他们的边际税率的影响。因为AMT基本上属于统一税，最高税率为28%，当纳税人在AMT范畴时，他们决策时就需要考虑该税率对边际税率的影响。

□ 情况1：$TI_t < 0$，$NOL_{t-1} = 0$

假设公司纳税人计算的现时应税收入是亏损1 000万美元。在过去5年里，公司每年都会获得600万美元的应税收入。公司每年会按照35%的最高法定税率进行课税，因为它的最近获利在年初并没有净营业损失向后结转。该税收损失当期的边际税率为多少？该收益的边际显性收入为零，那么该公司是逃税了吗？当然不是。该公司可以将税收损失向前结转（目前最多2年）——该向前结转额是首次申请退还前2年所支付的210万美元的税款，即600万美元×0.35，用完该600万美元的损失后剩下约400万美元可以向前结转的1年，可申请退税140万美元，即400万美元×0.35。如果公司在当期有1美元的额外收入，那么税收损失需要减去1美元，即9 999 999美元，这也意味着要减去1美元的向前结转额和35美分的退税额。获得的这些现时额外收益每1美元就会减少35美分的退税，即边际税率为35%。更正式地说，如果所有损失都可以向前结转，且$t=0$，那么现时边际税率为

$$\text{mextr}_t = \text{str}_{t-v} \tag{7.1}$$

其中str为$t-v$期的法定税率，v期为向后结转损失用完的时间（在美国向前结转额的限制为2年，所以$v=1$或2）。

如果公司在向前结转期间没有足够的正的应税收入用来抵扣税收损失的话，那么剩余的税收损失必须向后结转，这意味着公司在末期会有NOL向后结转。我们可以就下面的情况进行讨论。

□ 情况 2：$TI_t < 0$，$NOL_{t-1} > 0$

假设公司纳税人计算的现时应税收入是亏损 1 000 万美元。且公司在该阶段初期无法盈利，因此会产生 500 万美元的 NOL 向后结转。这样，在该阶段的末期，该公司会有 1 500 万美元 NOL 向后结转，可以从未来收入中扣除。

有了这 1 500 万美元 NOL，公司额外的收入就不会产生现时税收债务。这意味着边际税率为 0 吗？当然不是。假设公司从下一年开始每年盈利 600 万美元。每年 600 万美元的应税收入意味着公司可以 3 年后再开始纳税。所以 3 年后的额外应税收入里每 1 美元会产生 35 美分的税金。假设公司的税后折现率为 7%，那么该税的现值为 0.35 美元/1.07^3＝28.57 美分，所以公司的边际显性税率为 28.57%。一般地，因为公司在 t 期的末期有 NOL 向后结转，现时边际税率可以按下式计算：

$$\text{mextr}_t = \frac{1 \times \text{str}_s}{(1+r)^s} \tag{7.2}$$

在这里 str_s 指 s 期的预期法定税率，即在未来的一段时间内，公司最终会对当期收入的额外部分课税，r 为公司的税后折现率。

如果当期使用的 35% 法定税率 1 年后会变为 25%，那么有 NOL 的公司的现时显性税率为 20.41%（即 $0.25/1.07^3$），但是没有 NOL 的公司税率仍为 35%。与之类似，如果使用的法定税率 1 年后会上升至 50%，那么有 NOL 的公司的现时边际显性税率为 40.81%（即 $0.50/1.07^3$）。这说明了因为税率随着时间变化，有 NOL 的公司的边际税率实际上可能会超过公司现时全额纳税的税率。

□ 情况 3：$TI_t > 0$，$NOL_{t-1} = 0$

假设公司纳税人计算的现时应税收入为 1 000 万美元。公司多年来一直处于盈利状态，不过在年初没有 NOL 向后结转，该公司预期在未来几年继续盈利。这种情况下，每 1 美元的额外收入会产生 35 美分的现时税收，假设最高法定税率为 35%，所以边际显性税率为 35%。

假设公司预期在未来不会有正的应税收入，而且该产品的需求会有短期下降。该公司希望在一年后报告 40 万美元的正的应税收入，但 2 年后 1 500 万美元的税收损失会转变为正的收益。2 年后的税收损失可以向前结转，从而在该阶段末期（t 期）申请全额退税。如果公司在该阶段获得 1 美元的额外收入，那么它的应税收入会为 10 000 001 美元，那么在第 2 阶段的退税会高于 35 美分，并在该阶段末期留下 4 999 999 美元的向后结转额。[①] 尽管该结果可能有点像无稽之谈，但这也说明了资金的时间价值会产生机会成本，因为美国国税局不会支付 NOL 向前结转产生的资金利息。假设税收折现率为 7%，那么机会成本是 $0.35 - 0.35/1.07^2 = 0.044\ 3$。

但不仅仅是这样，还有更多的原因：因为当期获得了额外 1 美元的收入，所以末期的 NOL 向后结转额会减去 1 美元，从而增加未来额外 1 美元的所得税。假设第 3 期时 NOL 会被用完，且该期的法定税率仍为 35%。因此我们可以将 $0.35/1.07^3 = 0.285\ 7$ 加

---

① 如果两年后的税收损失可以完全向前结转为当期，那么当期 1 美元的额外收入不会影响退税额，所以说 mextr_t 等于 str_t。

入边际显性税率的计算中，即公司的边际显性税率为 0.044 3 ＋ 0.285 7 ＝ 0.329，即 32.9％，而不是 35％。更正式地说，

$$\text{mextr}_t = \text{str}_t - \text{str}_n/(1+r)^n + \text{str}_s/(1+r)^s \tag{7.3}$$

这里，n 指申请退税的时期，s 指 t 期末 NOL 向后结转用完的时期。换言之，mextr 为现时法定税率和 n 年后退税现值加上 s 年后 NOL 用完的额外税收的差值。因此，mextr 包括了资金现值和有 NOL 结转的不对称税收功能成本。不同于 1 美元收入的 35％ 边际显性税率和每 1 美元损失的 35％ 边际显性税率，如果损失能立即退税，那么结转的资金的时间价值会在很大程度上影响边际显性税率。

最后，鉴于当前税法规定将向前结转期间限制为 2 年，如果当期盈利企业不希望在 2 年后产生税收损失，那么它可以将 mextr 假设为现时的法定税率。

□ 情况 4：$TI_t > 0$，$NOL_{t-1} > 0$

假设公司纳税人计算的现时应税收入为 1 000 万美元。公司近年来一直亏损，在该阶段初期产生了 600 万美元的 NOL 向后结转。如果公司在当期获得了额外的 1 美元收入，该收入不会影响 NOL 向后结转的使用，但是会产生额外的 35 美分税收。

如果该阶段初期的 NOL 向后结转额为 1 200 万美元，那么 1 000 万美元的现时应税收入可能逃避税收，在末期留下 200 万美元的 NOL 向后结转额。若在当期获得 1 美元的额外收入，那么末期的 NOL 向后结转额会减少 1 美元，即还剩下 1 999 999 美元，该额外 1 美元收入的边际税率可按情况 2 的式（7.2）估测得出。

□ 美国企业净营业损失研究

因为在边际税率的计算中损失十分重要，所以税收损失和 NOL 是如何遍布美国公司的问题也不容忽视。Cooper 和 Knittel（2006）利用机密的公司纳税申报表数据提供了一些关于这一问题的描述性实证。他们估计，在 2003 年提交报税表的所有 C 类公司中，有 51％ 的公司报税出现了亏损（这个数字的时间段在 20 世纪 40 年代中期到 90 年代之间）。Cooper 和 Knittel 也报告了在未来税收扣除前一段时间的情况。因为他们的样本只包括了 1993—2003 年的数据，我们来说明 1993 年税收损失的过度使用情况。1993 年各公司总税收损失为 710 亿美元，其中 92 亿美元（13％）为向前结转进行退税，269 亿美元（38％）向后结转并在接下来的 10 年会进行扣除，131 亿美元（18％）在 2003 年年末作为 NOL 向后结转，而 217 亿美元（31％）作为损失（不允许扣除，因为公司可能破产）。根据 10 年间所扣除的 269 亿美元绘制的曲线图 7－1，显示 NOL 利用的时间情况。1995 年和 1997 年（即税收损失开始的第 2 年和第 4 年）大约扣除了 60 亿美元和 50 亿美元，之后呈下降趋势。除非这些公司的经营状况得以逆转，不然 2003 年年末的 131 亿美元 NOL 向后结转额会过期无法使用。

根据这些样本数据，Cooper 和 Knittel 总结如下：10％～15％ 的税收损失为了立即获得退税会向前结转（从而使对公司边际税率的影响最小化，除非向前结转期的法定税率和当期不同）；40％～50％ 的损失会在未来几年扣除；25％～30％ 的税收损失无效（意味着边际税率接近于零）；10％～20％ 在该样本末期进行 NOL 向后结转。这些数据表明许多公司都会产生税收损失，而这些损失常常会向后结转很多年甚至过期，所以也有可能公司的边际税率会低于最高法定税率。

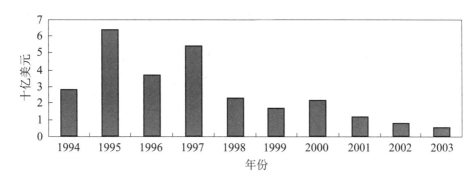

图 7 - 1　1993 年 NOL 向后结转利用情况

□ 公司边际税率估测

刚刚讨论的几种情况引发了如何估测公司边际税率的问题。我们需要预测应税收入及应用的适当法定税率。公司是否有营业损失（负的应税收入）也是很重要的问题，因为损失的结转会在很大程度上影响计算结果。对那些没有现时净营业损失结转且未来也预计不会产生营业损失的公司而言，边际税率就是法定税率（适用于适当的区域）。可是，对那些有 NOL 向后结转的公司来说，税收筹划者需要估计 NOL 将用完的年限。此外，预期会有营业损失的公司也需要考虑这些损失的向前结转和向后结转情况。这些都意味着税收筹划者需要预估未来的应税收入，以确定 NOL 可能向后结转的时间长度。公司内部税收筹划者可以接触公司的预算和计划，这有助于预估。一旦得出应税收入预估值，税收筹划者就可以利用这些预估、折现率和法定税率来计算现时额外收益（或额外扣除）的税收影响的现值。此外，边际显性税率包括资金时间价值和 NOL 结转下的不对称税收功能成本。

而对公司外部的税收筹划者和团体来说（例如，会计和经济研究者、决策人和公司合作方），计算是更加困难的，因为这些外部团体没有可用来估测应税收入的内部信息（也不知道税收损失预计何时会利用以及是否产生了损失）。但还是有办法进行计算的，在此我们讨论两种。Manzon（1994）建议用下面的简单方法估计纳税公司在遭受税收损失后恢复到纳税状态之前所需期间数 s。他采用了一个简单的估价模型来推导未来应税收入常量的预计值：

$$V = E/r \tag{7.4}$$

$$E = V \cdot r \tag{7.5}$$

V 是公司普通股的市场价值，E 是预期的未来利润和应税收入，r 为税后折现率。经整理，我们可求得 E。

给定未来年度利润（应税收入）的估计值，我们可以用 NOL 除以 E 的估计值得出用完 NOL 所需的时间 s，即

$$s = NOL_t / E_t \tag{7.6}$$

然后，将 s 代入式（7.2）或式（7.3）（根据公司情况）估测出边际显性税率。例如，假设一个公司有 200 万美元的 NOL 向后结转额，其市场价值估计为 625 万美元，$r=7\%$。由这些数据可得出未来年应税收入为 437 500 美元［根据式（7.5）得出］，也可得出 $s=4.57$ 年［根据式（7.6）得出］。当得出估测结果 $s=4.57$ 年时，再假设法定税率

在可预见的未来会保持在 35％的水平，且在第 5 年年底支付税收，这样边际显性税率就等于 25％。[1]

更复杂的程序是根据公司历史的应税收入来预测将来的应税收入。Shevlin（1990）和 Graham（1996b）建立了相关的模拟方法；Graham 和 Lemmon（1998）的讨论程序更加容易理解。Shevlin 将 NOL 向前结转和向后结转规则纳入分析之中，而 Graham 则将该方法拓展到税收抵免和企业的替代性最低税负。Shevlin（1990）在下表报告了 100 家公司在之前讨论的四种情况里的边际显性税率（1974 年为样本年，最高法定税率为 48％）：

	$TI_t < 0$		$TI_t > 0$	
$NOL_{t-1} = 0$	1.	27.66％	3.	42.56％
$NOL_{t-1} > 0$	2.	21.50％	4.	26.62％

同我们预测的一致，公司在情况 3 中出现了最高预计边际显性税率，在情况 1 和情况 4 里的边际税率较为折中，而公司在情况 2 中（本年初的现时税收损失向后结转）出现了最低的估计值。该模拟方法是比较复杂的，推算时需要设定几种假设，有兴趣的读者可以参考原文。不过，Graham 对大量公开上市公司样本的估计值，可以通过登录网站 http://www.duke.edu/~jgraham 中的"税率选择"栏目找到。[2]

根据他的研究，Shevlin 建议将企业分为三类：情况 3 是面临最高税率的一类公司，情况 2 是面临最低税率的一类公司，以及情况 1 和情况 4 是面临中间税率的一类公司。因此，这种分类方法只需要估计当期应税收入和期初 NOL 值。那么这个模拟方法是如何操作的呢？Plesko（2003）利用 1 年的实际公司纳税申报单数据来评估该模拟方法的准确性。他发现，此方法的结果准确性很高，但是需要注意的是他只用了一年的应税收入数据。这样就忽略了向前向后结转规则的重要影响。Plesko（2003）研究发现，Shevlin 建议的三分法具有很强的可操作性。Graham 和 Mills（2008）将 Plesko 的分析进行拓展研究，将多年的纳税申报表数据也进行了模拟。结果表明，采用源自财务报表应税收入估算的模拟方法与源自纳税申报表上的应税收入的边际税率的估算方法具有较强的相关性，说明在边际税率估算中使用账面数据并没有引入太多的计量误差。

Graham 和 Mills 还就何时需要进行国内与世界范围内的比较以及融资前与融资后的边际税率估算进行了很好的讨论。在这里我们指的是税收对公司的决策影响，例如，借款应该基于债务发行前对边际税率的估计。换言之，公司现在的边际税率是多少，以及再发行新的债券后会如何影响边际收益？Graham 和 Mills（2008）也估计了基于大量美国公司样本（用于得出公司账面模拟边际税率的估计值）的回归系数。所有这些研究人员和分析师需要做的是将以下模型中公司的价值变量（价值可从公司的财务报表中得出）乘以估计系数再加上截距，从而得出公司边际税率的估计值。

模型为：

预期模拟 mextr＝0.331－0.075×虚拟 US ETR－0.012×虚拟 NOL－0.106×

---

① 注意 Manzon 的方法不能应用于私人企业，因为它们没有公开的市场价值数据。

② 估测边际税率也可参见 Blouin，Core 和 Guay（2010），他们采用的是另一种预估应税收入的方法。

虚拟账面损失＋0.037×虚拟国外活动

假设：

> 如果美国 GAAP 有效税率（GAAP ETR）<10%，假设 US ETR=1；
>
> US ETR=美国现时税费支出/美国税前收入；
>
> 如果 NOL 向前结转>0，虚拟 NOL=1；
>
> 如果美国税前收入<0，虚拟账面损失=1；
>
> 如果外国税前收入/世界税前收入>0.05，虚拟国外活动=1。

截距为 0.331，且如果所有变量为 0，截距就是边际显性税率。正如我们所预计的，前三个虚拟变量的负系数会降低预期边际显性税率（如果公司现时的美国 GAAP 有效税率较低、有 NOL 向后结转、产生了账面损失，假设没有虚拟国外活动，那么其预期边际显性税率为 0.138）。获得了外国税前收入（大于世界收入的 5%）的公司的边际显性税率会上升 0.037 个百分点。

□ 关于地方一级税率和个人边际税率的进一步说明

加利福尼亚州和马萨诸塞州的公司需要支付 10% 的州所得税，而得克萨斯州和华盛顿州不需要缴纳所得税（它们会缴纳其他税，比如，净资产税或销售税）。一些县和城市也有他们自己的所得税。为了获得更全面或者完整的边际税率，在计算整体边际税率时，额外的州所得税和地方税应该和联邦税一起纳入考虑。注意，州所得税和地方所得税在计算联邦税时会扣除[①]，所以在计算时法定税率不能简单地将州税和联邦税相加。总的法定税率计算如下：

$$t_{fed}+(t_{state}+t_{local})(1-t_{fed})$$

例如，假设联邦税率为 35%，州所得税和地方税之和为 10%。那么总的法定税率为 $0.35+0.10\times(1-0.35)=41.5\%$。计算联邦税的扣除会使州所得税和地方所得税税率降低至 6.5%［即 $0.10\times(1-0.35)$］。

个体经营户在纳税申报单上需要提及 C 表，而 C 表上就包括了向前结转和向后结转规则。个人也需要考虑资本损失和消极损失的向后结转规则。个体纳税人在资本收益超过 3 000 美元时需要将资本损失向后结转。消极损失只有消极收入才能抵消，因此消极损失必须向后结转以抵消未来的消极收入。对个人而言，将税收扣除和边际税率及调整后总收入绑在一起的规则也会影响边际税率。例如，根据美国法律，医疗费用扣除、各种项目扣除和消极投资活动的损失扣除都会与调整后总收入密切相关。就医疗费用扣除和各种项目扣除而言，高收益会一直无法使用扣除；就消极损失扣除而言（例如，房地产活动），高收益会延迟扣除。

为了说明这些因素对个人边际税率的影响，假设额外 1 美元的收入会永久地减少 0.1 美元的税收扣除，将 0.5 美元的损失扣除推迟 5 年使用。现时法定税率为 40%，5 年后是 45%。如果纳税人的税后折现率是 7%，1 美元现时应税收入的边际税率计算如下：

> 1 美元的额外收入
>
> ＋0.1 美元永久性税收扣除损失
>
> ＋0.5 美元暂时性税收扣除损失

---

① 一般来说，联邦所得税在计算州所得税时不会扣除。

＝1.6 美元现时额外应税收入

这能得出 1.6 美元×40％＝0.64 美元的额外现时税收。

5 年后 0.5 美元的额外扣除会按 45％的税率课税，按照现值，会减少 0.16 美元（0.5 美元×45％/1.07^5）的税收。累计所增加的额外应税收入为 0.64 美元－0.16 美元＝0.48 美元，所以边际税率为 48％。除此之外，正如我们所提到的，个人纳税者也需要考虑替代性最低税负的影响。

□ 平均税率和有效税率

请回顾一下，平均税率有几种定义（或变体），其中最常见的是美国个税申报网站的个人纳税人平均税率，即当期应纳税额/当期应税收入。平均税率更广泛的定义是当期现值加上递延所得税（包括显性和隐性税收），再除以应税收入现值（应税收入包含了已支付的隐性税收）。这种方法很少使用，但相较于类似于有效税率的传统方法，更能得出纳税人的税收负担。

这里有两种较为普遍的有效税率定义：（1）正如第 6 章所讨论的，在财务报告上，它是税收支出总额除以税前净收益。分子和分母都不包括隐性税收。此外，税收支出数据并不能很好地体现课税时间。也就是说，当期支付的 1 美元税收和在多年后支付的 1 美元税收没有什么区别。（2）对于"税收改革者"而言，有效税率可以定义为现时支付税额除以税前账面收入。分子不包括隐性税收和税收递延，换言之，纳税和财务报税时计算收入的时间性差异。

需要说明的是，GAAP 有效税率对决策制定毫无经济意义。虽然在这里定义的平均税率会被用来估算纳税人支付税收份额的情况，但是其对税收筹划而言意义不太大。但是需要注意的是，个人和企业纳税人的隐性税收都很难估测出来，许多公司税负研究其分析数据中的税额都不包括隐性税收。因此这些分析充其量也是不完整的，更有甚者，如果有严重缺陷很有可能会导致错误的政策建议。在做出投资和融资决策等经济选择时，边际税率才是该关注的重点。

□ 平均（有效）税率的问题

现在来说明为何使用平均税率（广义上，也称有效税率）在决策时可能会产生问题。假设完全应税债券的税前收益率是 10％，市政债券收益率是 7％。这意味着隐性税率为 30％。我们知道，如果投资者所持应税债券的边际税率（都是显性）超过了所持市政债券税率（都是隐性）时，他或她会优先选择市政债券。这种优先顺序十分直观明了。为搭建分析边际税率的平台，我们将问题变得更复杂一点，假设可以卖出应税债券和买入市政债券。注意，此交易可通过两种方法完成：使用贷款和利用之前的收益购买市政债券，但是税法会严格限制贷款的利息扣除；或者是抛售目前所持应税债券和使用之前出售所得购买市政债券，这种情况可以避免税法的限制。

假设纳税人通过现有的一家合伙企业进行该项交易，该企业的经营决策（如选择生产何种产品）已经确定，且该经营决策将会带来应税收入 60 万美元。假设各方适用的法定普通税率 t_p 为 40％。这里我们不考虑购买市政债券时对贷款利息的扣除限制。假设在年初合伙企业借入 600 万美元，从而产生 60 万美元的可扣除利息支出。如果贷款被用于购买市政债券，那么合伙企业的应税收入则为零。因此，所谓的合伙企业的平均税率也将为零。然而，合伙企业的收入按市政债券30%的隐性税率向合伙人课税，而不是按40%的普通税率课税。合伙人还是能够获得一定的税收扣除——尽管不是100%扣除，因为受平均税率的影响——即通过使用顾客基础套利将普通应税收入的显性税收转换为税收优惠资产的隐性税收。这600万美元投资于收益率为7%的市政债券将会获得42万美元的税后收入，恰好等于合伙人用于投资和融资决策前60万美元应税收入的70%。

虽然平均税率已经减至零，假设合伙企业仍然以10%的税前利率借款，用来购买税前收益率为7%的市政债券。这一措施会在合伙企业层面产生负的应税收入，而这种负的应税收入会被转移给合伙人。[①] 税收套利在合伙人的应税收入下降到一个水平前还是有利可图的，即在该水平上，合伙人所适用的普通税率降为30%。[②]

本例也揭示了平均税率的另外一个难题。因为在这种情况下，合伙人对其60万美元合伙收入的平均税率是负数。之所以出现负的平均税率，是因为在计算过程中忽略了相当大一部分市政债券利息（收入和税收都是隐性的），却包括了利息扣除带来的全部节税额。在市政债券收入负担30%隐性税收的情况下，该税率几乎已无意义。此外，平均税率方案在确定理想的基于顾客的套利策略方面已不再有指导意义。例如，它没有显示何时停止借款并将贷款收益投资于市政债券。

值得注意的是，本例也可以这样构思设计：公司纳税人通过发行600万美元公司债券而将其他应税收入减少至零：0/420 000（零显性税收/投资市政债券获得的42万美元税前收益）。该例子也可以用来说明平均税率的计算：

$$\frac{显性税收与隐性税收之和}{包括已付隐性税收在内的总应税收入}$$

显性税收与隐性税收之和为0+180 000美元，即6 000 000美元的3%，包括已付隐性税收在内的总应税收入为0+（420 000+180 000），得出平均税率为30%，即180 000/600 000。此例中，由于没有显性税收，平均税率等于隐性税率。

7.2 低边际税率企业的税收筹划

一个低边际税率的公司有许多可供选择的税收筹划方案。简单地说，假设公司有2 000万美元的NOL结转额，并且如果不进行税收筹划，则NOL将在第12年用完，因为公司预期在产生正的应税收入之前会产生更多的税收损失。假设在可预见的将来法定税率为35%，税后贴现率为10%，则边际显性税率为$0.35/1.10^{12}=11\%$。

正如我们所讨论的，由于公司面临较低的边际显性税率，基于顾客的套利建议公司购买高税收的证券，如公司债券（假设公司债券的边际投资者面临较高的边际显性税率）。这将导致应税收入（显性地）提高到11%，或者使税后收益率为R_b(1-mextr)。如果公司没有可供投资的现金，应该发行何种证券（如果有的话）？发行公司债券对公司

---

① 我们假设合伙企业行为的"消极损失限制"并不妨碍合伙人就他们分担的合伙损失取得当期税收扣除。此外，出于教学目的，我们再次假设用于购买和持有市政债券的贷款利息可税前扣除。

② 注意，如果每个合伙人没有统一的边际显性税率，他们很可能在借款问题上无法达成一致。但是，只要合伙人知道了合伙企业的借款数额，如果有必要，他们就可以调整个人账户的借款水平。

没有任何好处，因为税后成本将等于 R_b（1－mextr），甚至更糟，因为第 5 章和第 6 章讨论的金融中介和摩擦会导致借款利率超过贷款利率。该公司可以向其他公司发行优先股，因为这样一来，它从公司投资者获得的股息可获得隐性税收扣除。也就是说，发行优先股的税后成本将低于发行公司债券的税后成本，因为高税收的公司会抬高优先股的价格，以获取股息的扣除。

发行优先股购买债券不一定是利用公司暂时低税率的最有效方式。该公司还可能考虑其他一些策略：

● 与雇员签订递延报酬合同。

● 将一些设备卖给高边际税率的纳税人，他们可以更好地使用加速折旧扣除，并以低廉的租金租回设备，从而实现隐性税收补贴。这种类型的交易被称为售后回租安排。（通常这些安排也会在销售过程中产生财务会计收益。）

● 与高边际税率纳税人建立研发合作关系，使他们能够通过冲销研发支出获得税收优惠，换取当期收入。

● 退还任何当前未偿债务并发行优先股（或发行普通股，如果公司能承受高额隐性税收的话）。

● 考虑与一家面临较高边际税率的公司合并。一个高税收的组织可能会为使用公司的 NOL 支付比公司内部价值更高的费用。然而，在一个充满摩擦的世界里，NOL 公司不太可能以接近 0.35 美元的价格出售它们的损失，这是本例中的法定税率。其中一个原因是，评估一个潜在的合并伙伴的成本可能很大，买家必须考虑这些成本。此外，买家还担心隐藏信息的问题，正如我们在第 6 章所讨论的那样。另一个原因是之后的章节中我们将讨论的兼并和收购问题，即美国税法中对收购者使用被收购公司的 NOL 的能力有明确限制，对外国税收抵免、研发抵免和资本损失抵免（称为目标公司的税收属性）等方面也都有许多限制。在税法第 382 和 383 节中，这些限制降低了收购公司这些属性的价值。

请注意，如果公司的未来税率因为法定税率的降低而降低，并且在法定税率下降之前，公司内部的 NOL 不能用完，那么与高税率的公司合并比税率不变或随时间增长更可取。

当然，以税收为动机实施重组的成本适用于所有这些备选方案。售后回租包括合同成本、监控成本，可能还包括折旧回收等明确的税收成本，我们将在后面的章节中更详细地讨论。正如我们在第 6 章中讨论的，研发有限合伙企业的组织和运营是非常昂贵的，并且可能面临严重的激励问题。偿还债务对公司来说也不是没有代价的。像往常一样，有效的税收筹划需要仔细考虑这些摩擦。

通过认识到公司未来的应税收入流（在任何税务规划活动之前）是不确定的，这种分析可能很快就会变得复杂。假设该公司在下一个时期有 70% 的机会赚到 2 500 万美元，30% 的机会遭受 1 000 万美元的税收损失。在这种情况下，如果该公司明年赚得 2 500 万美元，那么其边际显性税率为 32%，即 $0.35/1.10^1$。如果该公司出现亏损，那么其边际显性税率将继续保持在 11%。在这种比较简单的情况下，该公司当前预期边际显性税率为 $0.70 \times 0.32 + 0.30 \times 0.11 = 0.257$，即 25.7%。在这种情况下，公司应该做什么？如果市政债券定价要承担 30% 的隐性税收，那么基于顾客的套利表明，面临 25.7% 的边际显性税率的公司应该购买全部应税证券并发行优先股。然而，如果公司发行优先股并购买公司债券，并且在接下来的一段时间内获得 2 500 万美元的收益，公司将发现自己处于错误的顾客位置上，因为它的边际显性税率是 32%。这个结果将促使我们讨论税收筹划适应性和可逆性的概念和重要性。

7.3　税收筹划的适应性

大多数税收筹划如果没有过高的成本是无法逆转的。适应性税收筹划的目的是在税收状况发生意外变化时，抵消因顾客选择错误而产生的成本，因为在这种情况下，可持续性是不可能或不切实际的。我们在第 4 章中讨论了这一概念，背景是"随着 1986 年美国税收改革法案带来的改变，公司发现合伙组织形式对税收有利"。许多公司希望在该法案之后改组为合伙企业。但是，对于大多数企业来说，重组的税收和非税成本超过了税收收益。如果这些公司在成立之初就知道将来法律会改变，有利于合伙企业，那么它们中的任何一家都可能从一开始就以合伙企业的形式成立。我们还讨论了公司在不改变法律组织形式的情况下进行交易的方式，这些交易将使它们更接近事实上的合伙税收处理的方式。特别是，当公司将税前利润以可在公司一级扣税的形式分配给所有者、雇员和其他要素供应商时，可以减轻公司的税收负担。例如，所有者雇员可以将他们的报酬与公司的盈利能力更紧密地联系在一起。

如果企业购买可折旧资产，其税率下降，出售资产的成本可能远远超过收益。除了支付交易的成本外，这笔交易还可能产生普通的应税收入（因折旧重新获得）以及应税资本利得。此外，出于税务考虑，新业主可能无法像旧业主那样使用宽松的折旧计划。例如，1987—1993 年在美国购买的一幢办公楼，在 31.5 年内可加速折旧。然而，如果该建筑在 1993 年之后出售，其新业主将只能在 39 年或 40 年的时间内获得直线折旧，因为受到替代性最低限度税负规则的约束。

然而，如果公司出售房产的目的是将折旧抵扣权转让给高收入纳税人，那么可能会出现更好的替代方案。特别是重组公司的其他资产和股票的成本可能更低。例如，市政债券或普通股等可享受税收优惠的资产可能会被出售，并以较低的交易成本被高收益债券等产生普通收入的资产所取代，或者公司可能会用所得发行股票和购买债券。如果公司能够以足够低的成本使用这些替代品，那么税率出现未经预期的下降，公司就不会在错误的投资顾客中花费太多。

□ 交易成本与税收顾客

让我们举例说明，交易成本和未来税收状况的不确定性如何共同影响税收顾客。假设你在两种投资中进行选择，一种是完全应税债券，每年税前收益率为 10%，另一种是免税债券，每年收益率为 7%。这两种投资都是 3 年期。在投资的时候，因为你的其他投资的盈利能力是不确定的，因而在 3 年里你的税率是 40% 还是 0% 也具有不确定性。你估计有 70% 的可能性是前者。这使得你的预期边际税率为 28%，即 0.7×40%＋0.3×0%。如果你是风险中性偏好者，并且必须选择其中一种投资，并持有整 3 年，那么你最好的选择是应税债券。而在预期税率为 28% 的情况下，应税债券的税后收益率为 7.2%，而免税债券的收益率仅为7％。①

　　现在让我们来看看你的最佳策略是什么，如果你在第一年年底以税后1％的年度成本出售你的资产，并购买其他资产，你的最佳策略是什么。假设在第一年年底时，你预期未来两年的税率是40％或0％。

　　假设你购买了应税债券，如果你的税率是40％，你会希望购买了免税债券。在税率为40％的情况下，免税债券的收益率为7％，而应税债券的税后收益率为6％。然而，如果从应税债券转换到免税债券的年度成本是税后的1％，那么从转换中得不到任何好处，你就会陷入困境：在第2年和第3年获得只有6％的税后收益。因此，每年预期收益率应为7.2％，计算方法如下：

$$1\text{美元投资的预期税后累积收入}=1\times(0.70\times1.06\times1.06^2+0.30\times1.10^3)$$
$$=1.233（美元）$$

这里第一项$0.70\times1.06\times1.06^2$表示有70％的概率按照40％的税率课税。因此，你第一年从全部应税债券投资中获得的税后收益是6％。然后在接下来的2年中，你将其转换成市政债券，收益率将变为6％（在扣除1％的转换成本之后）。第二项0.30×1.10^3表示有30％的概率按0％税率课税，此时你将持续3年持有完全应税债券，每年收益率为10％。每年的预期收益率是$1.233^{1/3}-1$，即7.2％。

　　相反，如果你购买免税债券，税率变为0％，你又会希望你购买了应税债券，因为应税债券的税后收益率为10％，比免税债券高出3个百分点。但至少你可以通过转为购买免税债券在第二年和第三年获得9％的收益率（10％减1％的年交易成本）。因此，如果税率为0％，投资免税债券和转换为应税债券，每年的收益率将为7.4％，计算方法如下：

　　1美元投资的预期税后累积收入为：
$$1\times(0.70\times1.07^3+0.30\times1.07\times1.09^2)=1.24（美元）$$

其中第一项0.70×1.07^3表示有70％的概率按照40％的税率课税。你将连续3年持有3年收益率为7％的市政债券，此时3年的收益为1.07^3。第二项$0.30\times1.07\times1.09^2$表示有30％的概率按0％的税率课税，因此，在第一年结束时，在余下的2年里你将7％的市政债券转换为收益率为9％（扣除1％的转换成本之后）的完全应税债券。预期年收益率为$1.24^{1/3}-1$，即7.4％。在本例中，免税债券是初始投资的选择，主要是由于重组投资会带来较大的价值。

　　我们把它作为一个练习留给读者去验证：在没有交易成本的情况下，应税债券将是第一阶段的投资选择。在3年期间，它们的税后年收益率为7.7％，而免税债券的年收益率为7.6％。在没有交易成本的情况下，只需知道预期税率就可以做出最优决策。在存在交易成本的情况下，情况就不一样了。

□ 投资和融资决策的适应性

　　由于税率的不确定性和存在交易成本，可以购买或发行相对于长期证券收益率较低的短期证券。短期证券在这种情况下体现出了很大的灵活性，这种灵活性有很大价值。

---

　　① 如果你对风险极其厌恶，你会选择免税债券，因为其7％的收益是确定的。而应税债券有30％的概率产生10％的收益，有70％的概率产生6％的收益。虽然应税债券产生较高的预期收益，但其收益因税率的不确定而存在风险。注意免税债券是按已知的隐性税率支付隐性税收。

基于类似的原因，发行可赎回证券或购买可出售证券可能会更有利，即使这种选择成本很高，抑或发行（或购买）可以在市场上以低成本回购（转售）的证券也是有利的。这个问题与选择法律协议的有效期限有关，在这种情况下，订立合同的固定成本与随着时间的变化而下降的协议效率之间存在平衡问题。在我们的税收筹划问题中，协议效率下降的一个原因是，由于税率的意外变化，有可能会使决策者处于错误的税收顾客的位置。[①]

7.4 税收筹划的可逆性

在一些合同中，如果税率或税收规则发生变化，使原有协议失效，合同就可能被撤销。如果合同可以在特定的与税收相关的意外事件发生时被撤销，那么该合同具有税收筹划可逆性。思考下面的例子：

（1）少数人持股的美国公司面临着这样的风险：美国国税局（IRS）将支付给所有者和经理的工资视为一种变相的股息。在这种情况下，公司将失去其税款的抵扣权。许多少数人持股组织的公司会议纪要规定，如果美国国税局声称业主雇员获得了过多的报酬，并将这些支付视为变相的红利，接收人就应将这些支付返还给公司。换句话说，由于交易不能享受优惠的税收待遇，交易发生了逆转，公司避免了由于支付股息而导致的处于错误的税收顾客位置而带来的成本。

（2）许多用于资助私人活动的市政债券在合同中列出了标准条款，这些条款规定，如果美国国税局认为这些债券应纳税，而不是出于免税目的而发行，就要向投资者退款。

（3）许多公用事业公司都发行了具有强制赎回功能的优先股；也就是说，公司被要求在一段时间内，比如说，在 5 年到 10 年之间赎回投资者的股票。这种合约特征可能会促使美国国税局将优先股归类为债券，因为优先股的期限一般是无限的。

那么，美国国税局为什么要把优先股当作债券来纳税呢？毕竟，优先股股息不能税收扣除，但债券利息可以。原因与合同投资方有关。特别值得一提的是，尽管美国公司对其他美国公司支付的优先股股息的相当大一部分免税（由于收到的股息扣除），但他们可以对债券利息全额征税。优先股发行人可能具有哪些税务特征？正如我们前面所描述的，发行人很可能有相对较低的边际税率，因此它不能像其他高税收实体那样有效地使用利息扣除。

如果美国国税局在审计了可赎回优先股发行人的纳税申报单后，认为这些证券实际上是债券而不是优先股时，可能会出现一个有趣的激励问题。如果发行人同意这种解释，则股息支付被视为利息，那么将得到有价值的税前扣除。这将导致双重扣除。借款人以低股息率发行优先股获得了隐性扣除，这反映了股息对公司股东的节税功能。当然，在这种情况下，优先股股东可能会起诉发行人或发行人的律师。此外，公司在资本市场的声誉可能受到严重损害，这可能会增加未来的资本成本。最后，如果投资者担心这种激励问题，他们会要求更高的收益来预先补偿他们，这可能会让发行方付出高昂代价。

---

① 关于个人纳税人的另一个例子是传统的个人退休账户（IRA），如第 3 章所讨论的那样，此期权可以转换成罗斯 IRA。Hulse（2003）对该期权的价值进行了分析。

为了缓解这一激励问题，新墨西哥公共服务公司等公司发行证券的契约中包括一项赔偿条款。新墨西哥公共服务公司已发行了一系列强制性可赎回优先股。如果优先股持有人失去了所获得的股息扣除，新墨西哥公共服务公司承诺增加收益。但是，在这种情况下，它也保留立即赎回全部优先股的权利。请注意，公共服务公司并不能保证赎回所有已发行的优先股，然而，这可能是因为公司在当时发行债券可能是有效的。

美国公司宣布股息支付与雇员持股计划（ESOP）所持股份的股息支付有关，股息支付是不可扣除的，这是一个例外。ESOP 是一种养老金计划，主要代表投资于雇主的雇员持有的股票。[1] 这种股息的减税政策自从首次被纳入法律以来就一直备受争议。为了防止法律上的不利变化，一些发行给 ESOP（通常是可转换优先股）的股票包含了在股息扣除被取消的情况下，发行人可以自行决定赎回的股票。[2]

7.5 应对税收状况不利变化的能力

除了预期盈利能力和实际盈利能力的差异外，税收状况可能会发生意外变化，原因至少有两个：

（1）税务当局和法院将如何解释税法。

（2）税法未来的立法变化。

在包括美国和加拿大在内的许多国家，纳税人可以通过要求税务当局就拟订交易合同的税务处理方式提前做出裁决，从而降低税务处理的不确定性。在美国，这种要求必须包括描述拟订交易合同的全面事实陈述，以及有关司法、法定和次要依据的文件。此类请求的法律成本通常在 5 万美元左右，但有些请求的成本可能要高得多，尤其是涉及复杂的跨国公司重组的请求。此外，美国国税局会收取一笔费用，可能需要 6 个月到 18 个月才能收到裁决。当然，要求这些规则得到澄清的风险在于，美国国税局可能会做出不利的裁决，而且可能会审核申报表，除非申报表是以符合裁定的方式提交的。因此，纳税人最好在不提出裁定要求的情况下进行交易，在纳税申报单上采取理想的立场，并希望美国国税局要么忽视这一问题，要么对代理规则进行审核。

纳税人应对意外税收 A 处理的第二种方式是购买专业法律意见。税收屏蔽型的有限合伙企业和房地产投资信托基金（REIT）因投资的许多方面而臭名昭著，税收处理存在不确定性。事实上，美国证券交易委员会（SEC）要求所有有限合伙企业的招股书都要包含一个关于风险因素的广泛章节，包括投资的"所得税方面"，它将彻底讨论税务处理方面的不确定性，一般使用如下用语及警告：

> 根据 1986 年修订的《国内税收法典》（简称《法典》）的规定，要想成为房地产投资信托基金（REIT），就必须遵守高度技术性和复杂的税收规定，而法院和行政机构对这些规定的解释具有一定的局限性。由于我们的所有权、结构和运营的复杂

---

[1] 在第 9 章我们会更详细地讨论 ESOP。

[2] 参见例如摩根士丹利的"优尼科公司的杠杆员工持股计划演示文稿"（1989 年 2 月 15 日），Ⅲ-3 页。

性，信托基金比其他 REIT 更有可能面临没有明确的答案，从而需要解释的问题。此外，我们无法控制的事实和情况可能会影响信托基金成为 REIT 的资格。该信托基金认为，自 1995 年 12 月 31 日纳税年度终了起，该信托基金已具备 REIT 资格。该信托基金打算继续运作，以符合 REIT 的资格。然而，该信托基金不能向您保证它将继续符合 REIT 的资格。如果信托公司没有资格成为前一个纳税年度的房地产投资信托基金，该信托公司将有责任支付相当数量的税款。同样，如果信托公司在未来没有资格成为 REIT，我们的纳税义务就会增加。

——喜达屋酒店及度假村管理公司，表格 S-3 登记声明书，11/18/99，第 12 页

一家公司在与另一家公司兼并或收购的时候往往就计划交易结构的税务处理获得法律意见。例如，波音公司在 1998 年提交给美国证券交易委员会的 10-K 文件中，讨论了收购罗克韦尔国际公司（Rockwell International Corporation）部分股权的提议如下：

该交易在接受如下法律意见的条件下完成：（1）出资和分配符合税法第 351 款和 355 款所描述的交易；和（或）符合税法 368 款(a)（1）（D）中的"重组"规定；（2）合并符合税法 368 款(a)（1）（B）中的"重组"规定。该法律意见对国税局或法院没有约束力。[①]

在 1996 年收购麦道公司（McDonnell Douglas Corporation）时，波音公司在一份名为《麦道公司与波音公司互换股权》的网上文件中写道：

根据波音公司和麦道公司律师的意见，波音公司以麦道公司换取波音公司股票可以免征美国联邦所得税。但是由于持有波音公司的零头股而接受了现金，并确认利得或损失的股东排除在外。

有了法律上的税务意见书，如果美国国税局不允许他们享受可观的预期税收优惠，投资者可以而且通常也会起诉律师（法律顾问对此表示认可）。

我们刚刚讨论的两种保险形式都涉及现有税收规则的不确定性。但在立法改革方面，也存在一些形式的保险。例如，1984 年 11 月，美国财政部宣布改革联邦所得税制度。其中一项是在 1986 年 7 月 1 日之前降低联邦最高税率。由于较低的税率降低了折旧扣除的价值，许多投资于房地产和其他可折旧资产的有限合伙企业在面对这种不确定性的情况下难以筹集资金。为了回应投资者的担忧，一些合伙企业在合同中规定，如果税收提案获得通过，有限合伙人的利润份额将会增加，例如斯坦福资本物业基金有限公司如是说：

如果在 1990 年之前任何一年的最高税率下降，普通合伙人同意减少在资本回收日（也就是说，有限合伙人已经收到合伙企业 100% 的初始投资）后的分配中应得的净销售或资本回收金额，以尽量减轻或避免最高税率从而降低有限合伙人所造成的不利冲击。

然后，招股说明书给出了利润分成的税率的公式，并通过招股说明书给出的基于税收损失预测的例子进行研究。例如，如果 1986 年 7 月 1 日联邦最高税率下降到 35%，"有限合伙人获得净销售或资本回收金额的比例将从目前的 83.33% 增加到 95.17%（同

---

① 这些税法内容在后面的章节中有更详细的讨论，读者并不需要理解波音公司的交易模式。

时，普通合伙人权益将从 16.67％下降到 4.83％）"。

另一个不确定因素是 1986 年年初的投资税收抵免（ITC）的税收法案。虽然整个 1986 年都在讨论税制改革，但对于是否会通过该项税收法案仍备受怀疑。如果通过，ITC 是否会取消仍是不确定的；如果取消，那么可能是 1986 年 1 月 1 日、1986 年 7 月 1 日、1987 年 1 月 1 日或者其他什么日子。为了防止 ITC 给投资者带来的利益损失，主要设备租赁交易公司辛迪加 PLM 公司在 1986 年年初签订了合同，保证如果在 1986 年 1 月 1 日至 1986 年 7 月 1 日之间失去了投资税收抵免（事实确实如此），PLM 将为投资者提供丰厚的租赁收入。

上述涉及斯坦福资本房地产和 PLM 的都是有关税务补偿的。证券发行者对投资者的税收优惠没有像承诺的那样给予。这样的补偿可以节约成本，因为投资者不需要对税收规则进行全面的研究。然而，如果缔约双方不愿承担风险，他们应对风险的分配也十分敏感。税收补偿通常将所有税收风险分配给一方，但这并不总是有效的，将风险集中在一方手中可能会提供有效的激励，以游说反对税收规则的不利变化。它还可能促使保险方在税法变更后实施适应性的税收筹划——机构重组。

另一个有关税收补偿的例子是 1982 年至 1985 年之间发行的价值 15 亿美元的免税工业收益债券。其中约定，如果法定公司税税率在债券到期日之前下调，债券利率最高可提高 300 个基点，即 3 个百分点。该条款的目标是在债券免税待遇消失时，发行人补偿给债券持有人。由于 1986 年税法的颁布，实施了较低的税率，这些债券的利息增加了 3 亿美元。

另一个例子是纽约银行家信托公司在 1989 年 8 月向其优先股股东提供的赔偿。在招股说明书 S-9 页的"固定/可调利率累积优先股 D 系列"的附录中，题为"股息率的变化"的一节对赔偿进行了规定。回想一下，从其他美国公司获得股息收入的美国公司，在很大一部分收入上是免税的（国内收入法第 243 款）。在银行家信托公司发行优先股的情况下，相关扣除比例（通常称为"收到的股息扣除百分比"）为 70％。招股说明书包括以下条款：

> 如果 1986 年《国内税收法》的一项或多项修订的规定改变了该法第 243 款（a）(1) 中规定的百分比或任何后续条款（"股息率"），则在股息变动生效日或之后开始的股息期间，公司应调整股利支付率，即将股息率乘以一个数字加以调整，该数字根据以下公式确定，并将结果四舍五入调整到原有水平：

$$\frac{1-0.34\times(1-0.70)}{1-0.34\times(1-DRP)}$$

就上述公式而言，"DRP"是指所收到的股息百分比，适用于上述股息。

最后一种防范税法不利变化的保险方式是购买那些税法变化对其产生有利影响的投资产品，或者做空那些在税法变化后价值会下降的证券。例如，如果您担心联邦税率意外下降，您可能希望避免购买市政债券，因为如果税率降低，市政债券的价格可能会下降。

▎ 7.6 当纳税人的边际税率为策略依赖型时的税收筹划

在许多税收筹划情况下，公司的边际税率会受到公司改变投资和融资活动决定的影响。例如，如果公司用发行优先股的收益购买债券，那么从债券利息收入中产生的额外应纳税现金流会影响边际税率的计算。如果基于顾客的套利活动确实改变了公司的边际税率，那么公司就不能依赖其初始计算来做出最优决策。这就是我们所说的边际税率的计算取决于策略。策略依赖增加了税收筹划的复杂性。

我们已经在第5章阐述了策略依赖的概念，其中我们证明了，例如，一个受累进税影响的纳税人希望只进行有限数量的基于顾客的套利交易。原因是随着交易改变投资者的边际税率，进一步交易的吸引力会下降。

边际税率的战略依赖性也阻碍了研究人员和其他人对税收在企业投资和融资决策中的作用的研究。例如，理论预测高税收的公司会用债务来降低其税负，或者高税收的公司会表现出更高的债务水平。然而，通过增加债务，公司增加了利息扣除，降低了边际税率。因此，在均衡状态下，所有公司可能会面临相同的边际税率。如果是这样的话，测试就无法检测出税后债务水平与之前边际税率之间的关系，而实际上，高税收公司提高了债务水平，以寻求债务提供的税收庇护。有两种方法可以解决这个问题。首先，研究人员可以研究税收在新债务发行中的作用，而不是研究债务水平。Mackie-Mason（1990）和 Graham（1996a）都说明了"债务变化"（而不是"债务水平"）的方法是如何更有力地检验税收在企业资本结构决策中的作用的。其次，使用边际税率（在必要时，还使用其他变量）评估某种可选方案（but-for approach）（也称为事先或模糊的估计措施）。这种方法的一个例子是 Graham，Lemmon 和 Schallheim（1998）在研究中证明了，债务水平和通常的融资后税率是负相关的，但是债务水平和融资前的税率（指的是边际税率）是正相关的，这与理论预测相符。

另外一个相关问题也困扰着债务水平，以及其他公司选择的研究。一个公司的资本结构之所以反映了过去的决策，是因为意想不到的因素，比如产品市场的变化、竞争、经济或税收政策等使预期没有实现。因此，即使决定时是以税收为动机的，在随后的时期，这些决定也可能看起来与预测的税收效果相反，因为重组资本的成本很高，对债务水平的截面研究可能错误地得出税收不会影响资本结构决定的结论。换句话说，当公司的税收状况发生意外变化时，由于重新签订契约的成本，公司可能不会立即或迅速调整其经济资产负债表。因此，对债务水平的横向测试，可能无法在实际存在时发现税收效应。

对大多数纳税人来说，税收规则和税收状况的未预期变化应该被视为一种规律，而不是例外。在税务筹划过程中考虑这些不确定性是很重要的，当不确定性已成定局，要准备好从错误的顾客那里脱身。我们的目标是为您提供必要的工具，以系统和合理的方式完成这项任务。

要点总结

1. 要计算一美元的全部应纳税所得额的边际税收成本，需要包括对未来时期税收负债价值的影响。还必须包括额外收入对税收减免和税收抵免的影响。

2. 有效税率通常用于确定纳税人平均缴纳的税率。有两种流行的定义，它们都没有包括隐性税收和对未来应支付的税收的现值进行适当调整。

3. 经过适当调整，包括隐性税收和递延税的现值，平均税率允许纳税人比较每一美元收入的税负。但是这样的税率对于识别税务顾客并没有什么指导作用。

4. 对于给定的风险调整后的各种资产的税前收益率配置，边际税率将纳税人分类为投融资顾客。基于顾客的套利利用了适用于不同资产的总（显性加隐性）边际税率的差异。进行基于顾客的套利的结果通常是降低总边际税率。

5. 当法定税率随着时间的推移保持不变时，持有净营运亏损结转（NOL）的公司通常会比不持有净营运亏损结转（NOL）的公司面临更低的边际税率。在存在 NOL 和其他结转的情况下，当前的边际税率对未来法定税率的变化很敏感。

6. 随着边际税率的变化，投资和融资顾客也会随之变化。由于随着税收状况的变化，改变投融资顾客的成本很高，因此纳税人对那些允许以低成本重组的活动的战略给予了溢价。

7. 合同安排可以在特定的与税收有关的或有事项发生时被取消，这在税收计划中引入了可逆性因素。

8. 适应性税收计划的设计目的是抵消在税收状况发生不可逆转或不切实际的意外变化后出现错误顾客的成本。

9. 在存在交易成本以改变投融资顾客的情况下，纳税人需要知道的不仅仅是预期边际税率，如此才能选择有效的税务筹划策略。例如，在税率变化导致投资者选择错误顾客的情况下，了解税率的概率分布以及改变投融资策略的成本是很重要的。

10. 税务当局和法院将如何解释税法、未来税法的立法变化，以及未来收入的确切数额将成为可能的来源。改变税收状况，使纳税人成为不良的投融资顾客。

11. 不确定的税务处理可以通过要求税务当局就拟议交易的税务处理方式提前做出裁决来减轻。

12. 专业的法律意见也可以减少税务处理的不确定性。这些意见通常是为了第三方的利益而发表的，这些第三方依靠对特定合同安排的税收优惠待遇所做的陈述。

13. 在许多合同中，一方明确地向另一方提供税收优惠，而事实证明，这种优惠并不像承诺的那么有利。这些规定的目的是减少承包费用。

14. 纳税人的边际税率往往受到投资和融资策略的影响，而投资和融资策略正是利用纳税人最初的税收地位。这为税务规划添加了"递归"元素。在这种情况下，我们将边际税率称为战略依赖。因此，在现实环境中，计算边际税率相当具有挑战性。

附录 7.1 医疗储蓄计划和动态税收筹划[①]

为了结束我们对动态税收筹划的讨论，并与我们的第一个"应用"章节（关于报酬筹划）联系起来，我们考虑了一个与医疗费用报销相关的税收筹划问题。在美国，包括保险费在内的医疗费用，只有在超过调整后总收入的 7.5% 的情况下才可以税前扣除。因此，如果你的工资加上其他收入等于 10 万美元，你通常不能扣除第一笔 7 500 美元的医疗保健费用。你在计划中缴付的工资不会被征税，而且你的医疗费用报销将不需要纳税。最终的结果是你的医疗费用获得了税前扣除的优惠。

这个筹划有个小问题。你必须在年初决定该为这个计划存入多少。任何超过本年度偿还额的缴款都是不可退还的。相反，超额部分将用于支付计划的管理成本。

假设你的税率是 30%。用 C 表示你贡献给该计划的资金，M 表示你的医疗费用，这是不确定的，如果你将 C 定得太低（低于 M），你将在每

① 这部分由 Evan Porters 在斯坦福大学 MBA 项目中所授"决策科学"课程中所提出的问题发展而来。

一美元的短期医疗费用中牺牲价值 30 美分的税收优惠。为什么？你损失了相当于 $M-C$ 美元的税收扣除额。如果你把 C 设得太高（超过 M），你的每一美元将会额外承担 70 美分的税后成本。这是一个"报童问题"：如果你资金不足（"库存不足"），每一美元资金不足就会损失 30 美分；如果你资金过多（你有多余的必须报废的易腐库存），每一美元资金过剩就会损失 70 美分。最理想的资金数额是低于你对医疗费用的最佳猜测的数额，因为过度的资金投入成本会比不足的资金投入成本更多。

这个问题与动态税务筹划有何关联？在适应性方面，如果你对医疗服务的需求低于你的注资水平，你可以加快常规检查或通常会在第二年进行医疗治疗；或者你可以试着提前支付明年的医疗保险。至于可逆性，如果你和你的雇主合作进行税收筹划，那么你的雇主可能会同意在你的医疗费用远远低于注资水平的情况下给你补发工资。在这种情况下，您可能会倾向于提供比计划中所有资金都被没收的情况多得多的资金。当然，这些安排的税收筹划优势必须与实施这些安排的管理成本相平衡。

问题讨论

1. 判断问题，并加以解释。

a. 在实施税收筹划策略时，有效税率没有意义。

b. 在计算边际税率以确定投融资顾客时，忽略未来的税收是合适的。

c. 通过借款，纳税人总能将合伙收入的个人税率降至市政债券的隐性税率水平。

d. 当预期有净经营亏损结转公司（NOL）开始纳税时，该公司的边际税率比那些当前按照递延税款折现值纳税的公司要低。

2. 按照现行法规规定，通过增加部分收入以减少当前税前扣除是如何影响边际税率的？通过增加部分收入以推迟当前税前扣除或税收抵免又是如何影响边际税率的？

3. 公司运用何种投资和融资工具来改变边际税率呢？为什么该公司宁愿重新包装其资本结构（即为融资而进行各种金融工具组合），而不愿改变其经营决策以影响基于顾客的套利呢？

4. 在现实中计算公司的边际税率究竟有多难？为什么？真正重要的因素是什么？如果我们观察到一家公司有净营运亏损，这是否意味着该公司没有聘请一位非常聪明的税收筹划师？

5. 如果一个税收筹划是可逆的，这意味着什么？举例说明这个概念。与使税收筹划可逆的相关合同条款的成本是多少？

6. 什么是税收筹划的适应性？举例说明这个概念。实施这些计划的成本是多少？

7. 为什么公司可以向利益相关者提供针对税收状况不利变化的保证？你看过很多这种形式的保证吗？为什么？

8. 为什么税务当局会同意就计划进行交易的税务处理做出预先裁决？为什么在某些情况下它会拒绝做出裁决？

9. 为什么纳税人愿意花钱请律师向第三方提供一份书面意见，以便为特定的一系列交易提供税务优惠？

10. 边际税率的计算中相关战略依赖是指什么？战略依赖如何影响边际税率的计算？它如何影响决策策略？

练习题

1. 假设一家公司今年盈利 200 万美元与亏损 300 万美元的可能性相同。该公司每一美元的应税收入都要按照 40% 的税率缴纳税收，公司不会对损失纳税。在这个简单的单一期间的场景中，不考虑向前结转或向后结转规则。因此，公司预期应纳税收入是−50万美元（相当于损失50美元），计算方法为 $0.50 \times (-300) + 0.50 \times (200)$（万美元）。该公司的预期边际税率是多少？

假设另一家公司今年盈利300万美元与亏损200万美元的可能性相同。这家公司每一美元应税收入也都要按照40%的税率缴纳税收，而且公司不支付损失税。同样，在这个简单的单一期间的场景中，忽略向前结转或向后结转规则。因此，该公司的预期应纳税收入是50万美元，计算方法为 $0.50 \times 300 + 0.50 \times (-200)$（万美元）。该公司的预期边际税率是多少？

解释并讨论你的结果。为什么第一家公司的边际税率不是0%？为什么第二家公司的边际税率不是40%？

2. 假设一家公司在当期亏损了500万美元。公司的税后折现率是10%。在过去的5年内，本公司已申报的应税收入如下：

年	−5	−4	−3	−2	−1	当前
应税收入（百万美元）	1	1	1.5	3	3	−5
法定税率	40%	40%	35%	35%	30%	30%

a. 如果向前结转期为3年，公司当期的边际显性税率是多少？

b. 如果向前结转期为2年，公司当期的边际显性税率是多少？

c. 假设向前结转期为2年，第1期的应税收入仅为100万美元。公司当前的边际显性税率是多少？

3. 假设一家公司在当期有1 000万美元的税收损失，如果加上之前的税收损失，它将获得1 500万美元的向后结转额。在可预见的未来，最高法定税率为35%。假设税后贴现率为10%，未来每年应纳税收入为200万美元。

a. 公司的边际显性税率是多少？

b. 如果最高法定税率预计在未来两年内提高到40%，那么公司边际显性税率是多少？

4. 找一些上市的亏损高科技公司的年报。请参阅报告中的税务附注，找出NOL。假设税后的折现率为10%。请使用Manzon（1994）市场价值方法计算公司的边际显性税率。讨论并加以分析。

5. 考虑一下7.3节的例子，你在两种投资中进行选择，一种是完全应税债券，每年税前收益率为10%，另一种是免税债券，每年收益率为7%。这两种投资都是3年期。在投资的时候，你不确定在3年内你适用的税率是40%还是0%——因为你已经进行的其他投资的盈利能力是不确定的。你估计有70%的可能性是前者。这使得你的预期边际税率为28%，即 $0.7 \times 40\% +$

$0.3 \times 0\%$。如果你是偏好风险中性的，你必须选择一种或另一种投资并持有整3年，你最好选择应税债券。在预期税率为28%的情况下，应税债券税后收益为7.2%，而免税债券的收益率仅为7%。

现在让我们考虑一下，如果你能在第一年结束时卖掉资产并购买另一项资产，你的最佳策略是什么。在第一年结束的时候，你发现你未来两年（就刚好结束1年）的税率要么是40%，要么是0%。在这一节结尾有这样一句话："我们可以作为练习留给读者，证明在没有交易成本的情况下，应税债券将成为第一期的投资选择。经过3年时间后，它们的税后年收益率为7.7%，而免税区间的税后年收益率为7.6%。"

请证明此论述的正确性。

6. 考虑7.3节中的例子，在存在税率不确定性和交易成本的情况下，在应税债券和免税债券之间进行投资选择。

a. 如果在第一年年末，当税前收益率分别为10%和7%，从应税债券转为免税债券的转化成本是3%而不是1%的情况下，你愿意投资3年期的应税债券还是3年期的免税债券？

b. 如果3年期债券的收益率不是每年10%（应税）和7%（免税），你会以9.75%的收益率购买1年期债券，而以6.83%的收益率购买免税债券吗？因为它们是1年期债券，所以没有转换成本。

税收筹划的问题

1. 假设一家公司在当期的税收损失为 100 万美元，如果加上之前的税收损失，它的向后结转额为 150 万美元，目前的最高法定税率为 35%，但预计将在两年后增至 45%。假设税后贴现率为 10%，未来每年应税收入为 20 万美元。这家公司有大量的向后结转额。该公司应该通过发行优先股和购买公司债券来进行基于顾客的套利吗？

2. 你的同事获得了微软公司 2012 年的年报（我们在第 6 章已经展示过了），发现微软 2012 年度的有效税率为 23.8%，2011 年度为 17.5%。他认为微软因此面临较低税率。你的同事认为，微软公司的资本结构中不应该有太多长期债务，它应该发行优先股，将闲置资金投资于应税债券，它也应该租赁一些资产。请评价你同事的观点。

3. 一家目前盈利的实体零售公司面临几家互联网初创公司的激烈竞争。最高管理层决定参与网络竞争并开设一家网店。鉴于新兴互联网公司的激烈竞争和降价，公司未来的盈利能力是不确定的。考虑到这一疑问，该公司的首席财务官担心公司会成为错误的投资和融资顾客。她要求你准备一份备忘录，列出公司可能采取的行动，以及你的建议，公司可能会采取这些行动来降低发现自己在错误顾客中的预期成本。她要求你做出的任何假设都要明确。

4. 一家电力公司最近发行了 2 500 万美元的强制性可赎回优先股，可在 10 年内赎回。在审计中，美国国税局希望将优先股归类为债券。这种分类意味着优先股的股息将被重新分类为利息费用，因此可以免税。首席财务官欣喜若狂，因为这将减少公司的税收。然而，他并不是靠运气才升到首席财务官的位置的，他是一名严谨的专业人士，他已经要求你准备一份备忘录，解释这种重新分类的利弊。请注意，公用事业公司的高层经理每年都会根据公司的盈利情况获得可观的奖金，公司正计划筹集额外资本，为昂贵的厂房建设提供资金，公司的盈利能力自发行优先股以来没有变化。

5. 假设你经营着一家利润丰厚的独资企业

（继续做梦吧）。你今年的边际税率是 40%，但是你预计明年会因为立法的变化而增至 50%。您的业务是在特定地理区域内独家分销微型计算机软件包。你的软件销售毛利率为 50%。

年底将至，您想知道在本纳税年度，是否需要特别降价以促进销售。你评估一下，如果在今年余下的时间里全面降价 10%，将会产生 40 万美元的新销售额，但在今年剩下的时间里，80 万美元的正常销售额将会有 10% 的折扣。此外，明年 100 万美元的销售额将被挤占。也就是说，如果降价 10%，明年的 100 万美元产品将以 90 万美元的价格售出，而今年剩余时间里，价值 80 万美元的产品正常销售收入将仅为 72 万美元，但今年获得的额外销售收入将达到 40 万美元。

a. 如果你按照以上计划采用年终销售策略，你的税前和税后收入将增加多少或者减少多少？

你的顾客大致分为三类：一是企业，其税率在今年到明年一般不会发生变化；二是在购买您的软件时无权享受税收减免的个人；三是小企业，其中许多面临着与你们相似的税率上升的问题。假设这些公司在软件被收购的那年可获得税收扣除的优惠。

b. 这些顾客对临时降价有何不同反应？

6. 当评估新项目和投资时，ABC 公司计算税后现金流量和收益时假设公司的边际税率等于联邦法定最高税率 35%。该公司是一家大型跨国公司，在国外和美国的许多州都有业务。

a. 在什么情况下 ABC 公司在项目评估中使用法定税率是可取的？

b. 在这些项目评估中忽略外国、州和地方税收会产生什么问题？

c. 公司的财务会计计算出公司的实际税率是 25%，并认为公司应该在项目评估中使用这个税率。你同意吗？

假设 ABC 公司，由于亚洲经济的崩溃和基于互联网的竞争，面临着未来盈利能力的不确定性。

d. 这种不确定性会对公司的边际税率产生什么影响？

e. 鉴于这种不确定性，该公司的首席财务官担心公司是否成为一个错误的投资和融资顾客。请你准备一份备忘录阐述公司一旦发现处于错误税收顾客位置时，如何降低预期成本，提出你的建议，并要求你做出的任何假设都要明确。

参考文献

Blouin, J., J. Core, and W. Guay, 2010. "Have the Tax Benefits of Debt Been Overstated?" *Journal of Financial Economics* (November), pp. 195–213.

Gooper, M., and M. Knittel, 2006. "Partial Loss Refundability: How Are Corporate Tax Losses Used?" *National Tax Journal* (September), pp. 651–663.

Graham, J., 1996a. "Debt and the Marginal Tax Rate," *Journal of Financial Economics* (May), pp. 41–74.

Graham, J., 1996b. "Proxies for the Marginal Tax Rate," *Journal of Financial Economics* (October), pp. 187–221.

Graham, J., M. Lang, and D. Shackelford, 2004. "Employee Stock Options, Corporate Taxes and Debt Policy," *Journal of Finance* (August), pp. 1585–1618.

Graham, J., and M. Lemmon, 1998. "Measuring Corporate Tax Rates and Tax Rate Incentives: A New Approach," *Journal of Applied Corporate Finance* (Spring), pp. 54–65.

Graham, J., M. Lemmon, and J. Schallheim, 1998. "Debt, Leases, Taxes, and the Endogeneity of Corporate Tax Status," *Journal of Finance* (1), pp. 131–162.

Graham, J., and L. Mills, 2008. "Using Tax Return Data to Simulate Corporate Marginal Tax Rates," *Journal of Accounting and Economics* (December), pp. 366–388.

Hanlon, M., and T. Shevlin, 2002. "Accounting for Tax Benefits of Employee Stock Options and Implications for Research," *Accounting Horizons* (March), pp. 1–16.

Hulse, D., 2003. "Embedded Options and Tax Decisions: A Reconsideration of the Traditional vs. Roth IRA Decision," *Journal of the American Taxation Association* (Spring), pp. 39–52.

Mackie-Mason, J., 1990. "Do Taxes Affect Corporate Financing Decisions," *Journal of Finance* (December), pp. 1471–1493.

Manzon, G., Jr., 1994. "The Role of Taxes in Early Debt Retirement," *Journal of the American Taxation Association* (Spring), pp. 87–100.

Plesko, G., 2003. "An Evaluation of Alternative Measures of Corporate Tax Rates," *Journal of Accounting and Economics*, pp. 201–226.

Shevlin, T., 1990. "Estimating Corporate Marginal Tax Rates," *Journal of the American Taxation Association* (Spring), pp. 51–67.

第8章

报酬筹划

阅读完本章，你应能：

1. 列举与确定当期报酬和递延报酬谁更具有税收优势。

2. 确定报销商务餐和娱乐支出何时比工资发放更优。

3. 描述限制性股票、绩效股/单位/现金奖励、激励股票期权（ISO）和无条件股票期权（NQO）的税收状况。

4. 确定何时 ISO 在税收上优于 NQO。

5. 决定什么时候出于税收原因可以提前行使限制股票和雇员股票期权。

6. 分析 162 款（m）对报酬方案设计的影响。

到目前为止，我们已经制定了有效的基于各种环境下进行税收筹划的基本框架。现在我们来看看框架在特定主题中的应用。在这一章中，我们讨论了雇员报酬计划的税收筹划问题。与许多应用章节一样，我们强调的两个主题是：（1）考虑合同各方的重要性；（2）各种税收筹划备选方案的非税特征。首先，表 8-1 列出了一些报酬类别，以及对雇员和雇主的税务待遇。

表 8-1　　　　　　　　　　　　**各种报酬方案**

类别	雇员税收效应	雇主税收效应
非应税附加福利	无须纳税	可即时税前扣除
养老金	税收递延且投资收益免税*	可即时税前扣除
奖励性股票期权	税收递延且按资本利得税税率课税**	不可税前扣除
递延报酬	税收递延且按个人普通收入税税率课税	税前扣除递延
受限股票	税收递延且按个人普通收入税税率课税	税前扣除递延
无条件股票期权	税收递延且按个人普通收入税税率课税	税前扣除递延
股票升值权利	税收递延且按个人普通收入税税率课税	税前扣除递延
业绩股份/单位/现金	税收递延且按个人普通收入税税率课税	税前扣除递延
现金工资	按个人普通收入税税率及时征税	可即时税前扣除***
现金红利	按个人普通收入税税率及时征税	可即时税前扣除***

说明：* 现假设在固定福利养老金计划中，投资所获收益无须纳税，且在固定缴款计划中，税收递延会影响投资收益（进一步分析请参见第 3 章和第 9 章）。

** 在期权行使日，ISO 的内在价值包括在 AMT 收入中。

*** 如果符合 162 款（m）规定，现金工资和现金红利可在公司税前扣除。

许多报酬筹划专家（包括那些为通俗报刊和税务杂志撰稿的人）得出的结论是，表8-1所列的报酬方案都是按所受欢迎程度递减排列的。然而，实际上，一旦引入全面视角（综合考虑雇主和雇员的税收，也考虑非税因素），表8-1中列出的所有报酬方案就不能明确地进行排序。我们通过比较表中列出的部分与报酬方案相关的因素来说明全面契约观念的重要性。

8.1 工资与递延报酬

我们首先考虑雇主与雇员之间的递延报酬合同（deferred-compensation contract）。延期报酬合同计划有很多不同的类型，主要分为两大类——有条件与无条件——每一类又包含了不同的方案。首先，有条件递延报酬计划需满足税法的特定要求，并受到《1974年雇员退休收入担保法》的约束。有条件递延报酬计划适用于任何雇员。其次，有些递延报酬计划是无条件的。在这些合同里，雇员很可能是为了将来的消费进行储蓄而同意将当期获得的报酬递延到将来某一时间支付。这些递延报酬计划一般只针对那些重要的、高薪（又称高层）的雇员。无条件递延报酬合同（NQDC）通常被经济学家称为"内部债务"，因为这些合约代表着公司未来需要支付给公司内部人员的固定债务。延期报酬合约是很常见的。一般来说，91%的公司和92%的财务机构都会提供NQDC计划。[1] 此外，该计划的金额也是十分可观的，有的CEO更是超过了1亿美元，有时金额达到了一个经理在公司的股票或期权投资的总额（Wei和Yermack，2010）。[2] 财务机构里最高的递延报酬最近在接受审查。例如，在摩根士丹利公司，2011年雇员获得的红利报酬的递延比例为75%，2009年为40%（Lucchetti和Rapoport［WST］，2013）。美联储正考虑增加对财务机构递延报酬金额的披露规定。

本章我们会对无条件递延报酬计划进行评估。在下章我们会进一步研究以养老金和退休计划为代表的有条件递延报酬计划。从税收的角度来看，不考虑现时的激励性因素，递延报酬是否有吸引力，取决于雇员和雇主的现时和未来税率，以及各方在市场能投资闲置资金的机会。我们需要考虑的具体问题是，是否应该当期向雇员支付工资，还是与雇员签订NQDC合约，承诺在n期支付约定的报酬金额。要决定是当期支付报酬好，还是递延报酬好，我们需要在相同基础上进行甄别，而不是拿苹果和橘子来比较。有一种较为便利的方法是，在这两个计划中保持雇主或雇员一方的获利不变，然后观察哪种计划对另一方更有利，比较后就可以找到对双方都有利的合约。双方通过协商，分享从税收筹划取得的福利，并共同实现福利的改善。

例如，将当期应付的100美元工资递延支付，雇主在第n期时能向雇员提供多少递延报酬？递延支付的报酬、雇主税前扣除的时间以及雇员所得的应税时间也随之递延。

---

① 网站地址：http://www.toddorg.com。

② 在研究非金融公司的样本中，Wei和Yermack（2010）表示，ExecuComp数据库中有7位CEO在2006财政年度末期的内部债务余额都超过了1亿美元。超过2/3的CEO的内部债务非零，平均价值为570万美元。他们发现，内部债务报酬在经济增长缓慢的大公司里更常见，例如制造业、公用事业和运输业的大公司。

注意，就雇主当前而言，递延支付 100 美元工资，课税后仅节约了 $100(1-t_{co})$ 美元的工资支付。这里，雇主当期边际税率是 t_{co}。[①] n 期后，雇主从税后递延工资支付中取得的累积收益为 $100(1-t_{co})(1+r_{cn})^n$。这里 r_{cn} 是雇主在 n 期内进行边际投资所取得的年税后投资收益率，该收益率也就是雇主运用所节省的税后递延工资进行投资所赚取的收益率。

在第 n 期，雇主支付递延报酬（金额为 D_n）时，可获得税收扣除。考虑税收扣除因素，税后雇主的实际支付成本是 $D_n(1-t_{cn})$，这里 t_{cn} 是雇主在 n 期的边际税率。为使工资的当期支付与递延支付无差别，雇主必须在基期预留 $100(1-t_{co})$ 美元，以便将来履行延期报酬支付责任：

$$D_n(1-t_{cn})=100(1-t_{co})(1+r_{cn})^n \tag{8.1}$$

即

$$D_n=100(1+r_{cn})^n \frac{(1-t_{co})}{(1-t_{cn})}$$

如果雇主的税率随着时间的推移保持不变（$t_{co}=t_{cn}$），那么雇主在 n 期后能支付的就是这 100 美元递延工资按税后收益率计算的金额，以作递延补偿。然而，如果雇主的税率上升，雇主就能支付更多的递延报酬，因为对于雇主而言，未来的税前扣除更有价值。相反，如果雇主的税率下降，那么雇主能支付的报酬小于税率不变时所能支付的报酬。

假设公司的税后投资收益率为 6%，且税率随着时间的推移保持不变。雇主正在考虑一份 5 年的延期报酬合同。也就是说，雇主考虑的不是当期支付 1 美元的报酬，而是延期 5 年后支付。5 年后，如果雇主的税率不变，雇主所能支付的报酬为：

$$(1+6\%)^5=1.34 （美元）$$

如果税率随着时间的推移而变化，雇主能承担多少支付？答案见表 8-2。差异可能是显著的。例如，如果雇主当期税率为 50%，5 年后为 30%，那么表 8-2 表明雇主每递延 1 美元的当前工资，5 年后只能支付 96 美分的递延报酬。然而，如果雇主的税率从当期的 30% 提高到 40%，雇主将 1 美元的当期工资递延到 5 年后支付时，其能支付相当于1.56 美元的递延报酬。

表 8-2   递延报酬对税率变化的敏感度

t_{co}	30%	40%	50%
t_{cn}			
30%	1.34	1.15	0.96
40%	1.56	1.34	1.12
50%	1.87	1.61	1.34

说明：假设递延期限为 5 年，每年的税后投资收益率是 6%。t_{co}、t_{cn} 分别是雇主现时和未来的边际税率。表中报告的是单位美元的现时工资税后递延支付时所需的金额，运用式（8.1）计算而得。

由于工资和递延支付报酬合同对雇主无差别，让我们转向考虑雇员。雇员更喜欢哪种合同呢？雇员须将当期税后工资累积 n 期后的收益与 n 期后递延支付的报酬进行比较。也就是：

---

① 虽然 t_{co} 可能被认为是公司税税率，但在接下来的分析中雇主可以不是公司的形式。

$$工资 = 100 (1-t_{po})(1+r_{pn})^n$$
$$递延报酬 = D_n(1-t_{pn})$$

其中 r_{pn} 是雇员自己进行投资所能获得的税后收益率，再将式（8.1）中的 D_n 代入上式，得：

$$递延报酬 = 100 (1+r_{cn})^n \frac{(1-t_{co})}{(1-t_{cn})} (1-t_{pn})$$

雇员在 n 期内会选择能带来更多税后收益的方案。当且仅当：

$$\frac{(1-t_{po}) (1+r_{pn})^n}{(1-t_{pn}) (1+r_{cn})^n} > \frac{(1-t_{co})}{(1-t_{cn})} \tag{8.2}$$

式（8.2）的左边是当期支付工资雇员的税后积累与递延支付报酬雇员的税后积累之比。右边是公司当期和未来税率的比率。

在这种关系中，精确地确定当期报酬或递延报酬哪个更有利需要考虑以下三个关键因素：

（1）雇员今天的税率与他或她从今天起的 n 个时期的税率。如果雇员的税率在下降，那么递延支付报酬往往更可取，因为雇员在税率较低时，就会确认收入。

（2）雇主今天的税率和从今天开始的 n 个时期的税率。如果雇主的税率在升高，那么递延支付报酬就更可取，因为当税率较高时，雇主更愿意产生更多扣除。

（3）雇主的税后投资收益率与雇员的收益率之比。如果雇主的税后收益率高于雇员，那么递延支付报酬往往更可取。实际上，递延支付合同中允许雇员以雇主较高的投资收益率储蓄。

因为如果雇员的税率预计在未来会下降，那么递延支付是有利的，所以对于那些预计在退休时将面临较低税率的雇员或临时外派到高税率国家的雇员来说，递延支付可能特别合适。[①] 在立法机构投票通过的法定税率发生变动，例如，预计税率将会下降时，递延支付安排可能是可取的。然而，在这一点上，人们必须小心，不要片面孤立地看待一个税收筹划方案。如果雇主的税率也在下降，那么雇员税率的下降就不一定有利于递延报酬。以下我们将仔细观察这一普遍现象。

因为如果雇主的税率预计在未来会提高，那么递延支付是有利的。所以当一家持有 NOL 的公司不能有效地利用当期的税收扣除时，递延支付可能特别合适。递延支付增加了当期应纳税所得额，同时减少了未来应纳税所得额。这种对应纳税所得额的平衡处理对经营亏损可向后结转的公司是有利的。

对于那些有机会获得比雇员更高的税后收益率的雇主来说，通过递延报酬合同将报酬进行储蓄具有税收优势。为此，假设 $r_{pn}=6\%$，$r_{cn}=8\%$，完税后，递延报酬比现时工资高出：

$$(1.08/1.06)^n - 1 = 1.9\% \ (n=1 \ 年)$$
$$= 9.8\% \ (n=5 \ 年)$$
$$= 20.1\% \ (n=10 \ 年)$$

□ 预期雇主和雇员税率都下降

我们可以使用式（8.2）来研究当雇主和雇员都预期他们的税率在未来会下降时的情

---

① 一些税收管辖地不允许采用递延报酬计划递延应税收入。这是一个税收法规约束的典型例子。

况。即使雇员的税率随着时间的推移而降低，当期工资也比递延报酬在税收上更有利。例如，随着 1986 年税收改革法案的颁布，许多非管理人员的税率从 25％ 下降到 15％。在这种情况下，递延报酬似乎是相当可取的。毕竟，它使雇员每收到 1 美元的报酬就能减少 40％ 的税款（从 0.25 美元减少到 0.15 美元）。然而，大多数公司在这种情况下，会优先选择当期支付工资。为什么？因为雇主更倾向于立即减税，而雇员更倾向于递延税收。

假设公司雇主在 1986 年面临 46％ 的税率，1988 年面临 34％ 的税率。对于 1986 年递延的每 100 美元工资，雇主在 1988 年支付的报酬仅为 $D_n = 82$ 美元，即 $100 \times (1 - 0.46)/(1 - 0.34)$ 美元，加上两年的税后投资收益。每一种支付方式对雇主税后支付的现值均为 54 美元。对于以 25％ 税率缴税的雇员来说，100 美元的工资相当于税后的 75 美元。然而，即使按 1988 年 15％ 的税率计算，82 美元的递延报酬加上 2 年的利息，对雇员的现值也只有 $82 \times (1 - 0.15)$ 美元，即 70 美元。因此，尽管雇员的税率有所下降，但相对于递延报酬，现时工资更具税收优势。如果将递延报酬设定在让雇主对当期报酬和递延报酬无差异的水平上，当期报酬与递延报酬的税收收益比率是 75/70，前者高于后者 7％。

更多的高薪雇员在 1986 年面临 50％ 的边际税率，在 1988 年面临 28％ 的边际税率，递延报酬最优的税收安排是：1986 年 100 美元工资的税后价值是 50 美元，82 美元的报酬推迟到 1988 年支付，其税后价值是 59 美元，即 $82 \times (1 - 0.28)$ 美元。这比目前的工资高出 18％。

更进一步，假设雇主是一个免税实体，如大学、市政当局或慈善基金会。这些实体可以为从 1986 年至 1988 年递延支付的每 100 美元报酬支付 100 美元外加 2 年的税后投资收益。即使雇员可以获得与免税雇主相同的税后收益，在这种情况下，高报酬的雇员也可以获得 $100 \times (1 - 0.28)$ 美元，即 1988 年税后的 72 美元，比 1986 年的 50 美元多 44％。此外，雇员不太可能获得与免税雇主一样高的税后收益，从而提供了递延支付报酬的额外好处。尽管省了大量的税收，但是大多数机构组织都没有建立起递延报酬计划。除非进行递延报酬安排的非税成本非常高，否则大量的税收节省将被"搁置一边"（lying on the table）。

□ 2012 年递延报酬计划的税收筹划

我们来讨论一下最近的税率变化，虽然这比销售变化要小得多。2012 年年末，《布什减税法案》于 12 月 21 日到期，而《患者保护与平价医疗法案》（也称奥巴马医保法案）从 1 月 1 日开始施行。这导致了报酬的最高税率从 39％ 提高到了 40.5％（39.6％的所得税和 0.9％的医疗附加税）。美国公司税税率保持不变。假定纳税人对税率变化十分确定，这能带来什么影响呢？极有可能的情况是，只要非税因素保持不变，2012 年递延报酬的优势会减少。此外，财政赤字上升会导致最高个人法定税率在未来也跟着提高，或者在同时期许多人认为最高公司法定税率会降低，这两种变化都会减弱递延报酬计划的吸引力。

□ 递延报酬计划的总结

我们强调了税率变化的影响和投资机会的差异（取决于雇主和雇员对当期或递延报

酬计划的偏爱情况）。递延支付报酬计划是否具有吸引力也取决于非税因素。第一，正如在第6章所讨论的，雇主和雇员之间的奖励性合同的目标是什么？第二，雇员成了公司的无担保债权人。如果公司濒临破产，那么无法保证雇员能取得报酬。第三，合规成本会很高，并且递延支付报酬产生的潜在罚金也不容小觑。《美国就业机会创造法案》新增了409款A［部分原因是Enron公司高管在破产前提前实施报酬和推定收入原则这一滥用情况（Stumpff，2007）］。这一法规对递延项目的时间进行了严格的限制。违反409款A产生的罚款也是一个不菲的数目——递延支付报酬计划总额变成即时应税再加上20％的罚金（参见409款A）。第四，不仅税率很重要，税率的不确定性和收入等级也会使得决策更加复杂，而这些因素在模型中是无法探知的。

8.2　工资与附加福利

既然我们已经说明了报酬支付计划对所有合同缔约方的税务影响的重要性，那么让我们考虑其他可选择的报酬方案。让我们从附加福利，比如雇主提供的定期人寿保险或商务餐开始。福利待遇是否优于报酬待遇取决于两个因素：

（1）雇员是否可以在他们自己的纳税申报单上扣除为自己支付的附加福利费用。

（2）雇员将个人价值放在雇主提供的相对于雇主成本的边缘的程度。

为了说明这两个因素的重要性，让我们考虑以下情况。

示例1

假设雇主打算支付1 400美元购买团体定期人寿保险和团体健康保险，以代替支付的1 400美元工资。

因为雇主得到了1 400美元的税收减免，无论支出是工资还是保险，雇主对这两种选择都无差异。假设雇员处于30％的纳税等级。1 400美元的工资会带来税后980美元的现金收入，而附带福利免税，所以雇员会保留价值1 400美元的税后福利。不过，如果该雇员直接购买这些福利，又不能因其费用而扣税，则该雇员须获得2 000美元的工资，才能购买相同的福利[1]：

$$2\ 000 \times (1-0.30) = 1\ 400$$

问题是，如果要使这些福利支付符合税收优惠的条件，它们必须在非歧视性的基础上向所有雇员提供。与现金工资不同的是，人寿和健康保险等附带福利不能轻易地用于其他商品的交易。对一些雇员来说，福利的个人价值可能不到980美元（即1 400×（1−0.30）美元，

---

[1]　对于某些雇员来说，部分或全部健康保险费用都可税前扣除。在美国，分项扣除中的医疗费用，包括保险费用，其金额如果超过调整后毛收入的7.5％，则可税前扣除。另外，雇员可能要为雇主支付的部分人寿保险费交税。回想一下调整后毛收入的定义，总收入减去免税收入（如市政债券利息收入）等于毛收入，毛收入再减去为调整毛收入所做的扣除额（例如经营费用）等于调整后毛收入。调整后毛收入减去标准扣除和分项扣除（包括医疗费用的限定金额，州和地方的所得税和财产税、利息、慈善捐赠和杂项分项扣除）中的较大者及个人宽免等于应税收入，应税收入负担的税收等于按法定税率表上的税率初步计算的应纳税额减去税收抵免。

这是现时报酬方案的税后价值）。例如，尽管对雇主来说成本很高，但一些没有遗赠动机的雇员发现人寿保险毫无价值。对这类雇员来说，工资是更有效的报酬组成部分，尽管这些附加福利可以享受税收优惠待遇。当夫妻双方从各自的雇主那里获得多余的福利，比如覆盖整个家庭的健康保险时，就会出现另外一个相关的问题。[1]

示例 2	雇主报销商务餐费和招待费

假设某雇员每年要花费 5 000 美元用于商务用餐和娱乐。如果雇员报销了这些费用，那么这些费用是免税的，雇员不允许扣除任何费用。但是，如果雇主提供了一份工资补偿金，这笔钱是要纳税的，但是雇员有资格享受税收扣除。

根据现行的税法规定，雇员的商务用餐和娱乐活动：

（1）只可作为杂项分项扣除。

（2）只可扣除开支的 50%。

（3）此外，杂项分项扣除只能在调整后总收入 2% 以上的范围内从应纳税所得额中扣除，即应纳税所得额加上分项扣除以及个人免税额。[2]

（4）如果雇主允许雇员进行报销，雇员不会报告收入或扣减，但雇主可以扣除 50% 的报销金额。

□ 应税雇主分析

假设雇员面临着 30% 的边际税率，调整后毛收入是 10 万美元，同时还有分项扣除 2 500 美元。假设雇主的边际税率是 40%。那么雇主是应该向雇员提供费用报销，还是简单地向雇员提供"红利"或"附加工资"呢？

雇员报销 5 000 美元对应雇主的成本是：

$$5\ 000 - 40\% \times (50\% \times 5\ 000) = 4\ 000 \text{（美元）}$$

允许报销 5 000 美元和给予 4 000 美元/(1−0.4) = 6 667 美元附加工资对雇主没有差别。两者对雇主来说税后成本都是 4 000 美元。由于报销金额不用纳税，雇主实际上获得了 5 000 美元的税后收入。然而，附加工资对雇员更为有利：6 667 − 30% × [6 667 − 50% × 5 000 + 2% × 6 667] = 5 377（美元），即比报销方案多 5 377 美元的税后收益。

附加工资完全应税，支出费用的 50% 可税前扣除，但额外调整后的毛收入 6 667 美元减少了 2% 可允许的分项扣除。[3]

---

[1] 对于一些雇员而言，"自助餐计划"可能有助于解决这一问题，在"自助餐计划"下，雇员可以在几种附加福利中进行权衡并选择适合的项目。

[2] 在 1990 年，国会引入分项扣除的递减规则（phase-out rule），以便限制高收入纳税人的分项扣除。调整后毛收入超过起征点（threshold amount）（1999 年是 126 600 美元）的纳税人，必须按调整后毛收入超过起征点部分的 3% 抵减税前分项扣除。然而，最高抵减额为税前分项扣除额的 80%。而且，在采用 3% 抵减规则时，要剔除可扣除的医疗费用、投资利息费用、意外和盗窃的损失以及赌博损失。文中的举例不考虑分项扣除的递减规则。

[3] 我们这里的分析不考虑任何工资支付中的社会保障（6.2%）和医疗保险税（1.45%）。实际上，雇员和雇主都要缴纳这些税。所有收益都要缴纳最低 6.2% 的社会保障税，但是收益不受医疗保险税收的限制。感兴趣的读者可以将这些税收代入此函数。

□ 免税雇主分析

如果雇主是免税实体，则报销方案在任何情况下总是可取的策略。5 000 美元报销额和 5 000 美元的附加工资对雇主的影响无差。但如果是附加工资，雇员从 5 000 美元附加工资中获得的税后收益只有：

$$5\ 000-30\%\times(5\ 000-50\%\times5\ 000+2\%\times5\ 000)=4\ 220\ （美元）$$

即比报销方案少 780 美元税后收益。

更进一步分析，如果免税实体雇员的其他杂项扣除额仅有 500 美元，而不是 2 500 美元，以上差异将会更大。雇员从 5 000 美元附加工资中获得的税后收益是：

$$5\ 000-30\%\times(5\ 000-50\%\times5\ 000+1\ 500+2\%\times5\ 000)=3\ 770\ （美元）$$

即比报销方案少 1 230 美元税后收益。

当然，这里还必须考虑非税因素。非税因素包括管理成本，以及报销方案的激励效应。尽管没有报销方案可能导致支出不足，但报销方案也可能会鼓励过度支出。

□ 雇主提供的工作餐

业内最近出现了一个附加福利的税收待遇问题，即雇主提供的工作餐如何处理。例如，谷歌、脸书、推特以及雅虎这些大公司提供的工作餐都是免费的。实际上。根据最近对该问题的报道，谷歌就有 120 家餐厅，一天就要为雇员提供 5 万份工作餐（《华尔街日报》，2013 年 4 月 7 日）。问题在于，这些提供给雇员的工作餐既然作为报酬的一部分，那么需不需要纳税呢？通常来讲，如果雇员需要留在离家较远的地方或者是在吃午饭不太方便的地方办公的话，雇员的工作餐是免税的。一些高科技公司声称餐厅能增强凝聚力，并能让员工工作更长时间。美国国税局最近在调查这个问题。我们注意到，在"微量允许"规则中偶尔的工作餐是不用课税的，但是高科技性质的公司的日常工作餐（属于报酬）是否能继续避免税收还未下定论。

8.3 现金红利计划

当税率随着时间变化发生无法预料的变化时，红利计划是仍能满足其灵活性要求的另一种报酬安排，因为红利是在年末支付且其金额是由董事会的报酬委员会决定，而不是根据预先设定的公式来计算的。这种机会在实际应用中是极其普遍的，但是它们一般是出于激励目的多于税收筹划原因。虽然雇主和雇员之间有共同信托，但可以对红利发放时间进行策略性的调整，以达到和公司的高税率与雇员的低税率相协调的目的。

例如，Chrysler 曾提前向经理支付了 1990 年度的激励报酬。以往这些报酬的支付一般是在 1 月份进行，但是其提前了一个月支付。因为 1990 年税收法案提高了该公司经理的大部分税率，而该税法是在 1991 年 1 月 1 日开始生效。Chrysler 公司的总裁表示，支付报酬的时间之所以发生变动是因为"明年的税率会上升"（《华尔街日报》，1990 年 12 月 24 日）。

相反，通用汽车公司经过考虑最终否决了在 1990 年 12 月而不是 1991 年 1 月向经理们支付激励性红利的建议。虽然这样的建议可能"会为通用公司高层经理们节约税负，但是它也会增加下层经理们的税负"（《华尔街日报》，1991 年 2 月 8 日）。我们注意到，1993 年的公共预算调整法案遏制了大型公司利用非固定奖励转移收入的行为。

8.4 基于股票的报酬项目

经理报酬组合一般包括一种或多种类型的基于股票的报酬项目。最普遍的是雇员股票期权（ESO）、股票升值权利（SAR）和长期业绩奖励。

□ 限制性股票

限制性股票授予是奖励股份给雇员。大部分授予会限制雇员在将来某一日期前出售股票，在此是指行权日。美国税法 83 款对限制性股票做出了详细说明。雇员直到行权日才确认应税收入，因此我们将限制性股票归类为递延报酬的一种。应税收入额度就是行权日股票的价值。[①] 授予公司也会在同一时间获得等额于雇员所确认收入的报酬税收扣除。

然而，根据 83 款（b），限制性股票的接受者可以选择按照授予日的授予价值课税，可参照 83 款（b）。根据 83 款（b）的规定，如果股票持有超过 12 个月，授予日限制性股票的价值按普通收入课税，所产生的任何股价升值（或贬值）均作为资本盈余（亏损），可按照有利的长期资本利得税税率课税。

图 8-1 提供了绘制图表和时间段，以描述是否存在 83 款（b）的应税情况。上面的图展示了雇员在 P_1（P_1 处为授予日股票价值）按照普通所得税税率需缴纳的税金。下面的图描述的是 83 款（b）选择。在该选择中，授予日的股票价值 P_0 按照个人普通收入税税率课税，其他股价升值（收益）均作为资本盈余课税。什么情况下雇员会选择 83 款（b）的税收待遇呢？如果雇员预期在授予日至行权日期间股价大幅上涨时，雇员可能会选择 83 款（b），因为通过该选择可将未来普通收入的股价升值转换为资本盈余，但是 83 款（b）的选择也具有风险性——如果选择后股价下跌，雇员不得不支付"幽灵收益"的税收（尽管股价下跌会产生未来资本损失扣除）。但是如果雇员对当代接管期的股票上涨很有信心，另一种比 83 款（b）更好的办法就是用资金额外购买在早期可能用来纳税的股票。[②] 不过这种办法更具风险性，因为现在雇员拥有更多股票了。相较于什么也不做的策略，83 款（b）选择的非税成本和购买额外股票更具有风险。

从单纯的税收角度来看，忽略风险因素，以下示例能更好地说明 83 款（b）比额外购买股票更具有优势：

P_0 是授予日的股票价格；

---

① 在某些例子中，雇员会支付股票的小额部分。我们假设其在此讨论情况里为零。

② McDonald（2003）也得出了这个结论，并做了比这里讨论的情况更具体的分析。在一些不常见的情况下，例如雇员无法在其个人账户购买或出售股票，则第 83 款（b）选择可能是最佳选择。McDonald 也揭示了该选择对支付股利的股票没有吸引力。如果雇员在含权日的普通收入的税率较高，83 款（b）可能会带来税收优惠。

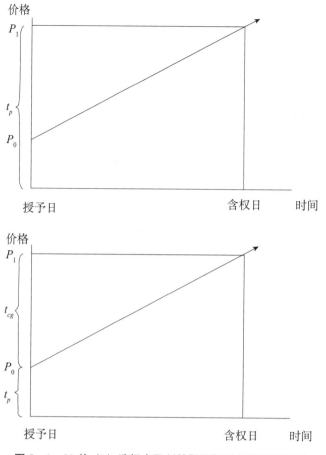

图 8-1 83 款（b）选择在限制性股票授予日的课税情况

P_1是假设股票售出时，行权日的股票价格；

t_p是雇员的普通收入的边际税率；

t_{cg}是雇员的资本盈余收入的边际税率；

r是雇员的税后借款利率。

如果雇员在等待接管期持有限制性股票，然后进行出售，每股限制性股票的税后累计额为

$$P_1 (1-t_p) \tag{8.3}$$

如果雇员选择了 83 款（b），那么会用什么资金来支付授予日的税款呢？一个简单的假设是，雇员以税后借款利率 r[①] 借入资金来偿还税款，即 $P_0 \times t_p$。等股票在行权日售出时仍需支付借款本金加利息。该策略的税后积累为：

$$P_1 - (P_1 - P_0)t_{cg} - P_0 t_p (1+r)^n \tag{8.4}$$

第一项为售出股票所得的总额，第二项为所得总额的资本利得税，第三项为借款本金和需要支付的利息总和。83 款（b）选择的替代办法是借款缴纳 83 款（b）产生的税款再额外购买公司的股票。需要额外购买的股票价格为 $P_0 t_p / P_0 = t_p$。也就是说，所授予

---

① 如果我们假设雇员额外购买等额股票是按税后收益率 r 清算其他投资收益，那么结果是相等的。也就是说，r 只代表雇员资金的税后计划成本。

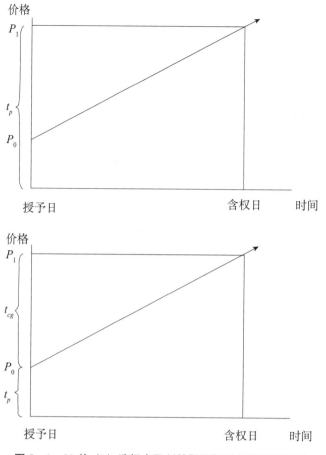

税收与企业经营战略：筹划方法（第五版）

的每股限制性股票，该策略也包括了雇员额外购买的 t_p 股票。如果 t_p 是 0.35，即雇员购买了每股 0.35 美元的授予限制性股票。那么该策略的税后积累为：

$$P_1(1-t_p)+t_pP_1-t_p(P_1-P_0)t_{cg}-P_0t_p(1+r)^n \qquad (8.5)$$

第一项为原本授予的限制性股票的税后所得，第二项是在授予日额外购买的收益所得，第三项是额外购买股票的资本利得税。第四项是在行权日售出全部股票后需要偿还的借款本金与利息。

如果第二个策略的税后积累超过了83款（b）的税后积累，那么83款（b）则不具有优势。换言之，式（8.5）＞式（8.4）。因此：

$$P_1(1-t_p)+t_pP_1-t_p(P_1-P_0)t_{cg}-P_0t_p(1+r)^n ＞ P_1-(P_1-P_0)t_{cg}-P_0t_p(1+r)^n$$

$P_0t_p(1+r)^n$ 项可以抵消，将第一项拓展得出：

$$P_1-P_1t_p+t_pP_1-t_p(P_1-P_0)t_{cg}＞P_1-(P_1-P_0)t_{cg}$$

使得：

$$(P_1-P_0)t_{cg}-t_p(P_1-P_0)t_{cg}＞0$$

简化后得：

$$(P_1-P_0)t_{cg}(1-t_p)＞0 \qquad (8.6)$$

只要 $P_1＞P_0$，表达式就为正值，也就是说只要满足让雇员首先考虑83款（b）选择的条件即可。因此，如果雇员预期股票价格在授予日至行权日这段时间会上涨，那么他们就不会优先选择83款（b），因为另一种替代策略［借款偿付83款（b）的税款并利用这些资金购买额外的股票］对他们更有利。

一个简单的例子能更好地说明该问题：

示例3	限制性股票83款（b）选择

假设雇员收到了每股现时股价为25美元的1 000股股票，且需等到3年后的行权日才可售卖该股票。雇员普通收入的现时税率为35%，长期资本利得税税率为15%。这些税率预计在等待行权期内不会发生改变。最后，雇员的税后借款利率为10%。雇员预期每股在行权日会增长到40美元。

如果雇员不采取任何策略，只是等到行权日后售出股票，其每股税后积累可根据式（8.3）得出：

$$P_1(1-t_p)=40\times(1-0.35)=26（美元）$$

而通过借款支付税金的83款（b）选择的税后积累可根据式（8.4）得出：

$$P_1-(P_1-P_0)t_{cg}-P_0t_p(1+r)^n$$
$$=40-(40-25)\times0.15-25\times0.35\times(1+0.10)^3=26.104（美元）$$

如果雇员放弃了83款（b）选择，转而借款偿还该选择产生的税金，并购买额外的股票。该策略的税后积累可根据式（8.5）得出：

$$P_1(1-t_p)+t_pP_1-t_p(P_1-P_0)t_{cg}-P_0t_p(1+r)^n$$
$$=40\times(1-0.35)+0.35\times40-0.35\times(40-25)\times0.15-25\times0.35\times(1+0.10)^3$$
$$=27.566\ 5（美元）$$

因此，该策略结果每股能产生更多的税后积累：27.566 5－26.104＝1.462 5（美元），即1 000股限制性股票能产生1 462.5美元的收益。换言之，在本例中我们可以直接用式（8.6）

来判断83款（b）是否更具有优势：

$$(P_1-P_0)t_{cg}(1-t_p)=(40-25)\times0.15\times(1-0.35)=1.462\ 5（美元）>0$$

由此可见，该选择并不具有优势。

表8-3总结了在行权日的股价变动后的范围结果。通过该表可知，如果股票价格预期会增长，那么83款（b）选择优于借款再额外购买股票的策略。如果股价预计不会上涨或者只是小幅上涨，那么不采取任何策略直接等到行权日再卖出才是明智之举。①

表8-3　限制性股票：83款（b）选择与借款再额外购买股票的税后积累分析　　　单位：美元

P_1	无作为	83款（b）选择	借款购买额外的股票	式（8.5）和式（8.4）的差额
	式（8.3）	式（8.4）	式（8.5）	式（8.6）
20	13.00	9.10	8.62	−0.49
25	16.25	13.35	13.35	0.00
30	19.50	17.60	18.09	0.49
35	22.75	21.85	22.83	0.98
40	26.00	26.10	27.57	1.46
45	29.25	30.35	32.30	1.95
50	32.50	34.60	37.04	2.44
60	39.00	43.10	46.52	3.41

说明：表中数值基于以下假设：$P_0=25$ 美元，$t_p=0.35$，$t_{cg}=0.15$，$n=3$ 年，$r=0.10$。

□ 预期会增长的雇员税率

如果雇员在行权日其普通收入将面临更高的税率，那么83款（b）选择还是优选吗？我们先设定在授予日（行权日）的个人普通收入税税率为 $t_0(t_1)$。将式（8.4）和式（8.5）整理如下。83款（b）选择可表示为：

$$P_1-(P_1-P_0)t_{cg}-P_0t_0(1+r)^n \tag{8.7}$$

而借款再购买额外股票的另一策略可表示为：

$$P_1(1-t_1)+t_0P_1-t_0(P_1-P_0)t_{cg}-P_0t_0(1+r)^n \tag{8.8}$$

式（8.8）中第二、三和四项都是用的授予日的个人普通收入税税率，因为这能反映借款和额外购买股票的交易额。如果式（8.7）>式（8.8），说明该选择为最优选。最后一项在式中很常见。我们可以将式（8.8）的第一项拓展得出：

$$P_1t_1-t_0P_1+t_0(P_1-P_0)t_{cg}-(P_1-P_0)t_{cg}>0$$
$$=P_1(t_1-t_0)-(P_1-P_0)t_{cg}(1-t_0)>0$$
$$=\frac{(t_1-t_0)}{(1-t_0)}t_{cg}>\frac{(P_1-P_0)}{P_1} \tag{8.9}$$

因此，选择是否是最优策略取决于与股票价格变化正相关的个人普通收入税税率的增长情况。

---

① 具体来说，如果股票预期升值少于 $r/(1-t_p)$，那么不采取策略是最佳选择。

假设各数据同之前讨论的限制性股票例子相同，但有一个例外，即雇员的现时税率为 35%，而在行权日其个人普通收入税税率为 50%。

不采取行动策略的结果为 $P_1(1-t_1)=40\times(1-0.50)=20$（美元）。83 款 (b) 选择导致的税后积累可用式 (8.7) 得出：

$$P_1-(P_1-P_0)t_{cg}-P_0t_0(1+r)^n$$
$$=40-(40-25)\times0.15-25\times0.35\times(1+0.10)^3$$
$$=26.10（美元）$$

替代性"借—买"策略产生的税后积累可用式 (8.8) 得出：

$$P_1(1-t_1)+t_0P_1-t_0(P_1-P_0)t_{cg}-P_0t_0(1+r)^n$$
$$=40\times(1-0.50)+0.35\times40-0.35\times(40-25)\times0.15-25\times0.35\times(1+0.10)^3$$
$$=21.57（美元）$$

本例中，83 款 (b) 选择是最优策略，因为按低税率课税得到的节税额大于购买额外股票的收益。或者说，我们可以直接运用式 (8.9)：

$$\frac{(t_1-t_0)}{(1-t_0)\,t_{cg}}>\frac{(P_1-P_0)}{P_1}$$

$$\frac{(0.50-0.35)}{(1-0.35)\times0.15}>\frac{(40-25)}{40}$$

$$1.538\,5>0.375$$

说明在本例中，该选择是最优策略。

□ 长期业绩奖励

长期业绩奖励是目前发展最快的报酬类型。Fredrick W. Cook 报酬顾问公司最近对 260 家美国大公司的长期报酬支付情况的调查显示，75% 的公司会采用长期业绩奖励作为报酬的一种形式，而只有 67% 的公司会采用股票期权。长期业绩奖励有多种表现形式：股票、单位或现金。而拟定业绩股份由实际业绩和股票单位组成。股份或单位是基于预先拟定业绩期间的业绩情况。绩效单位/现金指基于预先拟定目标的业绩而授予的现金或美元计价的"单位"，预先拟定业绩期间一般为 3 年。该计划一般会有支出矩阵，绩效单位会按照不同级别（例如阈值、目标和最大值）支付。在业绩期间末期，公司会判断业绩目标和初始的预期是否一致。在业绩末期可能会有额外的等待期。只要满足以下条件雇员就可以拥有全部股票和现金：达到业绩目标、满足行权要求（如果有的话）、签订了合约并支付了相关款项。

在很多方面，长期业绩奖励的课税方法和限制性股票是相似的（实际上，股票有一年的业绩期间限制，并且延续服务等待会归入业绩股票一类）。在授予日是不会产生税收的，并且通常在业绩目标达到期间也是不用课税的。一般来说，雇员只有在签订合约并拿到支付的报酬后才需要课税（假设雇员的报酬在行权日支付）。[①] 如果雇员收到股份并开始持有，那么任何从支付/行权日到出售日产生的盈余或亏损都属于资产买卖性质。需

---

① 行权日可能会不同于支付日，这种情况的讨论超出了本书的范围。

要注意的很重要的一点是，限制性资产属于财产的转移，属于 83 款（b）选择，该选择可以改变应税的时间，而业绩股份是在未来某个日期承诺交付财产，因此不能使用 83 款（b）选择。[①] 雇主可以在雇员确认普通收入当年进行费用扣除。额度需要满足 162 款（m）的扣除要求（稍后在本章会讨论），即四位高管中个人的额度要超过 100 万美元。

□ 雇员股票期权和股票升值权利

股票期权是在特定期限内（直到合同到期日）以特定价格（执行价格）购买股票的一种权利。雇员股票期权（ESO）一般在 5～10 年到期，且执行价格等于基础股票在授予日的价格。虽然因为雇主对拥有期权的预期收益会很高，因而期权变得十分有价值，但是期权授予往往属于非应税事项。[②] 除非期权是我们待会要讨论的"激励性股票期权"，不然期权报酬的税负可以递延到期权实施的时刻。

股票升值权利（SAR）是指给雇员提供与在某特定时期内公司股票市场价值变化等额的现金支付。从授予日开始，当雇员执行期权将获得的股票升值套现时，就会产生税款。同股票期权相似，如果股价低于权利授予日的价值，那么雇员不用向公司支付差价。结果，雇员在 SAR 上的预期收益可能会超过股票的预期升值。

为了详细说明这一点，假设现时股价为每股 20 美元，这也是股票期权或股票升值权利授予日的价格。未来的股价不确定。假设期权或 SAR 在到期日的价值均匀分布在 10 美元至 40 美元的区间上。换言之，未来股价确定不会低于 10 美元或高于 40 美元，但是区间内的具体某点出现的概率相等。[③] 这种不确定性我们可以通过图 8-2 看出来。

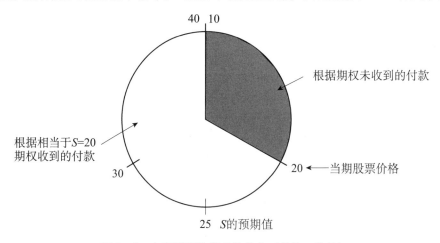

图 8-2　未来股票价格 S 的分布（单位：美元）

预期股票价格为 25 美元，即（40＋10）/2 美元。如果未来股价正好等于 25 美元的预期价值，那么雇员能从股票升值权利中获得（25－20）美元，即 5 美元现金收入。类似

---

①　然而，长期业绩股份/单位/现金计划可能属于无条件递延报酬计划，因此我们还需要考虑 409 款（A）的相关规则。

②　如果授予期权的执行价格低于基础股票的市场价格（所谓的"正利"期权），报酬费用（收入）等于股票价格超过期权执行价格的部分，那么雇主（雇员）在授予日必须确认该费用（收入）。当然，期权的价值可能会远远高于股票现值和执行价格的差额。此外，一些公司（例如数字设备公司）对那些执行价格低于股票价格授予的期权做出了强制性限制。这些限制将应税收入推迟到限制失效时才予以确认。

③　股票价格的均匀分布并不能准确描述有价证券。这里为了教学方便才做出如此假设。

地，雇员也可以支付 20 美元执行期权然后购买价值 25 美元的股票，从而得了 5 美元的"便宜"。这 5 美元的差价可以通过按市场价 25 美元售卖基础股票转换为现金，但是股票升值权利和期权的预期现金价值不止 5 美元。为什么？

因为如果末期股票价格低于 20 美元，雇员会获得零收益而不是负收益，反之则能获得收益的 100%。因为股价 2/3 的时间都处于正利区间（高于 20 美元），完成该区间后的预期价值为 30 美元，即（40＋20）/2，期权或 SAR 收到的预期金额为 1.67 美元，即 2/3×（30－20）。然后，所持股票的预期期权或 SAR 的价值是 1.67 美元，即在到期日需要支付的金额是 6.67 美元－5.00 美元。

假设 1.67 美元的现值是 1.25 美元，暂且不考虑税收因素和其他因素（例如风险共享和激励），那么年末授予的 2 万份 SAR 或股票期权等价于 2.5 万美元的红利。但是跟红利不同，股票期权或 SAR 的授予不会产生即时课税。换言之，可以取得递延报酬。从税收筹划的角度来看，递延报酬是否有利取决于雇主和雇员的当期和未来税率。但是，如果递延报酬更加有利，递延工资或者递延红利安排则可以作为一种有利的备选方案。这些递延报酬在雇员提供劳务之前就已签署合同，而通过 SAR 和股票期权则没有这项要求。

□ 有奖励性股票期权和无条件股票期权有关的问题

正如前面所提到的，不是所有的雇员股票期权都被同样征税。从税收角度来看，有两种股票期权，即无条件股票期权（NQO）和奖励性股票期权（ISO）。表 8 - 4 列出的时间段有助于我们比较 NQO 和 ISO。

表 8 - 4　　　　　　　　　针对雇主和雇员的 NQO 和 ISO 的税收待遇

日期	授予期权	执行期权	售出股票
股票价格	X	P_e	P_s
示例	10 美元	15 美元	27 美元
针对雇员的税收结果			
NQO	无	普通收入的 $P_e-X=5$ 美元	资本收益的 $P_s-P_e=12$ 美元
ISO	无	无	资本收益的 $P_s-X=17$ 美元
针对雇主的税收结果			
NQO	无	普通扣除的 $P_e-X=5$ 美元	无
ISO	无	无	无

说明：5 美元的收益计入 AMT 计算。

一旦实施无条件股票期权，雇员就需确认（P_e-X）的收益，在这里 P_e 表示执行日的股票价格，X 表示授予日决定的执行价格。对于 ISO，执行日的收益可以递延到股票售出时才按资本利得税税率 t_{cg} 课税。[①] 尽管看上去 ISO 要优于 NQO，但是草率地做出这种决定犯了单边税收筹划的错误。考虑雇主的税收结果同样重要。雇主通过 ISO 给雇员的报酬无法获得税收扣除。相反，在雇员确认普通收入时，雇主也在同一时间通过 NQO

① ISO 必须满足一些条件。例如，ISO 的股票在授予日两年内和执行后 12 个月内不能进行处置，否则该奖励性股票期权就是不符合条件的。授予的 ISO 的执行价格不能低于授予日的股票价格，每个雇员的 ISO 股票总价值（＝期权数量×授予日股票价格）不能超过 10 万美元的限额。

获得等额的普通收入税前扣除。

全球范围内的雇员股票期权纳税情况各不相同——雇员是否需要纳税？何时纳税？纳何种税？以及公司是否能收到税收扣除？何时收到？

表 8-5 的总结如下——尽管在 26 个国家的雇员税收表格中，有些国家（6 个）会在授予日计算税收，有些国家（8 个）会在股票出售日计算税收，而大部分国家（21 个）会在实施日计算它们收益的税额（总数相加之所以不等于 26 是因为有些国家同时存在合格 ESO 和无条件 ESOs，美国就是一个例子）。表格所列的 26 个国家中有 15 个是允许在执行日进行税收扣除的，有 7 个是不允许这样做的（美国和其他 3 个国家不允许同时分别扣除 NQO 和有条件期权）。

表 8-5　　　　　　　　雇员股票期权的课税——针对雇员和雇主

国家	针对雇员的课税*			针对雇主的课税**	
	授予日	行权日	股票出售日	可扣除	不可扣除
澳大利亚	×	×			×
奥地利		×			×
比利时	×				×
加拿大		×	×		×
捷克共和国	×			×	
丹麦		×	×	×	
芬兰		×		×	
德国		×		×	
希腊		×		×	×
匈牙利		×			×
冰岛		×	×	×	×
爱尔兰		×	×		×
意大利	×		×	×	
日本		×		×	
韩国		×		×	
墨西哥		×		×	
荷兰	×	×		×	
新西兰		×			×
挪威		×		×	
波兰		×		×	
葡萄牙		×		×	
西班牙			×	×	
瑞典		×		×	
土耳其	×			×	
英国		×	×		
美国		×	×	×	×

□ NQO 与 ISO

我们可以推导出，在什么条件下，哪种期权形式能让雇主和雇员都满意。在多边税收筹划中，要推导在什么条件下一种期权比另一种期权更有利，我们需要考虑雇主和雇员。我们在考虑多边的利益时，一种简单办法就是，令各种待比较期权对一方无差异，再确定另一方更满意哪种选择。公司对两种期权的税收成本差额进行补偿，以确保雇员的利益在两种类型的期权中保持不变。我们假设所获股票的其中一种将在未来以价格 P_s 出售。

为了更简单，我们假设授予期权的执行价格（用 X 表示）等于授予日的股票价格（用 P_g 表示），即 $X = P_g$。如果 ISO 的税金少于 NQO，雇员会优先选择 ISO：

ISO 税金＜NQO 税金

$$(P_s - X)t_{cg} < [(P_e - X)t_p + (P_s - P_e)t_{cg}]$$

ISO 的税负可分为两部分：一是期权授予日与行权日之间所获收益的税负（尽管该税负在股票出售日才支付）；二是行权日和股票出售日之间所获收益的税负：

$$[(P_e - X)t_{cg} + (P_s - P_e)t_{cg}] < [(P_e - X)t_p + (P_s - P_e)t_{cg}]$$

简化得：

$$(P_e - X)t_{cg} < (P_e - X)t_p$$
$$(P_e - X)(t_{cg} - t_p) < 0$$
$$(P_e - X)(t_p - t_{cg*}) > 0 \tag{8.10}$$

这里，t_{cg*} 表示资本利得税税率的现值，也称有效资本利得税税率，它反映了 ISO 递延 n 期后的资本利得税——即 $t_{cg*} = t_{cg}/(1+r)^n$。注意，递延期间是从行权日一直到股票出售日。因为如果不是在正利区间（$P_e > X$）雇员不会执行股票期权。只要普通收入的税率超过了资本利得税税率的现值，雇员就会更偏向 ISO。因此，就算普通收入和资本利得按同样的税率课税，雇员也会优先选择 ISO，因为 ISO 能将实施期权所获收益推迟到股票出售时课税。

因此，为了使雇员的利益保持不变，公司需要报销雇员的税负差异［如式（8.10）所示］，而且因为雇员的报销额需要应税，报销额为

$$\frac{(P_e - X)(t_p - t_{cg*})}{(1 - t_p)}$$

此项费用对雇主来说是可以扣除的。

在下列条件下，雇主会更青睐 NQO[①]：

$$(P_e - X)t_c - \frac{(P_e - X)(t_p - t_{cg*})}{(1 - t_p)}(1 - t_c) > 0 \tag{8.11}$$

该式可简化如下：

$$\frac{(P_e - X)t_c(1 - t_p) - (P_e - X)(t_p - t_{cg*})(1 - t_c)}{(1 - t_p)} > 0$$

$$\frac{(P_e - X)}{(1 - t_p)}[t_c(1 - t_p) - (t_p - t_{cg*})(1 - t_c)] > 0$$

---

① 注意，这里的公司税税率是 NQO 执行年份的预期税率。

$$\left[t_c(1-t_p)-(t_p-t_{cg*})(1-t_c)\right]>0$$

$$t_c-t_p+t_{cg*}-t_{cg*}\,t_c>0$$

$$t_c(1-t_{cg*})-t_p+t_{cg*}>0$$

$$t_c>\frac{(t_p-t_{cg*})}{(1-t_{cg*})} \tag{8.12}$$

式（8.12）说明，如果公司的边际税率超过了雇员个人普通收入税税率减去实际资本利得税税率的差除以 1 减去雇员的实际资本利得税税率，那么 NQO 更有利。反过来说，如果雇员选择 NQO 所增加的税负超过了雇主的税前扣除价值，即 $(t_p-t_{cg*})/(1-t_{cg*})>t_c$，那么 ISO 更具有优势。在表 8-6 中，我们用式（8.12）计算了公司所需的边际税率，并用黑体字标示。在此税率之上，对雇主和雇员而言，在各种雇员税率和持有期间下，NQO 都更具有税收优势。

这里有必要详细说明。第一，为了取得实施 NQO 后股票升值的长期资本利得待遇，股票的持有期必须至少超过 12 个月。如果股票价格在行权后出售前下跌，那么雇员会产生资本亏损（短期还是长期取决于持有期）。此外，要注意的是，虽然 ISO 行权日的收益可以递延到出售日，但并不总是如此。该收益尽管不包括在常规应税收入的计算内，但是会作为优惠项计入个人替代性最低税负（AMT）的计算中，这会在行权日产生税负。因为 ISO 收益在 AMT 计算中是优惠项，所以个人可以在最终股票出售日产生税金前获得在行权日的税收抵免。也就是说，ISO 的行权可能会产生替代性最低税负，该税负会使雇员提前支付税负，否则就得在最后股票出售日缴纳税款。我们在模型中暂时不考虑 AMT。

表 8-6　公司所需的边际税率 t_c 的值，高于此值，雇主和雇员共同优先选择 NQO
（不考虑 AMT 对 ISO 的潜在影响）

			1	5	10	20	死亡
	t_p		t_{cg}		t_{cg*}		
TRA 86 之前	0.5	0.20	0.187	0.143	0.102	0.052	0
		t_c	**0.385**	**0.417**	**0.443**	**0.473**	**0.50**
1988—1991	0.2	0.28	0.261	0.200	0.142	0.072	0
		t_c	**0.025**	**0.10**	**0.161**	**0.224**	**0.28**
1993—1997	0.396	0.28	0.261	0.200	0.142	0.072	0
		t_c	**0.182**	**0.245**	**0.296**	**0.349**	**0.396**
1998—2002	0.396	0.20	0.187	0.143	0.102	0.052	0
		t_c	**0.257**	**0.296**	**0.328**	**0.363**	**0.396**
2003—2012	0.35	0.15	0.140	0.107	0.076	0.039	0
		t_c	**0.244**	**0.272**	**0.296**	**0.324**	**0.35**
2013 年至今[a]	0.396	0.20	0.261	0.200	0.142	0.072	0
		t_c	**0.257**	**0.296**	**0.328**	**0.363**	**0.396**

说明：$t_{cg*}=t_{cg}/(1+r)^n$，其中 n 是未来几年的预期持有期。员工税后贴现率为 7%。t_c 根据式（8.12）得出。如果 $t_c>(t_p-t_{cg*})/(1-t_{cg*})$，优先使用 NQO。

[a] 不考虑根据《患者保护与平价医疗法案》制定的 3.8% 和 0.9% 的医疗保险附加税。

随着雇员对从 ISO 行权中获得的股票的预期持有期延长，实际或折现的资本利得税税率也会随之下降。如果雇员持有从 ISO 获得的股票直到死亡，那么行权获得的收益就可以避免课税，因此实际资本利得税为 0。如果实际资本利得税税率下降，上述所提到的对双方都有利的公司所需的税率也会上升。在 1986 年税法改革之前，只有雇员短期持有高税率公司雇主的股票，NQO 才具有税收优势。例如，如果持有期有 5 年，公司的税率高于 41.7%，那么 NQO 对双方都是有利的。但对预计持有期长于 20 年的雇员来说，公司税税率的临界点是 47.3% 时，NQO 才具有税收优惠。而在这种情况下，NQO 对任何公司都没有税收利益，因为公司的最高税率只有 46%。1988—1991 年，雇员的普通收入和资本利得的税率都是 28%，ISO 只能提供税收递延的好处，所需的公司税税率临界点也因而下降，从而使 NQO 对更多公司具有更大的节税作用。随着普通收入的税率上升到 49.6%，资本利得税税率仍然为 28%（1993—1997 年），之后下降到 20%（1998—2002 年），ISO 再次向雇员提供资本利得利益和税收递延优势，因而使公司所需的税率上升。2003 年的最高个人普通收入税税率（采用 NQO）和资本利得税税率（采用 ISO）都有所降低，税收影响不分伯仲，但是 NQO 给公司所需的税率带来的税收优惠有轻微减少。在 2013 年，个人最高法定税率回到了 1988—2002 年的水平，NQO 相较于 ISO 对公司所需的税率的税收优势有小幅增加。

示例 5	$T_c = T_p$ 时，NQO 和 ISO 的比较

如果雇主和雇员的个人普通收入税税率总是相同（$t_p = t_c$），那么 NQO 比 ISO 更有利，因为式（8.12）可重新整理如下：

$$t_c - t_p + t_{cg*} - t_{cg*} \cdot t_c > 0$$

因为 $t_p = t_c$：

$$t_p - t_p + t_{cg*} - t_{cg*} \cdot t_c > 0$$

$$t_{cg*} (1 - t_c) > 0$$

该式成立，若：

$$t_{cg*} > 0$$

或者说，在 NQO 方案和 $t_p = t_c$ 的情况下，授予日与行权日期间的股票升值无须支付税收，因为雇员支付的税收等于雇主取得的税收扣除。反之，ISO 要支付税收，尽管它可以递延到股票出售时才按资本利得税税率缴纳。因此，当 $t_p = t_c$ 时，NQO 更有利，因为在 ISO 的方案下雇主和雇员的税收待遇是对称的。

示例 6	$T_c > T_p$ 时，NQO 和 ISO 的比较

如果雇主的税率高于雇员的税率，那么 NQO 比 ISO 更有利，因为 NQO 需支付的净税额为负。但是，如果雇主的税率低于雇员的税率，那么 ISO 会更有利。尤其是，如表 8-6 所示，如果 $t_c < (t_p - t_{cg*})/(1 - t_{cg*})$，ISO 的税收优势更明显。所以对于那些高税率的雇员，ISO 在低税率公司的报酬计划中占有一席之地，如风险创业企业和其他有 NOL 或投资税收抵免向后结转的公司。

□ 税收在选择 IOS 时所起的作用

总的来说，ISO（也称附条件期权）和 NQO 哪种应用得多一些，是随着时间的推移而不断变化的，其变化与税法的变化一致。例如，Hite 和 Long（1982）报告说，因为 1969 年的税法改革降低了个人的最高税率，即 t_p 相对 t_c 下降，使 ISO 的税收优惠减少，众多公司纷纷放弃 ISO，转而选择 NQO。无独有偶，1986 年的税法改革大大减弱了 ISO 的吸引力，因为个人普通收入税税率低于最高公司税税率，而资本利得税税率与个人普通收入税税率相等。Balsam，Halperin 和 Mozes（1997）报告说，1986 年后，相对于 ISO 的使用，NQO 的使用增加了。[①] Jaquette，Knittel 和 Russo（2003）估计，在 20 世纪 90 年代后期到 21 世纪初期，89％的公司选择了 NQO。直到今天，NQO 的使用仍然多于 ISO。

□ ISO 的无条件处理

奖励性股票期权一个有意思的税收筹划特征是，如果税率变化使 NQO 的税收待遇比 ISO 的税收待遇要好，那么它允许公司获得 NQO 的税收待遇。这个特征可作为第 7 章讨论的税收筹划适应性的又一范例。具体来说，公司可通过雇员实施 ISO 的无条件处理而获得 NQO 的税收待遇。如果期权持有人在 12 个月内对股票进行处置就叫作 ISO 的无条件处理。无条件处理意味着 ISO 这时需要和 NQO 一样纳税。在无条件处理中，公司的总税收利益(GTB)为 $(P_e-X)t_c$。可是，由于 NQO 和 ISO 的税收待遇不同，雇员会产生税收成本，税收待遇差别由式（8.10）给出。无条件处理会导致雇员产生累计税收成本，因为行权收益 (P_e-X) 现在需要按普通收入而不是资本利得税税率课税，且该收益产生的税收也不再递延到股票出售日。

无条件处理是否具有税收优惠，可以通过前面设定的方法进行分析。假设公司可以补偿期权持有者的累计税收成本，从而使雇员的利益无差别。当然，补偿支付（用 R 表示）对期权持有者是应税事项，所以累计为 $(1-t_p)$。同时，该项支付对公司是可以扣除的。因此，如果净税额利益为正，无条件处理则具有税收优势：

$$NTB=GTB-\frac{R}{(1-t_p)}(1-t_c)>0$$

用 $(P_e-X)t_c$ 代替 GTB，并根据式（8.10）的 R 我们得知[②]：

$$NTB=(P_e-X)t_c-\frac{(P_e-X)(t_p-t_{cg*})}{(1-t_p)}(1-t_c)>0 \tag{8.13}$$

示例 7	ISO 的无条件处理

假设雇员持有 100 份 ISO，每份执行价格为 10 美元，当期股票价格为 25 美元。该雇员的普通收入和资本利得税税率都是 28％。公司税率为 34％（这些税率在 1986 年税法改革后实

---

① 然而，Madeo 和 Omer（1994）报告说，1986 年税法改革后，将 IOS 转换为 NQO 的往往是那些低税率的公司，而在本税收模型中预测对象是高税率公司。Austin，Gaver 和 Gaver（1998）报告的证据显示，1982—1984 年，公司的边际税率在选择期权类型上作用很小，该选择的动机主要是使经理人的税收负担最小化。因此，在某种程度上，ISO 和 NQO 选择的税收动机还不甚明了。更多证据可参见 Balsa，Halperin 和 Mozes（1997）。

② 式（8.13）可以简化为式（8.12），但是分析无条件处理时采用式（8.13）更便利。

行）。雇员计划执行权利前再继续持有 5 年直到到期日，税后折现率为 10%。那么请问，公司和雇员应该考虑 ISO 的无条件处理吗？

首先，我们需要计算资本利得税税率的现值：$t_{cg*} = t_{cg}/(1+r)^n = 0.28/1.10^5 = 0.174$（美元）。如果对期权进行无条件处理，那么公司每份期权获得的总税收利益为 15 美元 × 0.34 = 5.10 美元。从式（8.10）可知，雇员每份期权增加的税收成本为 15 美元 × (0.28 − 0.174) = 1.59 美元。如果要保持雇员进行无条件处理和不进行无条件处理的利益一样，雇员会要求每股获得 1.59 美元/(1 − 0.28) = 2.21 美元的税前补偿额。公司这项支付的税后成本为 2.21 美元 × (1 − 0.34) = 1.46 美元。这样，如式（8.13）所示，无条件处理能替双方节约每股 5.10 美元 − 1.46 美元 = 3.64 美元，即总共节约 364 美元。

在 1986 年税法改革后，各公司本可向雇员支付现金补偿进行 ISO 的无条件处理，但是各公司没有这么做。为什么？一个可能性是公司根本没有意识到该优势的存在。

起码有一点不足的是，公司支付给期权持有人的金额 $R/(1-t_p)$，在计算公司会计利润时记为费用，从而减少了报告利润。Matsunaga，Shevlin 和 Shores（1992）预测，具有较高财务杠杆（负债/总资产）、较低已获利息倍数（息税前收益/利息）和较低股利发放率（收益/股利）的公司面临着较高的非税成本，因而较少采用 IOS 的无条件处理。他们的报告结果与预测一致。[1]

□ 税收在 NQO 执行决策中所起的作用

许多期权从授予日起、到期日前都会有合同期限或寿命，许多雇员会在到期日前执行他们的期权。[2] 提前行权可能是出于多方面的需要，比如流动性、消费和资产多元化，因为这样可以减少在公司中风险财产的金额。[3] 在考虑税收原因之前，雇员会出于消费和资产多元化的目的，提前行权并随后出售股票。因为实施 ISO 后 12 个月内出售股票会成为无条件处置并增加税负，所以出于流动性和/或资产多元化目的提前行权的更可能是 NQO，而不是 ISO。

从税收角度来看，提前执行 NQO 可能有两个原因：为以后股票价格升值取得资本利得待遇开始"计时"；或预期个人普通收入税税率会提高。图 8-3 说明，股票出售日之前越早行权，行权日后的股价升值幅度越大，从而按资本利得税税率课税的升值额越多。为以后股票价格升值取得资本利得待遇开始"计时"的提前行权的决策分析，和限制性股票的 83 款（b）分析有点类似。回忆一下，只有当我们希望普通收入的税

---

[1] 无条件处理的另一个方案是，将 NQO 转换或调换为 ISO。Matsunaga 等（1992）没有找到大量公司进行调换的足够证据。和无条件处理相似，通过转换，公司会因为补偿雇员而形成会计报酬费用。此外，当执行价格低于现时市场价格时，如果发行无条件股票期权替换奖励性期权，那么这项差异必须在会计报酬费用中得以确认。明显地，这项要求会打击许多公司转换的积极性。有兴趣的读者可以参照微软公司 1988—1990 年的年度报告。公司在报告中声称，在 1988、1989 和 1990 财政年度的无条件处理和 ISO 转换中，公司获得的总税收利益分别为 1 150 万、1 400 万和 2 000 万美元。为了诱使雇员进行无条件处理和转换，微软公司支付了 50% 的总税收利益给雇员。

[2] Huddart 和 Lang（1996）报告了 8 家不同公司、5 万多名雇员的提前行权行为。Hemmer，Matsunaga 和 Shevlin（1996）研究了 65 家公司高管的行权行为。约有 75% 的雇员立即执行 NQO 和出售获得的股票，而有 25% 的雇员采取的是行权−持有交易。

[3] 雇员经常会把他们的财富和公司捆绑。这些财富包括他们未来收入的现值。风险厌恶的雇员会选择将财富多样化组合以降低风险。一种方法是行权，然后出售股票，并将所得收益投资于其他资产，以减少雇员财富的总风险。Huddart（1994）将这种直觉发展为正式的理论。

率上升（和股价上升）时，83 款（b）选择才是最佳策略。该结论也可以应用于 ESO 的提前行权。为了分析提前行权决策，我们假设雇员税后借款利率为 r，清算其他投资收益所支付的 ESO 的行权价格和税负为 $X+(P_e-X)t_p$（P_e 为考虑提前行权时的股票价格）。

借款本金和利息需在最后的股票出售日偿还。提前行权策略的税后积累为：

$$P_s-(P_s-P_e)t_{cg}-[X+(P_e-X)\ t_p](1+r)^n \tag{8.14}$$

第一项为售出股票所得的总收益，第二项为销售的资本盈余，第三项为需要偿还的借款本金和利息。

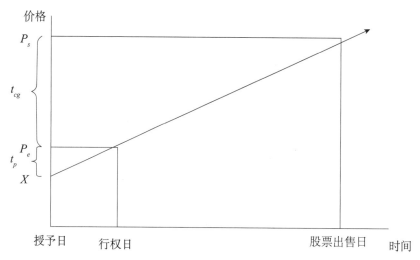

图 8-3 为资本利得待遇开始"计时"的提前行权 NQO

一个替代性策略是借款支付提前行权的费用并购买额外的股票。雇员可以额外购买的股票为 $N_s=[X+(P_e-X)t_p]/P_e$。该策略的税后积累为：

$$(P_s-X)(1-t_p)+N_sP_s-N_s(P_s-P_e)t_{cg}-N_sP_e(1+r)^n \tag{8.15}$$

第一项是执行 ESO 和售出股票所得的税后收益，第二项为雇员额外购买的股票总收益，第三项为额外股票产生的税负，第四项为需要偿还的借款本金和利息。借款并购买额外股票是有税收优惠的，如果其税后积累大于提前行权的税后积累，即式（8.15）>式（8.14）的话。注意，两种替代性策略的借款额是一样的，即 $N_sP_e=[X+(P_e-X)t_p]$，所以最后一项在比较中可以略去：

$$(P_s-X)(1-t_p)+N_sP_s-N_s(P_s-P_e)t_{cg}-P_s+(P_s-P_e)t_{cg}>0$$

$$P_s-X-(P_s-X)t_p+N_sP_s-N_s(P_s-P_e)t_{cg}-P_s+(P_s-P_e)t_{cg}>0$$

$$N_sP_s-X-(P_s-X)t_p+\ (P_s-P_e)t_{cg}(1-N_s)>0 \tag{8.16}$$

我们可以发现，该表达式的结果始终为正，所以为资本利得待遇而提前行权策略不具有税收优势。[①] 但是，需要注意的是，两个策略都具有风险性——如果股价下跌，提前

[①] 该证明可在网站的序言中找到，另一种有正式证据的替代性方法可以参照 McDonald（2003）。

税收与企业经营战略：筹划方法（第五版）

行权并持有策略会导致为"幽灵收益"支付税款，而额外购买策略会产生亏损。[①] 相较于不采取行动策略，额外的风险在于 83 款（b）选择和购买额外股票的非税成本。

<table>
<tr><td>示例 8</td><td>NQO 的提前行权</td></tr>
</table>

假设雇员持有每股 10 美元的 NQO 期权。股票现价为 15 美元，雇员希望在 3 年后股票价格至少上升到 35 美元。普通收入的税率是 35%，资本利得税税率为 15%，这些税率预期不会发生改变。雇员的借款利率为 10%，雇员正在考虑两种可供选择的策略：现在借款并行权，持有 3 年后再出售股票；现在借款并购买额外股票，3 年后再行权和售出所有股票。

提前行权策略的税后积累可根据式（8.14）得出：

$$P_s - (P_s - P_e)t_{cg} - [X + (P_e - X)t_p](1+r)^n$$
$$= 35 - (35-15) \times 0.15 - [10 + (15-10) \times 0.35] \times (1+0.10)^3$$
$$= 16.36 （美元）$$

借款并购买额外股票策略的税后积累可根据式（8.15）得出：

$$(P_s - X)(1 - t_p) + N_s P_s - N_s (P_s - P_e)t_{cg} - N_s P_e (1+r)^n$$

鉴于 $N_s = [X + (P_e - X)t_p]/P_e = [10 + (15-10) \times 0.35]/15 = 0.7833$，因此：

$$(35-10) \times (1-0.35) + 0.7833 \times 35 - 0.7833 \times (35-15) \times 0.15 - 0.7833 \times 15$$
$$\times (1+0.10)^3 = 25.676$$

借款并购买额外股票策略的税后积累超出提前行权策略的税后积累 9.32 美元（即 25.68 美元－16.36 美元）。或者说，我们可以用式（8.16）直接计算差额：

$$N_s P_s - X - (P_s - X)t_p + (P_s - P_e)t_{cg}(1 - N_s)$$
$$= 0.7833 \times 35 - 10 - (35-10) \times 0.35 + (35-15) \times 0.15 \times (1-0.7833)$$
$$= 9.32 （美元）$$

正如表 8-7 所示，借款并购买额外股票策略的税收优势（或者说提前行权策略的劣势）与预期股价的增长呈正相关关系。

表 8-7　　　　提前行权决策的分析：提前行权还是借款并购买额外股票　　　　单位：美元

P_s	提前行权 式（8.14）	借款并购买额外股票 式（8.15）	差额 式（8.16）
15	−0.64	−0.64	0.00
20	3.61	5.94	2.33
25	7.86	12.52	4.66
30	12.11	19.10	6.99
35	16.36	25.68	9.32

---

① 未来损失可作为资本损失进行扣除，以抵消其他资本收益或结转，每年的扣除额为 3 000 美元。更需要注意的是，如果雇员预期股价会下跌，最好的策略是在股价下跌前行权并立即出售股票。对提前行权 NQO 和借款并购买额外股票的决策中雇员所遭受损失的进一步讨论可参见 Neil Weinberg 的《别无选择》（《福布斯》，2002 年 4 月 29日，50-54 页）。

	提前行权	借款并购买额外股票	差额
40	20.61	32.26	11.65
45	24.86	38.84	13.98
50	29.11	45.41	16.30
60	37.61	58.57	20.96

说明：$X=10$ 美元，$P_e=15$ 美元，$t_p=0.35$，$t_{cg}=0.15$，$n=3$ 年，$r=0.10$。

现在来考虑雇员个人普通收入税税率预期上升的情况，即从当期的 t_{p2} 上升为下一期的 t_{p2}。在什么条件下 NQO 持有者应该当期行权？如果提前行权的税后收益大于税率增加后才行权的税后收益，雇员会更喜欢在税率改变前行权。但是后行权的税后收益预期为多少？后行权的预期税前收益现值就是期权现值 W，我们可以利用类似于布莱克-斯科尔斯的期权价值模型进行估测。预期税后收益为 $W(1-t_{p2})$，提前行权具有税收优势，如果：

$$(P_e-X)(1-t_{p1})>W(1-t_{p2})$$

即

$$\frac{P_e-X}{W}>\frac{1-t_{p2}}{1-t_{p1}} \tag{8.17}$$

上式左侧是期权到期日的收益，或者说是期权的内在价值与期权现值之比。右侧是税率之比。因为期权的价值总是大于它的内在价值，除了在到期日即将来临的一小段时间外，左侧总是小于 1。当期权价值很高——股票价格远高于行权价格——或者当期权只有很短的到期日时，这个比率接近 1。对一项处于负利区间和零收益点的期权（$P\leqslant x$），或者是离到期日还有很久的期权，这个比率都比较低。我们来解释一下这个关系，如果预期税率不会上升，右边等于 1。因为左侧总是小于 1，出于税收原因期权不会提前行权。[①] 如果预期税率会上升，即 $t_{p2}>t_{p1}$ 时，比率 $(1-t_{p2})/(1-t_{p1})$ 小于 1，左侧可能会超过该比率。特别地，那些深正利区间快要到期的期权，这一比率会接近 1。在税率上升之前，提前能使期权的大部分价值按现时较低的税率纳税。

示例 9 **雇员税率预期会上升时，提前执行 NQO**

假设某雇员预期最高法定税率会从 30% 上升到 40%，他持有两组期权。股票现时价格为 50 美元。第一组期权行权价格为 10 美元，期权价值为 41 美元，且接近到期日。第二组期权行权价格为 30 美元，期权价值为 28 美元，还有 6 年才到期。该雇员是否应该在税率提高前预先执行某一组期权？预期上升的税率会导致式（8.17）右边的比率为 $(1-0.40)/(1-0.30)=0.857$。因此，如果式子左边的比率大于 0.857，该雇员就该提前行权。

第一组：$\frac{P_e-X}{W}=(50-10)/41=0.975\,6>0.857$，所以提前行权具有税收优势；

---

① 回想一下，期权持有人可能出于流动性或资产多样化原因提前行权。进一步地，这种说法可能跟前面的说法有矛盾。然而，回顾一下，假定雇员相信股票价格会持续上升是很有必要的。如果没有这种确信（从一名雇员的角度来看，这是个人知识的结果），期权的布莱克-斯科尔斯价值结果就是最终受益的最优估计。如果雇员对所预测的股票价格十分自信，那么我们可以用 (P_s-X) 替代式（8.17）的 W。最后需要注意的是，我们已经隐含地假定雇主的税率不变。除非雇主也预期他的税率会上升，那么雇主会优先提前选择行权，因为雇主能提前获得税收扣除，但是代价是损失期权给予雇员的任何激励效果。

第二组：$\dfrac{P_e - X}{W} = (50-30)/28 = 0.714\ 3 > 0.857$，所以提前行权不能节税。

在 1992 年的总统选举中，公众普遍认为普通收入的最高税率会上升。许多提案要求将 1992 年的普通收入最高税率 31% 提高到 1993 年纳税年度的 36%，再往后的纳税年度税率为 39%，且之后保持不变。事实上，这些税率后来变成了法律规定。因此，在 1992 年最后几个月，高税率个人面临的情况跟我们最后的例子如出一辙。金融媒体大篇幅报道了迪士尼 CEO Michael Eisner 在行权中取得了大约 1.82 亿美元的税前收益，从而节约了 1 560 万美元［即 182×(0.396−0.31) 百万美元］的税收的事实。[1] Huddart (1998) 研究了这段时间的行权行为并做出了报告，该报告与税收驱动的、处于正利区间和短期内会到期的期权提前行权理论相吻合。

□ 财务会计和税收的比较：限制性股票、业绩股票奖励、股票升值权利以及股票期权

基于在第 6 章讨论的各种原因，对于任何既定的业绩，经理人向股东和第三方报告利润的心理并不一样。不同的报酬方案有着不同的税收和财务报告含义。例如在某一特定年度，对劳务实行的递延现金报酬安排通常会形成提供劳务期间财务报告的费用。从会计角度看，限制性股票会被记录为报酬费用以减少报告收益。授予日限制性股票的授予价值会在等待行权期分期偿还（一般是直线方法）。股票升值权在授予日对雇主也会和限制性股票或递延现金报酬安排产生同样的成本，但直到股票在未来升值后才会形成报酬费用。2004 年 12 月之前，如果股票期权授予的行权价格等于基础股票现时价格，在期权期限内任何时间都不会产生报酬费用。[2] 在计算利润表中的净利润时，财务会计标准委员会（SFAS）第 123 号公告鼓励但不强制要求公司将所授予期权的公允市价确认为报酬费用。然而，如果公司不把期权确认为报酬费用，就必须在财务报表中披露这一信息，并说明不确认为报酬费用对净收入和每股收益的影响。因此，公司如果出于财务目的希望不确认报酬费用，从而提高报告利润，那么这些公司自然会优先选择股票期权作为报酬。到 2002—2003 年，几乎所有公司选择了用报表附注的形式披露而不是确认报酬费用。可是，公司财务报告丑闻的出现让许多公司意识到确认 ESO 报酬费用的重要性。2004 年 12 月 SFAS 123（现为 ASC 718）修改了 ESO 的会计方法。公司现在必须将 ESO 的公允价值确认为报酬费用，且公允价值需在等待行权期中分期支付。

假设签发五种股票（限制性股票、股票升值权利、业绩股票奖励、无条件处理股票期权和奖励性股票期权）时的行权价格都等于现时股票价格，即 10 美元。NQO 和 ISO 的预测公允价值都是 4 美元。股票不支付股利，在接下来的 5 年里每年升值 1 美元。限制性股票 6 年后赋权，而 SAR、业绩股票奖励以及两种类型的 ESO 在 4 年后赋权（股票价格为 14 美元），从业绩股票奖励和行权获得的股票在 2 年后以 16 美元的价格出售。表

---

[1]　例子参见《迪士尼官员从股票中获利 1.87 亿美元》，《华尔街日报》，1992 - 12 - 02，也可参见 Huddart (1998) 注解 6 所列的其他一些新闻内容。

[2]　在 2004 年 12 月以前，财务跨级标准委员会在 1995 年 10 月发行了财务会计标准第 123 号公告"股权报酬会计（SFAS 123）"，详细规定了管理雇员股票期权的会计方法，该公告对 1995 年 12 月 15 日后开始的财政年度有效。SFAS 123 被 2004 年 12 月发行的 SFAS 123R"股份支付"所代替，并对 2005 年 6 月 15 日之后的第一个过渡期或年度报告期间有效。Weiner (2007，表 2) 提供了期权税收和会计待遇的时间线索，可追溯到 20 世纪 70 年代早期。

8-8 显示了五种基于股票的报酬方案对雇主和雇员的税收结果。[1]

表 8-8　　五种基于股票的报酬方案对雇主和雇员的税收结果

A 部分　基本案例

事件	期权/授予的 RS PSA		发放和执行的 PSA RS 授予期权						出售的 SAR 授予股票	
时期	0		1, 2, 3		4		5		6	
股票价格（美元/股）	10		11,12,13		14		15		16	
税收结果	ee	er	ee	er	ee	er	ee	er	ee	er
RS	0	0	0	0	$-14t_p$	$14t_c$	0	0	$-2t_{cg}$	0
SAR	0	0	0	0	0	0	0	0	$-6t_p$	$+6t_c$
NQO	0	0	0	0	$-4t_p$	$+4t_c$	0	0	$-2t_{cg}$	0
ISO	0	0	0	0	0	0	0	0	$-6t_{cg}$	0
PSA	0	0	0	0	$-14t_p$	$14t_c$	0	0	$-2t_{cg}$	0

B 部分　当雇员和雇主的个人普通收入税税率一致时，五种基于股票的报酬方案的税收结果

时期 / 方案	0	1	2	3	4	5	6
RS	0	0	0	0	0	0	$-2t_{cg}$
SAR	0	0	0	0	0	0	0
NQO	0	0	0	0	0	0	$-2t_{cg}$
ISO	0	0	0	0	0	0	$-6t_{cg}$
PSA	0	0	0	0	0	0	$-2t_{cg}$

说明：RS＝限制性股票，4 年后赋权；

SAR＝股票升值权利，6 年后赋权；

NQO＝无条件处理期权；

ISO＝奖励性股票期权，4 年后赋权和执行；

PSA＝业绩股票奖励，4 年后赋权并在那时支付。

任何计划中的所获股票在 6 年后的年末都会出售。

ee＝雇员；

er＝雇主；

t_p＝雇员的个人普通收入税税率；

t_c＝雇主的个人普通收入税税率；

t_{cg}＝雇员的资本利得税税率。

负数（正数）表示税收支出（利益）。

---

[1]　这里先不考虑不同权益工具的现金流差异，注意不同的假设也会改变比较结果，设定为现价的业绩奖励和 SAR 纳税额相同，且在该奖励赋权和支付时的第四年会产生税收事项。

对于雇主和雇员的个人普通收入税税率相同这样的特例，表8-8的B部分显示了这几种报酬方案对双方的税收结果。这些结果表明，从税收角度来看，最吸引人的报酬方案是股票升值权利，其次是限制性股票、无条件股票和业绩股票奖励，节税最少的是奖励性股票期权。如果雇员的个人普通收入税税率低于雇主的个人普通收入税税率，上述报酬方案的优先顺序不变，只是税收差异的数额增大了。回想一下，如果雇员的个人普通收入税税率高于雇主的个人普通收入税税率（例如，雇主面临当期或未来的向前结转的税收损失），优劣顺序可能是相反的。还要注意的是，NQO的执行时间早于SAR。如果NQO和SAR是同一时间执行的，那么这两种报酬方案的税收结果会相同。

那么财务报告结果又如何呢？表8-9总结了每种报酬方案的财务报告费用。限制性股票的授予日公允价格（10美元）将在4年的等待行权期分期偿还，从而每期会产生2.5美元的报酬费用。股票升值权利在6年等待行权期中每期都会产生报酬费用，该费用会随着每期股票价格的变化而改变。[①] 2004年12月之前，SFAS 123规定，出于财务报告目的，无条件处理股票期权和奖励性股票期权无须在损益表中产生报酬费用。无论是对还是错，从税收角度来看，这种财务报告因素都经常会产生更高额的报酬安排。2004年12月后，根据修改后SFAS 123有关"股份支付"的规定，ESO的报酬费用需要确认。ESO授予日的公允价格会在等待行权期分期付款。有例为证，每种期权的预计公允价值为4美元，每期就会产生1美元的报酬费用。[②] 最后，需说明一下，之前的讨论没有考虑这些金融工具在财务报表会计中的税收利益。类似的讨论参照附录8.1。

表8-9				五种基于股票的报酬计划的财务报账结果			单位：美元	
	时期	0	1	2	3	4	5	6
	RS	0	2.50	2.50	2.50	2.50	0	0
	SAR	0	1	1	1	1	1	1
SFAS 123								
	NQO	0	0	0	0	0	0	0
	ISO	0	0	0	0	0	0	0
SFAS 123R/ASC 718								
	NQO	0	1	1	1	1	1	1
	ISO	0	1	1	1	1	0	0

说明：RS=限制性股票，4年后赋权；

SAR=股票升值权利，6年后赋权；

NQO=无条件处理期权；

ISO=奖励性股票期权，4年后赋权和行权，预计授予日公允价值为4美元。

任何计划中的所获股票在6年后的年末都会售出。

绩效股/单位/现金奖励的会计略为复杂，在此做出简要总结（更多细节请参照 ASC 718-10 和《默里迪恩薪酬合作伙伴》，《业绩分享基本原理》，2011）。会计核算取决于业绩

① Matsunaga（1995）提供了公司利用雇员股票期权代替现金支付以减少财务会计收益报告的证据。

② 在本例中，所有SAR和ESO在首个4年的报酬费用都相同的情况是很巧合的。如果ESO授予日的公允价格预计为3美元。那么每期的年报酬费用是3美元/4＝0.75美元。如果每期的股票价格每年增长大于（小于）1美元，SAR报酬也会大于（小于）1美元。

目标，或会计衡量标准（例如，收益），或股价表现，以及奖励是以现金形式还是股票形式结算。但是在此的所有例子都是出于会计目的报告费用，该费用在等待行权期中记录，和赋权/获得奖励的数额一致。如果奖励是以现金的形式发放，那么公允价值在报告日进行估测，和 SAR 相似；如果是以股票的形式，那么公允价值在授予日进行估测，和 ESO 相似。

□ 限制性股票和 SAR、PSA 以及 ESO 的其他差异

除了税收和财务会计的差异之外，提供给经理人的报酬奖励的激励目的也不同。一方面，限制性股票的收益是直线型的——股票价格增长（下跌）1 美元，限制性股票的价格也会随之增长（下跌）1 美元。另一方面，SAR、业绩股票奖励和期权的收益函数是凸的，这些奖励的价值随着股票收益的变动而增长，因此，代理理论认为，这些后来获得的奖励不仅是通过增加收益和现金流以激励经理人提高股票价格，而且是为了减小经理人的风险规避性。经理人被认为比股票持有者更具有风险规避性（因为他们的财富和资本与公司仅仅绑在一起），因此经理人可能会放弃那些他们认为太冒险的积极净现值项目。因为 SAR/PSA/ESO 的机制是随着股票收益变动而增长的，SAR/PSA/ESO 也能帮助减少经理人和股票持有者之间的风险规避性。[1]

限制性股票和 ESO 的另一个差异与股利有关。限制性股票的持有者，甚至在赋权之前都有权收到股利。可是，ESO 的持有者不能收到任何股利，事实上 ESO 的股利是没有保障的。支付股利会减少股票价值（减少额等于股利的金额减去 ESO 的价值）。反映股利支付的执行价格是不能调整的。由于缺少股利保障，经理们会再次购买股票而不是以股利支付的形式对过多的现金进行分流。正如我们在第 4 章讨论的，股票购买对持有者来说是一种分流现金的具有税收优势的方法：分流时再购买的股票会作为资本利得课税，而作为股票的分流会按照持有者的普通收入进行课税。2003 年，个人股利的最高税率从 38％下降到 15％，最高资本利得税税率从 20％下降到 15％。这些税率的变化改变了个人股票持有者的股票再购买和股利之间的交易项目。可是，大部分经理人持有无股利保障的 ESO，会导致持有者和经理人在交易项目变动的股利政策中产生争议。Huston（2007）提供的证据表明，为减少 ESO 价值而提高股利的公司会向经理人提供现金补偿。Aboody 和 Kasznik（2008）提供了公司向 CEO 减少 ESO 授予和增加限制性股票授予从而增加股利支付的证据。因此，股票持有者的股利课税水平会改变报酬结构以达到调整持有者和经理人激励的目的。

业绩股票奖励（目标是股票价格）和 ESO 相似，如果已经声明并支付股利，股票价格的下降会使目标难以达成。因为业绩股票奖励十分灵活，公司可以将股利纳入目标之中（也就是说，在目标期间，累计股利可以加入股票价格算入总持有人收益中，这是一种常见的方法），因此雇员也不会因为股利支付而利益受损。当业绩股票奖励基于会计业绩时，没有必要为了股利而调整。因为雇员未持有为股票的奖励，雇员在等待行权期也不会收到股利。

---

[1] ESO 和经理人激励关系的讨论和证据可参见 Jensen 和 Mecking（1976）；Smith 和 Watts（1992）；Guay（1999）；Hmlon, Rajgopal 和 Shevlin（2003）；Rajgopal 和 Shievlin（2002）；以及 Ittner, Lambert 和 Larcker（2003）。注意，在 21 世纪早期，财务新闻将 ESO 和财务报告丑闻与收益操纵联系在一起。学术证据可参见 Cheng 和 Warfield（2005）以及 Erickson, Hanlon 和 Maydew（2006）。

□ 以风险资本设立的创业企业的报酬方案

在风险资本设立的创业企业中，也存在类似于在 ISO 和 NQO 之间进行转换的情况。在许多情况中，风险创业企业的管理层被授予普通股，而风险投资者被授予可转换优先股。为了鼓励和回报经理人，优先股转换成普通股的价格通常会跟公司的业绩挂钩：如果公司业绩按会计标准来衡量后显示出良好的势头，那么给予风险投资者的转换价格就会上升。优先股转换的价格上升，也会相应地影响持有普通股的管理层成员的"红利"。转换价格越高，新发行给风险投资者的普通股数量越少，而管理层保留的价值也就越高。"红利"在公司是不能税前扣除的。注意，现金红利可能会要求经理人按个人普通收入税税率立即进行课税。尽管现金红利的纳税义务可能会比基于股票的红利纳税义务要多，现金红利也可能使公司产生立即税前扣除（如果需要扣除公司应税收入的话）。因此，公司能负担的可税前扣除的现金红利大于以股票为基础的红利。从税收角度来看，相对于 NQO，现金红利计划通常更有效。而且，与现金基础红利比较来看，股票基础红利会减少创业公司的现金流。

□ 税收对报酬结构的其他影响

1993 年美国国会在《综合预算协调法》中增加了 162 款（m），以回应认为高层管理人员薪酬过高和与公司业绩无关的看法。美国税法规定，公司对个人薪酬的扣除额不得超过 100 万美元。公司可以通过将其报酬计划限定为基于业绩的报酬计划，或将超额报酬推迟到可扣除的时间段来避免这种限制。要符合基于业绩这个例外规定，必须满足以下条件：

（1）报酬必须与高管实现客观业绩目标（如股价、市场份额、销售目标等）挂钩。

（2）业绩目标必须由两名或两名以上独立董事组成的公司报酬委员会确定。

（3）股东必须批准报酬计划。

（4）报酬委员会必须在付款之前证明绩效目标已经达到。

注意，雇员股票期权、限制性股票和业绩股票奖励通常满足与绩效相关的例外情况。任何超过 100 万美元的工资都不能扣除。正如我们在本章前面所讨论的那样，可自由支配的奖金可用于在预期税率变化的情况下在不同时期间转移收入，但当与业绩无关的薪酬总额超过 100 万美元时，就会违反这一限制。在 162 款（m）生效后的第一年，ESO 授予标准普尔 500 指数公司高管的奖金增加了 45%。Balsam（2006）在国会作证时表示，1994 年首席执行官平均获得 160 万美元的薪酬，其中包括行使 ESO 的 68.2 万美元（占薪酬总额的 43%）。2004 年，薪酬总额增至 710 万美元，其中包括因行使雇员报酬制度而获得的 520 万美元（占 73%）。

经验证据表明，尽管许多公司确实对其报酬计划进行了限定，以保留公司税收扣除额，但许多公司并没有这样做，Johnson，Nabar 和 Porter（1999）在 297 家美国上市公司的样本中报告说，46% 的公司没有获得税前扣除，42% 的公司采取行动来满足有关条件，其余 12% 的公司推迟支付超额报酬。Balsam 和 Ryan（1996，注 1）提供了以下信息：Leucadia 国家公司在其 1994 年 7 月 1 日的委托书中说，它放弃扣除，因为"委员会同意在根据（预先确定的业绩标准）确定高管报酬方面缺乏灵活性，将不利于公司的最佳利益。"Johnson 等（1999）以及 Balsam 和 Ryan（1996）都预测，那些不符合计划条件的公司面临更大的再承包成本和更高水平的高管风险规避。将报酬与业绩更紧密地联系在一起，会给高管带来风险，因为公司业绩（例如股价和市场份额）也会受到经理人无法控制的因素的影响。厌恶风险的高管需要风险溢价来补偿他们增加的风险。这两项研究都提供了与他们的预测相符的证据。因此，税务规划师必须将 162 款（m）因素考虑到报酬设计中：是否对报酬计划进行限定？如果是的话，使用什么绩效目标？

□ **结语**

我们现在已经讨论了表 8-1 中列出的除养老金（这是我们下一章的主题）以外的所有报酬项目。此外，我们还集中讨论了报酬计划税务方面的问题。然而，我们不想给人留下这样的印象，即税收是与报酬方案有关的一切因素。报酬的一些非税因素与激励员工有关，从而减少第 6 章中讨论的隐藏信息和隐藏行动问题，以及各种报酬工具之间的财务会计差异。这些非税因素在报酬设计中非常重要。

要点总结

1. 在确定报酬方案是否可取时，必须考虑雇主和雇员的税收结果。

2. 尽管雇员们更愿意在低税率的时期获得应税报酬，但是雇主们更愿意在高税率的时间支付报酬。通过调整报酬水平来反映各种报酬方案的税收成本和收益，可以使雇主和雇员的利益一致。

3. 在评估当期支付工资是否优先于递延报酬时，必须考虑双方（雇员和雇主）当前和未来的税率，以及双方可获得的税后收益率。例如，随着时间的推移，雇员税率的下降有利于递延支付报酬计划，但当雇主税率也随着时间的推移而下降时，这类合同就可能不受雇员欢迎。

4. 非税因素，如雇员和雇主之间的激励和风险共担，可能会让报酬方案的选择倾向于当前报酬方案，即便递延报酬方案享有税收优惠；反之亦然。

5. 尽管某些附带福利允许雇主进行税收扣除，同时也对雇员提供免税，但如果雇员认为这些附带福利对自身价值不大，则这些福利就不如应税现金报酬要好。

6. 在美国，公司工作餐和招待费的报销比工资补贴享受更多税收优惠。但当雇主面临的税率较低，雇主面临的税率较高时，工资补贴可以优先考虑。

7. 可自由支配的现金红利计划是一种非常有效的税收筹划工具，因为红利可以有策略地安排在雇主的高税率和雇员的低税率之间。然而，这样的计划可能会与 162 款（m）关于基于绩效的总报酬的限制相冲突，而且它们还需要雇主和雇员之间有很强的相互信任。

8. 限制性股票类似于递延支付报酬计划——雇员在归属日确认应纳税收入，在归属日雇主获得税收扣除。雇员可以做出 83 款（b）的选择，在授予日确认应税收入，并将未来的价格上升（和下跌）视为资本利得（损失）。83 款（b）的选择一般不享受税收优惠，除非雇员预期他或她的个人普通收入税税率将来会上升。

9. 在美国，激励股票期权（ISO）在 20 世纪 80 年代早期和中期的流行可能是单方面的税收筹划的结果。无条件股票期权（NQO）对雇员征收更多的税，但对雇主的税收优惠却显著提高。

10. 1986 年的税收改革法案通过后，许多本来可以进行无条件处置或转换为 NQO 的 ISO 由于可以节税而没有这么做。一种可能的解释是这种节税交易有不利财务报告后果：它要求在提交给股东和债权人的报告中承认相当大的报酬费用。

11. 除了流动性或多样化动机外，雇员可能会出于税收原因提前行使雇员股票期权——要么是在随后的股价上涨中获得资本利得时开始计时，要么是预期的税率将会上调。与限制性股票的分析类似，前者一般不享受税收优惠，而后者可享受税收优惠。

12. 风险投资支持的初创企业的经理们得到的报酬通常是递延支付资本收益，而不是按个人普通收入税税率立即征税。然而，这种报酬安排不会给公司带来税收扣除，因此可能不如现金报

税收与企业经营战略：筹划方法（第五版）

酬计划。税收效率更高的报酬安排通常会导致财务报告收入减少。显然一些公司更感兴趣的是在投资者眼中是富人，而不是在税务官眼中是穷人。

13. 在比较各类报酬方案时，管理成本和雇员激励效应差异等非税因素的重要性可能会超过税收因素。

附录 8.1　雇员股票期权的税收利益会计方法

正如本章所提到的，公司所获税收扣除等于雇员在实施日确认的无调剂雇员股票期权的普通收入。我们现在讨论 2004 年 SFAS 123（现为 ASC 718，以及税收会计 ASC 740）所采用的现时会计规则。因为本书的一些用户可能需要 2005 年之前发行的财务报表，附录可以在网站找到。该网站列出了 2005 年之前雇员股票期权收入税收利益的会计方法。

SFAS 123R 要求公司将 ESO 在授予日的公允价值确认为报酬费用。公允价值在等待行权期分期偿还。因此报酬费用需在税收扣除之前确认（在雇员实施 NQO 的时候产生），从而产生暂时性差异。回忆一下，在第 6 章中，如果费用在税收账面之前计入会计报表，导致的暂时性差异会产生递延税项资产。最简便的方式是通过例子和记账来解释这种会计方法。假设公司发行了 100 份 NQO，其实施价格为 20 美元，预计公允价值为每股 6 美元。雇员在 3 年后会有实施该股票的权利。授予股票的总公允价值为 600 美元，其中每个阶段（每年）会确认 200 美元的报酬费用。假设公司的税率为 35%，以下是 3 年等待行权期每年的记账情况：

借：报酬费用　　　　　　200 美元
　　贷：额外已缴资本　　　　　200 美元
（未确认 ESO 报酬费用）

借：递延税项资产　　　　70 美元
　　贷：税收费用　　　　　　　70 美元
（为了确认由 ESO 报酬费用的暂时性差异产生的递延税项资产。）

损益表中每年的净值影响降低了净收入约 200 美元－70 美元＝130 美元，代表着 ESO 的税后报酬费用。在第 3 年末期，递延税项资产的差额为 210 美元，持有人股票的额外已缴资产数额为 600 美元。

假设雇员在第 4 年年初实施 NQO 的股票价格为 30 美元。记账如下：

借：现金（100ESO×20 美元）
　　　　　　　　　　　　2 000 美元
借：额外已缴资本　　　　600 美元
　　贷：普通股票　　　　　　2 600 美元
（为了记录 ESO 的实施。）

雇员支付了 2 000 美元的现金以实施 ESO，该数额和额外已缴资本中股票的累计差额可以作为普通股的税收抵免。公司获得 100 份 ESO 的税收扣除乘以（30－20）＝1 000 美元，会产生 350 美元的节税额（利益）。公司报账的税收利益资产为 210 美元。公司报账的税收利益如下（假设在同一年有实际应税收入可以进行税前扣除）：第一次分录处理了递延税项资产的递延税费。第二次分录减少了当期税收资产的递延税费。减少的当期应付税款整整为 350 美元，并相应地减少了当期税收费用，其预期节税额为 210 美元，以及随着额外已缴资本直接产生的 140 美元超出的节税额。

借：递延税费　　　　　　210 美元
　　贷：递延税项资产　　　　210 美元
（为抛售递延税项资产。）

借：当期应付税费　　　　350 美元
　　贷：当期应付税费　　　　210 美元
　　　　额外已缴资本　　　　140 美元
（为记录普通和超出的节税额。）

如果 ESO 没有实施，那么公司就无法收到税前扣除，那么 210 美元的递延税项资产都得抛售。如果公司在额外已缴资本有余额，那么 20 美元将计入账户上。如果没有余额（或者说余额不足），那么借记款项则为税收递延费用（增加当期税费）。

如果实施期权后的税收利益小于授予时的预期利益会怎样呢（例如本例中的 210 美元）？例如，如果实施日的股票价格为 25 美元？在那种情况下，当递延税项资产被抛售时，多出的递延税项资产，即 $[210-($ 实际节税额 $100\times(25-20)\times t_c)]=210$ 美元 -175 美元 $=35$ 美元，会进行如下处理：

借：递延税费　　　　　　　　　175 美元
　　额外已缴资本　　　　　　　　175 美元
　　　贷：递延税项资产　　　　　　　210 美元
（为了抛售递延资产。）

借：当期应付税金　　　　　　　　175 美元
　　　贷：当期税费　　　　　　　　　175 美元

如果公司发行奖励性股票期权（ISO），同样公司也需在等待行权期分期偿还授予日 ISO 的公允价值。但是，因为 ISO 无法产生公司税前扣除，公司在等待行权期时无法记录递延税项资产和税收费用。如果雇员对 ISO 进行无条件处理（例如，在实施日的 12 个月内售出获得股票），公司就能收到税前扣除，该扣除等额于雇员进行无条件处理获得的普通收入。假设与上面情况基本一致，除了 100 份 NQO 改为 100 份 ISO。雇员实施期权后，在股价为 30 美元时立即出售所获股票。这种情况下，公司收到的税前扣除额为 $100\times(30$ 美元 -20 美元 $)=1\,000$ 美元，税收利益为 350 美元。记账如下：

借：当期应付税额　　　　　　　　350 美元
　　　贷：当期税收费用　　　　　　　210 美元
　　　　　额外已缴资本　　　　　　　140 美元

需要注意在无条件处理中，NQO 和 ISO 的税收利益会计是类似的。节税额减少当期应付税收负债账户。可是，因为年税收利益没有提前确认，而且递延税项资产累计是 0.35×已确认报酬费用，等量税收优惠（以及额外已缴资本的税收抵免额 140 美元）在无条件处理阶段（0.35×600 美元）被确认。[1]

财务报告披露：根据 SFAS 123R，公司必须粗略估计并报告现金流报表中超出的税收利益。因为递延税负为非现金事项，在用间接手段计算营业现金流的每个阶段（一开始为净收入），递延税项资产的增长（包括在税收费用账目中各阶段确认的税收利益影响）从净收入中剔除。受到递延税项资产账户的影响而使税收扣除超过预计税收利益时，这些超额的税收利益会作为财务的

现金流入或者是业务的现金流出（后者容易混淆很多财务报表的读者）。因此在之前的例子中，总节税额为 350 美元，即超出的 140 美元和前期 600 美元报酬费用中确认为税收利益的 210 美元的总数。因此，现金流量表的影响应该加上超出税收利益的 140 美元净收入，因为这 140 美元是额外的现金流，不会在损益表中体现税费的扣除（现金流量表是从净收益开始的并做出了调整）。通过分析产生节税额的年份，现金流量表的营业部分会呈现 140 美元的现金流出量（因为 140 美元包括在营业部分的税收递延调整内）——因此，从营业开始的现金流影响为 0（这里加减相抵）。现金流量表的财务部分包括 150 美元的现金流入量，这说明超出税收利益部分被作为了财务现金流（根据 FASB 的决定）。

以下为微软公司 2012 年财务报告的节选部分，它能帮助我们更好地理解披露。注解 20 报告了 2012 年微软确认的以股票为基础的报酬费用为 22.44 亿美元，以及相关的预期税收利益为 7.85 亿美元（也就是说，大约 35% 的股票预计公允价值被确认为报酬费用）。在 2012 年期间，雇员向微软支付了 1 410 美元以执行他们的期权，并确认了 456 美元的收益。期权的内部价值（股票价格在行权日和授予日的差额）等于微软税收扣除所节约的 160 美元公司节税额（即 456 美元 ×35%）。现金流量表显示，确认的税收利益为 1.6 亿美元，超出预计金额为 9 300 万美元，这些"超出税收利益"会被计入已缴资本。超出金额包括营业部分的税收递延调节，然后从营业部分分别剔除［例如，(93)］，结果现金流量的营业净影响为 0。该数额作为财务流入量反映出来，从而这些额外的现金税额可以从财务活动中体现出来。最后，公司在 2012 财政年度末所列的递延税项资产中提供了被确认为报酬费用的 88.2 亿美元预期未来税收利益，该利益于税收扣除之前在财务账面上确认为报酬利益。

微软公司 2012 年年终报告节选

注解 20——雇员股票和节税计划（节选）。以股票为基础的报酬费用和相关所得税利益如下所示：

---

① 进一步关于 SFAS 123R 规定的 ESO 税收利益会计方法，请参见 Nichols 和 Betancourt（2006）。

截至 6 月 30 日	2012	2011	2010
基于股票的报酬支出	2 244	2 166	1 891
与基于股票的报酬相关的所得税优惠	785	758	662

报告期间发生了以下股票行权行为：

（单位：百万美元）

	2012	2011	2010
总行权股票期权的内在价值	456	222	365
从股票期权行权收到的现金	1 410	1 954	1 839
从股票期权行权获得的税收利益	160	77	126

现金流量表（百万美元，财政年度 6 月结束）

（单位：百万美元）

截至 6 月 30 日	2012	2011	2010
经营	16 978	23 150	18 760
净收益			
调整协调净收入与净经营活动现金流量：			
商誉减值	6 193	0	0
折旧、摊销和其他	2 967	2 766	2 673
基于股票的报酬支出	2 244	2 166	1 891
投资和衍生品的净实现收益	(200)	(362)	(208)
基于股票的报酬的额外税收利益	(93)	(17)	(45)
递延所得税	954	2	(220)
递延的预收收入	36 104	31 277	29 374
实现的预收收入	(33 347)	(28 935)	(28 813)
经营资产和负债的变化：			
应收账款	(1 156)	(1 451)	(2 238)
库存	184	(561)	(44)
其他流动资产	493	(1 259)	464
其他长期资产	(248)	62	(223)
应付账款	(31)	58	844
其他流动负债	410	(1 146)	451
其他长期负债	174	1 294	1 407
经营净收益	31 626	26 994	24 073
融资			
短期债务偿还，成熟期为 90 天或更少	0	(186)	(991)
发行债券筹集的资金，成熟期超过 90 天	0	6 960	4 167
偿还的债务，成熟期超过 90 天	0	(814)	(2 986)
发行的普通股	1 913	2 422	2 311
普通股票回购	(5 029)	(11 555)	(11 269)
普通股的现金分红	(6 385)	(5 180)	(4 578)
基于股票的报酬的额外税收利益	93	17	45

第 8 章

报酬筹划

截至 6 月 30 日	2012	2011	2010
其他	0	(40)	10
用于融资的净现金	(9 408)	(8 376)	(13 291)
投资			
增加的财产和设备	(2 305)	(2 355)	(1 977)
收购公司获得的净现金，以及购买无形资产和其他资产	(10 112)	(71)	(245)
投资购买	(57 250)	(35 993)	(30 168)
投资成熟期	15 575	6 897	7 453
投资销售	29 700	15 880	15 125
证券借贷支付	(394)	1 026	(1 502)
用于投资的净现金	(24 786)	(14 616)	(11 314)
汇率变动对现金及现金等价物的影响	(104)	103	(39)
现金和现金等价物净变化	(2 672)	4 105	(571)
现金和现金等价物，初始期	9 610	5 505	6 076
现金和现金等价物，结束期	$ 6 938	$ 9 610	$ 5 505

注 13—所得税（提取）递延所得税资产部分

（单位：百万美元）

6 月 30 日	2012	2011
递延所得税资产		
基于股票的报酬支出	882	1 079
其他费用项目	965	1 321
预收收入	571	463
受损投资	152	424
亏损结转	532	90
其他费用项目	79	69
递延所得税资产	3 181	3 446
低值津贴	(453)	0
递延所得税资产，净估价备抵	2 728	3 446
递延所得税负债		
国际收入	(1 072)	(1 266)
未实现的投资收益	(830)	(904)
折旧及摊销	(670)	(265)
其他	(14)	0
递延所得税负债	(2 586)	(2 435)
净递延所得税资产	142	1 011
报告为		
当期递延所得税资产	2 035	2 467
长期递延所得税负债	(1 893)	(1 456)
净递延所得税资产	142	1 011

一些公司展示了对现金流量表中超额税收利益有不同的调整策略。它们没有将递延税项资产的整个变化加回去，而是将预期节税额和超过的节税额分开，再分别加回去（普通部分隐藏在递延税项资产的变化中）。在脸书提供的披露案例中，我们可以看到 2012 年超出的 10.33 亿美元节税额首次加回，然后从现金流量的营业部分抽回（为了净值影响为 0）的过程。该过程在财务活动中也会有相应的现金流增长。

脸书 2012 年度报告节选

脸书合并报表的现金流（单位：百万美元）。

	截至 12 月 31 日		
	2012	2011	2010
经营活动的现金流			
净收益	53	1 000	606
调整协调净现金经营活动提供的净收益：			
折旧及摊销	649	323	139
设备贬值损失	15	4	3
基于股票的报酬支出	1 572	217	20
递延所得税	(186)	(30)	23
基于股票奖励活动的税收收益	1 033	433	115
基于股票奖励活动的额外税收利益	(1 033)	(433)	(115)
资产和负债的变化：			
应收账款	(170)	(174)	(209)
可退还的所得税	(451)	—	—
预付费用和其他流动资产	(14)	(24)	(38)
其他资产	2	(5)	(6)
应付账款	1	6	12
平台合作伙伴应付款	(2)	96	75
递延收入和存款	(60)	49	37
其他负债	43	50	16
经营活动提供的净现金	1 612	1 549	698
投资活动的现金流			
资产和设备的购买	(1 235)	(606)	(293)
购买有价证券	(10 307)	(3 025)	
销售有价证券	2 100	113	—
有价证券成熟期	3 333	516	—
非市场股票债券投资	(2)	(3)	

	截至 12 月 31 日		
	2012	2011	2010
业务收购、净现金收购、购买无形资产和其他资产	(911)	(24)	(22)
限制现金和存款的变化	(2)	6	(9)
用于投资活动的净现金	(7 024)	(3 023)	(324)
融资活动的现金流			
发行普通股获得的净收益	6 760	998	500
与股权奖励的净股票方案相关的税收	(2 862)	—	—
执行股票期权的收益	17	28	6
长期债券收益净发行成本	1 496	—	250
长期债券的偿还	—	(250)	—
销售和售后回租的收益	205	170	
资本租赁负债的本金	(366)	(181)	(90)
基于股票奖励活动的额外税收利益	1 033	433	115
融资活动提供的净现金	6 283	1 198	781
汇率变动对现金及现金等价物的影响	1	3	(3)
现金和现金等价物的净增长	872	(273)	1 152
初期的现金和现金等价物	1 512	1 785	633
末期的现金和现金等价物	2 384	1 512	1 785

参阅所附合并财务报表的附注

附录 8.2　股票期权的税收利益的 SFAS 123 会计方法（沿用至 2005 年）

在 2004 年 12 月 SFAS 123R（现为 ASC 718 和 ASC 740）发行前，大部分公司出于财务会计目的不会确认 ESO 的报酬费用。可是，如果计算中包括 ESO 收益，这些公司必须进行附注披露。如第 2 章所示，不同的税收待遇会产生永久性差异——项目包括在一种账目（税收）里但不包括在另一种账目里（会计）。但是，那不是出于会计目的。不同于将当期税收利益作为普通永久性差异（增加会计净收入）简单地减少，ESO 税收利益可直接和持有人的股票进行抵减以减少应付所得税（债务账户）。该抵免能增加持有者的股票，是基于公司股票增加的情况。因为它不

仅能获得雇员的执行价格，发行股票时还能从财政部获得税收利益。节省的应付所得税会重新加回现金流量表的净收入项，因为在计算净收入时 ESO 的税收利益的影响会高估当期税费。这种税收待遇能帮助我们解释报告当期税费和预计应税收入。

一个简单的数据示例能解释这个问题。假设情况如下（单位：美元）：

销售额	1 000
已售商品成本	−400
产品研发	−200
折旧—账面	−120

利息费用		−100
市政债券利息收益		＋50
税前账面收入		230
其他信息：		
公司法定税率＝35％＝str		
税收折旧＝200 美元		

市政债券利息收入免税（也就是说，在计算应税收入时不应包括在内）。

公司也有 30 美元的 ESO 税收扣除（30 美元公司 ESO 税收利益×0.35＝10.50 美元）。

根据这些情况可得出下列数据：

	账面	税收
销售额	1 000	1 000
已售商品成本	−400	−400
产品研发	−200	−200
折旧—税收	−120	−200
利息费用	−100	−100
市政债券利息收入	＋50	
税收扣除		−30
税前账面收入	230	
应税收入		70

注意，应付税金为应税收入乘以法定税率＝70 美元×0.35＝24.50 美元。但是在计算和报告当期税收费用时，公司不用减去当期税费的 ESO 税收利益。也就是说，它们估测和报告的当期税费＝（PTBI−暂时性差异−永久性差异）×0.35＝（230 美元−80 美元−50 美元）×0.35＝100 美元×0.35＝35 美元。

财务报表读者可能没有注意到，这种运算会推导出错误的预计应税收入＝当期报告税收费用／0.35＝100 美元 ［参见第 6 章，式（6.4）］。因此，因为当期税收费用因 ESO 税收费用而被高估了，当期税收费用会高估实际当期应付税费，从而导致式（6.4）的运算高估了应税收入。

当期报告税收费用的函数（适用于大部分公司）调整为：

＝当期报告税收费用−ESO 税收利益

＝35 美元−10.50 美元

＝24.50 美元　　　　　　　　　（A8.1）

$$\text{预计应税收入}＝\frac{\text{调整后当期税费}}{\text{法定税率}}$$

＝24.50 美元／0.35＝70 美元

该项调整也可以用来估测应税收入：

＝PTBI−暂时性差异−永久性差异

　−ESO 税收扣除

＝230 美元−80 美元−50 美元

　−30 美元

＝70 美元　　　　　　　　　　　（A8.2）

ESO 税收扣除可根据报告税收利益／0.35 估测得出。

公司披露分析——SFAS 123 发行前

以下为微软公司 2002 年度报告节选

微软公司股东权益声明			单位：百万美元
	截至 6 月 30 日		
	2000	2001	2002
可转换优先股			
结余年初	980	—	—
优先股转换成普通股	(980)	—	—
结余年末	—	—	—
普通股和实收资本			
结余年初	13 844	23 195	28 390
发行的普通股	3 554	5 154	1 801
普通股票回购	(210)	(394)	(676)

销售/（回购）的认股权证	472	（1 367）	—
股票期权所得税优惠	5 535	2 066	1 596
其他，净值	—	（264）	536
结余年末	23 195	28 390	31 647
留存收益			
结余年初	13 614	18 173	18 899
净收益	9 421	7 346	7 829
其他综合收益			
会计变化的累积效应	—	（75）	—
金融衍生工具净收益/（损失）	—	634	（91）
未实现净投资收益/（损失）	（283）	（1 460）	5
净未实现投资和其他	23	（39）	82
综合收益	9 161	6 406	7 825
优先股股息	（13）	—	—
无形的利益共享	97	—	—
普通股票回购	（4 686）	（5 680）	（6 191）
结余年末	18 173	18 899	20 533
股东权益总额	41 386	47 289	52 180

微软没有在税单中明确地讨论 ESO 税收利益或者 ESO 披露，但是提供了持有者权益表和现金流量表。回忆一下我们在第 6 章讨论的式（6.4），我们可以估测出应税收入＝当期税收费用/最高法定税率（暂不考虑微软公司国外收益的外国税率差异）。预测结果如表中 B 项所示。根据持有者权益表中的 ESO 税收利益和所得税税单中报告的当期税收费用，我们可以推导出微软公司应税收入修正后的估计值（单位：美元）。

微软公司	1998	1999	2000	2001	2002	合计
A. 报告的美国当期税费	2 518	4 067	4 744	3 243	3 644	18 216
B. 估计应税收入（A/0.35）	7 194	11 506	13 554	9 266	10 411	51 931
C. 报告的 ESO 税收优惠	1 553	3 107	5 535	2 066	1 596	13 457
D. 调整后的美国当前税费（A-C）	956	920	−791	1 177	2 048	4 319
E. 调整后预计的应税收入（D/0.35）	2 757	2 629	−2 260	3 363	5 581	12 340
F. 报告的美国税前账面收入	5 027	10 649	11 860	9 189	8 920	45 690
G. 差异（B-F）	2 315	8 020	14 120	5 826	3 069	33 350
ESO 税收抵免＝（C/0.35）	3 294	8 877	15 814	5 903	4 560	38 449

C 行为 ESO 报告税收利益。在讨论中，我们暂且着重分析 2000 年的情况。2000 财政年度的 ESO 税收利益为 5 535 美元，调整后当期税费为－791 美元（D 行），修正后的预计应税收入为－2 260 美元（E 行），而相较于未调整的应税收入估计值竟然为 13 554 美元（B 行）！

解释该结果的另一种方法是，ESO 税收利益为 5 535 美元，得出 ESO 的税收扣除为 5 535 美元/0.35 = 158.14 亿美元（最后一行）。而 158.14 亿美元的税收扣除跟微软的应税收入可以抵消！事实上，虽然从税收角度来看微软会产生税收损失，但是该损失可以先前结转取得退税。还要注意的是，ESO 税收扣除代表微软雇员在 2000 年确认的实施无条件 ESO 所得应税收益。在 1998—2002 年，微软节约了 130 亿美元的联邦税收，其应税收入从 520 亿美元减少到了 120 亿美元。

如果公司有营业损失向后结转，情况会变得比较复杂。该结转会在相关递延税项资产（参见第 6 章的讨论）产生估价备抵，得出任何 ESO 税收抵免额都变得更加困难。如果没有估价备抵，ESO 股票持有者的税收利益抵免就是实际现金节税额和/或预期未来现金结税额（如果扣除属于会在将来使用的 NOL 向后结转）。可是，当采用 NOL 递延税项资产的估价备抵时，一年后的 ESO 税收利益会被未确认为

持有者的股票抵免所抵消。本例中，财务报告使用者会低估 ESO 税收抵免（或者估计为零）。对这些公司来说，ESO 附注披露能推导出更准确的 ESO 税收扣除额。某阶段的 ESO 扣除可以通过执行的 ESO 期权数量乘以行权时预计的股票价格减去行权股票的加权平均值。这里的未知变量是行权日的股票价格。比较合理的 ESO 估测是通过同一阶段新授予的 ESO 的加权平均值。ESO 扣除估计值很明显会受到股票价格的影响，也就是说，股票价格越不稳定，ESO 税收扣除的波动就可能越大。

我们可以利用微软公司 2002 年度报告（节选）的注 15 "雇员股票和节税计划" 来说明这个方法。

微软公司 2002 年度报告（节选）的注 15 雇员股票和节税计划

公司为董事、高管和雇员都提供了股票期权计划，该计划包括无条件股票期权和奖励性股票期权。在 1995 年之前授予的期权等待期一般为 4.5 年，授予日后 10 年到期。在 1995—2001 年授予的期权等待期一般为 4.5 年，授予日后 7 年到期，某些股票等待行权期超过了 4.5 年或 7.5 年，到期日超过 10 年。2002 年授予的期权等待行权期为 4.5 年，10 年后到期。在 2002 年 6 月 30 日，3.71 亿份股票可以行权，计划中在未来授予的 5.43 亿股股票可行权。

股票期权结果如下所示：

单位：百万美元（每股价格除外）

平均	股票	每股价格范围	加权
结余（1999 年 6 月 30 日）	766	0.56～83.28	23.87
授予	304	65.56～119.13	79.87
行权	(198)	0.56～82.94	9.54
取消	(40)	4.63～116.56	36.50
结余（2012 年 6 月 30 日）	832	0.65～119.13	41.23
授予	224	41.50～80.00	60.84
行权	(123)	0.59～85.81	11.13
取消	(35)	13.83～119.13	63.57
结余（2001 年 6 月 30 日）	898	0.56～119.13	49.54
授予	41	48.62～72.57	62.50
行权	(99)	1.02～69.81	12.82
取消	(38)	1.15～116.56	68.67
结余（2002 年 6 月 30 日）	802	0.79～119.13	53.75

因为价格不同，2002 年 6 月 30 日尚未完成的股票期权加权平均值如下所示：

| 实时价格范围 | 股票 | 未支付期权 | | | 可行权期权 | |
		剩余时间（年）	加权平均价格		股票	加权平均价格
0.79～5.97	36	1.6	4.83		35	4.28
5.98～13.62	44	0.5	11.19		42	11.18
13.63～29.80	90	2.0	15.02		84	14.97
29.81～43.62	73	2.7	32.19		66	32.09
43.63～60.00	191	6.9	55.81		41	54.03
61.01～69.50	146	6.4	66.24		35	66.53
69.51～83.28	80	5.1	71.17		21	71.84
83.29～119.13	142	4.2	89.87		47	89.29

为了更好地比较，我们将披露的 ESO 税收利益和 ESO 税收扣除累计结果也考虑进来。从微软的 ESO 附注披露可以推导出估计值在披露税收利益的合理范围内。

	2000	2001	2002
A. 已行权的 ESO 数量	198	123	99
B. 新授予的加权平均股票价格	79.97	60.84	62.50
C. 实施 ESO 的加权平均行权价格	9.54	11.13	12.82
预计 ESO 税收扣除 ［AX（B-C）］	13 925	6 114	4 918
D. 披露的 ESO 税收优惠	5 535	2 066	1 596
预计 ESO 税收扣除（D/0.35）	15 814	5 903	4 560

微软注解也提供了一些关于等待行权期和 ESO 到期的信息，以及一些 ESO 的详细情况（比如尚未完成、授予、实施和取消）。微软披露的 ESO 授予数量从 2000 年的 3.04 亿、2001 年的 2.24 亿锐减到 2002 年的 4 100 万。这可能是微软的报酬政策转变的信号，2003 年 7 月微软公司宣布公司雇员的报酬形式由 ESO 转变为限制性股票。不管怎样，在 2002 财政年度末期（微软的 6 月 30 日），公司报告了 8.02 亿未完成 ESO，其加权实时价格为 53.75 美元（范围为 79 美分～119.13 美元）。微软也报告了 2002 年 6 月 30 日未完成 ESO 实时价格的更多详细披露。按照惯例，公司也根据 SFAS 123 要求在确认 ESO

报酬费用时提供了损益表（这里没有提供）。

下表所列的 10 个纳斯达克（NASDAQ）公司在 1999—2002 年收到的最大节税额情况可以更好地说明公司从 ESO 获得节税的重要性。这些节税额在运营中也作为一部分现金流使用，节税额由于税负较低可以直接在现金流中扣除。在 4 年期间，微软是最大的受益者，节税额高达 120 亿美元，相当于 515 亿美元现金营业额的 23.89%。思科系统公司的节税额为 47.9 亿美元，相当于营业现金流的 20.41%。戴尔、英特尔和太阳微系统是节税额的第二大受益者。注意这些税收利益只能粗略估计雇员实施 ESO 所支付的税款，所以联邦政府税收收入的影响大概为零。

	ESO 税收收益 （1999—2002）	经营现金流 （1999—2002）	%
微软公司	12 304	51 503	23.89%
思科系统公司	4 790	23 472	20.41%
英特尔公司	2 098	42 879	4.89%
甲骨文公司	1 742	10 152	17.16%
戴尔电脑	2 716	15 456	17.57%
太阳微系统	1 844	9 237	19.96%
雅虎	267	1 123	23.78%
希柏系统	331	1 550	21.35%
安进	1 024	6 590	15.54%
奥多比系统	251	1 527	16.44%

最后，因为 NQO 引致税收减免，且该项减免扣除必须纳入企业边际税率的评估中。Graham, Lang 和 Shackelford（2004）收集了 200 家公司的 ESO 税收优惠数据，估计了一个调整后的应纳税所得额，然后通过在第 7 章讨论的模拟方法估计了每个公司的边际税率。对于纳斯达克上的 100 家公司，他们发现，所估计的平均边际税率从 31% 下降到 5%——该显著下降的幅度与从 ESO 获得巨额的税收优惠公司的中位数一致。但是请注意，这些估计来源于牛市，牛市中的股票价格，以及由此带来的 ESO 值急剧增加。因此，这对于标准普尔 100 指数公司的影响要小得多，反映出这些公司发行的 ESO 较少的事实。

附录 8.3　授予股票期权日期回溯

金融媒体，尤其是《华尔街日报》，对美国公司 ESO 的日期回溯授予日进行了大量报道。[1] 日期回溯是指报告的 ESO 的授予日和执行价格不同于 ESO 实际授予情况。报告的授予日常常在该月股价最低的时候，从而可以降低执行价格。[2] 以较低价格执行 ESO 会增加授予的公允价值（反映了期权预期价值的增长）。虽然日期回溯是不合法的，如果没有做出合适的披露和报账就会和会计规则、证券管理委员会规则以及 IRS 规则相冲突。问题在于大部分公司都未能做出合适的披露。我们在这里重点关注日期回溯对雇员和雇主双方的税收含义。我们会将 ISO 和 NQO 分开讨论。

ISO 日期回溯：如果公司将 ISO 的授予日期回溯使得执行价格（X）低于实际授予日的股票价格（P_g），ISO 授予属于正利区间（$P_g > X$），这违反了 IRS 规则中 ISO 的限定条件。因此，ESO 由于 ISO 待遇的影响不能符合条件，出于税务目的变成 NQO。表 A8-1 和表 A8-2 提供了数据示例。假设实际授予日的股票价格为 10 美元，但是因为期权被回溯到股价为 8 美元的日期，所以期权的执行价格为 8 美元。又假设雇员在股价为 15 美元的含权日执行期权，并持有股票 12 个月后（ISO 待遇的最低条件要求）再以每股 19 美元的价格出售。雇员的个人普通收入税税率为 35%，资本利得税税率为 15%。发行公司的税率为 35%。

如果没有日期回溯，雇员会收到执行价格为 10 美元的 ISO，并在他或她出售股票时为 9 美元的收益支付资本利得税。但是由于有了未被发现的回溯，雇员会收到执行价格为 8 美元的 ISO，为 11 美元的收益支付资本利得税。也就是说，通过回溯相对较高的税单，雇员的收益多了 2 美元。（事实上，IRS 和财政部收到的税金更高！）通过观察和/或合适的报告，ISO 会处理为 NQO，享受第 3 纵行所示的 NQO 税收待遇。雇员在执行日产生了 2.45 美元的税负，公司也会获得等额的节税额税收扣除（因为在例子中 $t_p = t_c$）。雇员在股票出售日支付 4 美元收益的资本利得税，财政部收到的净税负为 0.60 美元［即（2.45 美元－2.45 美元）＋ 0.60 美元］。也就是说，财政部实际从回溯 ISO 的税收待遇收到的税负是很少的一部分。

注意在本例中，回溯会导致雇员工资 IRS 的错误报告（因为 NQO 收益会作为收入课税），也会产生错误的预扣税、错误的（缴款不足的）FICA（医疗保险和社会保险）和 FUTA（联邦失业税法）税负。此外，正如我们讨论的最近实行的税法（409 款 A），还存在罚金和利息。公司在申报扣除时也需要提交修改的报税单（假设回溯可见并在一段时间后会更正）。

---

① 参见"股票积分卡"，网址是 http://online.wsj.com/public/resources/documents/info－optionsscore06-full.html。《华尔街日报》在该网址列出了所有公开回溯 ESO 日期的公司。

② 事实上，Lie（2005）对这种模式做出了鉴定，证监局、司法部、IRS 和上市公司会计监管委员会也对此做出了调查。还有一些学术研究对 ESO 授予日期回溯做出了鉴定，参见 Heron 和 Lie（2007，2009），Narayanan 和 Seyhun（2008），以及 Collins，Gong 和 Li（2009）。

最后，因为发行的股票在实际授予日执行价格低于股票价格（和日期回溯报告相反），ISO发行落在了正利区间，这会在财务报告中产生报酬费用（估测为内在价值）。根据 SFA 123，继续所有的公司都采取了子附注披露 ISO 的公允价值（不同于在损益表中将公允价值确认为报酬费用），这些公司必须将任何授予的 ISO 公允价值确认为报酬费用（因此大部分公司会授予正利期权）。因此为了反映报酬费用，采取回溯的公司必须重新声明它们之前发行的财务报告。

NQO 日期回溯：公司在回溯 NQO 时，其税收影响比回溯 ISO 时更不易察觉。假设之前的情况都一致，除了 ESO 现在是 NQO。表 A8-2 总结了回溯 NQO 的税收影响。

和 ISO 的情况相似，如果 NQO 回溯可见并且会被更正，公司需要重新声明其财务报告，因为它发行的是正利 ESO。

表 A8-1 ISO 回溯的税收影响示例 单位：美元

	（1）无授予日操作	（2）回溯授予日期 未检测到或确认	（3）回溯已检测的授予 和适当的税收待遇
行权价格 X	10	18	8
授予日股票价格 P_e	15	15	15
出售日股票价格 P_s	19	19	19
针对雇员的税收			
行权日的税收	O（行权日计入 AMT 计算获得 5 美元）	O（行权日计入 AMT 计算获得 7 美元）	不符合 ISO，处理为 NQO $(15-8) \times t_p$ $7 \times 0.35 = 2.45$
股票出售日的税收	$(15-10) \times t_{cg}$ $9 \times 0.15 = 1.35$	$(19-8) \times t_{cg}$ $11 \times 0.15 = 1.65$	$(19-15) \times t_{cg}$ $4 \times 0.15 = 0.60$
总税收（忽略现值）	1.35	1.65	3.05
针对公司的税收			
行权日	无扣除	无扣除	扣除 $(15-8) \times t_c$ $7 \times 0.35 = 2.45$
净税收收入	1.35	1.65	0.60

表 A8-2 NQO 回溯的税收影响示例 单位：美元

	（1）无授予日操作	（2）回溯授予日期 未检测到或确认	（3）回溯已检测的授予 和适当的税收待遇
行权价格 X	10	8	8
授予日股票价格 P_e	15	15	15
出售日股票价格 P_s	19	19	19
针对雇员的税收			
行权日的税收	$(15-10) \times t_p$ $5 \times 0.35 = 1.75$	$(15-8) \times t_p$ $7 \times 0.35 = 2.45$	$(15-8) \times t_p$ $7 \times 0.35 = 2.45$
股票出售日的税收	$(19-15) \times t_{cg}$ $4 \times 0.15 = 0.60$	$(19-15) \times t_{cg}$ $4 \times 0.15 = 0.60$	$(19-15) \times t_{cg}$ $4 \times 0.15 = 0.60$
总税收（忽略现值）	2.35	3.05	3.05
针对公司的税收			
行权日	$(15-10) \times t_c$ $5 \times 0.35 = 1.75$	$(15-8) \times t_c$ $7 \times 0.35 = 2.45$	$(15-8) \times t_c$ $7 \times 0.35 = S2.45$
净税收收入	0.60	0.60	0.60

本例中，因为 $t_p = t_c$，无论有无回溯，财政部的税收收入都为 0.6 美元，所以 IRS 和政府对此问题十分关注。如果 NQO 的授予对象是最高管理层（内部人员），那么经理人会（被认为）获得股东的费用，因为经理人获得的是 7 美元收益而不是 5 美元收益。可能是受到 CEO 过高薪资声明和财务报道的影响，国会立即采取了行动并在 2004 年颁布了 409 款 A（属于《美国就业机会创造法案》），该规定对递延报酬计划（包括股票期权计划）做出了管控。根据该规则，除非要满足特定需求，无条件递延报酬计划中的递延报酬需要交纳 20% 的缴款滞纳罚金加上 1% 的 IRS 未足额缴款滞纳金的利息（现在为 9%）。和期权日期回溯一样，在执行价格低于授予日价格（正利或 ESO 贴现）时发行 ESO 对应的是 409 款 A 的税收待遇。这部分适用于 2004 年 12 月 3 日授予的期权、2004 年 10 月 4 日之前授予但赋权日不是 2004 年 12 月 31 日的期权，以及在 2004 年 10 月 3 日后有大调整的期权。因此在之前的 NQO 例子中，第 3 列的雇员所面对的额外税负为 7 美元 $\times 0.20 = 1.40$ 美元加上 9% 的利息（直到支付为止）。许多收到 ESO 日期回溯的雇员没有注意到他们的股票被回溯了（比如那些不在最高管理层的雇员），因此对 409 款 A 产生的罚款和利息很不理解。在 2007 年，如果雇员没有参与回溯，IRS 允许雇主公司代表雇员支付 409 款 A 产生的额外税负。但是要注意的是，支付金额会包括进雇员的工资收入里（作为工资收入应税），受限于 FICA（医疗保险和社会保险）和 FUTA（联邦失业税法）税负。但是，公司所支付的金额不能进行税收扣除（因为这是支付的联邦税负）。

162 款（m）的影响：

向排名前 5 的经理人支付处于正利区间的股票（不管是 ISO 还是 NQO）会和 162 款（m）相冲突。回忆一下，本书前面章节中提到的 162 款（m）会将排名前五的经理人报酬的公司税收扣除限制为 100 万美元。但是该限制有一个例外，即如果报酬是基于绩效的情况。可是，在正利区间授予的 ESO 会作为绩效享受 162 款（m）相应的税收待遇。日期回溯会导致授予正利的 ESO，这种股票是不符合绩效的条件。因此在执行的那一年，雇员确认的收入还是会在 100 万美元的限额内。同样，任何超过 100 万美元的金额公司都无法进行税收扣除（对大部分公司而言高薪管理层

可能会迅速合计付薪）。

一些研究试图证实美国公司期权回溯的情况。研究结果各不相同，但 Lie（2005）认为大约有 2 000 家公司回溯了期权授予日期。我们很难估测出有回溯的公司的税收成本——如果 ISO 进行无条件处理，享受 NQO 的税收待遇，那么公司实际上会获得税收利益；税收成本大于授予高薪内部雇员的 NQO 的成本，因为 162 款（m）可能不会允许收益高于 100 万美元的公司税收扣除，此外 2004 年后 409 款（m）采用了罚金的规则。Bernile 和 Jarrell（2009）研究了 55 家进行回溯的公司重新申报的财务报告。公司在重申中也会重新报告其税金数额。只有 18 家（33%）公司披露了消极税收影响，其增长的税收债务在公司股票市场价值（丑闻发生之前）的 0.3% 至 1.1% 之间。一般公司股票的市场价值的 1% 相当于 7 500 万美元。Bernile 和 Jarrell（2009）也研究了公司首次受到回溯影响时其股票市场的反应。他们发现被指控有回溯行为的公司一般有较大值的、统计上显著的负异常收益，约为 -7%，这说明一般公司 5.25 亿美元的市场价值有下降迹象。-7% 的授予远远超过了他们预计回溯产生的税收成本（约为 -1%）。他们声称这些消极异常收益（也包括调查成本、罚金和预计诉讼费用）数额太大，该支出费用无法用直接实际成本解释。他们认为，股票市场反应很大部分源于巨额代理成本——回溯反映了管理不善的公司中预料之外的管理机会主义。

回溯实施日期：继公司/经理人回溯 ESO 授予日被"发现"之后，最近的研究又揭露了高管将行权日回溯到股价较低的日期的行为。那些计划持有股票少于 12 个月的高管能从这种回溯行为中受益，即让更多收益取得更优惠的资本利得待遇。回溯后在短时间内出售股票没有税收利益。显然这种欺骗性行为能使高管受益，是我们之前研究范例之外的情况。Cicero（2007）以及 Dhaliwal, Erickson 和 Heitzman（2009）提供了回溯实施日期的证据。Dhaliwal 等估测了他们样本的节税额中位数（中间值），他们的样本估计 CEO 实施额为 9.6 万美元（7 000 美元），并总结出如果他们的行为被发现，则这些节税额可能会是内部人员和公司面临的成本。他们怀疑行权日期和期权回溯的可能性正相关。怀疑行权（授予）日期极有可能会发生在当月股票价格最低的

某一天。怀疑行权行为会发生在股票价格下跌之后、在股票价格上涨之前（和经理人在最近股票走势的最低点选择行权日期一致）。

为了应对大量的公司会计丑闻，政府引进了《沙宾法案》（SOX，2002），其许多要求都强化了公司内部人员（董事、高管和10％的股票持有人）所面临的报告要求。在 SOX 之前，公司内部人员执行 ESO 后有 10 天的报告期。SOX 之后，报告期减至 2 天。SOX 之前的报告时滞会给经理人回溯执行日的机会。

Heron 和 Lie（2009）预计在 SOX 之前大约有 25％的计划外期权授予（没有在预先宣布的固定计划内的期权）有回溯行为，而 SOX 实施后只有 10％（不是所有的公司/内部人都受限于 SOX 报告规则）。[①] Dhaliwal 等（2009）也报告了在 SOX 之后怀疑回溯活动有减少的迹象。

附录 8.4　奖励性股票期权和替代性最低税负问题

在计算替代性最低税负时，ISO 执行日的收益是税收优惠项目。[②] 也就是说，该收益（和其他适用项）在会计上计入普通应税收入，如果 AMT 超过了普通税款，纳税人需要缴纳额外的 AMT，但在几年后会收到该 AMT 的抵免。

因此如果在期权行权年纳税人支付的 AMT 为：

$$(P_e - X) t_{amt} \tag{A8.3}$$

期权售出的净税负为[③]：

$$(P_s - X) t_{cg} - (P_e - X) t_{amt} \tag{A8.4}$$

总税负为：

$$(A8.3) + (A8.4) = (P_e - X) t_{amt} + (P_s - X) t_{cg} - (P_e - X) t_{amt}$$
$$= (P_s - X) t_{cg}$$

等于缺少的 AMTI 的税负。但是 AMTI 会加速部分总税负到执行期支付。

AMT 对 ISO 的税收待遇影响数据实例

假设情况如下：$t_p = 30\%$，$t_{amt} = 28\%$，$t_{cg} = 20\%$，雇员有 10 000 份 ISO。

	年份				
	1	2	3	4	5
普通收入	140 000	140 000	140 000	140 000	140 000
普通税负（30％）	42 000	42 000	42 000	42 000	42 000
股票价格	10	15	25	45	50
ISO	授予		行权	出售股票	
普通税负的收益			0	350 000	
AMT 的收益			150 000	200 000	

[①] Heron 和 Lie（2009）研究了 1996—2005 年 7 774 家公司的 40 000 份授予高管的期权。他们估测在该期间大约有 1/3 的公司（大约 2 500 家）进行了 ESO 回溯。

[②] 国会在 1969 年实行的替代性最低税负（AMT）是为了解决高收入纳税人利用扣除和免税而缴纳极少的普通税负的问题。AMTI 是先计算普通应税收入再加回扣除额和其他收入。具体来说，纳税人加回的有：个人或免税额扣除、标准扣除（如果纳税人未分项）或者是加回州级、当地和国外收益资产税收冲销（如果分项了）以及房屋净值贷款（如果贷款没用于房屋改造）。AMTI 也会加回投资费用、雇员业务费用和某些医疗及看牙费用。私人活动市政债券的利息所得（例如，为自主体育馆修建发行的债券等）将计入收入之中，执行 ISO 的利差或收益也会加回。只要计算 AMTI，就会有 AMT 免税额（联合登记人为 62 550 美元，未婚人士为 42 500 美元，但是如果夫妻超过了 15 万、单身超过了 11.25 万美元，AMTI 的每一美元免税额就会减少 25 美分）。结果 AMTI 第一次 17.5 万美元的税率为 26％，超过部分为 28％。关于 ISO 和 AMT 的更多讨论请参见 Lipman（2002）。

[③] 特别需要注意的是，我们在这里是假设行权日的全部收益为 AMT，雇员在出售年份会受到之前支付的 AMT 的抵免。实际中，两个假设都是错误的——所以尽管代数允许一些简化，但使用简化代数时需要特别注意。接下来的数据就能体现出使用简化代数的缺点。

在第 1 年和第 2 年，雇员均支付 4.2 万美元（14 万美元普通收入的税负）。注意我们在这里假设个人普通收入税税率为 30%（也就是说暂时不考虑个人免税情况和个人普通收入税税率表的累进性），如果没有 AMT，那么 ISO 在第 4 年售出时的税负为（45 美元－10 美元）×10 000×0.20＝350 000 美元×0.20＝70 000 美元。

在第 3 年，雇员实施了 ISO。因为它们是 ISO，普通税负仍然是 42 000 美元。可是，AMTI 将 150 000 美元〔（25 美元－10 美元）×10 000〕的 ISO 收益加入了普通应税收入，即总额为 29 万美元。假设 AMT 的税率为 28%，产生了 81 200 美元的 AMT（忽略 AMT 免税额）。因此雇员 8.12 万美元的总税负中，有 4.2 万美元是普通税负，3.92 万美元是替代性最低税负。出于

AMT 的税务目的，股票的调整基础为每股 25 美元，即总共为 25 万美元。

在第 4 年，雇员售出了股票。可通过收入 4.2 万美元加上长期资本利得 350 000 美元〔（45 美元－10 美元）×10 000〕的 20%即 70 000 美元，得出普通总税负为 11.2 万美元。AMTI 将 AMTISO 收益加入，得出普通应税收入为：140 000＋200 000＝340 000（美元）。[①] 28%的 AMT 为 95 200 美元，较普通税款少了 16 800 美元。因此雇员能利用 16 800 美元的 AMT 抵免减少第 4 年的税负，使其从 112 000 美元减至 95 200 美元。因此普通收入的税负是 42 000 美元，总税负为 95 200 美元，所以累计税负为 ISO 减去 AMT 税收抵免，即 53 200 美元。

总结如下（单位：美元）：

	年份				
	1	2	3	4	5
普通收入	140 000	140 000	140 000	140 000	140 000
普通税负（30%）	42 000	42 000	42 000	42 000	42 000
股票价格	10	15	25	45	50
ISO	授予		行权	出售股票	
如果没有 AMT					
收益				350 000	
税负				70 000	
如果有 AMT					
收益			150 000	200 000	
AMT 税负			39 200	53 200	

AMT 制度下的税负为 39 200＋53 200＝92 400（美元），比 ISO 普通资本利得税多了 22 400 美元。为什么？第 4 年的 AMT 计算会让雇员

收到的抵免少于之前支付 AMT 的全部抵免。为什么其收到的不是全部抵免？抵免额度是普通税负和 AMT 税负的差额：

	普通税负 （美元）	AMT （美元）	差额＝AMT 抵免 （美元）
第 4 年			
普通收入	140 000×0.30＝42 000	140 000×0.28＝39 200	
ISO	350 000×0.20＝70 000	200 000×0.28＝56 000	
	112 000	95 200	16 800

在计算 AMT 额时，我们在收益中采用的是

28%的税率，而出于普通税务目的收益的税率会

[①] 另一种计算 AMTI 的方法是普通收入 140 000＋350 000＝490 000（美元），再减去所售股票应用的普通和 AMT 税基的差额。普通税负的税基为 100 000（＝10 000×10）美元，AMT 的税基为 250 000（＝10 000×25）美元。这可以得出 AMTI 为 34 万美元。

是 20%。因此这两种税负的差额（普通税负与 AMT）会小于股票出售年，从而在这种情况下纳税人收到的抵免少于之前执行 ISO 支付的税负。全部抵免为 39 200 美元但是实际抵免为 16 800 美元，差额为 22 400 美元。这些超出的 AMT 税收抵免可以向后结转但是纳税人不可能全额利用它

们。注意，如果资本利得税税率是 15%，那么在第 4 年使用的 AMT 税收抵免则会更少（这个结果让读者自己计算）。

如果纳税人普通收入的边际税率是 40% 会怎样（同之前例子中使用的 30% 相比较）？

	普通税负 （美元）	AMT （美元）
第 3 年		
普通收入	140 000×0.40＝56 000	140 000×0.28＝39 200
ISO	0	150 000×0.28＝42 000
	56 000	81 200

在第 3 年，雇员支付的超额 AMT 为 25 200 美元。为什么这里的 AMT 更小了（因为更高的个人普通收入税税率导致普通税负也更高）？

	普通税负 （美元）	AMT （美元）
第 4 年		
普通收入	140 000×0.40＝56 000	140 000×0.28＝39 200
ISO	350 000×0.20＝70 000	200 000×0.28＝56 000
	126 000	95 200

在第 4 年，普通税负超过了 AMT 30 800 美元，那也超过第 3 年可用的 AMT 抵免（25 200 美元）。因此，雇员可以用全部 AMT 抵免 25 200 美元，减少 100 800 美元的税负。

如果股票在第 4 年雇员出售前下跌会如何？

我们考虑了两种情况：股票价格为 20 美元（低于行权日的股票价格），即 P_e＝25 美元；股票价格为 5 美元，低于期权执行价格（P_g＝X＝10 美元）。我们继续假设以下情况：t_p＝30%，t_{amt}＝28%，t_{cg}＝20%，雇员有 10 000 份 ISO。第 3 年的结果和前面的例子相同，雇员支付的 AMT 为 39 200 美元。

授予日的股票价格为 20 美元：会产生多少税负？纳税人能收到多少 AMT 税收抵免？

	普通税负 （美元）	AMT （美元）
第 4 年		
普通收入	140 000×0.30＝42 000	140 000×0.28＝39 200
ISO	100 000*×0.20＝20 000	(50 000)**×0.28＝(14 000)
	62 000	25 200

说明：* 普通税负的收益＝（20－10）×10 000＝100 000*（美元）。

** AMT 的收益/损失＝（20－25）×10 000＝（50 000)*（美元）（假设所有销售损失都可计入 AMT 扣除）。

AMT 超额普通税负＝62 000－25 200＝36 800（美元），因为 ISO AMT 税收抵免向后结转了，雇员可以申请普通税负的抵免。因此总税负是 62 000－36 800AMT 税收抵免＝25 200（美元）应税收入，其中 AMT 抵免向后结转为 39 600－36 800＝2 800（美元）。

出售日股票价格为 5 美元：会产生多少税负？纳税人能收到多少 AMT 税收抵免？

	普通税负 （美元）	AMT （美元）
第 4 年		
普通收入	140 000×0.30＝42 000	140 000×0.28＝39 200
ISO	(3 000)* ×0.20＝(600)	(200 000)** ×0.28＝(56 000)
	41 400	(16 800)

说明：* 普通税负的收益/损失＝(5－10)×10 000＝(50 000)（美元）；但是，资本损失只能用于抵消资本收益加上每年超出的 3 000。

** AMT 的收益/损失＝(5－25)×10 000＝(200 000)（美元），再次假设全部销售损失可以从 AMTI 扣除。

AMT 超额普通税负＝41 400－(16 800)＝58 200（美元）。ISO 的 AMT 税收抵免向后结转为 39 200 美元，少于这个阶段的超额部分，所以纳税人能利用全部抵免，结果总税负为 41 400－39 600＝1 800（美元）。

纳税年度之前行权后股价下跌的税收筹划

现在我们来考虑行权年股票价格跌到行权日股票价格的情况——此时 $P_e＝25$（美元）。纳税人应该继续持有股票支付 AMT 吗？还是纳税人应该售出股票（无条件处理）并把 ESO 当作 NQO 来纳税？

假设股票价格降到了 20 美元：

	支付 ATM	早期出售 $t_p＝0.30$ 时， 无条件处理	早期出售 $t_p＝0.40$ 时， 无条件处理
工资（美元）	140 000×0.28＝39 200	140 000×0.30＝42 000	140 000×0.40＝56 000
ESO（美元）	150 000×0.28＝42 000	100 000* ×0.30＝30 000	100 000* ×0.40＝40 000
	81 200	72 000	96 000
		因此无条件处理	因此不无条件处理

说明：* 如果无条件处理 ESO 收益＝(20－10)×10 000＝100 000（美元）。

假设股票价格降到了 15 美元：

早期出售 $t_p＝0.40$ 时， 无条件处理		支付 ATM	早期出售 $t_p＝0.30$ 时， 无条件处理
工资（美元）	140 000×0.28＝39 200	140 000×0.30＝42 000	140 000×0.40＝56 000
ESO（美元）	150 000×0.28＝42 000	50 000* ×0.30＝15 000	50 000* ×0.40＝20 000
	81 200	57 000	76 000
		因此无条件处理	因此无条件处理

说明：* 如果无条件处理 ESO 收益＝(15－10)×10 000＝50 000（美元）。

在 21 世纪早期实施了 ISO，许多雇员不能利用 AMT 税收抵免。在 2005 年 12 月，国会发行公文允许有未完成 AMT 税收抵免的雇员在 3 年以上的时间里申请 5 000 美元，即 20％的抵免。该抵免抵消了普通税负，甚至还能申请退税。高薪纳税人的抵免是分阶段的（已婚纳税人超过 23.46 万美元的收入会产生 2％的扣除）。

1. 为什么表 8-1 中的报酬备选方案并不一定按照雇员的期望从最高到最低排序?

2. 为什么在雇员税率随着时间的推移而下降的情况下,工资报酬可能比递延报酬更受青睐呢?用 1986 年税收改革法案中引入的税率变化来说明你的答案。高报酬和低报酬的雇员是否都更喜欢工资报酬方案?

3. 在确定当前工资合同和递延支付报酬合同的税收优势时,为什么要设置合同条款,使合同一方选择这两种合同无差,使雇员或雇主对两种合同选择无差,这与确定合约的税收优势有关系吗?

4. 随着 1986 年税收改革法案中边际税率的变化,1986 年,斯坦福大学等免税机构为雇员制定了递延支付报酬安排,这会对免税机构产生不利吗?为什么这些机构当时没有设立这些项目?

5. 雇主提供的人寿及健康保险等附带福利的税收利益是什么?与这个项目相关的非税成本是多少?为什么有些雇员更喜欢工资而不是保险项目?

6. 雇主什么时候才能有效地报销雇员的商务用餐和娱乐费用?对杂项扣除的 2% 限制如何影响决策?哪些非税因素可能影响决策?

7. 什么时候可自由支配的红利计划具有吸引力?什么激励措施可能会诱使雇主放弃红利计划?是什么因素阻止雇主反悔?

8. 以下陈述哪些正确,哪些错误?

a. 股票增值权的预期收益总是超过基础股票的预期收益。

b. 小型创业公司之所以倾向于给予雇员股票增值权,是因为用股票增值权和股票期权支付雇员报酬的财务报告存在差异。

c. 出于税收目的,无条件股票期权比激励股票期权更可取。

d. 1986 年税收改革法案使得激励性股票期权的吸引力降低。

9. 在推导式 (8.12) 中比较 ISO 和 NQO 时,如何处理执行 ISO 后的股价变化?

10. 如果一名雇员在预期的税率上调之前就开始执行 NQO,那么雇主可能会获得哪些成本或收益?

11. 雇员是否意识到在预期的税率上调前执行 ISO 有什么好处?

12. 通用汽车公司(General Motors Corporation)在 1994 年致股东的委托书中写道:"薪酬可抵扣政策……该委员会认为,该规定是对上市公司股东的歧视……"为什么通用汽车的薪酬委员会会持有这种看法?

13. 通用汽车公司(General Motors Corporation)在其 1997 年致股东的委托书中表示:"在切实可行的范围内,并符合公司高管薪酬理念的情况下,委员会打算遵守《美国国内收入法典》(Internal Revenue Code) 162 款 (m)(以及根据该款颁布的任何法规),以保持绩效薪酬在每一纳税年度超过 100 万美元的情况下,可给予每名被任命的高管……扣除。"如果遵守 162 款 (m) 条的规定与薪酬理念相冲突,或被认为不符合股东的最佳利益,则委员会将遵守薪酬理念,无论此类行为的税务影响如何。"为什么不遵守 162 款对股东的最大利益"?因为通过对获得报酬的税收扣除,公司就会节省税收,从而增加现金流。

14. 以下是思科系统公司 2000 年和 2002 年年报的摘录。用你自己的话描述 ESO 在 2000 年到 2002 年期间对思科系统公司税收的影响。

2002 年 7 月年度报告节选

在 2000 年 7 月 29 日,由于未来股票实施预期的不确定性,公司对其递延税项资产进行估价备抵。从 2001 年 7 月 28 日起,公司根据持有者的股票抵免情况,认为在可预见的未来不是所有递延税项资产都会被确认,于是决定取消估价备抵。

由于雇员股票期权处理的税收利益,公司联邦税、州税和外国税收减少,递延税项资产增加。这些收益可以直接对持有者的股票进行抵免,2002、2001 和 2000 财政年度的抵免额分别为 6 100 万美元、18 亿美元和 31 亿美元。2002、2001 和 2000 财政年度减少应付税金所得的利益

税收与企业经营战略:筹划方法(第五版)

分别为 6 100 万美元、14 亿美元和 25 亿美元。2001 和 2000 财政年度的总递延税项资产增长所得利益分别为 3.58 亿美元和 5.82 亿美元。

2000 年 7 月年度报告节选

由于雇员股票期权处理的税收利益，公司联邦税、州税和外国税收减少，递延税项资产增加。公司收到的所得税利益可以通过行权日股票的市场公允价值和期权价格的差额得出，税收产生了影响。这些收益可以直接对持有者的股票进行抵免，2000、1999 和 1998 财政年度的抵免额分别为 30.8 亿美元、8.37 亿美元和 4.22 亿美元。2000、1999 和 1998 财政年度的减少应付税金所得的利益分别为 24.9 亿美元、8.37 亿美元和 4.22 亿美元。2000 财政年度总递延税项资产增长所得利益为 5.82 亿美元。

由于未来股票实施预期的不确定性，公司对其递延税项资产进行估价备抵。在 2000 年 7 月 29 日，由于某些税收抵免和经营业务损失向后结转导致雇员执行了期权，递延税项资产约计为 9.63 亿美元。一经确认，这些抵免的税收利益和损失都会作为持有者的股票抵免而不是作为所得税项目的扣除计入会计账目中。

练习题

1. 你的雇主正在考虑现在支付给你 100 万美元的现金红利，还是等 5 年后递延支付。下面是基本情况：

- 你的当期税率是 50%；
- 你 5 年后的税率是 35%；
- 你的雇主的当期税率是 30%；
- 你的雇主 5 年后的税率是 40%；
- 你和你的雇主的税后折现率都是 7%。

a. 你的雇主愿意支付的最高递延报酬（从现在起 5 年后收取）是多少？

b. 你能接受的最低递延报酬（从现在起 5 年后收取）是多少？

你能和你的雇主一起签订一份互惠互利的递延报酬合同吗？如果能，描述一下该合同（金额）。

2. 假设你 9 年后退休。在你的一生中，你将面临 31% 的税率和 8% 的税后投资收益率。你公司的养老金计划获得 12% 的收益，而公司自己的项目也可获得 10% 的税后收益。该公司目前面临 34% 的税率，9 年后将面临 40% 的税率。

a. 公司在 9 年后需要支付多少递延报酬（D^*），才能让你对在未来的报酬和现在的 100 美元之间选择无差异？

b. 公司需要对你的养老金计划（P^*）缴款多少，才能让你对在 9 年后的养老金和现在的 100 美元之间的选择无差异？

c. 以 10% 的贴现率计算，每种形式的报酬（当期报酬 100 美元，递延报酬 D^*，养老金计划缴款 P^*）对公司的税后成本现值是多少？

本习题由达特茅斯学院的 Richard Sansing 撰写。

3. 根据现行法律，雇主支付的健康保险费可由雇主税前扣除，而雇员无须纳税。假设只有第一个 1 000 美元的保险费不用纳税。如果一名雇员属于 15% 的纳税等级，他的雇主要付给他多少现金，才能让他对在现金和 3 000 美元的医疗保险费之间的选择无差异？假设由于医疗费用远低于调整后总收入的 7.5%，雇员不能扣除自己支付的任何健康保险费。如果他的纳税等级是 31% 结果又如何呢？

4. 假设你是 Toys4u. com 的一名雇员，在一年中花了 8 000 美元与公司有关的餐饮和娱乐费用（M&E）。公司正在评估是直接报销还是支付额外工资，并要求你在个人纳税申报单上申报 M&E 支出。

a. 假设 Toys4u. com 的边际税率是 35%，那么什么样的工资才会与公司对你的 8 000 美元的报酬无差异呢？

b. 假设 Toys4u. com 愿意给你 8 000 美元的报销金额和 X 美元工资，X 由 a 部分解决，如果你的边际税率是 28%，你会选择哪一个？

c. 如果你的边际税率是 39.6%，你对 b 部分的答案会改变吗？

5. 假设你是 Pactruck 公司的一名雇员，刚刚收到了 10 000 股限制性股票，授予期限为 4 年。你目前和预期的个人普通收入税税率为 35%，资本利得税税率是 15%。该股票当前成交价格是 15 美元，你预计未来 4 年它将以每年 20% 的速度升值。你面临的税后借款利率为 7%。你打算在获得股票授权时立即转让。你是应该在当时简单地持有限制性股票并出售，还是根据税法 83 款（b）做选择？作为 83 款（b）的选择方案，你考虑将原本为 83 款（b）的支付税收的资金用来购买额外的股票。评估该项选择。

讨论与 83 款（b）的选择有关的任何非税成本，以及可供选择的借贷和购买额外股票策略。如果股票价格以每年 15% 的速度上涨，事后的结果是什么？每年上涨 10%，结果是什么？如果股价不升值，结果是什么？每年下降 5%，结果又是什么？

6. 假设情况和练习题 5 的一致。但是你预期 3 年后个人普通收入税税率会下降到 20%。你如何回答练习题 5 的变化？你会做出 83 款（b）的选择吗？评价一下借入并购买额外股票的策略。

7. 情况仍然和练习题 5 相同，但是你预期 4 年后个人普通收入税税率会上升至 50%。你如何回答练习题 5 的变化？你会做出 83 款（b）的选择吗？评价一下借入并购买额外股票的策略。

8. 假设你受雇于微软公司。在第 1 年，你获得无条件雇员股票期权（NQO），以 40 美元的实施价收购了 1 万股微软公司股票。当日，该股票的交易价格为每股 35 美元。第 2 年，当股票价格为每股 48 美元时，你行使期权。第 3 年，你以每股 50 美元的价格出售了股票。

a. 由于这些交易，你在第 1、2 和 3 年中有多少收入？收入性质（普通收入或资本利得）是什么？

b. MS 的税收扣除是多少？什么时候可以扣除？

c. MS 每一阶段的报酬费用是多少？

d. 如果期权是激励性股票期权，你对问题 a、b 和 c 的回答会如何变化？

本习题由达特茅斯学院的 Richard Sansing 编写。

9. Wahoo, Inc. 是一家高科技互联网公司。该公司正考虑是否向雇员发放 NQO 或 ISO。每个雇员将会受到 10 份股权激励。就这个问题而言，假设期权在 3 年内行使，标的股票在 5 年内出售。以下是基本情况：

- 公司税税率＝35%；
- 个人（雇员）普通收入税税率＝40%；
- 个人（雇员）资本利得税税率＝28%；
- 个人（雇员）税后折扣率＝5%；
- 期权的执行价格＝5 美元；
- Wahoo 股票在授予日的市场价格＝4 美元；
- Wahoo 股票在行使期权时的市价＝30 美元；
- Wahoo 的市场价为 40 美元。

a. 考虑到这些事实，Wahoo, Inc. 更喜欢哪种期权计划？

b. Wahoo 的雇员更喜欢哪种期权计划？

c. 应该采用哪种期权计划？为什么？

d. 假设你知道个人资本利得税税率将在 4 年内从目前的 28% 降至 20%，那么应该采用哪种期权计划？为什么？

10. 1992 年 12 月，沃尔特·迪士尼（Walt Disney）公司的 Michael Eisner 和 Frank Wells（已故）行使了大量股票期权。相关事实总结如下：

	授予期权	执行前	1992 年 11 月 30 日执行***	授予日	到期日	执行价格（美元/股）
Eisner	8.16m	3.16m	5.00m*	1984	1994	3.59
	6.00m			1989	1999	17.14
	2.00m			1989	1999	19.64
Wells	7.36m	5.72m	1.64m**	1984	1994	3.59
	2.25m			1989	1999	17.14
	0.75m			1989	1999	19.64

说明：* 按此价格购买的股票中的 345 万股立即出售。

** 购买的所有股票立即出售。

*** Goldman Sachs 按每股 40 美元出售这些股票。

● 1984 年，Eisner 成为沃尔特·迪士尼公司的董事长，而 Wells 则成为沃尔特·迪士尼公司总裁。1992 年后期，他们执行了最初于 1984 年授予的在股票价格为每股 40 美元时的期权，Eisner 和 Wells 在 1992 年面临的最高边际税率都为 31%。假设两人的工资都超过 100 万美元。

● 1992 年年底，克林顿的税收法案很有可能获得通过。如果该法案能通过，将在 1993 年开始生效，那样个人的最高税率将上升至 39.6%，企业的利率将上升至 35%，高层管理人员报酬超过 100 万美元的部分将不允许税前扣除。

a. 不考虑现值因素，Eisner 和 Wells 在 1992 年通过执行其期权，而不是等到 1993 年或 1994 年才执行，这样总共可以节省多少税收？

b. Eisner 执行了 500 万份期权，并立即卖出了 345 万股股票。这两笔交易的现金流对 Eisner 的影响和税收结果是什么？

c. Eisner 对《华尔街日报》说，他在 1992 年不得不行使选择权，以避免迪士尼承担巨额的额外税收责任。考虑该项声明：早期实施期权为迪士尼股东节省了大约 9 000 万美元的企业所得税。假定该公司不能扣除 1993 年支付的 100 万美元以上的任何报酬。

d. 使用实际的法律规定再计算 c 部分的答案，对这个问题有两个相关的规定。第一，100 万美元的免税额直到 1994 年才生效。第二，过渡性规定将保留这些选项，并使费用完全可扣除。

e. 如果提前执行期权对沃尔特·迪士尼公司来说是一笔好买卖，为什么 Eisner 和 Wells 不在 1984 年刚被授予期权时就执行他们的所有期权？

本习题由达特茅斯学院的 Richard Sansing 编写。

税收筹划的问题

1. 2013 年年末，你在阿拉斯加一家大型石油公司工作，是一位成功的石油高管。明天上午，你将有机会与雇主协商，以你 2013 年 75 000 美元的报酬换取 5 年后才获得的一定数额的递延报酬。如果 2013 年报酬没有被递延支付，你将在 2013 年 12 月 31 日获得这笔年终奖金。你和你的雇主都可以获得 12% 的税前收益率。你的雇主的联邦和州综合所得税税率为 40%，预计在 5 年内保持不变。因为阿拉斯加没有个人所得税，所以你 2013 年获得的收入只需要缴纳 39.6% 的联邦税。然而，你将在明年年初被调到纽约，在那里你将被培养成为公司的高级职员。你预期联邦、州和城市的综合所得税税率在 2014 年为 50%，并在 5 年内保持这个水平。

a. 你的雇主愿意支付的最高递延报酬是多少？

b. 你能接受的最低递延报酬是多少？

c. 你能和你的雇主一起签订一份互惠互利的递延报酬合同吗？

现在假设你嫁给了一个超能力者。当你正在为明天的会议做准备的时候，你的伴侣告诉你，她有一个清晰的意象：5 年后你在佛罗里达海湾沿岸的酒吧一边喝着啤酒，一边阅读深海捕鱼周刊，要求酒保给你提供只有退休人员才可以享受的美国退休人士折扣（因为你还不到退休年龄，所以你不会得到这个折扣）。

d. 你的配偶将这一现象解释为：5 年后（2018 年），你将辞掉你的工作，从精神上得到解脱，搬到佛罗里达，在那里你将成为一艘小型租船的船长，当你的递延报酬在 2018 年收到时，你将以 31% 的税率缴纳联邦所得税。注意：你的配偶以前从来没有错过。在这种情况下，你能接受的最低递延报酬金额是多少？

e. 在这种新情况下，你能和你的雇主一起签订一份互惠互利的递延报酬合同吗？

2. 假设国会预计明年将把 RealNet. com 公司的税率从 35% 提高到 45%。该公司计划在当前阶段向 CEO 支付 100 万美元的薪酬。CEO 的税率是 40%。CEO 也有权获得由薪酬委员会决定的奖金。作为薪酬委员会的顾问，比较和对比以下的税务筹划策略。

a. 什么都不做。

b. 将薪酬（30 万美元）的大部分从本期推迟到下一期。

C. 将奖金从当前推迟到下一期。

3. 假设你是惠普公司的雇员。你面临的个人普通收入边际税率是 50%，资本利得税税率是 20%。你的资本税后机会成本是每年 7%。你持有 100 份雇员股票期权，每份期权的执行价格是 20 美元，而当前的股价是 35 美元。

a. 假设你持有的期权是激励股票期权。鉴于你打算在行使期权后持有该股票 10 年，你应缴纳的所有税款的现值是多少？假设惠普公司的边际税率是 10%，那么惠普公司可能获得的所有税收减免的现值是多少？

b. 重复 a 部分，但现在假设期权是不合格的股票期权。现将事实改变如下，比较和总结你的结果。

现在假设税法发生了变化，惠普公司的边际税率为 34%，普通收入和资本利得的税率为 28%。

c. 重复 a 部分，假设这 100 份期权是 ISO。

d. 重复 c 部分，假设这 100 份期权是 NQO。

总结并比较 c 和 d 部分的结果。你是否注意到雇员和惠普公司有何税务规划的机会？

4. 假设你是 Drugstore. Com 网站的高级雇员。你目前持有 50 000 份 NQO，每份 NQO 执行价格为 20 美元。可在 1 个月后行权。你目前和预期的未来个人普通收入税率是 39.6%，资本利得税税率为 20%。该股票目前的交易价格为 35 美元，你预计在剩余的 7 年期权期限内，该股票将以每年 20% 的速度升值，你的税后折现率为 10%。你是应该立即执行 NQO，并持有股票，还是在执行之前持有期权直至到期？如果你持有 ISO 而不是 NQO，你的答案会改变吗？

5. 假设你持有两组期权，都是 NQO。由于你很快将升职，你预计自己的税率将从目前的 31% 提高到 39.6%。目前的股价是 70 美元。第一组期权接近到期，执行价格为 25 美元，按布莱克-斯科尔斯估计期权价值为 48 美元。第二组期权的期限为 5 年，执行价格为 50 美元，估计期权价值为 30 美元。在你升职之前，你应做出哪一种选择？

参考文献

Aboody, D., and R. Kasznik, 2008. "Executive Stock-Based Compensation and Firm's Cash Payout: The Role of Shareholders' Tax-Related Payout Preferences," *Review of Accounting Studies* (September), pp. 216–251.

Alexander, R., M. Hirschey, and S. Scholz, 2007. "Backdating Employee Stock Options: Tax Implications," *The CPA Journal* (http://www.nysscpa.org/cpajournal/2007/1007/infocus/p24.htm).

Austin, J., J. Gaver, and K. Gaver, 1998. "The Choice of Incentive Stock Options vs. Nonqualified Options: A Marginal Tax Rate Perspective," *Journal of the American Taxation Association* (Fall), pp. 1–21.

Balsam, S., R. Halperin, and H. Mozes, 1997. "Tax Costs and Nontax Benefits: The Case of Incentive Stock Options," *Journal of the American Taxation Association* (Fall), pp. 19–37.

Balsam, S., and D. Ryan, 1996. "Response to Tax Law Changes Involving the Deductibility of Executive Compensation: A Model Explaining Corporate Behavior," *Journal of the American Taxation Association* (Supplement), pp. 1–12.

Bernile, G., and G. Jarrell, 2009. "The Impact of the Options Backdating Scandal on Shareholders," Working Paper, *Journal of Accounting and Economics* (47, 1–2), pp. 2–26.

Cheng, Q., and T. Warfield, 2005. "Equity Incentives and Earnings Management," *The Accounting Review* (April), pp. 441–476.

Cicero, D., 2007. "Strategic Timing and Backdating of Executive Stock Option Exercises: Before and After the Sarbanes-Oxley Act," Working Paper, SEC and University of Georgia.

Coles J., N. Daniel, and L. Naveen, 2006. "Managerial Incentives and Risk Taking," *Journal of Financial Economics* (79), pp. 431–468.

Collins, D., G. Gong, and H. Li, 2009. "Corporate Governance and Backdating of Executive Stock Options," *Contemporary Accounting Research* (Summer), pp. 403–445.

Desai, M., 2002. "The Corporate Profit Base, Tax Sheltering Activity, and the Changing Nature of Employee Compensation," Working Paper 8866. Cambridge, MA: NBER.

Dhaliwal D., M. Erickson, and S. Heitzman, 2009. "Taxes and the Backdating of Stock Option Exercise Dates," *Journal of Accounting and Economics* (47), pp. 27–49.

Erickson, M., M. Hanlon, and E. Maydew, 2006. "Is There a Link between Executive Equity Holdings and Accounting Fraud?" *Journal of Accounting Research* (March), pp. 113–143.

Graham, J., M. Lang, and D. Shackelford, 2004. "Employee Stock Options, Corporate Taxes and Debt Policy," *Journal of*

Finance (August), pp. 1585–1618.

Guay, W., 1999. "An Empirical Analysis of the Convexity between Stock Price and CEO's Wealth," *Journal of Financial Economics* (53), pp. 43–71.

Hanlon, M., S. Rajgopal, and T. Shevlin, 2003. "Are Executive Stock Options Associated with Future Earnings?" *Journal of Accounting and Economics* (36), pp. 3–43.

Hanlon, M., and T. Shevlin, 2002. "Accounting for Tax Benefits of Employee Stock Options and Implications for Research," *Accounting Horizons* (March), pp. 1–16.

Hemmer, T., S. Matsunaga, and T. Shevlin, 1996. "The Influence of Risk Diversification on the Early Exercise of Employee Stock Options by Executive Officers," *Journal of Accounting and Economics* (February), pp. 45–68.

Heron, R., and E. Lie, 2007. "Does Backdating Explain the Stock Price Pattern around Executive Stock Option Grants?" *Journal of Financial Economics* (83), pp. 271–295.

Heron, R., and E. Lie, 2009. "What Fraction of Stock Option Grants to Top Executives Have Been Backdated or Manipulated?" *Management Science* (55), pp. 513–525.

Hite, G., and M. Long, 1982. "Taxes and Executive Stock Options," *Journal of Accounting and Economics* (4), pp. 3–14.

Huddart, S., 1994. "Employee Stock Options," *Journal of Accounting and Economics* (September), pp. 207–231.

Huddart, S., 1998. "Tax Planning and the Exercise of Employee Stock Options," *Contemporary Accounting Research* (Summer), pp. 203–216.

Huddart, S., and M. Lang, 1996. "Employee Stock Option Exercises: An Empirical Analysis," *Journal of Accounting and Economics* (July), pp. 157–172.

Huston, G. R., 2007. "Can Compensation Policies and Director Independence Alleviate Agency Conflicts Associated with Shareholder Demands for Dividends?" Working Paper, Texas A&M University (February).

Ittner, C., R. Lambert, and D. Larcker, 2003. "The Structure and Performance Consequences of Equity Grants to Employees of New Economy Firms," *Journal of Accounting and Economics* (34), pp. 89–127.

Jaquette, S., M. Knittel, and M. Russo, 2003. "Recent Trends in Stock Options," U.S. Department of the Treasury, Office of Tax Analysts Working Paper 89 (March).

Jensen, M., and W. Meckling, 1976. "Theory of the Firm: Managerial Behavior, Agency Costs and Ownership Structure," *Journal of Financial Economics* (3), pp. 305–360.

Johnson, M., S. Nabar, and S. Porter, 1999. "Determinants of Corporate Response to Section 162(m)." Working Paper, Ann Arbor, MI: University of Michigan.

Lie, E., 2005. "On the Timing of CEO Stock Option Awards,"

Management Science (51), pp. 802–812.

Lipman, F., 2002. "Incentive Stock Options and the Alternative Minimum Tax: The Worst of Times," *Harvard Journal on Legislation* (39), pp. 337–373.

Madeo, S., and T. Omer, 1994. "The Effect of Taxes on Switching Stock Option Plans: Evidence from the Tax Reform Act of 1969," *Journal of the American Taxation Association* (Fall), pp. 24–42.

Manzon, G., and G. Plesko, 2002. "The Relation between Financial and Tax Reporting Measures of Income," *Tax Law Review* (55), pp. 175–214.

Matsunaga, S., 1995. "The Effects of Financial Reporting Costs on the Use of Employee Stock Options," *The Accounting Review* (January), pp. 1–26.

Matsunaga, S., T. Shevlin, and D. Shores, 1992. "Disqualifying Dispositions of Incentive Stock Options: Tax Benefits versus Financial Reporting Costs," *Journal of Accounting Research* (Supplement), pp. 37–76.

McDonald, R. 2003. "Is it Optimal to Accelerate the Payment of Income Tax on Share-Based Compensation?" Working Paper, Evanston, IL: Northwestern University.

McGill, G., and E. Outslay, 2002. "Did Enron Pay Taxes? Using Accounting Information to Decipher Tax Status," *Tax Notes* (August 19).

Narayanan, M., and N. Seyhun, 2008. "The Dating Game: Do Managers Designate Option Grant Dates to Increase Their Compensation?" *Review of Financial Studies* (21), pp. 1907–1945.

Nichols, N., and L. Betancourt, 2006. "Options and the Deferred Tax Bite," *Journal of Accountancy* (March) (http://www.aicpa.org/PUBS/JOFA/mar2006/Nichols/htm).

Pippin, S., J. Wong, and R. Mason, 2007. "The Federal Tax Implications of Redating Stock Option Grant Dates and Exercise Dates," *Journal of Legal Tax Research* (December), pp. 79–98.

Rajgopal, S., and T. Shevlin, 2002. "Empirical Evidence on the Relation between Stock Option Compensation and Risk Taking," *Journal of Accounting and Economics* (33), pp. 145–171.

Smith, C., and R. Watts, 1992. "The Investment Opportunity Set and Corporate Financing, Dividend, and Compensation Policies," *Journal of Financial Economics* (7), pp. 117–161.

Stumpff, A., 2007. "Deferred Compensation and the Policy Limitations of the Nuclear Option," *Tax Notes* (November 5).

Wei, C., and D. Yermack, 2011. "Deferred Compensation, Risk, and Company Value: Investor Reactions to CEO Incentives," *Review of Financial Studies* (24), pp. 3813–3840.

Weiner, J., 2007. "Taxing Stock Options Is an Option," *Tax Notes* (April 2), pp. 53–71.

第 8 章

报
酬
筹
划

养老金和退休筹划

阅读完本章，你应能：

1. 解释固定缴款养老金计划和固定收益养老金计划之间的区别。
2. 分析并比较当期工资、养老金计划和递延报酬的税后收益。
3. 解释并举例说明 Black-Tepper 税收套利养老金策略。
4. 解释为何会向固定收益养老金计划超额缴款。
5. 比较资助退休人员健康医疗保健费用的各种策略。
6. 列出雇员股权计划的各种好处。

为了鼓励人们退休储蓄，许多国家对养老金给予税收优惠待遇，养老金计划已经成为雇主和雇员报酬计划中极为重要的组成部分。

有关各种储蓄工具，我们在第 3 章中强调了以下几点：

（1）对养老金计划的各种缴款在规定的限额内可进行税收扣除。

（2）养老金投资收益免税。

（3）雇员递延缴税，直到他们从养老金计划中收到款项时才缴纳。

这三种情况适用于所有养老金储蓄账户，但是也有例外：罗斯个人退休账户（IRA）和罗斯 401(k)。正如第 3 章所讨论的，向该账户缴款的款项不能进行税前扣除；也就是说，税收收入需要向该计划缴款，但是从该计划提款时是免税的。

在本章，我们讨论公司养老基金的税收优势，并强调它们的非税成本和利益。首先，我们讨论不同类型的养老金计划，接着将其和工资、递延报酬计划进行比较。进而讨论养老金计划的投资策略（如股票与债券）和出资策略（向养老金计划投入多少资金）。在本章的最后两部分中，我们讨论退休后的健康福利计划和雇员股权计划。

9.1 养老金计划的类型

公司养老金计划主要有两大类别：固定缴款养老金计划和固定收益养老金计划。在固定缴款养老金计划中，雇主和雇员在大多数情况下会向养老金账户缴款，该账户积累的养老金代表着雇员的利益。顾名思义，一项固定缴款养老金计划规定了向该计划缴纳的金额。公司固定缴款计划的例子包括利润分享计划、现金购买计划、401(k) 计划、雇员股权计划和储蓄计划。例如，在利润分享计划中，如果利润超过了预先指定的水平，则雇主需要向该计划缴纳雇员工资固定比例的款项；如果利润低于该指定水平，则雇主可减少支付固定比例的款项。2011 年，雇主公司平均为该计划支付了参与者报酬的 4.1%。参与利润共享计划的公司往往提供最慷慨的捐助，平均缴纳的比例占工资的 8.5%。而参与 401(k) 计划的公司向该计划缴纳的比例为工资的 2.5%，组合计划的支付比例为工资的 4.4%。该计划条款有相应匹配条件，2011 年匹配率为 95.5%，高于 2010 年 91.0% 的匹配率。计算公司的缴纳款项需要借助许多公式。根据 27% 的雇主报告，最常见的匹配模式是 1 美元对应 1 美元，最高可达工资的一定比例（通常为 6%）。在所有的计划中，有 23% 的计划在工资的特定百分比（最常见的是 6%）内，匹配模式是每 1 美元对应 0.5 美元。

雇员的最终养老金福利取决于向计划缴纳的款项数额以及投资收益。雇主不能保证雇员养老金收益最终能达到多少。就这方面而言，公司固定缴款计划和个人退休账户（IRA）有点类似，只是前者的缴款限额要高得多。例如，在 2013 年，个人累计向 IRA 缴纳的税前款项累计达 5 500 美元，还是少于雇员的 100% 最低缴款额（雇主和雇员都要支付），而固定缴款养老金计划更是高达 51 000 美元。在固定收益养老金计划（本章稍后会讨论）中，当计划资产高于计划负债时，即存在超额缴款时，就会有缴款限制。

在固定缴款养老金计划下，雇主将所缴款项存入雇员的账户中。由于由雇员承担投资风险，因此通常允许雇员从各种投资工具中选择可以投资于养老金账户的资金，如债券基金、股票基金，以及保险公司保证年金，该投资工具承诺在雇员退休后每年支付确定的金额。[①] 雇主在计算企业应纳税所得额时扣除其缴款以及职工的缴款，减少应纳所得税的工资金额；也就是说，缴款来自税前工资（但缴款的数额取决于社会保障和医疗保险税的预扣额），且该账户内的资产收益递延至雇员提取时缴税。雇员在退休时从账户中提取的款项按普通收入纳税。按税收法规要求，雇员如果退休了，应在年满 70.5 岁后的第一个 4 月 1 日开始提取退休金。虽然提取金额可以雇员和一个受益人的寿命期内应付的联合年金（joint annuity）为基础计算，但提取金额不能少于当时同样本金的固定人寿年金的可用金额。除死亡或伤残之外，雇员在 59.5 岁之前（提前退休人士在 55 岁之前）提款，一般须缴付 10% 的消费税。

固定收益公司养老金计划向雇员承诺退休后可享有的固定收益，通常以工资和/或服务年限为基础，并常以年金的形式支付。固定收益计划可以是平均收益计划，也可以是与薪酬有关的计划。[②] 平均收益计划通常提供给工会雇员，规定雇员每年以服务年限为基

---

① 一些公司把自己的股份也纳入 401(k) 养老金计划，这无疑加大了雇员工资的风险性。因为他或她的财产开始和公司发展息息相关。如果公司经营不善，员工不仅会失业，他或她所在公司的 401(k) 投资也会损失惨重。参见 2002 年 1 月 7 日《财富》104 页的《如果 401(k) 投资失败了》一文，其中安然公司对员工的养老资产损失进行了讨论。

② 第三种固定福利养老金计划是现金余额计划。在典型的现金余额计划中，福利多少按照账户余额来确定。然而，雇主有责任保证账户余额达到承诺水平。每年的计划参与者的账户贷记为"贷方存款"，例如报酬金额的 5% 和"贷款利息"，既可以是固定利率，也可以是与某种利率挂钩的变动利率。计划投资价值的波动不直接影响跟参与者承诺的现金福利。因此，资产的投资风险由雇主承担。这些计划的进一步讨论，可参见关于现金余额养老金计划常见问题的网站 http://www.dol.gov/ebsa/faqs/faq_consumer_cashbalanceplans.html，也可参见 A. Arcady and F. Mellors, "Cash Balance Conversions: Assessing the Accounting and Business Implications," *Journal of Accountancy* (February 2000), pp. 22-28，以及 E. McCarthy, "Staying Off the Cover of Time," *Journal of Accountancy* (February 2000), pp. 31-34。McCarthy 讨论了 IBM 公司准备从传统固定福利计划转换到现金余额计划的意向。参见 2003 年 8 月 25 日《华尔街日报》A10 的《那不是你父亲的养老金》一文及美国劳工局在网站 http://www.dol.gov/ebsa/FAQs/faq_compliance_cashbalanceplans.html 上的常见疑问解答。

础可获固定的款额，例如每月 20 美元，服务年限不得超过 25 年。与薪酬有关的计划通常提供的福利是雇员工资的一个百分比。例如，一个与薪酬相关的计划可能会为雇员提供每年 2% 的年金，这是雇员在过去 5 年工作期间平均工资的 2%。如果该雇员在离职前 15 年的平均工资为 12 万美元，那么其可以在 65 岁时，也就是公司的正常退休年龄，领取每年 3.6 万美元的养老金，即 $15 \times 0.02 \times 12$ 万美元。为了兑现这些承诺，雇主们会向一个养老信托基金缴款。与固定缴款计划不同，只要基金拥有足够的资产来支持这些承诺，雇员就不必担心养老基金资产的投资业绩。

在固定收益计划中对雇员的承诺比在固定缴款计划中更难评估。每年，精算师都要为固定收益计划的目标退休年金确定所需的缴款。他们估计折现率以评估退休债务、最终工资预测的年金、雇员和其遗属的预期寿命、在养老基金资产收入率、雇员流动率和雇员残疾和死亡的概率。所有这些假设使得精确定义公司的养老金债务和出资需求变得困难。因此，通过改变假设，精算师在确定养老金计划发起人的可扣税资金需求方面具有相当大的自由度。

表 9-1 显示了一些关于美国私营部门，即非政府养老金计划的描述性数据。小组 A 包括所有私人养老金计划的数据，小组 B 则报告了 100 名或更多参与者的养老金计划数据。[①] 根据最新数据，私人养老金计划持有的资产在 2~10 年里总计达 6.3 万亿美元。固定缴款（DC）计划持有 3.8 万亿美元资产，固定收益（DB）计划持有 2.4 万亿美元资产。现有 654 469 个固定缴款计划，涵盖 7 340 万名在职雇员；46 543 个固定收益计划，涵盖 1 720 万名在职雇员。固定缴款计划平均规模较小，平均每个计划为 112 人，固定收益计划平均每项计划则为 369 人。不足为奇的是，B 部分显示了 100 名或超过 100 名参与者计划中的资产和参与情况。

表 9-1　　　　　　　　　　2010 年美国私人养老金计划

A 部分　　所有计划			
	缴款	福利	总额
资产（万亿美元）	3.8	2.4	6.3
计划数量（个）	654 469	46 543	701 012
总参与者数量（在职、退休、已分离）（千人）	88 301	41 423	129 724
已覆盖的活跃雇员数量（千人）	73 429	17 172	90 601
每个计划的活跃雇员的平均数量（人）	112	369	

B 部分：100 或超过 100 个参与者的计划			
	缴款	福利	总额
资产（万亿美元）	3.234	2.406	5.640
计划数量（个）	75 420	10 155	85 575
总参与者数量（在职、退休、已分离）（千人）	76 673	40 965	117 638
已覆盖的活跃雇员数量（千人）	62 248	16 761	79 009
每个计划的活跃雇员的平均数量（人）	825	1 650	

---

① 联邦政府根据 2010 年养老金计划发起人向劳工部提交的 5 500 份报告编辑而成。劳工部网址：www.dol.gov，里面有养老金计划的汇总表和其他信息。也可参见 Dallas Salisbury 主编的 "Retirement Prospects in a Defined Contribution World," Employee Benefit Research Institute（EBRI），1997，其网址是 www.ebri.org，里面有大量信息。

在 2010 年（可获得数据的最近年份），多于（少于）100 名雇员的公司里，大约有 66％（35％）的雇员参与了养老金计划。有趣的是，与之相反，90％（87％）的国有企业和当地政府的雇员选择了养老金计划（DB 计划）。这些数据近 20 年来都相对稳定。这些大型企业中，2010 年 30％的雇员参与了固定收益养老金计划，54％的雇员参与了固定缴款养老金计划（许多雇员两种计划都参加了）。在 25 年前，这一数据有明显的不同，80％的雇员参与了固定收益养老金计划，51％的雇员参与了固定缴款养老金计划。401(k)计划和 1978 年的税收法案施行后，固定缴款养老金计划有了显著的增长。2010 年，401(k) 计划在 518 000 项计划中排名第一，占了养老金计划（固定缴款计划）的 74％（79％），覆盖了 66％的活跃参与者以及 49.2％的养老金计划资产。DC 计划覆盖率的变化或者受欢迎程度的上升是由很多因素导致的。固定缴款养老金计划更容易管理，投资风险由雇员承担（可能雇员需要获得一定的风险溢价），而且财务会计也更加简单。[①] 除此之外，国会限制了固定福利养老金计划的养老金限额，这使得提取资产更加困难，又加之过去的 15 年（至少到 2001 年）里股票市场一直持续增长导致了许多固定福利养老金计划超额缴款，这减少了税收优势。

就固定收益养老金计划而言，许多养老金计划目前缴款不足。2012 年，Wilshire Associates 的一项研究发现，在标准普尔 500 指数的 308 家公司中，94％的公司的固定福利养老金计划资金不足，平均缴款率大约是 77％。实际上，研究还发现某些公司的差额高达数十亿美元。在 2012 财政年度，波音公司的养老金计划缴款缺口达 197 亿美元，而通用电气公司等的差额都超过 100 亿美元。[②]

9.2 工资与养老金报酬的比较

由于对养老金账户内资产的收益免税，因此，对养老金的缴款似乎优于同等数额的工资。但即使忽略了非税因素，这种关系也并非在所有情况下都成立。假设雇主打算将 100 美元存入雇员的固定缴款养老基金。如果公司现时税率是 t_{co}，那么公司缴款的税后成本将是 100 美元×$(1 - t_{co})$，相当于 100 美元工资的税后成本。因此，雇主对支付 100 美元的工资和缴纳 100 美元的养老金无差异。

对雇员而言，投资 100 美元到养老基金，在 n 期后其价值增加到 $100(1+R_{pen})^n$，这里 R_{pen} 是投资于养老基金的资产的税前收益率。税前收益的多少取决于养老基金持有的资产。[③] 回顾第 4 章所讨论的股票收益的优惠税收待遇，并与公司债券的税收待遇进行比

---

① 标准委员会 1985 年颁布的 SFAS 87 公告"雇主的养老金会计"制定了养老金会计准则，现属 ASC 960。

② 参见 David Randall，"Pension Underfunding Grows Despite U. S. Market Rally：Study，"April 7，2013，Reuters；and also "94％ of Pension Plans Underfunded：Wilshire，GAO Warns of Threat to PBGC Solvency，"April 11，2013，http：//www.thinkadvisor.com/2013/04/11/94-of-pension-plans-underfunded-wilshire。

③ 养老基金各种投资的 R_{pen} 可能有差别，其差异可能比支付的养老基金之外的各种投资的差异更大，养老基金被禁止投资于特定类型的资产。养老基金也不能作为合伙企业的一般合伙人进行投资，而逃避按其收入份额应支付的公司税收。养老基金作为从事借贷的合伙企业的有限合伙人，其取得的收入面临某些公司税收。

较，会发现股票的税前风险调整收益将远低于债券的税前收益。[①]

如果雇员用养老金和当期的税后工资进行投资，比较这两种方式 n 期后各自的税后积累如下：

养老金：$100 (1+R_{pen})^n (1-t_{pn})$ (9.1)

工资：$100 (1-t_{po})(1+r_{pn})^n$ (9.2)

其中 r_{pn} 是个人的非养老金投资每年的税后收益率，t_{po} 是雇员目前的边际税率，t_{pn} 是雇员在 n 期后普通收入的边际税率。当式（9.1）大于式（9.2）时，养老金比当期工资更有利：

$$100(1+R_{pen})^n(1-t_{pn}) > 100(1-t_{po})(1+r_{pn})^n$$

整理得：

$$\frac{(1+R_{pen})^n}{(1+r_{pn})^n} > \frac{(1-t_{po})}{(1-t_{pn})}$$ (9.3)

当个人税率随时间保持不变（$t_{po}=t_{pn}$）时，式（9.3）右边等于1。只要养老金投资的税前收益超过非养老金投资的税后收益（$R_{pen} > r_{pn}$），养老金取得的税后收益就高于当期工资的税后收益。但假设雇员能够取得的税后收益率与养老金取得的税前收益率一样。这样的一个可能的例子是"现金价值"（cash value）（终生寿命或普通寿命）保险单的储蓄项目。在这种情况下，不考虑非税因素，选择养老金计划的唯一动机就是降低雇员的边际税率。当然，正如我们在第5章所讨论的那样，现金价值人寿保险单确实承担与交易成本有关的隐性税收，因此，人们自然预期养老金投资可能会提供投资收益上的好处。

对一些雇员而言，养老金计划的一项重要非税成本是养老金投资缺乏流动性；特别是对年轻雇员而言，养老金投资会将他们希望进行的消费大大推迟，尽管为消费而借入资金的机会可能减轻这种不利影响，但在与借款相关的重大交易成本以及个人借款的利息支出不能完全扣税的情况下，这种缓解可能微乎其微。在这种情况下，雇员可能会要求一个远高于 R_{pen} 的每期税后收益率，以使他们更喜欢养老金报酬而不是工资。

因为养老金报酬会给雇员带来未来的应税收入，而工资会带来当期的应税收入，所以养老金会随着未来税率相对于当期税率的下降而变得更有吸引力。美国1981年和1986年的税法都降低了税率，这两项税法特别有力地鼓励在税率降低之前进行养老金投资。这些法案为老雇员提供了巨额财富，他们中的许多人原本预计，退休后面临的边际税率将是他们最终可能面临的税率的近两倍。

▢ 进出养老金账户的投资收益率

我们已含蓄地假设了投资者投资于养老金账户的收益率会高于他们自己投资的收益率。尽管看起来雇员在非养老金项目上的税后收益率不太可能高于养老金的收益率，但这种情况确实可能发生。我们考虑下面的例子：

（1）在养老金计划中，雇员可能被迫投资普通股（这是雇员股权计划的一个常见特征），而这类资产可能会承担很高的隐性税收，产生较低的税前收益率。

---

① 股票的税收优惠待遇包括：如果持股超过12个月则享有优惠的资本利得待遇；资本利得收益课税额可以递延到股票出售时支付；通过持有股票直至死亡或通过将升值股票捐赠给慈善机构，都可以避免资本利得税。

（2）家庭税收筹划策略也允许在高税率下进行投资获得税收扣除，在低税率下（家庭水平）对收入征税。也就是说，高收入的父母可能会在一个避税项目的早期投资中扣除部分投资成本，然后，在项目开始产生收入时，他们会把自己在投资项目中的权益赠给处于税率较低级别的家庭成员。因此，家庭层面的税后收益率可能会超过养老金账户的税前收益率。

（3）投资寿险保单或一次性缴清递延年金等其他储蓄工具，可能提供的收益率与养老金计划下雇员可获得的税前收益率接近。

□ 反歧视原则

固定收益和固定缴款养老金计划的一个主要的非税不利因素是，为了获得税收优惠待遇，公司的高报酬雇员和一定比例的中等报酬雇员必须纳入在公司的养老金计划中。一般来说，高报酬的雇员和年长的雇员可能想要选择养老金账户。中等报酬的雇员，尤其是年轻的雇员，通常更喜欢现在消费，日后再储蓄，并在未来税率更高时为他们的养老金计划提供资金。

因此，如果低收入雇员更喜欢拿工资而不是养老金，他们就不愿意为了 100 美元的养老金缴款而放弃 100 美元的税前工资。例如，他们可能将 100 美元的养老金缴款只定为 80 美元，因此，为了不产生影响，他们可能对每 100 美元的工资要求 125 美元的养老金缴款，但是公司对支付 100 美元的工资和存入 100 美元的固定缴款养老金计划之间的差别并不大。在很多情况下，报酬高的雇员最终必须弥补 20 美元的差额。他们通过超过一美元的工资减少额来换取缴纳一美元养老金，以间接补偿这一差额。[①]

从经验上看，养老金收益，尤其是固定收益计划，在经济中很大程度上向年长的雇员倾斜，这对于税收筹划来说是有效的，原因我们已经讲过了。判断是否由于有太多的高薪雇员的资金流入固定收益计划，从而使该计划显得"非常重要"的保险精算规则，与固定缴款计划相比，更容易将利益向年龄较大、报酬更高的雇员倾斜。也就是说，"反歧视原则"规定计划中的高收入雇员的比重不能过大，但相对而言，利用固定收益计划要比固定缴款计划更容易实行这些规则。

9.3　递延报酬与养老金

我们可以从本章前面以及第 8 章的讨论中得知，从税收角度看，对于雇主而言，当期养老金缴款或工资为 1 美元时对雇主的递延支付报酬和 n 期后的 $D_n = [(1-t_{co})/(1-t_{cn})](1+r_{cn})^n$ 美元是没有差别的，这里 t_{co} 和 t_{cn} 分别表示雇主现时和未来的税率，r_{cn} 表示雇主边际投资所能赚取的年度税后收益率。即，雇主如果对 1 美元的工资或养老金缴款递延 n 年，承担的是 1 美元的递延报酬和该 1 美元的税后收益之和，并根据其税率随时

---

① 1986 年的税收改革法案加强了反歧视规定。要符合税收优惠待遇要求，高收入雇员的缴款占缴款总额的比率变得更低了，迫使更多喜欢当期工资而不是养老金的雇员参与养老金计划，这种情况减少了为那些需要养老金计划的雇员而保留的公司养老金计划所能取得的利益。

间的变化做出调整。

就雇员而言，对牺牲的每 1 美元工资或养老金缴款，递延报酬形成的税后积累是：

$$D_n(1-t_{pn}) = \frac{(1-t_{co})(1+r_{cn})^n}{(1-t_{cn})}(1-t_{pn}) \tag{9.4}$$

通过比较，向养老金计划缴纳的每 1 美元在 n 期后将产生收益：

$$(1+R_{pen})^n(1-t_{pn}) \tag{9.5}$$

如果式（9.4）＞式（9.5），那么递延报酬比养老金计划更有利：

$$\frac{(1-t_{co})(1+r_{cn})^n}{(1-t_{cn})}(1-t_{pn}) > (1+R_{pen})^n(1-t_{pn}) \qquad **$$

整理得：

$$\frac{(1-t_{co})}{(1-t_{cn})} > \frac{(1+R_{pen})^n}{(1+r_{cn})^n} \tag{9.6}$$

注意在这个比较中，雇员的税率是无关因素，因为这两种报酬计划都会在未来产生税收。换言之，不等式 ** 两边都有（$1-t_{pn}$），因而可约去。[1] 如果预期公司税税率在未来会上升，即 $t_{cn} > t_{co}$，且 $R_{pen} = r_{cn}$，那么递延报酬优于养老金报酬。例如，如果 t_{co} 是 20%，t_{cn} 是 35%，那么（$1-0.20$）/（$1-0.35$）=1.23，这意味着递延报酬比养老金的收益高 23%。在这种情况下，如果雇主有固定收益养老金计划，那么公司向该养老金计划会缴款不足，而不是缴款过多。

相反，假设 $r_{cn} = 7.5\%$，$R_{pen} = 10\%$。那么，只要

$$1.23 > 1.10^n/1.075^n$$

递延报酬就比养老金计划更有利。当 $n < 10$ 时，这种情况就会发生。

许多税法规则对固定收益养老金计划的限制比对递延报酬养老金计划的限制要多很多。养老金计划中：（1）最低出资要求可能会迫使公司取得出资的税前扣除早于递延报酬计划下所必需的扣除；（2）管理成本和诉讼成本高于递延报酬计划；（3）适用的反歧视原则要比递延报酬计划多得多。然而，不符合 409 款 A 规定的递延报酬计划对分红时间、提前取得福利和何时进行递延支付都有限制。如果违反这三项限制，后果会很严重，计划中所有递延支付数额需要立即应税，在某些情况下还会加上 30% 的税收罚款。而符合条件的递延报酬计划则另当别论。

国会为养老金计划提供税收优惠待遇的目的是鼓励多种形式的退休储蓄；这导致了缴款限制和非歧视规则的引入。递延报酬安排不受这些限制。它们还可以在特殊的税收筹划情况下被用来获得大量收益。例如，在当地税率较高的斯堪的纳维亚分支机构任职 2 年或 3 年的高管更喜欢递延报酬计划，而不是当期报酬方案（只要该计划符合 409 款 A 的要求）。在返回原籍国时支取的报酬可按大幅降低的原籍国税率纳税，从而节约大笔税收。雇主不能将这样的雇员也列入养老金计划。

递延报酬计划中最大的非税问题是避免推定收入。雇员被视为获得当期推定收入的话就要征税，因此，雇员必须是公司的无担保债权人才能避免纳税。[2] 相反，养老金信托

---

[1] 然而，如果未来的税率发生了变化，雇员的税率将会与这一比较相关。

[2] 通过将基金存入代表雇员进行的信托投资，即所谓的"拉比信托"，可缓解这个问题。但要规避收入推定规则，一旦破产，公司的有担保债权人在信托受益人之前对信托资产拥有法定优先求偿权。

在一定程度上提供了资金和/或保险保障。受益人有向信托公司和保险代理公司提出索赔的权利。

9.4 "股票与债券"之谜

由于养老基金的资产收益是免税的，养老基金自然会成为投资于完全应税资产的客户，比如公司和政府债券，以及不享受税收优惠的资产。回顾一下，普通股是可享受税收优惠的投资，因为当期收益在每期不进行股息分配，从而递延了税收，并且在一定程度上享受较低的资本利得税税率。因此，我们预计它们将承担隐性税收。高税率的纳税人是公司股票而不是免税养老金计划的天然客户群。因此，在 2012 年 3 月，所有固定收益养老金计划大约 55％ 的计划资产都投资于股票（大约 40％ 的美国股票和 15％ 的国际股票），30％ 投资于债券（大部分是美国债券），剩余的 15％ 投资于其他资产。这多少有些出人意料。在 1985 年到 1995 年期间，固定收益计划的股票比例在 33％ 至 44％ 之间浮动。

有些人认为，公司养老基金经理愿意放弃对不享受税收优惠资产的投资以获得更高的股票总收益率的原因，在于养老基金是这些资产的天然客户。在高收益债券开始流行之前，不投资股票是不可能获得风险溢价的。但 Fischer Black（1980）和 lrwin Tepper（1981）在两篇独立的文章中很好地抨击了这种攻击。他们认为，该公司可以在不牺牲投资债券的税收利益的情况下获得风险溢价。

Black-Tepper 税收套利策略是一种组织形式套利，如表 9-2 所示。

表 9-2　　　　养老基金股票投资（计划 A）与养老基金债券投资且在公司账上负债融资及进行股票投资（计划 B）的比较表

	投资额（美元）	收益率	举例
计划 A			
养老金			
购买股票	1	r_c	15％
计划 B			
养老金			
购买债券	1	R_b	10％
公司			
发行债券	−1	$-R_b(1-t_c)$	−6.5％[*]
购买股票	1	r_c	15％
净头寸（养老金＋公司）	1	$r_c+R_bt_c$	18.5％
计划 B−计划 A	0	R_bt_c	3.5％

说明：[*] $t_c=35$％。

假设一家公司将其养老基金中的 1 美元投资于股票，该股票赚取的风险收益是 r_c。[1] 另外，假设公司的养老金计划中有 1 美元投资于收益率为 R_b 的债券。如果公司在边际税率为 t_c 时从公司账户借入 1 美元购买普通股，那么公司账户税后净收益率为 $r_c - R_b(1-t_c)$。养老基金债券投资和公司股票投资的总收益为 $r_c + R_b t_c$，比投资股票（计划 A）的收益超出 $R_b t_c$。

注意，这两种策略的风险完全相同。无论股票价格如何变化，B 计划的回报肯定超过 A 计划的回报。进行这种组织形式套利的好处在于公司能够通过公司账户借款以获得利息扣除，并通过表 9-2 所示的策略将收益投资于养老基金。

然而，在前面的论证中出现了几个漏洞。首先，我们假设公司对以公司名义投资股票的收益不纳税。实际上，必须缴纳税款，尽管按年计算的公司股票税率（以 t_{cs} 表示）可能远低于 t_c。对于公司来说，股票投资的收益之所以享受税收优惠，是因为已获股利可以被扣除，股票增值的税收可以递延到股票出售再征缴。

如果该公司以公司账户持有自己的股份，其收益将被免税。如果它在公司账户上持有的股票年有效税率为 t_{cs}，那么就需要对表 9-2 所示的套利策略进行轻微调整。特别是，公司现在需要发行 $1/(1-t_{cs})$ 美元的债券，并将收益投资于股票，以维持计划 B 和计划 A 的风险水平相同。如表 9-3 所示，只要在公司账户上持有股票的有效年度企业所得税税率为 t_{cs}，低于普通企业税率，就仍然存在套利机会，尽管这种机会没有表 9-2 中假设 $t_{cs}=0$ 时那样大。

表 9-3 表明，将养老金投资于债券而非股票的年度税收利益等于债券的税前利率乘以 $(t_c-t_{cs})/(1-t_{cs})$。这种利益随着公司税税率 t_c 的上升而增加，随着公司股票税率 t_{cs} 的降低而减少。

论证的第二个漏洞是表 9-2 和表 9-3 中的分析忽略了与实现套利策略相关的非税成本。债券持有人不能确定公司是否会继续持有养老基金的债券。毕竟，养老基金有自己的受托人，在贷款到位后，受托人可以决定恢复投资养老基金股票的策略。这种不确定性增加了债券持有人的风险。因此，他们可能会收取更高的贷款利率来补偿他们的监控成本。而且，公司可能会破产。在破产时，债券持有人不可能对养老金计划中 1 美元债券的累积价值行使索取权。养老金受益人对养老金计划资产有优先请求权。因此，债券持有人必须将风险较大的股票投资组合公司账户作为他们贷款的担保，这很可能会导致借款成本进一步上升。例如，如果税前借款利率是 12.3% 而不是 10%，那么债务的税后成本将是 8%，即 $0.123 \times (1-0.35)$。按照这个比率，表 9-2 中的套利机会就会消失：计划 B 的收益将会是 15%，等于 10% 的退休金账户收益率，加上股票 15% 的收益率，再减去公司账户借款的税后成本 10%。计划 B 的收益和不进行套利的计划 A 的收益是一样的。

值得注意的是，套利理论既不适用于固定缴款计划，也不适用于固定收益计划。鉴于固定收益计划中的资产可以被看作雇主拥有的，且这些雇主向受益人承诺给予一定程度的福利，因此雇主获得了税收套利的好处，而固定缴款计划中的资产属于受益人所有。如果固定缴款计划的受益人希望获得股票的风险溢价，那么他们必须通过借款购买股票来实现个人账户的组织形式套利。由于个人的利息扣除能力有限，而且个人借款利率与养老金计划中所持债券的收益率之间的利差很大，这种组织形式的套利策略变得过于昂

税收与企业经营战略：筹划方法（第五版）

---

[1]　回顾一下，r_c 是发行公司缴纳公司层次的税收后、股东层次税收前的收益率。

贵，难以盈利。因此，非税因素，尤其是赚取股票相对于债券的风险溢价的愿望，可能会导致养老基金受益人更愿意将大量养老基金投资于股票，尽管这种可享受税收优惠的投资承担着隐性税收。这一结论与表 9-1 报告的 DC 计划资产投资于债券的比例较低的事实是一致的。DC 计划资产投资与债券的比率是 5%，而 DB 计划的这一比率为 38%。

表 9-3　养老基金股票投资（计划 A）与养老基金债券投资且在公司账上的负债融资及
进行股票投资（计划 B）的比较表，其中持有股票负担正的年税率（与表 9-2 的零税率相比）

	投资额（美元）	收益率	举例
计划 A			
养老金			
购买股票	1	r_c	15%
计划 B			
养老金			
购买债券	1	R_b	10%
公司			
发行债券	$-1/(1-t_{cs})$	$\dfrac{-R_b(1-t_c)}{(1-t_{cs})}$	$-8.125\%^*$
购买股票	$1/(1-t_{cs})$	$\dfrac{r_c(1-t_{cs})}{(1-t_{cs})}$	15%
净头寸（养老金＋公司）	1	$r_c+\dfrac{R_b(t_c-t_{cs})}{(1-t_{cs})}$	16.875%
计划 B－计划 A	0	$\dfrac{R_b\ (t_c-t_{cs})}{(1-t_{cs})}$	1.875%

说明：* $t_c=35\%$，$t_{cs}=20\%$①。

在 Frank（2002）之前，研究人员未能发现公司的税收优惠与养老金资产分配到债券之间的任何联系（参见，例如，Bodie，Light，Morck 和 Taggert，1987；Petersen，1996）。与之前的研究不同的是，Frank 在一段时间内使用了一个扩展的样本来研究这个问题。②她用投资于债券的固定收益计划资产所占的比例对套利策略带来的税收利益进行回归。②她发现两个变量之间存在显著的正相关关系。而且，正如预测的那样，对于固定缴款计划却没有这样的联系。这些结果与企业采用 Black-Tepper 套利策略是一致的。③

---

①　假定 t_c 为 35%，持有期间大约为 13 年——这是养老金资产投资的合理持有期限——意味着不支付股利的公司股票所负担的实际年公司税税率 t_{cs} 是 20%。该实际年公司税率由式 $r_c(1-t_{cs})=r_{cs}$ 解得，其中 r_c 是发行公司缴纳公司层次税收后、缴纳股东层次税收前（税率用 t_{cs} 表示）的股票收益率，r_{cs} 是缴纳了公司层次税收和股东层次税收（本例中的另一家公司）后的股票收益率。假设这样我们需要解出满足 $[(1+r_c)^n(1-t_c)+t_c]^{1/n}-1=0.12$ 的期数 n。

②　Frank（2002）将税收套利取得的税收利益分为两部分，以公司账户发行债券为权益投资融资取得的利益，以及将固定福利养老金计划的资产投资于债券取得的利益。他的结论表明，绝大多数税收利益来自以公司债券进行的权益投资融资。

③　Mushruwala（2007）讨论了 DB 计划的会计规则如何影响 DB 计划的股权分配决策。他解释了英国 DB 计划资产配置的变化，因为公司需要采用公允价值的方法对报告的养老金费用进行报账（以避免报告收益波动）。Mushruwala 预测并发现这和公司将 DB 计划中的股票转换为债券有密切关系。Chuk（2013）记录说，美国公司改变了其定义的福利计划资产组合，以应对 SFAS 123R（现为 ASC 960）下增加的养老金资产组合披露。这两份文件都记录了财务会计规则对税收筹划的影响。

9.5 维持超额缴款的养老金计划是否有利

尽管目前许多养老金计划处于资金不足状态，但美国养老基金在 2011 年市场衰退前出现了大范围的超额缴款情况。超额缴款现象可能是主流，因为 2001 年前市场很繁荣。超额缴款计划是资产市场价值超过了公司对其雇员预期负债的现值的计划。

□ 有利因素与不利因素

我们现在讨论与超额缴款养老金计划有关的几个有利因素和不利因素。

预期税率变化　1986 年，面临 46％的边际税率的美国公司知道，1987 年它们的边际税率将降至 40％。他们还预期，1988 年其边际税率将进一步降至 34％。这种预期助长了 1986 年的超额缴款行为。而且，1986 年投资于养老金计划的每 1 美元，在提取前都以税前收益率 R_{pen} 的速度增长。当边际税率为 34％时，通过减少未来缴纳的资金，公司可实现 22％，即 $(1-0.34)/(1-0.46)-1$ 的红利收益。通用汽车公司也注意到了这一机遇。它缴纳了一项"特别的非必要的美国养老金计划……价值 10.4 亿美元（1986），取得了税收扣除利益"[1]。有关养老金计划缴款和养老金计划回归的战略时机选择的另一个例子是，埃克森-美孚公司出于税收的目的，在 1986 年终止了几项超额缴纳的养老金计划，当时该公司存在净营业亏损，正处于"免税"状态。

美国国税局（IRS）非常清楚，在税率高的情况下，大量的养老金资助会带来哪些好处。1990 年，美国 IRS 宣布，计划对 1986 纳税年度的固定收益养老金计划进行 1.8 万次审计，以期增加数亿美元的税收收入。特别地，它针对的是那些投资利率低得不切实际、计划参与者提前退休的计划。[2] 这些假设意味着，为了实现承诺的退休福利，目前需要更多的资金。

投资股票、超额缴款和灵活性　为什么公司要把这么多养老金资产投资于税收优惠的资产，尤其是股票？正如我们已经注意到的，在 1986 年的税收改革法案之前，这种倾向特别令人费解，该公司为其养老基金提供超额缴款的一个重要原因是，它可以在养老金账户中获得比公司账户更高的税后收益率，而持有股票降低了这种利益。

这个问题的答案也可以解释下一个问题：公司如何能够为其养老金计划提供超额资金？精算师在设定养老金缴款水平时，可能会假定养老金资产的保守（低）收益率，以确保对受益人的养老金承诺能够兑现。如果要保证养老基金有足够的资产来兑付承诺，那么假设的投资收益率越低，当前的资金需求就越大。如果养老基金中的资产只投资于无风险债券，精算师就必须选择接近债券收益率的收益率。如果精算师将收入比率设定在这个水平，就不可能为养老金计划提供超额缴款。

但如果基金投资于股票，精算师可能会选择较低的资产收益率，以缓冲其普通股市值不利变化所带来的影响。例如，精算师可能希望避免基金市值的跌幅达到预先假定的

① 《华尔街日报》（1987 年 9 月 16 日），第 16 页。
② 《纽约时报》（1990 年 6 月 2 日），第 22 页。

水平 5%。养老金资产收益的可能变动越大，该基金资产的初始市场价值在未来某个日期降到这一水平的可能性就越大。然而，鉴于目标基金收益率的变化，基金的初始市值越大，就越不可能跌至这一规定价值。通过设定一个较低的收益率，或者说，在计算承诺的未来养老金支付的现值时使用一个较低的贴现率，精算师可以"授权"将资金增加到期望的水平。然后，公司可以通过部分投资普通股来积累超额资产。以后当它转换为债券时，精算师通常会提高养老金资产的假定收益率，从而产生一个超额缴纳的养老基金。税收规则要求养老基金中的超额资产通过减少以后每年缴款的方式在数年内摊销。因此，在这段时间内，公司可以按税前利率取得投资债券的收益。在未来税率下降的情况下，还可以通过提前缴款获取税率优势。

总之，将部分养老金资产投资于股票，可以灵活地确定缴款水平，从而确定可税前扣除的年度缴款。这种灵活性可使公司在面临高税率时增加缴纳的税款，低税率时减少缴纳的税款。

超额投资固定收益养老金计划的各种投资方案　与公司账户税后收益率相比，能够在养老基金中获得税前收益率，是公司超额投资计划的优势之一。一般来说，风险调整后的养老基金资产收益率将超过公司账户上的边际投资收益率。即使公司能够在公司层面创造更高的利润，这种概括也是正确的。毕竟，Black-Tepper 策略表明，该公司可以通过借款为养老金计划提供资金，同时还可以进行更优的企业投资。这种方法优于不向养老金计划投资。用于支付养老金而举债的债务利息在公司层面是可以税前扣除的，而养老金账户中资产的投资收益免税。当然，我们不应该忘记，说服贷款人相信公司拥有更好的与投资相关的非税成本，可能会增加借款成本，以至于公司应放弃为养老金计划提供资金。

由于公司"拥有"养老金计划中的超额资产，其最佳投资策略是在养老金账户中持有高税率资产，比如高收益的高风险债券。[①] 如果公司承诺在其养老金计划中持有债券，那么用于缴款的债券的借款利率将低于在该计划中采取高风险投资策略的公司。但是，正如前面所讨论的，很难事先承诺执行这种投资政策。与发行高风险债券相关的超额负担成本将再一次降低为该计划提供超额缴款而得到的好处。

此外，在 1986 年的税收改革法案之前，公司将其养老基金资产的 50% 以股票形式持有，50% 以债券形式持有。将过剩资产按税前税率进行投资的收益率优势将减少 50% 的股票隐性税收。例如，如果债券税前收益率为 10%，而普通股税前收益率经风险调整后仅为 7%（r_c），那么混合养老基金组合的收益率将为 8.5%，即 $0.5 \times 10\% + 0.5 \times 7\%$，隐性税率为 15%，即（$10\% - 8.5\%$）/10%。此外，该公司还可以投资于其他税收优惠的资产，比如现金价值的寿险保单。因此，为养老基金提供过多资金的税收优势可能很小。

然而，在 TRA 86 之后，将养老金计划资产投资于股票的税收劣势明显减少。回想一下第 4 章的表 4-3，在 1986 年之后，对股票的年度有效显性税率 t_s 提高了，这意味着股票的隐性税率应该变得"相对较低"。因此，美国和外国养老基金成为增加对美国股市投资的绝佳选择。1987 年的税法限制了固定收益养老金计划的超额缴款水平，规定如果

------

① 关于谁拥有养老基金中的多余资产——雇主还是雇员——如果模糊不清的话，超额缴款的养老金计划将会出现额外的非税成本。

第 9 章

养老金和退休筹划

255

计划中的资产超过终止责任的 150％，就限制扣除。

消费税的可能性　如果该公司放弃其养老金计划并获取超额的养老金资产（该资产被标记为计划终止或资产退回），那么除了对这些资产征收常规的公司税外，它可能还会面临消费税。例如，在大多数情况下，从终止的养老金计划中提取的超额资产将征收 10％的消费税，而消费税税率在 1988 年提高到 15％，1989 年提高到 20％。[①] 征收消费税是否会影响终止关系的数量？显然如此。1985 年退休金计划终止后，有 66 亿美元的退休金计划资产归还给了它们的企业保证人，1986 年又归还了 43 亿美元，1987 年和1988 年分别只归还了 19 亿美元和 11 亿美元（Peterson，1989）。而且，退休金计划的终止会导致终止时所有未兑现的利益得以实现。此外，当固定的收益计划被固定的缴款计划取代时，许多雇员表示不满。之所以产生这种不满是因为退休时拥有充足资产的风险从公司转移到了雇员身上，而且对于许多已被转移到固定缴款计划的雇员来说，预期的退休金福利总额往往会减少。

然而，公司不必放弃其养老基金，以重新获得其超额资产。它可以（1）通过改变计划假设来降低未来的缴款水平；（2）以增加雇员的养老金承诺来取代加薪或奖金。通过减少雇员的工资或对计划的缴款来增加公司当前应税收入，并减少计划中超额缴款的水平。

非税因素影响这些选择。雇员可能不会为了额外的一美元养老金福利而放弃一美元的工资或奖金。对于他们来说，为满足当前消费需求而借款的成本可能会超过通过这种形式的递延报酬所能获得的回报，正如我们前面讨论的那样。为了补偿这些雇员，雇主可能不得不大幅增加养老金福利，这样做可能不利于减少计划中的超额缴款。

因养老金是看跌期权而产生不足额缴款的动机　在 1974 年的《雇员退休收入保障法》（ERISA）通过之前，拥有固定收益养老金计划的公司有一个有价值的看跌期权，因为它们可以将养老金计划的资产交给受益人，以满足计划受益人的法律要求。ERISA 通过后，公司可以将养老金计划资产加上公司市值的 30％存入养老金福利担保公司（PB-GC），以满足养老金索赔要求。现在，这一变化减少了但没有消除养老金看跌期权的价值。养老金看跌期权随着养老金资产收益率的变化而变化，这有利于养老金计划中的股票投资，以及公司净资产的变化，如果有机会将期权投给养老金福利担保公司，就会鼓励公司进行更大的风险投资。

☐ 影响固定福利养老金计划养老金出资决定因素的实证证据

有几位研究者对影响养老金出资的决定因素进行了实证研究，包括 Francis 和 Reiter（1987）报告了固定收益养老金计划的超额缴款与公司估计的税收收益正相关。他们还研究了影响企业融资水平的其他一些动机，发现规模较大的公司都遵循一种出资策略，既降低了报告收入（对养老金计划的缴款在样本时间段内作为养老金支出报告），又提高了报告的出资比率，以降低潜在的政治成本。他们还提供证据表明，公司越接近违反债券契约，资金不足的情况就越严重。此外，资金不足在拥有工会雇员的公司中更为常见，研究人员解释资金不足是一种将雇员与公司联系在一起的机制所导致的。因此，研究结果表明，无论是税收动机，还是财务报表、雇员激励等非税收动机都会影

---

① 1990 年的税收法案将某些情况下的特许权税率提高到了 50％。

响出资水平。

Thomas（1988）发现，NOL 的向前结转代表着公司的税收状况。

● 与出资水平负相关：NOL 公司的出资水平较低。

● 影响精算变量的选择：NOL 公司会选择不那么保守的假设，这意味着较低的出资水平。

● 影响固定收益计划的使用：NOL 公司不太可能选择固定收益计划。

这些结果表明，税收是决定养老金选择和资金筹措的一个重要因素。

其他研究人员也研究了退休金计划终止的决定，例如 Thomas（1989）、Mittelstaedt（1989）、Clinch 和 Shibano（1996）。Thomas 的结论是，终止的动机似乎是现金需求，而非税收、会计或财富转移方面的考虑。Mittelstaedt 的研究结果与 Thomas 的研究结果大体一致。然而，Clinch 和 Shibano 采用了一种不同的方法来评估税收影响，他们发现，税收因素会显著影响公司是否以及何时通过终止协议提取过剩的养老金资产。

9.6　资助退休人员的健康福利

退休人员的健康福利最初是在 20 世纪 40 年代末被提出来探讨的，当时战后经济繁荣、企业盈利、退休人员相对于工人的数量很少。退休人员的健康福利是集体谈判协议的一部分，雇主愿意提供这些福利，因为相对于总报酬来说，成本很小。随着 1965 年医疗保险法案的颁布，雇主的义务和成本也降低了，因为雇主能够将他们的福利与医疗保险的福利挂钩。对这些福利的出资和会计核算并没有引起很大的关注，大多数雇主都选择按现收现付的方式。然而，在过去的几十年里，随着劳动人口老龄化，退休人员与在职工人的比率逐步上升，预期寿命也延长了，医疗费用更是大幅增加。这些变化导致了福利计划成本的增加。

1990 年，财务会计准则委员会（FASB）改变了退休人员医疗保健福利的会计制度，部分是为了响应增加的不足额出资的养老金计划数量。[①] 在这一变化之前，大多数公司将未足额缴款部分确认为负债，直到支付期间才确认。SFAS 106 要求公司估算承诺的福利的现值，并计算出雇员工作期间每年应计债务和确认费用。因此，由于许多公司不为退休人员的医疗保健费用预缴资金，公司资产负债表上出现了巨额负债。这一结果导致许多公司重新评估它们的承诺，许多雇主不顾现有雇员和退休人员的反对，试图修改或取消退休人员的医疗福利。Towers Watson 的 2010 年健康医疗福利研究显示，只有 45% 的雇主为未来的退休人员提供退休保障，并且只有 22% 的雇主为新雇员提供补贴。这项调查是在 2010 年通过《患者保护与平价医疗法案》之前进行的。Towers Watson 的报告通过对 2010 年医疗改革的调查表明，77% 的受访者表示提供退休人员医疗福利的雇主有相对或显著减少，43% 的受访者表示由于医疗改革他们会放弃或减少退休医疗计划。

美国总会计办公室（GAO）在 1997 年的一份报告中得出结论：（1）由雇主提供退

---

① 参见 SFAS106 "退休后福利（非养老金）会计" [FASB（1990），ASC 965]。

休人员医疗福利的可获得数据描绘了一幅有限但持续的图景，该图景显示：覆盖的退休人员数量在稳步下降；（2）美国基于雇主健康保险制度的一个关键特征是：雇主有修改保险项目条件或终止福利的自由。[1] 在早前的一份报告中，美国总会计办公室估计，美国公司向雇员承诺的退休医疗福利应负的债务超过了 4 000 亿美元。尽管这一数额还不到养老金承诺应计负债的一半，但与养老金福利不同，退休人员的医疗福利存在大量不足出资的情形。华信惠悦咨询公司（Watson Wyatt）（参见 www. watsonwyatt.com）1999年的一项调查显示，在接受调查的 612 家财富 1 000 强公司中，20% 的公司为退休人员的医疗计划提供资金，绝大多数公司都是按现收现付的方式运营。

公司资助退休人员医疗福利的最佳方式是什么？在大多数情况下，这种福利的预支不会像养老金福利的预支那样在税收上有优势。除了 401（h）计划和集体协商的自愿雇员福利协会计划（VEBA）外，目前提前缴款的款项都不能进行税收扣除。通过 401（h）计划可以获得预付款扣除，但这种计划的管理成本很高。而且，这些计划的年度缴款不得超过雇主养老金计划缴款的 25%。因此，当公司的养老金计划已经超额出资时，对养老金和 401（h）计划的缴款是完全不允许的。公司至少有两种方式来资助退休人员的医疗福利：

（1）告知雇员养老金福利将会增加，为此雇员将承担自己的医疗支出。

（2）采用现收现付的方式，公司在雇员退休时支付他们的费用。

□ 增加担保品养老金福利方法

假设公司希望补偿其雇员从现在开始 n 年后支出的 1 美元医疗福利费用。如果追加养老金福利，雇员将在第 n 期收到应税养老金收入。按个人普通收入税税率缴纳税款后，雇员获得的税后医疗福利是 1 美元，因为该支出不能进行税收扣除。[2] 因此，在 n 期后，应税养老金福利金额是：

$$1/(1-t_{pn})$$

雇主提供该项福利的当期成本等于现在必须存入养老金计划的金额减去雇主从养老金缴款中获得的按 t_{co} 的税率计算的税款的价值。由于养老基金免税，其资产按税前收益率 R_{pen} 增长。因此，为了在 n 期后积累 $1/(1-t_{pn})$ 美元，每期雇主必须向该养老基金存入如下金额的款项：

$$\frac{1}{1-t_{pn}} \times \frac{1}{(1+R_{pen})^n}$$

由于养老金账户缴款可进行税收扣除，这种计算将导致[3]

$$\text{雇主现时税后成本 } C \equiv \frac{1}{1-t_{pn}} \times \frac{1}{(1+R_{pen})^n} (1-t_{co}) \tag{9.7}$$

---

① 参见《退休人员医疗保险：雇主对提前退休人员提供的健康福利的侵蚀》（1997 年 7 月 11 日），文件编号：HEHS-97-150，美国政府会计局。参见政府会计局网址：www. gao. gov。

② 正如第 8 章讨论的那样，在美国，医疗费用可以作为分项扣除，只要满足以下条件：总额超过纳税人调整毛收入的 7.5%，或分项扣除超过可选择的标准扣除。

③ 推导式（9.7）的方法是算出下式中的 C（退休后向雇员提供的 1 美元的现时成本）：$\frac{C}{(1-t_{co})}$ $(1+R_{pen})^n$ $(1-t_{pn})=1$ 美元。对公司而言，向养老金计划缴纳的 C 款项是可以扣除的，该缴款按 R_{pen} 的收益率增长 n 期，之后在雇员提取时征税，整理后得到式（9.7）。

税收与企业经营战略：筹划方法（第五版）

假设雇主希望在雇员 30 年后退休时为其提供 1 美元的医疗福利。退休人员的预期退休税率为 28%，雇主的现行税率为 35%，养老基金每年的投资收益率为 10%。雇主现时需要缴付多少退休金，才可在 30 年后向退休人员提供 1 美元的税后退休金？将参数值代入式（9.7），税后当期缴款为 5.17 美分。也就是说，公司缴纳 5.17 美分的税后利润，即 7.95 美分的税前利润，该利润将在 30 年内以 10% 的速度增长，最终达到 1.39 美元。而退休人员将 1.39 美元提取出来后，将以 28% 的税率缴纳税款，最终得到 1 美元。

□ 现收现付法

在没有通过符合税收条件的信托基金预先为福利提供资金的情况下，雇主通常不会获得当期的税收扣除。相反，雇主在未来支付福利金时可以获得税收扣除。如果该福利是通过集团健康福利计划作为附加福利提供给雇员的，那么通常情况下，该雇员在收到该福利时无须缴税。因此，雇主在 n 期内只需要支付 1 美元就履行了义务。如果雇主在此期间能以每年 r_c 的税后收益率将资金投入公司账户，则雇主的当期成本或现值为：

$$\frac{1-t_{cn}}{(1+r_c)^n} \tag{9.8}$$

如果养老金缴款的当期成本小于现收现付法缴纳的当期成本，那么通过养老金账户提前出资是较好的选择，即

式（9.7）＜式（9.8）

$$\frac{1}{1-t_{pn}} \times \frac{1}{R_{pen}^n}(1-t_{co}) < \frac{1-t_{cn}}{(1+r_c)^n}$$

经整理后为

$$\frac{1-t_{co}}{(1-t_{pn})(1-t_{cn})} \times \frac{(1+r_c)^n}{(1+R_{pen})^n} < 1 \tag{9.9}$$

注意一个特殊情况，雇主的税率不随时间变化，如果以下条件成立的话：

$$\frac{(1+r_c)^n}{1+R_{pen}} < 1-t_{pn} \tag{9.10}$$

养老金出资方式成本更低。如果 $r_c = R_{pen}$，不提前缴纳的方案更有利，因为它允许雇员取得免税的福利，而养老金收益是应税的。

什么时候可能出现 $r_c = R_{pen}$？在雇主是免税实体时，例如大学或非营利性医院，或当应税雇主将闲置资金投资于不发生任何隐性税收的现金价值人寿保险单时。另外一个 r_c 可能接近 R_{pen} 的例子是，公司以投资于自己的普通股来设立健康医疗计划。由于美国公司持有本公司普通股收取的股利或资本利得不用交税，因此在普通股承担了隐性税收时，股票的风险调整后的税后收益将会低于债券的税前利率。

但是，假设 $r_c < R_{pen}$，那么必须在两种情况之间做出权衡：一种是通过预付养老金以获得较高的税后收入，另一种是不向该计划提供资金，而向雇员提供免税福利。例如，假设 $r_c = 7\%$，$R_b = 10\%$，雇主的税率随时间保持不变。在表 9-4 中，我们展示了雇员在时间为 n，税率是 t_{pn} 时，养老金计划比不缴款方案要好。在 t_{pn} 较高的情况下，放弃医

疗福利的免税优势成本太高。请注意，由于免税投资的优势变得更加重要，越长期的投资越有利于通过养老金账户提前缴款。

表 9-4　　　　　　雇员的税率 t_{pn}，低于该值时养老金计划出资与公司离职时
付款法下的退休人员健康福利计划出资

n	$\dfrac{(1+r_c)^n}{(1+R_{pen})^n}$	t_{pn}
5	0.870 9	0.13
10	0.758 5	0.24
20	0.575 2	0.42

说明：$n=$ 以年为单位的期限；
$R_{pen}=10\%=$ 养老基金投资收益率；
$r_c=7\%=$ 公司投资的税后收益率，假设雇主的税率在期限内不变（$t_{co}=t_{cn}$）。

□ 与出资决策有关的其他因素

（1）未来的医疗费用是不确定的。如果使用了补充养老金计划，而非不缴款计划或 401(h) 计划，则雇员必须承担这种风险。

（2）在不缴款计划中，雇员要承担违约的风险。例如，公司雇主的杠杆收购，可能会让雇员面临此类无资金支持债务违约的巨大风险。

（3）提高雇主税率有利于不缴款计划：税收扣除可在更高的税率下获得。

（4）对于税率较高的雇员来说，不缴款计划更可取。因此，当劳动力主要是白领而不是蓝领时，不缴款计划可能更有优势。

（5）存在许多与实施 401(h) 计划有关的管理成本。这些成本可能使不缴款计划比 401(h) 计划更可取，即使后者是可行的。例如，免税实体通常会发现不缴款计划比 401(h) 计划更可取。

9.7　雇员股权计划

雇员股权计划（ESOP）是一种特殊类型的固定缴款计划，类似于个人退休账户、基奥账户或 401(k) 计划。ESOP 在 20 世纪 80 年代末就很流行，但由于一些税收规则的变化，自那以后，ESOP 的受欢迎程度有所下降。因为创建于 20 世纪 80 年代末的 ESOP 至今仍然存在，我们在此简单讨论。截至 2010 年，共有 6 968 个雇员股权计划，覆盖 1 029.8 万活跃参与者，持有 9 155.06 亿美元资产（相比之下，所有私营部门养老基金的总资产为 6.3 万亿美元）。在这 6 968 个计划中，3 899 个是非举债经营的，3 069 个是举债经营的（在下面的讨论中定义）。我们还将看到，确定使用 ESOP 的税收和非税收动机是多么困难。

与其他固定缴款计划一样，公司每年向雇员股权计划提供可税前扣除的缴款。雇员股权计划通常用于购买公司股票，或偿还计划启动时用来购买公司股票所借的债务。每

年，雇员都分配到免税公司的股份，且任何投资收益在雇员股权计划内都是免税的。当雇员在工作期间从雇员持股计划中获得股息分配时，当他们在退休期间从雇员持股计划中获得其他分配时，或者当他们以其他方式离开公司并从计划中"套现"时，他们都要交税（然而，当雇员离开公司时，他们可以将其 ESOP 股份转入个人退休账户，以继续递延缴纳任何税款）。与大多数固定缴款计划不同，雇员股权计划主要投资于制订该计划的公司的股票，这通常意味着雇员股权计划必须至少以其资产的 50% 持有计划发起公司的股票。对公司股票的投资使雇员的财富集中在公司，增加了雇员承担的风险——雇员股权计划和 401(k) 计划的非税成本。

与其他固定缴款计划不同的是，雇员股权计划可以通过借款购买公司股票，为公司在贷款期限内向雇员发放的股票数量预先提供资金。这种计划被称为"杠杆式 ESOP"。"由于公司对雇员股权计划提供了资金，债务得到了偿还，股票被记入了雇员的账户。而且，合格的贷款人可以将他们从雇员股权计划贷款中获得的利息的 50% 排除在外。[①] 如果贷款市场具有竞争性，且没有与 ESOP 贷款相关的特殊成本，则 ESOP 贷款经风险调整后的税前收益率将由以下关系给出：

$$R_{EL}(1-0.5t_c) = R_b(1-t_c)$$

即

$$R_{EL} = R_b(1-t_c)/(1-0.5t_c) \tag{9.11}$$

这里 R_b 是等值贷款的完全应税税率。因此，如果公司的边际税率是 34%，这就意味着贷款利率将是完全应税税率的 79.5%。Shackelford（1991）将雇员股权计划贷款的实际利率 R_{ELA} 与理论利率 R_{EL} 进行了比较，计算出来的贴现率如下：

$$\text{贴现率} = (R_b - R_{ELA})/(R_b - R_{EL}) \tag{9.12}$$

Shackelford 估计，如果出于某种原因，贷款人没有资格享受 50% 的免税待遇，那么 R_b 就是 ESOP 贷款协议中规定的利率——也就是说，如果 ESOP 贷款的利息对贷款人而言是完全应税的，那么该利率就是 ESOP 贷款利率。贴现率是指借款人享受税收优惠的百分比。Shackelford 发现，贴现率平均在 67% 到 79% 之间。另一种说法是，贷款机构保留了 21% 到 33% 的税收利益。Shackelford 指出，国会已觉察到贷款人保留了太多的税收利益，这导致国会在 1989 年税收法案中对贷款利息 50% 不计列的条款加强约束，该条款中作为贷款人的雇员股权计划是发起公司的最大股东。Shackelford 还提出了与税收客户一致的证据，即贷款人是高边际税率的公司。

根据 1986 年的税收法案，ESOP 的最终税收利益是，公司可以扣除用于偿还 ESOP 贷款或直接支付给雇员的股息。在税收法案 404(k) 下，如果符合以下条件之一，公司可将支付给 ESOP 的股利进行税收扣除：（1）股利以现金直接支付给 ESOP 参与者；（2）股利支付给 ESOP，再由 ESOP 将股利在该计划年度终止前 90 天内分配给参与者；（3）用股利来偿还该计划贷款。Scholes 和 Wolfson（1990）对 ESOP 支持者声称的税收利益（包括股息扣除）进行了严格的审查，并提出了一个很好的例子来说明，即税收利益可以

---

① 有资格的 ESOP 贷款人的第 133 节利益排斥规则首先受到 1989 年《收入和解法》（RRA）的限制。该法案将贷款期限限制在 15 年，并且一般要求 1989 年 7 月 10 日以后发放的贷款。ESOP 拥有 50% 以上的每一类股票以及所有该公司未偿还股票的总值。1996 年《小型企业工作保护法》第 1602（a）条废除了这种排斥规则。1996 年 8 月 10 日后存在的贷款可被遗赠，将受到第 1602（c）条中某些具有约束力的承诺和融资规则的约束。

通过其他组织安排获得。

他们认为，非税原因很可能是 ESOP 受欢迎的原因之一——或许也是最重要的原因——即它被有效地用于阻止敌意收购，尤其是在特拉华州内。[①] 在 1989 年年初，宝丽来公司（Polaroid）在特拉华州衡平法院的诉讼中（Delaware Chancery Court）赢得了一项重要判决。该判决支持宝丽来公司在三叶草控股公司（Shamrock Holdings）发起敌意收购之前，将其 14% 的股票发行给了 ESOP。雇员股权计划帮助宝丽来公司的管理层击败了三叶草控股公司对其股票的出价收购，因为宝丽来公司的全部雇员投票支持管理层。特拉华州的法律规定，除非公司能获得目标股东 85% 的投票权，否则在收购目标公司 15% 的股份后，公司必须等待 3 年才能与目标公司合并。如果收购方计划用目标公司的资产作为中期或长期贷款的抵押品，那么等待期可能会给收购方带来巨额成本。公司经理可能会建立雇员股权计划，因为他们相信雇员股东比外部股东更有可能投票支持他们。

宝丽来公司将雇员持股作为一种成功的收购防御机制，激发了大家对雇员股权计划的极大兴趣。雇员股权计划已被公司用来将公司分支机构出售给雇员，私人公司的所有者通过将其股票出售给雇员股权计划来递延所发生的资本利得税，将利息支付分配到国内，以规避外国税收抵免限制[②]，取代现有的固定收益养老金计划，取代其他类型的固定缴款计划，并取代退休后的医疗保健计划。在用雇员股权计划代替退休人员健康医疗计划时，要求雇员以其雇员股权计划中的收益来支付自己退休后的健康医疗费用，在退休后医疗保健计划中，雇员持股是一种由雇主公司预先出资成立、但以增加雇员健康医疗费用的风险为代价的形式。正如前一节所讨论的，提前向计划缴款并不总是有税收优势。

Beatty（1995）研究了股票市场对公司宣布的雇员股权计划结构的反应，她发现：（1）股票收益与估计的雇员股权债务税收收益正相关；（2）ESOP 宣布被收购公司的股票收益率为负，说明 ESOP 的公司机制选择非常重要；（3）有证据表明 ESOP 与企业生产率的提高有关。

总而言之，雇员股权计划提供了一种养老金储蓄方式，可以替代传统的符合税收要求的退休计划，后者向雇员提供公司的所有权权益。雇员所有制可能会提高公司的生产率，因为雇员利益会更好地与公司的其他股东保持一致。但这种报酬安排可能会以牺牲其他更有效的形式（不考虑税收）为代价，这既是出于风险分担的原因，也是出于激励的原因。而且，如果雇员股权计划必须进行再融资，以便从离职雇员手中回购股票，将会产生严重影响决策的高额的非税成本。最初缴纳给信托公司的股份最终必须变现，而完成这项任务可能会产生高昂的交易成本，尤其是对小型企业而言。

税收与企业经营战略：筹划方法（第五版）

_____

① 大约有一半在纽约证券交易所上市的公司都是在特拉华州注册成立的。

② 正如我们将在第 10 章和第 11 章见到的，1986 年税收改革法案使得外国税收抵免限额前所未有地引人关注，美国规定，外国税收抵免等于外国来源应税所得除以全球收入乘以美国对全球收入课税的税率。增加抵免限额的一个方法是增加外国来源收入占全球收入的比重。税法法典 816 款规定：国内债务产生的利息必须部分分配给国外的经营活动，这减少了前述算式中的外国来源收入，雇员股权计划的债务利息可以允许 100% 分配于国内收入，这就增加了外国来源收入，从而增加了允许的外国税收抵免。

1. 为了鼓励退休储蓄，许多国家对养老金报酬给予税收优惠。在美国，雇主可以立即从养老金缴款中获得税收扣除，而雇员只有在退休后领取退休金时才会被征税。此外，符合条件的养老金信托基金是免税的，因此信托基金的收益可以免税累积。

2. 养老金计划有两大类：固定收益计划和固定缴款计划。在固定收益计划中，雇员的退休福利是由合同规定的规则确定的，雇主承诺将提供多少资金和何时提供资金，会有相当大的不确定性。在固定缴款计划中，雇主的养老金计划缴款按合同规定的规则确定，视养老基金投资的表现而定，但雇员将领取多少退休金则有相当大的不确定性。

3. 即使不考虑非税因素，养老金作为一种报酬选择并不总是占主导地位。特别是，如果雇员的税率预计会随着时间的推移而上升，那么当期的报酬可能更可取。

4. 考虑到非税因素，当期的报酬有时比养老金更受青睐，因为养老金计划可能会迫使一些雇员推迟消费，可能超出他们的意愿。

5. 不符合条件的递延报酬安排通常比符合条件的安排（如养老金计划）享受到的税收优惠更少。在不符合条件的安排中，雇主不仅必须推迟减税时间，而且必须对雇主用于资助不合格递延报酬的资产收益征税。然而，与养老金计划相比，递延报酬计划面临的税收规则限制要少得多，这使得它们在更广泛的情况下具有吸引力。特别值得一提的是，该计划对高薪雇员普遍适用，这些雇员在缴纳符合条件的退休计划时受到约束。

6. 尽管养老金计划缴款投资于承担很少的隐性税收的资产，如债券和其他有息证券等具有税收优势，但相当大一部分养老金计划缴款投资于税收优惠资产，如股票和房地产，因为许多这些税收优惠资产也是有风险的。这种投资战略只有在承担各种战略投资的大量交易成本以及希望投资于风险资产以赚取风险溢价的愿望存在的情况下才是明智的。在没有交易成本的情况下，这些风险溢价通常可以通过借款投资于退休金计划以外的风险资产，并在退休金计划中持有附息证券，以一种税收优惠的方式获得。

7. 与固定缴款养老金计划相比，固定收益计划的一个优点是公司能够"超额出资"。当雇主的税率随时间而下降时，以及当养老金计划按规定的税后收益率与雇主在养老金计划以外的边际投资的税后收益率之差最大时，这种优势最大。

8. 在美国，退休人员的健康福利可以通过多种方式得到资助。最具有税收优势的是401（h）计划或集体议价计划，但这些安排的可行性受到限制。这些计划允许对预付款进行税收扣除，对计划资产的投资收益复利免税，以及对雇员退休后领取的福利免税。

9. 为退休人员的医疗福利提供资金的另一种方式包括提高退休金福利，以换取退休人员承担自己的医疗费用，以及现收现付计划的实施。现收现付计划是指雇主在雇员退休时支付他们的费用。退休金计划替代方案的好处是，雇主可以提前获得税收减免，并可以在养老金信托中免税累积资金。不缴款计划的好处是雇员可以免税获得退休福利，因为退休人员的健康福利可以作为免税医疗福利计划的一部分。雇员退休时的税率越高，雇主未来的税率相对于当前税率越高，养老金计划中投资回报免税复利的好处越少，非缴款方案越具有吸引力。

10. 雇员股权计划（ESOP）是一种固定的缴款计划，主要代表雇员的利益投资于雇主公司发行的证券。

11. ESOP适用特殊税收规定。例如，雇员股权计划所持有的雇主股票所支付的股息，以及分配给雇员的股息，公司都可以免税。此外，用于购买雇主股票的某些雇员股权计划贷款的一半利息免税，但根据《1989年税收法案》，只有持有大部分雇主股票的新雇员股权计划融资才可享受这一优惠。然而，从1996年开始，这项利息豁免被取消。

12. 经常被传言可能被收购的公司会采用

ESOP。通过将股票锁定在可能被认为是友好的人手中，ESOP 增加了管理层的收购防御武器。事实上，ESOP 相对于其他组织安排似乎不是唯一提供税收或激励福利的，它们在 20 世纪 80 年代末之所以受欢迎很可能是由于它们的反收购特征。

附录 9.1　消费税的含义

下面是一个有趣的投资规划问题。在 1986 年至 1996 年期间，纳税人在符合条件的退休计划中积累了大量资金。我们之所以在此讨论它，是因为它提供了税收如何影响冒险激励的另一个例证。TRA 86 引入了新的 15% 的消费税，它适用于参与者从所有合格计划〔包括 IRA 账户、401(k) 计划以及超过了上限的固定收益计划〕中取得的超过以下两个金额中的较大者的各种收益——根据 1986 年后通胀指数折算为 15 万美元和 12 万美元。消费税明显降低了在养老金计划中积累资金的好处。除了对退休金计划分配超过 15 万美元的部分征收常规税外，还要额外征收 15% 的消费税。因此，面对 30% 税率的养老金受益人，要按超额养老金分配 45% 的税率纳税。1997 年《纳税人救济法案》废除了消费税，于 1996 年 12 月 31 日之后生效。

当养老基金分配的税率超过了当前工资收入的税率时，纳税人必须权衡投资养老金账户的税前收益率与养老金收入较高的税率孰优孰劣。例如，假设一个纳税人目前面临 30% 的税率，而退休时预计将面临 40% 的税率。养老金投资每年的收益率为 10%，个人投资的税后收益率为 7%。

如果投资期限为 10 年，1 美元当期工资将以 7% 的税后收益率进行再投资，结果是：

$$1 \times (1-0.30) \times 1.07^{10} = 1.38 \text{（美元）}$$

当期 1 美元养老金缴款按 10% 的收益率投资，结果是：

$$1 \times 1.10^{10} \times (1-0.40) = 1.56 \text{（美元）}$$

尽管退休时的税率很高，但这一数字还是比目前的工资高出 13%，但如果在 40% 的常规税率基础上再加 15% 的税，税后养老金累加将降至 1.17 美元，比工资累加少 0.21 美元。

然而，请注意，投资范围的增大可能使养老金的免税复利克服这些不利因素，即使征收 15% 的消费税也是如此。例如，在 20 年的期限内，税后工资将累积到 2.71 美元，即 1 美元 × $(1-0.30) \times 1.07^{20}$，而养老金将累积到 3.03 美元，即 1 美元 × $1.10^{20} \times (1-0.40-0.15)$。所以养老金收益现在比以前提高了 12%。[1] 20 年的期限并不像乍看上去那么长。毕竟，大多数养老金是在退休人员的一生中周期性地取出的，而不是在退休时一次性取出。[2]

对超额缴款征收 15% 的消费税可能抑制了对风险资产的投资。例如，考虑一个纳税人的例子，如果他将养老基金投资于无风险债券，那么他将积累的金额刚好低于引发 15% 消费税的水平。相反，如果纳税人将养老基金投资于股票，并实现了高收益率，那么高于无风险债券收益率的收益就需要缴纳消费税。然而，如果股票表现不佳，纳税人就可以逃避消费税。这种不对称的税收待遇本可以促使纳税人在养老金账户上进行更为保守的投资。如第 6 章所述，累进税率会导致纳税人在决定基金投资政策时规避风险。

---

① 然而，留意到一次性付清递延年金的金额累积到 3.11 美元，也就是 1 美元 × $(1-0.30) \times [1.10^{20} \times (1-0.40)+0.40]$。这一结果比养老金累积金额高 3%。年税前收益率仅为 9.5% 的 SPDA 形成的累积会是 2.86 美元。

② 在美国，一些特殊的税法适用于从某些退休计划中一次性提款。由于可以取得税收优惠待遇，一些退休人员会选择一次性提款。

问题讨论

1. 固定缴款退休金计划与固定收益退休金计划的主要区别是什么?

2. 什么时候对公司有利的税收是支付工资而不是等值的养老金缴款?

3. 为雇员提供养老金福利的非税成本是多少?

4. 在什么情况下,投资于养老基金以外的收益会大于投资于养老基金内部的收益?

5. 养老金缴款保留在养老金账户内的时间长短如何影响养老金是否优于工资?在什么情况下,养老金投资期限无关紧要?

6. Black-Tepper 股票和债券谜题与养老金计划有什么关系?在 1986 年税法颁布后,公司在其养老金账户中持有债券是否仍有税收优势?

7. 就养老金计划而言,术语"超额缴款"是什么意思?超额缴款退休金计划对公司和雇员分别有什么好处和坏处?

8. 精算师在决定该基金是超额缴款还是缴款不足时扮演了什么角色?这一角色如何影响养老基金的动态税收筹划策略?

9. 在选择通过养老金计划补偿雇员与递延报酬计划补偿雇员之间,税收和非税因素各是什么?

10. 决定退休人员医疗福利是否应该提前缴款的因素是什么?

11. 什么是雇员股权计划?为什么国会多年来一直鼓励使用它们?

12. 有人声称 ESOP 存在三种税收优势:公司对 ESOP 缴款或偿还 ESOP 贷款的本金可税前扣除;合格的银行从计划贷款所取得的利息的 50% 可免税;在某些情况下,ESOP 持有股票的股息支付可税前扣除。你同意这些说法吗?

练习题

1. 假设一家公司目前面临 35% 的税率,但预计未来税率将降至 20%。雇员目前平均面临 31% 的边际税率,但预计 15 年后退休时税率将降至 20%。该公司养老金投资的税前利润为 12%,公司账户税后利润为 10%。雇员的投资税后平均收入为 10%。在工资、养老金和递延报酬中,哪一种更加具有税收优势?解释你的结果。

2. 假设一家公司有固定收益养老金计划,对普通收入征收 35% 的边际税率。该公司可以赚取或发行收益率为 12% 的全额应纳税债券,也可以购买收益率为 18% 的股票。描述并举例说明该公司的 Black-Tepper 套利策略对公司的好处,假设该公司对 18% 的股票投资不纳税。解释你的结果。

3. 假设一家公司有固定收益养老金计划,对普通收入征收 35% 的边际税率。该公司可以赚取或发行收益率为 12% 的全额应纳税债券,也可以购买收益率为 18% 的股票。该公司股票投资的年度公司税税率 t_{cs} 为 25%。描述和说明该公司的 Black-Tepper 套利策略的税收收益。

4. 假设雇主希望向雇员提供 1 000 美元,以便通过一种更优厚的养老金计划在 25 年后雇员退休时支付医疗福利。退休人员退休后的预期税率为 20%,雇主目前的税率为 35%,养老基金每年投资收益为 12%。雇主现时需缴付多少退休金,才可在 25 年内为退休人士提供税后 1 000 美元的退休金?

5. 雇主希望在工人退休时为他们提供医疗福利。该公司目前面临 35% 的边际税率,预计未来也将面临这一税率。雇员目前面临的平均税率为 31%,预计退休后税率将下降至 20%。该公司在其养老金账户中获得 12% 的税前收益,而在其自身运营中获得 15% 的税前收益。雇员到退休时的平均期限是 20 年。该公司正考虑通过增加养老金福利或现收现付的方式为承诺的退休人员医疗费用提供资金。根据现收现付法,雇员的福利将作为附带福利的一部分提供，雇主可从福利中扣除税款，雇员在收到福利后不需缴税。哪种选择——增加养老金福利或现收现付的方式——更受税收青睐？

税收筹划的问题

1. 假设纳税人根据税法获得了退休基金的重新选择的机会。新的选择要求他们放弃现行的养老金计划的税收扣除。而从计划分配给受益人的款项也将免税。

通常的规则规定，养老金计划缴款可按现行税率计算可扣除税额，养老金计划分配应按个人普通收入税税率全额征税。缴款减税和分配增税的税率可能不同，因为它们发生在不同的时间点。

a. 谁更喜欢新的选择？

b. 政府征收的税款在短期内会有什么变化？从长远来看，又将如何？

c. 通过养老金账户进行的储蓄总额可能会发生什么变化？

d. 与养老金计划缴款导致当前税收扣除和养老金计划分配的新方案相比，新方案将如何征税？

e. 新选择与下面的计划相比如何？

● 养老金计划的缴款引起了当期的税收扣除。

● 养老金计划的发放是按照发放时适用的个人普通收入税税率征收的。

● 分配税的税率高于（低于）供款可抵扣的税率，纳税人获得税收抵免或缴纳相当于税率差额乘以养老金计划供款的税率的附加税。

2. 一家盈利公司的首席财务官要求你向他的公司解释超额缴款固定收益养老金计划的好处（如果有的话）。这些优势对一个拥有固定供款养老金的公司来说是自然产生的吗？

3. 一家公司目前的固定收益养老金计划资金过多，现金短缺。首席财务官（CFO）正在考虑终止既定的福利计划，以夺回"过剩资产"。该公司将用固定缴款计划取代固定收益计划，继续向雇员提供养老金福利。计划中的首席财务官的税收和非税成本与收益是什么？公司有什么终止合同的可行方案？简单地比较一下这些方案与终止计划。

4. 一家新成立的公司想为它的雇员建立一个养老金计划。公司聘用你准备一份报告，比较固定收益养老金计划和固定缴款养老金计划。公司还需要你的推荐，告诉他们哪种方案更适合他们。你会了解到公司未来的盈利能力可能会大幅变动——有时是巨额利润，有时可能是亏损。你还了解到公司是一个积极的税务规划师，你会推荐什么样的养老金计划？解释你的推理。

5. 附表可用于对工资、递延报酬和养老金作为一项职能的可取性进行配对比较。

a＝当前和未来雇主的边际税率；

b＝当前和未来雇员的边际税率；

c＝雇主和雇员能够实现的投资收益率；

n＝递延支付报酬的时间。

使用该表回答下列问题，并解释该表如何使您能够确定答案。

工资、递延报酬与养老金

		a	0.80	0.80	0.80	1.00	1.00	1.00	1.20	1.20	1.20
		n	5	10	20	5	10	20	5	10	20
b	c					$a/(bc^n)$ 的值					
0.70	0.98		1.26	1.40	1.71	1.58	1.75	2.14	1.90	2.10	2.57
0.70	1.00		1.14	1.14	1.14	1.43	1.43	1.43	1.71	1.71	1.71
0.70	1.02		1.04	0.94	0.77	1.29	1.17	0.96	1.55	1.41	1.15

b	c	a：0.80 n：5	0.80 10	0.80 20	1.00 5	1.00 10	1.00 20	1.20 5	1.20 10	1.20 20
					$a/(bc^n)$ 的值					
0.80	0.98	1.11	1.22	1.50	1.38	1.53	1.87	1.66	1.84	2.55
0.80	1.00	1.00	1.00	1.00	1.25	1.25	1.25	1.50	1.50	1.50
0.80	1.02	0.91	0.82	0.67	1.13	1.03	0.84	1.36	1.23	1.01
0.90	0.98	0.98	1.09	1.33	1.23	1.36	1.66	1.48	1.63	2.00
0.90	1.00	0.89	0.89	0.89	1.11	1.1	1.11	1.33	1.33	1.33
0.90	1.02	0.81	0.73	0.60	1.01	0.91	0.75	1.21	0.09	0.90
1.00	0.98	0.89	0.98	1.20	1.11	1.22	1.50	1.33	1.47	1.80
1.00	1.00	0.80	0.80	0.80	1.00	1.00	1.00	1.20	1.20	1.20
1.00	1.02	0.72	0.66	0.54	0.91	0.82	0.67	1.09	0.98	0.81
1.10	0.98	0.80	0.89	1.09	1.01	1.11	1.36	1.21	1.34	1.63
1.10	1.00	0.73	0.73	0.73	0.91	0.91	0.91	1.09	1.09	1.09
1.10	1.02	0.66	0.60	0.49	0.82	0.75	0.61	0.99	0.89	0.73
1.20	0.98	0.74	0.82	1.00	0.92	1.02	1.25	1.11	1.22	1.50
1.20	1.00	0.67	0.67	0.67	0.83	0.83	0.83	1.00	1.00	1.00
1.20	1.02	0.60	0.55	0.45	0.75	0.68	0.56	0.91	0.82	0.67
1.30	0.98	0.68	0.75	0.92	0.85	0.94	1.15	1.02	1.13	1.38
1.30	1.00	0.62	0.62	0.62	0.77	0.77	0.77	0.92	0.92	0.92
1.30	1.02	0.56	0.50	0.41	0.70	0.63	0.52	0.84	0.76	0.62

说明：$a=(1-t_{co})/(1-t_{cn})$；$b=(1-t_{po})/(1-t_{pn})$；$c=(1+r_1)/(1+r_2)$。

t_{co} 和 t_{cn} 分别是雇主现时和未来的边际税率，这样 $a>1$（$a<1$）意味着预期雇主的税率将上升（下降）。

t_{po} 和 t_{pn} 分别是雇员现时和未来的边际税率，这样 $b>1$（$b<1$）意味着预期雇主的税率将上升（下降）。

n 表示时期数（即雇佣合同的时间长度）。

r_1 和 r_2 表示利率；精确的定义随表格所用于报酬比较的不同而变化。

回答问题之前回顾第 8 章以下内容，如果

$$\frac{(1-t_{po})(1+r_{pn})^n}{(1-t_{pn})(1+r_{cn})^n} > \frac{(1-t_{co})}{(1-t_{cn})} \tag{8.2}$$

工资将比递延报酬好。给定表中 a、b 和 c 的定义，(8.2) 式可写成：

$$bc^n>a$$
$$=a/bc^n<1$$

再定义 c，$r_1=r_{pn}$ 和 $r_2=r_{cn}$。

a. 如果 $r_1=r_{pn}$ 且 $r_2=r_{cn}$，表值大于 1.00 则告诉你工资合意度的什么信息？与递延报酬做比较。

b. 表中哪部分即哪些行和列与工资和养老金的比较有关？在这种情形下，r_1 和 r_2 的合适定义各是什么？表值大于 1.00 告诉你什么？

c. 表中哪部分和养老金的比较有关？在这里，r_1 和 r_2 合适的定义各是什么？表值大于 1.00 告诉你什么？

你有几个公司客户，他们请你在员工报酬方案的设计方面提供税收筹划帮助。你的客户有三种类型，每种类型的客户又有 7 种类型的雇员。

雇主客户	t_{co}	t_{cn}
（1）免税	0%	%
（2）NOL 向前结转的公司	22%	35%
（3）现在盈利但预期将来会亏损的公司	35%	19%

雇员	t_{po}	t_{pn}
（1）维修工人	15%	15%
（2）参加一些职业进修的年轻雇员	28%	40%
（3）退休储蓄较少又将要退休的高级经理	40%	15%
（4）临近退休的中高收入雇员	31%	15%
（5）预期会适度升职的中等年龄非管理层雇员	34%	40%
（6）预期将被降级的高薪低层管理人员	40%	33%
（7）雇佣第 1 年在 10 月至 12 月以及其后每年工作 12 个月的 MBA 学生	20%	40%

d. 对 $r_p = r_c = R_{pen}$ 的情形，你将推荐将边际报酬资金分配给哪些雇员/雇主/雇主合同期限三者的组合？

①工资；

②递延报酬；

③养老金。

e. 只考虑雇主客户（3）与雇员（1）、（3）和

（7）。如果 $r_p = r_c$，且 R_{pen} 超过 r_c 大约 2 个百分点，你将推荐将边际报酬资金分配给哪些雇员/雇主/雇主合同期限三者的组合？

①工资；

②递延报酬；

③养老金。

参考文献

Beatty, A., 1995. "The Cash Flow and Informational Effects of Employee Stock Ownership Plans," *Journal of Financial Economics*, pp. 211–240.

Black, F., 1980. "The Tax Consequences of Long-Run Pension Policy," *Financial Analysts Journal* (July–August), pp. 1–28.

Bodie, Z., J. Light, R. Morck, and R. Taggert, 1987. "Funding and Asset Allocation in Corporate Pension Plans: An Empirical Investigation," edited by Z. Bodie, J. Shoven, and D. Wise. *Issues in Pension Economics*. Chicago IL: University of Chicago Press, pp. 15–44.

Chang, S., and D. Mayers, 1992. "Managerial Vote Ownership and Shareholder Wealth: Evidence from Employee Stock Ownership Plans," *Journal of Financial Economics*, pp. 103–131.

Chuk, E., 2013. "Economic Consequences of Mandated Accounting Disclosures: Evidence from Pension Accounting Standards," *The Accounting Review* (88, 2), pp. 395–427.

Clinch, G., and T. Shibano, 1996. "Differential Tax Benefits and the Pension Reversion Decision," *Journal of Accounting and Economics* (1), pp. 69–106.

Francis, J., and S. Reiter, 1987. "Determinants of Corporate Pension Funding Strategy," *Journal of Accounting and Research* (1), pp. 35–59.

Frank, M., 2002. "The Impact of Taxes on Corporate Defined Benefit Plan Asset Allocation," *Journal of Accounting Research* (4), pp. 1163–1190.

Gordon, L., and J. Pound, 1990. "ESOPs and Corporate Control," *Journal of Financial Economics*, pp. 525–556.

Mittelstaedt, F., 1989. "An Empirical Analysis of Factors Underlying the Decision to Remove Excess Assets from Overfunded Pension Plans," *Journal of Accounting and Economics* (4), pp. 369–418.

Mushruwala, S., 2007. "The Impact of Accounting Smoothing on Asset Allocation in Corporate Pension Plans: Evidence from the U.K.," Working Paper, New York: Baruch College.

Peterson, M., 1989. "Pension Terminations an Worker-Stockholder Wealth Transfers," Working Paper, Boston, MA: Department of Economics, MIT.

Peterson, M., 1996. "Allocating Assets and Discounting Cash Flows: Pension Plan Finance" in *Pension, Savings, and Capital Markets*, edited by P. Fernandez, J. Turner, and R. Hinz. Washington, DC: U.S. Department of Labor, Pension and Welfare Benefits Administration, pp. 1–26.

Scholes, M., and M. Wolfson, 1990. "Employee Stock Ownership Plans and Corporate Restructuring: Myths and Realities," *Financial Management Journal*, pp. 48–58.

Shackelford, D., 1991. "The Market for Tax Benefits: Evidence from Leveraged ESOPs," *Journal of Accounting and Economics* (2), pp. 117–145.

Tepper, I., 1981. "Taxation and Corporate Pension Policy," *Journal of Finance* (March), pp. 1–14.

Thomas, J., 1988. "Corporate Taxes and Defined Benefit Pension Plans," *Journal of Accounting and Economics* (3), pp. 199–237.

Thomas, J., 1989. "Why Do Firms Terminate Their Overfunded Pension Plans?" *Journal of Accounting and Economics* (11, 4), pp. 361–398.

税收与企业经营战略：筹划方法（第五版）

第10章 跨国公司的税收筹划：导论和投资决策

学完本章后，你应能：

1. 描述区域税收和全球税收之间的差异。

2. 区分国外分支机构和国外子公司的税收待遇。

3. 进行基本的外国税收抵免的计算。

4. 理解 F 部分收入规则的含义。

5. 理解什么是反转交易实现。

6. 分析税收如何影响投资地点。

7. 评估在超额利润汇回或重新投资决策中的关键因素。

到目前为止，本书主要集中研究只涉及一个国家的税收制度的经营活动。当公司在不止一个国家从事生产经营活动时该如何征税？在这个日益全球化的市场中，公司经常在多个国家赚取收入，有时在国外挣得比国内还多，这有时是因为该公司建立在国内市场规模较小的国家。但即使公司位于拥有巨大国内市场的国家，如美国或日本，有时在全球经营也相当成功，以至于它们在国外挣得比在自己的国家更多，并在国外缴纳更多的税收。例如，可口可乐公司报告称，其饮料在 200 多个国家销售。2012 年其在全球获得的约 118 亿美元的税前收入中，约 82 亿美元是在美国以外的国家获得的。同样，可口可乐公司的收入税主要缴纳给了美国以外的国家。2012 年约 1.4 亿美元的税收缴纳给了美国以外的国家，而 2012 年在美国缴纳的税收总额是 2.1 亿美元。这种情形同样适用于世界各地的跨国公司。本田汽车公司（Honda Motor Co.）的总部设在日本，但在2011—2013 年，其在日本以外比在日本国内有更多的销售，获取了更多的税前收入，以及发生了更多当前的税收费用。当你想到这样的跨国公司如此复杂的研究和开发（R&D）、生产和销售流程时，你应该开始领会到，确定究竟多少收入应由相关国家征税具有复杂性。与会计不同，税收具有高度管辖权。每个国家都有自己的税收规则，这就带来了一种可能性，即多个国家对同一收入征税。本章和以后章节介绍当公司在多个国家从事生产经营活动时出现的一些关键的税务问题。

国际税收的基本问题是，当公司在海外投资或从事海外经营活动时，它们至少受到两个国家的税法约束。尽管世界税收制度有很多共同点，但在各个方面存在大量的差异。例如，各国边际税率可以从某些避税天堂国家实质上的 0% 变到某些高税率国家的 40%以上；国家之间对收入的定义也不尽相同；基于事物而不是收入 [如，增值税（VAT）]

征税的用途差异很大；公司可能只就国内收入征税，也可能就全世界收入征税。多个税收法律适用于跨国公司，可能导致跨国公司同样美元的收入被一个或超过一个管辖区域进行税收管辖，或者，在某些情况下，也会出现没有被纳入征税管辖的情形。

但税法的变化也带来了机遇。各国税法的变化提供了创新税收策略的沃土，其中许多涉及从高税率管辖区域转移到低税率地区的收入。在某些情况下，这种转换需要改变交易的物理结构，例如，一个工厂坐落在哪里。但在许多情况下，通过简单地改变交易的融资结构，例如，通过对可以享受税收优惠的国家子公司进行投资，就可以改善公司的税收待遇。

为什么各国有这么大的税法差异？其大多数起源于各国不同的政策目标。各国通常有几个国际税收政策目标。第一个目标是缓解对纳税人相同收入的双重（或更多）征税。外国税收抵免（foreign tax credit，FTC）是一个旨在减轻双重征税而设计的制度规定；不包括对外国来源收入进行征税是另外一个规定。第二个目标是提高国家作为一个投资和从事生产经营的区域的竞争力。第三个目标是通过鼓励出口，帮助国家实现国际收支平衡。第三个目标是否合意是一些经济学家争论的问题。税收通常被政府作为一种战略工具用来吸引某些类型的商业企业到其境内发展，以实现一定的经济目标。

本章和下一章会涉及许多本书前面提到的基本概念。当然，将收入从高税率管辖区转移至低税率管辖区的原则是国际税收中一个重要的概念。在决定投资地点时，隐性税收是一个非常重要的因素。虽然乍听起来可能很奇怪，但很多时候有人会觉得投资于避税天堂是没有意义的，我们将验证这样的结论。最后，正如所有其他税收策略一样，我们会强调所考虑策略的非税成本的重要性。

在你理解和领会国际税收筹划之前，你必须具备一些适用国际贸易的税法基础。本章10.1节论述这一基础知识。该基础的要素包括各国处理国际税收的方式、公司组织国外业务经营的方式，以及外国税收抵免的基础。10.2节和10.3节分别研究在何处投资的决定以及什么时候汇回利润的决定。

10.1 跨国公司税收的概述

在最基本的层面上，各国在两种主要的国际税收处理方法上进行选择：区域收入税收制度和全球收入税收制度。在区域收入税收制度（territorial tax system）下，国家仅对其境内所赚取的收入征税。虽然这听起来合乎逻辑，但正如我们将在第11章看到的那样，实际上确定收入来源是很困难的。在全球收入税收制度（worldwide tax system）下，一国通常对永久居民和国内公司的全球收入征税，并且通过外国税收抵免来减轻对外国来源收入的双重征税。虽然无论是实施区域收入税收制度的国家还是实施全球收入税收制度的国家都很常见，但我们仍然认为，最好把区域收入税收制度和全球收入税收制度当成某一领域的两端。大多数国家介于这两端之间。简言之，通常对于一个给定国家，究竟实施区域收入税收制度还是全球收入税收制度取决于它位于该领域的什么位置。美国通常被认为是一个实行全球收入税收制度的国家。其他大多数发达国家的税收制度接近另一端，即区域收入税收制度。例如，一些国家名义上对全球收入征税，但对外国收入提供广泛的税收豁免。例如，荷兰通过"参与豁免"对外国来源收入免税。在"参与豁免"制度中，来自国外子公司的一些股息和资本利得免征荷兰税收。在激烈的竞争中，各国继续实施它们的税收制度来吸引和留住高价值公司。最后，随着英国和日本成为放弃全球收入税收制度、实施区域收入税收制度的突出典范国家，区域收入税收制度也越来越受到世界各地的欢迎。

我们关注全球收入税收制度。为了开始我们的研究，我们必须区分两类纳税人，一是适用全球收入税收制度的纳税人，二是仅仅对其来源于美国的收入缴税的纳税人。美国政府对美国公民和美国公司的全球收入征税。[①] 对于美国公民，不管他们是否真的生活在美国，他们的全球收入都应被美国征税。外国居民，包括任何持有绿卡的被授予永久居民身份的人，通常是作为美国公民以同样的方式纳税。[②] 相反，美国仅就外国公司和非居民外国人来源于美国的收入或者被认为是"与美国贸易或业务实际关联"的收入征税。[③] 所以，尽管美国实施全球税收制度，但也只有美国公司、公民和居民外国人需要就全球收入纳税。外国公司和非居民外国人实际上实行的是美国区域收入税收制度。这里有一个实际操作是否可行的问题。即使美国愚蠢地试图使外国公司和非居民外国人适用全球收入税收制度，这样的税收制度也不可能被执行，而外交骚动毫无疑问会导致外国对美国公司和公民实施报复性税收。

听起来全球收入税收制度似乎不太公平。你也许会问，美国真的会对通用电气公司在巴西赚取的收入征税？而该项收入在巴西已经被课税。如果是，通用电气公司在巴西赚取的收入在企业层面将被征两次税，这样似乎会让通用电气公司相对于巴西本地企业而言处于竞争劣势。解决办法就是外国税收抵免。为了减轻对同一笔收入不止一个税收管辖权征税的影响，美国允许外国税收抵免制度，对已经支付给其他国家的税收允许抵免。尽管美国将对通用电气公司在巴西赚取的收入征税，但也将允许通用电气公司抵免其在美国缴纳的税款，因为通用电气公司将该税收支付给了巴西。然而，正如我们在本章和下一章将要看到的那样，外国税收抵免制度并不总能避免双重征税。事实上，外国税收抵免筹划反映了国际税收中存在的一些问题和机会。

□ 规避全球税收

存在一种普遍的误解，即一名美国公民，在华尔街或硅谷赚得数百万美元之后，她可以在避税天堂加勒比海居住，在海滩上度过她的余生，因为这种行为免税。这样的梦想和收入税本身一样古老。如前所述，美国对其公民的全球收入征税，即使那些公民永久迁出了美国。美国既不将外国来源收入剔除免税，即对适量的外国来源收入不免除美国税收，外国税收抵免也不会帮助美国公民隐瞒外国消极收入。其他减税策略包括建立

---

① 被称为"外国来源收入豁免金额"的例外是一些美国公民或侨居国外的居民赚取的外国来源收入（如，工资收入）可以免除美国税收。该免除的外国来源收入与通货膨胀挂钩，2013 年是 97 600 美元。此外，还豁免一定的住房成本。

② 也可以根据在美国"实质性居住"的原则将这些人归类为居民外国人，因此对其全球收入征税。实质性居住发生于，如果某人在当年至少有 31 天、当年和过去 2 年至少有 183 天在美国居住。在计算总天数时，第一年每天按 1/3，2 年后每天按 1/6 计算。特别规定对许多学生和外交官免除实质性的居住测试。双边税收协定对此也会产生影响。

③ 非居民外国人是指那些不是美国的永久居民，且不符合实质性测试条件的人。例如，住在德国的德国人对美国而言是一个非居民外国人，而一个全年居住在美国的德国公民则不是。

离岸公司或银行，但反滥用规则导致这些避税技巧大多数无效。

有时候，一些富裕的美国公民放弃其国籍，移居到避税天堂。[①] 然而，此举带来大量的税收和非税成本。甚至作为一名非公民，在美国逗留太久都会触及所谓的"实质性居住测试"，从而引发被美国就其全球收入再次征税的风险。在某些情况下，放弃他们的公民身份避免美国税收的人们，甚至被美国拒绝入境。此外，来自美国公司的收入仍然要缴纳美国税收。人们放弃美国国籍的主要收益在于未来资本利得和股息可以避免美国征收个人层面的收入税，以及可以降低在死亡时被课征房地产税的可能性。为了回应公众对媒体关于此类行为报道的愤怒，国会时常会实施所谓的移居国外的规则。例如，在2008年该法则再次强调，以至于在某些情况下，放弃美国国籍的人要承担特殊的个人出口税。出口税本质上是按市值计价的税收，人们被视为在移居国外的前一天已经按照公平市场价值出售了他或她所有的财产。

近期相当于改变国籍的公司被称为反转公司或移居国外公司。在本章以后将讨论反转问题，其中包括大量旨在阻止这些反转问题的税收规则设计。跨国公司即使没有反转，也还有其他的方法可以将收入转移到低税率地区。对于跨国公司，其收入转移到低税率地区会涉及这样的活动，例如将无形资产经营活动交给低税率管辖区的子公司，然后对高税率管辖区的子公司收取特许权使用费。结果是增加低税率管辖区的应税收入，并减少高税率管辖区的应税收入。基于财务会计的目的，如果两家子公司合并，那么，该特许权使用费通常不会出现在合并的财务报表中。运用美国公司子公司这一数据进行研究的结果显示，那些最有可能利用避税天堂的公司一般是那些规模巨大、有广泛的国际业务，以及拥有高强度研发活动的公司。[②]

像美国这样的高税率国家，总是试图通过制定各种转让定价和利息剥离的规则以减少资本和收入外逃。然而，尽管美国设置了无数的路障，避税天堂还是从美国和世界各地吸引了大量资本。据报道，开曼群岛银行持有1.5万亿美元的存款，瑞士银行控制了约4万亿美元别人名下的资产。据报道，在英属维尔京群岛，公司的数量与人的数量之比超过30比1。[③] 研究表明，最成功的避税天堂是那些具有强大的法律体系、稳定的政府以及尊重财产权的地方。[④]

然而，除了能吸引个人和企业对合法避税感兴趣之外，一些避税天堂还有一些具有吸引力的秘密武器。[⑤] 许多避税天堂有坚定的银行保密法，历史上，几乎没有与其他国家签订过共享税务信息协议。然而，由于来自经济合作与发展组织（OECD）和个别国家诸如美国的压力，它们逐渐开始信息共享。目前，大多数避税天堂国家已经与一些其他国家签订双边税收信息交换协议（TIEA）。双边税收信息交换协议规定信息共享，虽然可以帮助税收执法，但也有很多的局限性。其中一个重要限制是信息交换通常是基于请求而发生的。为了便于自动信息交换，美国2010年颁布了《外国账户税务合规法案》（FAT-

① 参见 S. Prasso, S. Vallikapen, and J. Drucker "Facebook's Saverin to Pay Hundreds of Millions in Tax," Bloomberg.com，2012 - 05 - 18。作为一个古老但色彩斑斓的例子，参见 E. Lesly，"The Darts：Fear, Loathing, and Foam Cups," *Business week*，1995 - 07 - 10。

② 参见 Desai，Foley 和 Hines（2006a，2006b）。参见这一章最后引用的关于避税天堂的其他研究。

③ 参见 M. Sullivan，"Tax Analysts Offshore Project," *Tax Notes Today*，2007 - 10 - 10，p. 87。

④ 参见 Slemrod 和 Wilson（2006），Hines（2005），Desai 等（2006b）。

⑤ 参见 Hanlon，Maydew 和 Thornock（2013）。

CA），对拥有美国纳税人账户的外国金融机构实施更广泛的信息收集、报告，以及扣缴税款的要求。各个国家也积极参与打击那些通过成为避税天堂的公民而进行逃税的行为。例如，美国在追诉因涉嫌协助逃税的几家大型银行的过程中，获得了一些涉嫌其中的美国纳税人的身份和特征，以便继续谈判以获取更多信息。在打击逃避税期间，美国还筹集了超过 50 亿美元的税金、罚金，以及美国纳税人在各种自愿披露程序下缴纳的利息。[①]

□ 作为分公司、合伙公司或者外国子公司经营

我们已经知道，美国公司就其全球收入负担美国税收。然而，绝大多数跨国公司是子公司的集合，其中许多可能在国外成立，实际上如何对其执行这种全球收入税收制度？哪些公司称得上是美国公司？答案是，在美国任何一个州或哥伦比亚特区的法律下注册的任何一个公司都是美国公司。不是在美国注册的其他所有公司通常被视为外国公司。[②] 在美国进行贸易或经营的外国公司就其美国收入直接向美国政府纳税。问题是，如果有的话，什么时候美国政府可对一个外国子公司所赚取的外国收入征税？一般来说，美国股东在收到来自外国公司的股息时被课税。考虑一家拥有许多美国子公司和一家全资意大利子公司的美国母公司。其中，其意大利子公司不属于美国汇总纳税的部分，其收入通常不会被美国征税直到其支付股息给美国母公司，这被叫作利润汇回（repatriation）。利润在汇回的时候纳入美国母公司的纳税申报表上报税。

这些规则强调财务会计报告和税收申报上存在的重要差别。基于财务会计报告的目的，一般公认会计原则要求公司合并所有控制的子公司（通常它们有 50% 或更多的所有权），包括国内外公司。因此，跨国公司的年度报告反映了其全球收入和经营状况。相反，美国跨国公司在美国的纳税申报仅包括美国母公司、美国子公司的收入和运营状况，以及外国子公司汇回美国母公司的利润。[③] 外国子公司的收入重新投资在国外通常不在美国纳税申报表中反映，当然，在某些情况下也有例外，这些我们在本章后面会讨论。[④]

美国跨国公司的大部分外国收入是在外国子公司中获得的。作为两个备选方案，外国分公司（foreign branch）和外国合伙企业（foreign partnership）在某些情况下非常有用。基于美国税收的目的，外国分公司产生于美国纳税人对位于美国以外的国家的经营活动拥有直接所有权之时。例如，某美国公司可直接拥有位于另一个国家的某制造工厂、仓库、销售办公室或实验室。从非税的角度来看，外国分公司设置简单，是因为它们不需要创建一个新的法人实体。外国分公司相对于外国子公司的主要税收特征是，美国分公司的所有者不喜欢外国收入延期实现。分公司的海外利润和损失直接反映在拥有该分公司的美国实体的纳税申报表中。

在美国税法下，外国合伙企业与外国分公司具有一些相同的特征。外国合伙企业是

[①] 参见 J. Letzing, "Swiss Banks Near Deal on U. S. Tax Cheats", *Wall Street Journal*，2013 - 07 - 11，以及国税局新闻稿 IR-2012-64："IRS Says Offshore Effort Tops $5 Billion, Announces New Details on the Voluntary Disclosure Program and Closing of Offshore Loophole"，2012 - 06 - 26。

[②] 如同在税法的许多领域一样，这里也有例外。例如，"反转交易"后也存在免责条款。这将在本章稍后讨论。

[③] 母公司直接或间接通过其他子公司控股 80% 或者更多的美国子公司，可以列入母公司的合并纳税申报表中。母公司控股达到 50% 或更多但低于 80% 的美国子公司的合并通常是基于财务报告的目的而不是税收的目的。

[④] 如果外国公司存在"与美国贸易或业务实际关联"的收入，那么它们将会汇总美国纳税所得，但是它们通常不能与美国公司合并申报纳税。因为合并申报纳税所得允许在不同的实体抵消收入和损失，一般来说，最好的办法就是构建恰当的经营机构，使外国子公司只有外国收入。

在另一个国家法律下成立的合作组织。因为根据美国税法的规定，合伙企业是流通型实体（税收穿透实体），因此目前外国合伙企业的美国合伙人应就其分得的合伙企业收入纳税。这样，外国分公司和外国合伙企业均不具有外国子公司递延纳税的特性。此外，美国税法还提供了作为一个外国分公司（或合伙企业），而不是作为一个外国子公司从事经营活动的其他优势和劣势。分公司的优势包括以下几点：

（1）一般来说，外国分公司的经营损失直接从美国国内收入中扣除，这对那些能理性预期经营损失的企业的起步经营特别重要。此外，当外国分公司的业务经营转向盈利时它可以将分公司或合伙企业改变为子公司形式。然而，转换成本该公司必须收回，因为以前的收入已经用于弥补损失。

（2）财产可以被转移到某分公司而不用担心增加当前的税收。然而，一些转移到海外子公司和外国合伙企业的财产应纳税。

作为分公司运营的劣势包括以下两点：

（1）分公司的收入不能递延缴纳美国税收。在许多情况下，这个因素是最重要的，尤其是在东道国的税率低于美国税率的情况下。

（2）外国子公司比外国分公司更容易获得非税重组待遇。

在当地国家的法律下，作为分公司或合伙企业从事经营活动也存在这些优势和劣势。基于美国联邦收入税的目的，美国将外国实体划分为子公司和分公司，但是，这种分公司、合伙企业或者子公司的分类对于外国税务当局而言不会产生影响。因此，美国和外国可以将相同的实体进行不同的分类。这样由于美国和外国税收目的不同而被进行不同分类的实体有时也被称为"混合企业"。

对企业实体进行分类的美国税务规则，即所谓的"勾选"规定，在基于美国税收目的的税收待遇上给公司选择其外国实体以相当大的灵活性。该选择通过在向美国国税局提交的一份特殊的表格文件上勾选做出。每个外国实体都可以做出不同的选择。但是某些外国实体（称为"实质性公司"）却没有资格获得该项选择权利，而必须按照美国的要求被列为公司类别（即子公司）向美国纳税。任何不是实质性公司的外国实体，一般都可以选择作为子公司来缴纳美国税收，或者作为一个分公司缴纳美国税收（如果只有一个所有者可以不考虑该实体性质），或者作为合伙企业被课税（如果有两个或两个以上的所有者）。这种选择给了美国纳税人这样的灵活性，即要么就其海外业务收入缴纳现行美国税收（对分公司和合伙企业的税收处理），要么递延缴纳其外国收入的美国税收（对子公司的税收处理）。此外，这一规定允许公司定期重新选择一次。该美国"勾选"规定对纳税人支付的外国税收没有影响。例如，一个外国实体可以被美国归类为分公司，但其他国家仍可以把它作为一个公司征税。

此外，各国税法的变化也会影响这些外国实体。例如，在不同的外国税收管辖权下，对亏损向后结转方式的处理存在很大的差别。尽管亏损向后结转通常适用于外国子公司，但并不是所有国家的情况都如此。而且，一些国家允许向后结转期短，一些国家既允许向前结转也允许向后结转，一些国家只允许向后结转。一些国家允许在其国内建立的分公司向后结转损失，但这种税务处理相对于外国子公司而言比较少见。

在开展海外业务究竟选择分公司、合伙企业还是子公司的问题上，非税因素也起着重要的作用。例如，与外国子公司相比，分公司的所有者承担的法律责任通常并不局限于该分公司国外使用的资产。出于这个原因，实行有限责任的实体通常设立外国分公司，以限制母公司对外国机构承担的法律责任。

□ 外国税收抵免

为了理解外国子公司递延缴纳美国税收的好处，有必要了解外国税收抵免的计算，以及某些反对递延缴税的规则，即被称为"F部分"的规则是如何操作的。在本节中，我们介绍这些基础知识，在第11章我们将进一步研究外国税收抵免规则和其产生的问题和机会。

美国纳税人一般可以选择，要么接受对其所支付的外国税收给予抵免，要么从其美国收入中扣除所支付的外国税收。1美元的税收抵免通常好于1美元的扣除，因为1美元的税收抵免减少了1美元税收，但1美元的扣除只减少了1美元$\times \tau$的税收，在这里，τ是纳税人的边际税率。然而，外国税收抵免的好处随之也会受到限制。

首先，请注意，存在两种类型的外国税收抵免：对美国纳税人直接缴纳税收的外国税收抵免（901款）和间接的外国税收抵免（或推定为已支付抵免，902款）。虽然个人也有资格进行外国税收抵免，但是我们的讨论将假设我们正在处理一个跨国公司的税收抵免问题。为简单起见，我们将假设某一美国母公司拥有各种各样的外国实体，这些外国实体只有外国收入。当纳税人（本例中是指该美国母公司）直接缴纳外国税收时直接产生的外国税收抵免，包括预提收入税，从支付给美国母公司的股息或者其他形式的消极收入中扣缴。当美国母公司就其从外国公司汇回的或者被视同汇回的股利所支付的外国税收获得抵免时，就产生了间接的外国税收抵免。通常，利润汇回产生于公司内部之间的股息支付，该股息支付主要是通过外国子公司支付给美国母公司的股息。潜在的间接外国税收抵免额等于对汇回的潜在的"收益和利润"所缴纳的外国税收。在宽泛的定义下，收益和利润（E&P）是留存收益的税收形式。[①] 间接抵免只适用于那些对外国公司持有10%或更高比例股份的美国公司。列入美国收入中的外国股息收入是指收到的预提收入税和任一视同已纳税收加总在一起的股息。

并不是所有的外国税收都有资格获得外国税收抵免。一般来说，美国只允许对外国收入税和对汇回的收入征收的预提收入税进行外国税收抵免。因此，外国增值税、财产税和消费税都没有资格获得外国税收抵免，除非在税收协定中另有安排。然而，随着时间的推移增值税不能进行外国税收抵免已带来很多问题，因为增值税的税收收入按照发达国家税收收入的百分比在增长。在计算美国应税收入时，不能进行外国税收抵免的外国税收可以进行税收扣除，就像任何其他经营费用一样。抵免一般优先于扣除，因为1美元的税收抵免减少1美元的纳税义务，而1美元的扣除减少的应纳税额是1美元$\times t_d$，这里，t_d是国内的（美国）税率。在计算美国的外国税收抵免额时，对基于收入的外国税收的分类，有时在纳税人和美国国税局之间存在一些分歧。例如，美国国税局和大型石油公司已经卷入了一场数十亿美元的诉讼。诉讼的焦点是在计算美国的外国税收抵免时，对提取石油征税（在中东国家是常见的税收）是否符合"基于收入"这一规定，因为这与特许权使用费或者那些使用自然资源的其他支付是截然相反的。[②] 举另外一个例

[①] 与财务会计的留存收益概念一样，累积收益和利润随着当期收益的增加而增加，随着股息支付而减少。累积收益和利润与留存收益之间的主要不同是，计算累积收益和利润的当前收益是基于应纳税所得额（有重大修改）而不是一般公认会计准则计算的收益。从应纳税所得额达到目前的累积收益和利润要进行的调整包括减去已缴纳税收，增加免税所得，例如市政债券收入。一般而言，该调整倾向于使收益和利润转向一般公认会计准则的收益。

[②] 参见 *Exxon Corp. V. Commissioner*，113 T. C. 338（1999）。

子，2013 年，美国最高法院审理了一起关于英国"暴利税"是否有公信力的案件，并裁定在美国税法下"暴利税"是值得信赖的。[①]

即使美国将外国税收归类为收入税，也并不自动地意味着美国公司获得的直接外国税收抵免就等于该外国税收。在一些收入税税率超过美国税率的国家，如果公司赚取收入所支付的税收超过在美国赚取同样收入所支付的税收，那么在这种情况下，美国对超过的部分将不给予税收抵免。这种防止美国纳税人获得过多税收减免（在税务当局眼中就是防止获取过多的外国税收抵免）的规则，被称为外国税收抵免限额规则（foreign tax credit limitation rule）。在跨国领域，外国税收抵免筹划是其中最重要的税收因素之一。

我们在表 10-1 中说明了外国税收抵免机制将如何运行。我们假设某美国跨国公司在澳大利亚和爱尔兰分别建立了一家子公司。两个子公司均赚 100 美元。为教学目的，假定在澳大利亚和爱尔兰赚取收入的当地税率分别是 30% 和 20%，且汇回美国母公司的股息预提收入税税率在澳大利亚和爱尔兰都是 10%。[②] 也就是说，每个子公司都必须就其支付给母公司的股息（在预提收入税之前）给东道主政府缴纳 10% 的税收。剩余 90% 的股息才汇回母公司。

首先考虑 A 栏，假设当时爱尔兰子公司不支付任何股息。澳大利亚子公司赚 100 美元的应税收入。澳大利亚的税率是 30%，从而产生 30 美元的澳大利亚税收，其余 70 美元的当地收入进行海外再投资或支付股息。假设该 70 美元作为股息支付给美国的母公司（股息汇回）。假设在美国和澳大利亚税收协定下，澳大利亚对股息征收 10% 的股息预提税。结果是，该 70 美元股息中，7 美元是预提税，余下的 63 美元支付给美国的母公司。如果 t_f 是外国收入税率，t_w 是股息的预提税税率，母公司收到每 1 美元的税前收入股息是 $(1-t_f)(1-t_w)$；例如，$100 \times (1-0.3) \times (1-0.1) = 63$（美元）。然而，如果美国母公司要对外国子公司支付的税收取得外国税收抵免，也就是"视同支付的"或间接外国税收抵免，那么它必须将股息加总还原为税前股息金额。其计算过程如下：

表 10-1　　　　　　　　　　　　　　　间接税收抵免的例子

单位：美元

	子公司		
	澳大利亚 子公司 A	爱尔兰 子公司 B	合计
当地应税收入	100	100	200
当地税收（按照 30% 和 20%）	30	20	50
股息预提收入税（按照 10%）	7	8	15
扣除外国税收的净股息	63	72	135
源自外国股息的美国应税收入	100	100	200
按 35% 征收美国税收	35	35	70
外国税收抵免额	35	28	65*
外国股息应付美国税收净额	0	7	5
支付所有税收后的股息净额	63	65	130
外国税收抵免向后结转额	2	0	0

说明：＊注意，该行不是横向加总。理由是这与外国税收抵免限额计算方法相关。

---

① *PPL Corp. et al. v. Commissioner of Internal Revenue*，133 S. Ct. 1897，2013-1 50335（2013）.

② 本书中对外国税率的假定是基于教学目的，而不是为了反映当前的实际税率。

已获股息	63	
＋预提收入税	7	（直接税收支付）
＋间接外国税收	30	（视同纳税抵免）
＝加总还原股息	100	
按照 35% 征收的美国税收	35	
－允许外国税收抵免额	35	
＝还应支付的美国税收	0	

30 美元视同纳税抵免代表澳大利亚子公司以取得的 70 美元股息支付的当地收入税。[①]

$$视同纳税抵免 = \frac{股息}{税后收益与利润} \times 已缴纳的外国收入税 \tag{10.1}$$

因为 100% 的税后收益已经作为股息支付出去，因此，视同纳税抵免是 100% 的外国所缴纳的税收，即本例的 30 美元。由于 30 美元的视同纳税抵免和 7 美元的预提收入税，63 美元的股息对应 100 美元的应税收入。当外国子公司几年来在当地不同的税率下积累收益，然后将部分收益作为股息支付给母公司时，式（10.1）更有意义。在这种情况下，这是很常见的，式（10.1）本质上说的是，母公司的间接外国税收抵免额是以适用于外国子公司收入的当地平均税率为基础进行计算的。

注意，纳税人缴纳的 37 美元的外国税收总额只有 35 美元可进行当期税收抵免。剩下的 2 美元可以向前结转 1 年和向后结转 10 年。为了避免税收抵免的大量滥用，美国对外国税收抵免做出了限制。一般来说，外国税收抵免限额等于美国税率乘以外国来源收入。限制后的 FTC（外国税收抵免）等于直接或间接支付的外国税收和外国税收抵免限额两者中的最小者，即 $\min(7+30, 35) = 35$（美元）。

现在考虑 B 栏。假设爱尔兰子公司宣布股息支付，金额等于其缴纳当地收入税后的收入，但澳大利亚子公司宣布不支付股息。给定爱尔兰收入税税率 20%，加上 10% 的股息预提税，我们得到以下结果：

已获股息	72
＋预提收入税	8
＋间接外国税收	20
＝美国应税收入总额（与 A 栏相同）	100
按照 35% 计算征收的美国税收	35
－允许外国税收抵免额	28
＝还应支付的美国税收	7

72 美元的股息支付给了母公司。该金额源于在爱尔兰赚得的 80 美元税后利润，减去 8 美元的预提收入税。和之前一样，美国应税收入总额是 100 美元（即 72 美元＋

---

① 实际上，式中的收益和利润是 1986 年后的累积收益和利润。同样，缴纳的境外所得税是 1986 年后的境外所得税。

8 美元＋20 美元）。100 美元的应税收入在美国应支付的税收是 35 美元。这些可得到的外国税收抵免是外国收入应缴纳的美国税收（35 美元），以及该收入直接和间接缴纳的外国税收（8 美元的直接税收加上视同已纳税抵免 20 美元，即 28 美元）之中的较小者。因此，在美国还应缴纳的税金是 7 美元（即 35 美元－28 美元）。因为美国母公司支付额外的美国收入税之前有 72 美元在手，在支付美国额外的税收后剩下 65 美元。

在表 10-1 中的最后一栏，我们假设这两家子公司都宣布股息支付，金额等于支付了当地收入税后的收入。美国允许以全球收入为基数计算外国税收抵免限额，而不是像其他一些国家那样按照国别基础计算分国限额。[①] 假设能够平均全球收入负担的外国税率，所有已缴纳的 65 美元外国税收都可以用来抵免美国对外国收入所征收的税收额。为什么？因为 70 美元的外国税收抵免限额大于 65 美元的已纳外国税收。从本质上讲，在低税率的爱尔兰的子公司从事经营活动提供的 7 美元过剩的外国税收抵免限额，可用于弥补在高税率的澳大利亚的经营中形成的 2 美元的外国税收抵免限额不足。

□ F 部分收入和受控外国公司

考虑下面的税收策略。某高利润的美国公司在避税天堂设立全资子公司，通过该子公司用多余资金进行消极投资。回想一下这样一个一般规则，即外国子公司的收入支付给美国的母公司不纳税，直到它被汇回。那么，美国母公司通过位于避税天堂注册的子公司进行投资，就有可能无限地、实质性地获得免税利润吗？也许可以，但税务机关认识到这样的策略已经有很长一段时间了，且已经建立了强大的反滥用规则，即 F 部分（Subpart F）收入和受控外国公司（controlled foreign corporation，CFC）规则。F 部分收入和 CFC 规则的设计旨在降低来自避税天堂的纸质外国公司（paper foreign corporation）、通过记录某些类型的收入而获得的税收收益。这些规则很复杂，但它们倾向于关注容易移动的收入如股息、利息、租金、特许权使用费。一般来说，这些规则要求在赚取 F 部分收入时就如同利润汇回给美国母公司那样缴纳美国税收，而不是在子公司将现金分配给母公司时才纳税。

大多数美国公司的外国子公司被划归受控外国公司。受控外国公司是美国股东拥有的表决权或市场价值超过 50% 的外国公司。美国股东实质是任何美国人或法人实体，包括美国公司，拥有至少 10% 的外国公司的有投票权的股票。

被划为受控外国公司会引发一些税收不利因素：

(1) F 部分收入延期的损失，我们将在本章后面更详细地描述。

(2) 收入和利润通过美国房地产的受控外国公司再投资，从而递延缴税的损失——也就是说，在美国房地产的再投资被认为相当于将利润汇回本国母公司。再投资于美国房地产可能不会产生由资金来源国征收的预提税。

注意，美国股东只要愿意与外国所有者分享控制权，就可以避免拥有受控外国公司的身份。例如，某美国公司拥有外国公司 50% 的股权，另外 50% 由不相关的外国投资者所拥有，那么该外国公司将避免成为受控外国公司。类似地，完全由美国纳税人拥有的

---

① 然而，正如第 11 章所解释的那样，美国确实需要就不同"篮子"收入分别计算外国税收抵免额。

外国公司仍然可以避免拥有受控外国公司的身份，只要有足够多数量的不相关的所有者持有不到10%的有表决权的股份即可；例如，有11个拥有均等表决权的股东就可以得到这样的结果。

某一不是CFC的外国公司，投资于产生消极收入的资产，例如附息有价证券，不会产生F部分收入下当期的美国税收。[①] 通过在避税天堂国家的外国公司进行附息有价证券的投资，可以给股东带来很高的税后收益率。

□ 反转交易

对于母公司而言，什么是最优税收管辖权？如果母公司一开始设在某一税收管辖区域，比如说美国，那么结果会怎么样呢？从税收角度看，在美国之外会有更好的选择吗？回想一下，由于美国实行全球税收制度，因此设立在美国的跨国公司会发现其全球收入，包括其外国子公司收入，最终要承担美国公司税。相比之下，其他大多数发达国家趋向于实行区域税收制度。在区域税收制度下，国家对其境内赚取的收入征税，但不试图对在其他国家赚取的积极收入课税。另一个重要趋势是，其他大多数发达国家已经降低其公司税税率至美国公司税税率之下。最后，在避税天堂管辖区域，征税很少或没有收入税。在这方面，许多专家认为，与设立在其他国家的类似跨国公司相比，总部设立在美国的跨国公司往往在税收上处于不利地位。

这种差异导致一些美国跨国公司的管理层考虑重组其企业集团，使母公司被纳入一个更有利的税收管辖区域内。一种常见的重组形式，被称为一个反转交易，是指将原先在美国的母公司置于新创建的处于更有利的税收管辖区域的外国母公司之下。在某些方面，反转交易相当于税收激励个人侨居海外的公司版本而已。反转交易也可以被看作自动缴纳地方税收。对于反转交易有两个主要的税收好处。首先，跨国公司的外国收入在公司层面不再承担美国税收。然而，该公司仍将就其美国收入缴纳美国税收。其次，反转交易增加税收激励，促进公司将收入从高税率区域转移到低税率区域，如将公司间的债务锁定在避税天堂，以使进入避税天堂的收入实现"利息剥离"。同样的原则适用于无形资产特许权使用费。第163款（j）的利息剥离条款的制定就是为了减少这种活动。[②]

这里有一个实用的例子，早先一项交易涉及制作个人护理产品的特洛伊海伦公司（Helen of Troy）。特洛伊海伦公司的公众股东将股票转移到一个新成立的位于百慕大的公司。在351款和368款(a)(I)(B)条款规定下，该交换具备非应税交易的条件。[③] 该交易有效地将公司很大一部分收入从美国移入一个没有公司收入税的国家（见图10-1）。美国国税局和财政部开始担心特洛伊海伦有限公司的交易可能会开创美国公司出走之先河。为了防止跨国公司大批走出去，美国国税局根据第367款规定最终发布了一系列规则，它们被称为"反一反转交易法规"，有时被称为第367款"养路费"。

---

① 然而，还有其他的规定，如消极的外国投资公司（PFIC）规则。这超出了本章讨论的范围。

② 参见Cloyd，Mills和Weaver（2003）；Seida和Wempe（2002）；Desai和Hines（2002）。

③ 参见特洛伊海伦公司1994年1月5日发布的《招股说明书/代理声明》，368款和351款有关并购治理的部分内容将会在兼并和收购的章节中讨论。

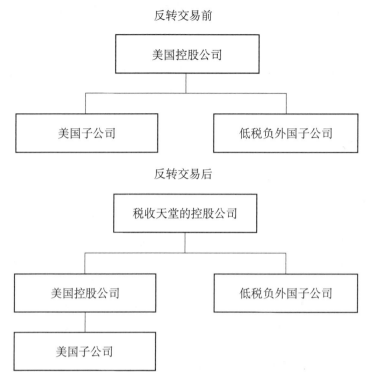

图 10-1 一个反转交易的例子

这些规定通常防止公司通过出境并购和股票转让获得免税待遇资格，除非被转移美国公司的股东在交易中取得外国收购公司交易的股份不到50％。换句话说，如果外国收购者大于美国目标公司，那么一项出境并购仍可能获得免税待遇。然而，如果外国收购者是较小公司或仅仅是新成立的控股公司，那么该交易通常对公司股东课税（第367款"养路费"）。

2004年，国会通过颁布7874款进一步加强反－反转交易规则。在7874款下，有两个所有权阈值，可能引发不利的税收后果。这两个所有权阈值要看谁最终对美国公司的外国收购者拥有所有权。如果美国公司的股东得到80％或者更多外国收购者的选票或估价，那么美国将视该外国收购者为美国公司，从而对其全球收入征收美国税收。如果美国公司的股东获得至少60％但不到80％的外国公司的选票，那么后果虽不太严重，但仍然有问题。然而，如果外国公司在其注册地拥有实质经营活动的话则另当别论。实质经营活动包含什么并不总是很清楚，自2004年以来财政部已经发布了不同的规定。2012年，此项规定确定了一个明确界限，即实质性的经营活动需要在国外至少拥有25％的员工、资产和收入。

反－反转交易规则并没有完全阻止公司迁出美国。在2004年之前，在某些情况下，美国公司简单地将应税交易移至外国税收管辖区，让其股东承担较高的前期税收成本，而这一成本将可能会通过未来无限期的较低公司层面的税收抵消。[①] 在2004年之后，反

---

① 例如，参见ADT有限公司1997年1月3日发布的《联合代理声明/招股说明书》，其中描述了泰科国际有限公司与位于百慕大群岛的ADT的合并；花之果有限公司（Fruit-of-the-Loom）1998年10月15日发布的《联合代理声明/招股说明书》，其中描述了与新成立的开曼群岛控股公司兼并的交易。

转交易不得不按照 7874 款和 367 款规定进行，并且倾向于迁至发达国家，在那里可能有实质性的经营活动，如英国、瑞士或者荷兰。在某些情况下，公司将其非美国公司分离出来成立一个单独的公司。一些专家认为，反—反转交易规则的结果是使美国和外国公司的跨境并购更为复杂化，即使收购者是来自另一个发达国家，并购背后的驱动力也并非税收动机。[①] 重要的是要注意到，即使反—反转交易规则能够成功地阻止现有的美国公司迁移其母公司到拥有更有利的税收制度的国家，它们也不能阻止其经营活动（如销售活动）跑到已经位于更有利的税收制度国家的公司中。关于反转交易还要注意，我们正在主要谈论的是改变公司的母公司实体位置的税收影响。在下一节中，我们将考虑投资地点的税收影响（如工厂和设备）。

由于母公司现位于税收天堂国家，从低税负外国子公司获取收入不需要按美国税率缴纳税收。美国子公司还像以前那样缴纳美国税收。

10.2 税收如何影响投资的地点和结构

你可能会想，当外国税率低于国内税率时，在国外投资的税后收益率应该更高。然而，这种假设忽略了这样一种现实的可能性，即在国外投资的税前收益率可能低于国内可获得的税前收益率。可以预计，在收入税税率相对较低的国家中，激烈的竞争会抬高投资这些国家的价格，从而降低税前的盈利能力。换言之，在国外投资可能要承担隐性税收。此外，一些非税市场缺陷，包括跨境资本自由流动的限制，可能导致各国税前收益率的不同。[②]

对于实物投资，例如工厂等，公司在决定其地点时必须考虑各种各样的非税成本。例如，尽管开曼群岛存在税收优惠制度，但汽车公司也并不急于蜂拥而至，在开曼群岛建立大型工厂。可能的原因包括当地缺乏大量熟练的劳动力储备和基础设施。其他非税因素包括各国法律的差异（例如，一些国家可能会存在不很严格的产权保护制度，以及低效的官僚机构）、进入市场的难易程度（例如，你在中国生产商品会有助于在那里销售），以及接近客户或供应商（例如，瓶装工厂通常靠近人口密集中心，因为长途运输瓶装液体会产生较高的运输成本）。然而，对于实体投资，当两个或两个以上可能的投资地点在非税因素方面大致相同时，税收因素通常起决定性作用。采用大量公司样本进行实证研究发现，有证据表明，国家之间税率的变化确实会影响投资地点的选择。[③]

为了说明隐性税收在投资决策中的作用，假设你的美国公司要将 1 亿美元投资于两个相互排斥的项目之一，其中一个项目地点在国内，具有相同风险的另一个项目位于某低税率国家。表 10 - 2 显示了这两个项目适用的税率和可获得的收益率。

---

① 在某些情况下，公司要求和取得了国税局的私人信件裁决，认为这些兼并交易将不适用反倒置规定。例如，见 PLR 9849014（克莱斯勒汽车公司/戴姆勒-奔驰）和 PLR 9849014（凌空触控/沃达丰公司）。

② 在完全、没有摩擦和税收的市场中，我们预期跨境资本自由流动和价格上下波动到这样一个点，在该点上，所有资产的风险调整后的预期收益率是相同的。如果存在市场缺陷，那么即使没有税收，各项资产和国家之间风险调整后的预期收益率也可能不同。

③ 参见本章最后的附加阅读资料。

	税率	税前收益率	当地税后收益率
国内	35％	20％	13％或者 20％×（1－35％）
外国	15％	18％	15.3％或者 18％×（1－15％）

注意，从表 10－2 中可知，在国外投资要承担 20％－18％＝2％的隐性税收。在国内进行的边际投资获得的税前收益率为 20％，缴纳 35％的收入税后，获取的税后收益率为 13％。外国子公司进行的边际投资赚取的税前收益率为 18％，在缴纳 15％的当地税收之后的税后收益率为 15.3％。本例中，国外投资隐性税收的不利因素并不足以超过其显性税收的有利因素，所以国外投资是有利的。更确切地说，只要利润可以无限期地进行再投资，国外投资就有利，正如以下我们很快将要看到的那样。

在国外投资为什么会产生隐性税收呢？正如我们所说，隐性税收之所以可能出现，是由于外国通过提供慷慨的税收优惠来鼓励投资，各投资方为了获得这些好处而进行竞争，进而导致较低的税前收益率。非税因素也会对一些可观察到的隐性税收产生影响。低税率通常用来吸引那些不会拒绝在低税率管辖区从事投资的企业。

表 10－2 中描述了既定的投资机会，你会在哪个国家投资？由于外国较高的税后收益率，你可能会去国外投资，但最终答案取决于投资期限的长短。假设你正通过一个外国子公司进行投资，这样每年利润要么再投资，要么汇回国内。假设你在海外投资的期限仅为 1 年。在年底，外国子公司将其所有利润汇回国内。

表 10－3 表明，尽管国外投资所在地的税率低，但对于 1 年期的投资，你最好选择在国内投资。因为国外投资产生的税后收益率只有 11.7％，比不上在国内投资的税后收益率 13％。更普遍地，当外国税率低于或等于国内税率时，在国外投资 1 年产生的税后收益率是 $R_f(1-t_d)$，在国内是 $R_d(1-t_d)$，这里 R_f 是国外投资税前收益率，R_d 是国内投资税前收益率，t_d 是国内税率。注意，国内税率 t_d 同时适用于这两项投资。原因是在外国每 1 美元投资所产生的税前收益，要由当地的税收部门按照 t_f 税率征税，当收入汇回时减去外国税收抵免 t_f，因此净税负是 $t_f+(t_d-t_f)=t_d$。这些符号表示的含义总结在表 10－4 中，本章的其余部分也在使用这一定义。对于 1 年期的投资，当外国税率低于国内税率时，简单地比较税前投资收益率足以进行决策，因为这两项投资实际上都按照国内税率缴纳税收。

表 10－3　　　　1 年期 1 亿美元国外投资年税前收益率 18％与同等金额国内

投资年税前收益率 20％比较表　　　　　　　　单位：百万美元

国外投资		
税前积累	118.0	（100 投资额×1.18）
当地税收（税率 15％）	－2.7	（18 的 15％）
缴纳当地税后清算分配	115.3	（100 表示初始投资的非税收益）
还需国内缴纳的税收	－3.6	［18×（35％－外国税率 15％）］
缴纳所有税后的净清算分配	111.7	
税后收益率	<u>11.7％</u>	［11.7/100，或者 18％×（1－35％）］
国内投资	<u>13.0％</u>	［20％×（1－35％）］

R_d＝国内投资税前收益率	
R_f＝国外投资税前收益率	
t_d＝国内税率	
t_f＝外国税率	
$r_f＝R_f(1-t_f)$，国外投资缴纳当地税收后的收益率	
$r_d＝R_d(1-t_d)$，国内投资的税后收益率	
n＝投资期限	
I＝投资总额	

如果赚取的利润不是每年汇回，则可将利润在国外以当地 15.3％的税后收益率进行再投资，而不是在国内以 13％的税后收益率进行投资，那么此时情况将会怎样呢？如果你能永远将投资留在国外，那么你就能在国外获得 15.3％的税后收益率，相比之下，在国内的税后收益率只有 13％。如果你在国外进行中期投资，比如说 5 年，那么让我们看看将会发生什么。在第 5 年年末，你在国外支付当地税收后将积累 1 亿美元×1.153^5＝2.038 亿美元，即在 5 年后的年底进行清算分配时，可以支付 2.038 亿美元给国内母公司。该金额包含了 1.038 亿美元的税后外国利润（即 2.038 亿美元减去 1 亿美元的初始投资），这 1.038 亿美元必须缴纳国内税收。我们还必须计算出已缴纳的外国税收以确定国外投资所取得的税前利润总额。

随着时间的推移，如果外国税率保持不变，那么国内的应税股息等于外国来源收入缴纳当地税后的利润，即 1.038 亿美元，除以 1 减去外国税率 t_f 之差。则国内应纳税收入额等于

$$\frac{I\left[(1+r_f)^n-1\right]}{(1-t_f)} \tag{10.2}$$

这里，I 表示投资额，r_f 表示在国外投资缴纳当地税后的收益率，n 表示国外投资的期限。式（10.2）的分子很清楚地说明，缴纳当地税后的利润等于缴纳当地税后的积累金额减去原始投资额，或对于每 1 美元投资获得的利润是 $(1+r_f)^n-1$，除以分母便将缴纳当地税后的利润还原成税前利润。

在我们的示例中，该计算式等于

1.038 亿美元/(1－0.15)＝1.221 亿美元

为了理解为什么汇回的税后利润总数除以 $(1-t_f)$ 后就得出税前利润，我们进行如下说明。请注意

税前利润×（1－税率）＝税后利润

所以，

税前利润＝税后利润/(1－税率)

我们的计算表明，在第 5 年年末的清算中，国外投资产生的国内应税收入是 1.221 亿美元。该应税收入承担 20％（即 35％－15％）的国内税收，因为所有应税收入将以 t_d 纳税，再减去以 t_f 计算的外国税收抵免，还应补缴 2 440 万美元的国内税收。最终，在缴纳外国和国内税收后，母公司保留的净清算分配额是 1.794 亿美元（即 2.038 亿美元－0.244 亿美元）。从 5 年期的国外投资中获得的年度税后收益率是

$(179.4/100)^{1/5}-1＝12.4％$

因为该比率小于国内的税后收益率 13％，所以投资国内仍然是更好的选择。更一般

地，对于投资期限为 n 期的每 1 美元的国外投资，产生的税后积累（在对汇回的利润缴纳国内税后）是

$$(1+r_f)^n - \frac{(1+r_f)^n - 1}{(1-t_f)}(t_d - t_f) \tag{10.3}$$

分解式（10.3）各部分可能更好理解。第一项 $(1+r_f)^n$，代表了在国外投资缴纳当地税收后的积累。在我们的示例中，r_f 是 15.3%，即 18%×（1−15%）。当 $n=5$ 时，$(1+r_f)^n=2.038$。因为计算式要求乘以我们投入的 1 亿美元的原始投资，这样就得出我们早先计算的 2.038 亿美元的累积。接下来我们考虑中间的部分。分子 $(1+r_f)^n-1$ 代表了当地税后汇回的利润，累计除以 $1-t_f$ 还原税前的水平。在我们的例子中，该比率是 1.221。最后部分 (t_d-t_f) 代表了 n 期期末汇回利润按照国内税率 t_d 计算的应纳税额减去外国税收抵免 t_f，即本例中为 35%−15%＝20%。结合以上三个部分，得出每 1 美元国外投资获得的所有税后积累是 1.794 美元。考虑原始投资后便得到先前计算的结果 1.794 亿美元。

现在考虑在国内投资 n 年的情况，投资积累表达式为：

$$[1+R_d(1-t_d)]^n \tag{10.4}$$

对于 1 年期投资（$n=1$），从式（10.3）再回想 $r_f=R_f(1-t_f)$，我们看到，在国外投资产生的收益率是：

$$1+R_f(1-t_d)$$

而从式（10.4）中可以看到，国内投资产生的收益率是：

$$1+R_d(1-t_d)$$

这意味着，在投资期限短的情况下，如要国外投资比国内投资占优，外国税前收益率（R_f）必须超过国内税前收益率（R_d）。

如果 R_f 小于 R_d，国外投资是否永远会比国内投资更有吸引力？答案是肯定的。在我们的例子中，随着投资期限的增加，在国外投资的年度税后收益率将接近缴纳当地税收后的收益率 15.3%。例如，5 年期的国外投资在缴纳所有税收后的收益率是 12.4%，而 15 年期的是 13.5%。因此，对于更长期限的投资，在国外投资比在国内投资更为有利。例如，15 年期的投资，在国外投资比在国内投资要多产生 4 000 万美元的税后积累。

□ 大量隐性税收和国外投资激励

现在假设外国税率更为优惠，引起外国隐性税率上升。例如，假设外国提供更优惠的税收抵免给其境内的投资，而这些抵免是在国内投资无法享受的。为了说明隐性税率的上升对在国外投资决策的影响，我们现在扩大我们的示例范围，允许在三个国家进行投资。表 10−5 总结了这些投资机会。

表 10−5　在不同税率的三个国家的投资收益率

	显性税率	税前收益率	当地税后收益率
国内	35%	20%	13%
外国（国家 1）	15%	18%	15.3%
外国（国家 2）	10%	17%	15.3%
外国（国家 3）	0%	15.3%	15.3%

在本例中，我们要说明隐性税收和外国税收抵免规则交互作用，是影响国外投资的所有税后收益的两种方式。这两种效应是所有税收原理的示范：有效税收筹划既要考虑现在税收支付和未来税收支付，又要考虑显性支付的税收和隐性支付的税收。对于第一个效应，要注意到每笔国外投资所面临的是低于国内投资的显性税率，是低于国内投资（隐性税收效应）的税前收益率，以及比国内投资更大的缴纳当地税后的收益率。尽管国外投资可获得更大的缴纳当地税收后的收益率，但我们还是会发现，只有在投资期限长时，国外投资才比国内投资占优。

第二个效应更加微妙。请注意，我们假设在各国投资缴纳当地税收后的收益率一直保持不变。然而，我们将说明，在每一个投资期限内，在国家 1 的投资要比在国家 2 和国家 3 更加有利。正如我们将看到的那样，国外投资者代表一个特殊的税收顾客，因为他们往往倾向于进行具有大量显性税收的投资，而避免进行具有大量隐性税收的投资。

虽然在每种外国税制下，缴纳当地税收后的收益相同，但是各国的隐性税率却不一致。相对于国内投资，虽然在国家 1 的隐性税率是 10%，即（20%－18%）/20%，但在国家 2 的隐性税率是 15%，即（20%－17%）/20%。而对于国家 3，由于极其丰厚的税收优惠，隐性税率高达 23.5%。那么，这些隐性税率对于我们在哪里投资的决策意味着什么？答案取决于我们的投资期限，即经过多少年后我们才汇回国外收益。表 10-6 和表 10-7 提供了几种答案。粗体数字显示国外投资会比国内投资产生更大的税后收益。

表 10-6	不同投资期限的 1 亿美元投资的税后积累		单位：百万美元	
投资期限（年）	1	5	15	30
国内	113.0	184.2	625.4	3 911.6
外国 1（隐性税率＝10%）	111.7	179.4	670.6	5 498.4
外国 2（隐性税率＝15%）	111.1	175.0	638.9	5 198.5
外国 3（隐性税率＝23.5%）	110.0	167.5	585.0	4 688.6

表 10-7	不同投资期限的汇回利润已缴纳税收后的收益率			
投资期限（年）	1	5	15	30
国内	13%	13%	13%	13%
外国 1（隐性税率＝10%）	11.7%*	12.4%	13.5%	14.3%
外国 2（隐性税率＝15%）	11.1%	11.8%	13.2%	14.1%
外国 3（隐性税率＝23.5%）	9.9%	10.9%	12.5%	13.7%

说明：* 这些收益的计算结果是用由式（10.3）的税后积累的 $1/n$ 次方再减去 1 得出。

注意，对于所有的投资期限，外国隐性税率越低，则在该国投资的税后收益率就越高。对于 15 年的投资期限，在国家 1 投资的税后收益比在国内投资高出 4 500 万美元（对于 1 亿美元的初始投资）；而在相同的投资期限下，投资国家 3 的税后收益比国内投资要少 4 000 万美元。即使每笔国外投资在缴纳当地税收后的收益率是一样的，这种差异也存在。

那么，如何解释这种税后收益的变化呢？与在国外直接缴纳税收和视同（认定）缴纳的外国税收不同，在国外支付的隐性税收不符合外国税收抵免条件。然而，在某种意义上，它们在计算国内应税收入时允许税前扣除。但每1美元的扣除只能以国内税率，即本例中0.35美元的幅度减少国内税收。所以，国外投资是否明智，取决于国外投资所要承担的隐性税收，以及国外利润汇回国内的时间长短。利润汇回即终止税收递延。

从另外一个角度看待这种情形，假设在国家1投资免税证券，例如像美国那样的市政债券，该国的显性税率是15%。假设完全应税债券的税前收益率是10%，免税债券利率是8.5%，所以这两种债券缴纳了外国税收后的收益率均为8.5%。假设国内将这一免税债券利息作为汇回应税收入处理（记住，这些债券只在外国免税），进行国外投资的国内投资者还面临着利润汇回国内时要缴纳的税收，额外缴纳税收的比例相当于国外投资金额的2.975%，即8.5%×0.35，最后得出的税后收益率只有5.525%。

对于准备投资于国家1的国内投资者而言，完全应税债券比免税债券更有吸引力。与免税债券一样，投资于完全应税债券获取的收入在缴纳了当地税收后的收益率是8.5%。然而，一旦利润汇回国内，税后收益率就是6.5%，即10%×（1−0.35）。这个数字比投资于外国免税债券取得的缴纳了所有税收后的收益率高出0.975个百分点。尽管外国税收抵免制度实际允许退回100%的显性税收，但也只能按照已减少的税前利润的35%退还隐性税收。支付所有税收后0.975个百分点的收益率差异计算如下：（100%−35%）×隐性税收1.5%=0.975%。结果，进行国外投资的人倾向于投资显性税率高的资产，从而表现为一个特殊税收顾客。

10.3 利润汇回或再投资的决策

考虑一个美国公司，在国外投资成立一个子公司，子公司获取了丰厚利润。于是它面临着一个关于国外投资收入积累如何处理的后续决策。国外子公司赚取的利润应该汇回分配给母公司吗？或者应该将它们重新投资国外吗？你的第一反应可能是，在低税率国家投资，或者具有"低税负收益"的子公司获得的收入和利润应该尽可能长时间地再投资于国外，因为利润汇回美国可能引发额外的美国税收。

像通常一样，正确的答案比这更复杂。以下的正式分析是基于第3章的一个公式，我们用它来评估不同的投资选择。这里分析的相关因素包括：（1）再投资期限的长短；（2）投资占收入和利润的比例；（3）在国外边际投资所取得的收入在缴纳当地税收后的收益是否比在美国边际投资所获得的收益更高。对于足够长的投资期限，一个在国外缴纳当地税收后更高的收益率足以让人得出在国外再投资是可取的这一结论。正如我们将看到的那样，在某些情况下，将国外利润汇回可使税后财富最大化，尽管这样做可能要支付额外的美国税收。这一分析将说明始终贯穿于本书的所有税收原理的两个方面。尤其是最大化税后财富要求你不仅要考虑今天的税收，还要考虑未来的税收支付，以及当有税收优惠的投资获取的税前收益率较低时所支付的隐性税收。最后，财务报告结果伴随再投资与利润汇回的决策而产生——这是考虑所有成本原则的一个例子。特别是，根据美国 GAAP，对于那些无限期在国外投资的收益视同汇回利润所负担的税收，公司不需要记录为递延应纳税款。

为了回答是汇回利润还是再投资国外这个问题，我们比较两种选择方案在缴纳了所有税收后取得的积累。我们假设，如我们在表 10-2 中看到的，本国（本例中是指美国）税率和外国税率分别是 35% 和 15%。在国内投资的税前和税后收益率分别为 20% 和 13%，而在国外投资的税前和税后收益率分别是 18% 和 15.3%。

让我们假设，该公司在国外拥有 1 亿美元的累积收益和利润。这 1 亿美元应该继续再投资于当地还是汇回国内投资呢？如果这 1 亿美元被汇回，那么母公司将在其国内税收申报表上申报 1.176 5 亿美元的应纳税收入额：

$$1.00/(1-15\%) = 1.176\ 5\ (\text{亿美元})$$

在按照 15% 进行外国税收抵免后[①]，母公司将缴纳的国内税收是：

$$1.176\ 5 \times (35\% - 15\%) = 0.235\ 3\ (\text{亿美元})$$

这些计算留下 7 647 万美元（即 1 亿美元 -2 353 万美元）以用于国内投资，赚取 13% 的税后收益率。

更一般地，如果用 EP 代表汇回的收益和利润的数额，那么支付国内税收后剩余的数额是[②]

$$EP - \frac{EP}{(1-t_f)}(t_d - t_f) = \frac{EP(1-t_d)}{(1-t_f)} \tag{10.5}$$

如果公司将这一数额在国内重新投资，期限为 n 期，税后收益率为 r_d，那么 n 期的积累是

$$\frac{EP(1-t_d)}{(1-t_f)}(1+r_d)^n \tag{10.6}$$

相反，如果公司用 1 亿美元的收入和利润再投资国外，那么它可以获得在当地缴纳税收后 15.3% 的收益率，并且在 n 期期末汇回累积收益额。

在 n 期汇回利润并缴纳国内利润汇回税后，母公司剩下的金额是（单位：百万美元）：

$$100 \times 1.153^n - (35\% - 15\%) \times 100 \times 1.153^n/(1-15\%)$$

更普遍的是，在国外再投资 EP 金额，期限为 n 期，在缴纳利润汇回税后，剩下的收益为：

$$EP(1+r_f)^n - \frac{EP(1+r_f)^n}{(1-t_f)}(t_d - t_f) = \frac{EP(1-t_d)}{(1-t_f)}(1+r_f)^n \tag{10.7}$$

即在本例中计算的结果是 7 647 $\times 1.153^n$ 万美元，如果利润汇回并投资国内，则收益是 7 647 $\times 1.13^n$ 万美元。就本例而言，这意味着在国外投资在任何投资期限内都优于汇

---

① 这个计算是表 10-2 所示的间接外国税收抵免计算的一个精简式。1 亿美元的留存收益除以 1 减去外国税率之差，还原税前的收益和利润水平。这税前收益和利润 1.176 5 亿美元当被汇回母公司时是应税收入，得出在不考虑外国税收抵免时的税收是 1.176 5 亿美元 ×35% = 4 118 万美元。外国税收抵免等于已经支付的外国税收，即 1.176 5 亿美元 ×15% = 1 765 万美元。当检查计算过程时，注意到 1.176 5 亿美元税前收益和利润减去 0.176 5 亿美元已缴纳的外国税收等于 1 亿美元，即汇回国内的收益和利润。

② 这个例子假定国内税率 t_d 超过国外税率 t_f，否则汇回的利润不用缴纳国内税收。

回国内。

比较式（10.6）和式（10.7），我们可以看到，唯一的区别是最后部分是 $(1+r_d)^n$，还是 $(1+r_f)^n$。因此，在这种情况下，每当国外投资缴纳当地税收后的收益率 r_f 超过投资国内的税后收益率 r_d 时，国外再投资就比汇回国内投资占优。在这种情况下的再投资偏好适用于任何投资期限。很多学生很难从直觉上理解这个结果。但关键是，虽然在国外再投资确实能延迟汇回利润税，但这一好处被再投资导致的递延税收也按投资增长比率同幅增长的事实抵消了。然而，正如我们下面将要阐明的，在汇回决策中忽略投资期限因素只是一种特殊情况。

□ F 部分收入和受控外国公司

在我们刚刚讨论的情形中，推迟国外子公司收入汇回而承担国内税收的方式，仅仅是将国外子公司的收入在当地进行积极再投资。如果再投资于国外积极资产的机会比较缺乏，投资于国外消极资产可能是合意的选择，投资于积极资产所获得的税前收益率与投资于诸如国内债券等消极资产所获得的税前收益率类似。然而，在某些情况下，从国外取得的消极收入是被母国视为赚取的收入而不是被汇回的利润而征税。在美国，在税收法典的 F 部分就要求进行这样的税务处理。

这些规定如何改变公司是否将收益和利润在国外投资于消极投资项目的决定？如果国内和国外的消极投资税前收益率都一样，那么，在外国收入和利润无论什么时候汇回都要缴纳国内税收的情况下，选择到国外进行再投资是明智之举。原因是国外再投资推迟了国外收益和利润的汇回税。与式（10.5）和式（10.6）中的示例相反，对于生产投资产生的属于 F 部分的收入所征收的税收是一个基于累积迄今的收益和利润而征收的固定名义税额。运用我们这一例子，如果公司汇回所有的外国收入和利润，并在国内以税前收益率 R_d 进行 n 期的投资，其税后积累是（单位：百万美元）：

$$\left[100 - \frac{100}{1-0.15} \times (0.35 - 0.15)\right] \times \left[1 + R_d(1-t_d)\right]^n$$
$$= 76.47 \times \left[1 + R_d(1-t_d)\right]^n$$

更普遍的是，即时汇回 EP_0 并在国内进行 n 期投资，税前收益率为 R_d，产生的收益为：

$$\left[EP_0 - \frac{EP_0}{(1-t_f)}(t_d - t_f)\right]\left[1 + R_d(1-t_d)\right]^n \tag{10.8}$$

相反，假设公司留下国外收入和利润，并在国外投资于消极资产，产生的税前收益率为 R_f。这些资产在缴纳国内税收之后的年收益率将是：

$$R_f(1-t_f) - \frac{R_f(1-t_f)}{(1-t_f)}(t_d - t_f) = R_f(1-t_d) \tag{10.9}$$

在 n 期期末汇回利润后，并基于尚未缴纳汇回税的原始收入和利润缴税后，净税后积累是：

$$EP_0\left[1 + R_f(1-t_d)\right]^n - \frac{EP_0}{(1-t_f)}(t_d - t_f) \tag{10.10}$$

在这里，EP_0 代表的是公司开始将收益和利润再投资于外国消极资产时所拥有的收益和利润。因此 EP_0 代表的是非 F 部分收益和利润，除非 n 年后汇回，否则不会面临国内税收。继续运用我们的例子说明，假设 $R_f = R_d$，如果公司用其收入和利润重新投资国外的消极资产，n 年后净税后积累将是（单位：百万美元）：

$$100 \times (1 + r_d)^n - \frac{100}{(1 - 0.15)} \times (0.35 - 0.15)$$

该表达式的第一项表示收入和利润再投资于消极国外资产获得的净税后积累额。第二项表示仅对汇回利润课征的固定应纳税额。如果国内对汇回税以每期利率 r_d 收取利息，那么，外国利润是在国外再投资还是汇回并没有差别，但事实上并不征收这样一项利息。结果是，收益在国外再投资的时间越长，应纳税额现值就越低。所以国外再投资仍然优于利润汇回。

事实上，即使从国外消极资产获得的税前收益低于国内投资所获得的，再投资于国外消极资产也比利润汇回更有利。然而，在大多数情况下，公司在国外也可以进行与国内相同消极资产的投资，如股票和债券，所以国外消极投资税前收益率往往等于国内消极投资税前收益率。

□ 利润汇回的免税期

与刚才所讨论的投资激励机制相符，随着时间的推移，美国跨国公司累积了大量的现金资产和其他位于低税率地区的消极资产。[1] 国会开始担心，美国税收法典可能会阻止美国公司将现金资产带回美国（这样可以改善美国就业）。基于这些担忧，美国开始行动，在 2004 年，美国国会规定了一项特殊的免税期，即在此期间，公司汇回的外国利润以比正常时期要低得多的税率纳税。在 2004 年或 2005 年，公司可以选择一次性地汇回外国收入，但不是两年都可以，这些汇回的收入假若再投资于美国（如花费在国内研究和开发、员工培训、资本投资等方面），就按照 5.25％ 的税率向美国缴税。虽然一些研究表明，公司汇回的部分资金可能被用于股票回购（在税法下这是禁止使用的资金），但公司反映汇回收益总共至少为 3 000 亿美元。[2]

现在，该免税期早已过去，但是下一个免税期有望来临。据报道，这些年总的来说，美国跨国公司的外国子公司已经积累了超过 1 万亿美元的收益。因此，我们呼吁国会定期地规定不同免税期来释放这些"受困现金"或制定区域税收制度作为更全面的解决方案。

关于受困现金问题有一些常见的误解。虽然汇回税可能导致外国子公司增加现金持有，但这些利润并不总是以现金的形式持有。为了理解这一点，可回想一下你的基础财务会计课程，在那些课程里你已经学会了现金（资产账户）和留存收益（权益账户）的区别。然而，尽管存在这种区别，但美国跨国公司的国外子公司确实持有大量的现金和短期投资仍然是不争的事实。有趣的是，现金有时存入美国银行，但仍在某种意义上受困，因为它不能在不导致汇回税的情况下被分配给美国的母公司。

□ 当外国税率高于国内税率时的投资和利润汇回政策

在我们的分析中，比较国外和国内的投资积累比较复杂，因为国外利润汇回产生了额外的税收。当外国税率高于国内利率时，假设外国不征收预提收入税，利润汇回不会

---

[1]　参见 C. F. Foley, J. Hartzell, S. Titman, and G. Twite, "Why Do Firms Hold So Much Cash? A Tax-Based Explanation," *Journal of Financial Economics*, 2007 (86): 579–607.

[2]　参见 Blouin 和 Krull (2009)。

引起额外税收。根据这些假设，很明显，对于任何投资期限，当且仅当国外投资缴纳了当地税收后的收益率超过国内投资的税后收益率，即 $r_f > r_d$ 时，国外投资优于国内投资。同等条件下决定了国外再投资是否优于外国收入和利润的汇回。

要点总结

1. 一般来说，存在两种不同的税收制度适用于跨国业务所赚取的收入。一些国家，如美国，对居民公司的全球收入征税。其他大多数发达国家采用区域收入税收制度，仅对来源于国内的收入征税，但对来源于外国的收入（至少源自非消极活动的收入）不征税。

2. 美国跨国公司可以组建其国外分支机构。国外分支机构可以是分公司，也可以是子公司。源自外国分公司的收入在获取时就要被美国课税。相反，源自外国子公司获取的收入只有在汇回时才缴纳美国税收。原则性的例外是，消极收入——所谓的 F 部分收入——通常不符合递延缴税条件，在收入获得时就要被美国征税。

3. 外国税收抵免制度试图通过对支付给外国政府的收入税允许抵免以减轻对外国收入的双重征税。但是抵免额受限。对美国纳税人而言，最重要的限制是，外国税收抵免不能超过该外国来源收入所负担的美国税收。

4. 公司有时重组，致使母公司被归入一个更有利的税收管辖区域中。该重组的常见形式被称为反转交易，涉及将以前的美国母公司放置在一个于更有利的税收管辖区域中新创建的国外母公司下。国家制定许多规则旨在阻止美国公司进行反转交易。

5. 对于一个面对全球收入税收制度的跨国公司而言，国内投资或者国外投资的决策取决于税收因素和非税因素。在国外赚取的税前收益之所以不同于在国内赚取的税前收益，是因为存在隐性税收的差异。这些隐性税收的出现可能是因为在某些国家从事经营活动存在独特的非税成本。

6. 对于母国税率高且要就全球收入被其母国课税的跨国公司来说，应该选择在缴纳了当地税收后收益率最高的国家从事投资。对于 1 年期的投资，如果外国税率比国内税率更低，那么简单比较税前投资收益率就足以判断，因为两项投资最终按国内税率缴纳税收。对于多年期限的投资，投资地点的选择取决于隐性税收的水平。隐性税收越大，要使在低税率国家投资产生比在国内投资更大的税后积累，所需的递延时间就越长。实际上，公司可以递延缴纳国内按较高的税率对外国利润课征的税收，重新投资国外，但这种策略往往是以国外投资比国内投资获取较低税前投资收益率为代价的。

7. 一旦在低税负的国家获得利润，公司就面临利润汇回和再投资的决策，换言之，公司要决定累积利润是应该进行国外再投资还是汇回给母公司。如果再投资项目不产生 F 部分收入，那么该决策取决于在国外投资缴纳当地税收后的收益率是否比国内投资的税后收益率高。如果国外投资税后收益率超过国内投资税后收益率，那么最好选择到国外投资。无论投资期限是短还是长，这种选择都是正确的。然而，如果存在免税期的可能性，如果利润再投资会产生 F 部分收入，或者外国税率比国内税率更高，那么就会出现不同的结果。

问题讨论

1. 为什么实行全球收入税收制度的国家会给予外国税收抵免？

2. 理论上，各国可以联合起来建立一个统一的税收法律制度，以确保对每一美元的收入仅征税一次。从立法者的角度来看，这种统一的税收法律有哪些成本和收益？

3. 美国公民能否通过在国外生活和工作而避免在美国缴纳税收？

4. 考虑一个富裕的美国公民，她每年从其美国股票投资组合中赚得130万美元的股息和资本利得。她能否通过建立离岸控股公司，并让该控股公司拥有这些股票以便合法地避免该收入所承担的美国税收？由于她的控股公司用这些红利和资本利得进行再投资，所以她个人没有从这项投资中获取现金。

5. 作为一个美国公司的外国分公司和外国子公司从事经营活动，在税收方面的区别是什么？每种形式的优点和缺点各是什么？

6. 为什么美国跨国公司通常喜欢"勾选"

规则？

7. 直接外国税收抵免和间接（视同已支付）外国税收抵免之间的区别是什么？

8. 外国税收抵免的局限性是什么？为什么会存在这些局限性？

9. 在什么条件下，外国税收抵免将导致美国公司就外国收入支付的税收与假设这些收入是在美国国内直接获得所缴纳的税收完全相同？

10. 什么是 F 部分收入？F 部分收入的税收制度如何影响美国公司推迟受控外国子公司收入所负担的美国税收的能力？

11. 外国的低税率是不是意味着边际投资的预期税后收益率要高于国内投资？请解释。

12. 你对前一问题的回答是不是取决于该投资的资金是来自收益和利润还是来自新的投资资金？请解释。

练习题

除非另有说明，否则所有问题和练习都假设外国实体是子公司，且该子公司在美国缴纳税收时被视为符合"勾选"规则。在这些问题和练习中的外国税率是基于教学目的的假设，而不是当前实际的税率。

1. 加利福尼亚制图公司是一家美国公司，拥有2亿美元来自美国的收入和1 000万美元来源于国外的收入。此外，加利福尼亚制图公司拥有一家加拿大合伙企业3/4的股权，税前总收益为3 000万美元，所有这些都是来自加拿大的收入，要按照加拿大40%的税率纳税。当年加拿大合伙企业汇回500万美元给加利福尼亚制图公司。从美国征税角度来看，加利福尼亚制图公司按照"勾选"规则将加拿大合伙企业作为分公司来处理。

a. 加利福尼亚制图公司将在美国纳税申报表中申报多少应税收入？

b. 假设加利福尼亚制图公司不是把加拿大的合伙企业作为分公司，而是选择把它当作子公司处理。加利福尼亚制图公司将在美国纳税申报表中申报多少应税收入？

2. 密歇根汽车公司是一家美国公司，拥有10亿美元来源于美国的收入。此外，密歇根汽车公司拥有底特律零部件公司60%的股权，以及巴黎航空公司100%的股权。其中，底特律零部件公司是一家共有2亿美元收入来源于美国的美国公司，巴黎航空公司是一家拥有5亿美元源自法国的收入的法国公司。底特律零部件公司和巴黎航空公司在当年都不汇回任何利润。假设除了那些由合并报表要求引起的差异之外，没有其他账面税收差异。

a. 在其合并利润报表上，密歇根汽车公司将申报多少 GAAP 的收入？

b. 密歇根汽车公司将在美国纳税申报表中申报多少应税收入？

3. 曼哈顿电影公司是一家美国公司，拥有希腊阿尔法公司100%的股份。曼哈顿电影公司从阿尔法公司获得42 000美元的股息。阿尔法公司拥有320 000美元的累计收益和利润，且已经缴纳的外国税收总额达60 000美元。曼哈顿电影公司在分配股息之前的应税收入是30 000美元。曼哈顿电影公司面临的是单一的35%的美国税率。

a. 关于阿尔法公司分配的股息，曼哈顿电影公司认定已缴纳的外国税收为多少？

b. 曼哈顿电影公司的外国税收抵免是多少？

c. 在外国税收抵免后股息将要缴纳多少美国税？

d. 在支付所有税收之后，曼哈顿电影公司获得多少股息？

4. 鹰眼网络公司是一家美国公司，本身没有外国来源收入，但它在韩国和新加坡拥有两家全资子公司。韩国子公司拥有 4 300 万美元来源于韩国的税前收入，面临的韩国税率是 40%，并分配 1 000 万美元的股息给鹰眼网络公司。新加坡子公司获得 700 万美元来源于新加坡的税前收入，面临新加坡 25% 的税率，并分配 200 万美元股息给鹰眼网络公司。

a. 鹰眼网络公司将在美国纳税申报表上申报多少外国来源收入？

b. 现在假设新加坡子公司的收入属于 F 部分收入。鹰眼网络公司将在美国纳税申报表上申报多少外国来源收入？

c. 作与 b 部分相同的假设，但同时假设鹰眼

网络公司仅拥有新加坡公司 38% 的股权。假设鹰眼网络公司所持有的 38% 的新加坡公司的股权的税前收入仍是 700 万美元，股票的股息仍然是 200 万美元，其余 62% 的新加坡公司的股权由一家中国公司拥有。鹰眼网络公司将在美国纳税申报表上申报多少外国来源收入？

5. 伊利诺伊州钢铁公司是一家专业钢铁制造商，业务涉及美国、加拿大和巴西。伊利诺伊州钢铁公司的组织结构如下：母公司伊利诺伊州钢铁公司在伊利诺伊州注册成立，在 2013 年拥有 500 万美元来自美国公司的税前收入。伊利诺伊州钢铁公司拥有巴西子公司 ISB 100% 的股权。在 2013 年的报告中 ISB 公司拥有 300 万美元的税前收入。伊利诺伊州钢铁公司直接控制其加拿大公司（即加拿大集团是一家分公司），2013 年记录的税前收入是 10 亿美元。假定所有的收益均再投资在赚取收入的国家。假设各国的税率分别是：美国 35%、加拿大 30%、巴西 25%。在考虑外国税收抵免后，2013 年伊利诺伊州钢铁公司应缴纳的美国税收是多少？

税收筹划的问题

除非另有说明，否则所有问题和练习都假设外国实体是子公司，且该子公司在美国缴纳税收时被视为符合"勾选"规则。

1. 布卢明顿制药公司（Bloomington Pharmaceuticals）是一家美国公司，它正考虑将一座新的制造工厂设置在何处。该工厂需要进行 5 000 万美元的投资，在 n 年投资期内获得的所有利润将再投资该工厂，再投资将赚得与初始投资一样的税前收益率。n 年后出售该厂，售价相当于该工厂的累积投资金额，即初始投资和所有再投资的收益和利润。所有的收益都汇回布卢明顿制药公司。布卢明顿制药公司可能的选择范围缩小至三个地点：亚利桑那州的图森、爱尔兰和墨西哥。税前收益率和当地的税率如下：

	税率	税前收益率
图森	35%	20%
爱尔兰	10%	16%
墨西哥	20%	18%

a. 假设投资期限为 5 年（$n = 5$）。缴纳利润汇回应负担的所有国内税收后，布卢明顿制药公司在每个投资地点取得的税后积累分别是多少？

b. 相反，假设投资期限是 15 年（$n = 15$）。缴纳利润汇回应负担的所有国内税收后，布卢明顿制药公司在每个投资地点取得的税后积累分别是多少？

c. 作与 b 部分相同的假设，但同时假设是在美国经济衰退后进行投资地点决策。为迎合

选民贸易保护主义情绪，国会通过了一个反跨国公司税法，大大扩展了 F 部分收入的范围，其中源自制药工厂的收入也被列入 F 部分收入。你在 b 部分的答案应做何改变？具体来说，缴纳利润汇回应负担的所有国内税收后，布卢明顿制药公司在每个投资地点取得的税后积累分别是多少？

2. 伊萨卡滑雪板公司（Ithaca Snowboards Corporation）是一家生产别具一格的冬季休闲设备和服装的大型美国厂商。伊萨卡滑雪板公司目前的主要机构在美国，在列支敦士登拥有全资子公司负责配送和市场业务。为了向亚洲扩展业务，伊萨卡滑雪板公司正在考虑在日本设立分销和营销机构。目前，伊萨卡滑雪板公司在美国每年应纳税收入额是 1.5 亿美元；而其列支敦士登子公司取得的来源于列支敦士登的收入是 1 亿美元，但是没有将利润汇回伊萨卡滑雪板公司。为简单起见，假设如果伊萨卡滑雪板公司不发生变化，其收入流向将永久继续下去。伊萨卡滑雪板公司面临 35％ 的美国税率和 15％ 的列支敦士登税率。

a. 伊萨卡滑雪板公司在美国应缴纳多少税收？其全球应纳税额又是多少？

b. 现在假设为了满足债务偿付和向股东分配股息的需要，伊萨卡滑雪板公司有必要每年使其列支敦士登子公司汇回全部利润到伊萨卡滑雪板公司。伊萨卡滑雪板公司在美国应缴纳的税收和其全球应纳税额将各是多少？

c. 继续 b 部分，现在假设伊萨卡滑雪板公司也在日本设立子公司从事经营活动。假定该子公司将在日本按照 45％ 的税率纳税，将产生 8 000 万美元的收入，这些收入都来源于日本。假设与列支敦士登子公司不同，日本子公司不汇回利润。伊萨卡滑雪板公司在美国应缴纳的税收和其全球应纳税额各是多少？

d. 继续 c 部分，现在假设日本子公司每年也将其所有的收入汇回。伊萨卡滑雪板公司在美国应缴纳的税收和其全球应纳税额将各是多少？

3. 卡罗来纳工业公司（Carolina Industries）是一家美国公司，它全资拥有阿根廷子公司，拥有 4 亿美元的累计收益和利润。卡罗来纳工业公司过去将外国收入投资到其赚取收入的所在国，但现在这一政策正重新评估。假设卡罗来纳工业

公司在美国可以获得 20％ 的税前收益，其中美国税率是 35％，或者在阿根廷投资 10 年期项目也可以获得 15％ 的税前收益，然后将所有收益和利润汇回美国，其中阿根廷税率是 25％。

a. 卡罗来纳工业公司应让其阿根廷子公司汇回收益和利润，还是将收益和利润留在阿根廷再投资？特别是在这两种情况下，10 年之后卡罗来纳工业公司的税后（包括汇回税）积累分别是多少？

b. 继续 a 部分，但假设投资期限是 20 年。较长的投资期限是否影响你即时汇回或在阿根廷再投资的决定？是否任何投资期限都会影响你的决策？

c. 继续 a 部分，但假定公司没有更好的积极投资机会。相反，公司可以投资消极资产，并将产生 12％ 的税前收益，而无论这些资产是由美国持有还是由在阿根廷的机构持有。任何这样的阿根廷消极投资取得的收入都会形成 F 部分收入，尽管最初的 4 亿美元的累积收益和利润不属于 F 部分收入。F 部分收入是否会影响你汇回利润或在阿根廷再投资的决定？特别是在这两种情况下，10 年之后卡罗来纳工业公司的税后（包括汇回税）积累分别是多少？

d. 继续 a 部分，但假设卡罗来纳工业公司拥有的是丹麦子公司而不是阿根廷子公司，丹麦子公司面临 45％ 的丹麦税率，并进行一项将产生 24％ 的税前收益率的投资。卡罗来纳工业公司应该让其丹麦子公司汇回收入和利润，还是在丹麦再投资？特别是在这两种情况下，10 年之后卡罗来纳工业公司的税后（包括汇回税）积累分别是多少？

e. 继续 a 部分，但假设在第 10 年年初，国会将美国公司税税率从 35％ 降至 22％。这种变化是否会影响你再投资和汇回利润的决策呢？特别是在这两种情况下，10 年之后卡罗来纳工业公司的税后（包括汇回税）积累分别是多少？

4. 证明当外国税率超过国内利率时，对于任何投资期限，当且仅当国外收益在缴纳完当地税收后的收益率高于国内收益的税后收益率，即 $r_f > r_d$ 时，国外投资才优于国内投资。再证明，在同样的条件下，在国外再投资是否优于外国收益和利润的汇回。

Albring, S., L. Mills, and K. Newberry, 2011. "Do Debt Constraints Influence Firms' Sensitivity to a Temporary Tax Holiday on Repatriations?" *Journal of the American Taxation Association* (33), pp. 1–27.

Altshuler, R., and H. Grubert, 2008. "Corporate Taxes in the World Economy: Reforming the Taxation of Cross-Border Income," *Fundamental Tax Reform: Issues, Choices, and Implications*, edited by J. Diamon and G. Zodrow. Cambridge, MA: MIT Press, pp. 319–355.

Blouin, J., 2011. "Taxation of Multinational Corporations," *Foundations and Trends in Accounting* (6), pp. 1–64.

Blouin, J., and L. Krull, 2009. "Bringing It Home: A Study of the Incentives Surrounding the Repatriation of Foreign Earnings Under the American Jobs Creation Act of 2004," *Journal of Accounting Research* (47), pp. 1027–1057.

Blouin, J., L., Krull, and L. Robinson, 2012. "Is U.S. Multinational Intra-Firm Dividend Policy Influence by Reporting Incentives?" *The Accounting Review* (87), pp. 1463–1491.

Clausing, K., 2005. "Tax Holidays (and Other Escapes) in the American Jobs Creation Act," *National Tax Journal* (58), pp. 331–346.

Cloyd, C., L. Mills, and C. Weaver, 2003. "Firm Valuation Effects of the Expatriation of U.S. Corporations to Tax Haven Countries," *Journal of the American Taxation Association* (25), pp. 87–105.

Collins, J., and D. Shackelford, 2003. "Do U.S. Multinationals Face Different Tax Burdens Than Other Companies?" *Tax Policy and the Economy*, Vol. 17, edited by J. Poterba, Cambridge, MA: MIT Press, pp. 141–168.

Desai, M., Foley, C. F., and J. Hines, 2006a. "The Demand for Tax Haven Operations," *Journal of Public Economics* (90), pp. 513–531.

Desai, M., Foley, C. F., and J. Hines, 2006b. "Do Tax Havens Divert Economic Activity?" *Economics Letters* (90) pp. 219–224.

Desai, M., and J. Hines, 2002. "Expectations and Expatriations: Tracing the Causes and Consequences of Corporate Inversions," *National Tax Journal* (55), pp. 409–441.

Devereux, M., and H. Freeman, 1995. "The Impact of Tax on Foreign Direct Investment: Empirical Evidence and the Implication for Tax Integration Schemes," *International Tax and Public Finance* (2), pp. 85–106.

Dharmapala, D., C. Foley, and K. Forbes, 2011. "Watch What I Do, Not What I Say: The Unintended Consequences of the Homeland Investment Act," *Journal of Finance* (66), 753–788.

Dharmapala, D., and J. Hines, 2009. "Which Countries Become Tax Havens?" *Journal of Public Economics* (93), pp. 1058–1068.

Dyreng, S., and B. Lindsey, 2009. "Using Financial Statement Accounting Data to Examine the Effect of Foreign Operations Locating in Tax Havens and Other Countries on U.S. Multinational Firms' Tax Rates." *Journal of Accounting Research* (47), pp. 1283–1316.

Foley, C. F., J. Hartzell, S. Titman, and G. Twite, 2007. "Why Do Firms Hold So Much Cash? A Tax-Based Explanation," *Journal of Financial Economics* (86), pp. 597–607.

Graham, J., M. Hanlon, and T. Shevlin, 2011. "Real Effects of Accounting Rules: Evidence from Multinational Firms' Investment Location and Profit Repatriation Decisions." *Journal of Accounting Research* (49), pp. 137–185.

Hanlon, M., and E. Maydew, 2009. "Book-Tax Conformity: Implications for Multinational Firms," *National Tax Journal* (62), pp. 127–153.

Hanlon, M., E. Maydew, and J. Thornock, 2013. "Taking the Long Way Home: U.S. Tax Evasion and Offshore Investments in U.S. Equity and Debt Markets," *Journal of Finance*, forthcoming.

Hartman, D., 1985. "Tax Policy and Foreign Direct Investment," *Journal of Public Economics* (26), 475–487.

Hines, J., 1996. "Dividends and Profits: Some Unsubtle Foreign Influences," *Journal of Finance* (51), pp. 661–689.

Hines, J., 1997. "Tax Policy and the Activities of Multinational Corporations," in *Fiscal Policy: Lessons from Economic Research*, edited by A. Auerbach. Cambridge, MA: MIT Press, pp. 401–445.

Hines, J., 2005. "Do Tax Havens Flourish?" in *Tax Policy and the Economy*, Vol. 19, edited by J. Poterba. Cambridge, MA: MIT Press.

Hines, J., and E. Rice, 1994. "Fiscal Paradise: Foreign Tax Havens and American Business," *Quarterly Journal of Economics* (109), pp. 149–182.

Klassen, K., M. Lang, and M. Wolfson, 1993. "Geographic Income Shifting by Multinational Corporations in Response to Tax Rate Changes," *Journal of Accounting Research* (31), pp. 141–173.

Markle, K. 2012. "A Comparison of Tax-Motivated Income Shifting in Territorial and Worldwide Countries," Working Paper, University of Waterloo.

Markle, K., and D. Shackelford, 2012. "Cross-Country Comparisons of Corporate Income Taxes," *National Tax Journal* (65), pp. 493–527.

Rego, S., 2003. "Tax-Avoidance Activities of U.S. Multinational Corporations." *Contemporary Accounting Research* (20), pp. 805–833.

Seida, J., and W. Wempe, 2002. "Market Reaction to Corporate Inversion Transactions," *Tax Notes* (97), pp. 1098–1102.

Slemrod, J., 2010. "Location, (Real) Location, and Tax (Location): An Essay on the Place of Mobility in Optimal Taxation," *National Tax Journal* (63), pp. 843–864.

Slemrod, J., and J. Wilson, 2009. "Tax Competition with Parasitic Tax Havens," *Journal of Public Economics* (39), pp. 1261–1270.

第 11 章

跨国公司的税收筹划：外国 税收抵免限额和收入转移

学完本章后，你应能：

1. 理解外国税收抵免限额和其产生的动因。

2. 领会分项和分国的外国税收抵免限额的含义。

3. 理解为什么转让定价是重要的，为什么转让定价通常是公司和政府之间争议的主题。

4. 描述通过国会鼓励出口和/或国内生产的各种尝试。

5. 鉴别外国投资者税收和激励计划的差异。

在第 10 章，我们研究了税收如何影响国内投资或国外投资的决策，以及公司在国外投资产生利润时，税收如何影响其利润汇回的决策。在前一章我们大部分篇幅在讨论的是，公司的外国税收抵免限额过量（excess limitation）的情形。也就是说，我们通常假定，公司在美国进行纳税申报时，对于其已经缴纳的外国税收可以获得全额抵免。在本章，我们要深入探讨当外国税收抵免限额不足（excess credit）的情况下，将会出现的税收抵免限额和税收筹划问题。受外国税收抵免限额约束的公司，在其申报纳税的时候，其在国外缴纳的税收超出了抵免限额而不能获得全额抵免，即外国税收抵免限额不足。我们还将讨论跨区转移收入的激励、对出口商的税收激励，以及对外国投资者的税收待遇。

11.1 外国税收抵免限额和动因

各国通常对外国税收抵免限额能降低公司纳税义务的程度做出一定的限制。美国每年基于全球收入计算外国税收抵免限额，方法如下：

$$\frac{外国来源收入}{全球收入} \times 基于全球收入的应纳税额 \tag{11.1}$$

外国来源收入（foreign-source income）包括通过国外分公司赚取的外国收入、从国外子公司汇回的外国收入，以及被认定为国外子公司汇回的外国收入（即 F 部分收入）。对美国而言，外国来源收入由美国税收规则确定，这些规则可能不同于公司也向其缴纳税收的外国税收规定。

全球收入（worldwide income）公司在美国申报的应税收入，是外国来源收入和国内来源收入的总和。美国对全球收入所征收的税额是在允许外国税收抵免之前的应纳税额，其计算方法如下：

$$全球收入应纳美国税收＝t_{US}×全球收入 \tag{11.2}$$

因此，税收抵免限额通常这样简化[①]：

$$外国税收抵免限额＝外国来源收入×t_{US} \tag{11.3}$$

□ 外国税收抵免限额过量的例子

假设某一美国母公司在巴西拥有一家全资子公司，如图 11-1 所示。仅仅为了讨论的需要，假设美国的税率是 35％，巴西的税率是 25％。在缴纳了巴西税收后，巴西子公司汇回所有的税后收益给美国的母公司。为简单起见，再假设巴西针对汇回美国的利润征收的预提收入税税率为 0％。[②] 假如巴西子公司的收入为 100 美元，在计算巴西收入汇回之前美国母公司的国内来源收入为 200 美元，那么该公司应缴纳多少美国税收？

美国来源收入	200 美元
外国来源收入	100 美元（＝75 美元股息＋25 美元视同已缴税收）
美国税率	35％
外国税率	25％
支付的外国税收＝100 美元×0.25	25 美元
外国税收抵免限额＝100 美元×0.35	35 美元
外国税收抵免＝min（25 美元，35 美元）	25 美元
外国税收抵免前的美国税收＝300 美元×0.35	105 美元
外国税收抵免	<u>25 美元</u>
外国税收抵免后的美国税收	<u>80 美元</u>

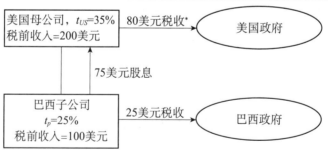

图 11-1 不受外国税收抵免限额约束的间接外国税收抵免

说明：* 美国税收＝（200＋75＋25）×0.35－min(25，100×0.35)＝80（美元）。

---

① 在计算外国税收抵免限额的时候，如果外国来源收入超过全球收入（即该机构组织遭受国内损失），美国要求外国来源收入占全球收入的比率以 100％替代。因此，面临国内损失的美国跨国公司可能比国内盈利企业面临更多的外国税收抵免限额。换句话说，国内面临损失的公司可能更难以获得外国税收抵免。

② 本书的外国税率被假定为了教学目的，而不是为了反映当前的实际税率。在大多数国家，在对应税所得征收了所得税后，再在利润汇回时以高于 30％的比例课征预提所得。实际的预提所得税率取决于利润汇回的形式（例如，股息适用的税率与利息适用的税率不同），以及相关国家之间的税收协定。

公司缴纳的全球税收总额是 80 美元＋ 25 美元＝105 美元。该公司的全球收入的实际税率是 105/300＝35％。因为该公司的外国税收抵免限额（35 美元）超过其缴纳的外国税收（25 美元），所以我们认为该公司处于外国税收抵免限额过量状态。公司在国外缴纳的每 1 美元的税收都可获得全额抵免。

考虑一个令人感兴趣的问题，即公司是否有动机进行税收筹划来降低其需要缴纳的巴西税收。假设现在通过税收筹划，公司可以减少 3 美元的巴西税收，而又不影响其外国来源收入——至少不会影响按照美国税法计算的外国来源收入。尽管缴纳的外国税收会从 25 美元减少到 22 美元，但外国税收抵免限额也会将税收从 25 美元减少到 22 美元，导致美国国内的应纳税额增加了 3 美元，净节约税金为零。实际上，公司节约的每 1 美元外国税收仅仅是增加了 1 美元的国内税收。相反，处于外国税收抵免限额过量状态的公司有时很少或根本没有动力去从事税收筹划以减少外国税收，至少是在其预期自己将总是处于外国税收抵免限额过量状态，其外国来源收入要在当期缴纳美国税收时没有动力进行税收筹划，这是分析中一个重要的假设。

从美国政府的角度来看，外国税收抵免规则的这一结果并不理想。假设美国政府允许跨国公司通过税收筹划节省的每 1 美元的外国税收，只是部分地减少公司的外国税收抵免额，比如说每减少 1 美元外国税收只减少 60 美分抵免额，那么美国政府和跨国公司都很划算，但要以外国的利益为代价。在本例中，公司将会减少 3 美元的巴西税收，但只损失 1.80 美元的外国税收抵免额。公司因此赚取 1.20 美元收益，而美国政府会额外获得 1.80 美元税收。这样的安排将是一个不同寻常的多边税收筹划案例，即一个公司和一个政府联合起来对抗另一个政府。这样的安排也很难实现，因为这样可能会导致外交关系的紧张和承受外国政府报复性税收。

现在考虑外国来源收入的税收负担。巴西来源收入的总税负＝（1）巴西应纳税额＋（2）源于巴西的 100 美元收入所承担的在外国税收抵免之前的那部分美国税收－（3）外国税收抵免额，即 25 美元＋35 美元－25 美元＝35 美元。因此，巴西收入的实际总税率是 35/100＝35％。结果是，在外国税收抵免限额规则下，美国公司就其外国收入负担的全球实际税率是美国税率（35％）和外国税率（25％）中的较大者。在本例中，美国税率超过了外国税率，从而对外国来源收入适用的全球实际税率其实就是美国利率。下一个例子将考虑外国税率超过美国税率的情况。

☐ 外国税收抵免限额不足的例子

现假设，美国母公司拥有的不是面临 25％税率的巴西子公司，而是拥有面临 40％的葡萄牙税率的一家葡萄牙子公司，如图 11 - 2 所示。给定一些关于美国和外国来源收入的补充资料，这些情况会如何改变我们的分析思路？

与前面的示例对比，更高的外国税率导致要缴纳的外国税收增加了 15 美元。然而，外国税收抵免限额规则允许外国税收抵免只增加 10 美元。结果，该公司缴纳的全球税收增加了 5 美元（从 105 美元增加到 110 美元）。我们认为该公司处在外国税收抵免限额不足状态，因为其已缴纳的所有外国税收不能在当期获得全部抵免。在纳税申报时，不能在当期抵免的 5 美元的外国税收可以向前结转 1 年和向后结转 10 年进行抵免。公司也可以选择扣除所有已缴纳的 40 美元的外国税收而不是选择抵免 35 美元。尽管在其他一切条件都相同的情况下，抵免优于扣除，但在某些情况下选择扣除也许是合意的，因为大量的抵免即将过期失效。

美国来源收入	200 美元
外国来源收入	100 美元（60 美元股息＋40 美元视同已缴税收）
美国税率	35％
外国税率	40％
缴纳的外国税收＝100 美元×0.40	40 美元
外国税收抵免限额＝100 美元×0.35	35 美元
外国税收抵免＝min（40 美元，35 美元）	35 美元
外国税收抵免前的美国税收＝300 美元×0.35	105 美元
外国税收抵免	35 美元
外国税收抵免后的美国税收	70 美元

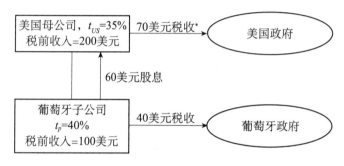

图 11－2　受外国税收抵免限额约束的间接外国税收抵免

说明：* 美国税收＝（200＋60＋40）×0.35－min（40，100×0.35）＝70（美元）。

在那些缴纳的国外税收不符合外国税收抵免条件的时候，选择扣除其外国税收如增值税也很有利。对外国来源收入适用的实际全球税率是多少？外国来源收入的总税收负担＝（1）缴纳的外国税收＋（2）由 100 美元外国收入所承担的在外国税收抵免之前的那部分美国税收－（3）外国税收抵免，即 40 美元＋35 美元－35 美元＝40 美元。因此外国来源收入的总实际税率是 40/100＝40％。正如前面的示例一样，公司的外国来源收入所负担的实际全球税率是美国税率（35％）或外国税率（40％）中的较大者。

一些美国跨国公司发现自己经常处于外国税收抵免限额过量状态。当外国税率高于美国税率时（这种情况越来越少，因为随着时间的推移国外已经降低其公司税税率而美国没有降低），外国税收抵免限额过量的情况就会出现，此时该公司可能发生国内损失，这种损失来自其进行的税收筹划活动。回想一下，处于外国税收抵免限额过量状态的公司有时会没有动力减少其国外缴纳的税额。那么，处于外国税收抵免限额不足状态的公司是否有动机进行税收筹划，降低其国外缴纳的税额呢？答案是肯定的。假设通过税收筹划，公司可以减少 3 美元的葡萄牙应纳税额，而又不影响其外国来源收入。其所支付的外国税收会从 40 美元减少到 37 美元，但该公司的外国税收抵免将保持在 35 美元，因此，其应缴纳的美国税收也将保持不变，净节约税金 3 美元。因此，对于处于外国税收抵免限额不足状态的公司来说，在许多情况下，每节省 1 美元的外国税收，都将会减少公司 1 美元的全球税收负担。

处于税收抵免限额过量状态的公司也会有激励进行另一重要类型的税收筹划——跨

税收与企业经营战略：筹划方法（第五版）

税收管辖区转移收入。特别是，公司将国内来源收入转变为外国来源收入是出于减少美国税收的动机，而不是为了减少外国税收。这种策略可能乍听起来很荒谬，但是回想一下，美国的税收规则中为了确定外国税收抵免而将收入按照美国来源或者外国来源进行分类管理又不无道理。然而，外国都有自己独立的税收法律，而且这些税法往往对源于国内和国外的收入进行不同的分类。在国际税收领域，同样的交易通常面临一系列不同的税收法律，而这些法律彼此也不一定相同。

在葡萄牙子公司的例子中，假设该公司出于减少美国税收的目的，能够将美国来源的收入转移为仅限于 30 美元的外国来源收入，如图 11-3 所示。现在不考虑你自身如何完成这样的转移（在本章后面的篇幅中我们会研究关于决定收入来源、费用分摊和转让定价的规则）。为了让本例与前例具有可比性，我们再次假设该子公司分配所有的收益和利润给美国母公司。那么，这项收入转移要求分配给母公司的股息是 90 美元，即 130 美元－40 美元。

	美国定义	葡萄牙定义
美国来源收入	170 美元	200 美元
外国来源收入	130 美元	100 美元
支付的外国税收＝100 美元×0.40	40 美元	
外国税收抵免限额＝130 美元×0.35	45.5 美元	
外国税收抵免＝min（40 美元，45.5 美元）	40 美元	
外国税收抵免前的美国税收＝300 美元×0.35	105 美元	
外国税收抵免	40 美元	
外国税收抵免后的美国税收	65 美元	

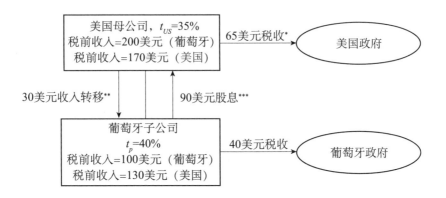

图 11-3　转移收入对外国税收抵免的影响

说明：* 美国税收＝（170＋90＋40）×0.35－min（40，130×0.35）＝65（美元）。

** 该策略仅仅是出于减少美国税收的目的而将 30 美元从美国母公司转移到葡萄牙子公司（即不影响实际向葡萄牙缴纳的税收）。

*** 为了使本例与前例具有可比性，子公司必须分配所有的美国定义的收益和利润，即 90 美元。子公司可以从母公司借款或取得资本投入以分配股息。

外国来源收入的增加会使外国税收抵免限额从 35 美元增加到 45.5 美元，这样就允许公司完全抵免其所支付的 40 美元外国税收，而不是没有进行收入转移时的 35 美元抵免额。反过来，公司的美国税收将从 70 美元下降到 65 美元，减少 5 美元。注意，公司的葡萄牙税收义务没有发生改变，因为收入的转移仅是出于减少美国税收的目的。深究这种动因的另外一种方式就是把外国税收抵免限额当作一个约束。在这种约束固定的情况下（外国税收抵免限额过量或不足的例子），公司就有动机去放松这种约束，本例中就是通过增加外国来源收入的方式来计算限额。

□ 多家子公司的外国税收抵免的例子

现在让我们改变前例的假定，假设美国母公司有葡萄牙子公司和巴西子公司，如图 11－4所示。在这种情况下，外国税收抵免的规则又将如何运行呢？

	美国	巴西	葡萄牙	合计
应税收入	200 美元	100 美元	100 美元	400 美元
外国税收		25 美元	40 美元	65 美元
外国税收抵免限额＝200 美元×0.35				70 美元
外国税收抵免＝min（65 美元，70 美元）				65 美元
外国税收抵免前的美国税收＝400 美元×0.35				140 美元
外国税收抵免				<u>65 美元</u>
外国税收抵免后的美国税收				<u>75 美元</u>

因为实际支付的外国税收少于外国税收抵免限额，因此支付的 65 美元外国税收可以全额抵免应缴纳的美国收入税，抵免后剩下应缴纳的美国税收是 75 美元。尽管来源于葡萄牙子公司的收入所适用的税率高于美国税率，但该公司不存在外国税收抵免限额问题，因为位于低税负的巴西子公司的收入增加的外国税收抵免限额超过其增加的已缴纳的外国税收。换句话说，允许将高税负和低税负的外国来源收入用于混合计算外国税收抵免限额有助于减少抵免限额约束。许多公司注意到了这一点，于是经常安排适用高税率和

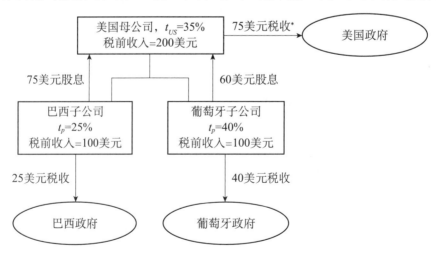

图 11－4 有多家子公司的外国税收抵免的例子

说明：* 美国税收＝（200＋100＋100）×0.35－min ［40＋25，（100＋100）×0.35］＝75（美元）。

税收与企业经营战略： 筹划方法（第五版）

低税率的子公司的利润汇回时间以达到节约税收的目的，而先进的软件也可以帮助公司计算各种不同利润汇回情况下的税收影响。

☐ 分国的外国税收抵免限额

然而，大多数国家不允许将高税率和低税率外国来源收入进行任意混合，以此来计算外国税收抵免限额。例如，美国就要求公司针对两个不同项目的收入分别计算外国税收抵免限额——我们将在下一节详细讨论该主题。而一些国家则采取分国限额制度（country-by-country limitation）。

假设上例中的母公司不是美国公司，而是位于对其外国税收抵免实行分国限额抵免制度国家的公司。在这种情况下，巴西子公司的外国税收抵免限额是 100 美元×0.35＝35 美元，所以其所支付的 25 美元的巴西税收将全部抵免母公司的应纳税额。葡萄牙子公司的税收抵免限额也是 100 美元×0.35＝35 美元，所以其所支付的 40 美元葡萄牙税收中只有 35 美元抵免母公司的应纳税额。使公司基于分国限额制度计算其外国税收抵免限额，会降低公司混合适用高税率和低税率的收入以使外国税收抵免限额最大化的能力。随着世界各国趋向区域收入税收制度（免除外国收入税），外国税收抵免对非美国的跨国公司变得不那么重要。

☐ 分项限额

如前所述，美国要求其跨国公司分别计算两种收入项目（baskets of income）的外国税收抵免限额：消极类收入和一般类别收入。[①] 对于外国税收抵免限额采用分项方法计算的动机是防止纳税人削弱抵免限额的约束。例如，如果公司面临一种严苛的外国税收抵免限额制度，那么它将产生将可获利资产投放在位于税率较低的避税天堂的子公司的动机。此举将降低外国来源收入的平均税率，并产生对在高税负国家已经缴纳的外国税收更大的抵免限额。

美国税法允许混合高税负和低税负外国收入计算外国税收抵免限额，但不允许将消极投资收入和一般类别的"积极"收入混合计算。因此，在高税负管辖区拥有一般类别收入的公司不是仅仅将产生消极收入的资产投放在低税负管辖区，就可以放宽其外国税收抵免限额的计算。相反，该公司只有通过在低税负管辖区投放产生非消极收入（即，一般类别项目收入）的资产才可以放宽其外国税收抵免限额的计算。如同一些实施分国抵免限额制度的国家一样，美国的分项收入计算规则使公司更难获得对其已缴的外国税收进行完全抵免的待遇。

为了理解分项计算方法对外国税收抵免限额的意义，让我们再考虑一个前面的例子。假设巴西子公司获得 80 美元的消极收入和 20 美元的一般类别收入。公司支付的巴西税收是 25 美元，并支付给美国母公司 75 美元的股息。葡萄牙的子公司获得 100 美元的一般类别收入，支付 40 美元的葡萄牙税收，并支付 60 美元股息给美国母公司。因此，外国收入中的 200 美元在美国是应税收入，产生的美国税收在外国税收抵免之前是 70 美元（即 35％×200 美元）。

允许外国税收抵免的金额是多少？对于消极收入 80 美元，允许抵免的金额是实际缴

---

① 2007 年之前，美国外国税收抵免规则提供了 9 个收入项目。

纳的外国税收和该收入所负担的美国税收中的较低者：

$$=\min\left(\frac{80}{100}\times 25,\ 35\%\times 80\right)=\min(20,\ 28)=20（美元）$$

对于 20 美元＋一般类别收入 100 美元，

$$抵免额=\min\left[\left(\frac{20}{100}\times 25\right)+40,\ 35\%\times 120\right]=\min(45,\ 42)=42（美元）$$

所以，基于列入一般类别的 120 美元外国收入而缴纳的 45 美元外国税收中只有 42 美元可以作为当期的外国税收抵免额。超出的 3 美元可以向前结转 1 年或向后结转 10 年。注意，正如前面的示例，如果外国来源收入的 200 美元可以列入仅有的一个项目中，那么已缴纳的 65 美元的外国税收在计算美国税收时可以获得全部抵免。

□ 外国税收抵免限额和国外子公司的资本结构

正如我们已经讨论的那样，处在超税收抵免限额状态的公司有动机减少在国外的纳税。在利润汇回的背景下，如果外国税收抵免限额对公司有约束力，那么公司就存在超额的外国税收抵免，因此选择对外国税收扣除的方式从外国子公司汇回利润变得相对合意。在这种情况下，通过以下方式汇回利润对母公司更有吸引力：

- 应向美国母公司或者美国子公司支付的债务利息；
- 应向美国母公司或者美国子公司支付的租金；
- 特许权使用费；
- 对商品和服务的转让定价将收入从高税收管辖区转向更低税收管辖区。

然而，考虑到以股息方式汇回利润在时间选择上比较灵活，可以选择在美国处于低税率时汇回，因此股权融资也有其优势。相比之下，以利息、租金、特许权使用费方式汇回的时间难以控制。例如，按照债务合同和租赁合同的要求，每期需要汇回一定金额的国外利润。

这里要考虑一下在纯粹的国内背景下所缺乏的额外因素，即不同形式的利润汇回（股息、利息、租金和特许权使用费）可能会承担不同水平的预提收入税，这使得各种汇回选择并不完美但无法相互替代。例如，通过操控转让定价汇回国外利润，通常可以完全规避预提收入税。因为税收协定是双边的而非多边的，所以对不同形式的利润汇回各国适用的预提收入税税率也不同。进而考虑选择将利润从一个税收管辖区的外国公司转移到另一个不同的税收管辖区公司，并且能使汇回的税后利润最大化的路线有时是很重要的。最后，一些公司已经设计了一些在国外构建运营机构并为其融通资金的方法，这些方法使公司"两边获利"（double-dip）。例如，一些债务结构可能允许同样的一笔利息在不止一个国家扣除，一些租赁被改造后可能允许在不止一个国家进行税前扣除（即两边获利的租赁）。这样的筹划技术为税收目的而充分利用了各国对待相同的交易事项所采取方式的不一致性。

11.2　跨税收管辖区转移收入

□ 转让定价

当收入在不同的国家以不同的税率纳税时，全球收入如何在不同的国家分配是一件极其重要的事情。在跨国公司集团内部，通常有许多产品和服务在不同的税收管辖区域的关联企业间转移。转移价格——关联企业间转移商品和服务的价格——对全球税负有重要的影响。这些关联企业间的关系似乎给巧妙地设置转移价格进行税收筹划提供了巨大的机会。例如，如果一个美国制造商想将来源于美国的收入转移到外国子公司，那么它可以通过降低向其国外子公司出售零部件价格的方式达到目的。相反，在高税率的外国管辖区，转让定价不仅代表一种可进行税收扣除的汇回利润方式，也是一种避免征收预提收入税的方式。

☐ 通过转让定价转移收入的例子

假设 Bigco 公司是一家美国医疗设备制造商，其产品在美国和国外销售，如图 11-5 所示。Bigco 公司面临的美国公司税税率为 35％。Bigco 公司的国外销售都是通过其全资拥有的外国子公司 Fsub 公司进行，该子公司设在一个当地税率是 15％ 的国家。假设将 Bigco 公司所制造的医疗设备卖给客户（通过 Fsub 公司）获得 1 000 000 美元的收入。Bigco 公司生产制造设备承担 450 000 美元成本，Fsub 公司承担 150 000 美元附加的制造费用。从财务会计角度，Bigco 公司和 Fsub 公司将合并在一起，其国外销售的税前收入将达到400 000 美元（1 000 000 美元减去 600 000 美元的总费用）。

然而，从纳税角度，该应税收入取决于 Bigco 公司和 Fsub 公司之间的转让价格。假设 Bigco 公司以 800 000 美元（转让价格）销售医疗设备给 Fsub 公司。在这种情况下，Bigco 公司将获得 350 000 美元（即 800 000 美元－450 000 美元）收入，产生 122 500 美元的美国税收（35％×350 000 美元）。而 Fsub 公司将拥有 50 000 美元（即 100 000 美元－800 000 美元－150 000 美元）收入，产生 7 500 美元（即 15％×50 000 美元）外国税收。税前收入为 400 000 美元，税收总费用是 130 000 美元（即 122 500 美元＋7 500 美元），全球实际税率为 32.5％。当然，因为 Bigco 公司要其全球收入承担美国税收，因此 Fsub 公司的收入在汇回 Bigco 公司的时候最终要缴纳美国公司收入税。然而，那可能在若干年后。与此同时，Bigco 公司如果计划无限期地将 Fsub 公司的收入留在国外进行再投资，那么就不需要在财务报表上为汇回利润缴纳税收而登记递延收入税负债科目了（回顾第 6 章和第 10 章，关于利润不汇回递延税收的讨论）。

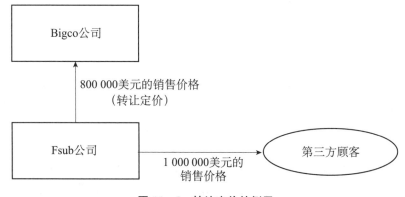

图 11-5　转让定价的例子

现在，让我们看看存在不同的转让价格会发生什么。假设 Bigco 公司不是以 800 000 美元的价格而是以 700 000 美元的价格销售制造设备给 Fsub 公司。从财务会计角度看，转让价格的不同不会影响 Bigco 公司和 Fsub 公司合并的税前收入。两家公司合并的税前收入仍然是销售给第三方客户获得的 1 000 000 美元收入减去 600 000 美元的总费用之差。然而，转移价格确实影响 Bigco 公司和 Fsub 公司的税收。Bigco 公司的美国税收从 122 500 美元减少到 87 500 美元［即 35％×（700 000 美元－450 000 美元）＝87 500 美元］。Fsub 公司的外国税收从 7 500 美元增加到 22 500 美元［即 15％×（1000 000 美元－700 000 美元－150 000 美元）＝22 500 美元］。因此，两家公司合并的税金总额为 110 000 美元（87 500 美元＋22 500 美元），即最初的转让定价使合并的税金在 130 000 美元的基础上减少了 20 000 美元。因此，全球实际税率从 32.5％降低到 27.5％（即 110 000/400 000）。实际上，Bigco 公司通过降低转让定价，向外国子公司支付 100 000 美元的费用，已从美国转移 100 000 美元收入到外国税收管辖区。由于税率差异是 20 个百分点（即 35％－15％），因此节约的税金是 20 000 美元（即 20％×已转移的 100 000 美元），这将使实际税率降低 5 个百分点（即 20 000/400 000），即从 32.5％降至 27.5％。由于 Bigco 公司仍承担全球税收，因此这种税收的节省在某种意义上是暂时的，Fsub 公司也许有朝一日会把收入汇回 Bigco 公司，那时它将承担美国公司收入税。

这只是用一个简单的例子来说明跨国公司转让定价的基本效果。这里有许许多多可能的情况发生。例如，美国母公司在税率不一的各国拥有很多子公司，就有激励运用转让定价的方法在其各国子公司之间转移收入。在某些情况下，如果外国收入适用的税率比美国更高，那么公司也有激励使用转让定价将收入转移到美国。外国公司的美国子公司也有转让定价的动机。

□ 通过转让定价减少转移收入的规则

税务当局认识到了这些税收筹划机会，美国国税局颁布了美国税收法典第 482 款，并以这一重要法律武器来打击处理过度税收筹划行为。根据第 482 款的规定，关联方之间的交易应该像涉及不相关当事人之间的交易那样定价：这就是正常定价原则（Arm's-length pricing）。正常定价原则被世界各国广泛应用。然而，这里的基本问题是，关联方发现值得纵向合并的环境与那些在市场上按照正常定价原则进行交易的环境存在系统性不同。关联方之间的信息差异比非关联方之间小很多。另一个问题是，商品、服务或无形资产的频繁转移在关联方之间的特殊关系之外没有现成的市场。对专利和商标等无形资产收入的转让定价具有很大争议，因为没有第三方的可比数据。

转让定价法规的指导原则也不是很清晰。为了减少其中一些不确定性，美国国税局允许公司签订预先定价协议（advance pricing agreement，APA）。根据 APA 计划，公司将其提议的转让定价方法提交给国税局审查。如果美国国税局审查通过该定价方法，那么只要公司遵守协议，公司的转让定价就不应被质疑。通过双边 APA 协议，也可以降低转让定价的不稳定性，因为该协议在外国税法和美国税法下提供保障。此外，通过双方协议程序可以协调在税收处理中的争议问题，在此，政府指派合适的主管机关（例如，美国的主管当局是国税局的直属分局）在某种程度上着手解决避免双重征税的问题。

全球税务当局越来越关注转让定价问题。对该问题的关注至少有三个主要的理由。第一，随着时间的推移，公司越来越全球化，在多个国家都有复杂的生产和供给链，更不用说遍布世界的客户了。贸易量的增加也带来了许多经济收益。然而，随着公司间跨国贸易的增加，通过转让定价转移收入的方式以减少税收的机会也增加了。第二，无形资产，比如专利、版权和商标，相对于有形资产，对于公司的生产也越来越重要。无形资产在某种意义上比许多有形资产更加容易移动（比如将土地移动到另一个国家是困难的），这使得无形资产在收入转移方面可以派上用场。第三，以大量数字流和云计算为特征的数字经济的兴起，对在何地赚取收入的确认产生挑战。像全球化经济一样，这些潜在的因素是相互联系的（比如数字经济的兴起促进全球供给链的形成）。在这样的背景下，我们认为，目前的税收规则（以及财务会计准则）起源于以铁路、钢铁和农业等行业为主导的年代。然而，社会传媒、应用程序发展和搜索引擎等新兴行业的兴起，以及远程办公等新的生产方式的出现，给税收政策和税收管理带来了新的挑战。作为对这些问题的回应，2013 年经济合作与发展组织（OECD）宣布了一个全新的计划，以便着手解决已经觉察到的转让定价滥用问题，即税基侵蚀和利润转移的行动计划（BEPS）。时间会证明 OECD 的计划是否会导致变革，但是我们可以期待在未来几年转让定价会成为重要的问题被关注。

□ 收入来源规则

与转让定价有关的税收规则是管理收入来源（sourcing of income）的规则。正如在本章前面我们讨论的那样，无论收入是视同美国来源还是外国来源，该规则都有若干重要含义。对于美国纳税人而言，其主要影响是外国税收抵免限额。而该规则对于非居民外国人和外国公司也同样重要，因为它们仅就来源于美国收入、来源于与美国交易或经营活动的公司"有实质联系的业务"收入、来源于对某些美国房地产投资处置的收入在美国纳税。

许多确定收入来源的规则似乎符合常识，至少在我们没有深入讨论细款前是这样。例如，房地产销售收入的来源是根据该房产的位置来确定的（如果该房产坐落在美国，那么它就是国内来源收入）。服务收入的来源是根据在哪里提供服务来确定的。租金和特许权使用费来源通常根据产生收入的财产坐落地在何处或财产在哪里使用来确定，而利息和股息的来源通常根据支付者的居住地确定。交通运输、国际通信和太空海洋的收入来源地适用特殊规则。公司在缴税时可以扣除这些来源的收入。美国有针对各种费用分配的规则，例如利息费用和研发费用等的分配。

11.3 鼓励出口和/或国内生产的尝试

美国颁布旨在鼓励出口的税收条款已经有很长的历史，最早可以追溯到（至少）美国国内国际销售公司（DISC）规则，该规则在 1985 年被外国销售公司（foreign sales corporation，FSC）规则所取代。然而，欧盟声称在国际贸易协定下，FSC 规则是非法的出口子公司规则，世界贸易组织最终认可欧盟的观点。国会对此也做出回应，在 2000年利用某些外国收入免税条款（ETI）取代 FSC 规则。ETI 条款也被世界贸易组织裁定为非法的出口子公司规则，因此，在 2004 年国会废止 ETI 条款，并颁布了符合国内生产的扣除办法（199 款）。

国会这一最新改革尝试的目的是在鼓励国内生产的同时遵从 WTO 规则。199 款在关于国内生产扣除规定方面，给纳税人提供了与范围广泛的国内生产活动（比如生产、建设、自然资源的开采）等同比例的扣除。2010 年该比例是 9%，超过当年利率。因此，2013 年公司面临的税率是 35%，美国将只以 31.85%［即 35%×（1－9%）］的税率对公司国内生产收入课税。

11.4 外国投资者的美国税收待遇

资本市场具有竞争性，各国对外国投资者实施税收优惠以吸引外国资本流入本国是很平常的事。例如，拥有美国政府证券或美国公司证券的外国投资者通常不用承担美国的普通收入税。然而，美国对此类投资征收预提收入税，税率从 0 到 3% 不等。预提收入税通常是对股息、利息、租金和特许权使用费的支付额征收。为了鼓励外国人到美国银行存钱和投资于美国国库券、金融票据和长期债券，美国规定大多数源自那些接受外国投资者投资的利息收入承担的预提收入税税率是 0。来自美国资本资产销售或交换的资本利得通常不承担美国税收。然而，来自美国房地产所有者权益的销售收入是一个例外。如果预提收入税确实要发生，那么通常也可以通过与其他国家签订双边税收协定（bilateral tax treaty）降低税率。由于大多数国家都开征预提收入税，公司和精明能干的投资者有时候试图通过在拥有税收优惠协定的国家安排股息等诸如此类的收入转移路径，规避或者少缴预提收入税，这种做法被称为滥用税收协定（treaty shopping）。

外国公司的美国子公司如同其他任何美国公司那样承担美国税收。然而，当某美国子公司将其利润汇回外国母公司的时候，其支付的股息同样面临预提收入税。有时候外国公司在美国开展业务而没有设立美国公司——也就是说，它们通过分公司开展经营活动。在这种情况下，外国公司就其"与美国交易和经营有实质联系的收入"承担美国税收。为了对外国公司的美国子公司和美国分公司在平等的基础上课税，美国还对外国公司旗下美国分公司的"股息等价物"征收高达 30% 的分公司利润税（branch profits tax）。分公司利润税在其他国家也很常见，而且和预提收入税一样，其税率通常可以通过税收协定降低。

美国与超过 60 个国家签订了收入税税收协定，其中大多数是主要贸易伙伴。然而，仍然有许多国家没有与美国签订税收协定。一些拥有富有的外国投资者的国家（比如科威特）没有与美国签署税收协定。考虑有这样一个富有的外国投资者，来自与美国未签订税收协定的国家，希望投资于美国股票市场，但并不愿接受对其股息征收 30% 预提收入税的现实，而且不想将其投资限制在非股息支付的股票上。这样的投资者能做些什么？具体的方法超出了本书的范围，且随着时间的推移这些方法由于受到税务当局的质疑也在不断变化。通常情况下，投资者会运用各种各样的策略，其中包括金融衍生证券工具的投资策略。例如，其中一种策略是，通过使用合成证券间接投资于美国股票，例如购买美国国库券，并达成一个现金结算的远期合约以便从投资银行那里购买想要的权益证券。其他的策略是客户与意欲投资国的投资者达成总投资收益互换协议。[①] 外国投资者用

税收与企业经营战略：筹划方法（第五版）

---

① 例如，投资者可能用外国股票收益与标准普尔 500 股票收益互换。

来避免预提收入税的这些方法的效果，取决于每一策略的非税成本，尤其是各种策略的交易成本和税务风险。然而，随着时间的推移，由于计算和沟通成本的降低，交易成本也随之下降，为了税收目的，重新包装现金流变得越来越切实可行。金融创新的扩散给税务当局带来了巨大挑战，尤其是金融资产的收入税，因为这些资产可以轻而易举地使用金融衍生工具被重新包装。

要点总结

1. 外国税收抵免限额是用美国全球收入税收乘以外国来源收入占全球收入的比例得到。如果美国税率是全球收入的恒定比例，那么外国税收抵免限额简化为外国来源收入乘以美国税率。

2. 没有将外国税收抵免限额与当期外国收入缴纳税收进行绑定的公司，很少或者没有激励减少其要支付的外国税收，因为每减少支付 1 美元的外国税收，导致增加 1 美元美国税收（因为外国税收抵免相应减少）。

3. 外国税收抵免限额的约束意味着美国可退还比例低于 100% 的所支付的外国税收。在这种情况下，美国跨国公司有更多的激励去减少其外国税收的支付。公司也有激励将定义为美国来源的收入转换为外国来源收入，以增加外国税收抵免，当然，这种转换是在没有影响外国来源收入的前提下进行的。

4. 超过外国税收抵免限额的那部分外国税收抵免可以向前结转 1 年，以及向后结转 10 年。公司也可以选择扣除支付的外国税收而不是抵免，但是这种选择通常不合意，除非公司有大量的外国税收抵免额将到期且因未使用而将失效，或者已经支付的外国税收不符合进行外国税收抵免的条件。

5. 由于受外国税收抵免限额的约束，美国跨国公司更愿意选择国外子公司以在国外可税前扣除的方式分配利润。否则，外国利润将以高于国内税率的外国税率支付外国税收。以税前扣除方式分配利润的例子包括：（a）国外子公司发行的债券利息；（b）向国外子公司提供租赁的租金；（c）授予国外子公司许可证而收取的特许权使用费；（d）在同属同一联营集团的实体之间互换商品和服务的情况下，合理地使用转让定价。

6. 转让定价规则可能导致外国利润的汇回，以某种方式完全规避预提收入税。美国国税局运用 482 款的规定作为打击过分收筹划行为的武器，要求关联方之间的交易要按照非关联方之间那样定价。然而，该正常定价价格很难获取和管理，这也是美国国税局和纳税人产生诸多纠纷的根源所在。

7. 外国投资者就取得的诸如股息和利息等消极投资收入承担预提收入税。预提收入税在税收协定下经常会降低。

讨论问题

1. 所有美国公司是否都有激励减少它们支付的外国税收？为什么？

2. 考虑一个美国公司，在希腊仅有一个外国分公司。假设该公司支付的外国税收少于外国税收抵免限额，并期望无限期地保持这种状态。那么，该公司是支持还是反对希腊增税以形成对公司有益的特殊员工培训计划基金？

3. 在什么情况下，美国公司将有激励将美国来源收入转移为外国来源收入？

4. 外国税收抵免限额是如何确定的？全球

收入如何混合计算外国税收抵免限额？假如公司没有计划汇回低税率国家的利润，但如果从高税率国家汇回利润形成的外国税收抵免向后结转即将到期，那么将利润汇回的做法是否明智？

5. 为什么公司希望位于低税率国家子公司的利润汇回？如果这样做，那么同时从高税率国家汇回利润是明智之举吗？为什么？

6. 为什么美国要求对已经汇回的外国利润按照收入类别分成不同项目，且每个项目的收入分别适用不同的外国税收抵免限额？将汇回的利润划分为不同项目的做法会不会增加外国来源收入所负担的美国税收？

7. 利用股权投资外国子公司从事经营活动的好处是什么？运用债务或者类似债务方式例如特许权使用费安排去给国外子公司提供业务经费的好处又是什么？

8. 第 482 款关于公司在外国税收管辖区内成立子公司规定的含义是什么？纳税人在其转移至子公司和从其子公司转移出商品和服务时，在价格设定上有没有较大的自由度？

9. 外国来源收入的定义是如何影响外国税收抵免限额的计算的？

10. 当外国投资者在美国证券市场上投资的时候是如何被课税的？

练习题

以下练习题中的外国税率是基于教学目的的假设税率，不是目前的实际税率。

1. 加利福尼亚汽车公司（California Cars）是美国一家电动汽车制造企业。加利福尼亚汽车公司有 50 亿美元的美国应税收入——其中 40 亿美元是美国来源收入，10 亿美元是外国来源收入。加利福尼亚汽车公司面临的美国税率是 35%，并已支付 2.8 亿美元的外国税收。该公司的外国来源收入属于普通限额项目。这一年是加利福尼亚汽车公司在外国经营的第一年，因此，不用考虑外国税收抵免向后结转还是向前结转的问题。

a. 加利福尼亚汽车公司的外国税收抵免额是多少，当年它支付的全球税收是多少？

b. 现在假设加利福尼亚汽车公司在国外采取节税的策略，在其他所有因素保持不变的情况下，减少其外国税收至 2 亿美元。那么，加利福尼亚汽车公司的外国税收抵免额是多少，当年它支付的全球税收是多少？

c. 在 b 部分，加利福尼亚汽车公司从其减少的外国税收支付中，可能获得的好处是多少？尤其是在加利福尼亚汽车公司国外经营的所在国颁布可能使下一年税率显著增长的法律的情况下。

2. 佐治亚桃子公司（Georgia Peaches, Inc.）是美国一家大型的桃子种植公司。佐治亚桃子公司有 15 亿美元美国来源收入，面临的美国税率

是 35%，并已支付外国税收 2 亿美元。公司在美国纳税申报表中还申报了 5 亿美元的外国来源收入，所有这些收入都属于普通限额项目。这是佐治亚桃子公司在外国经营的第一年，也不用考虑外国税收抵免向后结转还是向前结转的问题。

a. 佐治亚桃子公司的外国税收抵免额是多少，当年它支付的全球税收是多少？

b. 现在，假设佐治亚桃子公司在国外采取节税策略，在其他所有因素保持不变的情况下，减少其外国税收至 1.5 亿美元。佐治亚桃子公司当年的外国税收抵免额是多少，当年它支付的全球税收是多少？

3. 威斯康星奶酪集团公司（Wisconsin Cheese Corp.）是一家生产美味奶酪的大型公司，近期将其业务扩张至海外。在其跨国经营的第 1 年，威斯康星奶酪集团公司有 10 亿美元的美国应税收入，面临 35% 的美国税率，并已支付 1 亿美元的外国税收。其中，该 10 亿美元的应税收入包括 2 亿美元的外国来源收入和 8 亿美元的美国来源收入。

a. 威斯康星奶酪集团公司第 1 年的外国税收抵免额、外国税收抵免结转额和美国税收分别是多少？

b. 现在，假设在第 2 年，威斯康星奶酪集团公司又获得 10 亿美元的美国来源收入，面临的

税收与企业经营战略：筹划方法（第五版）

美国税率还是 35%，已支付 1.2 亿美元的外国税收。在第 2 年，该公司在美国纳税申报表中申报的外国来源收入是 5 亿美元。那么，威斯康星奶酪集团公司在第 2 年的外国税收抵免额、外国税收抵免结转额和美国税收分别是多少？

4. 三角健康公司（Triangle Health）是一家制药公司，位于北卡罗来纳州研究三角区。三角健康公司今年设立国外经营机构进行海外业务的拓展。因此，其并不用考虑外国税收抵免向后结转或向前结转的问题。当年，三角健康公司有 5 亿美元的美国来源收入，并面临 35% 的美国税率。三角健康公司在美国纳税申报表中也报告了 6 亿美元来源于德国的收入，公司就此已支付了

3 亿美元的德国税收。所有德国来源收入都属于普通限额项目。三角健康公司也有 2 亿美元收入来自爱尔兰机构，就此公司支付了 2 000 万美元的爱尔兰税收。因此，美国的应税收入总额是 13 亿美元（即 5 亿美元＋6 亿美元＋2 亿美元）。所有爱尔兰来源收入都属于普通限额项目。

a. 三角健康公司的外国税收抵免额和美国税收分别是多少？

b. 现在，假设并非所有的收入都是普通限额项目，爱尔兰收入属于消极收入项目，德国来源收入属于普通限额项目。那么三角健康公司的外国税收抵免额和美国税收分别是多少？

税收筹划问题

1. 印第安纳工业公司（Hoosier Industries）是美国一家跨国公司，拥有两家全资控股子公司：一家在马来西亚，一家在日本。假设美国税率是 35%，马来西亚的税率是 20%，日本的税率是 45%。这三家公司每家都产生 1 亿美元的当地完税后收入。这里没有考虑预提收入税。所有的外国收入都属于普通限额项目。

a. 支付税收后，马来西亚子公司汇回其所有税后利润。假设在日本赚取的利润不汇回，那么当前印第安纳工业公司在外国税收抵免后的美国税收是多少？

b. 然而，假设两家子公司都汇回其税后利润。a 部分的答案将有何变化？

c. 回到最初的情况。假设马来西亚来源收入属于消极收入项目，日本来源收入属于普通限额项目。a 部分的答案将有何变化？

d. 在 c 部分的基础上，假设两家外国子公司都汇回其税后利润。c 部分的答案将有何变化？

2. AD 公司是美国一家大型的冰冻香蕉的制造企业。在第 1 年，AD 公司有 1 亿美元的加拿大来源收入，按照 40% 的加拿大税率缴纳税收。由于主要仓库发生火灾引起意外损失，AD 公司的美国来源收入是－3 000 万美元，从而造成 AD 公司美国应税收入是 7 000 万美元。美国税率是 35%。AD 公司还有 500 万美元是从上年度开始

向后结转的外国税收抵免。在第 2 年，AD 公司计划获得按照 40% 的加拿大税率纳税后的 1 亿美元的加拿大来源收入，而 AD 公司的美国来源收入将增加至 1.5 亿美元。

a. AD 公司的外国税收抵免和美国税收在第 1 年是多少？

b. AD 公司的外国税收抵免和美国税收在第 2 年是多少？

c. 假设 AD 公司可以将 3 000 万美元的美国来源收入从第 2 年提前到第 1 年。该项选择将如何改变你对 a 和 b 部分问题的答案？

3. Munder Difflin 纸业公司是一家美国公司，它是一家地区性纸业—办公分销商，着重服务于小型企业客户。随着公司业务的大规模扩张，Munder Difflin 纸业公司有 3 亿美元的美国来源收入和 2 亿美元的外国来源收入。Munder Difflin 纸业公司已支付 4 000 万美元的外国税收。美国税率是 35%。

a. 在考虑所有允许的外国税收抵免之后，Munder Difflin 纸业公司将缴纳多少美国税收和全球总税收？

b. 现在假设 Munder Difflin 纸业公司的外国税收是 7 000 万美元，在考虑所有允许的外国税收抵免之后，Munder Difflin 纸业公司将缴纳多少美国税收和全球总税收？

c. 现在假设 Munder Difflin 纸业公司的外国税收是 1 亿美元，在考虑所有允许的外国税收抵免之后，Munder Difflin 纸业公司将缴纳多少美国税收和全球总税收？

d. 继续使用 c 部分已缴纳 1 亿美元的外国税收的条件，再假设 Munder Difflin 纸业公司能够采用一种税收筹划策略，将 6 000 万美元美国来源收入重新划为外国来源收入。然而，该重新分类将同时影响美国收入分类和外国收入分类。换言之，根据美国和外国税法，美国来源收入将减少 6 000 万美元，而外国来源收入将增加 6 000 万美元。在外国平均税率为 50％时，该税收筹划策略将使支付的外国税收增加 3 000 万美元，达到 1.3 亿美元。在该策略下，在考虑所有允许的外国税收抵免之后，Munder Difflin 纸业公司将缴纳多少美国税收和全球总税收？

e. 再次继续使用 c 部分已缴纳 1 亿美元的外国税收的条件，假设 Munder Difflin 纸业公司能够采用一种税收筹划策略，将 6 000 万美元美国来源收入重新划为外国来源收入。然而，该重新分类只在美国方面影响美国来源收入和外国来源收入的定义，不影响 Munder Difflin 纸业公司支付任何外国税收管辖区域的税收。由于该策略在考虑所有允许的外国税收抵免之后，Munder Difflin 纸业公司将缴纳多少美国税收和全球总税收？

4. 某美国公司计划在一个税率是 25％的国家组建一家外国子公司从事一个有利可图的项目。该公司的美国税率是 35％。

a. 如果从外国子公司支付股息到美国的预提收入税税率是 20％，那么美国的母公司收到的每 1 美元的股息将有多少被确认为美国应税收入？

b. 假设美国公司仅有该项外国来源收入，那么美国的母公司收到的每 1 美元的股息在考虑外国税收抵免之后缴纳的美国税收是多少？

c. 假设所有外国利润都通过债务利息支付，而不是通过股息支付方式汇回美国母公司。此举将使外国应税收入减少到零。如果对利息的预提收入税税率是 0，对每 1 美元息税前的外国收入进行 1 年期的投资，其可以增加或减少多少全球范围内的税后利润？如果对利息的预提收入税税率是 30％呢？

d. 假设在外国赚取的利润能以 10％的息税前收益率在当地重新投资，在美国国内再投资的息税前收益率也是 10％。那么随着投资期限的增加，债务和股权融资的优越性将如何变化？

5. 假设在美国计算公司的应税收入时，能够对股息支付进行税前扣除。假设股息来源于外国子公司，美国母公司转而将股息分配给其股东，股东被允许就其已经间接支付的外国税收进行外国税收抵免。然而，外国税收抵免是有限的，该限额相当于股东适用的美国税率乘以其获得的外国来源收入。

例如，假设某外国全资控股子公司赚得 1 美元税前收益，支付当地税收 0.2 美元，宣告支付 0.8 美元股息给母公司。美国母公司转而宣告支付 0.8 美元股息给其股东，因此避免收到的股息列入母公司应税收入。股东必须确认 1 美元的应税收入（0.8 美元的股息加上 0.2 美元间接支付的外国税收），并有条件获得最高为 0.2 美元的外国税收抵免。如果其适用的美国税率是 20％或者更高，那么该税收抵免限额恰好等于 0.2 美元。

相对于当前的美国税收制度，前述系列规定如何影响免税投资者投资纯粹国内业务或跨国经营的偏好？

参考文献

Altshuler, R., and H. Grubert, 2008. "Corporate Taxes in the World Economy: Reforming the Taxation of Cross-Border Income," *Fundamental Tax Reform: Issues, Choices, and Implications*, edited by J. Diamon and G. Zodrow. Cambridge, MA: MIT Press, pp. 319–355.

Blouin, J., 2011. "Taxation of Multinational Corporations," *Foundations and Trends in Accounting* (6), pp. 1–64.

Blouin, J., L. Hail, and M. Yetman, 2009. "Capital Gains Taxes, Pricing Spreads and Arbitrage: Evidence from Cross-Listed Firms in the U.S.," *The Accounting Review* (84), pp. 1321–1361.

Clausing, K., 2009. "Multinational Firm Tax Avoidance and Tax Policy." *National Tax Journal* (62), pp. 703–725.

Collins, J., D. Kemsley, and M. Lang, 1997. "Cross-Jurisdictional Income Shifting and Earnings Valuation," *Journal of Accounting Research* (36), pp. 209–229.

Collins, J., D. Kemsley, and D. Shackelford, 1997. "Transfer Pricing and the Persistent Zero Taxable Income of Foreign-Controlled U.S. Corporations," *Journal of the American Taxation Association* (Supplement), pp. 68–83.

Collins, J., and D. Shackelford, 1992. "Foreign Tax Credit Limitations and Preferred Stock Issuances," *Journal of Accounting Research* (Supplement), pp. 103–124.

Collins, J., and D. Shackelford, 2003. "Do U.S. Multinationals Face Different Tax Burdens Than Other Companies?" *Tax Policy and the Economy*, Vol. 17, edited by J. Poterba. Cambridge, MA: MIT Press, pp. 141–168.

Dyreng, S., and B. Lindsey, 2009. "Using Financial Statement Accounting Data to Examine the Effect of Foreign Operations Locating in Tax Havens and Other Countries on U.S. Multinational Firms' Tax Rates." *Journal of Accounting Research* (47), pp. 1283–1316.

Foley, C. F., J. Hartzell, S. Titman, and G. Twite, 2007. "Why Do Firms Hold So Much Cash? A Tax-Based Explanation," *Journal of Financial Economics* (86), pp. 597–607.

Graham, J., M. Hanlon, and T. Shevlin, 2011. "Real Effects of Accounting Rules: Evidence from Multinational Firms' Investment Location and Profit Repatriation Decisions." *Journal of Accounting Research* (49), pp. 137–185.

Grubert, H., T. Goodspeed, and D. Swenson, 1993. "Explaining the Low Taxable Income of Foreign-Controlled Companies in the U.S.," in *Studies in International Taxation,* edited by A. Giovannini, R. G. Hubbard, and J. Slemrod. Chicago: University of Chicago Press.

Hanlon, M., and E. Maydew, 2009. "Book-Tax Conformity: Implications for Multinational Firms," *National Tax Journal* (62), pp. 127–153.

Harris, D., 1993. "The Impact of U.S. Tax Law Revision on Multinational Corporations' Capital Location and Income Shifting Decisions," *Journal of Accounting Research* (Supplement), pp. 111–140.

Harris, D., R. Morck, J. Slemrod, and B. Yeung, 1993. "Income Shifting in U.S. Multinational Corporations," in *Studies in International Taxation,* edited by A. Giovannini, R. G. Hubbard, and J. Slemrod. Chicago: University of Chicago Press.

Hines, J., 1997. "Tax Policy and the Activities of Multinational Corporations," in *Fiscal Policy: Lessons from Economic Research,* edited by A. Auerbach. Cambridge, MA: MIT Press, pp. 401–445.

Huizinga, H., and L. Laeven, 2008. "International Profit Shifting within Multinationals: A Multi-Country Perspective," *Journal of Public Economics* (92), pp. 1164–1182.

Jacob, J., 1996. "Taxes and Transfer Pricing: Income Shifting and the Volume of Intra-Firm Transfers," *Journal of Accounting Research* (34), pp. 301–312.

Klassen, K., M. Lang, and M. Wolfson, 1993. "Geographic Income Shifting by Multinational Corporations in Response to Tax Rate Changes," *Journal of Accounting Research* (Supplement), pp. 141–173.

Klassen, K., and S. Laplante, 2012. "The Effect of Foreign Reinvestment and Financial Reporting Incentives on Cross-Jurisdictional Income Shifting," *Contemporary Accounting Research*, (29), pp. 928–955.

Kleinbard, E., 2011a. "Stateless Income," *Florida Tax Review* (699), pp. 699–704.

Kleinbard, E., 2011b. "The Lessons of Stateless Income," *Tax Law Review* (65), pp. 99–171.

Markle, K. 2012. "A Comparison of Tax-Motivated Income Shifting in Territorial and Worldwide Countries," Working Paper, University of Waterloo.

Markle, K., and D. Shackelford, 2012. "Cross-Country Comparisons of Corporate Income Taxes," *National Tax Journal* (65), pp. 493–527.

Mills, L., and K. Newberry, 2004. "Do Foreign Multinationals' Tax Incentives Influence Their U.S. Income Reporting and Debt Policy?" *National Tax Journal* (57), pp. 89–107.

Newberry, K., 1998. "Foreign Tax Credit Limitations and Capital Structure Decisions," *Journal of Accounting Research* (36), pp. 157–166.

OECD, 2013a. "Action Plan on Base Erosion and Profit Shifting," OECD Publishing.

OECD, 2013b. "Addressing Base Erosion and Profit Shifting," OECD Publishing.

Rego, S., 2003. "Tax Avoidance Activities of U.S. Multinational Corporations," *Contemporary Accounting Research* (Vol. 20), pp. 805–833.

Seida, J., and R. Yetman, 2003. "Business Purpose/Profit Motive: Compaq's Purchase and Sale of Shell Common Stock," in *Cases in Tax Strategy*, 3rd ed., edited by M. Erickson. Boston: Pearson Custom Publishing.

Slemrod, J., 2010. "Location, (Real) Location, and Tax (Location): An Essay on the Place of Mobility in Optimal Taxation," *National Tax Journal* (63), pp. 843–864.

第12章 股份公司：成立、经营、资本结构和清算

学完本章后，你应能：

1. 解释成立一家股份公司的税收影响。

2. 解释一些适用于股份公司的特殊税收规则。

3. 理解在公司资本构成中举债经营产生的潜在税收利益。

4. 评价在公司资本构成中债务资本和权益资本组合的作用。

5. 描述对股份公司分配和股票回购可能进行的税收处理。

6. 理解在清算时如何对股份公司和其股东课税。

在美国，合伙企业和独资企业比股份公司多得多。然而，在总收入、利润或者任何有关经济活动规模的测度方面，股份公司都是美国占据支配地位的企业组织形式。例如，美国大多数上市公司都是股份公司。[①] 因此，要深入理解公司税收策略，就必须熟悉适用于股份公司的具体税收规则，以及这些具体规则对股份公司产生的效果和鼓励。本章介绍股份公司税收制度的基础原理，也为以兼并和收购为内容的章节做一铺垫，因为大多数兼并和收购税收制度都是股份公司税收制度基本原理的延伸。

在本章，当我们谈到股份公司时，实际上指的是根据国内税收法规C子章缴税的公司。一些公司按照S子章缴税，被称为"S股份公司"，但由于其大部分像合伙企业一样缴税，这在第4章和第15章有讨论[②]，在本章不进行讨论。从规模上看，C公司是美国商业中处于支配地位的企业组织形式。只要你想到任何一家大型上市公司，你都可能会想到C公司，尽管其也有许多是私人持有的C公司。再一次强调，除非特别说明，否则本书中所说的"股份公司"都是指"C公司"。

股份公司税收制度的主要特点就是对公司利润双重征税（double taxation）。正如第4章所讨论的那样，第一层次的税收发生在公司层面，此时股份公司就其利润支付公司税。第二层次的税收发生在股东层面，此时股份公司通过给其股东支付股息的形式分配利润。对于股息支付，公司不能进行税收扣除，但股息对于股东而言是收入，因此在股东层面应纳税（当然有例外）。大多数针对股份公司的特殊税收规则，以及在第13章到

---

① 当然也有例外。参见第4章关于组织形式的探讨。

② 我们并非意指，S公司与合伙企业课以完全相同的税收。S公司还受许多与合伙企业不同的税收法规约束。合伙企业根据国内税收法的K子章纳税。

第 17 章将讨论的兼并与收购中的各种规则，其设计都是强化对公司利润的双重课税。当你阅读本章时，应牢记税务当局追求双重征税的首要目的，这样你就能更好地理解这些税收规则。在很多情况下，仅仅记住双重征税这一概念，就能让你预测到税法将如何处理某些特定情况。

从税收政策的角度，对公司利润双重征税是有争议的，且只要这样的现实存在，这种争议就将一直存在。双重征税可能不鼓励股份公司的创建并扭曲经济行为。在美国，减少这种扭曲成为政策制定者优先要考虑的事情，于是在 2003 年国会颁布了法案，通过降低对个人收到的股息课税以减少双重征税。尤其是，在 2003 年之前，个人收到的股息由于被视为"普通"收入，因此如同工资收入一样以潜在的高税率负担税收。尽管纳税人适用的精确税率取决于纳税年度和纳税等级，但有时与某些年度一样高达 39.6％。所有一切在 2003 年都发生了改变。作为广泛的系列税率削减的组成部分，国会修改税法，对支付给个人的股息收入规定的最高税率是 15％。与此同时，国会还将长期资本利得的最高税率从 20％降到 15％。尽管在 2003 年股份公司适用的税率没有变化，降低股东层面的税收对于减少对公司利润双重征税有效果。在 2013 年，对个人股息和长期资本利得的最高税率提高至 20％，但该税率仍然远低于对个人普通收入适用的最高税率。

本章根据股份公司的生命周期进行组织：公司成立、经营、分配和清算。本章以讨论 351 款下公司的成立开始。学习公司成立的税收制度还有一个好处，那就是许多基本概念，也适用于在第 16 章将提及的非应税并购活动。在 12.2 节我们讨论有关公司经营的一些特殊税收规则，尤其是那些与 GAAP 不同的税收规则。12.3 节和 12.4 节将研究税收和资本结构，包括关于税收杠杆收益的经典金融理论，以及最近的实证研究，也以信托优先股为例子，讨论债券－股票混合证券。12.5 节讨论从公司中套现分配给股东所适用的税收规则，其中探讨宣布股利以及回购股票两种发放形式。12.6 节讨论股息分配的税收筹划案例，其中涉及西格兰姆公司和杜邦公司在一笔交易中尝试节约几乎 1.5 亿美元的税收的例子。12.7 节伴随公司清算的简短讨论，完成公司生命周期的分析，从而结束本章。这里的一些材料与较早章节重叠（例如，公司重复征税问题的讨论是第 4 章的重要组成部分，账面税收的差异在第 6 章也已讨论过）。

12.1　股份公司的成立

某一股份公司的生命周期是从其成立开始的。当股份公司成立的时候，一个或更多的投资者——个人或者其他公司等——提供资财给新成立的股份公司以交换股份公司新发行的股票。在不考虑任何特殊规则的情况下，这样一种交换应是应税事项，应对投资者所提供资财的基础价值和市场公允价值之间的差额课税。然而，成立股份公司引发税收将会抑制企业家的活动和投资。为了鼓励资本流向最好的用途，美国税收法典早已允许对绝大多数公司的成立不征税，或者更准确地说是推迟税收实现。这一税收立法思想的初衷是使各参与方的税收状态与公司成立之前的税收状态保持大致相同。

351 款是美国税收法典关于公司成立的关键部分。它是税收规则中的一个重要部分，将帮助你理解以后章节的非应税并购的内容。351 款适用于同时满足三个条件的情形：

（1）投资者提供财产给股份公司；（2）投资者获取股份公司的股票；（3）交易后，投资者整体控制 80% 或者更多的股份公司股权。每一个要求都有一些额外的细微差别，但这超出了本书的探讨范围。（比如，根据 351 款规定，知识产权什么时候被视为财产，什么时候被视为服务？）

绝大多数公司的成立满足所有三个条件。一些公司股票的第二次发行也能满足这些要求，只要在股票发行后，参与二次发行的投资者整体控制 80% 或者更多的股份公司的股权就可以。[①]

如果根据 351 款管理这些交易，那么投资者仅就其已实现利得和交易中其收到的补价（boot）中的较少部分缴纳税收。[②] 把补价想象成收到的现金或其他财产，包括除了公司股票之外的任何财产（如短期国债）。接受出资的股份公司不纳税（1032 款）。

例如，约翰、弗里德里希和米尔顿共同出资组建 JFM 公司，约翰以油井出资，市场公允价值是 470 000 美元，税基为 100 000 美元，获得 JFM 股份公司 47% 的股份。税收基础（tax basis），或者简称为"税基"，通常等于为取得资产而支付的金额。弗里德里希出资 100 000 美元现金，以及市场公允价值和税基均为 370 000 美元的网络设备，也获得 JFM 股份公司 47% 的股份。米尔顿以收藏的体育纪念品出资，市场公允价值是 150 000 美元，税基为 70 000 美元，换取剩余 6% 的 JFM 的股份和 90 000 美元的现金。

在税收上如何对待这三个投资者？约翰将其取得的 JFM 公司股票的税基等同于他提供财产的税基 100 000 美元，被称为替代税基（substituted basis）。假设 JFM 公司股票的市场公允价值大约等于约翰所提供油井的市场公允价值 470 000 美元，那么如果约翰以后出售股份，他将就其获得的 370 000 美元的非实现收益缴税。在这个意义上，351 款只是递延课税而不是消除税收。约翰持有 JFM 公司的股票期限包括他持有这项出资财产的时间。例如，如果他已经拥有油井 14 个月，那么他被视为持有 JFM 公司股票 14 个月处理。JFM 公司取得的油井税基为 100 000 美元，这被称为税基结转（carryover basis）。如果 JFM 公司将油井销售出去，则应确认 370 000 美元收入，因此约翰原来的非实现收益 370 000 美元在他身上和公司账面上同时反映。JFM 公司持有油井的期限包括约翰已经拥有油井的 14 个月。因此，即便 JFM 公司在公司成立中，将获取的油井立即销售出去，获得的收益也是一个长期资本利得，因为持有该油井的期限超过了 12 个月。然而，在现行法律下，公司对资本利得如同普通收入一样对待，以相同的税率缴税。

弗里德里希将其取得的 JFM 公司股票的税基等同于他提供财产的税基，即 470 000 美元（100 000 美元加上 370 000 美元）。他的 37/47 比例的 JFM 公司股票的持有期限包括其提供的网络设施的持有期；他的 10/47 比例的股票的持有期限从取得股票的时间开始计算，因为他是通过现金出资获得这些股票的。JFM 公司将从网络设施中获得

① 现有公司增发股票就是股票二次发行。

② 如果公司成立符合 351 款的要求，则 351 款待遇就是法定待遇。公司成立不适用 351 款规定的情况比较少见，在这种情况下整个交易都是应税事项。因此，股东以财产向公司出资，应在某种程度上对其收到票的公允市场价值超出出资财产税基的部分确认为收益。股东以劳务出资换取股票，应以取得的股票的公允市场价值确认普通收入。股东在公司取得股票的税基应等于股票的公允市场价值，同样，公司收到财产的税基也应等于股票的公允市场价值。不适用 351 款规定的公司成立的一个例子是，如果史密斯和迪安共同成立 DS 公司，史密斯以财产出资换取 DS 公司一半的股权，迪安以劳务出资换取 DS 公司另一半的股权。由于股东（史密斯）以财产出资，控制公司股权低于 80%，因此不适用 351 款规定。

370 000 美元的结转税基，并从收取的现金中获得 100 000 美元的税基（1 美元现金的税基是 1 美元）。

米尔顿的情况比较棘手。因为米尔顿收到了现金（补价），所以他将就该交易事项纳税。具体来讲，他将确认一项收益（但永远不能是损失），金额等于获得的补价和已实现收益两者中的较小者。他获得的补价是 90 000 美元，已实现收益是其出资财产的市场公允价值和税基之差，即 150 000 美元－70 000 美元＝80 000 美元。这样，应税收入（或应确认的收入）等于 min（90 000 美元，80 000 美元）＝80 000 美元。米尔顿获得的 JFM 公司股票的税基等于他所出资财产的税基，加上任何确认的收入，再减去获得的任何补价。本例中，米尔顿的 JFM 公司股票的税基是 70 000 美元＋80 000 美元－90 000 美元＝60 000 美元。

对米尔顿的税务处理合理吗？米尔顿取得的 JFM 公司股票的市场公允价值等于其所出资的市场公允价值，即 150 000 美元减去收入现金 90 000 美元，结果等于 60 000 美元。由于 JFM 公司股票的市场公允价值和税基都是 60 000 美元，在交易之后，米尔顿没有未实现收益。而交易之前米尔顿有未实现收益 80 000 美元。在该交易中他确认了 80 000 美元收益，因此，他不应有（也确实没有）任何未实现收益。

JFM 公司从米尔顿所提供的资产中获取的税基等于米尔顿原来的税基加上米尔顿确认的收益，即 70 000 美元＋80 000 美元＝150 000 美元。

这里有一个令人感兴趣的地方值得关注：这样的交易是公平的吗？约翰出资的财产实际上伴随着一个潜在纳税义务，金额等于其出资财产的未实现收益（370 000 美元）乘以公司税税率。在公司成立之前，约翰按照 GAAP 编制的财务报告没有必要披露递延的纳税义务，因为递延的纳税义务来源于 GAAP 账面价值和税基的差异，而不是市场公允价值和税基的差异。如果这里引用的市场公允价值不反映约翰出资财产的潜在纳税义务，那么约翰通过将其未记录的纳税义务转移到他们共同拥有的公司中，将比弗里德里希和米尔顿获得更大的好处。对于那些不够警惕的人来说，公司成立在稍不注意的时候可能是一个陷阱。

12.2　公司经营的税收制度

公司一旦建立就开始经营。这涉及广泛的各种各样的交易，举几个例子来说，包括销售商品或提供劳务给顾客、支付给供应商、给员工发工资等。这里有一些好消息与你们掌握的税收知识有关。许多股份公司日常运营所面临的税收规则同样适用于有经营收入的个人。例如，纳税人之间用来计算折旧扣除额的方法通常是相同的。更重要的是，如果你已经掌握一定的财务会计的应用知识，那么你就已经非常了解公司该如何申报纳税了。你所熟知的来源于财务会计的在 GAAP 下的许多基本概念，比如权责发生制的会计概念也会在公司缴纳税收的过程中出现。然而，即便这些基本概念可能与会计概念相似，股份公司也要遵从一些特殊税收规则。本章对适用于股份公司的特殊税收规则做一简短概述，并说明这些规则与公司编制财务报告过程中所遵从的 GAAP 有何不同。

☐ 账面——税收差异：应税收入与公认会计准则收入

像所有纳税人一样，公司基于其应税收入缴纳收入税。你可以认为应税收入类似于公认会计准则收入，因为在某种意义上，两者都表示一些收入减去一些花费。然而，公认会计准则和税法差异的产生是由于目的不同。公认会计准则的目的是提供信息用于投资和信贷决策、评估未来现金流量的前景，以及评估公司的资源、这些资源的要求权和资源的变化。[①] 相比之下，国会在制定税法的时候也有许多目的，包括筹集财政收入、刺激经济增长，以及鼓励或者不鼓励某些行为。然而，在制定税法的时候，提供信息给投资者通常不是出于一个目的。在目的上的这些差异，导致 GAAP 收入和应税收入出现许多差异。

许多差异导致账面收入和应税收入不同，这种差异统称为账面—税收差异（book-tax difference）。这些差异包括市政债券利息等项目。市政债券利息项目在联邦政府层面免税，但在 GAAP 下算作收入。在计算折旧费用时，基于 GAAP 和税法目的也采用不同的方法。[②] 基于财务会计目的，虽然在对资产如何提取折旧方面有一些灵活性，但是公司通常用直线法提取折旧。基于税法目的，通常少了一些灵活性，一般根据计划提取资产折旧，而该计划安排取决于资产的类型和资产什么时间投入使用。在税法中通常使用加速折旧方法，这种方法的运用使得在资产寿命的早期比后期获得更多的折旧扣除。运用加速折旧这一公共政策的合理性通常是，通过增加折旧扣除，从而获取公司税收收益的现值，进而降低资本投资成本的现值，以此鼓励资本投资。

好在如果你拥有基本的财务会计知识，那么尽管存在这些账面—税收差异，你也可以了解许多公司的税收状况。例如，由于公司以 GAAP 为基础编制财务报告，股份公司在计算其应税收入的时候就必须使用权责发生制。[③] 那就是说，收入在赚取的时候确认而不是在收到现金的时候确认，费用在发生的时候确认而不是在支付的时候确认。更进一步说，当股份公司准备填写其收入税申报表的时候，他们从 GAAP 编制的数据出发，并调整 GAAP 和税法之间的差异，从而得到应税收入。重要的是要认识到，即便公司基于税法目的运用权责发生制，基于税法目的和基于 GAAP 目的的权责发生制也可能存在差异。然而，除非有理由要进行调整，否则按照 GAAP 编制的数据就默认为税收数据。[④]

☐ 净经营亏损

若一家公司年度应税收入为负，则这被称为净经营亏损（net operating loss，NOL）。在现行税法下，公司经营亏损被允许向前结转 2 年和向后结转 20 年，以弥补那些年份的应税收入。你可能会想起一些适用 3 年向前结转期和 15 年向后结转期的情况，但那些是早先的税收规则，在 1997 年已经发生了变化。此外，国会不定期地颁布暂行条例，延长净经营亏损向前结转的期限（比如至 5 年）。通常，这些暂行条例是伴

① "Conceptual Framework for Financial Accounting，Chapter 1，The Objective of General Purpose Financial Accounting，" *Statement of Financial Accounting Concepts No. 8*（Stanford，CT：FASB，September，2010）.

② 账面和税收差异以及对财务会计的影响在第 6 章已探讨更多细节。

③ 一些小公司可以采用收付实现制。

④ 关于调节账面收入和应税收入内在压力的讨论，参见 Hanlon，Maydew，and Shevlin（2008），Guenther，Nutter，and Maydew（1997）以及 Mills（1998）.

随经济的衰退而颁布的，可作为刺激经济复苏的措施，因为这些规定带来的效果是，能使公司获得在过去盈利年份所缴纳税金的退回。净经营亏损在第 4 章和第 7 章已详细讨论。

□ 利得、损失和税基

一般而言，税收利得和损失的计算方法与财务会计一样。例如，考虑某公司以 100 000 美元的价格购买设备，基于财务会计目的在一段时间后提取折旧 40 000 美元，后以 70 000 美元的价格对外出售。那么，该公司在该笔销售上将申报 10 000 美元的会计收入。该利得为 70 000 美元收益和 60 000 美元账面价值（即 100 000 美元－40 000 美元的会计折旧）之差额。

在税收方面，税基的概念是相同的，不同的只是购买资产金额被确定为资产的税基。税基减去任何累计折旧确定为该资产的已调整税基（adjusted tax basis）。通常我们仅用税基作为已调整税基的简称。另外需要提醒的是，由于基于税法和财务会计目的的提取的累计折旧可能不同，这会导致基于税法和财务会计目的的利得或者损失的差异。在以前的例子中，尽管会计折旧是 40 000 美元，由于基于税法目的而采用加速折旧的方法，税收折旧变成 55 000 美元。在那种情况下，基于销售的税收利得将是 25 000 美元。该税收收入的计算是用 70 000 美元的收益减去 45 000 美元的已调整税基（100 000 美元－55 000 美元的税收折旧）。

□ 资本利得和损失

绝大多数应税收入被称为普通收入（ordinary income），包括工资、提供服务收入、销售存货收入和利息收入。然而，销售资本资产（capital asset）的收入和损失是资本利得和损失，对于这些资本利得或损失有一些不同的处理。

什么是资本资产？绝大多数不是用于交易或经营的资产被认为是资本资产，包括股票、债券、看跌期权、看涨期权等。存货不是资本资产。与传统观念不同，用于交易或经营的设备和房屋也不是资本资产。它们是 1231 款资产（Section 1231 asset），我们将在以后对此进行讨论。如果持有一项资本资产已经超过 1 年，那么销售该项资产的收入或者损失被认为是长期资本利得或者损失。

税法要求纳税人分别记录资本利得和损失，以区别于普通收入。关于资本利得和损失的计算比较复杂，我们这里不进行深入探究。如果当年某人有一项净长期资本利得，那么在现行税法下，该利得应税，按最高 20% 的税率纳税。这一税率比现行税法下最高个人普通收入税税率 39.6% 要低得多。[①] 然而，国会并没有对股份公司规定特殊的资本利得税税率。股份公司对资本利得和普通收入都支付相同的税率，通常是 35%。许多不了解税收的人错误地认为，股份公司仍享有较低的长期资本利得税税率，但是自 20 世纪 80 年代中期以来，股份公司就已经没有享受特殊的资本利得税税率了。

净资本损失产生于纳税人的资本损失大于资本利得的时候。净资本损失不能用于抵消普通收入。允许股份公司净资本损失向前结转 3 年和向后结转 5 年，且这种向前和向

---

① 为了简便，我们暂不考虑从 2013 年起对某些高收入纳税人额外征收 3.8% 的净投资收入税和 0.9% 的医疗附加税。

后结转的净资本损失能被用于抵消当年的资本利得。与公司相比，个人每年最高能用3 000 美元的净资本损失抵消普通收入，但是个人不能向前结转资本损失，只能向后无限期结转。

□ 1231 款资产

1231 款资产是指在交易或者经营活动中使用的、持有期限长于 1 年的除了存货之外的资产。包括绝大多数的房屋、机器、设备和土地。如果纳税人当年拥有净 1231 款资产利得，那么此类利得算作长期资本利得。如果纳税人当年拥有净 1231 款资产损失，那么此类损失算作普通损失，因而能抵消普通收入。这样，1231 款资产利得和损失意味着两种好处——应税利得以尽可能低的长期资本利得税税率纳税，而损失以高个人普通收入税税率扣除。由于在现行税法下，对股份公司资本利得和普通收入以相同的税率课税，因此 1231 款资产已经不像过去那样重要了。然而其仍然有用，因为净 1231 款资产损失能被用于抵消公司的普通收入，而净资本损失不能抵消普通收入。同时，如果个人拥有的 1231 款资产利得是来源于个人独资企业或者合伙企业，则这些利得可以较低的 20％的资本利得税税率纳税。

□ 已获股息扣除

大家回顾一下，关于股份公司税收制度的主要原则是对公司利润进行双重征税。虽然国会明显地偏向双重征税，但它还是努力避免对公司收益征收超过两重的税收。已获股息扣除（dividend received deduction，DRD）的设计旨在防止股份公司从其他股份公司取得股息时承受三重（或者更多重）的税收。已获股息扣除的数量取决于收到股息的股份公司拥有多少发放股息公司的股权比例。当持股比例少于 20％时，已获股息扣除的数量是已获股息的 70％；当持股比例在 20％到 79.9％之间时，已获股息扣除的数量是已获股息的 80％；当持股比例是 80％或者更多时，已获股息扣除比例是 100％，即完全不计入应税收入。

例如，如果谷歌拥有美国通用电气公司 10％的股票，并从通用电气公司那里获得 1亿美元的股息，那么谷歌仅就收到的 3 000 美元股息纳税。在公司税税率是 35％的情况下，该项扣除使股息收入适用的税率转化为 10.5％（假设持股比例低于 20％）。最终，这笔来自通用电气公司的潜在收益承担了多少重税收？

在赚取利润的时候，通用电气公司支付第一重税收；当谷歌从通用电气公司那里收到股息的时候，支付第二重税收；在谷歌股东收到股息时或者当股东销售其谷歌股票的时候要支付资本利得税，谷歌股东则缴纳第三重税收。

□ 合并纳税申报

我们所能想到的绝大多数股份公司实际上是股份公司的系列组合——母公司和其子公司以及子公司的子公司等。当母公司拥有 50％或者更多子公司股权的时候，GAAP 通常要求编制合并子公司的财务报告。而该子公司是国内的还是国外的无关紧要；关键问题在于控制权。因此，当你研究美国通用电气公司的财务报告时，实际上是在研究美国通用电气公司的全球经营状况。

税收规则对于合并报表的要求稍有不同。首先，只有国内的子公司才能成为美国合并纳税申报中的一部分。国外子公司不能被合并。其次，合并纳税申报的持股水平是80%。因此，一个被母公司控制70%的子公司被合并是基于财务会计目的，而不是基于税收目的，即根据财务会计准则可以合并编制财务报告，但是根据税收规则不能合并进行纳税申报。

股份公司并不被税务当局强制要求进行合并纳税申报，但通常公司会发现这样做能获取最大利益。合并纳税申报的好处是一家子公司的应税收入可以弥补另一家子公司的损失。这是主要的收益，尤其在各家子公司的收入在一定程度上并不是高度相关的情况下更是如此。如果没有合并纳税申报，盈利的子公司将缴纳税收，而非盈利子公司只有向前或者向后结转其损失才能抵减其收入。由于一些有盈利的公司收购净经营亏损公司，并利用收购获得的净经营亏损去抵减盈利公司的应税收入，因而产生了一些特殊规则用来约束盈利公司的这种能力。这些规则将在第16章进行讨论。

12.3 公司资本构成中举债经营产生的潜在税收利益

在公司成立和经营中最关键的问题之一是，确定公司资本结构中债务资本和权益资本的适当组合。这种举债经营是否能影响公司的价值，是公司财务最古老的问题之一，至少可追溯到1958年Modigliani和Miller（M&M）的开创性著作。你也许已经从公司财务课堂上学到了资本结构理论的应用知识，因此本书仅做简短的概述。① 我们从资本结构现代思想的起源开始（M&M，1958），慢慢转到这一主题的当代思维方式以及对该主题最先进的实证研究。这些讨论建立在本书先前介绍的概念的基础上，尤其是隐性税收、税收顾客，以及非税成本的各种影响。

□ 举债经营的税收利益理论

就像一个物理学家在解释自然法则时首先要考虑没有摩擦的世界的运动一样，M&M（1958）解释资本结构时首先考察在完全资本市场（perfect capital market）下的举债经营。完全资本市场没有交易成本、信息不对称、破产成本和税收。M&M（1958）证明了在完全资本市场条件下，举债经营不会带来杠杆收益。这一直觉容易理解。想象一下，把公司现金流量的价值比作一个特大的比萨。比萨的切片代表公司对现金流的要求权。无论切片标示为权益还是负债都不会影响整个比萨的尺寸。如果资本市场是完美的，以不同的方式切比萨或者给比萨贴上权益或者负债的标签都不会造成比萨的减小或增大。M&M（1958）的结论是，在不存在市场缺陷的条件下，资本结构不会影响公司的价值，因此资本结构无关痛痒，与公司价值无关。当然，M&M也承认，现实市场并非完全，因此那些不完全市场可能导致公司价值依赖于它的资本结构。然而，M&M通过关注各种类型不完全市场对优化资本结构的作用的争议，为我们提供了一种重要的思想创新。

---

① 绝大多数不错的公司财务教科书都探讨了举债经营的税收利益理论；参见 R. Brealey, S. Myers, and F. Allen, *Principles of Corporate Finance*, loth ed. (New York：McGraw-Hill, 2011)。

这里，我们绝大部分篇幅集中讨论税收在资本结构中的作用。M&M放松完全资本市场的假设，把公司税引入其1958年论文的结尾中，并在其1963年的论文中对公司税收问题进行了更详尽的研究。他们指出，除了公司税之外，如果市场是完全的，举债经营将使公司的价值增加。为什么？因为公司对股权的股息支付不进行税收扣除，而债务利息支付却可以进行税前扣除。因此，贴在比萨切片上的商标与公司税收有重要关系。这三种比萨切片分别是负债、股权和税收（政府对公司现金流量的要求权）。贴有负债标示的比萨切片能减少政府税收比萨切片，而贴有股权标示的比萨切片则不能。举债经营的公司的价值 V_L，等于不举债经营、全部资金都是权益资本的公司的价值 V_U，加上举债经营的税收收益。M&M（1963）说明，举债经营的税收利益的现值等于 τD，这里 τ 是公司税率，D 是负债的金额。

$$V_L = V_U + \tau D \tag{12.1}$$

由于公司举债金额能增加公司的价值，因此在 M&M（1963）的研究中，所有公司都想得到"边角解决方案"（corner solution）。在边角处，他们所有的现金流量都以债务利息的形式支付出去。同时，M&M 意识到，绝大多数公司并不会那么极端地去举债经营，他们的分析是为了进一步促使我们理解资本结构决策的作用力以及这些作用力的大小。

很快，我们的争议转向其他不完全市场或者非税成本会阻碍公司的举债经营问题上。破产成本是一个明显的阻碍因素，因为随着公司负债的增加，它们没有充足的现金流支付债务利息的可能性就会增大。破产或者更一般的财务危机可能启动棘手的且代价较高的解决程序，且导致财务危机成本增加的可能性会成为举债经营的税收利益的抵减项。然而，每增加1美分的负债，公司的价值增加 τ 美分（现行税率下每增加1美元负债增加的公司价值是35美分），很难想象破产成本会是一股巨大的平衡力量。在 M&M（1963）的研究中，举债经营的税收利益是巨大的。

尽管学术研究的步伐进展较慢，但是该项研究仍在继续进行。在20世纪70年代，Miller（1997）的论文重新回到举债经营不会带来税收利益的研究上。Miller（"M&M"中的第二个"M"）研究了除允许存在个人税收和公司税收之外的完全资本市场的各个领域。Miller 考虑了这样一种情形，即权益投资者的税收低于债券投资者的税收。例如，股票效益的增加可能会按照长期资本利得税税率（当前税率为20%）纳税，或者，如果持有股票直至死亡，则按照0%的税率纳税。[①] 然而，债务利息按照个人普通收入税税率纳税，当前联邦层面这一税率高达39.6%。

Miller 推理关心税后收益率的投资者会提高权益资金的价格，直到权益资金和债务资金的已调整风险税后收益相同为止。换言之，相对于债务资金，权益资金将负担隐性税收，即税前的收益率较低，因为投资者的股权收益享受税收优惠待遇。换另外一种方式来说，债务融资的税前风险调整成本必须大于股权融资的相应成本，以补偿债务融资者就利息承担的较高税收。Miller 认为，在一定的条件下，就负债融资多支付的税前成本必须刚好抵消公司层面利息扣除所带来的税收利益。假设所有的公司面临相同的边际

---

① 在死亡时，死者资产的税基上升到市场公允价值，同时，未实现资产利得所负担的潜在所得税免征。

税率，任何公司都不能从债务融资中获得税收利益。[①] Miller 的推理极其重要，因为它表明，即使没有破产成本，债务融资所增加的成本（债务融资者面临高税率）也能抵消公司层面利息扣除所带来的税收好处。

不幸的是，没有人确切地知道隐性税收效应是否存在于负债融资和权益融资当中，更不用说隐性税收可能有多大。为什么存在这种不确定性？衡量税收对税前收益影响的最直接方式是观察风险完全相同的股票和债券的税前收益。不幸的是，这样的实验数据很难找到。而且，由于权益投资通常比债券投资更具风险，因此，权益投资的预期收益通常比债券投资的预期收益高。由于没有对风险如何影响预期收益进行准确评估，因此很难区分税收对收益的影响。[②] 风险如何定价仍然是一个在经济学和金融学领域争论不休的问题。因此，资产的税前收益可能是其风险和税收待遇的一个函数，然而在实务中确定这两个效应的大小极其困难。

DeAngelo 和 Masulis（1980）扩展了 Miller（1997）的分析，允许存在"非债务税收屏蔽"，例如折旧费用。正如前面章节所讨论的，产生净经营损失可能性越大的公司，其面临的边际税率就越小于其他公司。公司的非债务税收屏蔽越大，其源自利息扣除获得的预期税收利益就越小，从而引发了每家公司的最优负债数量问题。DeAngelo 和 Masulis（1980）在资本构成理论领域迈出了重要的一步，因为他们第一次证明了税收效应单独导致每家公司都有一个最优负债数量。理论不再预言举债经营不存在税收利益（Miller，1997），或者举债经营存在大量税收利益（M&M，1963）等极端的情况。DeAngelo 和 Masulis（1980）进行了一项重要的可检验的预测，发现具有大量非债务税收屏蔽的公司应比小规模非债务税收屏蔽的公司更少借债。这是税收顾客效应的一个例子。

□ 举债经营税收利益的实证研究[③]

Shevlin（1990）和 Graham（1996）通过引入公司预期边际税率的实证估计，并考虑公司现时和过去的纳税能力，以及未来净经营亏损的可能性，扩展了 DeAngelo 和 Masulis（1980）的理论。Graham（1996）应用这些边际税率估计量评估税收在资本构成中的作用，发现公司举债经营规模随着边际税率的上升而增加。Graham（1996）确认，如果公司举债多，增加的利息扣除额也增大了公司未来产生净经营亏损的可能性，进而减少了举债经营的边际税收利益。随着公司举债越来越多，举债经营的边际税收利益最终等于边际成本，从而公司停止借债。Graham（1996）的结论强烈表明，存在举债经营的税收利益，但并未给出证明。

Graham（2000）进一步研究了这一观点。他运用边际税率评估值推导出公司在当前负债水平下获得负债经营实际税收利益的具体评估值，以及如果公司全部举债所能获得的最大税收利益。Van Binsbergen，Graham 和 Yang（2000）检验了普通样本公司的举债成本与收益，并评估出公司负债经营的税收收益相当于资产价值的 3.5%。其他运用跨国（州）公司税税率变量的研究发现，当公司税税率较高时，公司就更倾向于举债经

---

① 尽管没有一家企业喜欢负债融资甚于权益融资，但是在 Miller（1997）的研究中，经济层面的最优举债金额可以计算出来。该推理非常深奥，有兴趣的读者可以参考该文献出处。

② 第 5 章分析了关于税收待遇和风险都不同的各种证券在理论上应保持的税前收益差异。

③ 参见其他关于税收和资本结构研究的文献。

营，这与公司举债经营获得的税收利益相符。[①] Blouin，Core 和 Guay（2010）找到了一种新的估算边际税率的方法，并指出，税收利益比过去所讨论的要小，这样，一旦考虑财务危机成本，绝大多数公司基本处在举债经营的最优水平上。

然而，难以解决的最大问题是，相对于权益资本，债务投资者的税收是否影响债务资本的税前成本？在文献回顾中，Graham（2003）总结得出："事实是我们对任意两组证券的边际投资者的身份或税收地位知之甚少，而且很难推断其信息。如果未来的研究可以量化个人普通收入税对于证券价格的相对重要性，并反馈到资本结构决策中来，那么这将是非常有用的。"早先提到的一些跨国研究也探讨了税收变化对投资者的影响，并发现公司举债经营的数量与投资者所适用的税率密切相关。

12.4　负债—权益的组合证券

允许债务利息税前扣除的国家通常在其税收法典中有规定，禁止公司的资本结构中相对于权益资本存在过量的债务资本。这有时候被称为"资本弱化"或者"利润剥离"规则。一些国家在税收方面设置了公司资本构成中负债和权益之比的最高值。美国制定了许多类似规则，在某些情况下限制利息扣除。例如，税法 163 款（j）规定对支付给关联方（例如外国子公司或者外国母公司）的利息扣除做出了限制，此时关联方不就利息收入承担税收。163 款（j）的限定主要是看美国集团公司的负债与股东权益比率是否超过 1.5。

更一般地，这里存在的一个问题是，首先要确定哪些有价证券在税收上是作为债务处理的。正如我们在前面的章节所了解到的，当债务利息允许扣除，而股息支付不允许扣除时，能给债务融资而不是给股权融资以激励。是什么阻止公司将其权益重新划分为债务？在第 385 款，国会授予财政部权力草拟规章确定哪些有价证券在税收上将被作为债务对待，哪些将被作为权益对待。至少在理论上，高度负债的公司面临一定的风险，即在税收上将其负债重新划分为权益，并因此损失利息扣除所带来的好处。尽管国会在数十年前就授予财政部宽泛的权力，但财政部仍然只是在 385 款中做出了一些最终规定。在美国和其他国家，关于债务确认为多少、权益确认为多少的争论一度导致了一些令人关注的税收筹划活动。

□ 传统优先股

绝大多数有关税收和公司财务的书籍都将资本构成处理成在发行普通股和发行债券之间进行非此即彼的选择。事实上，公司可选择很多介于直接负债和普通股之间的组合证券以筹集资金。传统的优先股具有许多债券的特征，例如固定的利息，没有或者有限的投票权，在股息支付和清算顺序上优先于普通股。优先股的一种典型类型被称为"信托优先股"，具有许多和传统优先股相同的非税特征，但有显著不同的税收结果。我们首先讨论传统优先股的税收问题，并在下一节探讨信托优先股的税收问题。对于每一种优

---

① 参见 Faccio 和 Xu（2013）与 Heider 和 Ljungqvist（2012）。

先股，我们都将其与债券进行税收待遇的比较。

传统的优先股要作为权益纳税。对于发行公司而言，传统优先股的股息不能税前扣除，而债券的利息支付通常允许税前扣除。优先股的股息如何在投资者层面被课税取决于投资者是个人还是另一家公司。如果投资者是个人，那么在绝大多数情况下，个人将以20%的最高税率纳税。如果投资者是另一家公司，那么只有一半的股息应税，因为该股息可获得本章早先描述的扣除。与债券相比，传统优先股在发行公司层面处于税收劣势，但是对个人投资者和公司投资者却具有税收优势。例如，某公司投资者在利率为9%的债券和利率为8%的优先股股票中选择，假设其风险水平相当，其通常会选择投资于优先股。原因是公司债券投资的税后收益率是5.85%，即 $9\% \times (1-0.35)$，而优先股投资的税后收益率是7.16%，即 $8\% \times [1-0.35 \times (1-0.7)]$。由于已获股息允许税前扣除，在过去，优先股通常被认为大量地被其他公司所持有。随着针对个人获取的股息的收入税税率降低到20%，越来越多的个人最终能持有传统的优先股。然而，相较于普通股和债券，学者们较少关注优先股的研究。Erickson 和 Maydew（1998）是关于优先股的为数不多的研究之一。该研究证明了，优先股确实负担隐性税收，因为优先股的公司持有者享有已获股利的税前扣除。

□ 信托优先股[1]

存在许多负债—权益组合的变化类型。现在我们将详细探讨一种负债—权益组合，说明组合证券能够进行怎样的组合，以及公司如何利用组合证券达到一些不同的目标。在20世纪90年代中期发行的传统优先股之所以开始变得不那么受欢迎，是因为一项新的已改进的金融创新。这项金融创新通常被称为信托优先股（trust preferred stock），也被称为信托优先有价证券。信托优先股的基本思想是创造一种有价证券，使之在税收上可作为负债处理，但在财务报告和监管上可作为权益处理。

信托优先股最先由一家叫德士古的美国公司在1993年10月27日发行，发行额是3.5亿美元。图12-1描述了德士古公司的信托优先股发行结构。因为绝大多数新发行的信托优先股都按照相同的基本结构进行，我们运用德士古公司新发行的信托优先股的例子来描述信托优先股的结构。[2]

首先，德士古公司成立德士古资本有限责任公司，其实质上是一家德士古全资控股的"壳"公司。其次，德士古资本有限责任公司向投资者发行信托优先股，取得3.5亿美元现金。同时，德士古公司签发3.5亿美元附属（子公司）债券给德士古资本有限责任公司，以换取该公司发行信托优先股所获得的3.5亿美元现金收入。德士古签发的附属（子公司）债券与信托优先股的条款和利率完全一样，而附属（子公司）债券提供了向信托优先股持有者支付股息的现金流来源。例如，德士古资本有限责任公司的信托优先股以6.875%的利率支付股息，与德士古资本有限责任公司持有的德士古公司签发的附属（子公司）债券利息保持一致。在信托优先股发行之后，德士古资本有限责任公司

---

① 该讨论是基于 Engel，Erickson 和 Maydew（1999）的研究。

② 实际上，德士古公司发行月度收入优先证券（MIPS），这本质上与信托优先股一样。绝大多数的投资银行提供给顾客的都是类似的产品，但通常每个银行都给其产品以不同的名称。一些缩略名称包括季度收入优先股（QUIPS）、信托衍生优先股（TOPRS）和信托优先股（TRUPS）。

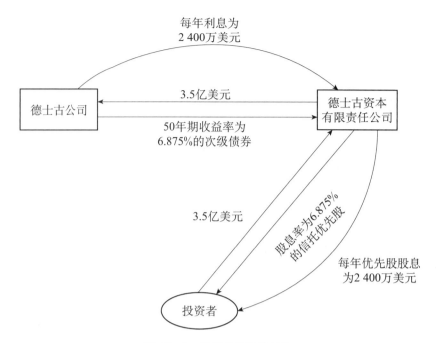

图 12 - 1 信托优先股的结构

仅在德士古公司和信托优先股投资者之间扮演管道公司的角色，其从德士古公司附属（子公司）债券所获得的利息支付等于支付给信托优先股投资者的股息。

在契约上，信托优先股与传统优先股极其相似。德士古公司的信托优先股拥有 50 年的期限，且期满后拥有延长 50 年期限的权利。因此，如同传统的优先股一样，信托优先股的市场价值几乎来源于其股息支付的现值。绝大多数信托优先股的期限介于 20 年到 50 年之间，且有期满后再延长相同期限的权利。也与优先股相类似的是，德士古信托优先股相对于其他所有债券而言，属于次级债券。德士古公司还有一次性延迟 5 年支付信托优先股股息的权利。然而，与传统优先股一样，信托优先股的发行者如果延迟信托优先股股息的支付，那么就不能向普通股股东支付股息。在延迟股息支付超过 5 年的情况下（通常不太可能出现），信托优先股投资者可以向德士古资本有限责任公司委派外部信托人，这可能导致外部信托人起诉德士古公司，原因是德士古公司在履行向德士古资本有限责任公司支付债务利息的义务上违约。

☐ 信托优先股的税收待遇

无论是对于发行者而言还是对于投资者而言，传统优先股的税收待遇都与信托优先股不同。发行传统优先股的公司所支付的优先股股息不能进行税前扣除。然而，传统优先股对公司和个人投资者都具有税收好处。取得股息收入的公司符合已获股息扣除的条件，这使得 70% 的股息收入免于征税。个人投资者来源于传统优先股的股息收入以最高 20% 的税率纳税。与之相比，信托优先股在税收上的待遇如同债券一样，这样，其"股息"被视为利息，因此发行公司支付的股息允许税前扣除。然而，信托优先股的公司持有者不符合已获股息扣除的条件。而信托优先股的个人持有者在一定程度上应就获取的信托优先股股息以个人普通收入税税率纳税；不存在适用于信托优先股股息的特殊的 20% 税率。

由于相对于传统优先股，信托优先股对投资者没有税收优势，因此信托优先股发行者可能不得不支付比传统优先股更高的税前收益率。公司以信托优先股替代传统优先股是否能降低其资本成本，取决于信托优先股与传统优先股必须负担的费用大小，以及公司的边际税率水平。例如，假设公司适用的边际税率是 35％，并能以 6.5％的收益率发行传统优先股。如果公司可以任何低于 10％的收益率发行相当的信托优先股，则其以信托优先股替代支付 6.5％收益率的传统优先股将减少其税后资本成本。

□ 信托优先股的财务报告处理

在 2003 年之前，信托优先股债务通常作为资产负债表的一个单独项目在负债和股东权益之间列示，通常记为"法定可赎回附属优先证券债务"或者"子公司少数股东权益"。由于信托优先股不在资产负债表中列示负债，因此它比其他类似的次级债务更具税收优势。而信托优先股在资产负债表中具有的这种优惠待遇，可能有助于它在许多发行者中广受欢迎。然而，此项对信托优先股有利的财务会计待遇是短暂的。财务会计标准委员会（FASB）在 2003 年颁布了一个新的标准，要求绝大多数的信托优先股被列入发行者资产负债表的负债中。

□ 信托优先股的法定待遇

许多信托优先股的发行者是法定公司，例如商业银行、保险公司和公用事业机构。出于监管目的应如何对待信托优先股？除了遵循税收和 GAAP 之外，又增加了另一考虑因素。例如，商业银行被要求按照总资产和风险资产的一定比例保留某一最低资本水平，其中考虑了不同资产的风险变动水平（例如现金的风险水平低于应收抵押贷款的风险水平）。当信托优先股首次发行时，人们并不清楚联邦储备局是否会批准将其定为法定资本。1996 年 10 月 21 日，联邦储备局裁定，出于监管目的可将信托优先股列入权益资本中。这一法定待遇的出现给了商业银行发行信托优先股一个事实上的先决条件。因为在联邦储备局发表声明之前，没有银行发行信托优先股，但在联邦储备局发表声明之后的两个星期之内，各银行发行了数十亿美元的信托优先股。根据费城联邦储备银行的估计，截至 2008 年年底，各银行已经发行超过 1 400 亿美元的信托优先股。[①] 银行在"后危机时期"对信托优先股的使用已经大幅减少。《多德-弗兰克法案》（该法案在 2010 年成为法律）的颁布，逐步取消了大型银行将信托优先股作为一级资本组成部分的能力。在2013 年，联邦收入委员会批准新的资本标准，被称为《巴塞尔协议Ⅲ》，该标准也逐渐取消了银行将信托优先股作为其法定资本组成部分的能力。

□ 信托优先股的教训

看到负债—权益组合证券领域中未来的革新变化我们不应觉得奇怪。普通股和传统债券终究也是由人们创造的。它们之所以存在是因为对于许多资本供应方和资本使用方而言这是有用的安排。然而，正如我们看到的信托优先股那样，由于不同的资本使用者面临不同的环境，因此会存在不同的目标。例如，金融机构面临与工业制造公司不同的监管要求。在金融机构中，商业银行也面临与保险公司不同的监管要求等。类似地，不

股份公司：成立、经营、资本结构和清算

---

① 参见费城联邦储备银行发布的《SRC 洞察》，2009 年第一季度。

同的资本供应商面临不同的环境，且有不同的目标。例如，个人投资者缴纳不同于养老基金的税收。一些投资者投资期限较短，但另一些投资者的投资期限较长。我们把负债－权益组合证券当成针对资本供应商和使用者之间目标差异较大这一问题的一种市场解决方案。只要这样的差异存在，就将存在有价证券组合市场。当其发生改变时，就将激励人们创造新型证券组合。

□ 零息债券

我们也把零息债券列入组合证券。零息债券的名称源于它们不按期支付利息这样一个事实。准确地说，零息债券是按照其到期价值的较大折扣进行发行，该折扣实质上是随着时间的推移应支付给投资者的利息。和传统的债券一样，在公司发生财务危机时，零息债券融资优于权益融资。而且，零息债券通常有一个由发行价、到期价值和债券期限共同决定的固定收益率。然而，像股票持有者一样，零息债券的持有者通常没有权利从公司获取现金流，除非未来某一时间出现这样的情况：零息债券到期清偿和普通股清算。不管我们是将零息债券确定为负债还是负债－权益组合证券，对零息债券的税收处理问题都存在大量的误解。下面我们抓住要点就零息债券如何纳税进行讨论。然后我们举一个实证例子说明零息债券的税收处理问题。

零息债券的税收处理——事实上，绝大多数债券都一样——反映了在历史成本会计下其财务会计的处理。[1] 这里的主要问题是当债券不是以等于面值的价格发行时该如何处理。当债券以低于面值的价格发行时，面值和发行价格之间的差异被称为折价（discount）。反之，当债券以高于面值的价格发行时，面值和发行价格之间的差异被称为溢价（premium）。在财务会计上，折价和溢价使用恒定的到期收益率法（平均摊销法）在债券期限内平均摊销。因为折价表示公司推迟支付债券利息，随着折价摊销，公司的利息费用将增加。反之，溢价摊销则将减少公司的利息费用。

在税收处理上，当债券以低于面值的价格发行时，该差异被称为原始发行折价（original issue discount，OID）。零息债券以较大折价发行，几乎总是接近原始发行折价。以原始发行折价发行的债券持有者必须用恒定的到期收益率法在债券持有期间调增利息收入，像 GAAP 要求的那样。因此，零息债券的投资者必须确认利息收入，并随着收入增加每年就确认的利息收入缴纳税收，尽管其未能获得现金收入。类似地，发行零息债券的公司随着每年摊销原始发行折价而获得利息扣除，尽管公司在债券到期前并未对外支付现金。[2]

另外还有更加复杂的税收规则适用于所谓的"市场折价"。如果债券的价格在发行后下跌（这意味着债券发行后利率上升），准备将债券销售给新的投资者，市场折价（market discount）就会出现。与原始发行折价相同的是，市场折价债券的持有者不必随利息收入而确认市场折价摊销。更确切地说，债券到期或者处置实现的资本利得会因为摊销的市场折价而减少。

---

[1] 这里，我们进行的比较是在历史成本会计原则之下的财务会计处理。这与在公允价值准则之下的会计（在财务会计教科书中会讲到）是不同的。

[2] 美国税收法典允许但并不要求投资者在债券期限内摊销债券溢价。在大多数情况下，投资者会选择摊销溢价，因为这样做可以减少其当前应税收入。

零息债券的税收案例 假设一家公司发行面值为 10 000 美元、10 年期的零息债券，发行债券时的市场利率是 10%。该零息债券的发行价格是 3 855 美元，这一金额是利率为 10%、10 年后 10 000 美元的现值。

该债券的原始发行折价是 10 000 美元 - 3 855.43 美元 = 6 144.57 美元。[①] 该原始发行折价反映了延期支付的利息。在该债券期限内，发行公司将会采用恒定的到期收益率法报告 6 144.57 美元的利息扣除额。

投资者债券投资的原始税基是 3 855.43 美元。假设投资者持有债券到期满，运用相同的恒定的到期收益率法进行摊销，投资者将在债券期限内相应地确认 6 144.57 美元的利息收入。即使采用收付实现制的投资者也必须在债券期限内确认利息收入。随着利息收入金额的不断确认，投资者的债券税基也不断增加。直到债券到期日，投资者的税基将会是 10 000 美元，因此债券到期时不会形成利得或损失。

表 12-1 显示的债券摊销表有助于说明零息债券的税收处理。

表 12-1	零息债券摊销表举例	单位：美元
年度	利息费用/收入	债券结转价值
债券发行		3 855.43
1	385.54	4 240.97
2	424.10	4 665.07
3	466.51	5 131.58
4	513.16	5 644.74
5	564.47	6 209.21
6	620.92	6 830.13
7	683.01	7 513.14
8	751.31	8 264.46
9	826.45	9 090.90
10	909.09	10 000.00

摊销表按照这样的方式进行编制：利息费用是债券前期期末的价值简单地乘上实际利率 10%，即 3 855.43 美元 × 10%。债券期末的结转价值是上一期末的结转价值加上当期的应计利息费用，例如，3 855.43 美元 + 385.54 美元 = 4 240.97 美元。

12.5 分配和股票回购的税收制度

至此，在这一章里，我们已经大量讨论了公司在其生命周期内是如何课税的，从公司成立开始，到继续经营和资本构成的决策。当公司处在成长期，通常不会向其股东支

---

① 如果附息债券以低于面值的价格发行，那么附息债券也会存在原始发行折价（OID）。但一些小额规则（de minimus rule）将小额折扣排除在原始发行折价规则之外。

付股息，而宁愿将其经营利润重新投资。然而，当公司进入成熟期且没有成长的前景时，其通常开始支付股息。股票回购也是普遍存在的。股息支付和股票回购都是从公司获得现金并流入股东手中的方法。在本节我们将阐述股息支付和股票回购的税收处理。

税收使用一些不同于财务与会计的术语。在税收领域，分配（distribution）是指当公司支付现金或者财产给其股东时不需要股东给付对价，这在财务或会计上称为股息。股息在税收术语上是指对分配的一种可能的处理。正如我们将看到的，出于税收目的，分配可能会被作为股息处理，但也可能不会。回购（redemption）是指公司支付现金或者财产给其股东，并换回部分发行在外的股票，在财务或者会计上我们称之为股票回购。我们首先解释分配的税收制度。然后探讨股票回购。现在我们简单地说明一下，绝大多数股票回购按股票销售或互换课税，这意味着出售股票的股东在将其股票售回给公司时，要确认资本利得或者损失。然而，一些股票回购在税收上被作为分配处理，在这样的股票回购过程中，每一个股东按固定比例将股票售回给发行公司，这样，在股票回购交易完成后，每一个股东拥有公司的股权比例与股票回购前相同。

分配可按三种形式进行课税：

（1）作为股息。在这种情况下，股东获得的股息应作为应税普通收入处理，通常以特别税率20%纳税。

（2）作为资本收回。在这种情况下，分配属于非应税事项，但是股东应按分配的金额减少公司股票投资的税基。

（3）作为资本利得。如果分配金额较大，足以将股东股票投资的税基减少至零，那么任何多余的分配金额都应作为股东的资本利得征税。

| 示例 1 | 分配作为股息的税收处理 |

Rachel 因其持有 5 000 股贝克莱公司（Berkeley Corporation）的股票而收到 10 000 美元的分配金额。她投资贝克莱公司股票的税基是 25 000 美元。如果该分配作为股息课税，那么 Rachel 将在其申报表中申报 10 000 美元的普通收入，且其投资贝克莱公司股票的税基保持不变。

| 示例 2 | 分配作为资本收回的税收处理 |

与示例 1 的情况一样，现在假设分配不是作为股息处理。该分配作为非应税的资本收回处理，那么 Rachel 投资贝克莱公司股票的税基减少至 15 000 美元。

| 示例 3 | 分配作为资本收回和资本利得的税收处理 |

与示例 2 的情况一样，现在假设 Rachel 投资贝克莱公司股票的税基在分配时仅有 7 000 美元。在这种情况下，将分配金额的第一个 7 000 美元作为资本收回处理，这将使 Rachel 投资贝克莱公司股票的税基减少至零。剩下的 3 000 美元分配金额作为资本利得进行税收处理。

绝大多数的分配（当然也不是所有的分配）都被当作股息课税。公司对股东进行的分配不能税前扣除。相反，公司对债券持有者支付利息一般可以进行税前扣除。

□ 收益与利润的概念

分配什么时候作为股息缴纳税收？当分配是由所谓的收益和利润，即 E&P 支付时，分配就作为股息纳税。这两种收益和利润是当期收益和利润与累计收益和利润。当期收益和利润（current earnings and profits）的税收同源词是净收入，而累计收益和利润（accumulated earnings and profits）的税收同源词是留存收益。

尽管收益与利润与留存收益是相似的概念，但在计算上稍微存在差别。尤其是，收益和利润使用税法规定的程序进行计算，而留存收益使用 GAAP 规定的程序进行计算。

当期收益和利润从应税收入开始，并对应税收入进行一系列的调整计算得出。如果我们承认收益和利润是处于应税收入和基于 GAAP 的会计利润中间的含义，那么绝大多数调整都是自然而然的事情。通常对应税收入调增的一些项目包括：

（1）市政债券利息。这种利息免税，但是随着公司会计利润的增加，公司的收益与利润也会增加。

（2）联邦收入税返还。例如，从向前结转的净经营亏损获得的联邦收入税返还。这些返还金额不应纳税，但是随着公司会计利润的增加，公司的收益与利润确实也会增加。

（3）已获股息扣除。这会减少公司应税收入，但是不会影响公司收益与利润或者公司的会计利润。

（4）向前结转的以前年度净经营亏损引起的税前扣除。这些净经营亏损减少公司应税收入，但是不会影响公司的收益与利润（也不会影响公司的会计利润）。

通常对应税收入调减的项目包括：

（1）联邦收入税支付。这不会减少应税收入，但是随着会计利润的减少会减少收益和利润。

（2）不可扣除的罚款和罚金。尽管这些扣减项目不会减少应税收入，但是随着会计利润的减少会减少收益和利润。

最后，还有一些调整项目，既可能是调增项目，也可能是调减项目。例如，确定收益和利润允许使用的折旧方法与那些用于计算应税收入的折旧方法比较起来没有那么慷慨大方。因此，在一项资产寿命期的早期，公司在计算收益和利润时，一般必须将部分为了计算正常税收已确认的折旧转回。在资产寿命的后几年，收益和利润所允许的折旧额将超过正常税收的折旧额，从而产生计算收益和利润的调减项目。

每年公司都要如同上述描述的那样计算其当期收益和利润。累计收益和利润是以前年度所有当期收益和利润减去从中分配给股东的部分之后的余额的总和。

如果公司具有足够的累计或者当期收益和利润来支付分配，则该分配应作为股息支付纳税。如果分配公司没有足够的收益和利润，则该项分配就作为资本收回处理，且一般股东股票投资的税基降低至零，这时分配就作为资本利得进行税务处理。

示例 4	正的当期与累计收益和利润

伊丽莎白集团公司（Elizabeth Corp.）在 2013 年分配股息 50 000 美元。伊丽莎白集团公司在 2013 年年初有 500 万美元累计收益和利润，在 2013 年形成当期收益和利润 200 000 美元。2013 年分配的 50 000 美元作为股息课税。

与示例 4 的情况一样，现在假设伊丽莎白集团公司在 2013 年年初有－100 万美元的收益和利润。50 000 美元仍然作为股息课税，因为伊丽莎白集团公司有一个正的收益和利润，足以支付此项分配。

与示例 5 的情况一样，现在假设伊丽莎白集团公司当期收益和利润是－1 000 美元。在这种情况下，该项 50 000 美元的分配作为资本收回处理，而不是作为股息支付处理，因为伊丽莎白集团公司当期与累计的收益和利润均为负数。

绝大多数分配都被当作股息课税。由于年度内作为股息分配的收益和利润要受到一些复杂规定的限制，因此没有足够的收益和利润使得所有分配金额都作为股息课税，但这些规则超越了本书讨论的范围。一个现实的问题是，当公司知道其收益和利润仍然为正时，它们通常也不急于计算更新其收益和利润账户，同样，当个人知道其账户有足够的钱支付其开销时，也不急于知道其支票簿上的余额是多少。有时候公司在进行分配时会怀疑自己的收益和利润不足以支付，例如在连续几年亏损后进行分配时。在这种情况下，公司经常会聘请会计公司进行"收益和利润调查"，重新确定公司从上一次计算收益和利润起到现在的收益和利润，这将可能追溯到公司成立时，并到现在为止。虽然这些调查对于会计公司而言是有利可图的，但极其令人厌烦，因为这要求会计师学习那些几十年前已经废除的，但仍然与计算当时的收益和利润相关的税法。

☐ 特殊类型的分配

有时候，公司以财产替代现金的形式进行分配。财产分配（property distribution）按与现金分配相同的方式纳税，但在财产分配中，在财产离开公司时，公司必须确认财产分配形成的利得，而不确认分配的损失。如果对财产分配不征税，那么公司就很容易避免就其收益双重征税。财产分配的损失之所以不能进行税收扣除，是因为如果允许进行税收扣除，那么会产生很多问题，即公司和股东会不合理地低估财产的价值，从而产生公司层面的税收流失。公司确认的财产分配收益是财产公允市场价值和财产税基之间的差额。该项收益可能是资本利得，也可能是普通收入取决于财产的性质。股东取得财产的税基等于财产的公允市场价值。

张氏集团公司（Zhang Corp.）以财产替代现金的形式给股东分配股息，财产的税基是 10 000 美元，公允市场价值是 30 000 美元。张氏集团将确认 20 000 美元的收益。股东将确认 30 000 美元的股息收入，并将收到的财产的税基确认为 30 000 美元。

推定股息（constructive dividend）是指股东在公司没有公告发放股息的情况下获得的一定数量的收益。在少数人持股公司中，推定股息最为常见，包括但不限于以下事项：

对股东/雇员支付不合理的大额报酬；股东使用公司财产（如公司飞机等）；向股东提供低于市场利率的贷款。如果公司拥有足够的当期或者累计收益和利润，推定股息如同普通股息一样征税。

示例 8	推定股息

John 拥有高尔夫集团公司（Golf Corp.）全部的股份。当年，高尔夫集团公司以管理职务原因向 John 支付 150 000 美元薪水。John 在其纳税申报中报告 150 000 美元工资收入，而高尔夫集团公司在其公司收入税申报中报告 150 000 美元已付薪金税前扣除。国税局经过检查后，确定 John 合理的报酬应是 40 000 美元。John 的收入被处理为 40 000 美元的公司收入和 110 000 美元的股息收入。而高尔夫集团公司将只能扣除 40 000 美元的已付工资，因为公司的股息支付不能税前扣除。股息从收益和利润中扣除，因此，高尔夫集团公司将减少其收益和利润 150 000 美元，即 40 000 美元＋110 000 美元。

股票股息（stock dividend）是指公司分配额外股票给其现有的股东。例如，如果公司分配 10％的股票股息，则股东每 10 股将获得 1 股额外股票。[①] 注意，股东在公司中的权益比例不受股东股息的影响，只是公司"馅饼"被分割成更小的份额。然而，公司股票股息分配前后的现金或资源不会增加，也不会减少。美国意识到股票股息实质上是非税事项，于是税收法典将绝大多数股票股息作为非税事项处理。[②] 回到本例中，假设股东 10 股股票每股的税基是 5.50 美元。按照 10％的股票股息，他将把 55 美元税基分配给 11 股，从而得出每股税基是 5 美元。

□ 股票回购的税收

股票回购是指公司重新从其股东手中购买部分发行在外的股票。在多数情况下，股票回购在税收处理上记录为"出售或交换"。如果是这样的话，那么出售股票的股东就要确认资本利得或损失，计算方法与销售股票给第三方一样。

示例 9	股票回购当作销售或交换处理

Michelle 拥有金刚狼公司（Wolverine Inc.）1 000 股股票，每股的税基是 2 美元，总税基是 2 000 美元。金刚狼公司以 500 美元的价格购回 Michelle 持有的 200 股股票。Michelle 应确认资本利得 100 美元（＝500 美元－400 美元）。该项资本利得是长期的还是短期的取决于 Michelle 持有该股票的期限是长于还是短于 12 个月。

然而，在现行税法下股票回购在一些情况下也当作股息处理。

---

① 股票分拆本质上依赖于相同的理论。例如，在一个买一送一的股票分拆中，拥有 10 股股票的股东将获得额外的 10 股，共计 20 股。

② 对股票股息的接受者极少课税。通常，如果股票股息的设计旨在改变股东在公司中的权益比例，就会出现这种不利的待遇，例如，让优先股股东获得普通股，反之亦然。

基于示例 9，如果 Michelle 是金刚狼公司唯一的所有者，那么 Michelle 在股票回购前后都 100% 持有金刚狼公司股份。股票回购和股息支付的经济效应在本质上是相同的——500 美元现金从 Michelle 的公司（金刚狼公司）那里转到 Michelle 手中，因为 Michelle 一直 100% 控制金刚狼公司——因此，美国税收法典将这样的股票回购当作股息处理。相应地，Michelle 应确认 500 美元的股息收入，假设金刚狼公司有足够的收益和利润进行此项分配。Michelle 的原始税基 2 000 美元将在剩余的 800 股金刚狼公司股票中分摊，从而每股的新税基是 2.5 美元。

对于符合销售或者交换待遇要求的股票回购，必须属于以下几种类型之一（302 款和 303 款）：

（1）本质上不等价于股息分配。

（2）实质上是不成比例的分配。

（3）股东权益终止时的分配。

（4）部分清算中的特殊分配。

（5）为支付股东死亡税进行的分配。

不属于上述类型之一的股票回购均作为股息处理（假设有足够的收益和利润进行分配）。

也许引起出售或交换待遇的最常见规定是 302 款(b)(2)中的不成比例分配规定。要符合实质性不成比例的要求，股东对公司的所有权在股票回购后必须低于回购前权益的 80%，且股东必须拥有不少于 50% 的公司综合表决权。这些规定的具体内容超出了本书的探讨范围，但是通常要求股东的权益包括其配偶、子女、孙子女和父母对公司的权益，有时还包括与股东有关的合伙企业、股份公司以及地产或信托对公司的权益。

假设丈夫和妻子各自拥有一家公司 50% 的所有权，丈夫一半的股份由公司回购。为了确定该股票回购是否能够获得出售或交换待遇，丈夫应被确定为股票购买前后均 100% 持有该公司的股份，因为其妻子的所有股份也被视同其股份处理，反之亦然。

当股票回购符合出售或交换待遇条件时，公司通常按照股票回购的数量比例减少其收益和利润。例如，如果公司股票回购 10%，通常公司要减少其收益和利润账户 10% 的金额。

12.6   利用分配和股票回购的税收规则进行税收筹划

个人股东倾向于选择出售或交换待遇，而不是股息待遇。这有两个原因。第一，在出售或交换待遇下，只对股票回购超过税基的部分收入课税，而在股息待遇下，对股票回购中全部的收入都课税。第二，在出售或交换待遇下，他们有机会使收益按照资本利得税税率征税，而不是按照适用于股息收入的税率征税。尽管目前这些税率都是20%，但也有一段时间资本利得税税率低于股息适用的税率。

然而，公司股东的股票回购更倾向于股息待遇。这也有两个原因。第一，由于公司已获股息允许税前扣除，因此其股息收入只有部分应税。第二，针对公司没有特殊的资本利得税税率，公司的资本利得和普通收入按照相同的税率纳税。

制定监管股票回购税收的规定的目的在于使出售或交换待遇更难取得，从而防止为了个人股东的利益而将股息伪装成股票回购。结果，那些想从其他公司减持的公司采取一定的策略故意不遵守前述规则而让股票回购伪装成股息纳税。例如，西格兰姆公司大量运用这种策略，在1995年出售其持有的杜邦公司的股票交易中节省了15亿美元税收。国会和国税局因此非常恼火。光这一项股票回购交易就使政府流失了15亿美元税收，相当于当年筹集的全部公司收入税的1%。国税局后来从税收上质疑对西格兰姆公司此项交易的处理。在2006年，维旺迪公司（2000年并购了西格兰姆公司）花费了大约6.86亿美元与国税局解决该纠纷。与此同时，国会也参与其中，通过颁布法律"修复"漏洞。因此，西格兰姆公司—杜邦公司策略在现行法律下已经失效，至少不会采用与西格兰姆公司和杜邦公司相同的结构。[①]

12.7　清算的税收处理

公司生命周期中最后的阶段就是清算。股份公司清算是指结清公司债务，并将其财产分配给其股东以换回股东所持有的股票。股份公司清算后不复存在。按照公司双重征税的原则，公司清算过程中要缴纳两重税收。第一，336款规定公司在清算分配财产中应确认全部未实现的利得或损失。例如，清算中如果公司分配一块土地给股东，并且该土地的税基和公允市场价值分别是100美元和150美元，那么，公司应确认50美元的利得。在清算中，常见的是公司销售资产换取现金，然后将税后收益分配给股东。在这种情况下，公司层面的税收就像其他任何资产的销售一样，自然而然地产生。

第二，第二重税收产生于股东层面。基于331款，股东应就从公司获得的现金和财产的公允市场价值和其交回公司股票的税基之间的差额，确认资本利得或损失（如果股东持有股票超过一年则视为长期）。例如，如果Joe从公司获得20美元现金和90美元财产，放弃税基为70美元的股票，那么，Joe将确认的利得是20美元＋90美元－70美元＝40美元。Joe所获得的财产的税基应确认为90美元。注意，该公司的收益和利润不影响清算分配的税收制度。

□ 母子公司清算

美国税收法典包含几条将母子公司视为单一经济实体的规定。例如，合并纳税申报

[①]　关于西格兰姆公司—杜邦公司交易的具体分析，参见Erickson和Wang（1999），以及Willens（1994，1995）。

规则通常允许母公司的损失抵消子公司的收入，反之亦然。在 332 款中也有一系列类似的规定，允许母公司清算其子公司时不用确认利得或损失。

要符合 332 款的规定，母公司必须至少拥有子公司所有表决权的 80％，并且至少持有子公司股票价值的 80％。如果清算符合 332 款的要求，那么所制定的这些规则就会使母公司取代子公司的地位。尤其是，根据 332 款的规定，子公司清算中不确认利得或损失；而母公司从子公司取得的资产税基由子公司结转过来。类似地，子公司净经营亏损结转额、资本损失结转额以及收益和利润都要转移到母公司。母子公司清算在第 17 章会再一次出现，到时我们深度剖析。

要点总结

1. 公司收入税的基本特征是对公司利润双重征税。首先在公司层面对公司利润征收一次税，然后当公司支付股息时，在股东层面又征收一次税。

2. 根据 351 款的规定，公司的成立通常是非应税事项。

3. 在 GAAP 利润和应税收入之间有许多共同点，但是还存在许多税收与会计差异，例如折旧、市政债券收入处理都存在差异。

4. 公司的资本利得和普通收入适用的税率相同。

5. 已获股利扣除使公司从其他公司获得的股息只有部分应税。

6. 举债经营是否能提供税收利益？如果可以，那么究竟有多大的税收利益？这是数十年来财务领域长期争论的问题。近期最新研究表明，公司可从举债经营中获得税收利益。

7. 除了普通股和债券之外还有许多可供选择的资本构成。传统的优先股类似于债券，因为它要进行固定的支付。在税收问题上它被视同权益处理，因此，发行者不能扣除直接优先股的股息。传统优先股的股息以个人和公司股东所适用的较低税率纳税。

8. 信托优先股是负债—权益组合证券的一个例子。基于税收的目的，信托优先股通常被组织成债务处理，这样，发行者对信托优先股的支付可作为利息扣除，而利息费用对于投资者而言是应税收入。基于会计目的，信托优先股在资产负债表的负债和权益之间列示，直到 2003 年规则发生变化之后才作为债务处理。对于银行而言，信托优先股算作一级资本已 10 年以上，导致银行发行 1 400 亿美元以上的信托优先股。然而，这些将被监管改革逐步淘汰。

9. 零息债券的税收处理与历史成本会计处理非常相似。债券的发行价和到期价值之间的差额被称为原始发行折扣。原始发行折扣代表债券期限内产生的利息组成。发行者按照平均摊销法在债券期限内扣除原始发行折扣的利息费用，而投资者也要按相同的方法确认原始发行折扣利息收入并缴纳税收。

10. 分配是指公司支付现金或者财产给其股东而没有要求任何收益。分配会导致股息、资本收回或者资本利得的税收待遇，但是股息待遇最为常见。

11. 股票回购是指公司从其股东那里重新购回部分发行在外的股票。绝大多数的股票回购按照出售或者交换待遇纳税，这意味着出售股票的股东要将售价和股票税基的差额报告为资本利得或损失。

12. 清算是指公司将全部财产分配给其股东，换回全部发行在外的股票。清算在公司和股东层面都应税。子公司的清算是一个例外，通常对于母子公司双方都是非应税事项。

税收与企业经营战略：筹划方法（第五版）

1. 从一项经济政策的角度，你认为 351 款规定允许将公司成立作为非应税事项是否合意？为什么？

2. 什么是已获股息扣除？为什么国会允许此项扣除？

3. 母公司是否通常优先选择与子公司联合纳税申报，而不是单独进行纳税申报？为什么？

4. 根据 Miller（1997）论文的观点，举债经营不会增加公司的价值，即便允许公司对债务利息费用进行税前扣除。为什么？

5. 从正在筹集资本的公司的角度来看，权益和负债资本的税前成本之所以存在差异，除了是因为风险差异之外，还因为什么？

6. 为什么难以衡量对资产的税前收益征税的影响（如果这种影响存在的话）？

7. 什么是信托优先股？比起传统优先股它存在哪些优势？

8. 许多大型银行已经发行了数十亿美元的信托优先股，直到 2008 年金融危机爆发。为什么这么多银行以及银行以外的制造企业似乎都很喜欢把信托优先股作为资本融资的来源？

9. 当公司从投资者手中重新购买其发行的股票时，个人股东通常喜欢将该项股票回购交易在税收上视为股息处理，还是视为出售处理？公司股东更喜欢哪一种？为什么？

10. 什么是推定股息？你们认为推定股息更可能出现在大型上市公司还是私人控股的小型公司？为什么？

练习题

1. 根据 351 款的规定，以下哪种公司的成立符合非应税条件？对于不符合条件的公司成立，它们违反了 351 款的哪些条件规定？

a. Ginger、Mary Ann 和 Mrs. Howell 共同出资成立 GMH 公司。Ginger 以纪念品出资，换取 40% 的 GMH 公司的股权；Mary Ann 以耕地出资，换取 30% 的 GMH 公司的股权；Mrs. Howell 以现金出资，换取剩下的 30% 的 GMH 公司的股权。

b. Clyde 在 2009 年成立了 ABC 公司，并拥有全部 ABC 公司发行在外的 1 000 股股票。在 2013 年，ABC 公司发行 300 股新股，换取 Bonnie 拥有的土地。根据 351 款的规定，Bonnie 的出资是否符合条件？

c. 与 b 部分的情况相同，现在 ABC 公司发行 4 500 股新股以换取 Bonnie 的土地。

d. Bert 和 Ernie 在 2013 年成立德基公司（Duckie Corp.）。Bert 以 10 000 美元现金出资换取 60% 的德基公司的股票。Ernie 以服务出资换取德基公司剩下的 40% 的股票。

2. Conan 和 Andy 决定成立一家新公司——LN 公司。Conan 以税基为 10 000 美元、公允市场价值为 18 000 美元的财产出资，换取 LN 公司 5 份股权和 13 000 美元现金，这笔现金是 LN 公司从银行借入并支付给 Conan 的。Andy 以税基为 35 000 美元、公允市场价值为 80 000 美元的财产出资，换取 LN 公司 80 份股权。

a. Conan 由于此项交易应确认多少应税资本利得或损失？

b. Conan 从 LN 公司获得股票的税基是多少？

3. 泰希尔公司（Tar Heel Inc.）2012 年支付了 100 000 美元股息，其中 25 000 美元计划支付给客户 Mr. Big。在 2012 年年初，泰希尔公司有 120 000 美元累计收益和利润，且 2012 年的当期收益和利润是 10 000 美元。Mr. Big 在泰希尔公司股票的税基是 40 000 美元。

a. Mr. Big 2012 年应报告多少从泰希尔公司获得的股息收入？股息支付后 Mr. Big 在泰希尔公司股票的税基是多少？

b. 假设泰希尔公司在 2012 年年初的收益和利润账户的亏损是 2 000 美元，在 2012 年当期的收益和利润是 10 000 美元。Mr. Big 2012 年应报告多少从泰希尔公司获得的股息收入?

4. DMM 公司是一家持有另外两家公司股票的多元化投资的美国公司。特别是,DMM 公司持有 60% TaxShelter. com 公司发行在外的股票,以及 10% Litigation. com 公司发行在外的股票。在 2013 年,DMM 公司本身有 1 000 万美元的应税收入,而 Shelter. com 公司和 Litigation. com 公司净经营亏损分别是 200 万美元和 300 万美元。并且 TaxShelter. com 公司和 Litigation. com 公司都还没有报告过正的应税收入,也没有支付任何股息。那么,DMM 公司在 2013 年的合并纳税申报表上要报告的应税收入是多少?

5. 以下哪些是信托优先股,也称为月度收入优先股(MIPS)的主要特征?

a. 在发行者的 GAAP 资产负债表上被当作负债处理。

b. 取得信托优先股股息的公司符合已获股息税收扣除的条件。

c. 信托优先股被认为比具有相同风险水平的传统优先股具有更高的税前收益。

d. 发行人支付的信托优先股股息可以税前扣除。

e. 信托优先股属于银行的一级资本。

6. Brad、Scott 和 Jake,每人以财产出资共同成立 BSJ 公司。Brad 以公允市场价值为 450 000 美元、税基是 100 000 美元的建筑物出资,获取 45% BSJ 公司的股权。Scott 以 100 000 美元现金和公允市场价值和税基是 350 000 美元的机器设备出资,获取 45% BSJ 公司的股权。Jake 以公允市场价值是 150 000 美元和税基是 130 000 美元的汽车收藏出资,换取 10% BSJ 公司的股权和 50 000 美元现金。每个人在 BSJ 公司股票的税基分别是多少?

参考文献

A sampling of research on book-tax differences:

Ayers, B., S. Laplante, and S. McGuire, 2010. "Credit Ratings and Taxes: The Effect of Book-Tax Differences on Ratings Changes," *Contemporary Accounting Review* (27), pp. 359–402.

Ayers, B., X. Jiang, and S. Laplante, 2009. "Taxable Income as a Performance Measure: The Effects of Tax Planning and Earnings Quality," *Contemporary Accounting Review* (26), pp. 15–54.

Graham, J., J. Raedy, and D. Shackelford, 2012a. "Accounting for Income Taxes: Primer, Extant Research, and Future Directions," *Foundations and Trends in Finance* (7), pp. 1–157.

Graham, J., J. Raedy, and D. Shackelford, 2012b. "Research in Accounting for Income Taxes," *Journal of Accounting and Economics* (53), pp. 412–434.

Guenther, D., S. Nutter, and E. Maydew, 1997. "Financial Reporting, Tax Costs, and Book-Tax Conformity," *Journal of Accounting and Economics* (23), pp. 225–248.

Hanlon, M., 2003. "What Can We Infer about a Firm's Taxable Income from Its Financial Statements?" *National Tax Journal* (56), pp. 831–864.

Hanlon, M. 2005. "The Persistence and Pricing of Earnings, Accruals, and Cash Flows When Firms Have Large Book-Tax Differences." *The Accounting Review* (80), pp. 137–166.

Hanlon, M., E. Maydew, and T. Shevlin, 2008. "An Unintended Consequence of Book-Tax Conformity: A Loss of Earnings Informativeness," *Journal of Accounting and Economics* (46), pp. 294–311.

Hanlon, M., S. Laplante, and T. Shevlin, 2005. "Evidence on the Possible Information Loss of Conforming Book Income and Taxable Income." *Journal of Law and Economics* (48), pp. 407–442.

Lisowsky, P., 2010. "Seeking Shelter: Empirically Modeling Tax Shelters Using Financial Statement Information." *The Accounting Review* (85), pp. 1673–1720.

Mills, L., 1998. "Book-Tax Differences and Internal Revenue Service Adjustments," *Journal of Accounting Research* (36), pp. 343–356.

Mills, L., and G. Plesko, 2003. "Bridging the Reporting Gap: A Proposal for More Informative Reconciling of Book and Tax Income," *National Tax Journal* (56), pp. 865–893.

Shevlin, T., 2002. "Corporate Tax Shelters and Book-Tax Differences," *Tax Law Review* (55), pp. 427–443.

Research on the theory and evidence of the tax benefits of leverage:

Blouin, J., J. Core, and W. Guay, 2010. "Have the Tax Benefits of Debt Been Overestimated?" *Journal of Financial Economics* (98), pp. 195–213.

Brealey, R., S. Myers, and R. Allen. 2011. *Principles of Corporate Finance*, 10th ed. New York: McGraw-Hill.

DeAngelo, H., and R. Masulis, 1980. "Optimal Capital Structure under Corporate Taxation," *Journal of Financial Economics* (March), pp. 5–29.

税收与企业经营战略:筹划方法(第五版)

Dhaliwal, D., R. Trezevant, and S. Wang, 1992. "Taxes, Investment-Related Tax Shields, and Capital Structure," *Journal of the American Taxation Association* (14), pp. 1–21.

Engel, E., M. Erickson, and E. Maydew, 1999. "Debt-Equity Hybrid Securities," *Journal of Accounting Research* (37), pp. 249–274.

Faccio, M., and J. Xu, 2013. "Taxes and Capital Structure," *Journal of Financial and Quantitative Analysis*, forthcoming.

Fama, E., and K. French, 1998. "Taxes, Financing Decisions, and Firm Value," *Journal of Finance* (53), pp. 819–843.

Graham, J., 1996. "Debt and the Marginal Tax Rate," *Journal of Financial Economics* (41), pp. 41–74.

Graham, J., 2000. "How Big Are the Tax Benefits of Debt?" *Journal of Finance* (55), pp. 1901–1941.

Graham, J., 2003. "Taxes and Corporate Finance: A Review," *Review of Financial Studies* (16), pp. 1074–1128.

Graham, J., M. Lang, and D. Shackelford, 2004. "Employee Stock Options, Corporate Taxes and Debt Policy," *Journal of Finance* (59), pp. 1585–1618.

Heider, F., and A. Ljungqvist, 2012. "As Certain as Death and Taxes: Estimating the Tax Sensitivity of Leverage from Exogenous State Tax Changes," NBER Working Paper No. 18263.

Mackie-Mason, J., 1990. "Do Taxes Affect Corporate Financing Decisions?" *Journal of Finance* (December), pp. 1471–1493.

Miller, M., 1977. "Debt and Taxes," *Journal of Finance* (May), pp. 261–276.

Miller, M., and F. Modigliani, 1966. "Some Estimates of the Cost of Capital in the Electric Utility Industry, 1954–57," *American Economic Review* (June), pp. 333–391.

Modigliani, F., and M. Miller, 1958. "The Cost of Capital, Corporation Finance and the Theory of Investment," *American Economic Review* (June), pp. 261–297.

Modigliani, F., and M. Miller, 1963. "Corporate Income Taxes and the Cost of Capital: A Correction," *American Economic Review* (June), pp. 433–443.

Myers, S., 1984. "The Capital Structure Puzzle," *Journal of Finance* (39), pp. 575–592.

Scholes, M., M. Wolfson, and P. Wilson, 1990. "Tax Planning, Regulatory Capital Planning, and Financial Reporting Strategy for Commercial Banks," *Review of Financial Studies* (3), pp. 625–650.

Shevlin, T., 1987. "Taxes and Off-Balance Sheet Financing: Research and Development Limited Partnerships," *The Accounting Review* (62), pp. 480–509.

Shevlin, T., 1990. "Estimating Corporate Marginal Tax Rates with Asymmetric Tax Treatment of Gains and Losses," *Journal of the American Taxation Association* (11), pp. 51–67. (Not a capital structure paper, but it does provide the basis for Graham's marginal tax rate estimates.)

Van Binsbergen, J., J. Graham, and J. Yang. 2010. "The Cost of Debt," *Journal of Finance* (65), pp. 2089–2136.

A discussion of the Seagram-DuPont transaction:

Erickson, M., and S. Wang, 1999. "Exploiting and Sharing Tax Benefits: Seagram and DuPont," *Journal of the American Taxation Association* (21), pp. 35–54.

Willens, R., 1994. "Strategies for Divesting Equity Stakes in a Hostile Tax Environment," *Journal of Taxation* (August), pp. 88–93.

Willens, R., 1995. "DuPont/Seagram: Every Action Has an Equal and Opposite Overreaction," *Tax Notes* (June 5), pp. 1367–1371.

第13章　兼并、收购和剥离的导论

阅读完本章，你应能：

1. 理解独立 C 公司应税收购的基本方式。

2. 理解独立 C 公司免税收购的基本方式。

3. 描述一家公司剥离部分业务可供选择的基本思路。

4. 解释不同的收购与剥离方法的主要税收含义。

5. 描述与公司收购和剥离方法有关的主要非税问题。

6. 了解商誉何时作税收扣除，何时不作税收扣除。

本章* 是一系列关于公司兼并、收购和剥离章节的第一章，这一章将从税收筹划者的角度对公司重组进行经济学概述。下一章将集中介绍独立 C 公司股票或资产被另一家公司购买的应税收购。第 15 章是对一种管道类型的实体 S 公司的应税收购问题进行分析。第 16 章集中讨论独立 C 公司的免税收购，这种兼并和收购只有在公司内部资产税基和目标股东税负不变的情况下才会有效果。第 16 章还介绍了收购对公司税收属性的影响，比如净经营损失的结转。第 17 章分析了各种剥离技巧，包括分立（spin-off）、股权分离（equity carve-out）和子公司出售（subsidiary sale）。① 在第 15 章至第 17 章，我们着重讨论税收成本和非税成本以及各种收购和剥离方式所带来的收益。在每一章中，我们都会对与兼并、收购和剥离密切相关的税收法律和规章进行严谨的阐述。之所以对此进行介绍，是因为如果缺少这些知识，读者将难以充分运用我们在本书中已构建的税收筹划框架。

---

* 第 13 章至第 17 章的内容大部分资料是来源于三篇论文：M. Erickson, "The Effect of Taxes on the Structure of Corporate Acquisitions," *Journal of Accounting Research* （Autumn 1998）；M. Erickson and S. Wang, "The Effect of Transaction Structure on Price：Evidence from Subsidiary Sales," *Journal of Accounting and Economics* （August 2000）和 "Tax Benefit as a Source of Merger Premiums in Acquisitions of Privately Held Corporations," *The Accounting Review* （March 2007）。Martin Ginsburg and Jack Levin, *Mergers, Acquisitions and Buyouts* （Aspen Publishers, 1999, 2001, 2007）也对这几章产生了重要影响。

① 分立是指分离的公司以免税的形式被拆成两个实体；股权分离是指母公司出售其子公司的股票，也指子公司首次公开发行（IPO）；子公司出售指要分立的公司将子公司的股票或资产卖给收购公司，通常是为了换取现金。

13.1　问题概述

是什么促使了兼并、收购和剥离？兼并、收购和剥离有哪几种主要类型？在本节，我们将对这两个问题进行回答。

□ 兼并、收购和剥离的原因

至少有三个主要原因导致了收购的发生：（1）提高经济效益；（2）拓宽管理权；（3）影响各类股东间转移财富。相应地，可以将有关学者划分为三大阵营：主张提高经济效益的第一阵营的学者普遍认为，通过收购能够消除无效管理，从而实现规模或范围经济。

主张拓宽管理权的第二阵营的学者认为，对权力、高薪、工作稳定性的需求促使了收购的发生，或从更广泛的意义上来说，收购实质上是对管理层自我利益而非社会利益实现的要求。这种观点在解释 20 世纪 60 年代后半期急剧增长的并购现象方面尤为盛行。在这种所谓的自我利益的驱使下，管理层往往花费公司资源吞并其他公司。

主张第三种观点的第三阵营的学者着重关注的是财富在各股东间转移的问题，即当公司控制权发生变化时，这种变化如何引起目标公司财富从其债券持有人、雇员或享有公司利益的其他人手中转移给目标股东。增加财务杠杆是实现这类财富转移的方式之一，因此提高了对如债券持有者、银行或雇员等债权人（公司对雇员的负债是指公司承诺支付某种非现金的物质利益，如退休健康保障给雇员等，而非提高其薪酬水平）的违约风险。通过取消对雇员、供应商、顾客和社区给予某种未来好处的口头许诺的方式也可以实现这类财富转移，而公司已经事先从这些人员身上获取了相应的经济效益。[①]

学术研究机构和财经媒体中一些人却不如此认为，他们的观点是，兼并和收购实际上是受到投资银行欲望的影响，在这种欲望的驱使下，财富将从股票持有者、债权人和雇员手中转移到投资银行手中。投资银行收到的大宗交易佣金轻而易举就可达到数千万美元。而这些资金只占资产重组价格的很小部分，并且这些佣金与购买者愿意掏钱而目标公司股东也乐意接受的兼并溢价关系不大。

以下几个原因往往会导致公司被剥离。首先，管理层通过剥离可以集中精力在企业的核心竞争力上，基于此，这样的剥离往往被市场视为增加母公司股东的财富，这是财经媒体普遍持有的观点。其次，另一些学术机构和财经媒体的研究者则认为，管理者可以通过剥离特别是分立，将自己从被剥离出的业务中解脱出来，以便集中精力管理被剥离企业。做出剥离的决定有时是因为公司市场价格偏离正常的波动轨道，当公司市值已经受到公司部分业务的显著影响时，管理层会因此而被迫决定剥离。剥离可以解决价格偏离问题也是一些财务分析家所持有的观点。综上，某些公司进行重组交易，是因为他们有着进入市场的强烈欲望，这也是管理层和分析家都认可的观点。

---

①　比如，取消一份对雇员有利的劳动合同将使财富向公司所有者转移。出售一家享受特殊税收优惠的公司会使这些优惠转移给卖方（目标公司股东）。这些内容在许多公司财务教科书中有详细介绍。

独立公司的收购既可以是应税收购也可以是免税收购。目标股东对交易的税务处理往往取决于交易（应税或免税的）的状况。一般而言，收购方是用现金还是用股票收购目标公司决定一项收购是应税还是免税的。当收购方大部分用股票支付时，交易通常是免税的。其实"免税"这一说法并不准确，这种交易仅仅是递延了纳税，当股票变现时才予以课税。相反，当收购方用现金收购时，交易就是应税交易。

一家独立公司可以收购其他独立公司，比如迪士尼（Disney）公司/卢卡斯电影（LucasFilm）公司之间的收购，或者收购它的子公司，如快捷药方（Express Scripts）公司收购维朋（Wellpoint）公司旗下子公司 NextRx 公司。与收购独立公司一样，收购子公司也存在应税和免税问题。两者的不同之处在于出售方：收购独立公司的出售方可以是个人或者免税经济体，而收购子公司的出售方只能是公司。我们将在第 14 章和第 17 章介绍两种收购在税务处理上的其他不同。认识到子公司收购与独立公司收购在税务处理上的不同非常重要。

当一家公司仅希望剥离公司而不是将整个子公司都出售给另一家公司时，这家公司可以拥有多种选择。其中，以免税分立的方式剥离子公司是最为常见的做法，此时母公司会在免税的情况下被剥离成两个或两个以上的公司。收购完成后，组合公司的股东会同时拥有减去被剥离子公司后的母公司股票和被剥离出去的新公司股票。另一种剥离方式是出售子公司的部分产权，或叫股权分离。在这种情况下，母公司通常是将子公司的非控股部分的股权出售给投资者用以套现。

13.2 兼并、收购和剥离中的主要税收问题

兼并、收购和剥离主要涉及以下五种税收问题：

（1）重组交易会使出售方股东纳税吗？在剥离的情况下，交易会给剥离母公司股东带来即期课税吗？

（2）目标公司或被剥离业务的税收属性在合作和剥离下会受到什么样的影响（比如净经营亏损、税收抵免等）？

（3）重组交易会在出售方或剥离母公司层面确认应税收益或损失吗？

（4）重组交易是否会导致目标公司或被剥离子公司资产计税基础的变化？

（5）收购中的财务杠杆会带来节税效应吗？

□ **股东纳税义务**

在任何形式的收购或者剥离中，交易方式和交易的税前价值通常都会受到出售方股

---

① 术语"兼并"和"收购"是同义词。某些剥离形式实质上相当于收购公司的收购，例如，出售子公司是母公司的一种剥离，同时也是收购公司的一种收购。在本书中我们不区分兼并和收购，但是我们对各种交易的税务处理加以区分，因而读者应该关注税收结构而不是在交易中用到的一般性名词。

东税负的影响。下面我们简单讨论一下兼并、收购和剥离中出售方股东的税收含义。

兼并和收购 兼并或者收购既可以是应税交易也可以是免税交易。目标股东在应税交易中以目标公司股票从收购人手中套出现金。[①] 目标股东确认的应税收益为购买价格与目标公司股票计税基础之间的差额。当股东出售的股票已经持有 12 个月以上，且股东为自然人而非法人或免税经济实体时，股东出售股票的收益按长期投资资本利得计税，其目前的法定税率为 20%。[②]

满足几个法定要求的收购为免税收购。免税收购的法定要求中最为明显的是"持续权益"（continuity of interest），即目标股东对组合经济实体保持"持续权益"的收购为免税收购。具体说来，当用于持有该公司的股份占收购目标公司产权资金的 40% 以上时即满足"持续权益"的要求。在交易满足免税条件的情况下，目标公司股东无须确认目标公司与收购方转换股份的收入或损失。但是，当收购方以现金形式收购目标公司股权时，应税收益会随之产生。对此，我们需要注意的是，在交易完全免税的情况下，倘若现金收购比例被目标公司股东扩大，往往会产生应税收益。

剥离 如果剥离母公司出售一个部门或子公司以套现，则对于剥离母公司而言，交易是应税的。除非子公司出售的收益被分配给每一个股东，否则剥离母公司的股东可以不确认这种应税收益或损失。[③] 如果公司剥离成两个或两个以上的经济实体并将新公司的股票分配给股东，则分配到股票的股东不用确认收益或损失。[④] 如果剥离母公司将持有的子公司部分股票以 IPO 的形式卖出（也称股权分离）时，剥离母公司不用确认应税收益，剥离母公司股东也不用确认应税收益或损失。

☐ 对税收属性的影响

公司具有净经营亏损、各种各样的税收抵免、股票和子公司资产计税基础等多种税收属性，在此举几例进行说明。这些税收属性在合并与收购中既可消除也可保留。收购的税收方式（tax structure）是这些税收属性能否保留的关键。被剥离公司的税收属性通常不会随着剥离而消失。交易的税收方式决定着保留下来的税收属性是在出售方的手中还是被转移到收购方手中。

目标公司的税收属性如同目标公司自身一样在大多数独立 C 公司的应税收购中得以

---

① 收购者很少购买独立目标公司的资产，而更偏好收购其股票，除非有特殊情况。详见，Martin D. Ginsburg and Jack S. Levin, *Mergers, Acquisitions and Buyouts：A Transactional Analysis of the Governing Tax, Legal and Accounting Considerations*（Aspen Publishers, Inc., June 2001），其中提道："在 1986 年法案出台后这种资产收购就更少见了。当有股票被收购时，338 款的选择性条款还没有制定。因此，常见的交易方式是在非 338 款的选择性条款下收购股票。"详见 Louis S. Freeman, *Tax Strategies for Corporate Acquisitions, Dispositions, Spin-Offs Joint Ventures, Financings, Reorganizations & Restructurings*（New York：Practising Law Institute, 2002），其中也提到"这些变化对使买方获得目标公司资产递升的资产收购方式非常不利。也就是说，在 338 款的选择性条款下资产或股票收购将不被采用，而非 338 款的选择性条款下的股票收购将受到推崇……"

② 为了便于阐述，我们假定边际资本利得税税率是现行的最高资本利得税税率（20%）。在很多计算中，我们都是使用 20% 的资本利得税税率作为联邦、州和地方的资本利得税税率，尽管总的税率可能超过 20%。从 1997 年到 2003 年，最高的资本利得税税率是 20%。1987 年到 1997 年，个体股东的资本利得税税率是 28%。1987 年以前，最高资本利得税率都是 20%。

③ 如果剥离公司分配出售子公司的税后收益给股东以换取其手中的股份，那么依据 302 款（b）（4），这种分配将被以销售而非股利的形式征税。

④ 虽然应税分立不常见，但也会发生。在这种方式下，分配到股票的股东要纳税。

保存，并被转移给收购方。[1] 但是，目标公司的净经营亏损和税收抵免的使用在收购后会受到限制。[2] 然而，对于收购方而言，一些目标公司的 NOL 在收购中非常有价值。当兼并是免税的时，目标公司的税收属性通常也不会随着兼并而消失，而是转移到收购方手里。对于收购方来说，NOL 的使用同样也存在限制。

被售子公司在出售后税收属性仍得以保存。子公司出售方式决定了这些税收属性到底是由母公司拥有还是转移给收购方。被剥离子公司的税收属性在分立与股权分离时虽被保存但可能会受到种种限制。

兼并、收购和剥离对目标公司层面税收的影响

收购方可以通过兼并或者收购购买目标公司的股票和资产。当收购方购买目标公司资产的交易为应税交易时，目标公司需要确认相关的应税收益或损失。而如果从目标公司股东手中购买股票的交易为应税交易或者免税交易时，则目标公司层面均不需要确认应税收益或损失。值得注意的是，正如前面所提到的那样，目标公司股东的应税交易需要确认应税收益或损失。

如果在子公司出售过程中发生了应税交易，剥离母公司就要确认应税收益或损失，但子公司出售通常是应税交易。股票出售（stock sales）和资产出售（asset sales）是子公司出售的两大类型，购买价格与其持有子公司股票或资产税基之间的差额即为出售方的收益或者损失。

在分立中，如果分立符合免税要求，则母公司无须确认应税所得，而且大部分分立属于免税分立。股权分离通常也不会给母公司带来应税收益或损失。

目标公司或被剥离子公司资产税基的变化

被收购资产的计税基础在某些应税收购中可以增加至销售价格水平。未来折旧额通常随着目标公司资产计税基础的增加或计税基础的递增而增加，并产生较为明显的节税效应。但独立 C 公司资产计税基础变化的情况在美国目前的法律规定下很少发生。在第 14 章的分析中，根据现有法律法规，收购独立 C 公司时未来额外增加的折旧扣除额所产生的税收收益往往低于计税基础增加而产生的税收成本。相对而言，目标资产计税基础会伴随着 S 公司或其他管道实体的收购而增加。当收购目标是 S 公司时，因增加交易方式产生的税收成本增量要远远小于收购目标为 C 公司时的情形。

目标资产计税基础增加的情况在出售独立公司时虽然不太可能发生，但在子公司出售中却十分普遍。当母公司在应税交易中出售子公司时，交易通常被构造成被出售子公司资产计税基础增加的方式进行。[3] 因此，大量的税收利益可能会在收购某些子公司的过程中产生。交易方式与每种方式下收购价格差异产生的原因在于：计税基础的增加在子公司出售中较为普遍，而在收购独立公司中却不常见。在第 17 章，我们将讨论可能引起被剥离子公司计税基础增加的子公司出售形式。

---

[1] 在一些独立公司应税收购方式中，目标公司的税收属性是被取消的。这种交易方式比较少见。

[2] 目标公司 NOL 总额会保留下来，但收购后对它们的使用会受到限制。如我们在第 16 章讨论的那样，使用目标公司 NOL 限制是指每年只能使用特定数量的 NOL。

[3] 这种交易不是 338 款（h）(10) 的选择性条款下的资产出售就是 338 款（h）(10) 的选择性条款下的股票出售。

□ **兼并和收购中的杠杆效应**

在以现金收购目标公司时，在目标公司是独立 C 公司或其他公司子公司的情况下，举债收购属于应税收购。各特定利益集团和政治家们认为，利息支付所带来的税前扣除鼓励人们采取举债收购方式。如果目标公司的管理者们维持较低的债务—权益比率，并且无法享受借债所带来的税收优势，那么他们可举借新债，由此产生的利息抵免可以使收购方以优惠的价格收购目标公司。如果说从 20 世纪 80 年代初期开始，负债融资大大增加了公司税收优势的话，我们不禁有这样的疑问：为什么目标公司为了享受债务的税收优惠，一定要求助于举债收购，而不依靠自己举债或调整自身资本结构。该问题的答案在于，调整自身资本结构会产生一些其他的非税成本。

13.3 兼并、收购和剥离中的非税问题

税收对兼并、收购或者剥离的影响非常重要，而非税对它们的影响也同样重要。有的时期非税因素对交易完成的影响甚至大于税收因素。同样，非税因素可能也会决定兼并、剥离的方式，虽然在其决定的方式下会出现税收利益的严重流失或税收成本的显著增加。以下几种非税成本会经常影响公司重组交易：

（1）交易成本；

（2）或有或未记录的负债；

（3）管理和控制方面的问题。

在目前的 GAAP 下，收购会计方法必须适用于所有的收购交易。收购中被记录的任何商誉都不允许摊销。然而，当收购方认为已经入账的商誉发生减值时，商誉可以按新价值确认。正如我们后面要讨论的，收购方入账商誉只是为了满足财务会计的目的，不是为了满足税收的目的。

支付给专业人士的费用、信息成本、财务成本等通常被包括在交易成本中。收购方或剥离者在某些情况下会因为过高的交易成本放弃收购或剥离。收购或剥离的方式可能会受到或有负债的影响，或有负债甚至可能会阻止交易的顺利进行。例如，在潜在诉讼成本的影响下，收购方可能会放弃收购一家由多个无焦油香烟子公司组成的企业集团。同样，收购方或剥离者与目标公司之间交易的完成或交易最终实施的方式也会受到管理控制成本的影响。例如，收购公司股东拥有相当数量的管理权，他们可能会在目标公司要求以股票作为主要对价组成部分的情形下出于管控成本的考虑而取消对目标公司的收购。这是因为在股票作为对价方式下，收购方管理者的所有权会被稀释。

13.4 收购一家独立 C 公司的五种基本方法

这里有五种主要方法供收购方（A 公司）收购独立 C 公司（T 公司）时选择：

（1）A公司应税购买T公司的资产；

（2）A公司在338款的选择性条款下应税购买T公司的股票，这将导致目标公司资产计税基础的增加或减少；

（3）A公司在非338款的选择性条款下公司应税购买T公司的股票；

（4）A公司通过免税交换方式收购T公司的股票；

（5）A公司通过免税交换方式收购T公司的资产。

理解某项收购税收含义的关键在于上述五种方法中哪种方法会对交易产生影响。我们将在接下来的几章中反复讨论这五种方法。

在应税购买T公司的资产时，目标公司收到现金或票据，则它必须就确认的资产销售收益纳税。根据出售资产的不同，这种收入既可以是普通收入，也可以是资本利得。比如，若出售的是存货，则收入为普通收入。收购方把购买价格确认为T公司资产的计税基础，这个价格通常是增加的价格。如果T公司股东继续持有他们的股份，那么在T公司清算或抛售其持有的股份之前，他们无须确认资本利得或损失。

在应税购买T公司股票时，T公司的股东通过股份换取现金和票据。收购方A公司的购买价格通常为其收购T公司股票的计税基础。受338款的选择性条款的影响，A公司可以选择将购买T公司的股票处理成如同购买T公司的资产。按338款的选择性条款的规定，购买价格加上与增值有关的税负即市场公允价值就是T公司资产的计税基础增加后的值。然后，T公司保留了使用净经营亏损结转以降低T公司的收益和资产出售中资本利得税的权力，税收属性随之消失。购买方A公司若不将股票购买处理成资产购买即放弃使用338款的选择性条款，此时T公司的税收属性得以保留，资产的计税基础也得以结转。需要注意的是，现行法规都严格限制A公司在收购后（无论是免税收购还是应税）使用留存税收属性的权力。

在368款的规定下，如果A公司免税交换T公司的股票，那么T公司股东一般不会在股票置换中确认应税收益。在这种情况下，A公司所持有的T公司资产的计税基础不允许增加。另外，A公司可以保留T公司的税收属性。而如果A公司未选择在338款下把应税购买T公司股票的交易处理成购买T公司的资产，那么A公司只能非常有限地利用T公司的净经营损失、资本损失和税收抵免的结转。

当发生下列情况时，对于T公司的股东而言是免税的：A公司在368款下以本公司的股票免税置换T公司的资产，T公司的股东也愿意以T公司的股票换取A公司的股票。这时资产的结转计税基础（carryover basis）被购买方A公司承接。换句话说，A公司不仅继承T公司的税收属性，A公司所持有的T公司股票的计税基础也等同于股票在T公司手中时的计税基础。与之前类似，现行法规同样限制这些属性的使用。表13-1对本节所讨论的各种收购方式的基本税收影响进行了总结。

表13-1　　　　　独立C公司收购的基本方式和每种方式的主要税收含义

收购方式和税收因素	应税收购			免税收购	
	资产收购	338款的选择性条款下的股票收购[a]	非338款的选择性条款下的股票收购	资产收购	股票收购
支付对价的一般方式	现金	现金	现金	股份	股份
目标股东是否应税[b]	是	是	是	否	否
目标公司层面的收益是否征税	是	是	否	否	否

收购方式 和税收因素	应税收购			免税收购	
	资产 收购	338款的选择性 条款下的股票收购[a]	非338款的选择性 条款下的股票收购	资产 收购	股票 收购
目标资产的税基是否递升	是	是	否	否	否
目标公司的税收属性是否保留[d]	否[c]	否	是	是	是

说明：a. 338款的选择性条款使交易类似于资产销售那样征税。

b. 免税收购是使收益递延，而并非真正的免税，只是递延纳税而已。

c. 仅当目标公司在资产出售以后清算时才如此。

d. 目标公司税收属性包括：净经营损失结转、资产损失结转和各种形式的税收抵免。

13.5 剥离子公司或部门的四种方法

有四种基本方法可以用于剥离子公司或者部门：

（1）子公司股票出售；

（2）子公司资产出售；

（3）分立[①]；

（4）股权分离。

子公司出售是指母公司将子公司的股票或资产出售给另一公司。收购方与出售方在338款（h）（10）的选择性条款下进行的子公司股票交易中，可以根据条款共同将股票出售处理成资产出售。被收购子公司的计税基础在采取资产出售或338款（h）（10）的选择性条款下的股票出售的方式时将增加。如果子公司并非在338款（h）（10）的选择性条款下进行股票出售，则收购方所收购的子公司资产以结转计税基础来计量。

在免税分立中，母公司将股票分配到一个它至少拥有80%的股权的子公司中。子公司又将股票按比例分配给母公司股东，所以公司分立之后，股东们同时拥有两家独立公司的股票。分立对于母公司和股东们而言几乎都是免税的，并且被分立公司的资产的计税基础要结转，这意味着计税基础不会增加。[②]

当母公司把子公司的股票卖给公众时，即所谓的股权分离，母公司卖掉子公司持有的股票则无须纳税，从而也不会改变子公司资产的计税基础。表13-2给出了各种剥离方式及其主要的税收含义。

表13-2　　　　　　　　　各种剥离方式及其主要的税收含义

税收问题或者 剥离方式	子公司 股票出售	子公司 资产出售[a]	分立	股权分离
剥离母公司能否收到现金？	是	是	否	是
剥离母公司是否有应税收益？	是	是	否	通常不会

---

① 分立有两种基本类型：分离（解散分立）（split-off）和分割（存续分立）（split-up）。

② 在最近公布的336款（e）的规定下，某些分立交易中被分立资产的税基有递升的可能性。

税收问题或者 剥离方式	子公司 股票出售	子公司 资产出售[a]	分立	股权分离
剥离母公司股东是否有应税收益？	通常不会[b]	通常不会[b]	通常不会[c]	通常不会[b]
剥离子公司资产税基是否会递升？	否	是	否	否[d]

说明：a. 母公司既可以出售子公司资产，也可以按 338 款（h）（10）的选择性条款出售子公司股票并将其视为资产出售纳税。

b. 除非母公司将股票或资产出售的税后收益分配给股东，否则不需要对母公司股东收税。

c. 分立通常是免税的，对母公司股东来讲，分立很少被课税。

d. 在某些情况下，股权分离会使被分割的子公司的资产税基递升，但这要通过 338 款（h）（10）的选择性条款进行交易。

13.6 在 197 款下可进行税收扣除的商誉和其他无形资产

关于兼并、收购和剥离，财经媒体经常提到的一个税收问题便是可税收扣除的商誉。在 1993 年，国会颁布了使商誉和几乎所有无形资产都可以作为扣除项目的 197 款作为 OBRA 1993（Omnibus Budget Recon ciliation Act of 1993）的一部分。收购方所收购的商誉和许多其他无形资产在 197 款颁布之前即 1993 年以前是无法因纳税目的而进行摊销或计提折旧的。1993 年以后的收购中，根据 197 款，以计税为目的的大部分无形资产都拥有 15 年的摊销周期。

然而，围绕可税收扣除的商誉还存在大量模糊的地方。公司的财务报表上记载的商誉通常被财经媒体甚至一些财务分析师假定为可以税收扣除，但这种假定在现实中很多情况下并不正确，因为商誉只有在收购增加了目标资产的计税基础时才可税收扣除。之前所分析的情况表明，出于税收目的而使目标公司资产计税基础增加的情况在独立 C 公司的收购中较为少见；也就是说，可税收扣除的商誉在目标公司为独立 C 公司时很少发生。相反，大量的财务会计上的商誉会在采用美国 GAAP 中的收购方法核算时产生。这些商誉不必记录在资产负债表中，当然这些商誉也不允许作税收扣除。

那么什么时候才可确认可作税收扣除的商誉呢？只有在被收购公司资产计税基础增加时，商誉才会成为可扣除项目。资产计税基础的增加常常发生在对管道实体的收购中，如 S 公司或其合伙公司，以及子公司销售，但很少出现在独立 C 公司的收购中。

了解公司资产负债表中的商誉是否可以作税前扣除是大有用处的。在目前 GAAP 会计规则下，公司会被要求报告在收购业务的记录中可作税收扣除的商誉总额。然而，公司不会被要求报告 2001 年以前完成的与收购有关的可作税收扣除的商誉总额。

要点总结

1. 兼并的动机之一是提高折旧扣除额，将有价值的税收属性，如净经营亏损结存转移至能够更好地利用这些税收属性的公司，同时将借债产生的利息在税前扣除，以降低公司税。

2. 上一条所列的动机并非仅仅对于兼并和收购而言。实际上，某些替代交易形式能以更低的成本获得相等的税收总收益。

3. 以下五种方法可以供收购方收购独立目标公司 T 公司选择：非 338 款的选择性条款下应税购买 T 公司的股票；338 款的选择性条款下应税购买 T 公司的股票；应税购买 T 公司的资产；免税购买 T 公司的股票；免税购买 T 公司的资产。"免税"是指交易对出售方的税收影响。这些方法对目标资产的计税基础（它是增加或减少市场价值，还是仅仅为计税基础结转？）以及税收属性（比如，净经营亏损和课税扣除结存）产生不同的影响。

4. 剥离子公司或一个经营部门的基本方法有四种：分立；子公司股票出售；子公司资产出售或股权分离。

5. 197 款允许商誉作税收扣除。只有在所收购目标公司资产存在计税基础递升情况下的商誉才允许税前扣除。而这种递升总是发生在子公司出售和管道式实体收购中，独立 C 公司收购往往不会发生。

问题讨论

1. 收购交易的动机是什么？你认为哪种是最重要的？

2. 哪个税收关键因素最能影响合并和收购？合并和收购的税收结果是唯一的吗？

3. 资产折旧计税基础的改变会产生哪些税收收益和成本？

4. 将 T 公司的税收属性转移给 A 公司的税收好处是什么？为获得这些优势，T 公司要采用什么样的替代交易？

5. 五种收购独立 C 公司的基本方法分别是什么？

6. 四种普通剥离技术分别是什么？

7. 什么是公司资产计税基础递升？这种递升是如何为收购方产生现金流的？

8. 当目标是独立 C 公司时，递升型收购方式发生率怎样？

9. 什么样的组织形式或者实体形式下，递升型收购方式较常发生？

10. 公司税收属性有什么？为什么一个收购方会关心目标公司的税收属性？

11. 目标公司资产交易中资产计税基础结转意味着什么？对收购方而言，计税基础结转会增加现金流吗？什么样的收购会为收购方增加现金流？这种增加的现金流来源于何处？

12. 公司资产的会计价值和计税基础之间的差异是什么？怎样计量这个差异？（一定要提到财务报表中的特别账户和技术。）

参考文献

Ginsburg, M., and J. Levin, 1995. *Mergers, Acquisitions, and Buyouts: A Transactional Analysis of the Governing Tax, Legal, and Accounting Considerations.* Boston: Little, Brown.

Ginsburg, M., and J. Levin, 2001. *Mergers, Acquisitions, and Buyouts.* Frederick, MD: Aspen.

Ginsburg, M., and J. Levin, 2007. *Mergers, Acquisitions, and Buyouts.* Frederick, MD: Aspen.

Other academic research on the taxation of mergers, acquisitions, and divestitures:

Ayers, B., C. Lefanowicz, and J. Robinson, 2000. "The Effects of Goodwill Tax Deductions on the Market for Corporation Acquisitions," *Journal of the American Taxation Association* (Supplement).

Dhaliwal, D., and M. Erickson, 1998. "Wealth Effects of Tax-Related Court Rulings," *Journal of the American Taxation Association,* pp. 21–48.

Erickson, M., 1998. "The Effect of Taxes on the Structure of Corporate Acquisitions," *Journal of Accounting Research,* pp. 279–298.

Erickson, M., 2003a. "Comparing the Proposed Acquisitions of MCI by British Telecom, GTE and WorldCom," in *Cases in Tax Strategy 4th edition,* edited by M. Erickson. Upper Saddle River, NJ: Pearson Prentice Hall.

Erickson, M., 2013a. "Analyzing Quaker Oats' Sale of Snapple to Triarc," in *Cases in Tax Strategy 5th edition,* edited by M. Erickson.

Erickson, M., 2013b. "Tax Benefits in Triarc's Sale of Snapple to Cadbury Schwepps," in *Cases in Tax Strategy 5th edition,* edited by M. Erickson.

Erickson, M., 2002. "The Effect of Entity Organizational Form on the Structure of, and Price Paid in, the Hi-Stat Acquisition," in *Cases in Tax Strategy 3rd edition,* edited by M. Erickson.

Erickson, M., 2013. "Tax Consequences of Disney's 2006 Acquisition of Pixar," in *Cases in Tax Strategy 5th edition,* edited by

M. Erickson.

Erickson, M., 2013. "Iron Man vs. Taxes – Disney's 2009 Acquisition of Marvel," in *Cases in Tax Strategy 5th edition,* edited by M. Erickson.

Erickson, M., 2013. "Using the Force to Save Taxes: Disney's 2012 Acquisition of LucasFilm," in *Cases in Tax Strategy 5th edition,* edited by M. Erickson.

Erickson, M., and S. Wang, 2013. "The Value of AirTran's NOLs in the Southwest/AirTran Merger," in *Cases in Tax Strategy 5th edition,* edited by M. Erickson.

Erickson, M., and S. Wang, 2013. "The Value of Target Tax Losses—Wells Fargo's Merger with Wachovia," in *Cases in Tax Strategy 5th edition,* edited by M. Erickson.

Erickson, M., and S. Wang, 1999. "Exploiting and Sharing Tax Benefits: Seagram and DuPont," *Journal of the American Taxation Association* (Fall).

Erickson, M., and S. Wang, 2000. "The Effect of Transaction Structure on Price: Evidence from Subsidiary Sales," *Journal of Accounting and Economics.*

Erickson, M., and S. Wang, 2007. "Tax Benefits as a Source of Merger Premiums in Acquisitions of Privately Held Corporations," *The Accounting Review* (March).

Kaplan, S., 1989. "Management Buyouts: Evidence on Taxes as a Source of Value," *Journal of Finance* (July), pp. 611–632.

Martin, K., 1996. "The Method of Payment in Corporate Acquisitions, Investment Opportunities, and Management Ownership," *Journal of Finance* (September), pp. 1227–1246.

Maydew, E., K. Schipper, and L. Vincent, 1999. "The Effect of Taxes on Divestiture Method," *Journal of Accounting and Economics,* pp. 117–150.

Schipper, K., and A. Smith, 1991. "Effects of Management Buyouts on Corporate Interest and Depreciation Tax Deductions," *Journal of Law and Economics* (October), pp. 295–341.

第 14 章　独立 C 公司的应税收购

在美国 GAAP 和一些其他会计准则的规定下，收购方把购买目标公司价格超过其有形资产和货币资产的部分确认为商誉。把商誉作为购买的目标资产予以确认，其价值超过有形资产和货币资产的价值。例如，2006 年谷歌（Google）公司以 12 亿美元的价格收购优兔（YouTube）公司，谷歌公司在它审计过的 GAAP 财务报表中确认了 11.3 亿美元的商誉。然而，11.3 亿美元的商誉均不允许税收扣除。也就是说，在收购优兔公司的业务中谷歌公司记录的 GAAP 商誉不能进行税收扣除——不管是现在的商誉累计摊销额还是未来商誉的贬值额均不允许税收扣除。结果，在谷歌公司收购优兔公司的业务中，被确认的 10 亿多美元的商誉并没有产生节税效应。在本章，你将学到能够产生可税收扣除的商誉的独立 C 公司（如微软公司、思科系统公司和优兔公司等）收购形式，以及不能产生可税收扣除商誉的收购形式。

阅读完本章，你应能：

1. 理解能够使目标资产计税基础增加的收购方式有哪些，哪些收购方式不能增加目标资产计税基础。

2. 计算在不同应税收购方式下，出售方（目标公司股东）和收购方的无差异价格。

3. 估计收购方所持有的目标公司股票和资产的计税基础。

4. 理解收购方结构对目标公司税收属性的影响。

在第 13 章我们介绍了与公司兼并和剥离有关的主要税收问题。本章中我们集中讨论独立 C 公司的应税收购。下一章我们将讨论 S 公司的应税收购。第 16 章将主要讨论独立 C 公司的免税收购。第 17 章将讨论对于部门或子公司的应税收购。

在应税收购中，购买方可能会购买目标公司的资产或者股票。当购买方购买的是目标公司的股票时很可能会出于税收考虑通过 338 款的选择性条款将股票购买处理成类似于资产收购的方式。购买方购买资产或在应税股票收购中选择递升型交易方式，都会使目标资产的计税基础上升（或下降）。在这种情况下，被收购的固定资产将会按照与收购时市场公允价值相等的基数计提折旧。目标资产计税基础的增加将会产生可进行税收扣除的商誉。

即便是这样，计税基础的增加也是需要花费成本的。出售存货取得的普通收入、加回折旧、获取其他普通收入以及取得应税资本利得都需要交税。在现行的美国法律下，公司普通收入税税率（35%）与公司资本利得税税率（35%）相等。所以普通所得与资本利得的区别并不是最重要的。

在收购中，需要考虑如下几个问题：

（1）交易对目标公司股东的税收影响是什么？[①]

（2）税收成本和收益在购买者改变目标资产的税基的情况下将会如何增长？

（3）目标公司的税收属性除 NOL 外，还有哪些？

本章一开始我们先讨论独立 C 公司四种不同应税收购方式的案例，与此同时也讨论与每种方式有关的主要税收影响。我们将免税收购的讨论放在第 16 章。作为分析的一部分，我们还会讨论最为普遍的应税收购方式和采用这种方式进行收购的原因（依据经验规则）。我们也会讨论每种收购方式的非税因素。

14.1 各种公司收购形式的税收影响

表 14-1 显示的是从目标公司、收购公司和目标公司股东的角度看，各种应税收购方式对它们产生的主要税收影响。我们考虑四种基本收购方法：

（1）目标公司不清算的应税资产收购；

（2）伴随着目标公司进行彻底清算的应税资产收购；

（3）在 338 款的选择性条款下进行的应税股票收购；

（4）在非 338 款的选择性条款下进行的应税股票收购。

正如表 14-1 中列示的，目标公司出售资产时，不论资产出售是否伴有清算，或者当公司出售股票时，收购方选择在 338 款下为了税收目的把交易处理为出售资产的形式，都需要确认收益或损失。相反，对于目标公司来说，非 338 款的选择性条款的股份出售或者免税的重组，都不需要确认应税收益。

表 14-1 也列示了目标公司确认应税收益与购买者所购买的资产（至市场价值）的税基变化相互关联。另外，除了不伴有清算的目标公司资产出售形式（案例 1）外，购买方收购资产税基的变化会导致目标公司税收属性的丢失，如净经营亏损和税收抵免结转的丢失。

至于目标公司股东的税收影响，一般规则是：当股东不是用收购方的股票置换目标公司的股票时，他们就要为超过其股票计税基础而形成的超额价值缴税。换言之，目标公司要确认股票计税基础超过购买价格的那部分损失。

把应税收购的基本税收影响列示出来后，下一步我们将分析与交易形式选择相关的因素。表 14-1 中简单地讨论了四种应税方式的税收和非税含义，后面我们再来量化它们之间的区别。

表 14-1　　　　　各种应税收购方式的重要税收影响：独立 C 公司

方式或税收问题	资产收购		股份收购	
	没有破产清算[a]	有破产清算[b]	338 款的选择性条款[c]	非 338 款的选择性条款[d]
报酬、支付形式	现金	现金	现金	现金

---

①　一般来讲，对于收购公司的股东而言是没有税收影响的。

方式或税收问题	资产收购		股份收购	
	没有破产清算[a]	有破产清算[b]	338款的选择性条款[c]	非338款的选择性条款[d]
在目标公司层面的应税收益	是	是	是	否
被目标股东确认的应税收益	否	是	是	是
目标资产税基的递升	是	是	是	否
目标公司税收属性的保留	是	否	否	是
可税收扣除的商誉[e]	是	是	是	否

说明：a. 目标公司为获得现金而出售其资产给收购方的交易。目标公司就确认的收益（损失）支付最终税额（或者接受退税），但目标公司并不向其股东分配出售资产所获的收益。

b. 与 a 相同，但是这种情况下，目标公司向其股东分配了资产出售的税后收益，用以回购他们手中所有的股票。目标公司及其股票都将不复存在。

c. 目标公司股东出售手中股票，获得收购方的现金。收购后，收购公司可以选择在 338 款的选择性条款下处理交易，即把股票收购处理成收购目标公司资产。这种处理方式会带来目标公司资产税基的递升。

d. 目标公司股东销售他们的股份给收购方，但是收购方没有选择按递升型交易方式进行处理（非 338 款的选择性条款），因此收购中不会出现目标公司资产税基的递升，收购方只能结转目标公司资产价值。

e. 在美国 GAAP 的收购方法中，会计商誉将会被确认。税收商誉只有在目标资产税基递升时才会产生。

□ 案例1：没有破产清算的目标公司应税资产收购

这个案例是我们的基准案例。在这项交易中，目标公司股东保留对目标公司的控制权，他们的身份不变。

目标公司股东保留了他们在目标公司的股份，并且没有从交易中获得任何现金收入，除非他们收到股利或者卖出其股份，否则不必为出售资产而缴税。

税收影响 如果目标公司以高于其资产计税基础的价格（通常为最初的购买价格减去收购时的累计折旧或摊销）出售资产，目标公司就因此实现了收益。出售资产的性质决定着该收益的应税方式。如果收益是从出售存货以及在正常交易过程因提供服务或出售存货而获得的应收账款和应收票据中获得的，就属于普通收入。如果是（所谓的 1231 款财产）出售可计提折旧的财产，则属于资本利得，但被转回的已经计提的折旧属于普通收入。对于出售 1231 款的财产产生的亏损则属于普通损失（ordinary loss）。其他可能被出售的资产，比如投资型股票，属于资本性资产，因而产生的收益或损失属于资本收益或损失。如果一家公司产生了资本损失，那么这项损失只能用来抵消目前或将来的资本收益。普通损失则可以抵消普通收入或净资本收益。

为了对比独立 C 公司的应税收购，我们做以下假设：

● 目标公司（T 公司）有价值为 100 美元的资产。历史成本（historical cost）和现在价值都等于 100 美元，累计折旧就是 0 美元。

● T 公司的股东持有 T 公司价值为 100 美元的股份，并且他们持有股份超过一年时间。[①]

---

① 对于 C 公司的股东来说，其股票具有与公司净资产相同的税基是十分罕见的，因为股东的股票税基不会随着公司收益或损失而改变，而公司的净资产价值却会随之变化。同样，当股东买卖股票时，新股东的股票价值也不会随着公司净资产价值的变化而变化。对于大多数公开交易的公司来说，股东的股票价值会远远超出公司净资产价值。就好比一家互联网公司市价为 100 亿美元，而净资产却不超过 1 亿美元。

- T 公司的股东是自然人，不是公司或者免税实体。
- 收购方（A 公司）想要以 1 000 美元购买 T 公司的资产。
- T 公司没有任何净经营损失结转、税收抵免结转，或者亏损结转。
- T 公司无负债。

图 14-1 说明了交易的方式。在不伴有清算而出售该应税资产时，T 公司确认资产出售收益为 900 美元（即 1 000 美元减去 100 美元），该项收益属于资本利得，因为 T 公司资产的历史成本与现在的价值是一样的。也就是说，没有累计折旧的转回，因此，此次出售不产生普通收入。如果因为折旧 T 公司资产的现在价值小于历史价值，则加回折旧（recaptured depreciation）就算是普通收入。① 为了解释方便，这里我们假定 T 公司的资产之前没有计提折旧。那么这 900 美元的资本利得以 T 公司最高边际税率纳税。这里还假设 T 公司的边际联邦税率就是法定最高税率（35%）（不考虑州和地方税），则可以算出 T 公司将为此次出售资产缴纳 315 美元的资本利得税。因为 T 公司在此次交易中不伴有清算，所以交易后它将继续保留原来的所有税收属性（如 NOL）。纳税后，T 公司最终获得 685 美元（1 000 美元减去 315 美元）的税后收益。因为 T 公司不进行清算，所以 T 公司不会在资产出售上缴纳任何税款。

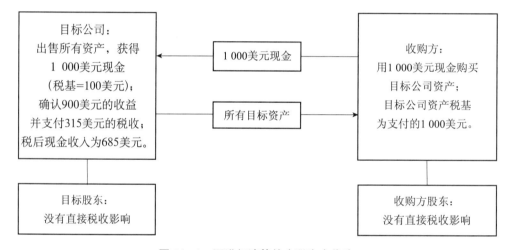

图 14-1 不进行清算的应税资产收购

在第一个方案中，收购方 A 公司直接获得了 T 公司的资产。假定 T 公司的资产只有一幢楼，A 将把这一幢楼的价值确认为购买价格，即 1 000 美元。当 T 公司是一个由许多资产包括有形资产和无形资产组成的公司时，资产的购买价格就以评估价格为基础分摊到有形资产和无形资产上。明确的是，1060 款中的剩余估价法（residual valuation approach）规定了购买价格被分配给 T 公司资产的方法。② 在 197 款下，分配给商誉的购买价值可以在未来 15 年内摊销。回到我们简单的数字实例中，收购方公司将获得 T 公司资产税基 900 美元的递升（由 A 公司所持有的 T 公司资产的新税基 1 000 美元减去收购前

---

① 多数的加回折旧可能都涵盖了各种级别的 1231 款的财产，所以这种收益的本质可能还是资本利得而非普通收入。

② 在剩余估价法下，购买价格首先被分配给现金和现金等价物；然后按公允市值分配给有价证券、存单、市政债券、外币等；再按公允市值分配给应收账款、存货、固定资产以及客户清单、计划和方案等无形资产；最后没有分配完的购买价便分配给商誉。

的计税基础 100 美元），这 900 美元的递升在将来会产生有价值的额外折旧，可作税收扣除。在本章后半部分，我们将量化这些额外的税收扣除。

非税影响 在不伴有清算出售应税资产的过程中，收购公司购买目标公司的有形资产，并且可能不包括某些负债。然而，收购方在收购资产的过程中不会完全避开目标公司的负债。关于此问题，Ginsburg 和 Levin（1995，p.1528）提道：

> 在英美法系"事实上的合并"和"继承者责任"的原则下，法院增加了 P 公司（收购方）对于一些或全部 T 公司（目标公司）债务和或有负债的责任（特别是）不合格产品的侵权责任。这种情况是当 T 公司业务被转移给 P 公司，T 公司不复存在时（特别但不完全是，当 T 公司的股东收到 P 公司的股权时）才会适用。

因此，收购方可能不允许在购买目标公司资产时剔除目标公司的负债。这是一个复杂的问题，当遇到这个问题时，参与方会被鼓励去寻求顾问的帮助。

当目标公司出售公司资产时，转让产权所耗费的成本可能非常高，但是，如果事实上收购方购买的是目标公司资产而不是其股权，那么这种方式下产权转让是必须发生的。当收购的是股权时，收购方就可以通过拥有目标公司股权而直接获得目标公司资产的产权，但是在这种情况下，有些类型的资产一般较难转让，比如，某些契约、执照和政府许可是不可转让的，或者有些资产未经第三方当事人同意也是不能转让的。

□ 案例 2：伴有清算的目标公司资产出售

图 14-2 说明了伴有清算的目标公司资产出售的情况。这类交易与案例 1 中的描述类似，但是在这种方式下目标公司把资产出售的税后收益分配给了股东，以在清算时回购股东手中的目标公司股票。

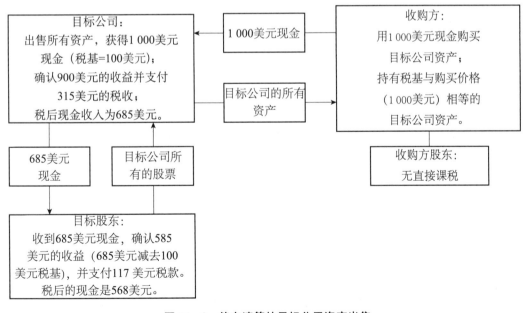

图 14-2　伴有清算的目标公司资产出售

税收影响 不同于案例 1 中的情况，在案例 2 中，当 T 公司清算时，T 公司的税收属性消失。然而，如果 T 公司有 NOL，那么它可以用来抵销资产出售中产生的资本利得和普通收入。我们将在第 16 章分析，相对于保留目标公司 NOL 的情况，以目标公司 NOL 抵减递升收益的作用。

对比案例 1，我们发现，这种对目标公司清算的税收影响与案例 1 的情况一样。在此次交易下，目标公司 T 公司将确认 900 美元的资本利得，另外还需要支付资本利得税 315 美元。缴纳资本利得税之后，T 公司还剩余 685 美元，把这 685 美元分配给股东用以回购其手中所持有的股票。这时 T 公司股东可以确认 585 美元的股票回购所得（685 美元减去 100 美元税基）[1]。之前我们已经假定 T 公司股东持有 T 公司股票超过 12 个月，那么股东从股票回购中获得的资本利得属于长期所得。假定投资者的联邦与州资本利得综合税税率为 20%，所以 T 公司股东将会面临的税收负担为 117 美元，即 585 美元乘以 20%。纳税后，他们还将有 568 美元的收益，即 685 美元的收入减去 117 美元的资本利得税。收购公司将再次拥有税基为 1 000 美元的 T 公司资产，即产生了 900 美元的递升。

非税影响　因为收购的基本方式仍然是资产收购，所以其非税影响与案例 1 相同。

□ 案例 3：338 款的选择性条款下目标公司股票收购

类似于在案例 1 中的讨论，如果目标公司有着烦琐的经营业务和数不清的有形资产和合约、执照等无形资产，那么对其进行资产收购产生的非税成本可能会导致收购方不选择使用应税资产收购方式进行收购。现实中，因为会考虑到资产收购的非税成本，大多数对独立 C 公司的收购方式都是股票收购。无论如何，收购方都偏好采用能够使收购到的相关目标资产的税基递升的交易方式。美国税收法典中有相关规定，按照这个规定，收购方如果采用应税股票收购，那么可以被处理为应税资产收购，这样就避免了与产权转让和不可转让资产有关的潜在、烦冗的非税成本。

根据税收法典 338 款的选择性条款，收购方可选择将独立 C 公司的股票收购处理成应税资产收购。[2] 这里要求收购方如果在 12 个月内以一种应税的方式获得目标公司不少于 80% 的股份，就可以使用 338 款的选择性条款，也就是所称的附条件的股票认购（qualified stock purchase）。收购方不需要经过目标公司股东的同意就可以选择使用该条款。[3] 图 14 - 3 说明了在选择使用 338 款的选择性条款时独立 C 公司的应税股票收购交易。

税收影响　在 338 款的选择性条款下对目标公司进行应税股票收购，考虑到税收目的，目标公司被处理成好像以总认定售价（aggregate deemed sale price，ADSP）出售总资产（gross assets）[4] 的行为。$ADSP$ 的计算如下[5]：

$$ADSP = P + L + t(ADSP - Basis)$$

---

① 注意如果股东已经以不同的价格购买了 T 公司股票，那么清算中有些股东可能会有收益，而有些股东则会遭受损失。

② 当目标公司为独立 C 公司时，我们提及的 338 款的选择性条款是"常用 338 款的选择性条款"。一些人把它作为 338 款（g）的选择性条款，而 338 款（g）的选择性条款是税收法典的条款，代表执行选择性。在第 15 章和第 17 章，我们讨论的 338 款（h）(10) 的选择性条款是在实施 S 公司或者独立 C 公司子公司收购时适用的条款。

③ 338 款的选择性条款必须在收购的 8.5 个月内执行。

④ 总资产意为全部资产，而净资产是指总资产减去负债。一般净资产与所有者权益同义。

⑤ 当目标公司有正常经营损失时，$ADSP$ 计算式的一般形式就变成了 $ADSP = P + L + t(ADSP - Basis - NOL)$。

这里

P＝购买目标公司股票的支付价格；

L＝目标公司的负债（现在假定由收购公司承担）；

t＝公司税税率；

Basis＝目标公司总资产调整后的税基。

ADSP 是收购后根据 338 款的选择性条款的规定，收购公司所持有的目标公司资产总税基。这里注意，ADSP 公式是自相关的，也就是说在公式的两边都有 ADSP。当我们运用案例 1 中的数字例子求解 ADSP 时，原因就会变得清楚明了。

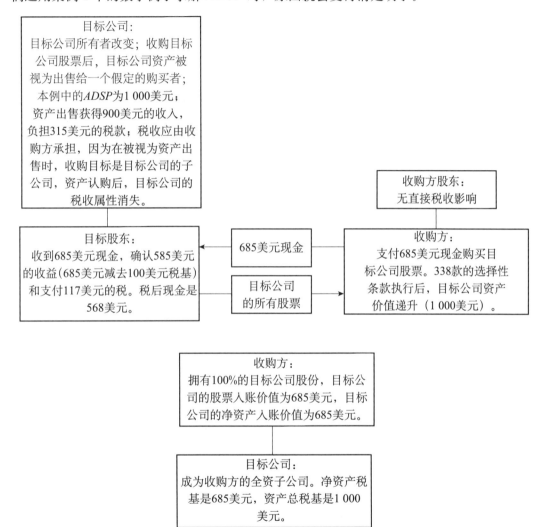

图 14 - 3　在 338 款的选择性条款下的目标公司应税股票收购

与前例不同的是，这种交易方式下收购方支付 685 美元收购目标公司股份。同时假定收购方收购了 T 公司股票之后实施了 338 款的选择性条款的规定。这时 T 公司的股东确认股票出售收益 585 美元（685 美元减去 100 美元计税基础）。与之前类似，这项收入在本质上属于长期资本性收入，目标公司股东因此还要支付 117 美元的资本利得税，最后股东剩余 568 美元的税后收益。因为这项交易被处理成股票收购，所以在 T 公司层面上没有应税收益。股票卖出后，T 公司变成收购方子公司。

在收购目标公司 80% 的股权之后，收购公司实施 338 款的选择性条款。实施该条款的结果是，T 公司（现在是 A 公司的子公司）被认为以 ADSP 价格将其资产卖给了一个假想的新目标公司。此时，ASDP 等于 1 000 美元，计算如下：

$$ADSP = 685 + 0 + 0.35\% \times (ADSP - 100)$$

$$ADSP = 685 + 0.35ADSP - 35$$

$$0.65ADSP = 650$$

$$ADSP = 1\ 000\ （美元）$$

在目标公司层面，被视作目标公司以 1 000 美元出售资产的交易为其带来了 900 美元的应税收益（1 000 美元的 ASDP 减去 100 美元的税基）。假定采用最高的联邦边际税率，那么将产生由目标公司支付的应纳税款 315 美元。目标公司在股票收购完成后将成为收购方的子公司。总的来说，收购方向 T 公司支付 1 000 美元：685 美元购买目标公司的股票，315 美元支付与实施 338 款的选择性条款相关的应纳税额。计算 ASDP 时之所以是自相关，是因为收购方在与目标公司的合同上支付了与 338 款的选择性条款相关的税款。因此，目标资产的认定价格（ASDP）就包括了收购股票的价格加上视同资产出售应交的税款，即 $t \times (ADSP - Basis)$。根据该条款的规定，收购后，收购方获得了目标公司的资产，其税基递升 900 美元（1 000 美元的 ADSP 减去收购前的税基 100 美元），最终资产的总税基为 1 000 美元。根据 197 款，无论分配给商誉的购买价格占比多大，都将在 15 年的期限内被摊销完毕。

不同于应税资产的收购，在应税股票收购方式中，收购方获得的目标公司股票和资产都会产生一个税基。在这个案例中，收购方获得 T 公司股票的税基是 685 美元，获得 T 公司总资产的税基是 1 000 美元。目标公司的净资产税基（net asset basis）为 685 美元，即 1 000 美元的总价值减去在 338 款的选择性条款下产生的 315 美元的应纳税额。实施 338 款的选择性条款会导致 T 公司的税收属性消失，但其资产税基递升相关的收益可以用净经营亏损抵扣，不过收购方的净经营亏损不能用来抵扣此类收益。

非税影响 与应税股票收购相关的非税收益有以下几种。首先，收购独立公司股票的交易费用要比收购其资产所产生的产权转让费用少得多。其次，股票收购方式可以避免大部分不可转让资产的问题，因此某些情况下非税利益也是非常显著的。

这种方式也会产生几种非税成本。股票收购不同于资产出售，股票收购方式下收购后目标公司还是会以一个法律实体的形式继续存在，其或有负债也会存续下来。不过，收购后目标公司变成了收购方子公司，因此它的一些债务因公司财产所有权可以受到法律保护。也就是说，大部分情况下收购方在收购过程中发生的相关损失应该是限制在为购买目标公司所支付的金额之内。

□ 案例 4：非 338 款的选择性条款下目标公司的股票收购

除了收购方不实施 338 款的选择性条款这个条件之外，案例 4 与案例 3 的情形是相同的。数据保持不变，其收购图也几乎一样，如图 14-4 所示。

税收影响 在应税股票收购交易中，T 公司股东需要确认的应税收益等于购买价格减去他们原来所持有的 T 公司股票税基。在前面几个例子的分析中，T 公司股东都确认

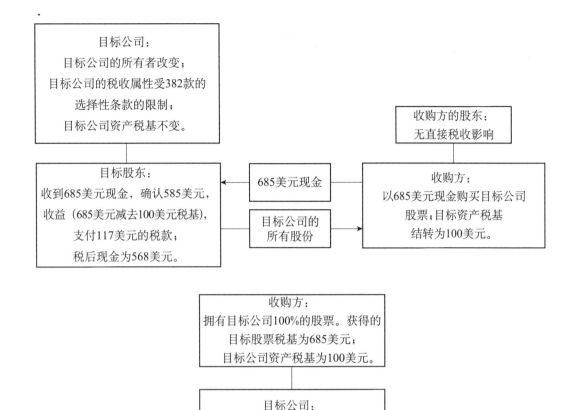

图 14-4 非 338 款的选择性条款下目标公司的应税股票收购

了 585 美元的资本利得（即 685 美元减去 100 美元税基），那么所获得的应税收益为 568 美元。收购后保留目标公司的税收属性，但是要受 382 款的限制。

收购后，收购公司获得了 T 公司的股票，获得股票的税基等于其购买价值，即 685 美元。T 公司成为收购方的子公司，因为收购方不实施 338 款的选择性条款，所以 T 公司资产的税基不会增加。因此，T 公司资产的原税基，即 100 美元结转给收购方。最后收购方获得的股票税基和目标资产税基分别为 685 美元和 100 美元。

非税影响 采用这种交易方式所产生的非税影响与案例 3 中描述的基本一样。唯一注意的区别是目标公司资产的税基和会计上确认的账面价值。在案例 3 中，目标公司资产会计上确认的总价值大约为 1 000 美元[①]，税基也是 1 000 美元。

然而，在案例 4 中，收购方在会计上确认的账面价值是 685 美元，而税基是 100 美元。会计账面价值和税务上的税基的差额通常记录在收购方财务报表的商誉账户上。这意味着，在案例 4 中收购方会有一大笔商誉已入账，但商誉不能税前扣除。但在案例 3 中，已入账的商誉都可作税前扣除。

---

① 这样估计是忽略了合并成本的影响，例如投资银行的费用和其他诸如此类的项目。净资产的税基为 685 美元，与会计确认的价值一样。

14.2 应税收购结构之间的比较

前面四个例子介绍了购买独立 C 公司时采取不同应税收购方式产生的不同税收影响。这些分析是很有价值，我们的目的就是将这些知识应用到税收筹划中。如果给出特定情况，选择哪种应税收购方式是最优的？在不同情况下各选哪种交易方式会是最有利的？

根据前述案例，如果只从税收角度考虑，哪种方式是最好的？正如前面一些章节所讨论的，我们可以把收购一方假定为无差异状态，然后算出收购另一方更倾向于采用哪种方式，从而得出最优收购方式。表 14-2 显示的是在 14.1 节中所讨论的四种收购方式的税收影响。本次分析就是假定各种收购方式对目标公司股东是无差异的。也就是假设在各种收购方式下目标公司股东获得的税后现金是相同的，在这种前提下计算四种方式下收购方所要支付的收购价格。注意，目标公司股东在表 14-2 右边三种方案中收到的是税后 568 美元现金，根据前面的假设，案例 1 中需清算的目标公司，在此方案中税后也将收到 568 美元的现金。

接下来我们用相关公式计算买卖双方在各种收购方式中的无差异价格，以便解出哪一种方式是最优的（不考虑非税成本）。[1] 这里的公式只作为工具来使用。[2]

式（14.1）可以用于表示案例 2 中（伴有清算的资产出售）目标公司股东的税收现金。首先，把目标公司股东的税后财富界定为清算所得，清算所得就等于目标公司支付了公司税之后把税后收益分配给股东，用这笔收益减去股东所承担的清算相关的应纳税款就是股东所剩余的财富。我们规定在清算中分配给股东的现金是购买价格的一个函数，如式（14.2）所示。

$$
\begin{aligned}
ATAX_{asset} &= Liquidation - Tax\ on\ liquidation \\
&= Liquidation - (Liquidation - Stock)t_{cg} \\
&= Liquidation(1 - t_{cg}) + Stock \times t_{cg}
\end{aligned} \tag{14.1}
$$

这里

$$
\begin{aligned}
Liquidation &= Price_{asset} - Tax\ on\ asset\ sale \\
&= Price_{asset} - (Price_{asset} - Asset)t_c \\
&= Price_{asset}(1 - t_c) + Asset \times t_c
\end{aligned} \tag{14.2}[3]
$$

其中，$ATAX_{asset}$＝在应税资产出售中目标公司股东收到的税后现金收入；

$Liquidation$＝目标公司支付完公司所得税后的税前清算所得；

$Stock$＝目标公司股东所持股票的价值；

t_{cg}＝个人投资者的资本利得税税率[4]；

---

① 注意，分析忽略了目标公司股东的税收属性，如资本损失结转，及目标公司的税收属性（如净经营亏损和资本损失结转），并且我们假定所有涉及的各方均适用最高的个人或者公司税税率。做完了逻辑分析之后，读者应当相信以上复杂因素可以被轻而易举地加入讨论中，这里我们为了方便说明省略了它。

② 对这类工作偏好使用电子表格模型的读者，可能想要把他们模型中的计算机演算同这里所用的方法做个比较。这里介绍的代数方程从逻辑上说应是等同于电子表格模型的演算的。

③ 这里我们为了说明方便，忽略了目标公司净经营亏损对清算收益的影响。和前面提及的一样，目标公司的净经营亏损可以用来抵消目标公司资产递升相关的收益。

④ 这个税率包括联邦和州的所得税。2003 年联邦个人资本利得税税率最高为 15％。

税收与企业经营战略：筹划方法（第五版）

t_c＝公司税税率（普通收入和资本收入）；

Price$_{asset}$＝收购方为购买目标公司净资产而支付的价格；

Asset＝目标公司资产的净计税基础。

表 14-2　　　　　各种应税收购方式的税收效应比较：目标为一个独立 C 公司

实例模型				
资产购买价格		1 000.00 美元		
股份购买价格		685.00 美元		
ADSP[a]		1 000.00 美元		
目标公司的净资产税基		100.00 美元		
目标股东的股票税基		100.00 美元		
t_c		35％		
t_{cg}		20％		
r		10		
摊销/折旧期（n）				

	交易方式			
	资产收购		股票收购	
	无清算 （美元）	有清算 （美元）	338 款的 选择性条款 （美元）	非 338 款的 选择性条款 （美元）
购买价格	1 000.00	1 000.00	685.00	685.00
税收成本				
T 公司支付的税款[b]	(315.00)	(315.00)	0.00	0.00
A 公司基于 338 款的选择性条款支付的税款[c]	0.00	0.00	(315.00)	0.00
T 公司股东支付的税款[d]	0.00	(117.00)	(117.00)	(117.00)
总税收支付	(315.00)	(432.00)	(432.00)	(117.00)
对目标公司股东的影响				
收到的总现金	n/a	685.00	685.00	685.00
减去：股东纳税额[d]	n/a	(117.00)	(117.00)	(117.00)
目标公司股东的税后现金	n/a	568.00	568.00	568.00
收购方税后净成本				
总成本	1 000.00	1 000.00	1 000.00	685.00
减去：税收利益的现值[e]	(193.55)	(193.55)	(193.55)	0.00
收购的税后净成本	806.45	806.45	806.55	685.00
收购方在目标公司的税基				
股票	n/a	n/a	685.00	685.00
资产	1 000.00	1 000.00	1 000.00	100.00

说明：a. ADSP 是在 338 款的选择性条款下应税股票交易中目标资产的总认定售价。ADSP 这样计算：$ADSP＝P+L+t(ADSP-Basis)$；其中 P 是用于支付目标公司股票的价格，L 是目标公司的负债，t_c 是公司税税率，Basis 是目标公司资产收购前的总税基。

b. 目标公司层面的纳税义务是来自收购前目标资产的出售。

c. 视同资产出售的股票收购在目标公司层面上的应纳税款。这种纳税义务最终间接地成为收购公司的合同责任，因为当这种负债产生时，目标公司是收购方的子公司。

d. 资产出售后，目标公司在清算中赎回其股票，以及在股票收购中直接将其股份出售给收购方而产生的资本利得税。

e. 目标公司资产税基递升带来的税额的现值，设定递升值在 10 年中被直线摊销或计提折旧，适用税率为 35％，税收折现率为 10％。

把式（14.2）中清算的定义代入式（14.1）中，简化后可以得到：

$$ATAX_{asset}=[\text{Price}_{asset}(1-t_c)+\text{Asset}\times t_c](1-t_{cg})+\text{Stock}\times t_{cg} \tag{14.3}$$

我们可以用下式再来表达案例 3 中目标公司股东的税后现金收入：

$$\begin{aligned} ATAX_{asset}&=\text{Price}_{stock}-\text{TAX}\\ &=\text{Price}_{stock}-(\text{Price}_{stock}-\text{Stock})t_{cg}\\ &=\text{Price}_{stock}(1-t_{cg})+\text{Stock}\times t_{cg}\end{aligned} \tag{14.4}$$

这里，$ATAX_{stock}$＝目标公司股东在应税股票出售中获得的税后现金；

Price$_{stock}$＝收购方在应税股票收购中支付给目标公司股东的税前价格（其他变量如前所定义）。

如果我们令式（14.3）等于式（14.4），就能求出应税股票收购中在给定目标公司股东要求价格（Price$_{stock}$）的情况下，应税资产收购要求的价格（Price$_{stock}$）。

把式（14.3）和式（14.4）的估算等同于其他，我们发现目标股东在应税资产收购（资产的价格）中要求的价格等于在应税股权收购（股权价格）中要求的价格。

$$\begin{aligned} &\text{Price}_{stock}(1-t_{cg})+\text{Stock}\times t_{cg}\\ &=[\text{Price}_{asset}(1-t_c)+\text{Asset}\times t_c](1-t_{cg})+\text{Stock}\times t_{cg}\end{aligned} \tag{14.5}$$

替换、整理、简化后得出：

$$\text{Price}_{asset}=(\text{Price}_{stock}-\text{Asset}\times t_c)/(1-t_c) \tag{14.6}$$

根据案例 4 中的资料，在给定 Price$_{stock}$＝685 美元的情况下，依据式（14.6），即（685－100×35％）/（1－35％），得出 Price$_{asset}$＝1 000（美元）。表 14-2 根据式（14.6）解出了答案并列示出来，从表中可以看出目标公司股东以 685 美元的价格出售股票与以1 000 美元出售资产，两者的税后收益无差异。也就是说，在这两种情况下，目标公司股东的税后收益都是 568 美元。

给定目标公司股东的无差异价格后，接下来我们比较一下哪种交易结构对于收购方来说税后成本是最小的。为了计算收购方采取每种方式后的税后成本，需要先计算因收购所获得的目标公司资产税基递升带来的相关税收收益。为了计算方便，假定目标公司资产采用直线摊销法摊销，平均摊销年限为 10 年，税后折现率为 10％，公司税税率为35％。[①] 根据以上假设条件，由于目标公司资产税基递升带来了每年 90 美元的额外折旧税前扣除额（900 美元/10 年的期限）以及所产生的每年 31.5 美元税收节减额（90 美元×35％）。在 10％的折现率下，额外税收节减额的现值是 193.55 美元。表 14-3 显示了计算过程。

从收购方的角度来看，在案例 1 中，收购目标公司的净税后成本是 806.45 美元，即1 000 美元收购成本减去 193.55 美元由递升产生的税收节减额。在案例 2 中，收购目标公司的税后成本也是 806.45 美元，原因和上面相同。在案例 3 中，收购目标公司的税后成本是支付目标公司股票的 685 美元加上 315 美元（由于执行 338 款的选择性条款而产生的相关税额），再减去由税基递升而产生的税收节减额的现值 193.55 美元，结果仍然是 806.45 美元。在案例 4 中，收购目标公司的税前成本是 685 美元，但是目标资产的税

---

① 这种假设都过度宽泛，不能体现与分配目标公司资产购买价格有关的复杂性和经济影响。我们制定这些简单的假设是为了方便说明。注意，对于各种目标资产类别而言（如土地或商誉），购买价格的分配将会影响到收购后组合公司的现金流量。

基递升不会带来税收利益的增加。所以，考虑任意税收利益后，案例 4 中收购方的净成本是 685 美元。因此，相比其他三个选择，收购方更偏向于第四个选择。为什么？因为案例 4 中，收购方的净税后成本是最低的。[①]

这个结论对吗？从上述案例的分析中可以看出，最佳收购方式是目标公司资产的税基没有递升的收购方式。在前三个案例中，采取递升目标资产税基的收购方式所增加的税收成本是 315 美元。在案例 1 和案例 2 中，目标公司要支付税额的增加值，而在案例 3 中收购公司也要支付这个增加值。但在案例 4 中，随着目标资产税基的递升，没有这个增加值的发生。

表 14-3　　　　　　　　目标公司资产税基递升所产生的税收利益估算

相关参数	
购买价格	1 000.00 美元
目标公司净资产税基	100.00 美元
递升值[a]	900.00 美元
摊销/折旧周期	10 年
折旧方法	直线法
年度增加的摊销/折旧额[b]	90.00 美元
t_c	35.00%
r	10.00%

周期 （年）	增加的折旧额[b] （美元）	款税额[c] （美元）	款税额的现值[d] （美元）
1	90.00	31.50	28.64
2	90.00	31.50	26.03
3	90.00	31.50	23.67
4	90.00	31.50	21.51
5	90.00	31.50	19.56
6	90.00	31.50	17.78
7	90.00	31.50	16.16
8	90.00	31.50	14.69
9	90.00	31.50	13.36
10	90.00	31.50	12.14
总计	900.00	315.50	193.55

说明：a. 递升值是指目标公司资产税基的增加额，等于购买价格减去收购前的净资产税基。

b. 增加的摊销/折旧扣除额＝递升值/摊销期。

c. 款税额＝增加的摊销/折旧扣除额×公司税率（t_c）

d. 款税额的现值按照税后折现率（r）来折现。

同时我们也知道，在案例 1、2、3 中，收购方因为增加目标公司资产税基而获得的税收节减额的现值为 193.55 美元。因此，收购方增加的净税收成本是 121.45 美元，即 315 美元减去 193.55 美元。当与税基增加（900 美元）相关的应税收益等于税收成本增加值时，结论就是合理的了。也就是说，即期应纳税额等于额外折旧扣除所得到的税收

① 这四个选择下的计算都忽略了目标资产现有税基所提供的税收利益。之所以这样做，是因为在所有交易结构中，该税收利益都是一样的，因而它不会对哪个选择下的税收结构最优产生额外的影响。

节减额总数，即假定税率保持不变，900 美元的增加值乘以 35％即 315 美元，就是额外扣除额（见表 14-3），这些扣除额将在未来的时期实现。如果折现率大于 0％，增加税基带来的税收节减额的现值就要比增加税基导致的当期应纳税款少。

我们在第 13 章中讨论过，对独立 C 公司的收购很少采用目标公司资产税基增加的收购方式。因为现在支付 1 美元的税以期在未来 10 年或 n 年产生 1 美元税收节减额的做法没有意义。在表 14-2 的例子中，用现在支付 315 美元税额来获得 193.55 美元税收节减额现值的做法也没有意义。

□ 收购公司的无差异价格分析

从式（14.1）到式（14.6），我们用公式的形式说明了在各种应税收购方式下目标公司股东的无差异状况。同样的方法可以用来分析收购公司。这样可以提供一个相对完整的分析框架以分析独立 C 公司应税收购的税收影响。收购公司在非 338 款的选择性条款下进行应税股票收购的净税后成本可以表示为

$$ATAXCOST_{\text{sock}} = \text{Acqprice}_{\text{stock}} - \text{Incremental tax benefits}$$
$$= \text{Acqprice}_{\text{stock}} - 0 \tag{14.7}$$
$$= \text{Acqprice}_{\text{stock}}$$

其中，

$ATAXCOST_{\text{stock}}$＝在目标公司资产税基没有递升的应税股票收购中收购公司的净税后成本；

$\text{Acqprice}_{\text{stock}}$＝在目标公司资产税基没有递升的应税股票收购中收购公司支付的目标股票价格；

收购公司在税基有递升的交易中的净税后成本可表示如下。之所以采用应税资产收购方式进行说明是因为从公式来看，这比 338 款的选择性条款交易要简单得多。如果采用选择性条款下的应税股票收购方式说明，结果也是一样的。

$$ATAXCOST_{\text{asset}} = \text{Acqprice}_{\text{asset}} - \text{Incremental tax benefits}$$
$$ATAXCOST_{\text{asset}} = \text{Acqprice}_{\text{asset}} - [(\text{Acqprice}_{\text{asset}} - \text{Asset})/n] \times PVANN \times t_c \tag{14.8}$$

这里，

$ATAXCOST_{\text{asset}}$＝应税收购中收购公司的净税后成本；

$\text{Acqprice}_{\text{asset}}$＝在应税资产收购中收购公司为目标公司净资产支付的税前价格；

Asset＝目标公司收购前的净资产税基；

$PVANN$＝n 期年金的现值；

t_c＝公司税税率；

n＝税基递升值以直线法计提折旧或摊销的年限。[①]

如果我们令式（14.7）等于式（14.8），给定应税股票的出售价格，就能够解出在应税收购中收购方支付的最高价格。同样，假定收购公司在应税股票出售中支付的价格和目标公司的要价相等。用式（14.6）解出式（14.1）中的 $\text{Price}_{\text{stock}}$。

---

① 能够反映出加速折旧方法的复杂性和各资产种类（如建筑和设备）的式子可能更符合实际，但不符合我们的研究目的。读者可以使用由这些式子所带来的灵感来建立财务模型，使其更加准确地反映现实。

$$\text{Price}_{stock} = \text{Acqprice}_{asset} - [(\text{Acqprice}_{asset} - \text{Asset})/n] \times PVANN \times t_c \qquad (14.9)$$

重新整理后，我们可以得到如下等式：

$$\text{Acqprice}_{asset} = (\text{Price}_{stock} - \text{Asset} \times \text{Factor} \times t_c)/(1 - \text{Factor} \times t_c)$$

这里的 Factor 等于 $PVANN/n$。

使用表 14-2 的数据，我们发现：

$$\text{Acqprice}_{asset} = (685 - 100 \times 0.614\,45 \times 35\%)/(1 - 0.614\,45 \times 35\%)$$
$$= 847.28 \text{（美元）}$$

也就是说，在没有递升情况下的应税股票收购中支付 685 美元，和在应税资产收购中支付 847.28 美元，对于收购公司来说是无差异的。如果我们在式（14.3）中代入应税资产出售中收购公司支付的最高价格，可以发现目标公司股东的税后收入为 488.58 美元[1]，比股东出售应税股票获得的 685 美元要少。因此，应税股票出售是最优模式。[2]

那么税收筹划者什么时候才愿意采用会导致目标公司资产税基递升的收购方式呢？一般来讲，只有当目标公司有巨额的净经营亏损可以用来抵消税基递升所带来的收益的时候，采用以上收购方式才有意义。[3] 有些人认为应税资产收购是有需求的，因为这种收购形式可以使收购方避免目标公司的或有负债。像第 13 章描述的那样，购买目标公司资产确实能够带来非税收益。[4] 另外，投资银行和税务代理机构都知道在购买独立 C 公司时，通常不使用应税资产销售的方式。[5] 由于收购中目标公司净经营亏损的结转受到限制（这点我们会在第 16 章讨论），能够抵消税基递升带来的收益才被看作对目标公司净经营亏损的有效利用。然而，即使目标公司有净经营亏损，有税基递升的交易方式也可能仍

---

[1] $ATAX_{asset} = [\text{Price}_{asset}(1+t_c) + \text{Asset} \times t_c](1-t_{cg}) + \text{Stock} \times t_{cg}$；
$ATAX_{asset} = [847.28 \times (1-0.35) + 100 \times 0.35] \times (1-0.20) + 100 \times 0.20$； $\qquad(14.3)$
$ATAX_{asset} = 488.58$（美元）。

[2] 也就是说，我们考虑交易形式而不是考虑哪一方（收购者或者目标公司股东）税后收益保持不变时，可以得出相同的结论。

[3] 基于股利汇回的税务处理和较低的成本增加额的原因，在收购外国实体时递升的交易形式会变得有意义。但这个内容超过本书的范畴。

[4] Martin D. Ginsburg and Jack S. Levin, in *Mergers*，*Acquisitions and Buyouts*：*A Transactional Analysis of the Governing Tax*，*Legal and Accounting Considerations*（Aspen Publishers，Inc.，June 2001）中提道："即使各方遵守这些通知和公司并购法的其他要求（《美国统一商法典》第 6 编没有规定 P 公司对 T 公司债务的责任），法庭仍然会依据'普通法下的事实收购'和'继承者责任'来增加 P 公司对 T 公司债务和或有债务（特别是侵权行为赔偿责任和不合格产品）的责任。当 T 公司业务结转到 P 公司，然后 T 公司不存在时（特别是 T 公司股东获得或持有 P 公司权益时），以上情况就会发生。"

[5] 例如，Martin D. Ginsburg and Jack S. Levin, in *Mergers*，*Acquisitions and Buyouts*：*A Transactional Analysis of the Governing Tax*，*Legal and Accounting Considerations*（Aspen Publishers，Inc.，June 2001）中提道："一般来讲，1986 年以后的收购都采用了避免购买资产的收购形式，当出现股票购买形式时 338 款的选择性条款还没有出台，普遍的交易形式是非 338 款的选择性条款下的股票购买形式。"Louis S. Freeman, *Tax Strategies for Corporate Acquisitions*，*Dispositions*，*Spin-Offs*，*Joint Ventures*，*Financings*，*Reorganizations and Restructurings*（New York：Practising Law Institute，2002）也提到"这些改变"（废除"一般效用原则"）使收购方在 T 公司资产税基递升的情况下进行收购变得非常不利。也就是说，在 338 款的选择性条款下进行资产收购或股票收购的方式一般不会被采用，而在非 338 款的选择性条款下股票购买则通常会被采用。最后，Robert Willens，"Acquiring an S Corporation,"*Lehman Brothers Tax and Accounting*（May 19，1998）中提道："不幸的是，收购者很少会购买目标公司资产。从 1986 年废除了'一般效用原则'后，购买公司资产成为一种应税交易，并在卖方股票层面进行第二次征税……"

然不是最优选择。[1]

14.3 与收购方式和定价有关的实际问题

在 14.2 节的说明和讨论中，我们假定所有的目标公司股东属于相同类型，适用相同的税率，并且所持有的目标公司股份具有相同的税基。当然，这在现实中是不太可能的，在现实中，目标公司股东可能是来自美国国内外的私人投资者、公司、免税部门（如大学）。这些目标公司股东都是应税投资者，但有不同的税收属性，如适用不同的税率和（或）资本损失结转方式，也有不同的目标公司股票税基。在他们出售股票时，这个税收属性都会对其愿意接受的收购价格产生影响。假设在其他条件相同的情况下，相比应税股东，免税部门可能更希望在一个较低的税前成本下出售其股份。

目标公司股东本身的各种税收状况对收购价格的细小影响不好理解。然而，考虑到这些问题是整个收购战略的一部分，所以还要谨慎一些。一些渠道能够为一个税收筹划者提供有关目标公司股东的信息。不同类型的机构所有者信息可从不同渠道获得。对目标公司财务信息披露的分析，如 10 - Ks，能够提供其他目标公司股票大宗持有者的信息。很多财务数据库包含了公开交易公司的每日股票成交价格和成交量的信息。通过这些数据库及有关持有期的假定，潜在收购方可以估计出股东所持有的目标公司股票的平均税基。这些数据的组合也使得税收策划者可以对在应税收购中目标公司股东所面临的应纳税额或者应税收益（应税损失）做出合理的初始估计。[2]

□ 目标公司资产净税基的估计

纵观我们的讨论，我们已经对目标公司资产的净税基价值做了假定。然而，正如你知道的那样，这个数字在收购方式的决策中是个关键变量。那么我们应怎样估计目标公司资产的净税基呢？

第一种近似估计可以从目标公司的财务报表中得出。正如你所知道的，我们可以使用税基与资产负债表中的账面价值的差额来估计目标资产的净税基。账面价值与税基之间的差额计入了递延税收账户中，并称为暂时性差异（temporary difference），类似于税收上采用加速折旧而会计上采用直线法折旧引起的差异。第二种近似估计采用公司资产账面价值和税基之间的差额，即永久性差异（permanent difference）。永久性差异最明显的例子就是不可作税收扣除的商誉，也就是说，在财务会计报表中披露的商誉并不在基

税收与企业经营战略：筹划方法（第五版）

---

① 只有当出售方致力于一些关于"中间避税工具"的交易行为时，一些独立 C 公司的资产销售才会发生。在这些交易中，卖方会把股份卖给中间人，中间人将会把这些资产卖给最终购买者。中间人出现在一些交易中的目的是避免在资产销售中支付公司层面的税收。一个评论者在提到中间人的行为时说到："这些坏蛋（中间人）使公司销售资产产生的现金流向国外账户中，然后不承担任何的公司税。"见 C. Johnson，"Profits from Tax Evasion under the Midco Transaction，"*Tax Notes*，March 25，2013。

② 这些估计也可以为税收筹划者提供与税收递延相关的节税额的估计。第 16 章将详细介绍此问题。

于税收口径的资产负债表中体现出来。① 因此，调整财务报表上资产的价值是有必要的（如递延税收资产），因为它们并不是以税收口径入账的。

目标公司资产的净税基可以用净资产账面价值通过递延税收和永久性差异调整得来。公司资产账面价值和计税基础之间的暂时性差异乘以税率可以得到财务会计报表中递延税款的数额。因此，由暂时性差异产生的账面/计税基础差异就可以用财务会计上的递延税款除以税率来计算。估计不可作税收扣除的商誉时也并不是很困难，因为在美国GAAP 下，公司必须在审计过的财务报表中完整披露商誉摊销的税前扣除额。

估计的公司资产总税基等于财务会计上的总资产（资产负债表上的总计资产）加上或减去时间差异，再减去永久性差异。当真正估计公司资产的净税基（总资产减去负债）时，我们必须考虑没有基于税收口径入账的负债的账面价值。例如，公司资产负债表的递延税收负债在按税收口径编制的资产负债表上就不算作负债。那么，当从总税收资产中减去公司负债时，不应该包括递延税收负债。表 14-4 和表 14-5 分别如下所示。

表 14-4　　　　　纽波特・比奇（Newport Beach）公司 2010 年资产负债表　　　　单位：美元

	2010 年
资产	
现金	1 000 000
其他流动资产	2 000 000
总流动资产	3 000 000
建筑（净）	7 000 000
设备（净）	4 500 000
其他资产	3 200 000
递延税收资产	800 000
商誉	6 800 000
总长期资产	22 300 000
总资产	25 300 000
负债和权益	
应付账款	1 500 000
其他流动负债	700 000
总流动负债	2 200 000
长期负债	5 200 000
递延税收负债	1 400 000
总长期负债	6 600 000
所有者权益	
优先股	2 000 000
普通股	14 500 000
总所有者权益	16 500 000
总负债和权益	25 300 000

---

① 在非 338 款的选择性条款下的应税股票收购中，目标公司资产税基只能结转。会计上的购买法会使新产生的商誉计入财务报表中，使财务会计上商誉的账面价值上升；而在税收口径上，新产生的商誉不能入账，因此目标公司资产税基并没有递升。许多独立公司以前收购过其他公司，享有商誉，但这些商誉都不能在资产负债表上作税收扣除。

表 14 – 5　　　　　　　　估算纽波特·比奇公司的资产税基　　　　　　　单位：美元

	2010 年年末
总账面价值	25 300 000
减去：	
递延税收资产ᵃ	(800 000)
加上递延税收资产调整	
递延税收资产	800 000
递延税收资产的账面价值和税基之间的隐性差异ᵇ	2 285 714
减去递延税收负债调整	
递延税收负债	(1 400 000)
递延税收负债的账面价值和税基之间的隐性差异ᶜ	(4 000 000)
减去非税收口径的商誉价值	
资产负债表中的商誉	6 800 000
不允许税收扣除的商誉百分比假定	70%
估计的不允许税收扣除的商誉ᵈ	(4 760 000)
估计的目标公司资产总税基ᵉ	18 025 714
减去税收口径的负债	
资产负债表上负债的账面价值	(8 800 000)
减去：递延税收负债ᶠ	1 400 000
应纳税额	(7 400 000)
目标公司资产净税基ᵍ	10 625 714

说明：a. 递延税收资产被记录时是出于财务会计目的而不是税收目的，因此它们不是税收口径上的资产。

b. 递延税收资产除以公司税税率（35%）。这个估算反映的是公司资产账面价值与税基之间的差额，这个差额是因递延税收资产而导致的增加额（例如：重组费用）。

c. 递延税款负债除以公司税税率，这个估算反映账户和公司资产课税标准的差额，是由递延税收负债引起的（例如：加速折旧）。

d. 资产负债表中的商誉乘以不可进行税收扣除的商誉的比例得到非税收口径的和不允许做税收扣除的商誉。

e. 由财务上的总资产经过递延税收、递延税收账户中列明的由于时间差异而产生的账面和税收上的差额，以及不可税收扣除的商誉（在税收口径的资产负债表中没有记录）调整后得来的。

f. 递延税收负债没有记录在税收口径上的资产负债表中，为了估算税收口径的负债，必须将其从负债账面价值中扣除。

g. 减去应纳税款。

　　如表 14 – 4 所列，我们能够估算 2010 年年末公司资产的净税基。我们先用公司总资产的账面价值 25 300 000 美元减去递延税收资产 800 000 美元。之所以减去递延税收资产是因为这个资产负债表不是税收口径上的资产负债表。

　　接着，我们对暂时性差异引起纽波特·比奇公司资产在账面价值和税基之间的差异做两项调整。递延税收资产影响税收扣除被认为是出于财务目的而非税收目的，比如重组费用。资产负债表上递延税收资产的数额除以税率就得到由于递延项目而产生的账面价值和税基之间的差额。在本例中，资产的税基比账面价值高出 2 285 714 美元。① 虽然递延税收负债影响的是资产税基低于账面价值这种情况，如加速折旧，但递延税收负债也可以做出类似于以上的调整。出于这个原因，我们从资产账面价值中减去递延税收负

---

　　① 纽波特·比奇公司很可能在前期确认了一笔大额的重组费用。这笔费用减少了资产的账面价值。这种费用不能进行税收扣除，所以不会减少纽波特·比奇公司资产的税基。

债总额。在本例中，对递延税收负债所作的调整为 4 000 000 美元。

不能作税前扣除的商誉只出现在基于会计口径（不是税收口径）核算的资产负债表中。所以，假定纽波特·比奇公司财务报表披露 70% 的商誉不允许税收扣除（如，4 760 000 美元的商誉没有出现在税收口径的资产负债表中）。我们估算的纽波特·比奇公司的总资产税基为 18 025 714 美元。

净税基可以通过从资产总税基中减去税收口径的负债进行估算。税收口径的负债等于负债的账面价值减去出于会计目的而非税收目的而记录的负债，正如我们处理递延税收负债时一样。负债的账面价值减去递延税收负债 1 400 000 美元得到税收口径的负债为 7 400 000 美元。纽波特·比奇公司净资产的税基估计为 10 625 714 美元，即总资产减去税收口径的负债，见表 14-4 中的 2010 年年末数据。

注意，这个方法提供了很好的初步估算，但财务披露不足可能会导致估计不准确。另外，由于财务会计规则和税收会计规则不统一，这种估算有时候很难应用于跨国公司。

要点总结

1. 兼并和收购发生的交易形式多种多样。这些可供选择的方式对目标公司、收购公司和目标公司股东产生各不相同的税收影响。

2. 使目标公司资产税基递升的合并和收购方式，通常导致目标公司失去税收亏损和税收抵免的结转，以及目标公司的其他税收属性。目标公司资产出售时伴随着目标公司清算就是这样一种交易方式。

3. 当独立 C 公司的股票被收购时，收购方可以选择在 338 款的选择性条款下实施交易，也就是把交易处理成好像目标公司出售资产那样，随后对目标公司进行清算。

4. 从税收角度来看，在独立 C 公司的出售中，导致目标公司资产税基增加的交易方式往往是次优选择，因为与税基递升相关的成本增加额

通常都超过了税收收益的增加额。

5. 虽然在出售整个独立 C 公司的交易中，不会经常发生目标公司资产税基增加的情况，但在以下两种交易中，税基增加的交易很常见：在出售子公司的过程中，交易通常会以产生目标公司资产税基递升的方式进行；出售管道公司，如 S 公司，通常也是以类似的方式进行。

6. 出售目标公司资产和出售目标公司股票之间的非税影响有很大差别。出售资产时，产权交割的成本可能很高。而出售股票时，收购交易成本可能相对较低，而且在这种交易方式里，收购方可能获得如许可证这类在资产出售中不可转移的资产。在股票出售中，收购方会获得目标公司所有资产和负债，也包括或有负债。

问题讨论

1. 收购者在收购目标公司股票时，需要考虑的主要税收因素是什么？

2. 通过以下两种收购方式使公司所有资产税

基变动的不利影响是什么：伴有彻底清算的资产出售；或股票收购，并选择将股票收购处理成在出售后对公司进行清算的资产收购？

3. 由于收购方可以利用目标公司的净经营亏损向后结转来抵减普通收入和资本利得，并抵消目标公司资产出售所产生的税收。因此人们认为此举会减少资产税基增加的成本并且对收购方收购目标公司有利。你同意此观点吗？

4. 可税收扣除的商誉在什么类型的交易中会产生？按照通常的规则，收购独立 C 公司的方式中有多少种收购会产生可税收扣除的商誉？

5. 是否存在非税收益？如果有，一项资产收购的非税收益是什么？什么是非税成本？如果有，一项资产收购的非税成本是什么？

6. 是否存在非税收益？如果有，一项股票收购的非税收益是什么？什么是非税成本？如果有，一项股票收购的非税成本是什么？

税务筹划的问题

1. 考虑以下几种条件，用以量化当目标公司为独立 C 公司时的应税收购方式的税收成本。在一项应税收购中，金刚狼（Wolverine）公司想要收购瑞尔·蒂尔（Reel Deal）公司。瑞尔·蒂尔公司是一家独立 C 公司，净资产税基为 250 美元。瑞尔·蒂尔公司没有净经营亏损，并且目前被 5 个股东所持有，各股东所持股票的账面价值为 5 美元。金刚狼公司计划以 10 000 美元购买瑞尔·蒂尔公司所有资产。公司税税率为 40%，税后折现率为 15%，股东层面的资本利得税税率为 20%。

a. 瑞尔·蒂尔公司股东在这项 10 000 美元的应税资产出售中将获得多少税后现金？

b. 假定瑞尔·蒂尔公司资产的任何税基递升都在 15 年内直线摊销/折旧，适用的公司税税率是 40%，税后贴现率是 15%，金刚狼公司在这项交易中的税后净成本是多少？

c. 在这项非 338 款的选择性条款下的应税股票收购中，金刚狼公司将支付给瑞尔·蒂尔公司多少钱？

d. 给定 c 部分的计算价格，如果金刚狼公司决定按照 338 款的选择性条款的规定收购，AD-SP 将是多少？金刚狼公司在 338 款的选择性条款下的应税股票收购中的净税后成本是多少？

e. 这项收购应该采用哪种交易形式？为什么？

2. 阿巴科（Abaco）公司正在计划收购属于独立 C 公司的科苏梅尔（Cozumel）航空公司，预期新的管理层带来非常高的经营效率。你被挽留下来给阿巴科公司提供收购建议。

两位研究院的朋友——Monique 和 Denise——拥有科苏梅尔航空公司。他们所拥有的科苏梅尔航空公司股票的总账面价值为 100 万美元。Monique 和 Denise 均持有科苏梅尔航空公司股票好多年，但出于非税原因，他们必须出售股票。科苏梅尔航空公司的税收口径资产负债表上有 1 400 万美元的资产，没有负债，也没有净经营损失结转额。所有参与方都同意在科苏梅尔航空公司内部资产税基没有递升的情况下，将科苏梅尔航空公司以 2 000 万美元卖给阿巴科公司，但是如果内部资产税基递升至公允市场价格，则按 2 125 万美元交易。Monique 和 Denise 都将面临普通收入 40% 的税率和资本利得 20% 的税率。公司税税率为 35%。

选项 1：阿巴科公司以 1 800 万美元购买科苏梅尔航空公司的全部资产——一项应税资产收购。科苏梅尔航空公司承担这项交易中所产生的税负，并且在彻底清算时把收入分配给 Monique 和 Denise。

选项 2：在非 338 款的选择性条款的情况下，阿巴科公司应支付给 Monique 和 Denise _____ 美元现金。

a. 如果选择选项 1，Monique 和 Denise 总共会得到多少税后现金？

b. 在选项 2 中，阿巴科公司必须支付多少现金才能使 Monique 和 Denise 在选项 1 和选项 2 上无差异？

c. 如果选项 1 被选中，阿巴科公司的净现值是多少？

d. 如果选项 2 被选中，阿巴科公司的净现值是多少？——基于你对 b 部分的回答。

3. 沃尔克斯（Walkers）公司正在计划收购

属于独立 C 公司的卡曼（Cayman）银行，预期新的管理层会带来非常高的经营效率。你被挽留下来给沃尔克斯公司提供收购建议。

两位研究院的朋友——Jon 和 Jim——拥有卡曼银行。他们所拥有的卡曼银行股票的总账面价值为 600 万美元。Jon 和 Jim 均持有卡曼银行股票足够长的时间以获得长期资本利得的待遇，但出于非税原因，他们必须出售股票。卡曼银行的税收口径资产负债表上有 350 万美元的资产，没有负债，但有 250 万美元净经营损失结转额。所有参与方都同意在卡曼银行内部资产税基没有递升的情况下，将卡曼银行以 800 万美元卖给沃尔克斯公司，但是如果内部资产税基递升至公允市场价格，则按 875 万美元交易。Jon 和 Jim 都将面临普通收入 40% 的税率和资本利得 20% 的税率。公司税税率为 35%。

选项 1：沃尔克斯公司以应税资产收购方式用 700 万美元购买卡曼银行的全部资产。卡曼银行承担这项交易中所产生的税负，并且在彻底清算时把收入分配给 Jon 和 Jim。

选项 2：在非 338 款的选择性条款的情况下，沃尔克斯公司应支付给 Jon 和 Jim _____ 美元现金。

a. 如果选择选项 1，Jon 和 Jim 总共会得到多少税后现金？

b. 在选项 2 中，沃尔克斯公司必须支付多少现金才能使 Jon 和 Jim 在选项 1 和选项 2 上无差异？

c. 如果选项 1 被选中，沃尔克斯公司的净现值是多少？

d. 如果选项 2 被选中，沃尔克斯公司的净现值是多少？——基于你对 b 部分的回答。

e. 哪种交易方式是最优的？为什么？

参考文献

参见第 13 章参考文献和附加阅读材料。

教学案例

参见第 13 章教学案例。

第 15 章

S 公司的应税收购

当黑石（Blackstone）公司和 KKP 公司上市（分别在 2007 年、2010 年），卖掉以前的私人企业股份时，两家公司销售股份的合伙人获得了数亿美元的税收收益。据报道，得益于首次公开募集股票（IPO）的税务处理，黑石公司总税收收益超过了 10 亿美元。其中，据称黑石公司和 KKP 公司的合伙人获得了总税收收益的 85%。[1] 黑石公司合伙人大约取得了 7.5 亿美元的税收收益。[2] 但在大部分的 IPO 交易中都不会产生此类税收收益（如谷歌公司、脸书公司）。在本章，你将了解到在黑石公司和 KKP 公司交易中产生税收收益的相关税收问题。另外，你也将了解到这些税收收益在某些私人企业销售中是普遍存在的。

阅读完本章，你应能：

1. 解释各种方式下应税收购 S 公司的税收影响。
2. 理解什么情况下采用增加 S 公司税基的交易方式是最优的，什么时候不是最优的。
3. 计算出售方（目标公司股东）和收购方在不同应税收购方式中的无差异价格。
4. 理解 S 公司应税出售与 C 公司应税出售之间税收影响的主要区别。

像第 10 章讨论的那样，不同组织形式的公司会面临不同的应税处理交易和非税处理交易。本章主要讨论收购 S 公司的应税处理问题，S 公司都属于管道实体公司。虽然我们讨论的是 S 公司，但有关的收购原理也同样适用于通道式公司（pass-through）或管道实体公司［例如，合伙企业和有限责任公司（LLC）］。本章中类似 S 公司这种管道实体公司的应税收购与第 14 章所讨论的 C 公司的收购区别较大。虽然可以选择免税收购方式收购 S 公司，而且免税收购管道实体公司与免税收购独立 C 公司非常相似（见第 16 章），但在这里我们不打算展开讨论免税收购 S 公司。

由于在现实中，收购 S 公司、合伙企业和其他实体（如有限责任公司）非常普遍，因此了解买卖实体公司相关的基本税收问题非常重要。事实上，在美国，S 公司数量要

① Allan Sloan, "KKP Leaders Get a Tax Deal Most of Us Can Only Dream of," *Washington Post*, July 28, 2010.

② David Cay Johnston, "Tax Loopholes Sweeten a Deal for Blackstone," *New York Times*, July 13, 2007.

比 C 公司的数量多得多①，因此收购管道实体公司是非常常见的。正如你所看到的，在管道实体公司的收购过程中可以获得较为显著的税收收益，而在 C 公司的收购过程中却不能获得这样的收益。我们在讨论 S 公司收购时，不再阐述各种收购形式的含义，因为 S 公司收购与 C 公司收购的非税含义相同或相似。

根据前面所阐述的，S 公司是管道实体公司，公司利润通过这种管道实体直接进入股东账户里，并对股东进行征税，一般在 S 公司层面不征税。我们将分析应税收购 S 公司资产和应税收购 S 公司股票的税收影响。如果双方都选择在 338 款的选择性条款下进行交易，收购 S 公司股票就被看作收购 S 公司资产征税。

在收购 S 公司时，需要重点考虑两个问题：（1）在交易中对目标公司股东的税收影响是什么？②（2）如果收购方想要采取改变目标资产税基的交易方式，那么需要增加的税收成本和税收收益各是多少？

15.1　S 公司应税收购形式的纳税影响③

在表 15-1 中，显示了收购 S 公司的三种基本应税方法对目标公司、收购公司和目标公司股东带来的主要税收影响，这三种方法分别是：

（1）伴随着彻底清算的目标公司应税资产收购；

（2）在 338 款(h)(10) 的选择性条款下应税收购股票；

（3）在非 338 款(h)(10) 的选择性条款下应税收购股票。

根据表 15-1 所列，如果目标公司卖出资产，或者出于税收目的出售方和收购方选择在 338 款(h)(10) 的选择性条款下将股票出售（这种方式将被作为资产出售处理），那么在这两种方式下目标公司都要确认出售活动所带来的收益或损失；相反，若选择在非 338 款(h)(10) 的选择性条款下出售股票，目标公司层面就不需要确认应税收益，因为股票出售会在股东层面征收税收。表 15-1 也显示出，三种收购方式下目标公司确认的应税收益与收购方所收购资产（调整为市值）税基的变化相关。

在上面三种方式下目标公司股东都要确认应税收益。对于前两种方式，目标公司的应税收益直接计入公司股东名下，S 公司是通道或管道实体公司，将不再被征税。这种不管是普通收入还是资本利得的应税收益，都是由 S 公司直接归属给股东。对于第三种情况，该交易就是被当作股票出售征税，也就是对 S 公司没有直接的税收影响，公司股东在出售 S 公司股票时再对应税收益或损失进行确认。

表 15-1 列出了 S 公司三种基本应税收购形式下所产生的纳税影响，接下来就分析一下选择相应交易方式时考虑的各种相关影响因素。本节在讨论三种税务处理的税收含

---

① 例如，大多数合资企业都是管道实体，这些公司经常被卖给其中的一个合伙人或第三方，因而有关这方面的税收问题很可能会与合伙公司间的交易有关。

② 一般来讲，对收购公司的股东没有税收影响。

③ 本章后面的部分主要基于 M. Erickson and S. Wang，"Tax Benefits as Source of Merger Premiums in Acquisitions of Privately Held Corporations，"*The Accounting Review*（March 2007）。Endeavour Capital（Portland，Oregon）的 David Goldberg 提出了一些有趣的例子。我们非常感谢他们的帮助。

义之后，再对它们之间的区别进行量化。

表 15 - 1　　　　　不同应税收购方式的重要纳税影响：收购目标为 S 公司

方式或税收问题	资产收购[a]	338 款(h) (10) 的选择性条款下的股票收购[b]	非 338 款(h) (10) 的选择性条款下的股票收购[c]
对价支付的形式	现金	现金	现金
目标公司是否确认应税收益	是	是	否
目标公司股东是否确认应税收益	是	是	是
目标公司股东收益的性质	普通收入和资本利得	普通收入和资本利得	资本利得
目标公司资产税基是否递升	是	是	否
是否有税收口径上的商誉[d]	是	是	否

说明：a. 目标公司将资产出售给收购方以获取现金的交易。目标公司对所确认的收益或损失无须承担最终税赋或接受退税，任何被确认的收益或损失都直接转给目标公司股东。

b. 目标公司股东以其公司股份换取收购方现金。收购公司和目标公司股东执行 338 款(h) (10) 的选择性条款，这将导致其股票出售实事上被当作资产出售来处理，收购方获得了目标公司资产递升的税基。

c. 目标公司股东出售股票而未执行 338 款(h) (10) 的选择性条款，在这种情况下，目标公司资产税基没有递升，收购方得到目标公司资产的结转税基。

d. 在交易中一般确认商誉的账面价值（如 GAAP 下的价值），商誉的税基只有在目标资产税基递升的情况下才会产生。

□ 案例 1：应税资产收购

应税收购 S 公司资产的方式同应税收购 C 公司资产的原理是相同的。图 15 - 1 展示的是收购资产方式的示例图，目标公司是 S 公司，收购后立即进行彻底清算。像所有的

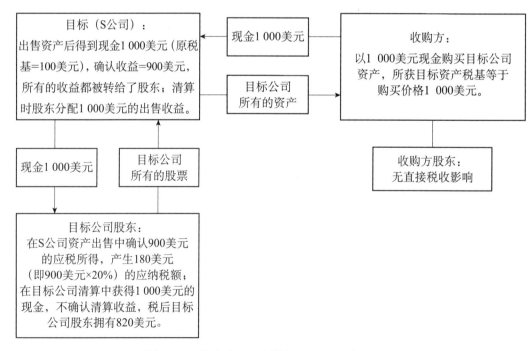

图 15 - 1　收购后立即清算的 S 公司应税资产收购

应税收购一样，出售方确认交易收益，收购方获得目标公司资产，资产的税基等于购买价格加上各种调整值。但是在本例中，S 公司层面不需要为该项资产出售取得的收益纳税①，因为这些收益被归属到 S 公司股东账户下，所以股东才是真正负担税负的纳税人。

为了清楚地说明，本节继续使用第 14 章示例中的相关参数，用以比较各种收购方式下产生的不同税收影响。表 15-2 展示了计算过程。我们先做一些假设：

- 目标（T）S 公司资产的历史成本是 100 美元，累计折旧是 0。
- 目标公司股东持有超过 12 个月的目标公司股票，税基为 100 美元。
- 目标公司没有负债。
- 收购方（A）收购目标公司资产，支付现金 1 000 美元。

此项资产出售中目标公司获得了 900 美元的收益（购买价格 1 000 美元－资产账面价值 100 美元）。因为目标公司这项资产没有累计折旧，这项收益实质上等于资本利得，而出售中的任何加回折旧（recaptured depreciation）的资产都被确认为普通收入。② 目标公司层面上所获得的 900 美元资本利得不征税。收购方（A）确认的资产税基础等于其购买价格（1 000 美元）。因此，目标公司的资产税基获得 900 美元的税基递升，如表 15-3 所示。根据第 14 章所阐述的残值方法，将购买价格分摊至目标公司的有形和无形资产价值中，被分摊到商誉中的那部分购买价格将依据 197 款的规定在 15 年摊销期内摊销。

出售目标资产时，目标公司股东将确认 900 美元的资本利得。S 公司层面上的无论是普通收入还是资本利得都被归属给目标公司股东，因此该示例中的股东收益实际就是资本利得。假设目标公司股东是自然人——法人不可持有 S 公司的股票，适用联邦资本利得税税率 20%，因此资产出售中股东应纳税额为 180 美元，即 900 美元乘以法定税率 20%。值得注意的是，不管股东们是否从目标公司接收现金，都必须纳税。

假定资产出售后目标公司进行清算，那么在清算中股东应怎么纳税？目标公司出售资产后确认 900 美元的收益，而该笔收益就被归属给了股东，因此，股东因为此收益额增加了所持目标公司股票的税基。当 S 公司确认收益时，股东所持股票的税基就会增加，这种规定是想要确保对公司股东只征收一次税。所以，在清算前目标公司股东所持股票的税基是 1 000 美元（原税基 100 美元加上资产出售收益 900 美元）。因为股东的股票税基已经递升为 1 000 美元，因此当目标公司清算并将出售资产所得（1 000 美元）分配给股东换回股份时，不必确认收入。③ 目标公司清算后，公司股东税后收入为 820 美元（即清算所得 1 000 美元减去资本利得税 180 美元）。

---

① 如果 S 公司是由 C 公司转化而来的，依据税收法典第 1347 款，对 S 公司资产出售要课征附加税。

② 财产出售的方式决定了加回折旧的课税方式。出于本书的目的，我们假定所有加回折旧都被视为普通收入征税，读者认识到这一点是很重要的，否则就需要考虑大量的额外技术性处理。例如，在现行法律下，对某些种类的财产的加回折旧适用税率是 25%（1250 款财产），而其他加回折旧将被征以 39.6% 的高税率（忽略州政府、地方政府和任何附加的奥巴马医改税收）。

③ 管道实体的税务处理使其所有者在公司有收益确认时直接增加所有者持有的股票税基。所以在本例中，目标公司股东在公司资产出售确认 900 美元收益时增加其持有股票的税基。在资产出售后和清算分配前，股东税基等于 1 000 美元，即售前的 100 美元加上公司资产出售所得 900 美元，因此，目标 S 公司股东股票的账面价值在公司清算前是 1 000 美元，这种依法可调节的税基避免了对 S 公司收益的双重课税。注意，这里既无收益也无损失，因为股东的股票税基同分配的收益是相等的。如果股东股票的税基不等于公司净资产的税基，那么在清算分配中将有收益或损失。以下几种情况会导致 S 公司股票和资产税基出现不同：（1）股东购买 S 公司股票（除了在公司成立时获得的股票外）；（2）股东继承 S 公司股票；（3）S 公司是由 C 公司转换来的。

表 15－2　　　　　　　不同应税收购方式的税收影响比较：目标为 S 公司

相关参数

股票购买价格（美元）	1 000.00	t_c	35％
资产购买价格（美元）	1 000.00	t_{oi}	40％
资产净税基（美元）	100.00	t_{cg}	20％
历史成本（美元）	100.00	r	10％
累计折旧（美元）	0.00	摊销/折旧期（n）	10 年
目标公司股东股票税基（美元）	100.00		
目标公司负债（美元）	0.00		

	S 公司的收购形式			
	应税资产收购	338 款(h)(10)的选择性条款下的应税股票收购	非 338 款(h)(10)的选择性条款下的应税股票收购	338 款(h)(10)的选择性条款下的应税股票收购[a]
购买价格（美元）	1 000.00	1 000.00	1 000.00	
收购方的无差异价格[b]（美元）				1 246.58
目标公司				
应税收益[c]（美元）	900.00	900.00	0.00	1 146.58
应纳税款[d]（美元）	0.00	0.00	0.00	0.00
对股东的影响				
应税收益[e]（美元）	900.00	900.00	900.00	1 146.58
股东收到的现金（美元）	1 000.00	1 000.00	1 000.00	1 246.58
应纳税款[f]（美元）	180.00	180.00	180.00	229.32
税后现金（美元）	820.00	820.00	820.00	1 017.27
收购成本				
总成本（美元）	1 000.00	1 000.00	1 000.00	1 246.58
减：应税收益[g]（美元）	193.55	193.55	0.00	246.58
税后净成本（美元）	806.45	806.45	1 000.00	1 000.00
收购方税基				
目标公司股票（美元）	n/a	1 000.00	1 000.00	1 246.58
目标公司净资产（美元）	1 000.00	1 000.00	100.00	1 246.58

说明：a. 338 款(h)(10)的选择性条款使股票出售像目标公司股东出售公司资产那样被征税。

b. 收购方的无差异价格：交易被视作资产出售课税［338 款(h)(10)的选择性条款下的股票出售］时与交易（以 1 000 美元的购买价格）被视作股票出售课税时（第 3 列）无差异的价格。

c. 目标公司资产出售或 338 款(h)(10)的选择性条款下被视作资产出售的目标公司的应税收益。

d. 目标公司资产出售或 338 款(h)(10)的选择性条款下被视作资产出售的目标公司层次的应纳税额。

e. 目标公司股东层面的应税收益。该收益等于目标公司层面的收益，因为是从目标公司转移给目标公司股东的，在转给目标公司股东的过程中该收益的性质（普通收入或资本利得）仍保持不变。

f. 目标公司股东的应纳税额等于目标公司层次的资产出售收益乘以相关税率（注 3 中的应税收益乘以有关股东普通收入或资本利得方面的税率），或者股票出售收益乘以资本利得税税率。

g. 由资产税基的递升带来的减税额现值，假定该递升值以直线法在 10 年期限内摊销或计提折旧，名义税率是 35％，税后折现率为 10％。

表 15 - 3　　　　　　　　　目标资产税基递升时产生的税收收益估计

相关参数	
购买价格	1 000.00 美元
目标公司净资产税基	100.00 美元
递升值[a]	900.00 美元
摊销/折旧期限	10 年
折旧方法	直线法
每年摊销/折旧额	90.00 美元
t_c	35.00%
r	10.00%

期限（年）	折旧额[b]（美元）	款税额[c]（美元）	款税额的现值[d]（美元）
1	90.00	31.50	28.64
2	90.00	31.50	26.03
3	90.00	31.50	23.67
4	90.00	31.50	21.51
5	90.00	31.50	19.56
6	90.00	31.50	17.78
7	90.00	31.50	16.16
8	90.00	31.50	14.69
9	90.00	31.50	13.36
10	90.00	31.50	12.14
合计	900.00	315.00	193.55

说明：a. 递升值等于购买价格减去收购前净资产税基。

b. 每年增加的摊销/折旧额扣除等于递升值除以折旧期限。

c. 款税额等于增加的摊销/折旧额乘以公司税税率（t_c）。

d. 款税额的现值是在税后折现率（r）下折现的。

□ 案例 2：338 款(h)(10) 的选择性条款下的应税股票收购

收购方可以收购 S 公司的资产，也可以收购 S 公司的股票。而收购股票的交易费用可能要比收购资产低得多，因为 S 公司属于股权集中型的公司，收购时收购方可能面临的股东人数较少。基于此，股票收购的相关交易费用就有可能比资产收购少得多。

但是股票收购不会使目标资产税基递升。收购方为避免交易成本可能更偏好应税资产收购的税收结果。在 338 款(h)(10) 的选择性条款下，收购 S 公司股票的税务处理被视同资产收购，但这需要买卖双方共同执行。[①] 为了能适用该条款，收购方必须持有目标公司 80% 以上的股票份额并超过 12 个月。此外，收购方还需得到目标公司股东的配合。没有出售方的同意，收购方不能单方面选择 338 款(h)(10) 的选择性条款。事实上，目标公司股东需要填写 IRS 的申请表格才能执行 338 款(h)(10) 的选择性条款。

注意，当双方选了 338 款(h)(10) 的选择性条款进行交易时，出售股票将不会被征税，而出售资产会被征税；在案例 1 所示的收购中，假设选择按照 338 款(h)(10) 的选择性条款进行股票出售，那么目标公司股东税后可获得 820 美元现金（即 1 000 美元收购价减去 180 美元的应纳税额），收购方获得 1 000 美元税基的目标公司股票和资产。表

① 338 款(h)(10) 的选择性条款不能被收购方单方面使用。

15-2 说明了按照 338 款(h)(10) 的选择性条款进行股票收购的税收影响。图 15-2 展示了这种交易的流程。应税资产收购和应税股票收购的不同之处在于应税股票收购后目标公司可以作为收购方的一个子公司存在。但是，由于目标公司会变成另一家公司，因此目标公司将不再是 S 公司的形式。

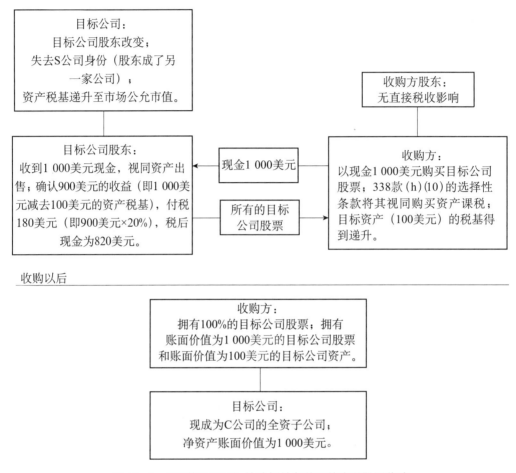

图 15-2　338 款(h)(10) 的选择性条款下的应税股票收购

□ 案例 3：非 338 款(h)(10) 的选择性条款下的应税股票收购

收购人可以选择以非 338 款(h)(10) 的选择性条款购买 S 公司的应税股票。如果是这样，则交易以股票出售的方式征税，并将目标公司的税基进行结转，即不增加目标资产的税基。图 15-3 显示了根据非 338 款(h)(10) 的选择性条款出售 S 公司应税股票的流程。

根据案例 1 所示的情况，假设收购方愿意支付 1 000 美元购买目标公司的股票，并且不使用 338 款(h)(10) 的选择性条款。在这种交易中，目标公司成为买方的子公司，目标公司失去了原法人身份。收购方以 1 000 美元的收购价格作为目标公司股票的税基。目标公司的 100 美元资产税基是直接结转的，因此收购方无法获得资产税基的递升和相关的税收收益。目标公司的股东以 1 000 美元的价格出售了他们的股份，并确认了 900 美元的资本利得。因为股票是资本财产，所以出售股票获得的是资本利得。假设资本利得税税率为 20%，目标公司的股东将纳税 180 美元，税后收益为 820 美元。

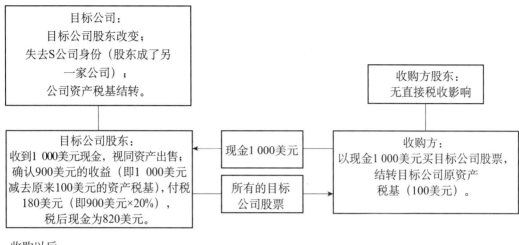

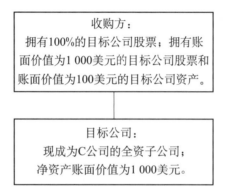

图 15-3　非 338 款(h)(10) 的选择性条款下 S 公司应税股票收购

□ S 公司出售的最优方式?

出售 S 公司的三种应税收购中哪一种是最优的? 影响选择何种方式出售 S 公司的关键因素是什么? 由于案例 1 与案例 2 具有相同的税收影响，我们只比较案例 2 和案例 3。因为案例 2 和案例 3 采用的都是股票出售方式，比较这两种案例可以避免股票和资产出售之间非税成本差异的影响。

那么哪种方法最适合呢? 是案例 2 还是案例 3 呢? 我们可以用以下公式来表示两种收购方式下目标公司股东税后收益与收购公司税后成本。在案例 2 中，选择 338 款(h)(10) 的选择性条款，则目标公司股东的税后收益为

$$
\begin{aligned}
ATAX_{338h10} &= \text{Price}_{338h10} - \text{TAX} \\
&= \text{Price}_{338h10} - (\text{Price}_{338h10} - \text{Basis})t \\
&= \text{Price}_{338h10} - [(\text{Price}_{338h10} - \text{HC}_{asset})t_{cg} + (\text{Accum} \times t_{oi})] \\
&= \text{Price}_{338h10}(1 - t_{cg}) + \text{HC}_{asset} \times t_{cg} - \text{Accum} \times t_{oi} \quad\quad (15.1)
\end{aligned}
$$

式中，$\text{Price}_{338h10} = 338$ 款(h)(10) 的选择性条款下的购买价格[①]；

---

　　① 我们假定 Price_{338h10} 大于 HC_{asset}，如果 Price_{338h1} 小于 HC_{asset}，上式将略有不同。当读者通过式 (15.6) 掌握式 (15.1) 中显示的逻辑时，可以设计出用以处理各种参数和偶然事件的财务模型。

Basis=目标资产的净资产税基，它等于目标资产历史成本原值（HC_{asset}）减去与目标资产有关的累计折旧及目标资产的摊销（Accum）[1]；

t＝税率；

t_{cg}＝个人股东的资本利得税税率；

t_{oi}＝个人股东的普通收入税税率。

在案例 3 中，目标公司股东的税后收益可以表示为

$$
\begin{aligned}
ATAX_{no338h10} &= Price_{no338h10} - TAX \\
&= Price_{no338h10} - (Price_{no338h10} - Stock)t_{cg} \\
&= Price_{no338h10}(1 - t_{cg}) + Stock \times t_{cg}
\end{aligned}
\tag{15.2}
$$

式中，$Price_{no338h10}$＝非 338 款(h)(10) 的选择性条款下的购买价格；

Stock＝目标公司股东所持有的目标公司股票税基。

其余变量如上面所示。

我们可以发现，对于目标公司股东来说，案例 2 选择性条款下的收购价格和案例 3 非选择性条款下的收购价格没有差异。在此基础上，令式（15.1）＝式（15.2），简化得：

$$
Price_{338h10} = Price_{no338h10} + [Stock \times t_{cg} - HC_{asset} \times t_{cg} + Accum \times t_{oi}]/(1 - t_{cg})
\tag{15.3}
$$

通过使用式（15.3），我们发现目标公司股东在案例 3 中获得 1 000 美元与案例 2 中获得 1 000 美元没有区别。[2] 在案例 2 和案例 3 中，目标公司的股东最终得到的税前利润是 1 000 美元，税后收益是 820 美元。在我们给出的例子中，案例 2 和案例 3 在任何价格上都是一样的。

在这两种情况下，收购方收购目标公司的税前成本都是 1 000 美元。在案例 2 中，收购方获得税基为 1 000 美元的目标资产，在案例 3 中，获得 100 美元。案例 2 增加了 900 美元的税基，所以有了 315 美元的税收节减额（900 美元乘以税率 35%），假设税收节减额在未来 10 年每年等量产生，适用的折现率为 10%[3]，则 315 美元税收节减额的现值为 193.55 美元（见表 15－3）。收购方的净税后成本在案例 2 中为 806.45 美元（即 1 000 美元－193.55 美元），而案例 3 中的净税后成本为 1 000 美元，因此案例 2 的方式比案例 3 的方式更优。

很明显，在我们的示例中，收购方愿意支付更高的税前价格，以换取目标公司的股东同意使用 338 款(h)(10) 的选择性条款，338 款(h)(10) 的选择性条款可以降低收购者的税后成本，其余的则相同。假设收购方认为目标公司的合理价格是 1 000 美元，如果目标资产的税基保持不变（案例 3），买方要提高多少价格，才能使卖方愿意采用 338

---

[1] 回忆一下作为普通收入征税的加回折旧，在所有加回折旧都将变为普通收入的假设下，式（15.1）能够用个人普通收入税率计算出应纳税额。资产买价超过历史成本的部分属于资本利得。作为一个实际问题，在许多情况下，我们所定义的一些或者全部的加回折旧将被征收资本利得税。此处小子表达的意思是，相关的财务模型能够通过修正反映出额外的复杂情况；我们也可以改变实际交易情况，如将一部分目标公司资产视为存货。被视为存货出售的价格超过成本的部分将被视为最典型的普通收入。

[2] 式（15.3）右边部分的第二项等于零，因为股票税基等于资产税基（$HC_{asset} - Accum$），并且目标公司资产没有累计折旧。

[3] 如第 14 章说明的，这些假设过于简单化，因资产税基递升而产生的税收利益计算会比这里的举例更复杂。我们用这些简单的假设主要是想提高分析的效率。

款(h)(10) 的选择性条款？在案例 2 中，收购方的净税后成本可以表示为：

$$ATAXCOST_{338h10} = Acqprice_{338h10} - \text{Incremental tax benefits}$$
$$= Acqprice_{338h10} - t_c \times PVANN\left[(Acqprice_{338h10} - Asset)/n\right]$$

$$(15.4)$$

式中，$Acqprice_{338h10}$＝收购方在 338 款(h)(10) 的选择性条款下支付的价格；

Incremental tax benefits＝增加的税收利益；

$PVANN$＝年金现值；

t_c＝公司税税率；

Asset＝目标资产的净税基；

n＝目标资产收购后的有用年限。

在案例 3 中，收购方的净税后成本是：

$$ATAXCOST_{no338h10} = Acqprice_{no338h10} - \text{Increremental tax benefits}$$
$$= Acqprice_{no338h10} - 0$$

$$(15.5)$$

式中，$ATAXCOST_{no338h10}$＝非 338 款(h)(10) 的选择性条款下收购方支付的价格。

案例 3 中，由于目标资产的税基没有增加，收购方没有获得更多的税收收益。当式 (15.4) 等于式 (15.5) 时，案例 2 和案例 3 对于收购者来说没有区别。为了便于说明，我们假设 $Acqprice_{no338h10}$ 和 $Price_{no338h10}$ 是相等的，即我们假设在非 338 款(h)(10) 的选择性条款下，买卖双方一致同意目标公司的价值，目标资产的税基不变。简化如下：

$$Acqprice_{no338h10} = (Price_{no338h10} - t_c \times Factor \times Asset)/(1 - t_c \times Factor) \quad (15.6)$$

式中，$Factor = PVANN/n$，其余同前。

假设 $Price_{no338h10}$ 等于 1 000 美元，在案例 3 中支付 1 000 美元买价和在案例 2 中支付 1 246.58美元买价，对于收购方来讲是无差异的。计算如下[①]：

$$Acqprice_{338h10} = (1\,000 - 0.215\,06 \times 100)/(1 - 0.215\,06) \quad (美元)$$

按照这个价格，收购方获得的目标资产税基为 1 246.58 美元。如果采用另一种方法，收购方会得到税基递升值 1 146.58 美元。在同样的前提下（10 年直线摊销，$t_c =$ 35%，$r = 10$%），递升值 1 146.58 美元的现值为 246.58 美元，因此案例 2 中当收购者报价为 1 246.58 美元时，净税后成本为 1 000 美元。

注意，即便有 24% 的税前溢价 [即 （1 246.58 － 1 000)/1 000]，案例 2 中收购方的税后成本也与案例 3 中相等。当收购价格为 1 246.58 美元时，目标公司股东出售目标资产的资本收益为 1 146.58 美元（即 1 246.58 － 100 美元目标公司股票的原始税基），支付 229.32 美元（即 1 146.58 美元×20%）税款后，实际税后收益为 1 017.27 美元，比案例 3 中（为 1 017.27 美元 － 820 美元）高出 197.27 美元。表 15-2 的最后一列显示了相关的计算过程。

□ 更进一步的分析：S 公司收购

在 14.2 节中，我们解释了为什么独立的 C 公司很少使用递升目标公司资产税基的交易方式。在这一部分，我们将解释在收购 S 公司的过程中，递升目标公司资产的税基会使买方和目标公司的股东都获得税后收益。

---

① 当 $n = 10$，$r = 10$%，Factor 等于 0.614 45 时，Factor $\times t_c = 0.215\,06$。

我们应该如何解释为什么不同目标公司会喜欢不同的收购方式？在任何税收筹划中，要解决的基本问题都是在保证非税因素不变的前提下对增加的税收成本和增加的税收收益进行比较。在收购 C 公司的情况下，获得税基增加的成本通常是税率乘以递升值（在 14.2 节中，递升值是 315 美元）。增加的税收节减额是现值的形式（在 14.2 节中，我们估计这个值是 193.55 美元）。如果税率保持不变，贴现率大于 0，税收节减额的增加总是小于税收成本的增加。

对 S 公司进行收购时，递升增加的成本不等于税率乘以递升值，税基乘以递升值要小于递升增加的成本。[①] 原因是在 S 公司的"资产出售"中，只征收一次税，而在 C 公司的"资产出售"中，要征收两次税。[②] 我们关于 S 公司收购的例子可能过于简单，但足以说明这些基本原理。下面来看一个更实际的例子，在这个例子中 S 公司股东的资产出售所增加的税收成本不是零。

相关情况如下：

（1）目标公司是 S 公司，净资产税基是 200 美元。这些资产的历史成本是 400 美元，资产的累计折旧是 200 美元。

（2）目标公司没有债务，且为持有该公司股票超过 12 个月的个人股东所持有，并按最高联邦所得税税率征税（资本利得税税率为 20%，个人普通收入税税率为 40%），目标公司股东所持股票税基为 200 美元。

（3）所有加回折旧都按个人普通收入税税率征税。

（4）在非 338 款(h)(10) 的选择性条款下收购方愿意支付 1 000 美元收购该公司股票。

买方和卖方是否应该选择 338 款(h)(10) 的选择性条款？表 15 - 4 显示了相关的计算过程，我们从基础数据开始（见表 15 - 4，第 1 列）。如果不选择该条款，目标公司的股东可以通过出售应税股票获得 840 美元。在这种方法下，收购方的净税后成本为 1 000 美元，资产税基没有增加，也就没有其产生的税收收益。为了确定哪种收购方式是最优的，我们必须假定交易一方处于无差异状态，以便找到更好的交易方式。假定第一方处于无差异状态，并选择按照 338 款(h)(10) 的选择性条款进行交易，那么目标公司股东应该选择什么样的税前价格才能与在非 338 款(h)(10) 的选择性条款下的 1 000 美元的购买价格没区别？我们在式（15.3）中设定目标公司股东的税后回报为 840 美元，然后算出其值。

$$\text{Price}_{338h10} = \text{Price}_{no338h10} + (\text{Stock} \times t_{cg} - \text{HC}_{asset} \times t_{cg} - \text{Accum} \times t_{oi})(1 - t_{cg})$$
$$= 1\,000 + [200t_{cg} - 400t_{cg} + 200t_{oi}]/(1 - t_{cg})$$
$$= 1\,050 \text{（美元）}$$

选择按照 338 款(h)(10) 的选择性条款进行交易，以 1 050 美元的价格出售股票将为目标公司带来 850 美元的应纳税收入。其中，200 美元是普通收入（加回折旧），650 美元是资本利得（即 1 050 美元－400 美元历史成本）。850 美元的收益被归属给目标公司股东，所以目标公司股东要缴纳 210 美元的税收，也就是 200 美元的普通收入乘以

① 在这个简单的例子中，递升带来的成本增量为零，因为无论在案例 2 还是在案例 3 中，目标公司股东所面临的应纳税额都是 180 美元。

② 这就是我们常常提到的对 C 公司的双重课税。这个双重课税是布什政府在 2002 年和 2003 年为抑制个人投资者分红减少和资本利得税税率降低的核心内容。

40%的税率加上 650 美元的资本利得乘以 20%的税率。目标公司股东的实际税后收入为 840 美元（即 1 250 美元－210 美元）。很明显，选择按照 338 款（h）（10）的选择性条款以 1 000 美元税前价格出售股票与在非 338 款（h）（10）的选择性条款下以 1 050 美元出售股票之间没有区别（见表 15-4，第 2 列）。

收购方是喜欢按照 338 款（h）（10）的选择性条款下的 1 000 美元收购，还是喜欢按照非 338 款（h）（10）的选择性条款下的 1 050 美元收购？非 338 款（h）（10）的选择性条款下的净税后成本为 1 000 美元（即 1 000 美元购买价格和零税收优惠增量）。如果购买价格为 1 050 美元，应用该条款，买方的净税后成本为 867.20 美元。[1] 至于税基的增加，采用 338 款（h）（10）的选择性条款时，递升值为 850 美元（即 1 050 美元购买价格－200 美元目标资产净税基），并产生税收节减额现值 182.80 美元（在折旧年限、税率和折现率相同的情况下）。很明显，为获得目标资产税基的增加，收购者更愿意选择支付更高的税前价格。

从收购方的角度来讲，为了获得资产税基的递升，要增加的成本是 50 美元（1 050 美元购买价格－不执行该条款时 1 000 美元的购买价），而税收收益可以增加 182.80 美元。因此，这种收购方式下收购方可以多获得 132.80 美元的税后收益。[2] 132.80 美元是递升目标资产税基所产生的净税收收益。这个税收收益可以在收购方和目标公司之间进行分配，后面将解释这一点。

在这些新条件下，式（15.6）计算出收购方的无差异价格，也就是采用目标公司资产税基递升的交易方式时，在与其他方式无差异的情况下，收购方所应该支付的价格：

$$\text{Acqprice}_{338h10} = (1\,000 - 0.215\,06 \times 200)/(1 - 0.215\,06)$$

$$\text{Acqprice}_{338h10} = 1\,219.19 \tag{15.6}$$

由此可见（结合表 15-4 第 1 列和第 3 列所示），按照非 338 款（h）（10）的选择性条款出价 1 000 美元和按照 338 款（h）（10）的选择性条款出价 1 219.19 美元，对收购方而言收益是没有区别的，其税后成本都是 1 000 美元。

对于公司顾问来说，为公司股东估计这些价格是很有用的，因为他们可以知道收购方在不同的收购方式下愿意支付的最高价格。请注意，当采用 338 款（h）（10）的选择性条款时，如果买方出价 1 219.19 美元，股东将实际获得税后收益 975.35 美元，即比不采用该条款时买方的出价 1 000 美元多 16%。

如果执行 338 款（h）（10）的选择性条款，价格在 1 050 美元至 1 219.19 美元之间，目标公司股东和收购方的税后收益都比不采用该条款收购价格为 1 000 美元时要高。收购价格接近 1 050 美元时，收购方受益较多；收购价格接近 1 219.19 美元时，目标公司股东受益较多。那么 1 219.19 美元减 1 050 美元就是目标资产税基递升所产生的额外税收收益，这个收益可以根据出价的不同在收购方和目标公司股东之间分配。如，取 1 134.60 美元这个价格。在该价格下，收购后目标公司股东获得税后收益 907.68 美元，比不采用 338 款（h）（10）的选择性条款出价为 1 000 美元时高出 67.38 美元。同样，收购方的净税后成本比采用 338 款（h）（10）的选择性条款出价为 1 000 美元时少 66.39 美元。表 15-4 中的最后两列显示了计算过程。请注意，即使税前溢价为 13.46% ［即（1 134.60－1 000）/1 000］，收购方在目标资产计税基础增加的基础上还能获得 7%的额

---

① 注意，收购方的净税后成本比不采用该条款时要低大约 13%。
② 收购方的净税后成本的差异为 132.8 美元，这在表 15-4 的第 1、2 列有说明。

外收益。

这个结论是合理的还是仅仅是一个空想？增加买卖双方财富的来源是什么？

表 15－4　　　　　　　S公司不同收购方式的税收影响比较：高级例子

相关参数

股票购买价格（美元）	1 000.00	t_c	35%
资产净税基（美元）	200.00	t_o	40%
历史成本（美元）	400.00	t_{cg}	20%
累计折旧（美元）	200.00	r	10%
股东所持目标公司股票的税基（美元）	200.00	摊销/折旧	
目标公司负债（美元）	0.00	期限（n）	10 年

	S公司的收购模式			税收利益分享[a]	
	非338款(h)(10)的选择性条款下的应税股票收购	338款(h)(10)的选择性条款下的应税股票收购[b]	338款(h)(10)的选择性条款下的应税股票收购	非338款(h)(10)的选择性条款下的应税股票收购	估计税后收益增量
购买价格——基价（美元）	1 000.00				
出售方的无差异价格[c]（美元）		1 050.00			
收购方的无差异价格[d]（美元）			1 219.19		
税收利益分享（美元）				1 134.60	
目标公司					
应税收益[e]（美元）	0.00	850.00	1 019.19	934.60	
应纳税额[f]（美元）	0.00	0.00	0.00	0.00	
对股东的影响					
应税收益[g]（美元）	800.00	850.00	1 019.19	934.60	
付给股东的现金（美元）	1 000.00	1 050.00	1 219.19	1 134.60	
应纳税额[h]（美元）	160.00	210.00	243.84	226.92	
税后现金（美元）	840.00	840.00	975.35	907.68	67.68
收购方的税后成本					
总成本（美元）	1 000.00	1 050.00	1 219.19	1 134.60	
减：税收利益[i]（美元）	0.00	182.80	219.19	200.99	
净税后成本（美元）	1 000.00	867.20	1 000.00	933.61	66.39
收购方税基					
目标公司股票（美元）	1 000.00	1 050.00	1 219.19	1 134.60	
目标公司净资产（美元）	200.00	1 050.00	1 219.19	1 134.60	

说明：a. 大致平均分割目标资产税基递升所产生的净税收利益。

b. 338款(h)(10)的选择性条款使股票出售在征税时作为资产出售处理。

c. 选择338款(h)(10)的选择性条款和不选择该条款并且购买价格为1 000美元（第1列）时对于出售方无差异购买价格。

d. 选择338款(h)(10)的选择性条款和不选择该条款并且购买价格为1 000美元（第1列）时对于收购方的无差异购买价格。

e. 目标资产出售或338款(h)(10)的选择性条款下视作资产出售在目标公司层面所产生的应税收益。

f. 目标资产出售或338款(h)(10)的选择性条款下视作资产出售在目标公司层面所产生的应纳税额。

g. 目标公司股东层面的应税收入。该值等于在目标公司层面出售资产取得的收益，或等于338款(h)(10)的选择性条款下出售股票产生并将转移至股东的收益。在转移过程中该收益保持其固有属性（普通收入或资本利得）不变。在不执行338款(h)(10)的选择性条款下的股票出售中，该收益就是购买价格与目标公司股东所持股票税基之间的差异，在这种情况下，该收益属于资本利得。

h. 目标公司股东应纳税额是股票或资产出售所产生的应税收益乘以股东适用的个人普通收入税税率或资本利得税税率（其值等于说明g中乘以股东适用的个人普通收入税税率或资本利得税税率）。

i. 目标资产税基递升所产生的款税额的现值（假定该递升按直线摊销/折旧法在10年的期限内摊销，适用25%的税率，税后折现率为10%）。

简单说来，前面的公式可以解释这种现象。在 S 公司的收购中，目标资产税基的增加所带来的成本增加值远远小于其带来的收益增加值，即在执行 338 款（h）（10）的选择性条款时，无论税基是否增加，S 公司的股东都负担相同的税负。因此，执行这一条款的成本较低，获得的税收收益较为可观。在其他管道实体公司的收购交易中也存在一样的情况，这部分产生的净收益是财富收益的来源，它可以被买卖双方分享。当然，在选择收购方式和价格时，知道上述内容的一方会努力使自己的净收益最大化。

15.2 S 公司和 C 公司出售的比较

区分对管道实体公司（S 公司）和 C 公司收购进行征税非常重要。值得注意的是，收购 C 公司要进行双重征税，而收购 S 公司只征收一次税。另一个不同是，两种情况下出售资产采用的税率也不同。出售 C 公司资产适用 35％的税率，而出售 S 公司资产适用 20％的税率。[①] 在本部分中，我们会使用数字重点说明这些不同。下面所讨论的有关计算都在表 15-5 中有具体说明，例题中涉及的有关情况如下：

- 拿 T1 和 T2 两家公司进行比较（T1 公司为 C 公司，T2 公司为 S 公司）；
- 两公司资产的净税基都是 200 美元（历史成本为 400 美元，累计折旧为 200 美元）；
- 两家公司都没有债务；
- 两家公司股东都是自然人，根据现行法律，他们适用 40％的个人普通收入税税率和 20％的资本利得税税率，两家公司股票的税基都是 200 美元。
- 大家都同意 T1 公司和 T2 公司的未来税后现金流量为 900 美元；
- T1 公司适用的个人普通收入税税率和资本利得税税率都是 35％；
- 所有的加回折旧都被看作普通收入，按个人普通收入税税率征税；
- 所有的收购方都希望收购 T1 公司和 T2 公司，希望以支付 900 美元现金的应税股票方式收购 T1 公司和 T2 公司，所收购目标公司的资产税基可以结转。

在这项应税收购中，一个收购者会支付多少钱收购 T1 公司和 T2 公司的资产呢？股东会接受这个价格吗？S 公司和 C 公司会卖出同样价格吗？S 公司和 C 公司会以同样的价格卖出，还是由于不同的税务处理卖出不同的价格？首先我们考虑应税股票收购的税收影响。

□ 应税股票出售时 T1 和 T2 股东的税收影响

在每种情况下，股东都会获得 700 美元的资本利得（购买价 900 美元减股票税基 200 美元），并承担 140 美元的税负（即 700 美元×20％）。税后，T1 公司和 T2 公司的股东均将获得 760 美元的收益。

对收购方公司的税收影响 收购方将获得税基为 900 美元的 T1 公司股票。T1 公司成为收购方的子公司，T1 公司资产净税基为 200 美元。如果收购 T2 公司的股票和资产，

[①] 注意，如果收购方是 C 公司，由目标公司资产的税基递升而增加的税收扣减，其适用税率可以是 35％或者更高。

那么收购方会得到相同的税基，T2公司也将成为收购方的子公司。

资产出售方式下 T1 公司股东（C 公司）的无差异点　以 900 美元卖出公司股票，或者出售资产以获得 760 美元税后收益，两种情况对于 T1 公司股东来说是没有区别的。我们可以用第 14 章的式（14.6）计算他们所要求的购买价。[1]

$$\text{Price}_{\text{asset}} = (\text{Price}_{\text{stock}} - \text{Asset} \times t_c)/(1-t_c)$$
$$\text{Price}_{\text{asset}} = (900 - 200 \times t_c)/(1-t_c)$$
$$\text{Price}_{\text{asset}} = 1\,276.92（美元）\tag{14.6}$$

资产出售方式下 T2 公司股东（S 公司）的无差异点　当以 900 美元卖出公司股票，或者出售资产［在 338 款(h)(10) 的选择性条款下卖出股票］以获得 760 美元税后收益，两种情况对于 T1 公司来说是没有区别的，我们可用式（15.3）计算他们所要求的购买价[2]，表 15-5 第 2 列显示了计算过程：

$$\text{Price}_{338h10} = \text{Price}_{\text{no338h10}} + [\text{Stock}\,(t_{cg}) - \text{HCasset}\,(t_{cg}) + \text{Accum}\,(t_{oi})]/(1-t_{cg})$$
$$= 900 + (200t_{cg} - 400t_{cg} + 200t_{oi})/(1-t_{cg})$$
$$= 950（美元）$$

收购方在应税资产出售中会支付 T1 公司（C 公司）无差异价格吗？　在应税资产出售中，收购方会获得目标资产税基的递升值。我们之前已经计算出，T1 公司的股东不会同意以这种方式出售资产，除非收购者向他们支付不少于 1 276.92 美元的收购价格。收购方是否愿意以这个价格获得税基的递升？

如果收购方支付价格 1 276.92 美元，它将得到税基为 1 276.92 美元的 T1 公司的资产，资产税基的递升值为 1 076.92 美元（即 1 276.92 美元减收购前 T1 公司的净税基 200 美元）。假设税基递升值按直线法摊销，摊销年限为 10 年，税率为 35%，税后折现率为 10%，递升值产生的税收节减额现值为 231.60 美元。收购方的税后成本为 1 045.42 美元，该成本大于应税股票收购中收购方的净税后成本（900 美元）。

相应地，根据表 15-5 第 6 列所显示的，通过第 14 章式（14.9），可以计算出股东收购方在应税资产出售中愿意支付的最高价格为 1 091.79 美元。T1 公司股东的税后收

---

[1]　此外，我们也可用一个更为一般的方法，如：

$ATAX_{\text{股东}}$＝清算收益－税基

760　＝清算收益－［（清算收益－200）×20%］

760　＝清算收益－20%×清算收益＋40

760　＝80%×清算收益

清算收益＝900（美元）

清算收益＝价格－税额

900　＝价格－［（价格－400）×35%＋（200×35%）］

900　＝0.65×价格＋70

价格　＝1 276.92（美元）

[2]　我们也可用一种更为一般的方法，如：

$ATAX$＝价格－税额

$ATAX$＝价格－（价格－税基）×税率

$ATAX$＝价格－［（价格－历史成本）×t_{cg}＋累计折旧×t_{oi}］

760＝价格－［（价格－400）×20%＋200×40%］

760＝价格－20%×价格＋80－80

760＝80%×价格

价格＝950（美元）

益将有 663.72 美元，这要比以 900 美元的价格进行应税股票收购的收益少。显然 T1 公司不会接受 1 091.79 美元的应税资产收购，所以 T1 公司资产税基递升的收购方式并非最优方式。这个结论与第 14 章 14.2 节讨论的结论一样。值得注意的是，收购方为获得税基递升所需要增加的成本为 376.92 美元（1 276.92 美元减未递升的 900 美元），由此增加的税收收益仅为 231.60 美元。

收购方在采用 338 款（h）（10）的选择性条款的股票出售方式（被视作资产出售）中会支付 T2 公司（S 公司）无差异价格吗？我们通过计算发现，T2 公司股东不会同意在 338 款（h）（10）的选择性条款下对股票进行出售（被视作应税资产出售方式），除非收购方支付给股东不少于 950 美元的收购价格。因此收购方是否愿意支付该价格用以获得 T2 公司资产税基的递升呢？

如果收购方在上述收购方式中支付 950 美元，它获得的 T2 公司资产税基为 950 美元，税基递升 750 美元（即 950 美元减 T2 公司资产收购前净税基 200 美元）。假设税基递升值按直线法摊销，摊销年限为 10 年，税率为 35%，税后折现率为 10%，递升值产生的税收节减额现值为 161.29 美元。收购方的净税后成本为 788.71 美元（见表 15-5 第 2 列），该成本小于应税股票收购中的净税后成本。所以，收购方会愿意支付 950 美元在 338 款（h）（10）的选择性条款下收购股票。

继续分析这个例子，收购方愿意支付 950 美元以上购买 T2 公司的资产。收购方愿意支付给买方的税前价格应该能够使它的税后收购成本等于 900 美元。如表 15-5 第 3 列所示，收购方收购应税资产的税前支付高达 1 091.79 美元，这相当于支付 900 美元收购股票的净税后成本。[1] T2 公司股东的税后净收益为 873.43 美元，这要比以 900 美元收购应税股票高出 113.43 美元。注意，S 公司股东税后利润可能比 C 公司（T1 公司）股东多 113.43 美元（约 15%）。[2] 因此，在 S 公司应税资产出售中，只要出价在 950 美元到 1 091.79 美元之间，买卖双方就都可以从资产出售中获得税收收益。

这些数字说明虽然简单，但是非常重要。S 公司通常可以以高于 C 公司的价格出售，因为 S 公司的销售可以在有效控制成本的情况下递升目标资产的税基。换句话说，收购方为了获得税基递升值愿意多支付费用给 S 公司的股东。[3] 然而，C 公司的出售不同[4]，因为收购方不愿意承担目标资产税基递升所产生的成本增加额。这个基本现象有很多例子可以说明，我们将在后面列出。

---

① 我们可以用式（15.5）计算该值。

② 比较表 15-5 的第 3 列和第 4 列。

③ 由于 S 公司的制度特点，关注收购交易的 C 公司自然人股东会考虑在未来将 C 公司转变成 S 公司。这种转变并不常见。但是，当 C 公司转变为 S 公司时，转变后 10 年的窗口期内，销售交易一般都会被视为销售 C 公司来征税，这 10 年窗口期的税收在 1374 款下被叫作"内部利得税"。

④ 见 Jeffrey Wagner, "Obtaining Maximum Value on the Sale of an S Corporation,"（Washington, DC: McDermott, Will&Emery）, Mondaq Business Briefing, August 13, 2012, 其中有相似的观点：

　　根据一般规则，在州公司法下进行的交易要受双重征税，即收益和实现的增值在公司层面征一次税，当收益或实现的增值分配给股东时，在股东层面再征一次税。这种双重征税在收购者偏好的资产出售的交易中取消了对股东征税。这对出售方股东影响很大，因为这种交易方式防止了他们取得溢价（这个溢价是指收购方愿意在资产购买中支付的价格与在股票购买中支付的价格的差额，如下面所描述的）。不幸的是，很多在州公司法下成立的家庭企业被视为 S 公司（为所得税目的而被选择成征税对象）。根据 S 公司协会统计，在美国有 4 500 万家 S 公司，很多规模较大、具有成熟业务的 S 公司成为主要收购目标。税收条款 [338 款（h）（10）的选择性条款] 的制定就是与 S 公司销售股票时显著提高 S 公司价值的情况有关，被提高的价值将由出售方获得。

表 15－5　　　　S公司和C公司在税收属性和现金流量相同情况下收购价格的比较

相关参数

股票购买价格（美元）	900.00	t_c	35%
资产净税基（美元）	200.00	t_o	40%
历史成本（美元）	400.00	t_{cg}	20%
累计折旧（美元）	200.00	r	10%
股东所持目标公司股票的税基（美元）	200.00	N	10
目标公司负债（美元）	0.00		

	S公司的收购方式			C公司的收购方式		
	非338款（h）(10)的选择性条款下的应税股票收购	338款（h）(10)的选择性条款下的应税股票收购	338款（h）(10)的选择性条款下的应税股票收购	非338款（h）(10)的选择性条款下的应税股票收购	应税资产收购	应税资产收购
购买价格（美元）	900.00			900.00		
出售方的无差异价格[a]（美元）		950.00			1 276.92	
收购方的无差异价格[b]（美元）			1 091.79			1 091.79
目标公司						
应税收益[c]（美元）	700.00	750.00	891.79	0.00	1 076.92	891.79
应纳税额[d]（美元）	0.00	0.00	0.00	0.00	376.92	312.13
对股东的影响						
应税收益[e]（美元）	700.00	750.00	891.79	700.00	700.00	579.66
收到现金（美元）	900.00	950.00	1 091.79	900.00	900.00	779.66
应纳税额[f]（美元）	140.00	190.00	218.36	140.00	140.00	115.93
税后现金（美元）	760.00	760.00	873.43	760.00	760.00	663.73
收购方的税后成本						
总成本（美元）	900.00	950.00	1 091.79	900.00	1 276.92	1 091.79
减：税收利益[g]（美元）	0.00	161.29	191.79	0.00	231.60	191.79
税后净成本（美元）	900.00	788.71	900.00	900.00	1 045.32	900.00
收购方税基						
目标公司股票（美元）	900.00	950.00	1 091.79	900.00	n/a	n/a
目标公司净资产（美元）	200.00	950.00	1 091.79	200.00	1 276.92	1 091.79

说明：a. 当目标公司为S公司时，采用338款(h)(10)的选择性条款与不采用该条款并且收购价为900美元（第1列）时出售方的无差异价格。

当目标公司为C公司时，采用338款(h)(10)的选择性条款与不采用该条款并且收购价为900美元（第4列）时出售方的无差异价格。

b. 当目标公司为S公司时，采用338款(h)(10)的选择性条款与不采用该条款并且收购价为900美元（第1列）时收购方的无差异价格。

当目标公司为C公司时，采用338款(h)(10)的选择性条款与不采用该条款并且收购价为900美元（第4列）时收购方的无差异价格。

c. 股票出售或视作资产出售（S公司）或资产出售（C公司）时，在目标公司层面产生的应税收益。

d. 股票出售或视作资产出售（S公司）或资产出售（C公司）时，在目标公司层面产生的应纳税额。

e. 目标公司股东层面的应税收益。如果目标公司是S公司，该值就等于目标公司层面的收益，因为该收益转移到目标公司股东，在转移过程中收益属性保持不变。如果目标公司是C公司，该值等于资产出售后的清算收益（目标公司赎回目标股份）。

f. 如果目标公司是S公司，目标公司股东的应纳税额基于上述说明e和股东的收益属性计算得来。如果目标公司是C公司，应纳税额等于说明e中的收益乘以资本利得税税率。

g. 目标资产税基递升所产生的款税额的现值，假定递升值按直线法在10年期限内摊销或计提折旧，适用35%的税率，税后折现率为10%。

在 2000 年利森电气（Leeson Electric）公司收购案中，雷勃电气（Regal Beloit）公司披露了如下信息[1]：

> 以大约 2.6 亿美元现金收购利森电气公司。双方达成一致意见，即为了税收目的在税收法典的 338 款(h)(10) 的选择性条款下进行交易，交易被视作购买资产行为。这种交易方式将使雷勃电气公司获得大约 4 700 万美元的未来税收收益现值。从 2.6 亿美元的收购款中扣除税收收益后，这个数值相当于调整后 EBITDA 的 7.6 倍（截至 2000 年 6 月 30 日 12 个月的 EBITDA 大约为 2 800 亿美元）。1997 年 3 月收购马拉松电气（Marathon Electric）公司时，买价相当于 12 个月 EBITDA 的 7.5 倍。

利森电气公司是一家 S 公司，马拉松电气公司是一家 C 公司。这个披露指出了雷勃电气公司在选择 338 款(h)(10) 的选择性条款收购利森电气公司时获得了税收收益，这些收益相当于交易价格的 18%（4 700/26 000≈18%）。另外，披露也指出雷勃电气公司购买 S 公司比购买 C 公司支付的价格要高。购买利森电气公司时，买价/EBITDA 的倍数为 9.3（即 26 000/2 800），而购买马拉松电气公司时，买价/EBITDA 的倍数为 7.5。然而，用税收收益调整利森电气公司的交易价格后，调整后的价格/EBITDA 为 7.6［(26 000－4 700)/2 800≈7.6］，接近上述的 7.5 倍。

可口可乐公司（CCE）在 2001 年收购赫布（Herb）公司时，花费了 10 多亿美元。《华尔街日报》称："CCE 曾说在交易中计划多花费 1 亿美元取得税收收益的增量。"[2] 赫布公司是一家 S 公司，交易是在 338 款(h)(10) 的选择性条款下执行的。在 338 款(h)(10) 的选择性条款下 CCE 给赫布公司股东支付了 1 亿美元。另外，我们了解到 CCE 在 338 款(h)(10) 的选择性条款下获得了大约 1.45 亿美元的税收收益增量。所以 CCE 支付给了赫布公司股东几乎 70% 的税收收益增量。我们从 CCE 总经理那里证实如果赫布公司是 C 公司，CCE 不需要为了税收目的而支付这额外的 1 亿美元。[3]《克雷恩芝加哥商业杂志》（Crain' Chicago Business）中特别提到了与赫布公司这种 S 公司和管道实体公司出售有关的税收收益："CCE 公司亚特兰大总部的发言人证实 CCE 公司之所以给赫布先生和其他股东多支付 1 亿美元主要是因为购买管道公司可以获得税收收益。"[4]

在 2011 年科锐有限公司（Cree, Inc.）用 5.83 亿美元收购了路德照明（Ruud Lighting, Inc.）有限公司（S 公司）。交易是在 338 款(h)(10) 的选择性条款下进行的，科锐公司声称："采用这种交易方式是为了税收目的，这种交易方式实际上被视作资产购买，意味着在该交易方式下科锐公司的成本可以扣除大约 1.43 亿美元的未来税收收益。"[5] 所以，在 338 款(h)(10) 的选择性条款下，科锐公司获得的税收收益相当于交易价格的 24%（14 300/58 300≈24%）。

---

[1] 资料来源：雷勃电气公司 2000 年 10 月 13 日的 8-K 报表。

[2] Betsy McKay, "Coca-Cola Enterprises Is Set to Acquire Bottlers Hondo, Herbco for $1.07 Billion," *Wall Street Journal*, May 1, 2001.

[3] 这个例子来源于 Erickson 和 Wang（2007）。同样，石通瑞吉公司（Stoneridge）支付了大约 3 000 万美元到 3 500 万美元的额外费用，该交易是在 338 款(h)(10) 的选择性条款下以 3.62 亿美元收购 Hi-Stat 有限公司（S 公司）。

[4] M. Hendricks, "The S-Corp Windfall," *Crains Chicago Business*, May 9, 2005.

[5] 资料来源：Cree press release at http：//investor. cree. com/releasedetail. cfm? Release ID=599890, and August 17, 2011 Cree, Inc. 8-K.

动态研究公司（Dynamics Research Corporation，DRC）在 2011 年采用 338 款（h）（10）的选择性条款下的收购方式用 1.43 亿美元收购了高性能技术有限公司（High Performance Technologies，Inc.）（S 公司）。[①] DRC 的财务总监声明："在该交易方式下，允许我们在未来 15 年内把整个交易成本摊销至所有的无形资产和有形资产中。所以在接下来的 15 年，我们将有超过 1 亿美元的税收扣除额。这些税收扣除额的净现值大约有 2 300 万美元。因此，这种交易方式为未来 15 年提供了一种避税手段。"[②] 在上述交易形成的 2 300 万美元税收收益大约相当于交易价格的 16%（2 300/14 300≈16%）。

在 2010 年，GP 战略公司（GP Strategies）以 1 590 万美元现金再加上一份估价为 430 万美元的盈利能力支付计划收购了执行科技（Perform Tech）有限公司（S 公司），总支付价格为 2 020 万美元。该交易是在 338 款（h）（10）的选择性条款下进行的。[③] 在这次交易中，GP 战略公司估计取得的税收收益大约为 400 万美元。[④] 这些税收收益相当于交易价格的 20%（400/2 020≈20%）。股票收购协议中说明"遗失的 338 款（h）（10）的税收收益"大约为 220 万美元（加上其他调整项），相当于在 338 款（h）（10）的选择性条款没有被执行的情况下，出售方必须支付收购方 220 万美元。[⑤] 因此，如果交易没有在 338 款（h）（10）的选择性条款下执行，目标公司价格会下降 220 万美元。上述说法与出售方股东在交易中取得了 50%［"遗失 338 款（h）（10）的选择性条款的税收收益"（220 万美元）除以从 338 款（h）（10）的选择性条款下获得的总税收收益（大约 400 万美元）］的税收收益的说法一致。

收购管道实体公司的税收收益并不是 S 公司专有的。当 2007 年黑石公司上市时，它的 IPO 方式导致了其资产税基的增加。黑石公司上市前是合伙企业，它上市时执行的是 754 款的选择性条款中关于 IPO 的规定条款。754 款的选择性条款是针对合伙企业的，类似于针对 S 公司的 338 款（h）（10）的选择性条款的简化。由于 IPO 的税收处理，黑石公司的合伙人在 IPO 中收到了大约 7.51 亿美元的税收收益。[⑥] 同样，当 KKP 公司在 2010 年上市时，它的 IPO 也是在 754 款的选择性条款下进行的，因此它也创造了与黑石公司 IPO 同样性质的税收收益。[⑦]

在投资银行业，338 款（h）（10）的选择性条款能够产生税收收益是众所周知的。该税收收益能够为收购方显著减少收购成本，而且这些收益也能够以较高的比例分配给出售方。

然而，投资银行的一条经验法则是[⑧]要确保有能力获得收购资产的成本基础和 197 款（a）下的收益，也就是降低大约 20% 的"有效成本"。当然，这里，像大部

---

① June 3，2011 "Agreement and Plan of Merger" between Dynamics Research Corporation and High Performance Technologies，Inc.（attached to Dynamics Research Corporation June 8，2011 8-K）.

② June 3，2011 DRC conference call transcript available through CQ FD Disclosure.

③ GP Strategies 8-K dated January 5，2010.

④ July 11，2011 GP Strategies conference call transcript available through CQ FD Disclosure.

⑤ Stock Purchase Agreement dated December 30，2009 between General Physics Corporation and Perform Tech（attached to January 5，2010 GP Strategies 8-K）

⑥ David Cay Johnson，"Tax Loopholes Sweeten a Deal for Blackstone," *New York Times*，July 13，2007.

⑦ Allan Sloan，"KKP Leaders Get a Tax Deal Most of Us Can Only Dream Of," *Washington Post*，July 28，2010.

⑧ 资料来源："ESRX Will Enjoy a Basis 'Step-Up'," Robert Willens，The Willens Report，April 14，2009.

分在 338 款(h)(10) 下的交易情况一样，在财产的购买价格中出售方将获得一个更高的税收收益比例。

税收筹划者为新成立或重组的经济实体选择一种类似 S 公司、有限责任公司或者合伙企业等管道实体公司的组织形式，当整个经济实体出售时，将会带来显著的税收收益。表 15-5 有详细说明。① 因此，在成立新实体时，我们鼓励企业家考虑一下与管道实体公司组织形式产生的税收收益有关的收购问题。同样，试图未来卖掉整个实体的 C 公司持有者可能希望考虑转变为管道实体公司结构，以便取得本章所讨论的那些交易方式产生的利益。

□ 估价结果与问题

如 15.1 节所述，管道实体公司（S 公司）出售的价格与交易方式的函数〔如出售股票时采用或不采用 338 款(h)(10) 的选择性条款〕。在 15.2 节中，我们对比分析了由 S 公司和 C 公司组织形式所产生的税务差异，这种税务差异导致了不同的出售价格。特别地，S 公司的出售价格通常包含与资产税基递升导致的税收收益增加相关的溢价。

当评估一个潜在目标公司时，或者当考虑一笔交易时，我们经常通过比较各种收购方式估计出公司的价值。同样，一个合理的收购或者出售价格也是通过比较各收购方式估计出来的。我们使用各种估值是非常普遍的，包括利用收益或现金流估计收购价。如果你对这类比较分析感兴趣，请关注 15.1 节和 15.2 节中说明的公司组织形式以及应税收购方式对收购价格的影响。

要点总结

1. 收购活动有很多种交易方式发生，这些可以选择的收购方式会对目标公司、收购公司和目标公司股东产生不同的税务影响。

2. 从税收角度看，在独立 C 公司出售中，会使目标公司资产税基递升的收购方式通常是次优选择，因为交易方式下所产生的税收成本的增加大于税收收益的增加。

3. 在管道实体公司出售中，像出售 S 公司采用使目标资产税基递升的交易方式比较有意义，因为税基递升所带来的税收收益大于其增加的成本。而出售 C 公司与出售管道实体公司（S 公司）完全不同。

4. 假设收购方和出售方（目标公司股东）愿意在 338 款(h)(10) 的选择性条款下进行交易，出售 S 公司的股票将会被看作出售资产征税。

5. 税收筹划者在考虑新建实体公司的组织形式时，应当重点考虑收购管道实体公司和收购 C 公司的税务差异（特别是当税收筹划者参加一个完整实体卖出，而不是 IPO 时），例如在其他条件相同的情况下，管道实体公司相对于 C 公司可能以一个较高的税前价格出售。因此，在其他变量不变时，使财富最大化的组织形式可能是管道实体公司。

---

① 同样的基本原理可用于其他管道实体，如合伙企业和有限责任公司的出售，但要加上其他一些复杂因素。

问题讨论

1. 当目标公司是一家 S 公司时，什么是收购方在收购目标公司股票时应考虑的主要税收因素？

2. 当出售或者在 338 款(h)(10) 的选择性条款下收购股票（被看成是收购资产）时，所导致的目标公司资产税基变化将产生哪些不利影响？

3. 哪种方式的 S 公司收购会产生可抵扣税的商誉？通常哪些收购方式会产生可抵扣税的商誉？

4. 为什么通过使目标公司资产税基递升的方式收购 S 公司会产生税收收益，而收购 C 公司则不会？

5. 如果你给一个新成立的互联网公司的创业者提供咨询，你会怎样告诉他们通过利用公司的组织形式进行交易而获得收益？

税收筹划的问题

1. Hurricane 公司是一家 S 公司，Orleans 公司想要用现金收购它。Hurricane 公司股东所持有的股票税基是 3 000 美元，Hurricane 公司资产的净税基为 3 000 美元（历史成本为 4 500 美元，累积折旧为 1 500 美元）。Hurricane 公司没有债务，假定交易方式可以采取下列两种方式中的一种：

选项 1：在非 338 款(h)(10) 的选择性条款下进行应税股票收购。

选项 2：在 338 款(h)(10) 的选择性条款下进行应税股票收购。

更进一步假设在两种方式下 Orleans 公司均愿意支付 5 000 美元收购 Hurricane 公司，而且所有到期折旧都要加回到购买价格中。假设所有的加回折旧以普通收入最高一档税率征税，根据美国税收法案中有关 S 公司的规定，没有其他额外税负。

a. 在选项 1 下，Hurricane 公司股东将获得多少税后现金？假定资本利得税税率为 20%，个人普通收入税税率为 40%。

b. 在选项 2 下，Hurricane 公司股东将获得多少税后现金？假定资本利得税税率为 20%，个人普通收入税税率为 40%。

c. 假设在选项 1 下 Orleans 公司愿意支付 5 000 美元收购价，那么如果选择选项 2 的交易方式，要使 Hurricane 公司股东无差异，Orleans 公司收购价是多少？

d. 假设在选项 1 下 Orleans 公司愿意支付 5 000 美元收购价，那么在选项 2 下 Orleans 公司愿意支付的最高收购价是多少？假定递升值均采用直线法在 10 年内摊销或计提折旧，Orleans 公司的边际税率为 35%，税后折现率为 10%。

e. 是否应该选择在 338 款(h)(10) 的选择性条款下进行交易？为什么？

f. 如果对于 e 部分的回答是"是"，那么相对于在非 338 款(h)(10) 的选择性条款下支付 5 000 美元收购价，如果在 c 部分和 d 部分答案的中值价格水平上采用 338 款(h)(10) 的选择性条款进行交易，Hurricane 公司和 Orleans 公司将分别获得多少额外的好处？

2. Cambridge 公司是一家 S 公司，Courtesan 公司想要用现金收购它。Cambridge 公司股东拥有税基为 5 000 美元的股票（他们已经持有该股票 5 年），公司资产的净税基为 5 000 美元（历史成本为 7 500 美元，累积折旧为 2 000 美元），Cambridge 公司没有债务。假定交易方式可以采取下列两种方式中的一种：

选项 1：在非 338 款(h)(10) 的选择性条款下进行应税股票收购。

选项 2：在 338 款(h)(10) 的选择性条款下进行应税股票收购。

a. 在选项 1 下，Cambridge 公司股东将获得多少税后现金？假定资本利得税税率为20%，个人普通收入税税率为40%。

　　b. 在选项2下，Cambridge公司股东将获得多少税后现金？假定资本利得税税率为20%，个人普通收入税税率为40%。

　　c. 假设在选项1下Courtesan公司愿意支付12 500美元收购价，如果选择选项2的交易方式，要使Cambridge公司股东无差异，那么Courtesan公司收购价是多少？

　　d. 给定c部分中计算的收购价格，对Courtesan公司而言，哪种方案是最优选择（选项1下收购价为12 500美元，选项2下收购价为c部分计算的价格）？假定递升值均采用直线法在10年内摊销或计提折旧，Courtesan公司的边际税率为35%，税后折现率为12%。

　　e. 假设在选项1下Courtesan公司愿意支付12 500美元收购价，那么在选项2下Courtesan公司愿意支付的最高收购价是多少？假定递升值均采用直线法在10年内摊销或计提折旧，Courtesan公司的边际税率为35%，税后折现率为12%。

　　f. 是否应该选择在338款(h)(10)的选择性条款下进行交易？为什么？

　　g. 假设你是Cambridge公司股东的咨询师，他们愿意支付给你税后收益增量的30%，前提是此增量是因你对此次交易的建议所产生的。那么，在选项1下，你会使税后收益增加吗？如果能，请简要解释如何操作（用20字解释）。如果Cambridge公司说服Courtesan公司支付在e部分中计算的最高收购价，你会使他们的税后收益增加多少（支付30%的报酬之前）？如果他们听你的，你会获得多少报酬？如分析中有需要，则可以使用e部分中的假设条件。

　　3. 下面是购买S公司和C公司相关的数据，两家公司拥有相同的税基，除了公司组织形式不同之外，其他方面都相同，收购方愿意支付10 000美元去收购两家公司的股票。

相关参数	
股票购买价格（美元）	1 000.00
资产净税基（美元）	500
资产历史成本（美元）	2 000
累计折旧（美元）	1 500
股东所持目标公司股东股票税基（美元）	500

目标公司负债（美元）	0
t_c	35%
t_o	40%
t_{cg}	20%
r	10%
n	10年

　　a. 给定采用应税股票收购方式时收购方愿意支付10 000美元，那么在应税资产收购中，收购方为收购目标C公司愿意支付的最高价格是多少？

　　b. 给定采用非338款(h)(10)的选择性条款下的应税股票收购方式，收购方愿意支付10 000美元，那么采用在338款(h)(10)的选择性条款下的应税股票收购，收购方为收购目标S公司愿意支付的最高价格是多少？

　　c. 在a部分中，目标公司股东愿意接受的最低收购价格是多少？

　　d. 在b部分中，目标公司股东愿意接受的最低收购价格是多少？

　　e. 给定计算出来的a部分、c部分的答案，在C公司出售过程中会采用应税资产出售方式吗？

　　f. 给定计算出来的b部分、d部分的答案，在S公司出售过程中会采用338款(h)(10)的选择性条款下的交易方式吗？

　　g. 假定在338款(h)(10)的选择性条款下，收购方愿意支付最高价格，那么相对于C公司股东，S公司股东将会获得多少额外税后现金？请注意，C公司以10 000美元出售股票，而S公司以b部分计算的结果出售股票。

　　4. 假定你为某项收购筹划进行可比分析。你为一家私人持有的S公司（目标公司）提供咨询服务，你所掌握的可比公司资料主要集中于独立C公司的应税收购。

　　你的助手已为可比公司收购活动计算出共同定价参考值：

	平均值 （美元）	中值 （美元）
收入价	0.82	0.76
账面价值	2.21	2.07
收益价	23.4	18.6
息税折旧摊销前盈余价（EBITDA）	9.58	7.13

再假设在收入和收益前景方面目标公司与可比公司相似——也就是说，目标公司在营运方面的情况与可比公司大致相同。

你是否会建议调整对可比公司的分析，或你是否会建议你的顾客接受收购方对可比公司收购开出的等于 EBITDA 的平均价格？

参考文献

参见第 13 章参考文献和附加阅读资料。

第16章

独立C公司的免税收购

脸书公司在2012年花10亿美元收购了图享（Instagram）公司。据报道，在这场交易中脸书公司支付了3亿美元现金和价值7亿美元的股票。在本章，你将了解脸书公司和图享公司交易方式的税收影响。同样，在2012年，迪士尼同意用股票和现金收购卢卡斯电影。本章也讨论了税收给迪士尼/卢卡斯电影交易的收购方、目标公司和目标公司股东带来的影响。在2010年，当穿越航空（Airtran）公司被西南航空（Southwest Airlines）公司用14亿美元收购时拥有大约4.77亿美元的NOL。收购后，西南航空公司在税法的具体规定下可以使用穿越航空公司的NOL，使其应纳税额减少。因此，穿越航空公司的NOL为西南航空公司产生了流动资金。在本章，你将会学习到怎样去估算从目标公司NOL中产生的现金流效应。

阅读完本章，你应能：

1. 描述独立C公司免税结构的四种基本形式和享受免税优惠待遇的条件。
2. 识别各种免税收购方式对收购方、目标公司、目标公司股东的税收影响。
3. 对比独立C公司免税和应税收购的税收和非税成本及收益的差别。
4. 对独立C公司免税和应税收购的税收效应差别进行量化。
5. 计算在非税因素不变时各种免税和应税收购方式使购销双方无差异的价格。

在前两章我们探讨了独立C公司的应税收购以及S公司的应税收购案例。目标公司股东在所有可选择的应税收购中都面临即期纳税义务的承担。当交易的双方同意按税法典368款和351款进行免税交易时，目标公司股东可避免在交易中确认当期资本利得。相对地，在某些限制条件下收购方也可获得目标公司的税收属性。但是，目标资产税基在免税收购中是不能递升的。

本章我们将讨论368款和351款下的各类型免税重组，并集中讨论独立C公司的免税收购问题。"免税"一词用在此处或许有些名不副实，因为免税收购只能让目标公司的股东享受所得税的税收递延优惠，并非真正获得免税的待遇。本章我们会运用与前两章类似的几个数字实例对免税收购方式进行分析和讨论。接着我们还会分析382款中结转税基交易对目标公司税收属性的相关限制。最终我们会设计出一个代数模型，对各种免税和应税收购方式对收购方、目标公司以及目标公司股东的纳税影响进行量化。我们将使用该模型分析比较各种免税收购方式下不同的成本和收益情况（对比应税交易）。另外，子公司的免税收购将放在第17章讨论。

在 368 款（a）（1）中，对独立 C 公司进行免税收购的 4 种基本方法中的 3 种给出了定义。这 3 种基本方法分别被称为 "A" "B" "C" 类重组。这种命名方式出自税收法典 368 款（a）（1），其中 368 款（a）（1）（A）就是 "A" 类。这几类重组方式的主要区别在于收购的标的是资产还是股票，在于免税待遇包含的数量及交易方式，例如 "要求至少 50％的收购方股票"。另外，368 款重组的两种变形，通常被称作三角合并（triangular merger），是收购方通过自身子公司来促成的交易。在 351 款中，给出了第四种收购方式的定义并详细阐明了公司成立（corporate formation）获得免税待遇资格需要具备的条件。① 无论目标公司股东采用哪一种免税重组基本方法，都必须就所接受的现金和其他任何形式的补价明确应税收入。广义上讲，这里所说的其他形式的补价包括但不限于现金和债务类证券。

本章将对不同形式的免税重组方式进行描述和对比，同时还将重点关注重组方式对收购方、目标公司及其股东的税收影响。我们会特别关注这三者间财产转移和接受后产生的合成税基。

首先，我们介绍免税收购的一般要求。然后，对各种免税重组方式进行解释。表 16－1 是这些免税方式的税收影响一览表。

表 16－1　　　　　　　　　　独立 C 公司免税收购方式一览表

	368 款 "A"a	三角合并 368 款 "A"b	368 款 "B"c	368 款 "C"d	351 款e
免税待遇所要求的对价或付款方式	至少 40％的收购公司股票，可以是有表决权股、无表决权股、优先股或普通股。	至少 40％的收购公司股票。	100％收购公司的表决权股票，可以是优先股或普通股。	至少 80％收购方公司的有表决权股票。	包括股票、现金、债券在内的混合对价；转移方要取得新成立公司股票，为取得免税待遇而控制新成立公司股票。
收购标的	资产	资产	股票	资产	股票或资产
主要收益	（1）弹性对价。 （2）为某些公司股东提供免税待遇，需为 60％的股东支付现金。	（1）子公司可提供免责条款。 （2）阻止收购方股东表决。 （3）目标公司中未被转移的资产可被收购（倒三角合并）。	（1）交易简单，成本低廉。 （2）目标公司成为收购方的子公司，在目标公司的负债中有些责任保护。 （3）所有目标资产都被收购（如营业执照）。	（1）对价要求限制少（只与一些交易方式相关，如 "B"）。	（1）在为目标公司股东提供理想的付款形式方面具有灵活性。

---

① 合并可被构造成公司成立交易。

税收与企业经营战略：筹划方法（第五版）

	368 款 "A"[a]	三角合并 368 款 "A"[b]	368 款 "B"[c]	368 款 "C"[d]	351 款[e]
主要成本	(1) 承担目标公司的所有负债。 (2) 一些资产没有转移。 (3) 必须满足州法律所限定的合并资格。	(1) 在股票形式和数量方面有限制。 (2) 必须满足州法律所限定的合并资格。	(1) 在对价方面多有限制。 (2) 所有目标公司负债保留。 (3) 稀释了收购方股东的控制权。	(1) 如果使用补价，目标公司的所有负债都计入 20% 的非股票限制额内。 (2) 一些资产不能转移。	(1) 一种可能产生其他结构中没有的大量的应税或非税问题的复杂形式。

说明：a. 在法定合并下，收购方与目标公司交换股票及补价以获取目标公司的资产和负债。目标公司清算后将所换取的收购方股票分配给股东，以回购其手中持有的目标公司股票。

b. 在正三角合并中，收购方先创建一个全资子公司，由其与目标公司交换股票及可能支付的补价以获取目标公司的资产和负债。在这种方式下，目标公司的资产和负债由收购方的子公司所有。在倒三角合并中，目标公司成为收购方的子公司。在倒三角合并的交易方式下，收购方必须购买目标公司 80% 有表决权的股票。也有一些其他的技术限制，但不属于本部分讨论的内容。

c. 以股换股合并中，收购方直接与目标公司股东交换股票以获取目标公司的股票。

d. 以股票换资产的合并形式与法定合并形式类似。

e. 公司交易中，目标公司将其自身的股票或资产投入一个新实体中以换回股票或补价。同时，收购方也将自己公司的股票或资产投入这家新公司以换取新公司的股票。如果该交易满足 351 款，则交易中出资人（如目标公司股东）所接受的股票免税。

□ 368 款下免税待遇的一般要求

为了达成 368 款下的免税条件，收购行为要符合如下几个一般性规定。第一，目标公司股东要保持对目标资产的持续权益（continuity of interest）。在实际情况中，持续权益指的是目标公司的股东必须接受收购方与其交换的股票。[①] 依据过往的经验，为达成免税的条件，收购方给出的股票不能低于收购方总购价的 40%。我们后面会讨论，368 款下某些类型的交易为获取免税待遇，在收购形式和总购价上还有额外限制。第二，在免税交易中收购方不能在购买目标公司后立即对目标公司进行清算。该原则叫持续经营权益（continuity of business interest），即收购方在收购后也必须持续使用收购获得的目标资产的生产能力。但是，收购方有权在收购以后对部分目标资产进行弃置处理。现实中，在某些实际案例中，收购方出于调整的目的，需要卖掉部分目标资产。值得注意的是，收购方不一定非要在与目标公司同样的商业或生产活动中使用目标资产，他只需要使用这些资产的生产能力即可。第三，收购方不能单纯出于避税的需要考虑，而是必须具备合理的商业动机。我们接下来讨论几种特殊的免税收购方式，以及每种方式对获得免税待遇的要求和税收含义。

16.2 368 款 "A" 类重组：法定合并

在 368 款 "A" 类重组下，收购方用自身的股票或补价（如现金）换取目标公司的

---

① 通过获得收购公司股票，目标公司股东维持对目标公司资产的权益，即所谓的持续经营权益。

资产和负债，如图16-1所示。在清算时，目标公司必须将其从收购方手中获得的对价分配给目标公司股东，从而换回目标公司的股票。当目标公司股东获得的是收购方的股票时，这种清算分配（liquidating distribution）就可以获得免税待遇，但如果他们接受的是现金，那么即使该交易本身具有免税性质，也需要缴税。需要特别注意的是，目标公司股东应把实现的收益和所接受的补价二者中的较小者认定为应税收益。实现的收益等于收购价格（所接受的对价）和卖方股东股票税基之间的差额。对已发生的损失不予确认。在交易完成后，目标公司股东将成为收购方股东。合并后收购方拥有目标公司资产。

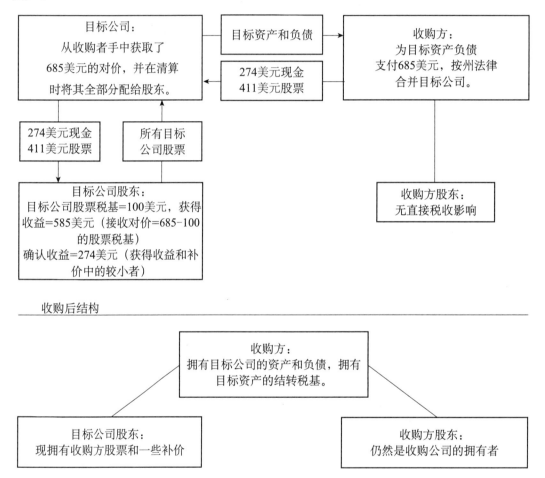

收购后结构

图 16-1　368 款(a)(1)(A)的免税合并：法定合并

□ 368 款（a）（1）（A）下的免税待遇要求

在适用的州法律下，"A"类重组必须满足法定合并（statutory merger）的要求，也就是收购方和目标公司股东双方必须一致同意合并。出于税收目的，一项"A"类重组一般要求在收购中目标公司股东所接受的报酬至少有40%为收购方股票。为满足持续权益原则，收购方可以持有有表决权股份或无表决权股份，这些股票可以是普通股也可以是优先股。

当然，目标公司股东会为其从收购方手中所获取的股票定价。例如，如果目标公司股东从收购方手里取得的是无表决权股票，那么他们可能会要求额外的补价。该交易方式的好处之一是收购方在购买目标公司时可以支付一部分现金，同时又可以支付一部分股票，支付股票可以为那些想要避税的目标公司股东提供税收递延。

□ 368 款"A"的税收影响

为了理解各种免税收购方式的不同税收影响，我们来分析一些代表性的例子。表 16-2 用这些例子列示了不同免税收购方式下不同的税收影响，该表还显示了在同一条件下不使用 338 款时应税股票收购的税收影响。

在 368 款"A"交易中我们先做如下假设：

● 目标公司 T 的资产净税基为 100 美元（历史成本为 100 美元，无累计折旧）。

● 目标公司股东拥有 T 公司 100 美元的股票，适用 20%的资本利得税税率（联邦资本利得税税率加州资本利得税税率）。

● 目标公司股东在交易中所得收购方股票不得进行转让，直至其死亡。[①]

● 收购方 A 愿出价 685 美元购买目标公司，A 支付 274 美元现金（总价的 40%）以及价值 411 美元的收购方股票（总价的 60%）。

目标公司股东在收购中将实现 585 美元的所得，该所得为所接受的对价（685 美元）和目标公司股东股票原税基（100 美元）的差额。已实现所得（585 美元）与接受的补价（274 美元）之间的较小者为 274 美元，则目标公司股东将确认 274 美元的收益。已实现收益是应税收益，要等到被确认之后才纳税。由于 274 美元是应税收益，因此目标公司股东应纳税额为 54.80 美元（即 274 美元×20%），税后实际获得 219.20 美元的现金和价值 411 美元的股票。

在交易中，目标公司股东接受收购方股票后以一个替代税基（substituted basis）入账。这个替代税基是指把股东拥有的 A 公司股票税基等同于其拥有的目标公司股票价值加上确认的收益，再减去补价。在该例中，目标公司股东所接受的收购方股票原税基是 100 美元，加上 274 美元后减去补价的 274 美元，最后等于 100 美元。如果目标公司再以公允价值（411 美元）出售，他们将确认 311 美元的资本利得。[②] 这样，目标公司股东在交易中的总资本利得上升至 585 美元（即 274 美元＋311 美元），刚好等于交易中所实现的资本利得。我们之前所描述的替代税基的计算保证了已实现资本利得最终被全部确认。

收购方将会确认目标公司资产的结转税基。在本例中，收购方还将确认 100 美元的目标净资产税基。因为目标公司已经被清算，股票已经不存在，因此收购方不会确认目标公司股票税基。目标公司的税收属性将转移至收购方，但受到 382 款的限制（第 16 章 16.6 节中将描述 382 款的运行机制）。表 16-2 第 1 列展示了本节要计算的一些特殊指标。

---

① 在这些例子中，我们有个隐性的假定是所有股东都将收到相同比例的股票和补价。但有一个特殊的情况，即只有在交易中允许使用现金的情况下，目标公司股东才能选择接受股票还是现金。在收购中，每一位股东所得的应税收益都是由所收到的对价以及其放弃的目标公司股票税基计算得来的。

② T 公司股东持有 A 股票期间与 T 公司股票相同；也就是说，持有期间可相互替换。

表 16 - 2　　　　　　　独立 C 公司免税收购税收含义的比较

相关参数	
购买价格（美元）	685.00
目标公司股东股票税基（美元）	100.00
目标资产净税基（美元）	100.00
t_c	35%
t_{cg}	20%
r	10%

	免税收购				应税收购
	368 款 "A"[a]	368 款 "B"[b]	368 款 "C"[c]	351 款[d]	非 338 款的选择性条款下的股票出售
购买价格	685.00	685.00	685.00	685.00	685.00
现金（美元）	274.00	0.00	137.00	411.00	685.00
股票（美元）	411.00	685.00	548.00	274.00	0.00
目标公司股东应纳税额[e]（美元）	0.00	0.00	0.00	0.00	0.00
目标公司股东确认的收益[f]（美元）	274.00	0.00	137.00	411.00	585.00
目标公司股东应纳税额[g]（美元）	54.80	0.00	27.40	82.20	117.00
目标公司股东税后财富					
现金[h]（美元）	219.20	0.00	109.60	328.80	568.00
股票（美元）	411.00	685.00	548.00	274.00	0.00
总计（美元）	630.20	685.00	657.60	602.80	568.00
收购方净税后成本					
税前成本（美元）	685.00	685.00	685.00	685.00	685.00
减：增加的款税额（美元）[i]	0.00	0.00	0.00	0.00	0.00
净税后成本（美元）	685.00	685.00	685.00	685.00	685.00

说明：a. 假设在支付的对价中 60% 是股票，40% 是现金。

b. 在此交易形式下要求收购方购买目标公司 100% 的股票。

c. 假设在支付的对价中 80% 是股票，20% 是现金。

d. 假设在支付的对价中 40% 是股票，60% 是现金。

e. 目标公司层面上的应纳税额。

f. 目标公司股东确认的收益等于接受的补价与已实现收入中的较小者。

g. 目标公司股东层面上的应纳税额等于接受的补价与已实现利得中的较小者乘以资本利得税税率。

h. 交易中所获现金减去与确认收益（说明 f）相关的应纳税额。

i. 因为目标资产税基没有递升，所以不存在增加的款税额。

□ 与 368 款 "A" 类交易方式相关的非税问题

在此交易方式下，收购方将获得目标公司所有负债。因此，收购者在这种交易方式下产生了一些潜在的非税成本。另外，因为这只是一项资产收购，一些目标公司资产（如执照、特许权许可、政府许可等）或许不能转移给收购方。这些资产的不可转移性是根据法律或创造该财产时的合同而规定的。

从目标公司股东的角度来看，有一个需要重点考虑的问题，那就是有关接受对价的问题。与直接获得现金然后去购买各种资产相比，目标公司股东接受收购方的股票将面临更大的风险。如果目标公司股东接受收购方股票，那么在所有的免税收购中都会出现这种风险增加的情况。20 世纪 90 年代曾出现几个非常著名的收购公司股票的案例，都不约而同地导致了收购方公司股价的暴跌。[①] 被称为法定合并的合并方式可能会大大增加买卖双方都在尽力避免的非税成本。

□ 三角合并

图16-2描述了一个正三角合并（forward triangular merger）。在这种方式下，收购

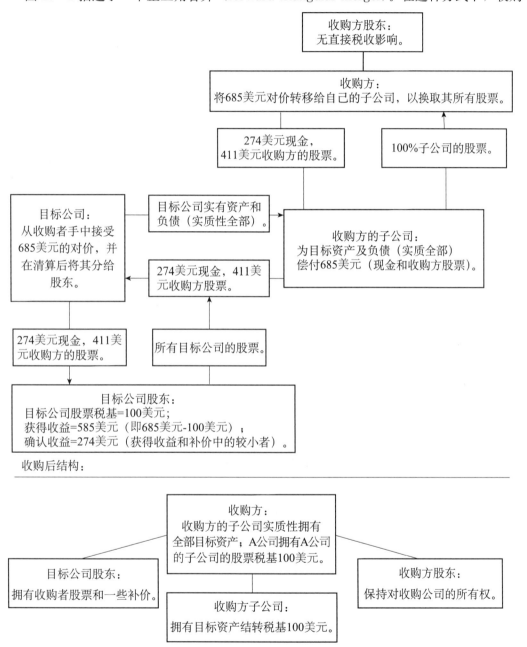

图16-2 368款(a)(1)(A)下的免税正三角合并

---

① 在这一时期，有超过1 000亿美元的股票收购被指控会计舞弊的罪名。在所谓的会计舞弊时期，圣达特（Cendant）、安然和世通是几家比较引人注目的用其股票购买目标公司的收购公司。见"Shares of Former High-Flier Cendant Plunge on Accounting Troubles," *Dow Jones Online News* （April 16，1998）。

方创立一家子公司，然后通过它来收购目标公司。在正三角"A"类合并中，收购子公司用其股票换取目标资产和负债，合并后留存的实体为A公司的子公司。可以看到，除了收购方使用子公司进行交易这一点外，正三角"A"类合并与基本的"A"类合并方式相似，但它们之间还有一个显著不同，即正三角"A"类合并中，A公司必须收购目标公司的所有资产，也就是说，必须收购目标公司资产的90%的净公允价值资产或者70%的总公允价值资产。

正三角"A"类合并能为收购方提供显著的非税收益，因为目标公司资产和负债（包括或有负债）都由A公司的子公司所持有。基于目标公司的资产和负债都是由其子公司所持有的，收购方可以通过所有权有限责任原则，使其从或有负债或未记录的负债中得到一些豁免条款。另外，由于收购方使用子公司完成该收购，不需要收购方股东对三角收购做出正式批准。但是，如果合并中包含了较大数量的收购公司股票（用以交换），收购方的公司章程可能会要求股东对交易做出正式批准。

在倒三角合并中，交易中留存下来的实体是目标公司而不是A公司的子公司。这种交易形式，对于目标公司有难以转移的资产的情形，相对于正三角合并或基本的"A"类合并要有利得多。倒三角合并中对免税收购还有其他的条件限制，但已超出本书范围。读者只需牢记，倒三角合并非是一种常见的合并形式。

16.3　368款"B"类重组：以股换股收购

"B"类重组不是资产收购而是股票收购。收购方通过与目标公司的股东直接互换股票的方式拥有目标资产的所有权。图16-3展现了368款"B"类重组方式。请注意，在该收购方式下，目标公司实际是成为收购方的子公司，因而当目标公司股份所有权变化时，目标公司的法律身份并未发生改变。这种收购方式与368款"A"类收购的反三角合并相似。

□ 368款（a）（1）（B）下满足免税待遇的要求

一般地，368款"B"类交易限制比"A"类更严格。与"A"类重组不同，"B"类重组不一定是法定合并。因此，无论是收购方还是目标公司股东，都无须对投票权提供正式批准。但是，目标公司股东因拿自己的股份换取了收购方的股份而实际拥有了投票权。

368款"B"类交易的免税待遇要求交易中的收购方必须全部用自己有表决权的股票作为收购对价。除了一些零头股付现金以外，任何使用现金的交易都不满足免税待遇的要求。在交易中，收购方既可付普通股，也可付优先股，只要有表决权就行。最终，为使交易免税，收购方必须获得目标公司超过80%的控股权。正是由于这个限制，如果收购方无法获得80%的目标公司股票，此交易就不算是正式"B"类交易。

□ 368款"B"类重组的税收影响

仅将目标公司股东所接受股票的比例稍做改动，第16章16.2节中的有关数据便可

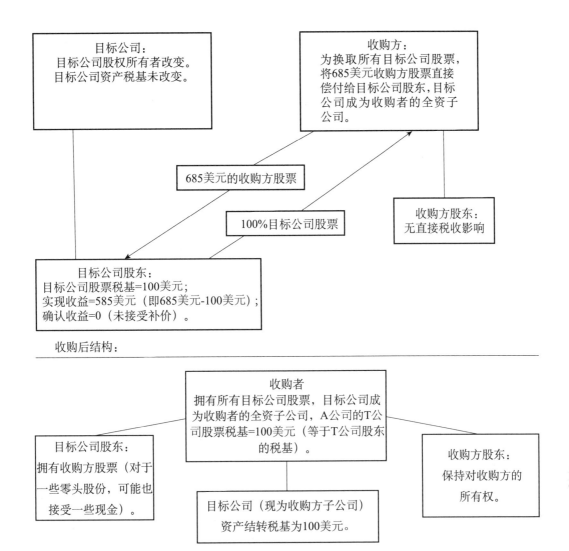

图16-3

说明该方式的税收影响。该方式下，收购方愿意以685美元（对价的100%）购买目标公司有表决权的普通股。

目标公司股东在收购中获得585美元的收益。该收益为所获得的对价的现值（685美元）与目标公司股东原股票税基（100美元）的差额。目标公司股东的确认收益为0，取实现收益（585美元）和接受的补价（0）之间的较小值。结果，目标公司股东将获得税后685美元的股票，并在收购公司股票上采用替代税基（即100美元）定价。他们把拿到的价值100美元的A公司股票，加上所确认的收益0美元，减去补价0美元，即得到100美元的税基。只有目标公司股东按照公允价值（685美元）出售A公司股票，他们才会将585美元确认为资本利得。

在目标公司资产上，收购方将使用结转的税基，本例中目标净资产确认100美元税基。与368款"A"类交易不同的是，收购方同时还会获得目标公司股票的税基。收购方获得的目标公司股票税基结转等于目标公司股东收购前股票的税基，本例中是100美元。表16-2第2列展示了本节的有关计算。

目标公司成为收购方的子公司，我们又遇到收购方拥有目标公司（目标公司现为收购方的子公司）的资产税基和股票税基不同的情况。① 例如，在目标公司股东的股票税基是 200 美元而不是 100 美元的情况下，收购方拥有的目标公司股票和资产的税基分别是 200 美元和 100 美元。目标公司的税收属性转移到了收购方这边，但要受到 382 款有关规定的限制。

□ 与 368 款"B"类收购相关的非税问题

因为在该方式下收购方获得了目标公司股票，所以不论是记录的还是未记录的，收购方对目标公司债务也负有责任。这种方式给收购方引入了许多潜在的非税成本问题。但作为目标公司的母公司，收购方承担的债务责任仅以其对目标公司的投资额为限。与 368 款"A"类重组不同，目标公司成为收购方的子公司，因此，收购方间接获取了目标公司的所有资产。目标公司保留了其法人地位，因此目标公司的资产项目也未发生改变。正因为这一点，如果目标资产难以转移，该方式就是一项非常有利的交易方式。目标公司股东获得收购方股票后，会面临与"A"类重组相同的潜在成本。

368 款"B"类交易下的三角收购也是可供选择的一种办法，限制条件也和先前所提到的相似，只不过 368 款"B"类交易下基本的限制，如"100%股份"，比可支配三角合并中的限制更为严格，如"最低 40%股份"。

16.4 368 款"C"类重组：以股票换资产收购

"C"类重组与"A"类相似，不是股票收购而是资产收购。收购方用有表决权的自身公司股票，可能还会加上一些其他补价，来交换目标公司的所有资产。目标公司股东在目标公司的清算中获得收购方股票以及其他对价。图 16 - 4 展示了 368 款"C"类重组，除了几点明显不同外，其他与"A"类重组相似。

□ 368 款（a）（1）（C）下的免税待遇要求

该方式在某些方面比"A"类重组要求更严格，但在另一些方面又较为宽松。与"A"类重组不同，"C"类重组不要求是法定合并。然而，收购方必须购买目标公司的绝大部分资产以获得免税待遇。绝大部分资产是指总资产市场公允价值的 70%和总资产市场公允价值的 90%。与"A"类重组不同的另外一点是，"C"类重组下收购方不必继承目标公司所有债务。因此，在获得免税待遇的同时，收购方又可以避免承担一些目标债务责任。

在"C"类重组中，收购方支付的总对价里至少有 80%是有表决权的股票。如果收购方在交易中使用了补价，由收购方所承担的目标债务则会作为补价包含在 80%里面。例如，收购方为了满足"C"类交易的条件，支付了 5%的现金，则收购方继承的所有目

---

① 回忆一下，第 14 章中独立 C 公司的应税股票收购常会导致收购者所拥有的目标公司股票价值超过目标公司的净资产价值，见表 14 - 2。

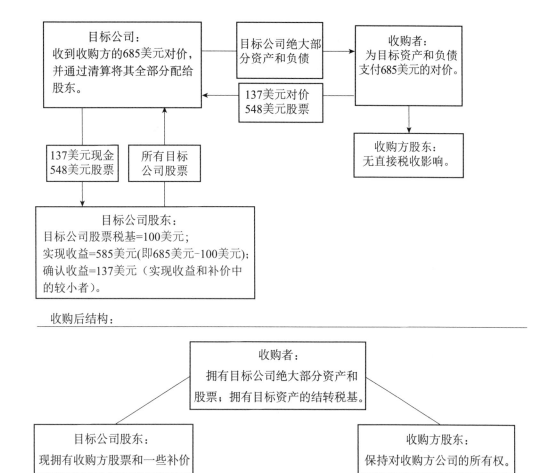

图 16 - 4　368 款（a）（1）（C）下以股换股资产的免税合并收购

标债务都将被视为收购方已经用现金在合并中对其进行了偿付。因此，在目标公司所接受的对价中，所有目标公司债务将被拿来当作补价算进表决权股票里，再计算该股票是否达到或超过 80%。实际中，正是这种要求导致在"C"类重组中收购总是使用 100% 的自身股票作为支付对价。

□ 368 款 "C" 类重组的税收结果

我们继续使用 "B" 类重组中的一些数据，但我们假定目标公司股东接受 20% 的现金（137 美元）和 80% 的收购方有表决权股票（548 美元）。这样目标公司股东在合并中获得的仍然是 685 美元对价。

在交易中目标公司股东会实现 585 美元的收益，该收益是目标公司的接受对价（685 美元）和股票原税基（100 美元）之差。目标公司股东确认 137 美元的收益，即实现收益（585 美元）和接受补价（137 美元）之间取较小值。因此，目标公司股东将获得税后 109.6 美元的现金（应纳税款为 137 美元×20%＝27.4 美元）以及价值 548 美元的收购方股票。目标公司股东在交易中会在收购方股票上使用替代税基，使获得的收购方股票等于 100 美元（100 美元替代税基加上确认的收益 137 美元减去支付的对价 137 美元）。这样当目标公司股东将此股票以市场公允价值（548 美元）出售时，需确认 448 美元的资本利得。表 16 - 2 展示了相关计算过程。

收购方将在目标公司资产上使用结转税基，在目标公司净资产上采用 100 美元税基。目标公司股票未被收购，因此，收购方不用对目标公司股票确认价值。目标公司的税收属性将转移到收购方，但会受到 382 款相关规定的限制。

368 款"C"类三角合并必须满足与 368 款"A"类三角合并类似的条件。两者的应税影响和非税影响基本一致。除了法定合并问题外，"C"类重组的非税影响类似于"A"类重组的非税影响。

16.5 351 款下的免税重组

要构造一项交易符合 368 款下的各种免税要求常常是不切实际的，例如，目标公司股东可能会要求收购价格的 60% 以上是现金支付，这使得交易能满足在持续权益原则下的免税收购要求。另外，目标公司的其他股东也可能坚持要求获得免税待遇，表示如果不提供免税待遇就不会参与合并。

对那些不能满足 368 款免税条件的交易而言，351 款提供了另一条途径。[1] 对于不熟悉 351 款的读者而言，351 款决定着公司形式交易。我们在此简要列出，以帮助进一步了解 351 款合并。在此之前，351 款被用于一些重大的交易，非常值得关注［如西尔斯百货（Sears）和凯马特（Kmart）的合并、新闻集团（News）收购道琼斯（Dow Jones）］。

□ 351 款下免税待遇的要求

当一家公司新成立时，股东发起人通常会将包括现金在内的财产投入新公司以换取所有者权益（股票）。但发起股东投入的资产增值达到一定程度时可能会被要求确认收益。这样可能对宏观经济造成不利影响，因为投资人在创业之初为节省税收成本已经做了很多努力，这样做会造成他们的反感。351 款允许在符合一定条件的情况下，以财产向公司注资以享受免税待遇。尤其是，在注资以后，所有的出资人都须拥有对新公司的控制权，我们一般称新公司为 NEWCO。控制（control）指的是拥有 NEWCO 中 80% 的所有权。出资人可以接受 NEWCO 的普通股或优先股，也就是说，可以接受各种不同类型和级别的股票。

出资人受让 NEWCO 的股票可享受免税待遇，但将财产转让给公司换取债券或现金的出让人必须确认应税收益，即按已实现收益或所接受补价确认收益。接受 NEWCO 股票的出资者在 NEWCO 股票上采用替代税基，也就是以确认的收益和获得的补价进行调整。NEWCO 在取得出让资产上使用结转税基，这个税基由出让股东所确认的收益调增而来。

□ 351 款合并的税收结果

图 16 - 5 显示了 351 款下的合并。在该交易方式下，收购方创立了 NEWCO。收购

---

[1] 351 款也适用于创立合资企业。

方（A 公司）的股东通过用 A 公司的股票向 NEWCO 出资以换取 NEWCO 有表决权的股票。A 公司股东的股票税基为 500 美元（公允市价为 10 000 美元），净资产税基为 200 美元。A 公司股东用价值 10 000 美元的 A 公司股票换取 NEWCO 的股票。目标公司（T 公司）的股东也通过把目标公司股票出资给 NEWCO 来换取其有表决权的股票。

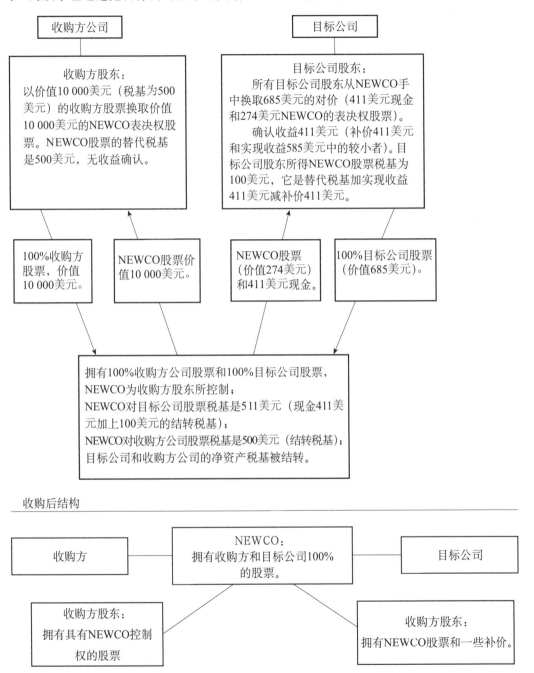

图 16-5　351 款下的免税收购

在 A 公司和 T 公司向 NEWCO 完成出资换股后，收购方和目标公司股东将控制 80％以上的 NEWCO 股权。所以，在 351 款下拿财产（股票）交换 NEWCO 股票免税。

在图 16-5 所示的交易中，收购方和目标公司都成为 NEWCO 的全资子公司。实际上，在完成 351 款交易后，NEWCO 可能会按照 322 款进行结构重组。[①] NEWCO 也会被再次更换名字（一般是与收购方类似）。

我们再次使用表 16-2 的数据说明 351 款交易方式的税收影响。NEWCO 愿意出价 685 美元购买目标公司股票，其中现金 411 美元，另外为 NEWCO 有表决权的普通股 274 美元（假设 NEWCO 贷款 411 美元）。注意，目标公司股东接受 60％的现金和 40％的 NEWCO 股票。

目标公司股东获得 585 美元实现收益，即所获对价（685 美元）与目标公司股票税基（100 美元）之间的差额。目标公司股东所确认的收益为 411 美元，即获取实现收益（585 美元）与补价（411 美元）二者中的较小数额。目标公司股东税后获得 274 美元的股票和 328.80 美元的现金（411 美元减去 82.20 美元的税），并在取得 NEWCO 股票上采用替代价值。在此例中，目标公司股东在取得的 NEWCO 股票上采用的替代价值等于 100 美元，加上确认的收益 411 美元，减去收到的补价 411 美元，即为 100 美元。

在 351 款交易下，收购方股东可获得 9 500 美元的收益，但出于税收目的，他们将不确认该收益。收购方股东取得 NEWCO 股票采用替代税基入账，即新税基为 500 美元。

NEWCO 将把用现金收购的目标公司股票支付成本税基入账，以股票换取的目标公司股票用结转税基入账。在本例中，NEWCO 取得的目标公司股票的入账税基是 411 美元（成本税基）加 100 美元（结转价值）等于 511 美元。[②] 目标公司变为 NEWCO 的子公司，目标公司 100 美元的净资产税基直接结转。目标公司的税收属性很可能受到 382 款有关规定的限制。NEWCO 获得收购方结转价值 500 美元的股票及结转价值 200 美元的净资产，351 款最终使收购方成为 NEWCO 的全资子公司。

☐ 免税收购结构比较

在前几节的内容里，我们分别介绍了基本免税收购模式的主要特征。现在，我们比较不同免税收购间的税收及非税差异。

非税因素 表 16-1 展示了本章所讨论的不同免税收购中税收和非税方面的差异，理解这些差异是成为一个成功的税收筹划者的基础。为了参与收购，充分理解各种免税交易的不同要求，以及对购销的各种约束性条款尤为重要。然而，不考虑收购价格的情况下，这几种方式分别在何时最有利呢？在给定非税约束的前提下，大家可从表 16-1 中查找到答案。

在 368 款"A"类方式下，可以提供非常多样化的对价形式，所以，这种交易方式在保证免税待遇之余可以有很大的灵活性。当收购方股东担心控股权被稀释时，这种方式会尤其受欢迎，因为目标公司股东可以在其免税待遇不受影响的同时获得无表决权股份。

368 款"B"类方式的优点主要体现在可以避免法定收购的复杂性，此外，因为目标公司在被收购后成为收购方的子公司，"B"方式还能提供一定程度的债务保护。"B"方

---

① 332 款允许公司以免税的方式清算其全资拥有的子公司。这样的清算常见于各种类型的收购。

② 注意，在这个交易中，收购者（NEWCO）的股票税基和目标公司的净资产税基是不同的（511 美元和 100 美元）。

式最核心的一个优点是，它可以让收购方拥有全部目标资产，但这些资产并不能转移给其他实体。

当不能满足"B"类重组要求时，就可以启用 368 款"C"类重组方式，或者不能满足作为法定合并的"A"类重组时，"C"类重组也可以派上用场。351 款允许目标公司股东接受免税对价，这在 368 款下是不允许的。

税收因素 如表 16-2 所示，在 16.2 节至 16.5 节中所讨论的免税收购形式对目标公司股东会产生不同的财富效应。[①] 注意，在每个例子中，收购方的税后净成本均为 685 美元。目标公司股东应该会更倾向于 368 款"B"类交易，因为单纯考虑税收影响时，这种方式的税后财富是最大的。

然而，如果目标公司股东不持有收购方股票，那么对目标公司而言，368 款"B"类结构和"A"类结构其实没有区别。因为股票的风险要高于现金，目标公司股东可以因为多持有股票要求收取一定的风险酬金。另外，在不考虑交易成本的情况下，现金可以用于投资多元化的资产组合，但是收购方股票却不具备此功用。[②] 在 16.7 节中更切合实际的假设条件下，我们会再次对各种应税及免税交易的税收影响进行一番比较。

16.6 对目标公司税收属性的限制

在 382 款规定下，任何交易只要有 50% 的所有权发生变动，就会引发对公司净营业损失的限制。[③] 同时，381 款、382 款和 384 款对目标公司的其他税收属性也有一些限制性规定，如资本损失向后结转和税收抵免超额。这里，我们只对 382 款里关于目标公司净经营亏损的限额[④]进行集中讨论。该限额是根据目标公司所有权发生变动时股票市价和长期免税率计算得来的。例如目标公司税收属性的年度限额 NOL，可以由所有权变更之日目标公司的权益市值与收益的长期免税率相乘得到。[⑤] 而收益的长期免税率则由美国联邦政府制定并定期对外公布。

当长期免税率为 5% 时，在非 338 款的选择性条款下，具有 100 美元 NOL 的目标公司的应税股票以 200 美元的价格被收购。之后每一年，目标公司都可以使用 10 美元的 NOL（5% 乘以所有权变更时 200 美元的权益价值）对应税收入进行冲抵。如果收购后的第二年公司获得 20 美元的收益，则只能冲抵 10 美元 NOL。而假如在收购后的某一年

---

① 财富效应的差别是由目标公司股东所接受的对价中收购方股票的比例不同产生的。如果在各种交易税收结构中目标公司股东收到的对价 100% 是收购方股票，则他们的财富将会相同。

② 例如，目标公司股东可以用收购方股票作抵押贷款，并用贷款所得购买多元化的证券组合。这样一个策略的交易成本可能会很高。

③ 符合条件的所有权变动的定义是相当复杂的。读者只要理解无论是应税还是免税的任何收购，在 382 款定义下所有权是否发生变动就足够了。

④ 381 款规定了收购后在价值结转中使用目标公司税收属性的一般原则，而 382 款则主要是关于收购者使用目标公司收购前 NOL 的限制。383 款是关于资本损失向后结转和收购前目标公司的税收抵免的限制。384 款规定了收购者使用亏损冲销目标公司内部收益的约束。

⑤ 在 1986 年的税收改革法案以前，对目标公司 NOL 的限制因应税交易和免税交易而有所不同。1986 年以后，不论在应税还是免税交易中，对目标公司税收属性的限制本质上都是相同的。

里，目标公司有 5 美元的应税收入，这未冲抵的 5 美元 NOL 可被结转到下一年。同样，限制也适用于税收抵免、资产损失及其他所谓的内部损失。[①] 但是，一旦目标公司（收购后成为收购方的子公司）在收购后发生了损失，就可以用收购方的利润进行冲抵。

正如第 14 章所提到的，在应税交易中目标资产税基递升，目标公司的 NOL 可被用来冲抵公司层面的实际收益，也可以被视同为资产出售的收益。因此当目标公司具有较大的 NOL 时，一般会采取使独立 C 公司资产递升的方式进行交易；但是如果目标公司没有用 NOL 或其他有价值的税收属性冲抵应税收益时，这些 NOL 以及其他有价值的税收属性将会被取消。所以，只有当目标公司税收属性所引起的税收损失不超过税基递升所带来的净税收利益时，使用递升目标资产税基的交易方式（导致目标公司 NOL 损失）才是最优的。

收购方应当使用何种交易方式才能保留目标公司 NOL？表 16-3 分析了相对于使用 NOL 抵消目标资产递升所产生的应税收益，在税基结转的交易中保留 NOL 所能带来的税收成本和收益。在此表中，我们对比了非 338 款的选择性条款下独立 C 公司的应税股票收购和 338 款的选择性条款下独立 C 公司的应税股票收购。我们不是比较一个应税收购与另一个免税收购，而是将两个应税股票收购进行对比，目的是避免考虑股东税收效应上的差异。[②] 在本例中，需要注意目标公司股东在这两类交易中是一样的，税后收益均为 648 美元，因此要根据目标公司净经营亏损相关的税收效应选择交易方式。

在表 16-3 中，目标公司的 NOL 为 450 美元，资产净税基为 100 美元，收购方支付给目标公司股票的收购价格是 685 美元。股东资本利得税税率为 20%，税后折现率为 10%，公司税税率为 35%。假定目标资产税基递升额使用直线法在 10 年内进行摊销，依据 382 款，目标公司 NOL 所适用的长期免税率为 5%，目标公司 NOL 的有效期为 20 年。

在以上假设下，根据 338 款，总推定售价（ADSP）为 757.69 美元，目标公司层面的收益为 675.69 美元（757.69 美元 ADSP 减目标资产税基 100 美元）。[③] 在税基递升交易中，其中 450 美元的收益可以由目标公司的净经营亏损冲抵掉。目标公司（收购后变成收购方子公司）将因此而承担 72.69 美元的应纳税额。目标公司资产的递升额为 657.69 美元，在前述假设条件下，该递升额每年将产生 65.77 美元（657.69 美元/10 年）的额外折旧扣除额。在前述假设条件下，这些折旧扣税额的现值为 141.44 美元。取得税基递升的税收成本为 72.69 美元（NOL 冲抵后的应税利益 207.69 美元乘以 35%），因此，该递升产生的净税收收益为 68.75 美元（增加的 141.44 美元税收利益减增加的 72.69 美元税收成本）。

当不采用 338 款的选择性条款时，目标公司 NOL 会被结转。在这种情况下，目标公司的 NOL 年限额为 34.25 美元，等于目标公司股票的收购价格 685 美元乘以其长期免税

[①] 在收购中，如果目标公司资产税基大于其市场公允价值，就会发生内部损失。如果收购方在收购后卖了这些资产，就实现了来自收购前目标公司的内部损失。因此，这些损失也受到限制。

[②] 对税基结转的免税交易与目标资产递升的应税交易进行比较时，也可以进行类似的分析。我们将其作为练习留给读者。

[③] 当目标公司有 NOL 时，ADSP 的计算一般如下所示：

$$ADSP = P + L + t_c(ADSP - Basis - NOL)$$

等式中的 NOL 变量不能大于 P 减去 Basis。

率（5%）。于是目标公司的 NOL 在约 13.1 年内（450 美元 NOL/每年 34.25 美元），每年会产生 11.99 美元（34.25 美元乘以税率 35%）的税收节减额。[①] 这些税收节减额的现值则为 85.59 美元（以 10% 的税后利率折现）。

针对这个案例，最好不要采用 338 款，因为在 338 款下净收益为 68.75 美元，然而保留目标公司 NOL 的净税收利益达到 85.59 美元，当然这只是一个特别的例子。表 16-3 的估计值对目标资产的税基递升额所适用的使用年限和 NOL 到期前的剩余年限都极为敏感。目标资产使用年限增加的同时，额外折旧相关的税收扣除的现值也会下降。同样，伴随着一些 NOL 到期失效，不能进行冲抵，目标公司 NOL 可以向后结转的剩余年限减少，保留这些税收属性的现值也会下降。

不管怎样，表 16-3 的计算都为比较各类收购方式下目标公司税收属性所产生的税收效应提供了一个基本的财务模型。当然我们可以把它进一步做复杂一些。

表 16-3　　　　　各种收购结构下目标税收属性的税收效应比较

	388 款的选择性条款的应税股票收购	非 338 款的选择性条款的应税股票收购
购买价格（美元）	685.00	
目标公司股东的股票税基（美元）	500.00	
目标资产净税基（美元）	100.00	
$ADSP^a$（美元）	757.69	
收购前目标公司 NOL（美元）	450.00	
t_c	35%	
t_{cg}	20%	
r	10%	
长期免税率	5%	
摊销期限（年）	10	
目标公司股东的税收效应		
收到的现金（美元）	685.00	685.00
出售股票的税负[b]（美元）	37.00	37.00
税后现金[c]（美元）	648.00	648.00
目标公司的税收效应		
税基递升的收益[d]（美元）	675.69	0.00
减：NOL（美元）	450.00	n/a
递升的应税收益[e]（美元）	207.69	n/a
收益的税负[f]（美元）	72.69	n/a
税收收益		
来自 NOL 结转的税收收益		
NOL 结转总额（美元）	0.00	450.00
年限额[g]（美元）	0.00	34.25
年款税额[h]（美元）	0.00	11.99
款税额的现值[i]（美元）	0.00	85.59

① 目标公司的 NOL 可能不到 13 年就已过期。在这种情况下，估计值必须相应地修改。

	388 款的选择性条款的应税股票收购	非 338 款的选择性条款的应税股票收购
来自目标资产税基递升的税收收益	657.69	n/a
总递升额[j]（美元）	65.77	n/a
年扣除额[k]（美元）	23.02	n/a
年款税额[l]（美元）	141.44	n/a
款税额的现值[m]（美元）		
计算净税收收益		
税收收益（9）和（12）的总额	141.44	85.59
增加的税收成本[ ]（美元）	72.69	0.00
净税收收益[n]（美元）	68.75	85.59

说明：a. $ADSP = G + L + t_c (ADSP - Basis - NOL)$，本例中，$G = 685$ 美元，$L = 0$，Basis $= 100$ 美元，NOL $= 450$ 美元，$t_c = 35\%$。

b. 出售股票的应纳税额等于收益（685 美元减 500 美元股票税基）乘以资本利得税税率。

c. 收购价格减应纳税额，注意这两种交易方式对目标公司股东是无差异的，因为税后现金相同。因此，收购方式取决于目标公司增加的公司税收。

d. 递升收益等于 $ADSP$ 减目标资产净税基。如不选择 338 款的选择性条款，则该收益为零。

e. 递升的应税收益等于递升收益减 NOL。1 美元的 NOL 抵减 1 美元的收益。

f. 收益的应纳税额等于公司税税率乘以应税收益（说明 e）。

g. 能够抵减目标公司应税收入的 NOL 总额是由 382 款规定的。其值等于在收购日目标公司股票的总价值（685 美元）乘以收益的长期免税率（5%）。

h. 年限额（说明 g）乘以公司税税率。

i. 连续 13.1 年每年都减少公司应纳税额 11.99 美元（按 10% 折现后的现值）。

j. 递升额总额等于 $ADSP$ 和收购前目标资产净税基两者的差额。

k. 递升额总额（657.69 美元）除以估计的摊销期限（10 年）。

l. 说明 k 乘以公司税税率。

m. 由递升产生的折旧扣除额按税后 10% 的折现率折现的现值。

n. 净税收收益等于目标资产递升产生的总税收利益减去因递升而增加的成本，再减去保存目标公司 NOL 的税收收益。

□ 目标公司 NOL 有多少价值？

在很多收购中，目标公司的 NOL 能够为收购者在收购完成后提供持续的现金流。给定一些简单的假设条件后，估计目标公司 NOL 的价值并不困难。在 382 款限制的基础上，我们可以计算出对收购方收购完成后能够产生避税效应的目标公司 NOL 总量。用目标公司 NOL 所产生的未来税收收益估计现值可以抵减未来一些经营项目的税收负担，从而产生节税效应。正如我们所预料的，由目标公司 NOL 所产生的未来税收收益估计的现值是收购价值中值得注意的一个部分。

2008 年，当美国银行（Bank of America）以 60 亿美元收购 Countrywide Financial 时，Countrywide Financial 有数量较多的 NOL 和内部损失，这些损失和 NOL 在收购中由美国银行获得。在 382 款和其他相关规定的限制下，据称美国银行收购完成后每年可以使用 Countrywide Financial 的 2.7 亿美元的税项亏损额。[1] 采用一些简单的假设后，Countrywide Financial 税收流失的潜在价值超过 60 亿美元收购价格的 5%。[2]

□ 目标公司 NOL 和 NOL 毒药计划的一般限制

在股票融资的收购中，382 款关于所有权变动的规则也会影响收购公司的税收属性。收购方大宗股票发行可能会触及该款中 50% 所有权变动规则，因而收购方需要同时考虑收购方式对其税收属性的影响。另外，382 款对任何一家有 NOL 的公司都会产生负效应。

从最近的金融危机中可以看到，很多公司面临着净经营损失。由于此类损失非常有价值，未来能够带来显著的款税效应，因此，公司会采取措施保护它们的 NOL。[3] 基于对 382 款漏洞的担忧，很多公司采取了所谓的 NOL 毒药计划。NOL 毒药计划通常被设计成不能超过收购公司股票的 5%，因为 382 款有 5% 临界值的规定。[4]

16.7　量化独立 C 公司应税收购和免税收购的定价差异

正如我们在全书都强调的，考虑合同对双方的税收影响至关重要。在本章和第 14 章中，我们介绍了对收购和出售独立 C 公司各种交易形式的主要税收影响。但买卖双方到底如何决定交易的方式和定价呢？本节我们将详细说明收购方、目标公司和目标公司股东的纳税情况、对交易方式的偏好（应税还是免税）以及定价。

表 16-4 展示了一个财务模型，分析如下。为了说明，我们先假设一些条件：

- 目标净资产税基＝100 美元；
- 目标公司股东的股票税基＝10 美元；
- t_c（公司税税率）＝35%；
- t_{cg}（股东资本利得税税率）＝20%；
- r（税后折现率）＝10%；
- 目标公司的股票价值＝685 美元；
- 目标公司股东持有合并中所获收购方股票直至死亡；
- 目标公司属于 C 公司；
- 目标公司为个人投资者所有；
- 目标公司无负债；

---

① Allan Sloan, "B of A's Awesome Countrywide Tax Break," CNN Money, January 14, 2008.

② 同样，见富国银行（Wells Fargo）对美联银行（Wachovia）的收购。

③ 例如，在 2002 年，联合航空公司申请破产保护前，提出了法律诉讼，防止联合航空公司员工持股计划的托管人触发 382 款中关于 NOL 限制的规定而出售联合航空公司股票。联合航空公司成功地保护了它的 NOL，在 2003 年它的年报中记录了这次法律诉讼的结果：

在 2003 年 12 月 9 日，我们向破产法庭提出请求，阻止股权实际持有人销售联合航空公司的普通股，声明这样做的目的是保护净经营损失抵免额（NOL）。破产法庭宣布临时禁令，但让我们允许 State Street 在 2003 年 1 月卖掉一定数量的股票。

④ 更多关于 NOL 毒药计划的讨论，详见 M. Erickson and S. Heitzman, "NOL Poison Pills: Selectica v. Versata," Tax Notes, June 23, 2010。

- 收购方股票不支付股利，而且收购方也不打算在将来的任何时间支付股利。

收购方是 C 公司，而且考虑用以下方式之一收购目标公司[①]：

- 非 338 款的选择性条款的应税股票收购（100％现金）[②]；
- 368 款"A"类免税资产收购（40％现金，60％股票）；
- 368 款"B"类免税股票收购（100％股票）；
- 368 款"C"类免税资产收购（20％现金，80％股票）；
- 351 款的免税股票收购（60％现金，40％股票）。

表 16-4 比较了这些交易方式对目标公司股东、目标公司和收购方税收影响的异同点。注意，所有方式的收购价格都是 685 美元，该价格使收购方的税后成本在所有交易中都相同。在所有免税收购中，我们假定目标公司股东持有从合并中取得的收购方股票直至死亡，因此，他们在交易中所获得的股票不会面临纳税义务。稍后在表 16-5 中我们会取消这一假设。

表 16-4　　　　　　　　　　独立 C 公司免税收购的税收影响比较

相关参数	
购买价格（美元）	685.00
目标公司股东股票税基（美元）	10
目标资产净税基（美元）	100
t_c	35％
t_{cg}	20％
r	10％

	免税收购形式				应税收购形式
	368 款"A"类[a]	368 款"B"类[b]	368 款"C"类[c]	351 款[d]	按非 338 款的选择性条款的股票出售
购买价格	685.00	685.00	685.00	685.00	685.00
现金	274.00	0.00	137.00	411.00	685.0
股票	411.00	685.00	548.00	274.00	0.00
目标公司应纳税额[e]	0.00	0.00	0.00	0.00	0.00
目标公司股东确认的收益[f]	274.00	0.00	137.00	411.00	685.00
目标公司股东应纳税额[g]	54.80	0.00	27.40	82.20	135.00
目标公司股东税后财富					
现金[h]	219.20	0.00	109.60	328.80	550.00
股票[i]	411.00	685.00	548.00	274.00	0.00
总计	630.20	685.00	657.60	602.80	550.00
收购方净税后成本					
税前成本	685.00	685.00	685.00	685.00	685.00
减：增加的款税额	0.00	0.00	0.00	0.00	0.00

[①]　在本章，我们集中讨论各种收购方式的不同税收影响。实际情况是，收购的方式可能部分地由收购态度所决定（友好还是敌对的）。越不友好，越有可能用最少的现金收购目标公司。此处所做的分析旨在提供一种量化收购中与混合形式对价（股票和现金）有关的财富效应的方法。

[②]　在此处的分析中，我们忽略了能够带来目标资产税基递升的应税收购，因为这种结构比较罕见，具体原因见第 14 章。

	免税收购形式				应税收购形式
	368 款"A"类[a]	368 款"B"类[b]	368 款"C"类[c]	351 款[d]	按非 338 款的选择性条款的股票出售
净税后成本	685.00	685.00	685.00	685.00	685.00
使目标公司股东无差异的税前价格[j]	597.83	550.00	572.92	625.00	685.00

说明：a. 假设对价组合是 60%股票，40%现金。

b. 该方式要求收购方用 100%股票收购目标公司。

c. 假设对价组合是 80%股票，20%现金。

d. 假设对价组合是 40%股票，60%现金。

e. 目标公司层面的应纳税额。

f. 目标公司股东确认的收益等于实现的收益和收取的补价中的较小者。

g. 在目标公司层面的应纳税额，等于实现的收益和收取的补价中的较小者乘以资本利得税税率。

h. 交易中所获现金减去所确认收益的应纳税额。

i. 假设目标公司股东持有收购方股票直至死亡。

j. 使目标公司股东收到与收购价为 685 美元的应税股票收购有相同税后财富的税前价格。

表 16－5　　　　独立 C 公司免税收购的税收影响比较：高级例证

相关参数

购买价格（美元）	685.00
目标公司股东股票税基（美元）	100.00
目标资产净税基（美元）	10.00
t_c	35%
t_{cg}	20%
r	10.114%
合并所获得的收购方股票估计持有年限（年）	2
收购后收购方股票的估计税前增值	12.500%

	免税收购形式				应税收购形式
	368 款"A"类[a]	368 款"B"类[b]	368 款"C"类[c]	351 款[d]	非 338 款的选择性条款的股票出售
购买价格	685.00	685.00	685.00	685.00	685.00
现金（美元）	274.00	0.00	137.00	411.00	685.00
股票（美元）	411.00	685.00	548.00	274.00	0.00
目标公司应纳税额[e]（美元）	0.00	0.00	0.00	0.00	0.00
目标公司股东确认的收益[f]（美元）	274.00	0.00	137.00	411.00	675.00
目标公司股东应纳税额[g]（美元）	54.80	0.00	27.40	82.20	135.00
目标公司股东税后财富（假设持有收购公司股票的期限为 2 年）					
现金[h]（美元）	219.20	0.00	109.60	328.80	550.00
股票[i]（美元）	344.85	573.66	459.25	230.45	$ 0.00
总计（美元）	564.05	573.66	568.85	559.25	550.00
收购方净税后成本					
税前成本（美元）	685.00	685.00	685.00	685.00	685.00
减：增加的款税额（美元）	0.00	0.00	0.00	0.00	0.00

	免税收购形式				应税收购形式
	368 款"A"类[a]	368 款"B"类[b]	368 款"C"类[c]	351 款[d]	非 338 款的选择性条款的股票出售
净税后成本（美元）	685.00	685.00	685.00	685.00	685.00
使目标公司股东无差异的税前价格[j]	667.89	656.67	662.23	673.64	685.00

说明：a. 假设对价组合是 60%股票，40%现金。

b. 该方式要求收购方用 100%股票收购目标公司。

c. 假设对价组合是 80%股票，20%现金。

d. 假设对价组合是 40%股票，60%现金。

e. 目标公司层面的应纳税额。

f. 目标公司股东确认的收益等于实现的收益和收取的补价中的较小者。

g. 在目标公司层面的应纳税额，等于实现的收益和收取的补价中的较小者乘以资本利得税税率。

h. 交易中所获现金减去所确认收益的应纳税额。

i. 假设目标公司股东持有收购股票的期限是 2 年，2 年后出售股票。再假设该股票在收购之日至出售之日一直以税前 12.5%的速度增值。出售股票取得的应税收益等于收购中取得的收购方股票 2 年后的价值减去股票的税基。股票出售后的税后收益以税后收益率 10.114%折现。

j. 使目标公司股东收到与收购价为 685 美元的非 338 款的选择性条款应税股票收购有相同税后财富的税前价格。

表 16－4 前四列展示了不同免税交易的税收影响。在收购价格是 685 美元的情况下，公司股东的税后财富在 368 款"B"类交易下最大，此时目标公司股东没有即期应纳税额。所有的免税收购都会比应税收购要好，因为免税收购递延了应税交易中出售股票所带来的资本利得税。

在表 16－4 的后面，我们计算出了使目标公司股东在 685 美元应税股票收购和 685 美元免税收购之间的无差异税前收购价格。与第 14 章一样，我们也可以确定一个价格使买卖双方在各种交易中的税收影响无差异。通过这样一个分析，我们可以更精确地列举一种收购交易的最优收购方式。[①] 给定目标公司在应税股票收购中的税后财富，我们用式（16.1）的右边表示免税收购中目标公司股东无差异价格。[②]

$$ATAX_{\text{taxablestock}} = \text{Price}_{\text{tax-free}} - \text{Tax}$$
$$ATAX_{\text{taxablestock}} = \{[\text{ Price}_{\text{stock\%}}(1+R)^n] - [\text{ Price}_{\text{stock\%}}(1+R)^n - \text{Stock}]t_{cg}\}/(1+r)^n +$$
$$\text{Price}_{\text{boot\%}} - \text{Price}_{\text{boot\%}} \, t_{cg} \tag{16.1}$$
$$ATAX_{\text{taxablestock}} = \{[\text{ Price}_{\text{stock\%}}(1+R)^n] - [\text{ Price}_{\text{stock\%}}(1+R)^n - \text{Stock}]t_{cg}\}/(1+r)^n +$$
$$\text{Price}_{\text{boot\%}}(1-t_{cg})$$

式中，

$ATAX_{\text{taxablestock}} =$ 应税股票收购中目标股东的税后收益；

$\text{Price}_{\text{tax-free}} =$ 免税收购中目标公司股东所获得的总税前对价；

$\text{Price}_{\text{stock\%}} =$ 以股票形式支付给目标公司股东的对价；

---

① 注意，后面的分析都忽略了目标公司股东的税收属性（资本损失向后结转）、目标公司的税收属性（NOL 和资产损失向后结转），并且我们假设所有参与方都面临最高的个人普通收入税税率或公司税税率。在弄清楚这些逻辑后，读者们应该知道，这些复杂因素可以相当轻松地引入分析之中。此处为简便起见，我们先将其忽略。

② 式（16.1）的左边已在第 14 章的式（14.4）中定义。

Price$_{boot\%}$＝以补价（现金或债券）支付给目标公司股东的对价；

Stock＝目标公司股东所持目标公司股票的税基；

R＝收购方股票的税前收益率；

r＝税后收益率；

t_{cg}＝股东资本利得税税率；

n＝收购方股票的持有年限。

式（16.1）右边的第一项是收购方在收购中获得的股票在未来 n 期的终值。第二项是目标公司股东在未来 n 期售出收购方股票所应承担的税额。这两项之间的差额折现为现值。最后一项是目标公司股东收购时收到补价的税后价值。[1] 如果目标公司股东想持有收购方股票直至去世，则式（16.1）右边的第二项为 0。[2] 类似地，如果收购未使用补价，那么第三项也是 0。我们假设目标公司股东将税后现金（补价）投资于证券，其税前收益率（R）与收购方股票相同。

在 368 款"A"类交易下，目标公司股东无差异税前价格大约是 597.83 美元，在 368 款"B"类 100%股票交易下，无差异税前价格是 550 美元，而相对于应税股票收购，使目标公司股东无差异的税后收购价格为 685 美元。在这些税前价格中，目标公司股东的税后收益都与其在应税收购下的税后收益相等（550 美元）。例如，在"A"类交易的情况下，597.83 美元包括 239.13 美元的现金和 358.70 美元的股票（40%现金，60%股票）。目标公司股东的应税所得等于实现收益和接受补价中的数值较小者。其实现收益是 497.83 美元，即所获对价（597.83 美元）与目标公司股票税基（100 美元）之差。收到的补价为 239.13 美元，所以目标公司股东确认的收益为 239.13 美元。个人投资者的资本利得税税率为 20%，股东在这次交易中缴纳的资本利得税为 47.83 美元，即 239.13 美元×20%。因此，目标公司股东拥有价值 358.70 美元的收购方股票和税后 191.30 美元的现金，总收益为 550 美元。

那么收购方到底是愿意以 550 美元的股票进行免税股票交易还是以 685 美元的现金进行应税股票收购呢？假如忽略非税因素，收购方显然会选择出价低的交易方式，也就是选择价格为 550 美元的"B"类交易。如果在"B"类交易方式下收购方愿意向目标公司支付价值为 551 美元的自身股票，相对于价格为 685 美元的应税股票收购，可以少支付 134 美元（685 美元－551 美元）。这点非常重要，在本章中也多次出现。为什么收购方仅通过改变交易方式就可以少支付 19.7%［即（685 美元－550 美元)/685 美元］的税前价格？原因是卖方所获对价的形式是税收优惠型的（递延纳税）。另外，对于出售方而言，他们也愿意接受这种交易方式，因为相对于接受无税优惠的对价交易方式，他们的税后所得可能相同甚至更大。[3]

因此我们看到这样一个事实：在考虑契约各方的税收偏好和税收属性的情况后，是可以选出一个有利于交易双方的交易形式的。站在出售方（目标公司股东）角度，出价 685 美元的"B"类交易给收购方带来的净税后成本与非 338 款的选择性条款下应税股票

---

① 在式（16.1）中，我们明确地假设实现的收益将会超过所收到的补价，也就是说，我们假设对所有的补价都立即征税。当然，这一假设可以取消，但式（16.1）将变得更不易处理了。

② 我们忽略了与遗产税相关的成本以及所得税与遗产税之间的相互影响。

③ 忽略了收到收购公司股票的非税成本。

收购的净税后成本是相同的，所以目标公司愿意只接受价值 684 美元（或更小）的收购方股票，这样可以使收购方的税后收益高于应税收购方式下的税后收益，同时，目标公司股东也可多获取 134 美元的收益。

对于明智的税收筹划而言，底线在于收购方一般都会愿意以更低的价格购买目标公司，出售者则愿意以相对高的价格予以出售。此处所言"明智的税收筹划"是指充分考虑了各交易方的税收偏好，并尽量利用了这些偏好的税收筹划。

我们所举的这些例子都忽略了各交易方式下一些重要的非税因素，而这些非税因素会影响交易方式和价格。免税收购要求使用收购方股票进行支付，而且是较大数量的收购方股票。如此大量的股票交易会稀释现有收购方股东，尤其是管理层股东的控制权。因此，由于此类非税原因，收购公司可能不愿意向目标公司股东支付股票。另外，如果收购方使用股票，则股票的每股收益也将与收购挂钩。如果在股票交易后每股收益表现不如现金交易，收购方就可能不会选择向目标公司支付股票。[①]

最后，与现金支付不同的是，收购方股票价值是波动的，因而会给接受股票的目标公司股东带来额外风险。在收购价格相同的情况下，目标公司股东当然更愿意接受现金。但如果收购方认为股票支付是最廉价的收购方式，那么他们可能会倾向于使用股票收购。或者当股票融资成本远大于负债融资成本时，他们也许会放弃免税收购方式而采用有额外成本的应税收购方式，而表 16-4 的分析未考虑这些相关因素。

□ 额外的复杂性

表 16-4 也没有分析收购后目标公司股东出售收购方股票所产生的影响。这种情况是可能发生的，因而对该出售造成的目标公司财富的变化进行量化分析很重要。股票出售会引发这些股东的纳税义务，当选择交易方式和定价时，他们应当考虑这一点。

表 16-5 的分析与表 16-4 相似。但是，我们现在假设目标公司股东在收购完成 2 年后会将收购中获得的股票卖掉。我们同时假设，收购后收购方股票以 12.5％ 的税前增值率增值，税后折现率是 10.114％。[②]

表 16-5 的前四列计算了在收购 2 年后，目标公司股东卖出收购股票时各种免税交易所产生的目标公司股东应纳税额的现值，这些计算是在表 16-4 的一些假设前提下进行的。免税收购带给目标公司股东的税后财富多于应税收购，但其增加的幅度比表 16-4 所示的要小得多。例如，表 16-5 中目标公司股东在"B"类交易下的税后财富为 573.66 美元，而在表 16-4 中相同的交易方式下，目标公司的税后财富为 685 美元。

表 16-5 与表 16-4 的不同之处在于，表 16-4 中具有永久性税收递延带来的好处。在表 16-5 中，与 368 款"B"类交易有关的应纳税款现值为 111.34 美元。与 368 款"B"类交易有关的股东资本利得税永久性税收递延为 135 美元（368 款"B"类交易下 685 美元的永久性递延税后财富减去应税股票收购中 550 美元的税后现金）。因此，表

---

① 这一点可以使用表 16-4 中的财务模型进行精确分析。见 H. Sapra，"Modeling the Effects of Alternative Acquisitions Structures," University of Chicago M&A modeling case（2003）。

② 这些计算关于对税前和税后收益率的假设非常敏感。相对于股东收取现金的税收收益，我们可以对收购方股票的税前收益做出许多合理的假设。除其他因素以外，税前与税后收益的差异来源于课税时点的不同（递延或即期纳税）。表 16-4 和表 16-5 中的财务模型，可以用来分析目标公司股东的税后财富对各种税前增值率或贬值率的敏感性。这种分析与第 3 章对各种投资工具收益的分析相似。

16-5 中 "B" 类交易下的净款税额为 23.66 美元（应税股票收购中 135 美元的应纳税额减去免税 "B" 类收购中 111.34 美元的应纳税额现值）。请注意，表 16-5 中使目标公司股东无差异的税前价格远远大于表 16-4 中的税前价格。例如，表 16-5 "C" 类交易中目标公司股东的无差异价格为 662.23 美元，而表 16-4 中为 572.92 美元。

在用表 16-5 做分析时，我们一定要区分所有的关键变量（如目标公司股东所持目标公司股票税基）变化对无差异价格的影响。例如，当目标公司股东股票价值下降时，他们宁愿拿到相对较低的总对价以获取税收递延。同样，当 1997 年个人投资者资本利得税税率从 28% 降为 20% 时，给目标公司股东的有税收优惠的对价相对于无税收优惠的对价大为增长。[①] 一位具有零价值目标公司股票的股东，在 1997 年以前如果接受 1 美元的应税对价，税后可以得到 0.72 美元。同样是这位股东，1997 年之后接收 1 美元的应税对价，税后可以得到 0.80 美元。因此，对比 1997 年以前，1997 年后收购方将要提供更多的有税收优惠的税前对价，从而确保目标公司股东的税后收益保持不变。

我们不能给出哪种交易方式是最优的决定原则，但是，对于理解收购类型中的非税差异（见表 14-1 和表 16-1），本节的分析无疑是一个好的开始。总之，表 16-4 和表 16-5 为确定收购的最佳方式提供了一个分析框架。如果要构造更接近现金复杂性的模型，则应考虑目标公司的 NOL、各种类型的目标公司股东、税率的变化以及与交易有关的收入的影响。我们把这些分析留给读者练习。

16.8　独立 C 公司应税收购和免税收购比较

现在你应全面理解各种收购类型的应税和免税问题。但是，当我们对某独立公司进行收购筹划时，我们应如何使用这些知识呢？本节将简要归纳应税和免税收购之间的不同，并介绍一种适用于独立 C 公司收购且更为复杂的税后递延技巧。

表 16-6 比较了收购独立 C 公司时常用的 7 种收购方式的不同应税和免税因素。其中有 3 种方式是应税的，4 种是免税的。而在这 7 种方式中，后 5 列所展示的相对较为常见。这 5 种方式在很多方面都很类似。注意，在任何一种交易方式中，目标资产的税基都未递增，目标公司的税收属性都继续留存，也未产生负有纳税义务的商誉。这些方式在收购标的（股票还是资产）、目标公司负债情况、收购方融资渠道以及目标公司股东在交易中是否确认即期收益等方面存在差异。

在表 16-4、表 16-5 及本书相关内容中，我们提供了一种定量方法，来分析目标公司股东资本利得税对目标公司股东税后财富和各类交易税前无差异价格的影响。正如表 16-6 所示的，收购方法之间的主要不同在于目标公司股东层面的税务处理。如果目标公司股东持有增值较高的股票，他们将偏好于接受免税对价。也就是说，相对于免税交易而言，这类股东更偏好于要求具有更高税前价格的应税交易。

从收购方的角度来看，交易的税收情况影响着交易的融资方式。比方说，如果交易

[①]　有税收优惠的对价是指能够提供税收递延的对价。相反，无税收优惠的对价则是指会导致即期纳税或提供较少税收递延的对价。

表 16－6

不同应税和免税方式下应税和非税特征一览表

税收或结构因素	应税结构			免税结构			
	资产收购伴随清算	股票收购		368款 "A" 类	368款 "B" 类	368款 "C" 类	351款
		338款的选择性条款	非338款的选择性条款				
对价/付款方式	现金	现金	现金	股票/现金	股票	股票	混合但含一些股票
免税所要求的对价	n/a	n/a	n/a	40%股票	100%股票	80%股票	变化的
目标公司股东所确认的应税收益	是	是	是	部分	否	否	部分
目标资产递升	是	是	否	否	否	否	否
目标资产税收属性保留 a	否	否	是	是	是	是	是
收购的是股票还是资产	资产	股票	股票	资产	股票	资产	股票或资产
收购方是否获得目标公司所有负债	否	是	是	是	是	否	否
产生纳税义务的商誉 b	是	是	否	否	否	否	否
收购方的融资方式 c	负债	负债	股票	股票/负债	股票	股票	股票/负债
目标公司股东最终拥有	现金	现金	现金	股票/现金	股票	股票	股票/补价
交易的主要收益	目标公司股东得到现金，可投资多元化 d	目标公司股东得到现金，可投资多元化 d	目标公司股东得到现金，可投资多元化 d	目标公司股东利得获得税收递延 e	目标公司股东利得获得税收递延 e	目标公司股东利得获得税收递延 e	目标公司股东利得获得税收递延 e

说明：a. 目标公司税收属性包括净营经营损失结转和各种形式的税收抵免。

b. 许多公司在会计口径的资产负债表中都有商誉。该行表明，在收购中出于财务会计目的记录的商誉是否也会在税收口径的资产负债表中记载。只有当目标资产的税基递升时，负有销税义务的商誉才会产生。

c. 在应税交易中，收购方几乎都是向目标公司支付现金。在免税收购中，收购方必须以股票进行支付。因此，这些交易被定义为股票融资。

d. 当股东在收购中接受现金时，他们可以将税后投资再收购后多元化组合的证券。而在免税收购中，目标公司股东得到的是股票，因而没有这种选择。随后讨论的交易筹划会有多元化投资的方法，但这也要花费成本。

e. 目标公司股东可以递延股票置换带来的收益直至其抛售收购方股票。当收购方股票被出售时，目标公司股东才会确认与收购相关的应税收入（假定收购方股票在收购后至少可以维持其市值）。

方式是应税现金收购，收购方最有可能通过借贷的方式借取现金；但是如果交易是免税的，收购方就必须通过用股票购买目标公司的方式，那么收购方将主要或者全部采取股票方式融资。收购方的税收状况和相关的股票价格影响着自身的税后财务成本，表 16－6 展示了不同税收情况下的税后成本。收购方对其股权被稀释的担忧也会影响免税收购的进行。反过来说，如果目标公司股东不情愿在收购后继续持有收购方股票的话，他们可能更倾向于接受现金而非收购方公司股票。[①]

□ 多元化投资和免税待遇的高级技巧

如表 16－6 底栏所示，应税交易的一个主要的优点就是可以利用收购中取得的对价来投资多元化的资产。换言之，当卖方收取现金时，收取的现金就很有可能再投资于多元化的证券。也就是说，收取现金的目的仅仅是再投资和多元化，收取现金只是一个阶段性的行为。而免税收购的一个主要的优点就是可以递延确认目标股份出售所带来的资本利润。然而，不幸的是，该税收递延以丧失接受现金投资多元化资产为代价，因为目标公司股东必须持有收购方股票才有资格获得并保持税收递延。

从税收筹划的角度看，理想的交易方式应该是目标公司既能收到免税收购下的对价，又能实现投资多元化。如果收购方能够支付既能跟踪标准普尔 500 指数，又能提供税收递延的证券来购买目标公司，这一理想的交易方式就能实现。这种情况会发生吗？通过使用更复杂的税收筹划就可以实现这一效果，但会耗费相当大的交易成本。特别是，目标公司股东可以得到从证券（例如标准普尔 500 指数证券）多元化组合中取得收益的权利，但目标公司要付出公司所有权。

假设一个私人持股公司目前市值为 10 亿美元，公司股票价值为 0。假设所有者的目的是以税负最小化的方式将其持有的目标公司所有权变现。应税交易的方式会产生价值 10 亿美元的应税收益和总额为 2 亿美元的资本利得税（假定资本利得税税率为 20%）。卖方可以投资到多元化资产组合上的税后收益大约是 8 亿美元。在 368 款传统免税交易下可以递延这 2 亿美元的税收，但是其必须承担持有收购方股票的风险。

外汇基金衍生交易可以为这类私人公司的出售者提供大量收益。[②] 例如，如果卖方在一项免税交换中接受了价值 9 亿美元的"证券组"，这些证券的价值跟踪一个非常分散的资产组合（如股票、债券、房地产），卖方的税后财富可能会增加到 1 亿美元（9 亿美元减去定价 10 亿美元的应税交易中所得的 8 亿美元税后财富）。收购方也可能从这一交易中获益，因为它能够以比应税现金交易更低的税后成本购买目标公司（见表 16－4 和表 16－5）。在这种情况下，与应税现金收购方式相比，收购方少付 1 亿美元税后成本就可以收购目标公司（10 亿美元的收购价格减去 9 亿美元基于衍生工具免税交易中的收购价）。在这种变相的收购方式下，收购方可以和出售方分享由税收递延和避税所带来的税收收益。[③]

---

① 更多讨论详见 A. Rappaport and M. Sirower, "Stock or Cash? The Trade-offs for Buyers and Sellers in Mergers and Acquisitions," *Harvard Business Review* (November-December 1999), pp. 147－158。

② 定期拟议中的外汇基金税收制度的变动会消除使用这一特别技术的有效性。当然，税收筹划战略是不会因立法变化而受到影响的，只是战略的执行会发生变化。

③ 关于这种交易的详细说明，见 J. Robinson, "Barry Diller, Vivendi, and Mixing Bowl Partnerships," *Cases in Tax Strategy*, 3rd ed. (Pearson/Prentice Hall, 2003)。

当然，该例实际上只是对大家在本书中看到的理论假设，所做出的一个更为复杂、更为深奥的情况的阐述：同时考虑买卖双方都能享受税收优惠的税收策略，能够增加双方的税后收益。

要点总结

1. 免税重组形式最经常使用的是所谓的 368 款"A"类、"B"类、"C"类重组形式。"A"类重组是法定合并，"B"类重组至少 80% 的目标公司股票用于置换收购方股票；"C"类重组实质上要求所有目标公司股票用于置换收购方股票。

2. 满足免税重组的条件包括合理的商业目的、持续的股东权益和持续的经营权益。

3. 重组的财务会计结果（资产负债表和收益表）与税收结果大不相同。

4. 公司重组是非税因素常常主导税收因素的一个领域。但如果交易并非出于税收考虑，就无法简单地解释许多交易所采取的法定形式。

5. 免税方式带来了税收收益，但也带来了大量非税成本。特别地，与免税交易相关的股票发行可能会稀释收购方的控股权。目标公司股东可能会拒绝接受以收购方股票进行支付的交易方式，因为持有收购方股票会带来风险。

6. 任何可以使目标资产价值结转的收购方式，无论应税还是免税，均会造成对目标公司税收属性的限制。这些限制在收购后可能会大幅降低目标公司税收属性的价值。

7. 在独立公司收购中所发生的税收成本和收益，包括目标公司股东的资本利得税、目标公司的资本利得税、目标公司的税收属性以及由目标资产税基增加而增加的收益。

问题讨论

1. 为什么两家公司希望进行免税合并？税收成本怎么影响本来很有效的合并？

2. 为什么收购方希望维持目标公司独立法人地位而不将其合并成自己的子公司或购买公司的资产？

3. 在 351 款下，将财产转到受控公司的税收收益是什么？什么方式下比 368 款重组更优？

4. 为什么你想使用现金合并，从而达到目标公司的股票价格比用收购方股票交换目标公司股票的交易价格更高的目标？

5. 可能使你想要以相同或相似价格完成现金合并和股票收购的影响因素有哪些？

6. 为什么免税的以股换股的合并方式比应税现金收购花费的价格更高？

7. 以下各项的主要税收和非税收益是什么？

a. 368 款"A"类免税重组；

b. 368 款"B"类免税重组；

c. 368 款"C"类免税重组；

d. 351 款免税重组。

8. 以下各项的主要税收和非税成本是什么？

a. 368 款"A"类免税重组；

b. 368 款"B"类免税重组；

c. 368 款"C"类免税重组；

d. 351 款免税重组。

9. 一般在什么情形下应税收购交易是比较好的？要重点考虑目标公司及目标公司股东的税收属性和纳税身份，还要考虑收购公司的税收优惠和非税环境。

10. 一般在什么情形下免税收购交易是比较好的？要重点考虑目标公司及目标公司股东的税收属性和纳税身份，还要考虑收购公司的税收优惠和非税环境。

税收筹划的问题

1. 在收购目标公司时，假设下列因素影响所保留的 NOL 的价值评估：

- 目标公司有 675 美元的 NOL。
- 目标公司资产净税基为 200 美元。
- 收购方愿意向目标公司支付现金 900 美元。
- 目标公司股东的股票税基为 400 美元。
- 公司税税率为 35%。
- 目标公司股东的资本利得税率为 20%。
- 税后折现率为 10%。
- 目标资产税基的增值额以直线法在 10 年期限内摊销。
- 在 382 款下目标公司的 NOL 的长期免税率为 4%，其 NOL 将在 20 年后过期。

a. 收购方应该选择 338 款的选择性条款并使用目标公司的 NOL 来冲抵增加收益，或不用该条款而保留目标公司的 NOL 吗？

b. 如果目标资产的税基增加以直线法在 15 年的期限内摊销，382 款下目标公司的 NOL 的长期免税率是 4.75% 时，会出现什么情况？收购方应该选择 338 款的选择性条款并使用目标公司的 NOL 来冲抵增加收益，或不应用该条款而保留目标公司的 NOL 吗？

2. 下面是卡尔斯达（Calstar）公司（收购方）收购巴哈（Baja）公司（目标公司）的一组数据。

- 巴哈公司由 Smith 和 Calegari 所有，Smith 拥有巴哈公司 30% 的普通股，其税基为 10 美元。Calegari 拥有剩下的 70%，其计税基础为 1 000 美元。
- 卡尔斯达公司拟以 10 万美元收购巴哈公司。
- 卡尔斯达公司的流通普通股目前市值为 5 万美元，其管理层拥有大约 45% 的流通普通股。
- 巴哈公司拥有一些有价值的专利、特许权和其他一些不能出售的无形资产以及产权不能转移的资产。
- 巴哈公司没有实质性的或有负债。
- 除非取得现金，否则 Calegari 不会出售其

持有的巴哈股票。

- 除非收到免税对价，否则 Smith 会出售其持有的巴哈股票。
- 卡尔斯达公司管理层不会用其普通股购买巴哈公司，因为这将大大降低其控股权。

在这场交易中你将推荐何种收购类型（请标明税收法案具体条款），试绘制交易图并提供必要的细节和说明，要求文字简练。

3. 今天有关方面宣布矩阵（Matrix）公司将收购肯金（Cajun System）公司，肯金公司拥有 50 亿美元的资产税基和 10 亿美元的负债。在收购前，肯金公司在税收资产负债表上无商誉，但在财务报告中却有价值大约 20 亿美元的商誉。肯金公司可辨认资产（包括无形资产，但不包括商誉在内）的市场公允价值为 90 亿美元，负债为 10 亿美元。

肯金公司有两类主要股东，第一类股东由应税投资者组成，其拥有 1 500 万股肯金公司的流通股，总价值为 20 亿美元。为了简化起见，假设这一类股东持有肯金公司的股票均超过 18 个月，并且都以相同价格购进股票。第二类股东是各种免税实体，包括养老基金和一些外国投资者，他们拥有其余 500 万股的肯金公司股票，其总价值为 10 亿美元。

矩阵公司和肯金公司都没有任何净经营损失结转额，其公司税税率也都为 35%。假设任何补价都课以 20% 的资本利得税。

矩阵公司以自己有表决权股票置换所有肯金公司的流通股（在 368 款 "B" 类交易下进行）。肯金公司将成为矩阵公司的全资子公司。置换时，矩阵公司股票的公允市场价值是 100 亿美元。

a. 矩阵公司取得的肯金公司股票税基是多少？

b. 收购后肯金公司（和矩阵公司所拥有的肯金公司所有权）净资产（即资产减去负债）的税基是多少？

另假设矩阵公司以 75 亿美元的有表决权股票和 25 亿美元的现金作为出价，按照州法律将

肯金公司合并到新成立的公司中（在368款"A"类交易下进行），新成立的公司是矩阵公司的全资收购子公司。

c. 假设收购价格的现金部分支付给免税投资者，股票部分支付给应税投资者，在出售时，肯金公司的股东总共支付多少税款？

d. 现假设股票和现金按比例分配，所以每个肯金公司的股东都可以拿到现金和矩阵公司的股票，也就是说，每一股肯金公司股份可以换取125美元的现金和375美元的矩阵公司股票。在

出售时，肯金公司股东总共支付多少税款？

e. 在 b 部分所示的方式下，新成立的公司所拥有的肯金公司的净资产税基是多少？

f. 在 b 部分所示的方式下，矩阵公司/肯金公司在收购完成后拥有多少可税收扣除的商誉？

4. 下面的表格包含了本问题所需的数据。你为卡宝（Cabo）公司（收购方）工作，该公司准备收购金门（Golden Gate）公司。卡宝公司考虑以 15 万美元的应税股票收购方式或者其他类型的免税收购方式进行收购。

问题 4 的相关数据如下：

购买价格（美元）	150 000.00
目标资产的净税基（美元）	20 000.00
目标公司股东对目标公司股票的税基（美元）	5 000.00
t_c	35%
t_{cg}	20%
合并中取得的收购方股票估计持有期	4 年
收购后收购方股票估计增值率	12.500%
r	10.324%

	免税收购			应税收购
	368 款 "A" 类（1）	368 款 "B" 类（2）	351 款 （4）	非 338 款的选择性 条款的股票出售
购买价格（美元）	150 000.00	150 000.00	150 000.00	150 000.00
现金（美元）	60 000.00	0.00	90 000.00	150 000.00
股票（美元）	90 000.00	150 000.00	60 000.00	

基于以上数据请回答：

a. 在 368 款 "A" 类交易方式下，金门公司股东的税后收益是多少？

b. 在 368 款 "B" 类交易方式下，金门公司股东的税后收益是多少？

c. 在 351 款交易方式下股东税后收益是多少？

d. 相对于购买价格 150 000 美元的应税股票收购，在 368 款 "A" 类交易方式下，多少税前购买价格才能使金门公司股东无差异？

e. 相对于购买价格 150 000 美元的应税股票收购，在 368 款 "B" 类交易方式下，多少税前购买价格才能使金门公司股东感觉无差异？

f. 相对于购买价格 150 000 美元的应税股票收购，在 351 款的交易方式下，多少税前购买价格才能使金门公司股东感觉无差异？

g. 忽略非税成本，相对于购买价格 150 000 美元的应税股票收购，卡宝公司会更偏好免税收

购方式吗？为什么？

h. 对于 f 部分中计算的 368 款 "B" 类交易方式下的税前价格，其非税成本为多少时才能使卡宝公司选择 150 000 美元的应税股票收购方式？

5. 今天有关方面宣布佛罗里达（Florida）公司将收购门罗帕克（Menlo Park）公司。门罗帕克公司拥有价值 600 万美元的总资产和 150 万美元的负债。在收购前，门罗帕克公司在税收资产负债表上无商誉，但在财务报告中却有价值大约 200 万美元的商誉。门罗帕克公司可辨认资产（包括无形资产，但不包括商誉在内）的公允市场价值为 2 200 万美元，负债为 150 万美元。

门罗帕克公司有两类主要股东，第一类由应税投资者组成，其拥有 1 200 万股门罗帕克公司的流通股，总价值为 1 000 万美元。为了简化起见，假设这一类股东持有门罗帕克公司股票均超过 12 个月，并且都以相同价格购进股票。第二类

股东是各种免税实体，包括养老基金和一些外国投资者，他们拥有其余 800 万股的门罗帕克公司股票，其总价值为 100 万美元。

佛罗里达公司和门罗帕克公司都没有任何净经营损失结转额，其公司税税率也都为 35%。假设任何补价都课以 20% 的资本利得税。

佛罗里达公司以自己有表决权股票置换所有门罗帕克公司的流通股（在 368 款 "B" 类交易下进行）。门罗帕克公司将成为佛罗里达公司的全资子公司。置换时，佛罗里达公司股票的公允市场价值是 2 000 万美元。

a. 佛罗里达公司取得的门罗帕克公司股票税基是多少？

b. 收购后门罗帕克公司和佛罗里达公司（其所拥有的门罗帕克公司所有权）净资产（即资产减去负债）的税基是多少？

另假设佛罗里达公司以 1 600 万美元的有表决权股票和 500 万美元的现金作为出价，按照州法律将门罗帕克公司合并到新成立的 Biscayne 公司中（在 368 款 "A" 类交易下进行），Biscayne 公司是佛罗里达公司的全资收购子公司。

c. 假设股票和现金按比例分配，所以每个门罗帕克公司的股东都可以拿到现金和佛罗里达公司的股票，也就是说，公司股份可以换 2 500 美元的现金和 8 000 美元的佛罗里达公司股票（每股对价 10 500 美元乘以 2 000 股，流通股总值为 2 100 万美元）。在出售时，门罗帕克公司股东总共支付多少税款？

d. Biscayne 公司所拥有的门罗帕克公司的净资产税基是多少？

e. 佛罗里达公司 / 门罗帕克公司在收购完成后拥有多少可进行税收扣除的商誉？

6. 下列是当目标公司有 NOL 时，评估最优收购方式敏感性的有关数据：

● 目标公司（独立 C 公司）的 NOL 为 16 500 美元。

● 目标公司资产净值为 1 800 美元。

● 收购方愿意为目标公司股票支付的现金价格为 19 275 美元。

● 目标公司股东持有的股票价值为 4 000 美元。

● 公司税税率为 35%。

● 股东资本利得税税率为 20%。

● 税后折现率为 7%。

● 目标资产的任何税基递升额都以直线法在 15 年期限内摊销。

● 在 382 款下，目标公司 NOL 的长期免税率为 5%，其 NOL 将在 12 年后过期。

a. 收购方应该选择 338 款的选择性条款并使用目标公司的 NOL 来冲抵递升收益，或不应用该条款而保留目标公司的 NOL 吗？

b. 如果假设税后折现率为 9%，对于使用或者不使用 338 款的选择性条款的交易方式，你推荐哪种？

c. 以 a 部分的假设开始，并同时假设目标公司的 NOL 将在 17 年后过期，税后折现率为 7%，对于使用或者不使用 338 款的选择性条款的交易方式，你推荐哪种？

d. 以 a 部分的假设开始，并同时假设目标公司税基递升额的摊销年限为 20 年，税后折现率为 11%，对于使用或者不使用 338 款的选择性条款的交易方式，你推荐哪种？

参考文献

参见第 13 章参考文献和附加阅读资料

教学案例

参见第 13 章教学案例

第 17 章

剥离税收筹划

2009 年，快捷药方公司用大约 47 亿美元收购了维朋公司的两个子公司。快捷药方公司称双方都同意在 338 款(h)(10) 的款选择性条款下进行交易，该税收条款能够使收购公司获得税收收益。另外，快捷药方公司还称用这种交易方式获得的税收收益为 8 亿～12 亿美元，大约占交易总价值的 20%。[①] 据报道，维朋公司通过获得一个较高的收购价值而可能收到大约 5 亿美元的税收收益。在本章，你将学习到这些税收收益是怎样产生的，它们是怎样影响收购价格的，以及采用何种剥离方式可能会获得这些税收收益。

阅读完本章，你应能：

1. 理解各种应税资产与免税资产的剥离方法。
2. 解释在什么情况下子公司出售应采用 338 款(h)(10) 的选择性条款。
3. 计算在不同的子公司销售方式下剥离母公司和收购公司的无差异价格。
4. 解释符合免税待遇的剥离要求。
5. 了解免税剥离对经销公司及其股东产生的税收影响。

公司会由于各种原因而采取剥离方式来重组公司。例如，一些联合大企业无法有效地经营旗下其他不相关的业务。正是由于这个原因，它们可能选择将不相关的业务剥离，或者将联合企业拆分为各个独立部分。然而，公司通常觉得市场没有给予其所属的各种不同的业务部分适当地定价，因此它们相信，将企业拆分为几个独立的公司，会让那些被低估的业务部分得到更恰当、更高的价格。

从税收角度来讲，有几种有效的剥离方法，其中有些是免税方法，有些是应税方法。免税剥离方法包括分立、免税子公司出售（在 368 款下）和股权分离。应税剥离方法包括应税资产出售和应税股票出售。

一般而言，免税剥离方法在剥离母公司时不会产生应税收益或损失。虽然免税剥离会影响某些资产负债账户，但通常不会影响财务会计下确认的收益或损失。在某些剥离方式下，母公司的原始股东留存对被剥离子公司的所有权。

在应税剥离方式下，剥离母公司除了要确认应税的收益和损失外，一般还要确认

① Express Scripts April 29，2009 10-Q.

会计上的收益和损失。一般而言，应税剥离导致被剥离公司所有权发生改变，即母公司的原始股东将丧失对被剥离公司的控制权。基于此，本章将阐述和分析各种剥离方法的税收和非税收含义。

17.1 子公司出售[①]

在第14章和第16章中，我们分析了在应税和免税形式下收购独立C公司的几种方式。虽然存在某些显著的差异，特别是当子公司的卖方是一家公司而非个体股东或由不同股东组成的集体时，但一些相同的原则对独立公司的子公司收购同样适用。从形式普遍性角度考虑，本章将集中讨论应税子公司出售。首先对免税子公司出售做简要分析。在表17-1中，列示了不同子公司出售方式下产生的税收影响。

□ 免税子公司出售

在免税子公司的出售中，剥离母公司将子公司的股票和资产与收购公司的股票互换。适用于独立公司免税重组的原则一般也适用于免税子公司出售。为方便理解，我们以免税子公司股票出售为例说明。在这种情况下，剥离母公司通过向收购公司出售子公司的股票换取收购公司的股票。

图17-1详细描述了免税子公司股票出售的交易。若这种交易符合368款（a）(1)（B）的重组条款，剥离母公司在此交易中将不确认应税收益或损失。出售母公司会把等同于对被出售子公司股票的税基作为所得到的收购公司股票的替代税基。被出售的子公司成为收购公司的全资子公司，同时，其净资产的税基被结转出去。该子公司保留被出售子公司的税收属性，但会受到282款的限制。收购公司把收购而来的子公司股票税基等同于剥离母公司所出售的子公司股票税基，这就是所谓的结转税基。

这种方式通常会存在以下几种弊端。首先，出售者在交易结束后持有收购公司的大量股票，因此出售者没有真正地剥离子公司的控制权。其次，出售者可能会持有收购公司相当数量的流动性差的股票。最后，如果子公司的市场公允价格大于出售者所持子公司股票的税基，那么完成交易后，收购公司与出售者都会有存在内部收益的财务头寸。[②]基于上述原因，免税子公司出售很少见。

第17章
剥离税收筹划

---

① 请参见 M. Erickson and S. Wang，"The Effect of Transaction Structure on Price：Evidence from Subsidiary Sales," *Journal of Accounting and Economics*（2000），v. 30. David Goldberg of Endeavour Capital（Portland，Oregon），我们非常感谢他的帮助，文中提到了一些有趣的例子，本章后面会涉及。

② 实质上，出售前母公司的内部收益在传递给收购公司时，同时也保留在了自己手中。因此，双方在出售收购公司或剥离子公司股票时，要承担相应的纳税义务。

表 17 - 1　　　　　　　不同子公司出售方式下产生的税收影响

受交易方式影响的因素	税收结构			
	免税股票出售	应税资产出售	非 338 款(h)(10) 的选择性条款下的应税股票出售	338 款(h)(10) 的选择性条款下的应税股票出售[a]
收购标的	股票	资产	股票	股票
使用的对价	收购公司股票	一般是现金[a]	一般是现金[a]	一般是现金[a]
对剥离母公司的影响				
确认收益或损失	否	是	是	是
收益计算	无收益确认	价格减去对子公司净资产的税基	价格减去对子公司股票的税基	价格减去对公司净资产的税基
收益性质	n/a	普通收入和资本利得[2]	资本利得	普通收入和资本利得[b]
被出售子公司的 NOL	留在子公司, 但受 382 款限制	留在剥离母公司, 但可以冲抵出售收益, 不受 382 款限制	留在子公司, 但受 382 款限制	留在剥离母公司, 但可以冲抵出售收益; 不受 382 款的限制
对收购公司的影响				
对子公司资产的税基	结转	递升至收购价格	结转	递升至购买价格
对子公司股票的税基	结转	n/a[c]	购买价格	购买价格
额外的折旧和摊销扣除产生的税收收益	否	是	否	是

说明：a. 对价可以是现金、债券、收购公司股票或者一些混合形式，然而，收购公司在这些交易中主要使用现金。

b. 普通收入因加回折旧而提高，资本利得则是资产收购价格和历史成本的差额。普通收入和资本利得适用最高的法定联邦税率，当前是 35%。

c. 子公司股票没有被收购，因此，收购公司没有被收购子公司股票的税基。

☐ 应税子公司出售

公司出售子公司的三种基本应税方式是：（1）出售应税资产；（2）出售应税股票；（3）在 338 款(h)(10) 的选择性条款下出售应税股票。338 款(h)(10) 的选择性条款可使剥离母公司出售子公司股票的行为被视同剥离母公司出售子公司资产（而非出售子公司股票）而征税。与第 14 章的分析方法一样，我们通过一个简单的例子说明这些交易方式的机制。

出售应税资产　在应税资产出售中，收购公司（一般为股份公司）用现金购买剥离母公司手中的目标子公司资产。目标子公司确认的收益或损失为收购价格与资产净计税基之差。如果所确认收益来源于加回折旧（或存货销售），则该收益应是普通收入；而目标子公司资产的购买价格与历史成本之间的差额则是资本利得。因为目标公司是从母公司中剥离出的一个子公司，所以其应税收益或损失将转移给母公司。剥离母公司可以选择是否对被出售子公司清算，但通常都会对其进行清算。

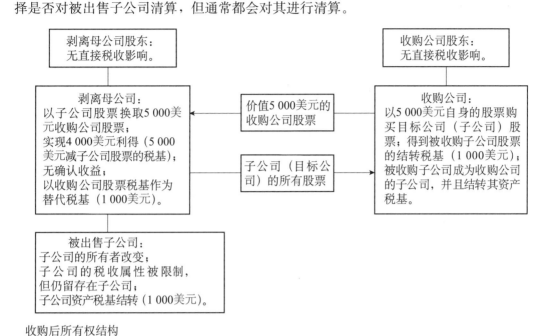

收购后所有权结构

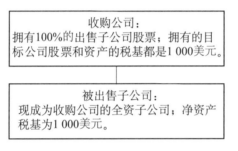

图 17 - 1　368 款(a)(1)(B) 的免税子公司股票出售

根据332 款的规定，如果母公司对目标公司进行了清算，可以不确认收益或损失。①
在没有 382 款的限制下，子公司的税收属性，例如净经营亏损，可以保留并为母公司所
用。如果目标公司或者母公司有净经营亏损，这些损失可以用来冲抵子公司资产出售中
的收益。收购公司收购子公司的购买价格等同于所购子公司资产的税基，同时，目标资
产增加值等于目标公司所确认的收益额，即购买价格与净资产税基的差额。同第 14 章中
所说明的残值法那样，购买价格分摊在有形资产与无形资产上（包括商誉）。②

图 17 - 2 描述了伴随目标子公司清算的应税子公司资产收购方式。为方便解释和理
解，对应税资产出售的基本数据做如下假定：

● 目标公司资产净值为 1 000 美元（历史成本为 1 000 美元，累计折旧为 0 美元），
无负债。

● 母公司全资拥有子公司，所拥有目标公司股票的税基为 1 000 美元。

● 子公司和剥离母公司都没有净经营亏损。

---

① 332 款允许公司以免税方式清算其全资子公司。这样的公司清算在各种形式的收购中很普遍。

② 与这些无形资产相关的摊销在 197 款下可以税收扣除。

● 收购公司为收购所有目标资产向母公司支付 5 000 美元，出售后母公司对被出售子公司进行清算。

基于这些数据，目标公司出售其资产所确认的收益为 4 000 美元（5 000 美元出售价减去 1 000 美元税基），该收益性质为资本利得。4 000 美元的资本利得按 35% 的税率课税，因此目标公司应纳税额为 1 400 美元，剩余 3 600 美元。在清算中，课税后，剩余资金出于换回所有目标公司的股票的目的被分配给母公司。表 17－2 显示了具体的计算过程。按照 332 款的规定，一般母公司不需要确认清算收益，母公司股东也不需要确认收益或损失，除非母公司分配其资产出售所得，但这种情况比较罕见。

收购公司所收到的目标资产税基即为收购价格（5 000 美元），因此，目标资产的税基递升值是 4 000 美元。这 4 000 美元中的一部分可能被分配给商誉和其他无形资产。正如我们在第 14 章讨论的那样，由于交易成本的存在，如产权转让，资产收购可能更昂贵，特别是一些资产可能还不允许转让。但是，如果不是出售整个子公司，只是零星地出售业务或者出售特定的资产，这种方式可能特别有用。

非 338 款(h)(10) 的选择性条款下的应税股票出售　相对于出售资产剥离母公司，可能出售子公司股票更受欢迎。在这种交易方式下，收购公司以现金购买母公司手中的目标公司股票。母公司在出售子公司股票后所确认的收益或损失等于购买子公司股票的价格与所持有的子公司股票税基的差额。由于股票是资本资产，所以产生的收益或损失是资本利得或资本损失。

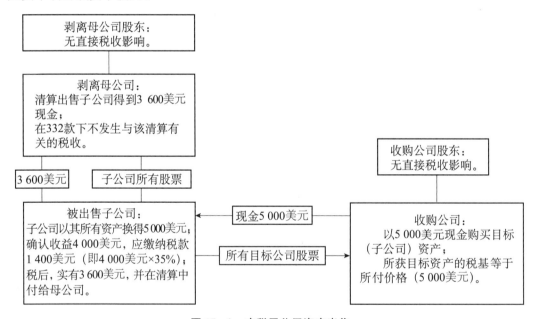

图 17－2　应税子公司资产出售

收购公司获得的目标子公司股票税基即为购买价格，并且结转目标公司资产税基。在收购后，目标公司的全部资产和负债归收购公司所有，成为收购公司的子公司。图 17－3 描述了非 338 款(h)(10) 的选择性条款下应税子公司股票出售的机制。

重新回到例子中，我们在这里做同样的假设：收购公司将出资 5 000 美元收购目标公司的股票，母公司出售股票确认 4 000 美元的资本利得，即 5 000 美元的购买价格与 1 000 美元的股票税基的差额，同时有 1 400 美元的应纳税款。税后，剥离母公司剩余

3 600美元。收购公司将确认目标公司股票税基 5 000 美元和目标公司资产税基 1 000 美元（结转）。

表 17 - 2 　　　　　　　　　　　　　　　**各种应税子公司出售方式的税收含义**

相关参数

购买价格（美元）	5 000.00
目标公司的净资产税基（美元）	1 000.00
剥离母公司持有目标公司股票税基（美元）	1 000.00
t_c	35%
r	10%
摊销期间（n）（年）	10

相关参数	子公司出售方式		
	应税资产出售	非 338 款（h）（10）的选择性条款下的应税股票出售	338 款（h）（10）的选择性条款下的应税股票出售
购买价格（美元）	5 000.00	5 000.00	5 000.00
对剥离母公司的税收影响			
出售收益[a]（美元）	4 000.00	4 000.00	4 000.00
收到的现金（美元）	5 000.00	5 000.00	5 000.00
收益负担的税收[b]（美元）	1 400.00	1 400.00	1 400.00
税后现金（美元）	3 600.00	3 600.00	3 600.00
收购公司的成本			
购买价格（美元）	5 000.00	5 000.00	5 000.00
减：增加的款税额[c]（美元）	860.24	0.00	860.24
净税后成本（美元）	4 139.76	5 000.00	4 139.76
收购公司对目标公司的税基			
股票（美元）	n/a	5 000.00	5 000.00
净资产（美元）	5 000.00	1 000.00	5 000.00
目标资产税基递升	4 000.00	0.00	4 000.00

说明：a. 计算如下：购买价格减去母公司持有的被出售子公司股票或净资产税基，这取决于交易结构。

b. 子公司出售的公司应纳税款。该税额等于收益（资本利得或普通收入）乘以相应的税率。这里，我们假定母公司的普通收入税税率和资本利得税税率一样。

c. 由目标资产税基递升所产生的款税额的现值。假定该递升值以直线法在 10 年期间内摊销，适用税率是 35%，税后折现率是 10%。

　　要注意的是，在这种方式下，收购公司没有得到目标公司递升的资产税基。在此交易中，收购公司在财务会计上确认的商誉不能作税收扣除，因为目标资产的税基没有递升。这种方式下目标子公司的税收属性被保留下来，并仍属于目标子公司，但会受到 382 款的限制。

　　从非税收角度看，通常股票出售的交易成本要比资产出售的交易成本低。一般情况下，剥离母公司会持有能够完全控制被剥离子公司表决权的最少股份（比如 100 股）。这样，与转让子公司资产的成本相比，转让这些股票的成本明显要便宜得多。股票出售保留了目标公司有记录的和未记录的所有债务。因为目标公司变成收购公司的全资子公司，所以收购公司也在一定程度上得到了负债保护。此外，若目标公司有难以转让的资产，则股票出售会使这些资产的所有权很容易地转让给收购公司。

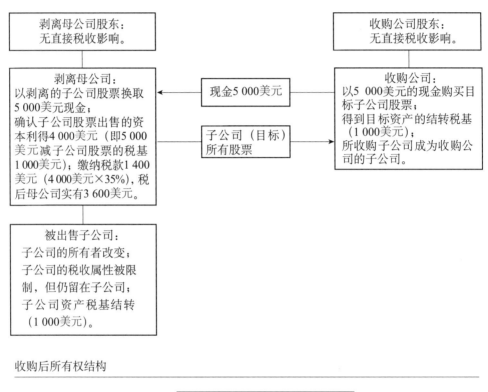

收购后所有权结构

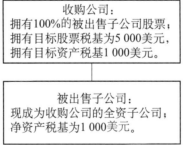

图 17 - 3　非 338 款(h)(10) 的选择性条款下的应税子公司股票出售

338 款(h)(10) 的选择性条款下的应税股票出售　收购公司和剥离母公司可以将剥离完全变成股票出售的方式，同时以出售资产的方式纳税。收购公司可能希望获得目标公司递升的资产税基，但可能会面临出售资产的非税成本预估过高问题。在 338 款(h)(10) 的选择性条款中，税法给予资产出售一个潜在优惠税收待遇，能避免资产出售中产生的非税成本。

在 338 款(h)(10) 的选择性条款下，如果买卖双方对这种税收处理一致赞同，子公司股票出售可视同出售资产征税。在符合选择性条款适用条件的股票收购中（即在 12 个月内收购公司购买目标公司不少于 80% 的股票），收购公司与剥离母公司共同决定是否采用338款(h)(10)的选择性条款。这个选择性条款能使剥离母公司在出售应税子公司股票时按出售子公司资产的形式纳税。交易过程中的应税损益等于收购价格减去母公司所持目标公司净资产的税基。股票出售不用缴税。

根据原先假设的数据，我们用图17-4对这种情况加以说明。在这种交易方式下，对股票出售征税就相当于对以5 000美元出售资产征税一样。因此，母公司确认出售产生的收益4 000美元等于收购价格（5 000美元）与目标公司净资产税基（1 000美元）的差额。该收益本质上是资本利得，因为目标公司没有累计折旧。剥离资产的母公司在出售资产时面临1 400美元的纳税义务，税后还有3 600美元。如果剥离的母公司或目标子公司拥有净经营亏损，它们可以抵消被视为资产出售的收益。剥离母公司保留目标公司的税务属性。

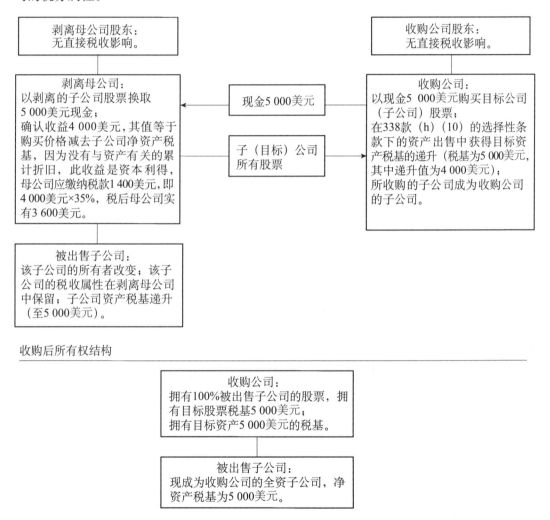

图 17-4　338 款（h）（10）的选择性条款下的应税子公司股票出售

收购公司收购来的目标公司股票税基为所付的购买价格（5 000美元），收购来的目标公司净资产税基也等于5 000美元，则收购公司获得目标公司资产递升的税基，因为该交易在征税时以资产出售形式（目标公司层面上要确认收益）征税。目标资产的递升值是4 000美元，而根据税收法典1060款规定购买价格应分配给被出售子公司的资产

（残值法）。

注意，只有当收购公司与剥离母公司就条款使用意见一致时，338 款(h)(10) 的选择性条款才生效。因为没有外部出售者的合作，收购公司就不能在股票出售中取得目标资产递升的税基。回顾前文在独立公司的应税股票收购中，收购公司单方面的选择称为常规 338 款的选择性条款。

□ 应税收购方式比较

表 17－2 根据我们刚才所用的数据对比了三种应税收购方式的税收含义。可以看到每一例中，剥离母公司的税后收益都为 3 600 美元。在该表的第一列和第三列，收购公司获得了被剥离子公司递升的资产税基。而在第二列，目标公司资产的税基进行了结转。

要重点关注的是，在公司税基递升的交易中，仅在该例中这种目标净资产的税基正好等于母公司所持有股票的税基的情况下，目标资产税基递升所增加的成本才为 0。这样，不管母公司是出售目标公司的股票还是资产，由于两种形式财产税基相同，所以最后出售收益都相同。而回顾前文独立公司的出售，为获得独立 C 公司递升的资产，其增加的成本并不为 0。这就是子公司出售与独立 C 公司出售的主要区别。

回到表 17－2 列出的数据。我们看到最佳交易方式是应税资产出售，以及 338 款(h)(10) 的选择性条款下的应税股票出售。这两种交易方式使收购公司的税后成本最低（4 139.76 美元），并且对于出售者来说也是相同的。从收购公司的角度来看，选择 338 款(h)(10) 的选择性条款的价值为 860.24 美元。[①] 也就是说，如果使用这一选择性条款，收购公司税后可增加 860.24 美元的收益。因为 338 款(h)(10) 的选择性条款的使用需要出售方的配合，所以收购公司乐在支付 5 000 美元的基础上再增加最高 860.24 美元的款项，以保证出售方同意使用这一选择性条款。所以实际上，收购公司愿意支付的最高金额为 6 095.93 美元，具体数据如表 17－3 所示。

由于收购价格的提高，目标资产税基递升也增加了税收收益，所以收购公司愿意多支付 860.24 美元。当执行这一选择性条款时，买卖双方选择 5 000 美元和 6 095.93 美元之间的任何价格都会比不采用这一条款、价格为 5 000 美元的应税股票收购得到的收益更高。也就是说，由该递升所产生的净税收收益同时增加了剥离母公司的财富和收购公司的财富。

随着价格接近 5 000 美元（6 095.93 美元），收购公司（母公司）相应会得到更多的税收收益。比如，当收购价格为 5 547.97 美元时（价格处于 5 000 美元和 6 095.93 美元之间），收购公司的税后净成本比不采用这一条款、收购价为 5 000 美元时低 430.12 美元。同理，如果采用该条款，当交易价格为 5 547.97 美元时，母公司的税后收益可以增加 356.18 美元。表 17－3 显示了这些具体计算，读者现在应根据模型的发展，进一步意识到交易对双方产生的税收影响是多么重要。

---

① 应税资产出售方式也一样，但此处我们将重点放在采用选择性条款下的股票出售是为了便于叙述，因为采用和不采用选择性条款下的股票出售的非税成本都相同。

表 17 - 3		各种应税子公司出售方式的税收影响	

相关参数

非 338 款(h)(10) 的选择性条款下的购买价格（美元）	5 000.00
338 款(h)(10) 的选择性条款下的购买价格（美元）	6 095.93
目标公司的净资产税基	1 000.00
母公司持有目标公司的股票税基	1 000.00
t_c	35%
r	10%
摊销期间（n）（年）	10

	子公司出售方式		税收收益分割[a]	
	非 338 款（h）(10) 的选择性条款下的应税股票出售	338 款（h）(10) 的选择性条款下的应税股票出售	338 款（h）(10) 的选择性条款下的价格中值	差异增量
基础购买价格（美元）	5 000.00			
收购公司的无差异价格[b]（美元）		6 095.93		
分割税收收益的收购价格[a]（美元）			5 547.97	
对剥离母公司的税收影响				
出售收益[c]（美元）	4 000.00	5 095.93	4 547.97	
收到的现金（美元）	5 000.00	6 095.93	5 547.97	
收益负担的税收[d]（美元）	1 400.00	1 783.58	1 591.79	
税后现金（美元）	3 600.00	4 312.35	3 956.18	356.18
收购公司的成本				
购买价格	5 000.00	6 095.93	5 547.97	
减：增加的款税额[e]	0.00	1 095.93	978.08	
净税后成本	5 000.00	5 000.00	4 569.88	430.12
收购公司对目标公司的税基				
股票（美元）	5 000.00	6 095.93	5 547.97	
净资产（美元）	1 000.00	6 059.93	5 547.97	
目标资产的税基递升值（美元）	0.00	5 095.93	4 547.97	

说明：a. 该行表示递升所产生的净税收收益分割，假设在递升交易中的价格介于剥离母公司和收购公司的无差异价格之间［相对于非 338 款(h)(10) 的选择性条款下收购价格为 5 000 美元的应税股票出售］。

b. 收购公司在执行 338 款(h)(10) 的选择性条款和不执行 338 款(h)(10) 的选择性条款（收购价在 5 000 美元）之间的无差异价格。

c. 计算如下：收购价格减去母公司对所出售子公司股票或净资产的税基，这取决于交易的方式。

d. 子公司出售的应纳税款。该税额等于收益（资本利得或普通收入）乘以相应的税率。这里，我们假定母公司的普通收入税税率和资本利得税税率一样。

e. 由目标资产税基递升所产生的款税额的现值。假定该递升以直线法在 10 年内摊销，适用税率是 35%，税后折现率是 10%。

何时应采用 338 款(h)(10) 的选择性条款？ 假设母公司决定用应税交易的方式出售子公司，应采用何种应税交易呢？为方便理解，我们将只分析应税子公司股票出售。

由于 338 款(h)(10) 的选择性条款的生效需要买卖双方一致同意，因此买方不能单方面决定交易方式，需要卖方配合才能确定最终交易的税收方式。所以，条款对卖方产生的税收效应差异会影响卖方的决定。在不采用选择性条款的情况下，卖方的税收成本是出售价格与卖方所持被出售子公司股票税基的差额再乘以适用税率。相反，在采用选择性条款时，卖方的税收成本等于收购价格与卖方在子公司净资产税基的差额再乘以公司税率。当是否采用这一选择性条款所带来的收益都相同时，采用该条款与否对卖方的影响是无差异的。下面用更准确的方式表达，当选择该条款时的价格满足下列条件时，采用条款与否对卖方而言是无差异的：

$$\text{Price}_{338h10} - t_c(\text{Price}_{338h10} - \text{Asset}) = \text{Price}_{NO338h10} - t_c(\text{Price}_{NO338h10} - \text{Stock}) \quad (17.1)$$

式中：Price_{338h10}＝执行 338 款(h)(10) 的选择性条款时的购买价格；

$\text{Price}_{NO338h10}$＝不执行 338 款(h)(10) 的选择性条款时的购买价格；

t_c＝公司税税率；

Stock＝卖方对被出售子公司股票的税基；

Asset＝卖方对被出售子公司净资产的税基。

假设 $\text{Price}_{NO338h10}$ 是子公司的价格，忽略其资产税基的任何变化，并且售买双方已就该价格达成一致，则选择 338 款(h)(10) 的选择性条款时，卖方所要求的最低价格可由式（17.1）简化后得出：

$$\text{Price}_{338h10} = \text{Price}_{NO338h10} + [t_c/(1 - t_c)](\text{Stock} - \text{Asset}) \quad (17.2)$$

从式（17.2）可看出，采用该条款时，卖方要求的最低价格可能高于也可能低于不采用该条款的价格。这种不同交易方式下价格之间的关系是卖方对子公司股票和净资产税基的函数。如果卖方对子公司股票和净资产的税基相等，那么不论该条款执行与否，在任意价格下其税后收益都相等。[1] 如果卖方对子公司股票的税基大于净资产的税基（这是一种常见的情况），则只有当 Price_{338h10} 超过 $\text{Price}_{NO338h10}$ 时，卖方的税后收益才会相等。[2]

如果双方决定执行这项选择性条款，且约定的收购价格大于子公司净资产的税基，收购公司将从目标子公司资产税基递升中获得税收收益。与卖方一样，当获得的税后收益相等时，收购公司选择哪种交易方式结果并无差异，这就和收购时税后成本相等的情况一样。因为如果使用选择性条款，收购公司就会获得增加的税收收益，故即使税前子公司的收购价格高一些，税后收购公司也会有相同或更高的收益。

由于税基的增加带来税收收益，收购公司为采用 338 款(h)(10) 的选择性条款愿意支付更高的购买价。假定在收购子公司后收购公司以直线法计提折旧和摊销，我们可以将收购公司在 338 款(h)(10) 的选择性条款下愿意支付的最高价格表示为：

$$\text{Acqprice}_{338h10} = \text{Price}_{NO338h10} + t_c \times PVANN[(\text{Acqprice}_{338h10} - \text{Asset})/n] \quad (17.3)$$

式中，Acqprice_{338h10}＝在 338 款(h)(10) 的选择性条款下收购公司愿意支付的最高

---

[1] 这点在表 17－2 中用数字进行了说明。

[2] 净资产税基超过股票税基的情况很少发生。

价格；

$PVANN=$年金现值；

$n=$被收购子公司资产的平均使用年限。

$\text{Acqprice}_{\text{NO338h10}}$、Asset 和 t_c 的定义如前所示。

式（17.3）右边第二项是被收购子公司的资产税基递升所产生的税收收益的现值。将式（17.3）整理、替换、化简后得：

$$\text{Acqprice}_{\text{338h10}}=(\text{Price}_{\text{NO338h10}}-t_c\text{Factor}\times\text{Asset})/(1-t_c\text{Factor}) \tag{17.4}$$

$\text{Factor}=\text{PVANN}/n$，其他量的定义同前。

一般情况下，由式（17.3）可知，如果子公司净资产税基比不采用选择性条款时的收购价格（$\text{Price}_{\text{NO338h10}}$）低，则收购公司愿意支付更高的价格以说服卖方执行 338 款(h)(10) 的选择性条款。[①] 如果购买价格低于子公司净资产税基，则式（17.4）说明的是收购公司执行 338 款(h)(10) 的选择性条款所支付的价格会低于不执行该条款的价格。因而，这一选择性条款会减少子公司资产税基。

在 338 款(h)(10) 的选择性条款下，收购公司愿意支付的最高价（$\text{Acqprice}_{\text{338h10}}$）大于或等于在该条款下卖方可以接受的最低价，即当 $\text{Acqprice}_{\text{338h10}}-\text{Price}_{\text{338h10}}>0$ 时，出售子公司可以选择执行 338 款(h)(10) 的选择性条款。$\text{Acqprice}_{\text{338h10}}$ 和 $\text{Price}_{\text{338h10}}$ 之间的差额即式（17.2）和式（17.4）之间的差异。整理和替换后可得：

$$\text{Acqprice}_{\text{338h10}}-\text{Price}_{\text{338h10}}=\left[t_c/\left(\frac{1}{\text{Factor}}-t_c\right)\right]\times(\text{Price}_{\text{NO338h10}}-\text{Asset})$$
$$-[t_c/(1-t_c)]\times(\text{Stock}-\text{Asset}) \tag{17.5}$$

如果式（17.5）右边大于（小于）0，就适用（不适用）338 款(h)(10) 的选择性条款。因此，是否采用 338 款(h)(10) 的选择性条款在很大程度上取决于卖方子公司股票税基和净资产税基之间的差额。随着二者之间的差额增大，采用该条款的可能性将减少。[②]

什么决定了母公司所持有子公司股票和净资产的税基？ 创立或收购子公司的方式决定了母公司所持子公司股票和净资产的税基。

● 如果子公司由母公司内部建立，则母公司对子公司股票和净资产的税基都相等。

● 如果被出售子公司是由母公司收购而来的，也就是说，被剥离的子公司是母公司收购外部独立的目标公司而来的，那么母公司所持有的子公司股票和净资产的税基取决于之前收购该子公司的税收交易方式。

● 如果目标公司，也就是现在的被出售子公司，是以应税股票收购方式被收购，那么母公司持有的子公司股票税基可能会高于资产税基。一般而言，独立 C 公司的应税股票收购都是会造成目标公司资产税基结转的收购方式。同时，收购公司所收购的股票计税基础就等于购买价格，其一般大于所收购的目标净资产税基。

---

① 该点在表 17-3 中以数字显示。

② 该结论忽略了剥离母公司的税收状况。例如，如果母公司有大额资本损失结转，采用非选择性条款进行股票出售可能相对更好。

● 如果目标公司，即被出售子公司，是以免税收购方式被收购，那么母公司对子公司股票和净资产的税基不会相等，通常股票的税基可能大于净资产的税基。

□ 附加的复杂性分析：子公司出售

让我们从一个更复杂的子公司出售例子来说明式（17.1）到式（17.5）中新增的一些概念，目的在于判定子公司股票出售是否应在 338 款(h)(10) 的选择性条款下进行。假定以下是待出售的理查德·斯提芬（Richard Stevens）公司的相关数据：

● 理查德·斯提芬公司是一家投资银行，是约克（York）证券公司的子公司。其资产的净税基是 1 500 美元（历史成本等于税基）。

● 约克证券公司持有理查德·斯提芬公司股票的税基是 3 500 美元。[①]

● 芝加哥（Chicago）银行计划收购理查德·斯提芬公司，预估其价值为 5 000 美元，估计前提是理查德·斯提芬公司的资产税基能够结转。

● 芝加哥银行预期用现金收购理查德·斯提芬公司。

● 公司税税率为 35%，理查德·斯提芬公司资产税基的递升值将以直线法在 10 年内摊销，适用的税后折现率为 10%。

表 17-4 列出了具体的计算细节。在非选择性条款的应税股票出售下，约克证券公司税后获得 4 475 美元（5 000 美元的收购价－525 美元税款，525 美元的税款等于5 000 美元与 3 500 美元的差乘以 35%）。所以，在 338 款(h)(10) 的选择性条款下，约克证券公司所收到的税前价格可使它得到 4 475 美元税后收入。

式（17.2）列示了约克证券公司在选择性条款下愿意接受的最低价（$Price_{338h10}$）：

$$Price_{338h10} = Price_{NO338h10} + [t_c/(1-t_c)](Stock - Asset)$$
$$= 5\ 000 + (0.35/0.65) \times (3\ 500 - 1\ 500)$$
$$= 6\ 076.93（美元） \tag{17.2}$$

在非 338 款(h)(10) 的选择性条款交易下，芝加哥银行承诺支付 5 000 美元（约克证券公司接受），那么在采用 338 款(h)(10) 的选择性条款时，芝加哥银行还愿意在交易中支付 6 076.93 美元吗？在非选择性条款下且收购价为 5 000 美元时，收购公司的净税后成本是 5 000 美元。在执行 338 款(h)(10) 的选择性条款，且税前价格是 6 076.93 美元时，目标资产税基递升产生的税收收益现值为 984.11 美元。[②] 所以，收购公司的净税后成本即为 5 091.83 美元，比不采用选择性条款的净税后成本要高。式（17.4）列示了在执行选择性条款时，芝加哥银行收购理查德·斯提芬公司愿意支付的最高价格（$Acqprice_{338h10}$）。

$$Acqprice_{338h10} = (Price_{NO338h10} - t_c Factor \times Asset)/(1 - t_c Factor) \tag{17.4}$$

式中，Factor 等于 0.614 5（$n=10, r=10\%$）。

$$Acqprice_{338h10} = (5\ 000 - 0.35 \times 0.614\ 5 \times 1\ 500)/(1 - 0.35 \times 0.614\ 5)$$
$$= 5\ 959.03（美元）$$

[①] 3 年前约克证券公司以应税股票收购方式收购了理查德·斯提芬公司。

[②] 假设该递升以直线法在 10 年的期间内摊销，税率是 35%，适用的税后折现率是 10%。

表 17 - 4　　　　　　　　　　**各种应税子公司出售方式的税收含义**

相关参数

非 338 款(h)(10) 的选择性条款下的购买价格（美元）	5 000.00
目标公司的净资产税基（美元）	1 500.00
母公司持有目标公司的股票税基（美元）	3 500.00
t_c	35％
r	10％
摊销/折旧年限（n）（年）	10

	子公司出售方式		
	非 338 款(h)(10) 的选择性条款下 的应税股票出售	338 款(h)(10) 的 选择性条款下 的应税股票出售	338 款(h)(10) 的选择性条款下 的应税股票出售
购买价格（美元）	5 000.00		
剥离母公司无差异价格[a]（美元）		6 076.92	
收购公司无差异价格[b]（美元）			5 958.94
对剥离母公司的税收影响			
出售收益[c]（美元）	1 500.00	4 576.92	4 458.94
收到的现金（美元）	5 000.00	6 076.92	5 958.94
收益负担的税收[d]（美元）	525.00	1 601.92	1 560.63
税后现金（美元）	4 475.00	4 475.00	4 398.31
收购公司的成本			
购买价格（美元）	5 000.00	6 076.92	5 958.94
减：增加的款税额[e]（美元）	0.00	984.31	958.94
净税后成本（美元）	5 000.00	5 092.61	5 000.00
收购公司对目标公司的税基：			
股票（美元）	5 000.00	6 076.92	5 958.94
净资产（美元）	1 500.00	6 076.92	5 958.94
目标资产税基递升（美元）	0.00	4 576.92	4 458.94

说明：a. 剥离母公司在执行 338 款(h)(10) 的选择性条款和不执行 338 款(h)(10) 的选择性条款（收购价在 5 000 美元）之间的无差异价格。

b. 收购公司在执行 338 款(h)(10) 的选择性条款和不执行 338 款(h)(10) 的选择性条款（收购价在 5 000 美元）之间的无差异价格。

c. 计算如下：收购价格减去母公司对所出售子公司股票或净资产的税基，这取决于交易的方式。

d. 子公司出售的应纳税额。该税额等于收益（资本利得或普通收入）乘以相应的税率。这里，我们假定母公司的普通收入税税率和资本利得税税率一样。

e. 由目标资产税基递升所产生的款税额的现值。假定该递升以直线法在 10 年期间内摊销，适用税率是 35％，税后折现率是 10％。

　　综上所述，这项交易中不应执行这一选择性条款，因为 $Acqprice_{338h10}$ 小于 $Price_{NO338h10}$；换言之，在选择性条款下，收购公司支付的最高期望价格小于出售者的最低期望价格，执行选择性条款而增加的税收收益小于增加的成本。① 也就是说，执行 338 款(h)(10) 的选择性条款时收购公司进行交易的净税后成本高于不执行该条款（且收购价为 5 000 美元）时的净税后成本。

□ 子公司出售与独立 C 公司出售的差异

一般而言，子公司出售会导致目标子公司资产税基的递升，而在独立 C 公司的收购中，目标资产税基通常被结转。为何这两种交易类型会不同呢？在子公司出售中，增加的成本是母公司所持有的被出售子公司股票与资产税基两者间差额的函数。在大多数情况下，子公司出售带来税基递升所增加的成本小于其递升带来的税收收益。

另外，在独立公司收购中，得到 0.35 美元的税收收益所增加的成本未来也是 0.35 美元。当折现率不等于 0 时，该收益的提高增加的成本常常大于其增加的税收收益。唯一例外的情况是独立目标公司拥有大量 NOL 时。如同我们在第 16 章（见表 16－3）中分析的，在个别情况下，即使目标公司有 NOL，结转税基的交易也仍然是最优的。

何时采用 338 款(h)(10) 的选择性条款是最优的？假定公司税税率不变，当目标子公司资产和股票的税基相等，且购买价格大于净资产税基时，采用 338 款(h)(10) 的选择性条款能使收益最大化。如同我们在表 17－2 中所分析和说明的那样，在采用选择性条款的情况下，执行该条款增加的成本为 0。当目标资产的税基超过其股票的税基时，选择该条款是理智的。虽然这种情况不常见，但在这种情况下产生的税收成本通常小于不采用该条款情况下产生的税收成本。最后，如果子公司股票税基略超过子公司资产税基，采用 338 款(h)(10) 的选择性条款也是最优的。式（17.5）说明了在假定数据中何时采用 338 款(h)(10) 的选择性条款是最优的。结论会随着税率的变化发生改变，式（17.5）从税收的角度说明了在什么情况下选择递升的决策是最优的。

何时 338 款(h)(10) 的选择性条款是次优的？再假定公司税率不变，在母公司对被出售子公司的股票税基大于其资产净税基时，选择条款下交易就不理智了。式（17.5）说明了在相关参数下采用选择性条款是否明智的情况。读者们可能想知道何时会发生不明智地使用这一选择性条款的情况。回顾我们在第 14 章和第 16 章的分析，若被剥离子公司是以应税股票收购方式被收购而来的，母公司持有的子公司股票税基就可能超过其持有的净资产税基。因为结转税基交易是收购独立公司最常见的方式，所以在通常情况下，338 款(h)(10) 的选择性条款并不适用。

□ 估价影响

在上节以及表 17－2、17－3 和表 17－4 中，我们给出了计算和说明过程，指出了 338 款(h)(10) 的选择性条款所创造的价值是很大的，子公司的税前收购价会随着子公

---

① 选择性条款下出价 5 000 美元时增加的利益等于 752 美元，卖方增加的成本是 700 美元，即 3 500 美元的股票税基减 1 500 美元的资产税基再乘以 35%。为了补偿卖方这额外的 700 美元税款，买方必须支付给卖方税前额外的 1 076.92 美元，这时 1 076.92 (1－t) ＝700（美元），此处 t＝35%。而买方不愿意支付额外的 1 076.92 美元来换取 752 美元的税收收益，如式（17.2）式（17.4）所示。

司销售方式的变化而变化。[①] 下面我们展示一些值得注意的例子来说明这种现象。

2001 年，百时美施（Bristol Myers）公司以 49.5 亿美元把伊卡璐（Clairol）公司卖给了宝洁（Proctor & Gamble）公司。伊卡璐公司是百时美施公司的子公司，交易是在 338 款(h)(10) 的选择性条款下进行的。据称从 338 款(h)(10) 的选择性条款中获得的税收收益大约有 10 亿美元，即大约为交易价值的 20%。[②]

当 AGL 资源公司（AGL Resources）公司声称 2000 年从道明尼资源（Dominion Resources）公司（剥离母公司）手中收购弗吉尼亚天然气（Virginia Natural Gas）公司（子公司）时，它公开表示如果不采用 338 款(h)(10) 的选择性条款，收购价格大约为 5 亿美元，如果采用 338 款(h)(10) 的选择性条款，收购价格大约为 5.5 亿美元。不采用选择性条款的 5.5 亿美元价格反映出 AGL 资源公司此次交易的价值。[③] 因此，如果采用 338 款(h)(10) 的选择性条款，那么收购弗吉尼亚天然气公司的价格会高出 10%。

2001 年，UIL 控股有限公司（UIL Holdings）在 338 款(h)(10) 的选择性条款下用 12.96 亿美元收购了美国恩伯杜拉（Iberdola USA）公司的三个天然气单位（子公司）。[④] UIL 控股有限公司的执行总裁宣称在这种交易方式下产生的税收收益大约为 1.35 亿美元，即等于交易总价值的 10%。[⑤] 财务总监更完整地解释了 338 款(h)(10) 的选择性条款的效应，他说："还想强调一点关于交易的财务影响。正如 Jim 所提到的，收购价格为 12.96 亿美元。但是在所谓的 338 款(h)(10) 的选择性条款下（此条款能够带来资产税基的递升），我们仍希望能够实现大约 1.35 亿美元的税收调整额现值，这样就能为整合后的实体提供大量的现金流量。"[⑥] 同样，UIL 控股有限公司 2011 年的 10-K 也详细解释了该收购方式的税收影响。[⑦]

2001 年 3 月，凯特雷斯特健康（Catalyst Health Solutions）公司以 5.25 亿美元的价格购买了威尔格林斯（Walgreen's）公司的子公司威尔格林斯健康（Walgreen's Health Initiatives）公司。凯特雷斯特健康公司的财务总监声称子公司销售会在 338 款(h)(10) 的选择性条款下进行，该条款会产生 0.9 亿～1.1 亿美元的税收收益。[⑧] 因此，子公司出售在该交易方式下所产生的税收收益大约为交易总额的 19%（1 亿美元/5.25 亿美元≈19%）。

---

① 见 M. Erickson and S. Wang, "The Effect of Transaction Structure on Price: Evidence from Subsidiary Sales," *Journal of Accounting and Economics*（2000），其中提供了在 338 款(h)(10) 的选择性条款下出售子公司的税前价格高的证据。

② Craig Schneider, "P&G's Clairol Purchase Gets a Double Dose of Savings", May 24, 2001, CFO. com.

③ AGL Resources 8-K dated May 8, 2000.

④ Purchase Agreement dated May 25, 2010 between Iberdola USA, Inc. and UIL Holding（attached to UIL Holdings May 25, 2010 8-K）.

⑤ May 25, 2010 UIL Holdings conference call transcript available from CQ FD Disclosure.

⑥ May 25, 2010 UIL Holdings conference call transcript available from CQ FD Disclosure.

⑦ UIL 控股有限公司在 2010 年 12 月 31 日的 10-K 表的脚注中提道：

作为 CEC 和 CTG 收购的组成部分，UIL 控股有限公司和美国恩伯杜拉公司一致同意采用 338 款(h)(10) 的选择性条款购买 CEC 和 CTG 的股票。338 款的选择性条款允许 UIL 控股有限公司把该交易处理成购买 CEC 和 CTG 的资产而非股票。在 338 款的选择性条款下，SCG 和 CNG 会产生一个新的更高的税基，因此，此交易因资产税基递升而产生的折旧会导致其联邦所得税扣除额增加大约 6.39 亿美元。该交易将产生大约 1.75 亿美元的税收商誉，UIL 控股有限公司可以在未来 15 年内对这些商誉进行扣除。

⑧ March 9, 2011 Catalyst Health Solutions conference call transcript available from CQ FD Disclosure.

2009 年，快捷药方公司在 338 款(h)(10) 的选择性条款下以 46.75 亿美元从维朋公司手中收购了 NextRx 公司，此交易方式为快捷药方公司产生了大量节税额。在 2009 年 4 月 29 日的 10 - Q 中，快捷药方公司称："我们估计选择性条款的价值大约为 8 亿～12 亿美元，具体价值是多少取决于对折现率和税率的假定。"关于快捷药方公司和 NextRx 公司之间的交易，338 款(h)(10) 的选择性条款的价值和影响一般规则如下所示：

> 然而，投资银行经验法则指出，如果有获得收购资产成本基价的能力和采用 197(a) 款的机会，就能降低大约 20% 的交易"有效成本"。当然，在 338 款(h)(10) 的选择性条款的大多数情况中，收益的一部分会通过抬高收购价格的形式共享给卖方。相应地，20% 的收益会平均分配给维朋公司和快捷药方公司，每家各得大约 50%。[①]

虽然本章不集中讨论估价，但我们在第 14 章至第 17 章有一些对估价的潜在重要影响的讨论。我们讨论了各种可以影响目标公司价值的税收相关因素［目标公司 NOL、来自 338 款(h)(10) 的选择性条款的税收收益等］。投资银行家的标准收购预分析会比较拟议的收购价格和历史的收购价格。这个过程被称为可比分析。

图 17 - 5 展示了投资银行出具公平意见的一个例子。公平意见在很多收购交易中都要准备。这些意见的目的是为收购公司和（或）目标公司的股东在价格公平方面提供帮助。投资银行家信中的第 11 点涉及了比较分析。可比公司分析主要是比较收购价格和与被收购公司（即目标公司）有关的收购溢价。主管、咨询师和税收筹划者对合并和收购的所有计划都应考虑税收因素，如目标公司 NOL、交易的税收方式［如 338 款（h）(10) 方式］、被收购公司的税率是怎样影响收购价格和可比公司交易溢价的，以及这些因素在支付对价的情况下是怎样影响交易的。

附件 C

Fogel，Lucas，Miller，Fama 集团

纽约林荫大道 295 号
NY 10107
(212) 494 - 9000

1995 年 11 月 13 日
The Merrimac 公司
加利福尼亚州伯班克南布埃纳维斯塔街 900 号
CA 91521
尊敬的先生：

我们了解到 Merrimac 公司和 North Drop 公司已经讨论了修正和重申协议，并计划重组，日期是 1995 年 7 月 31 日（重组协议）。根据协议：（1）一个新的公司将成立，命名为 The Merrimac 公司（New Merrimac）；（2）New Merrimac 新成立的子公司将被 Merrimac 和 North Drop 合并；（3）Merrimac 的每份普通股将转变为 New Merrimac 的普通股；（4）North Drop 的每一份普通股将转变为 New Merrimac 的普通股或现金或二者的组合形式（这种组合形式是基于每个股东的表决权和特定的比例进行分配的），这样，总体上，North Drop 的股东将收到等价的 Merrimac 普通股加上 North Drop 每股价值 65 美元

图 17.5　Fogel，Lucas，Miller，Fama 集团的公允意见

---

① "ESRX Will Enjoy a Basis 'Step-Up'"，Robert Willens，The Willens Report，April 14，2009.

的相应现金。您提供给我们的重组协议下的联合代理声明/招股说明书被分别发送给了 Merrimac 和 North Drop 的股东。

您提出的让我们从财务的角度来提供这个交易对 Merrimac 股东是否公允的意见。在意见形成的过程中，我们做了以下工作：

1. 重审代理声明；

2. 重审 North Drop 给股东的每年年报，1993 年至 1994 年每个财务年度结束时（12 月 31 日）10-K 形式的年度报表，1995 年每个季度结束时（4 月 2 日、7 月 2 日和 10 月 1 日）10-Q 形式的季度报表。

3. 重审某些历史财务报表和预算财务报表，这些是由 North Drop 的管理人员提供给我们的 North Drop 分部报表。

4. 重审 Merrimac 给股东的每年年报，1992 年至 1994 年每个财务年度结束时（9 月 30 日）10-K 形式的年度报表，1994 年 12 月 31 日和 1995 年 3 月 31 日、6 月 30 日的 10-Q 形式的季度报表。

5. 重审 Merrimac 管理人员给我们的有关 Merrimac 和 North Drop 公司和前景方面的特定经营和财务信息，包括 Merrimac 管理人员提供的 Merrimac 和 North Drop 各自的财务预测。

6. 与 North Drop 的财务总监会面，讨论 North Drop 分部业务的历史财务报表和某些预算财务报表。

7. 与 Merrimac 某些高级管理人员会面，讨论它的经营、历史财务报表和未来预测。

8. 重审交易对 Merrimac 股东在金融方面的影响。

9. 重审 Merrimac 和 North Drop 历史交易价格和普通股的交易量。

10. 重审某些公开有效的财务数据和公司股票市场的表现数据，我们用其来比较 Merrimac 和（或）North Drop。

11. 重审最近其他公司的收购，据此比较 North Drop 和其组成业务。

12. 也进行一些我们认为适当的其他研究、分析、询问和调查。

在我们重审的过程中，依据和假定没有对 North Drop 和 Merrimac 提供给我们的财务和其他信息的准确性和完整性进行独立的核实，North Drop 和 Merrimac 证监会档案中提供的财务和其他方面信息的完整性也没独立核实。针对 North Drop 和 Merrimac 提供给我们的财务预测数据，我们假定它们做了合理的准备，从目前来讲，North Drop 和 Merrimac 的管理人员就 North Drop 和 Merrimac 的未来表现做出了最好的估计和判断。我们没有假定不会有人对这些信息或财务预测负任何责任，反而更依赖 North Drop 和 Merrimac 管理人员的帮助，没有任何事实可使其提供给我们不完整或误导的信息。在形成我们的建议时，我们没有获取关于 North Drop 或 Merrimac 的任何资产估价，除了像以上第 3 条、第 5 条和第 6 条所描述的那样，我们还没有和 North Drop 的管理人员或雇员讨论关于 North Drop 的经营、历史财务报表和未来前景，也没有从 North Drop 手中获得财务预测数据。我们的意见主要是基于经济、市场和其他条件形成的，信息在规定的日期内是有效的。

基于前面提到的，到目前为止，从财务的角度来看，这个交易对 Merrimac 股东是公允的。

我们作为 Merrimac 此次交易的顾问，将通过这类服务收取费用。

敬上

Fogel，Lucas，Miller，Fama 集团总经理

Elizabeth Erickson，Katie Erickson，Jack Erickson

图 17.5　Fogel，Lucas，Miller，Fama 集团的公允意见（续）

17.2 免税剥离方法

应税子公司出售虽然是最常用的剥离方法，但实际上很多情况下，免税剥离方法更受欢迎。我们重点了解两种免税剥离方法：股权分离和分立。股权分离本质上是对母公司及其股东免税的子公司 IPO，剥离母公司通过出售子公司股票得到现金。另外，分立更像大量发放股利，母公司的股东按其持有的母公司股份比例接受被分立子公司的股票，并且是免税的。分立过程中，现金不作为交易的一部分，因而母公司不取得现金，尽管在分立前被分立的部门经常向剥离母公司支付债务融资性股利。

□ 股权分离

图 17-6 说明了股权分离方式。母公司通过向投资者发行子公司的股票换取现金。若股份由子公司买入，股票发售的过程中就无须确认损益。这种税收待遇在任意一家公司股票的发行过程中都适用。

如果母公司持有的子公司股票卖给了公众，则要确认应税收益或损失，因为母公司持有的子公司股票构成母公司的资本资产。当出售所持有的子公司股票时，会形成资本资产出售的利得或损失。若母公司期望得到现金，子公司可以在股票发行前通过免税股利的形式向母公司支付现金。[①]

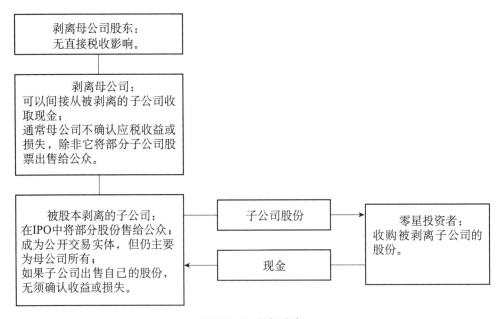

图 17-6　股权分离

基于上述原因，股权分离方式可以作为母公司现金的一个免税来源。按照经验数据，股权分离关联到的子公司股票一般只占一小部分（一般少于 20%）。母公司进行这种少

---

① 仅当母公司对子公司的所有权大于 80% 时（可享有 100% 的已获股利扣除）这点才成立。

量股票发行的目的，是为后续可能进行的子公司完全剥离取得市场公允价值。而发行少于20％的子公司股票，使母公司有选择免税分离或在符合条件的应税股票收购方式［应税股票收购可采用338款(h)(10) 的选择性条款］下出售全部子公司的权利。[①] 出于财务会计的目的，母公司在股权分离中不确认任何收益或损失。[②]

□ 免税分立

免税分立方式下，母公司的经营机构会分成两个（或多个）独立的公司实体。若母公司的业务由两个子公司经营，在分立前就不需要进行重组。在任何情况下，母公司都将子公司股票按比例付给股东。图 17-7 是分立方式的说明图。本质上，母公司为分立支付了高额股利，但这种股利是子公司的股票。在分配股利后，股东在两个独立的企业（即刨除被分立子公司的母公司和被分立的子公司）都有所有权。若交易符合 355 款的免税条件，则该次分配对母公司及其股东都免税。

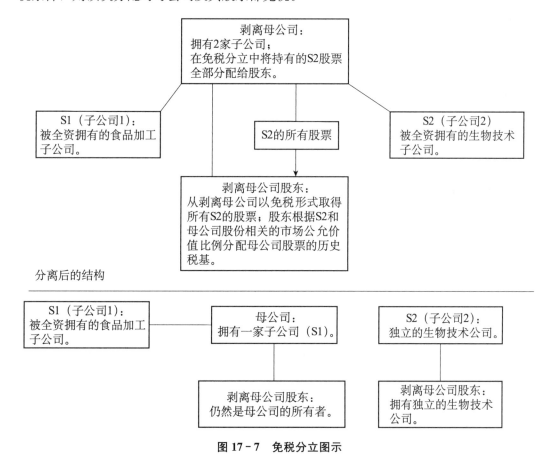

图 17-7 免税分立图示

———————————

① 满足条件的股票收购是指收购 80％目标公司的表决权股份。免税分立必须至少向母公司股东分配 80％的被剥离子公司的股票。

② 如果母公司出售部分子公司股票，它就要确认会计上的收益或损失。此外，母公司也可以根据证券交易委员会管理人员核算公告 51 号（SAB51）选择确认股本剥离的收益。详见 J. Hand and T. Skantz，"The Economic Determinants of Accounting Choices：The Unique Case of Equity Carve-Outs under SAB 51，"*Journal of Accounting and Economics*（December 1997），pp. 175 - 204。

为了使分配满足 355 款免税待遇的条件，就必须符合以下几项一般要求：

● 在分立前，分配公司必须拥有被分立的子公司的控制权，即拥有 80％的子公司的所有权；

● 母公司必须分配一部分对子公司享有控制权的股票给股东，控制权是指拥有 80％的被剥离子公司的所有权；

● 分配后，母公司和子公司都必须从事正规的交易或经营活动；

● 该交易不能作为母公司向股东分配收益与利润的工具。

● 母公司的原股东必须对母公司和分立子公司继续维持持续的权益。

● 被分立的子公司不能是母公司在此之前 5 年以应税收购方式收购的。

● 此次分立必须具有合理的商业目的，并且原母公司股东必须保留分立后母公司和被分立子公司的控制权。

● 母公司或被分立子公司不能在分立后 2 年内（包括 2 年）就被收购。

在分立中，母公司股票的税基被母公司股东按照分立当天两个独立部分市场公允价值的比例分配给被分立的子公司和"新"母公司。比如，假设某股东在分立前拥有母公司股票的税基 100 美元。在分立日，被分立子公司股票的市场公允价值为每股 200 美元，续存母公司（原来的母公司减去被分立的子公司）为每股 50 美元。因此，该股东持有的被分立子公司股票的税基为 80 美元，即 200/(200＋50)×100 美元，对母公司股票的税基为 20 美元。续存母公司和被分立子公司净资产税基被结转出去，也就是该值与原母公司里的一样。

□ **影响剥离方式选择的因素**

在本章，我们提供了一种量化不同剥离方式下税收和现金流效应的数学框架。为了更有效地描述剥离，我们还需考虑其他一系列因素。表 17-5 是描述和分析本章关于剥离方式中税收和非税影响的一览表。在预期实施的剥离中，税收筹划者要怎样选择最优方式呢？

首先，剥离母公司对税收和非税因素的偏好，或者说被剥离子公司税收和非税属性与方式的选择有关。若母公司需要现金，它将选择能产生现金流的方式，比如股票出售或股权分离。倘若被剥离子公司的市场公允价值远高于其净资产税基，母公司就可能选择分立而不是选择出售子公司的方式。

相反，倘若被剥离子公司的税基高于其市场公允价值，母公司可能会选择出售子公司的方式，来获得出售产生的应税损失。同理，倘若母公司有可向前结转的资本损失或经营损失，出售增值的子公司就能以更有税收效率的方式使用母公司的税收属性。如果剥离母公司希望"平滑"其收入，母公司就会选择能够提供会计收益的应税子公司出售方式（或某些情况下选择股权分离方式）。

选择剥离方式与被剥离子公司的相对需求有很大的相关性。也就是说，子公司对买家是否满意？反之，由于分立一个表现很差的子公司会使公司财富在剥离机制中缩水，母公司股东可能不会接受。

表 17-5　　　各种剥离方式的税收和非税影响概述

税收或交易方式	免税子公司出售	应税子公司资产出售	非338款(h)(10)的选择性条款下的应税子公司股票出售	338款(h)(10)的选择性条款下的应税子公司股票出售[a]	免税分立	股权分离
剥离母公司获取现金	否	是	是	是	否[b]	是
母公司保持对被剥离子公司的控制	否	否	否	否	否	是[c]
剥离母公司层面的应税收益或损失	否	是	是	是	否	否[d]
剥离母公司股东的应税收益	否	否	否	否	否	否
被剥离子公司资产税基递升	否	是	否	是	否	否
剥离母公司确认会计收益或损失	可能	是	是	是	否	可能

说明：a. 子公司股票出售被视同剥离母公司出售子公司资产课税，而不是视同出售子公司股票课税。

b. 在某些情况下，被分离子公司在分离前会支付债务融资性股利给母公司。

c. 股权分立可能会导致母公司持有的股份少于或多于能够控制被剥离子公司的足够权益。

d. 如果子公司以 IPO 的方式出售其股份，则不会产生应税收益；但如果出售的是母公司所拥有的股份，则会导致确认应税收益或损失。

要点总结

1. 一家公司可以采用不同的方式剥离子公司或部门。子公司出售、分立和股权分离是最常见的剥离方式。

2. 整体子公司的出售一般是产生应税收益或损失的交易方式。股权分离或分立通常是免税的；前者能为剥离母公司产生现金流，后者不能。

3. 子公司出售可按股票出售或资产出售征税。资产出售的税务处理会使被出售子公司资产税基增加。相对于会产生产权转让成本的资产出售，股票出售可能更受欢迎。适用 338 款(h)(10) 的选择性条款的某些股票出售会被视同子公司出售资产征税。

4. 若收购公司在 12 个月内购买了 80%（或以上）的子公司股票，买卖双方可以共同商议使用 338 款(h)(10) 的选择性条款，即将股票出售视同资产出售纳税。

5. 子公司出售通常选择使子公司资产税基递升的方式进行。如我们在第 14 章所述，出售独立 C 公司的很少会造成目标资产税基的递升。

6. 在子公司出售中，被出售子公司的税收属性总会被保留。在 338 款(h)(10) 的选择性条款下的应税资产出售或应税股票出售下，税收属性保留在母公司。而非 338 款(h)(10) 的选择性条款下的应税股票出售，税收属性会保留在子公司。

问题讨论

1. 如果一家公司希望通过现金交易剥离子公司，它应考虑采用什么样的方式进行？

2. 如果一家公司希望能免税剥离子公司，并希望其原始股东保持对被剥离子公司的直接所有权，它应采用什么方法？

3. 为何免税子公司出售相对来说不那么普遍？

4. 一般而言，在子公司出售时何时采用

338 款(h)(10) 的选择性条款？请考虑收购价格、子公司股票税基与子公司净资产税基之间的联系。

5. 一般而言，在子公司出售中何时不采用 338 款(h)(10) 的选择性条款？请思考收购价格、子公司股票税基与子公司净资产税基之间的联系。

6. 举出免税分立需满足的 4 个条件。

7. 在非 338 款(h)(10) 的选择性条款下的应税子公司股票出售中，子公司的税收属性如 NOL 会保留下来吗？如果是，谁获得（保留）了这些税收属性呢？

税收筹划的问题

1. 如果你是华尔街某大型投资银行的工作人员，你的上司通知你太阳镜小屋（Sunglass Hut）公司（收购公司）雇你所在的银行预测 RK 公司的收购前景，RK 公司是消费设备（Consumer Devices）股份有限公司的全资子公司。相关数据如下：

● RK 公司资产净税基是 8 亿美元，市场公允价值为 19 亿美元，负债为零。

● 消费设备股份有限公司拥有 RK 公司100% 的股权。

● 消费设备股份有限公司所持有的 RK 公司股票的税基为 10 亿美元，这些股票是消费设备股份有限公司 5 年前收购的。

● 太阳镜小屋公司预计以 19 亿美元现金从消费设备股份有限公司手中收购 RK 公司。

● RK 公司、消费设备股份有限公司和太阳镜小屋公司都是独立 C 公司。

假定此交易为不适用 338 款(h)(10) 的选择性条款的应税股票出售：

a. 太阳镜小屋公司收购后拥有的 RK 公司资产税基是多少？

b. 消费设备股份有限公司可从交易中获得多少税后现金？假设消费设备公司的边际税率为 35%。

如果此交易属于 338 款(h)(10) 的选择性条款下的应税股票出售：

c. 太阳镜小屋公司收购后拥有的 RK 公司资产税基是多少？

d. 消费设备股份有限公司可从交易中获得多少税后现金？假设消费设备公司的边际税率为 35%。

e. 以 19 亿美元的收购价格在非 338 款(h)(10) 的选择性条款下进行股票出售和在 338 款(h)(10) 的选择性条款下进行股票出售，消费设备公司的无差异价格为多少？

f. 以 19 亿美元的收购价格在非 338 款(h)(10) 的选择性条款下进行股票出售和在 338 款(h)(10) 的选择性条款下进行股票出售，太阳镜小屋公司的无差异价格为多少？假设 RK 公司在 338 款(h)(10) 的选择性条款下的资产税基递升值在 10 年期限内摊销（折旧），这些额外扣除所带来的税收节约适用的折现率是 10%，太阳镜小屋公司的税率为 35%。

g. 应该采用 338 款(h)(10) 的选择性条款吗？为什么？

h. 如果太阳镜小屋公司在 338 款(h)(10) 的选择性条款下获得了所有净税收收益（假设对问题 g 的回答是肯定的），那么相对于收购价格为 19 亿美元的非 338 款(h)(10) 的选择性条款出售交易，其净税后成本可以降低多少？

i. 如果消费设备公司在 338 款(h)(10) 的选择性条款下获得了所有净税收收益（假定问题 g. 的回答是肯定的），那么相对于收购价格为 19 亿美元的非 338 款(h)(10) 的选择性条款出售交易，其税收收益为多少？

2. 假定只出售 C 公司的子公司：

a. 什么情况下采用 338 款(h)(10) 的选择性条款是理智的？

b. 简要回答什么情况下采用 338 款(h)(10) 的选择性条款是次优的？

3. 作为华尔街一家大型投资银行新聘请的分析师，你的直接上司通知你阿尼亚美（Arnies's Army）公司（收购公司）雇请你所在的银行预测 JM 公司的收购前景，JM 公司是尼克劳斯（Nicklaus）公司的全资子公司。相关数据如下：

- JM公司的资产净税基是3亿美元，市场公允价值为9亿美元，无负债。
- 尼克劳斯公司拥有JM公司100%的股权。
- 尼克劳斯公司所持有的RK公司股票的税基为6亿美元，5年前尼克劳斯公司收购了这些股票。
- 阿尼亚美公司预计以9亿美元现金收购RK公司。
- JM公司、尼克劳斯公司和阿尼亚美公司都是独立C公司。

假定该交易为非338款(h)(10)的选择性条款下的应税股票出售：

a. 阿尼亚美公司收购后拥有的JM公司资产的税基是多少？

b. 在此交易中可获得多少税后现金？假定尼克劳斯公司的边际税率是35%。

现又假定该交易为338款(h)(10)的选择性.条款下的应税股票出售：

c. 阿尼亚美公司收购后拥有的JM公司资产的税基是？

d. 尼克劳斯公司在此交易中可获得多少税后现金？假定尼克劳斯公司的边际税率是35%。

e. 以9亿美元的收购价格在非338款(h)(10)的选择性条款下进行股票出售和在338款(h)(10)的选择性条款下进行股票出售，尼克劳斯公司的无差异价格（P）为多少？

f. 若给定e部分中计算的价格（P），阿尼亚美公司更倾向哪种收购方式：以9亿美元的购买价格在非338款(h)(10)的选择性条款下进行应税股票出售，还是以P购买价格在338款(h)(10)的选择性条款下进行应税股票出售？假定JM公司在338款(h)(10)的选择性条款下资产税基的递升值在12年的期限内摊销（折旧），扣除的增加所带来的节税额适用7%的折现率，阿尼亚美公司的税率是40%。

g. 应采用338款(h)(10)的选择性条款吗？为什么？

h. 若阿尼亚美公司在338款(h)(10)的选择性条款下获得了所有净税收收益（假设对问题g的回答是肯定的），那么相对于收购价格为9亿美元的非338款(h)(10)的选择性条款出售交易，其净税后成本可以减少多少？

i. 若尼克劳斯公司在338款(h)(10)的选择性条款下获得了所有净税收收益（假定对问题g的回答是肯定的），那么相对于收购价格为9亿美元的非338款(h)(10)的选择性条款出售交易，其税后收益可以增加多少？

4. 海王星（Neptune）公司有意向收购伯特伦（Bertram）公司的子公司布莱克芬（Blackfin）公司。与收购相关的数据如下：

- 伯特伦公司所持有的布莱克芬公司股票和资产的税基是1 000万美元。
- 布莱克芬公司的市场公允价值为5亿美元。
- 伯特伦公司的适用税率是35%。
- 海王星公司的适用税率是35%。
- 税后收益率为6.5%，布莱克芬公司增加的资产税基会以直线法在15年内摊销。
- 海王星公司允诺采用351款从伯特伦公司收购布莱克芬公司，并将价值5亿美元的表决权优先股支付给新公司（由海王星公司成立）。这些新公司的优先股股息率为10%。
- 除此之外，海王星公司还以新公司优先股作担保从一家投资银行为伯特伦公司取得5亿美元贷款。该笔贷款利率是10%。
- 该投资银行每年对该贷款收息250万美元。
- 伯特伦公司持有新公司优先股超过20年才可将其出售并还清贷款。
- 计算中忽略利息扣除产生的税收影响及优先股股利。

a. 相对于出价5亿美元的应税股票出售，351款下出售子公司所产生的递延资本利得税的现值是多少？也就是说，相对于在应税出售方式下需要缴税的应税收益，伯特伦公司从递延资本利得中节约多少税收？

b. 提供给伯特伦公司的贷款费用税后成本现值是多少？（$n=20$，$r=6.5\%$，$t_c=35\%$。）

c. 假设在不会增加布莱克芬公司税基的交易中海王星公司愿意支付5亿美元，那么在338款(h)(10)的选择性条款下的应税股票出售中的最高期望价格是多少？

d. 在c部分计算出的最高期望价格下，相比非338款(h)(10)的选择性条款下的应税交易，伯特伦公司采用338款(h)(10)的选择性条款产生的税后收益增加值是多少？

e. 在本题中，a 部分的计算值可以被看作税收筹划的总节税额。b 部分和 d 部分计算的总值可被看作该筹划的成本。该筹划的净节税（成本）是多少？给出你的计算。

参考文献

参见第 13 章参考文献和附加阅读资料。

教学案例

参见第 13 章教学案例。

第 18 章

遗产和赠与税筹划

阅读完本章，你应能：

1. 会使用遗产税和赠与税的相关词汇。
2. 解释遗产税和赠与税的基本原理。
3. 描述财产税税收筹划的一些基本技巧。
4. 理解在不纳税的情况下怎么将升值的财产变现。
5. 分析慈善性质的赠与行为有哪些税收优势。
6. 量化赠与和遗赠之间的平衡点。

假定你或你的一个亲戚/客户已经积累了大量的财富，你想要确定你的家人、朋友或者你喜欢的人是财富的受益人。在大多数情况下，你不会考虑税务机关成为你的受益人。一旦你决定转移财产，无论是通过赠与还是遗赠，都会有某种形式的税出现：针对资产价值征税的赠与税、针对转移资产所产生的收益的所得税、针对死亡后的遗产税。此外，如果你通过赠款或遗赠进行转账，那么只要这些转账的受益人跨越一个或多个世代，两者就都将面临跨代转移税收。

家庭关于遗产和赠与的税收筹划与家庭关于收入的税收筹划相关。一个家庭成员的遗产税和赠与税的减少可能会导致整个家庭所得税的增加，例如，当高税率、年迈的父亲或母亲在他或她的主要盈利年份中把资产转移给子女时，遗产税可能会减少，但是整个家庭的所得税却会增加。

遗产税和赠与税筹划与其他税收筹划问题一样，也涉及纳税人之间资产的重新打包，前几章讨论的许多相同问题也在这里出现。有效的税务筹划是权衡积累财富的转让人和受让人之间税收因素和非税因素的综合作用。非税因素在父母转让财产给子女时显得非常重要。父母并不总是完全相信他们的孩子会以期望的方式使用资产，这可能会让某些税收筹划策略变得昂贵。长期以来，纳税人一直试图将资产"捐赠"给亲属和慈善机构，以减少其遗产的规模，同时又可以保留对这些资产使用的控制权。

本章的大部分内容是从一个税收筹划者的观点出发，忽略目前遗产税是否公平、有效或需要改革这一类更广泛的问题。不过，值得注意的是，遗产税是现存最具争议性的税项之一，而人们对遗产税的意见往往高度分化。争论一方的观点是，遗产税——有时被称为"死亡税"——被视为政府"攫取之手"的最纯粹形式：政府在收入取得时征税，然后对留给下一代的累积财富又征一次税。一些人认为这是惩罚性的、不公平的。反对遗产税的人强调，遗产税是针对那些建立成功企业和创造就业机会的人的一种破坏性惩罚，并认为它阻碍储蓄，鼓励过度消费。另外，有些人认为遗产税是消除不平等的必要工具。这种观点认为，财富的大量集中并且无止境地传递下去，为滋生统治贵族创造了潜在的可能性，从长远来看，这可能会破坏民主社会。[①]

除了围绕遗产税是否应该开征的讨论外，调查显示，大多数人认为其遗产最终会由于缴纳遗产税而消耗殆尽。然而大家这样想，要么错误理解了税法规定，要么对于他们未来财富积累的展望过于乐观，要么两种情况都存在。绝大多数人死时的遗产太少，以至于不需要缴纳遗产税。根据 2013 年的统计数据，低于 525 万美元的遗产是免税的，此数据在 2001 年时仍为 67.5 万美元，从 2001 年起开始大幅提高。宽免资格的提高导致遗产税申报表的数量减少。国税局的数据显示，2001 年时有超过 108 000 份遗产税申报表，而到了 2012 年只有 27 000 份。2012 年总遗产税税额约为 120 亿美元。虽然这和遗产总额相比非常小，但与联邦预算相符，遗产税占全部联邦税收的比例不足 1％。[②] 另外，27 000 份遗产税申报表不表示仅有 27 000 份遗产达到课税标准。大量的遗产因为部分遗赠给配偶或慈善机构等原因（本章节会详细讨论）导致不足以课征遗产税。虽然 2012 年的下降数据在写本章节时尚不能引用，但基于之前多年的情况估计大概一半的遗产税申报被征税。疾控中心的数据显示，2011 年美国共有约 250 万人死亡。我们粗略假定 2012 年的死亡人数与 2011 年一样，可知仅有大概 1％ 的死亡进行了遗产税申报，0.5％ 的死亡产生了遗产税。[③]

不过，财富是高度集中的，虽然遗产税只适用于一小部分人，但这部分人占据了美国相当大比例的财富。据估计 1％ 最上层的家庭（大概 130 万家庭）拥有美国约 34.5％的家庭财产净值。[④] 近些年富裕阶级资产增长速度高于整体民众增速，亦高于美国 GDP 增速。这种现象在全球范围内广泛存在，且比美国更甚。

研究者估计，全球有 1 200 万人口（不到全球人口的 0.2％）拥有超过 100 万美元的可投资资产（不包括主要居所）。[⑤] 基于此定义，全球这些百万富翁共计拥有约 42 万亿美元的财富。大概 31％ 的百万富翁生活在北美，另有大概 31％ 生活在亚洲，约 28％ 在欧洲，其余在拉丁美洲、中东和非洲。美国拥有最多的百万富翁，共计约 340 万人，随后是日本（190 万人）、德国（100 万人）和中国（约 64 万人）。除中国外，上述这些国家都有遗产税或继承税。另据报道中国也在考虑设立遗产税或继承税。[⑥] 并非所有的国家都

① 激烈的辩论持续了多年。比如，I. Fisher："Some Impending National"，*Journal of Political Economy* (1996)。大量的文章分别对辩论的双方进行了描述，例如：E. McCaffery，"The Uneasy Case for Wealth Transfer Taxation"，*Yale Law Journal*（1994）；以及 J. Slemrod，W. Gale and J. Hine ed.，*Rethinking Estate and Gift Taxation*（Washington，DC：Booking Institution Press，2001）。

② *Internal Revenue Service Data Book*，2012，需要注意对应的是 2012 财年，从 2011 年 10 月 1 日到 2012 年 9 月 30 日。

③ Centers for Disease Control and Prevention，"Deaths：Preliminary Data for 2011"，*National Vital Statistics Reports*（October 10，2012）。

④ 本段中是对 2010 年的情况进行的估计，参考 L. Levine，"An Analysis of the Distribution of Wealth across Households，1989—2010"，*Congressional Research Service*（July 17，2012）。

⑤ 本段中是对 2012 年的情况进行的估计，参考 *World Wealth Report*（2013），Capgemini and RBC Wealth Management。

⑥ Ernst&Young，*International Estate and Inheritance Tax Guide*（2013）.

征收遗产税或继承税（例如澳大利亚就不征收），但是有足够多的国家征收，所以遗产税或继承税是富裕家庭普遍要面临的问题。我们会重点关注美国遗产和赠与方面的税收。在现在的美国，遗产税只有很小的一部分人会接触到，但对于这些要支付遗产税的人来说，会涉及很大的纳税金额，并且这部分人拥有相当大的财富总量。本书的读者比一般人更有可能面临潜在的遗产税。

从 2001 年开始，遗产税的税收计划一直处于一种不确定的状态。按照 2001 年的税法，遗产税是要在 2002—2009 年逐步废除的。在 2010 年这一年，遗产税是计划要被废除的。但是因为一些预算方面的原因，2001 年的税法包含了一个日落条款，导致该法令在 2010 年之后就失效了。因此，因该法令于 2001 年颁布，遗产税要暂停一年（2010年），2010 年之后便全面恢复，且税率调整为 55％。大多数观察者曾认为国会会在 2010年之前完成法案变更，然而 2010 年过去了，国会也未能达成共识。最终，2010 年 12 月，国会临时恢复了 2010—2012 年的遗产税税收，设立 500 万美元的宽免资格和最高 35％的税率（2010 年执行特殊规则）。国会被给予更多时间以得出永久性的解决方案（或者至少能和税法一样久）。在 2012 年年末，国会再一次未能达成共识。因临时性条款在 2013年的第一天将要过期失效，于是国会通过了 2012 年美国纳税人救济法案（2013 年 1 月 2日成为法律），设立最高为 40％的遗产税税率及 500 万美元的宽免资格（考虑通货膨胀，2013 年宽免资格为 525 万美元）。

在本章内容中，我们会从对遗产税和赠与税收规则一般性结构的描述开始，包括人寿抵免（亦被称为联合税收抵免）、每年的赠与免除、人寿保险处理方式、婚姻扣除和跨代转移税收。然后，我们将讨论一些遗产税筹划方法，从用于消除中小规模遗产税的方法开始，再渐进到消除大规模遗产税的方法。然后我们将讨论一系列的方法，我们将他们概括地称为货币化技术（monetization technique），这些技术在所得税筹划和遗产税筹划时都已经应用。

然后，我们还会讨论税法鼓励慈善性赠与行为的根本性动机。我们会说明这种动机超出人们的想象，而且会使人们生前赠与财产通常比去世时遗赠财产有利。而且，我们还会说明纳税人有类似的动机进行提前的非慈善性赠与，以冻结在遗产中被征税的积累财富。我们用一个既有税收因素又有非税因素的模型来分析现在赠与和将来作为遗产留给后人之间的区别。

18.1 遗产和赠与税制度的基本原理

一个人可以通过死亡时遗赠或生前赠与的方式转移他的资产，结果就导致遗产税和赠与税成为相互协调的两个税种。我们可以看到，一生中应税的赠与提高了遗产的边际税率。赠与税的根本目的是避免纳税人通过生前赠与的方式回避支付遗产税（我们后面会讲到，在避税方面，赠与的确是有用的）。

是谁在交赠与税？一种普遍的误解认为，赠与的接受者（受赠人）在收到赠与时支付赠与税或收入税。其实，从以下两方面来看都并非如此：首先，赠与从定义上说并不是收入，因此不需要缴纳收入税。其次，赠与人要支付相应的赠与税，尽管国税局也可以在赠与人无力支付赠与税的时候从受赠人方面取得部分赠与额。

接下来的问题是，什么样的赠与要纳税？当然政府不会对一个价值 10 美元的朋友间的赠与进行征税。赠与税有一个重要的限额的概念。例如，每年对单个受赠人赠与的免税限额是 14 000 美元（2013 年的指标，该指标随通货膨胀变化）。因此，一对夫妇每年每人给予他们的每一个孩子 14 000 美元无须支付赠与税。如果一对夫妻有 3 个孩子，则他们每年可以免税地赠与总计 84 000 美元（即 2×3×14 000 美元）给他们的孩子。赠与配偶或慈善机构的，无须缴纳赠与税。

注意遗产和赠与税是以被转移资产的公允市值而不是以它们的税基为标准进行课税的，虽然存在一些特殊的规则，例如死亡后 6 个月的"代替估价日"，在被遗赠的资产于死亡后减值的情况下能够提供一些缓解，但是，通常以税收为目的的公允市值就是转移当天的价值。更重要的是，公允市值通常并非精确客观，特别是对房产及不公开招股的封闭性控股公司这两种情况。一个重要的遗产和赠与筹划战略是针对遗产和赠与而人为地降低被赠与和遗赠资产的公允市值。家庭有限合伙是应用这种技术的主要例子，我们将在本章的后面部分讨论。

虽然赠与税在做出赠与行为的时候就已经缴纳，但是，超过 14 000 美元年宽免资格的应税赠与和非慈善性赠与的价值都要被加回到应税遗产上，并且任何死者生前就已支付的赠与税可从应纳遗产税中抵免。将终身应税赠与加回到应税遗产上，然后给予一个已付赠与税抵免有什么效果呢？其作用就是要增加遗产税的边际税率，并防止纳税人反复按照较低的遗产和赠与税等级计算税收。在死亡日生效的遗产和赠与税时间表被用于计算在此之前已付税赠与的税收抵免。

☐ 赠与税的具体内容

如前面所述，赠与人每年可以给受赠人 14 000 美元的赠与，免征赠与税。注意，这 14 000 美元免税是针对每个受赠人的，虽然赠与行为经常发生在家庭成员之间，但法律并没有规定受赠人与赠与人之间是亲戚。例如，一个亿万富翁可以在某一年内给 10 万人每人 14 000 美元，而完全不用支付任何赠与税。对配偶的赠与和对有资格的慈善事业的赠与一样，也是完全免税的。对慈善事业的赠与另有额外的利益，即可用于所得税的税前扣除。本章后面描述的一些遗产和赠与筹划方法就是利用了这一点。对政治组织的捐款也不需要缴纳赠与税。为履行法律义务进行的财产转移，例如用于抚养儿童的情况，不属于赠与。另外，直接付给教育机构的为别人支付的教育费用，即便无亲戚关系，也不属于赠与。为别人支付的医疗费用同样不属于赠与。

事实上，有些我们通常意义上不认为是赠与的行为恰恰是为了避税的赠与行为。利率低于市场的贷款就是最好的例子。假设一位母亲免息贷款 150 000 美元给孩子创业或支付房子的首付款。实际上，母亲在贷款不收取市场利率的情况下就是一种赠与行为。在孩子保留这笔钱的每一年，只要收取的利息低于市场水平，母亲就被认为是对孩子赠与资产。此外，母亲将有应纳税的利息收入，就好像她从她的孩子那里收取了利息，然后给孩子们送了一份同样数额的赠与份额。[①]

不是所有的赠与都适用每年 14 000 美元的年宽免资格，宽免资格适用于赠与物的现

---

① 运用特殊的最小额规则及贷款少于或等于 10 万美元的规则。

值。将未来的收益作为赠与物的不具有年宽免的资格。例如以一块土地的剩余利润进行赠与。赠与者对该土地保留终身利益，这样的赠与通常不具有年宽免的资格。赠与物可以未来收益来评估现值估价，但年宽免资格一般对这种赠与无效，因为当时受赠人没有不受限制的即时拥有的权利。

这条规则给父母向其年幼子女的赠与带来了难题。相应地，国会允许把符合《未成年人统一信托法案》（Uniform Trusts for Minors Act，UTMA）的赠与列为例外，即虽然未成年人直到他或她成年（具体年龄视具体的州而定，但通常是 18 岁或 21 岁）才享有对资产的不受限制权利，但这种赠与仍然具有年宽免资格。UTMA 账户及与其相关的《未成年人统一赠与法案》（UGMA）账户曾经非常有效地导致了收入税的规避。父母把收入从投资转为子女的纳税申报以降低税率。然而，随着时间的推移，UTMA 账户的实用性也因孩童税的发展而逐渐降低，这种所谓的儿童税会使儿童的非劳动收入（例如，投资收益）按照父母的边际纳税税率来纳税。

UTMA 账户的吸引力随着 529 计划（亦被称为 529 章）[1] 的传播逐渐降低。529 计划是一系列为大学教育储蓄而设立的低税率方案。就所得税而言，529 计划对应的并不是税收减免（虽然有些州允许因 529 计划导致的税收减免），而是对用于教育投入的投资的收益部分免除税收。对赠与税而言，529 计划对应的是 14 000 美元的年宽免资格权的认定规定。对于赠与税，529 计划的一次性缴款可分 5 年分摊（例如，在 2013 年父母可以投入 70 000 美元到一名子女的 529 计划中，选择分 5 年，每年 14 000 美元，即可免去赠与税）。529 计划也对遗产税需求有吸引力，因为 529 计划涉及的财产不会被列入遗产中。

注意，虽然多数州课征遗产税，但同时也有大多数州并不征收赠与税。对于那些没有赠与税但有遗产税的居民来说，这一规定刺激了赠与而不是遗赠财产。赠与财产在联邦税层次上也有优势，我们接下来将会讨论这一点。

□ 遗产税的具体内容

遗产税是按照死亡时发生转移的产品的公允市值来征收的。遗产税的税基是计算出来的遗产总额，包括死者死亡时拥有的财产的公允市值，以及其他的一些东西。为了更好地理解遗产总额，有必要先定义认证遗产的概念。认证资产由遗嘱执行人管理的资产或由遗产管理者管理的资产组成。当一个人死亡时留有遗嘱时，遗嘱一般都指明了遗嘱执行人来执行该遗嘱。当一个人死亡时没有留下有效遗嘱时，法院会指定一名遗产管理者。大多数应税遗产的死者在死时都留有遗嘱。一般而言，遗产总额（gross estate）被认为包含比认证遗产更多的资产。

遗产总额一般包括哪些资产呢？遗产总额的税基是死者死亡时拥有的所有财产，包含的内容非常广泛，包括现金、银行账户、投资理财、不动产、汽车、珠宝、家居用品等个人物品、某企业的股份以及退休金账户。有形的和无形的资产都包含在内。对于美国公民/居民而言，其财产不受所在地的限制，即使是在国外的资产依然适用美国的遗产税。另外，遗产总额还包括：

（1）被继承人的人寿保险所得；

---

[1] 529 计划在第 3 章也有讨论。

（2）某些年金；

（3）去世后三年内转让的财产的价值。

总遗产一般扣减什么才算是应税遗产？它们包括：

（1）被继承人的债务（例如按揭、其他贷款）及对遗产的要求权，比如未缴的财产税；

（2）丧葬费及遗产管理费用（如律师费）；

（3）遗赠给配偶的那部分遗产；

（4）慈善遗赠；

（5）国家死亡税。

接下来，我们将更详细地讨论遗产总额及其扣除中最重要的内容。

人寿保险　人寿保险的税收待遇通常被误解。的确，寿险保单的收益一般免交所得税。不过，除非做了仔细的筹划，否则寿险收益可能要缴纳遗产税。具体而言，有下列条件之一的，被继承人的人寿保险收入将包括在死者的遗产中：（1）死者是该保单的受益人或者（2）死者对保单拥有"附带所有权"。除完全所有权外，附带所有权还包括变更受益人的权利、取消保单的权利等。

为了避免死者的人寿保险收入算在死者的遗产总额中，通常由死者以外的某个人拥有人寿保险。例如，可以设立一个人寿保险信托来持有人寿保险。当我们在第18.2节讨论人寿保险信托时，我们对这个问题有更多的讨论。

婚姻扣除和慈善性遗赠扣除　通常遗产税对配偶和对合格慈善事业的遗赠给予不限数额的扣除。婚姻扣除（married deduction）和慈善性扣除（charitable deduction）是遗产税两种最重要的扣除。2010 年登记在案的遗产申报表中遗产总额是 1 300 亿美元。其中遗产申报中婚姻扣除占 420 亿美元，慈善性扣除则是 115 亿美元。有慈善性扣除的遗产其总额大多超过 2 000 万美元。[①]

遗赠给配偶的遗产不受数量限制。婚姻扣除需要在死者死亡时将资产转移给死者配偶。死者和其未亡配偶在死者死亡时需保持婚姻关系（例如，遗赠给前任配偶便不符合）。另外，婚姻扣除要求被遗赠的未亡配偶为美国公民。[②] 婚姻扣除允许非居民外国人（既非美国公民也非美国居民）遗赠给美国居民。有时候涉及婚姻扣除的遗产税案件会产生全国性的新闻。在 2013 年，最高法院裁定一对在其所在州合法结婚的同性伴侣同样适用婚姻扣除。这个案例的广泛意义在于它涉及捍卫婚姻法案是否符合宪法，而且法院的该判决破坏了宪法规定的司法诉讼程序和保护平等条例。[③]

同样，遗赠给符合资格的慈善机构的遗产不受数量限制，且此部分可以从遗产总额中扣除。一般情况下，具有接收捐赠可以抵消捐赠人收入税的资格的慈善机构同时具有慈善扣除的资格。慈善遗赠要注意在遗嘱中清晰地体现出来，受遗赠执行人过度影响的慈善遗赠在一些情况下会被拒绝慈善扣除。

对遗产税的抵免　除了之前已付赠与税抵免外，还有几项对遗产税的抵免，包括：

（1）联合税收抵免；这仅仅是前面讨论过的 525 万美元（按通胀指数计算，2013 年

---

①　"遗产税统计数据"，http：//irs.gov/pub/irs-soi/10esesttaxsnap.pdf。

②　资产通过合格的国内信托转移给未亡配偶的情形，不在相应禁止之列。

③　United States v. Windsor，Executor of the Estate of Spyer，et al.，Supreme Court（2013）.

为 525 万美元）遗产税和赠与税减免，但严格地说，它是以 2 045 800 美元的税收抵免形式表示的。

（2）死者以前支付的某些遗产税的抵免，例如，一位父亲去世了，用遗产支付了遗产税，而此后他的儿子也去世了，并且对同样的财产支付了遗产税，如果儿子是在父亲去世后的 10 年内去世，双重征税就可以得到一些免除。

（3）对某些国外死亡税的抵免。

遗产和赠与的宽免资格的转移性　2013 年我们得到了一个永久性的重要好处，那就是遗产和赠与的宽免资格的转移性。举个例子，假设 Jay 和 Gloria 结为夫妻且他们二人都是美国公民。在 2013 年，Jay 去世了，Jay 将他的全部 1 500 万美元遗赠给了 Gloria。因为婚姻扣除，Jay 死后的遗产无须征收遗产税。但是 Jay 的 525 万美元的宽免资格会怎么样呢？如果 Jay 是在 2011 年之前去世的，他的宽免资格就被白白浪费掉了。但是现在，Jay 的遗产可以提供给 Gloria 一个继承他未使用的宽免资格的权利（在这个例子中，该宽免资格为 525 万美元）。这使得 Gloria 的遗产赠与宽免资格为她自己的 525 万美元加上从 Jay 这里转移来的 525 万美元，共计是 1 050 万美元。因此，转移性让配偶得以更容易接收到夫妻两合并的 1 050 万美元的宽免资格。假如 Gloria 之后也去世了，留下 1 800 万美元的遗产（资产增长得益于其精明的投资），平均分配给她儿子、她的保姆、她的继子 Mitchell 还有她的继女 Clair。假设在 Gloria 去世的那一年宽免资格还是 525 万美元，Gloria 的遗产应该拥有 1 050 万美元的宽免资格，扣除这部分后，剩余 750 万美元需要缴纳遗产税。但是，对于不太警惕的人这里仍有一个陷阱。如果 Gloria 再婚了，且再度丧偶，那么她的遗产将不再承接 Jay 未使用的宽免资格，不过她仍可以承接她新任丈夫未使用的宽免资格。

□ 赠与和遗赠对所得税的影响

虽然赠与一般不使受赠人产生应税收入，但赠与的确对收入税有影响。特定情况下，因通过赠与而收到的资产的税基发生结转，所以受赠人的资产税基将等同于赠与人的资产税基。[①] 赠与人的持有期也延续至受赠人。一些特殊的规定被制定出来，以针对将受赠财产过后亏损卖出的情况，从而避免出现扣除额从低税率的赠与人转移给高税率的受赠人的情况。

相对于赠与资产，继承人获得的遗赠资产税基等同于死者死亡时资产的公允市值。如果死者持有期间资产发生了增值，那么这代表在死亡时资产税基因递升而产生了免税效应（至少在收入税方面是免税的）。注意如果资产价值小于死者持有期间的税基，则要递减资产税基。基于收入税目的，死者未实现的收益（公允市值超过死者税基部分）不需要缴税。[②] 考虑这么一个问题，一位年老的母亲不知道是应该给每个孩子 10 000 美元现金还是给他们市场公允市值 10 000 美元但税基仅 500 美元的股票。为解决这个问题，假定所有财产都将是遗赠而非赠与；孩子们最终会收到所有财产，并且收到股票后会卖

---

①　基于赠送财产时有未实现的收益，受赠人可以把赠与税加到税基里（该赠与税是由赠与人支付）。未实现收益等于市场公允价值减赠与人持有财产时的税基。

②　针对继承的退休账户也有豁免额，例如传统个人退休账户（IRA）和 401(k) 账户，因此从该账户中分配给继承人的遗产仍要交所得税。其他代表收入的资产（该资产在死者逝世时不需要纳税）在死者逝世时税基不会递升至市场公允价值，但是之前死者所持税基（通常是零税基）要结转给继承人。

出。赠与股票将导致孩子因 9 500 美元的股票收益而支付收入税，而遗赠股票时未实现的 9 500美元应税收益的收入税实际上会通过死亡时税基递升而免除。孩子们继承的股票税基等于公允市值，因此卖掉股票后既没应税收益也没应税损失。

□ 跨代转移税收

假设你把你的一部分资产赠与或遗赠给你的孙辈或你的曾孙们。你在转让时支付赠与税或遗产税，但你的儿女可以不用在他们死亡时再支付一次转移税。这样规定是为了，通过跨越一代或多代人，避免一层或多层遗产税和赠与税。这实际上与遗产税制度相违背，国会并不喜欢这样的结果。为了遏制这类活动，国会征收了"跨代转移税收"（generation-skipping transfer tax，GSTT）。GSTT 是对此类转让按最高遗产税税率征收的附加税。

虽然细节超出了我们的讨论范围，但简短地说，GSTT 规则所包含的跨代转移豁免额合计达 525 万美元（2013 年的数额）。一对已婚夫妇的豁免额为 1 050 万美元。一旦用完这个额度，除了可能要缴纳任何正常的遗产税和赠与税外，该转让还须缴纳 40％ 的 GSTT。然而，由于有大量的免税额，有一种策略是，已婚夫妇以豁免额为限把财产转移给孙辈，当然，前提是在遗产中留有足够的钱供养配偶和子女。

18.2 遗产和赠与税筹划策略

现在我们讨论一些常见的遗产税和赠与税筹划策略。我们根据大多数筹划师使用这些策略的频率来对这些策略排序。就是说，我们把最简单、成本最低的策略放在第一位，然后逐步讨论更加复杂和成本更高的策略。针对大多数中等规模的遗产，即大约在 500 万～700 万美元的遗产，即使没有任何慈善赠与，一些相对简单的策略的应用应该能够避免所有的赠与税和遗产税。而针对更大规模的遗产，这项工作往往变成减少赠与税和遗产税的策略，即最大化慈善性赠与的扣除以及降低赠与或遗赠财产的市场公允价值。

□ 充分利用赠与年豁免额

对于多数家庭来说，定期实施赠与是一种有效的遗产税筹划策略。前面说过，一对夫妇每人每年有 14 000 美元的赠与税豁免额（2013 年依据通货膨胀指数调整后的数额），因此通过使用所谓的转赠，他们每年能够给每位受赠人 28 000 美元无须纳税的财产。例如，一对有 3 个孩子的夫妇可以每年赠给他们的孩子 84 000 美元，免征遗产和赠与税。然而，通过估计，即使在高净值、年迈的家族，也只有 45％ 的人进行免税赠与。而且，研究者估计，将对继承人的赠与长期维持在最大赠与豁免额水平上，可以避免全部遗产税的大约 1/4，但实际上用它来降低的遗产税税额却不到全部可避税款的 4％。[1] 遗赠的另一个好处是虽然大多数州征收遗产税，但也有大部分州不征收赠与税。

① Poterba（2000，2001）.

为何人们不更广泛地利用年度豁免额来规避遗产税和赠与税呢？可能有几种非税成本可以解释为什么人活着时不愿意赠与。赠与使赠与者失去了对资产的控制权。父母可能不放心把财产交给子女（特别是年轻子女）。家长可能担心对孩子工作和学习产生不利影响。另外，父母也会担心在活着的时候用完了自己剩下的财产，而需要向子女要回钱时，是一种羞辱，如果孩子花光了钱，那就更是徒劳的。

□ 为儿女或孙子孙女支付交易及医疗费用

之前提到过为他人支付的教育费用可免除赠与税，只需证明是直接支付给教育机构的。这种情况在家庭成员间最为常见，比如子女或孙子孙女，但其实这种情况并不一定要发生在家庭成员之间。上述教育费用既可以是大学的学费也可以是私立学校的学费。例如，祖父母可以为他的孙子孙女支付私立小学的学费。这种方法同样可以应用于为他人支付医疗费用的情况。

529 计划也可以用于遗产税筹划。前面提到 529 计划是为大学教育储蓄而设立的低税率方案。对收入税而言，529 计划对应的并不是税收减免（虽然有些州允许因 529 计划导致的税收减免）。529 计划的主要好处在于，在此计划中收入因用于符合条件的教育费用而无须再缴纳收入税。这部分符合条件的花费与之前讨论的赠与年宽免资格是不同的。529 计划不仅可以用于支付学费，也可以用来支付食宿、书费和各项杂费。但是，529 计划是针对高等教育（比如大学等）的，因此私立小学或中学的学费不符合 529 计划的要求。529 计划也具有遗产税方面的好处，因为计划涉及的财产不会被列入遗产中。比如，一对夫妻每年可以转移 28 000 美元到 529 计划而无须支付收入税、增值税和遗产税。孩子的祖父母也可以这么做。这些筹划方案可以成为将来支付高等教育费用的税率优惠的途径。

□ 赠与超过年度宽免额

在有些情况下，超过年度豁免额的赠与比遗赠更有优势。18.5 节会具体给出例子和模型，这里只进行简单讨论。赠与是"冻结"财产价值的一种方式，赠与税是根据赠与时财产的价值征收，如果赠与人预期未来财产会再升值，采取赠与行为就可以规避财产升值额的相关转移税。如，假设赠与时财产价值为 3 万美元，征收了赠与税，而财产在赠与人死亡时升值到了 10 万美元，那么赠与行为就节省了 7 万美元增值额的相关转移税。

赠与的另一个好处是赠与税本身不包括在应税赠与物中。例如，假设遗产税和赠与税税率为 25%，纳税人在缴纳遗产税和赠与税之前，有 100 万美元的赠与或遗赠。一种选择是赠与 80 万美元，并支付 20 万美元的赠与税（80 万美元的 25%）。另一种选择是遗赠 100 万美元，但这将导致 25 万美元的遗产税（100 万美元的 25%）和 75 万美元的税后遗赠。因此，从 100 万美元税前账产来看，赠与税可以从应税额中扣减，而遗产税则不能。

但是，赠与行为的所得税后果是赠与人资产的原税基直接结转给了受赠人。相反，对于遗赠资产，继承人得到是按市场公允价值计算的税基。如果赠与人的赠与资产是现金或升值资产，他最好赠与现金，保留可升值的资产直到去世，这时，死亡时由于资产税基的递升，未实现的税收收益基本上可以被免税了。

如果捐献者知道财产即将出售，他最好把它送给一个边际税率较低的亲属。但在赠与幼儿时必须谨慎行事，因为儿童的非劳动收入通常是按照所谓的"儿童税"按父母的边际税率征税的。

☐ 将人寿保险排除在遗产之外

上文讨论过，如果被继承人拥有附带所有权，受益人的权利一旦发生改变，遗产总额就会包括人寿保险。对于有家庭和高收入的年轻专业人士来说，拥有数百万美元的人寿保险是很常见的。如果一个人还拥有其他资产，而这些资产会用光豁免额，那么再将人寿保险计入遗产总额中，就会产生遗产税。对于老年人来说，拥有终生人寿保单并在保单中积累大量财富是很常见的。

几种策略可以用来将人寿保险排除在总资产之外。第一种策略是继续持有保险单，但让配偶成为唯一受益人。虽然人寿保险仍会被包括在遗产总额内，但可根据婚姻无限扣除的规定，暂时免除遗产税。当然，当配偶去世时，人寿保险的任何剩余收益都将被包括在配偶的遗产中。

第二种策略是让自己的配偶或子女成为保单的所有者。只要被继承人没有附带所有权，受益人又不是被继承人本身，那么人寿保险就不包括在总遗产中。死者甚至可以每年向用保单持有人获得的年度赠与额，以支付保险费。除非保单金额相当大，否则每年的赠与豁免应足以使此类赠与免税。如果保险单是具有大量积累的完整或终生人寿保险，那么让配偶拥有这些保险单的缺点是配偶先死亡的风险，在这种情况下，保险单的累积价值（不是票面价值）会被包括在配偶的总遗产中。

父母可能不希望孩子成为终生人寿保险单的持有者。叛逆的孩子可能会兑现并且挥霍金钱。如果这样，可以利用不可撤销的人寿保险信托（irrevocable life insurance trust）来避免这些问题。人寿保险信托是保单的持有者、被保险人每年向信托基金缴纳保费。[①]

☐ 利用夫妻双方的联合抵免和低税级

这个策略损失掉了部分（但不是全部）目前税法已允许的未使用的宽免资格的可转移性。假如 John 和 Jane 是夫妻，每人拥有财产 1 000 万美元。John 去世后把全部遗产 1 000 万美元留给 Jane。因为婚姻扣除无限额，她无须缴纳任何财产税。不久 Jane 去世，留下 2 500 万美元（她本身的 1 000 万美元以及她丈夫留给她的 1 000 万美元，以及由这些资产获得的增值收益 500 万美元，且假设这 500 万美元收益由 2 000 万美元资产平均增值而来，增值率为 25%）给她的儿子 Chip。假设 John 去世时的宽免资格为 600 万美元，而到了 Jane 去世的时候宽免资格已经上升到 800 万美元。由此 Jane 遗产中 1 400 万美元可以用她的宽免资格（800 万美元）加上从 John 那里转移过来的宽免资格（600 万美元）来抵消，而 Jane 遗产中的 1 100 万美元将被征遗产税。

其实这笔遗产税有些部分是可以避免的。一种方法是 John 直接把他的 600 万美元财产留给 Chip，即用完 John 的全部免税等值额，剩下的 400 万美元遗赠给 Jane；当遗赠给 Chip 的 600 万美元增值了 150 万美元（600 万美元的 25%）时，这发生在该资产

税收与企业经营战略：筹划方法（第五版）

---

① 为了使该赠与被当成"当前利益"赠与处理并因此而获得年赠与免税，赠与人可使该信托成为"克拉米"信托，但这已超出本章范围。

属于 Chip 的阶段，这部分资产即不属于 Jane 的遗产部分，因此也实现了避税。当 Jane 去世时，Jane 将其总资产遗赠给 Chip 时，只有 Jane 初始的 1 000 万美元、John 遗赠给她的 400 万美元，以及增值部分 350 万美元，总计 1 750 万美元，扣掉 Jane 自己的宽免资格 800 万美元后，只需对剩余的 950 万美元缴税。这种策略可以减少 150 万美元的应税资产，正好等于 John 去世时遗赠给 Chip 的 600 万美元资产的增值额（这被称为冻结遗产）。

但有些人不想把遗产直接留给儿子而想将其留给配偶。信用屏蔽信托（credit shelter trust）[也叫辅助信托（bypass trust）] 此时便大有用处。John 可以将他的 1 000 万美元留给辅助信托，受益人为他儿子 Chip 或其他非配偶的继承人。这样，由于遗赠可以绕过配偶的财产，从而实现了辅助信托。如果 John 担心 Jane 生活费不够，他也可以让 Jane 在其在世时作为信托收入的受益人，而 Chip 可拥有剩余的权益。虽然信托财产增值的一部分归 Jane，但总信托财产列入 John 的总遗产中，从而如愿以偿地用完他的联合抵免。因为 Jane 的信托利益在她去世时终止，剩余权益被转移给 Chip 而不包括在 Jane 的总遗产中。

宽免资格的可转移性降低了屏蔽信托对人们的吸引力，但是屏蔽信托仍然具有诸多好处，其中包括可以将遗产"冻结"（如上文描述）。另外，在死者配偶再婚的情形发生时，屏蔽信托有助于保护死者的未使用的宽免资格。还有，有些州不允许遗产的宽免资格发生转移。屏蔽信托亦能用免税优惠避免在死者配偶再婚后发生资产转移给新配偶的情况，同样可以使该财产免于让死者配偶的债权人染指。

☐ 利用婚姻扣除递延遗产税：附条件可终止财产信托

另一种较受欢迎的信托是附条件可终止财产信托（qualified terminable interest property trust，QTIP），这种信托对再婚但之前的婚姻关系中有孩子的情况有利。在直接继承或通过辅助信托用完遗赠豁免额的情况下，可以使用 QTIP。利用 QTIP 策略的目的是把遗产税递延至第二任配偶死亡时缴纳。实际上，要利用这个策略并非每个纳税人都要使用 QTIP。继续我们的例子，假设 John 有 1 000 万美元财产，并且已经准备好给他前段婚姻的孩子们 600 万美元。剩下的 400 万美元遗赠给他的新配偶。这样 John 的遗产不缴纳遗产税。当 Jane 去世时，这 400 万美元就作为 Jane 的遗产征税（前提是她还有这笔钱和其他资产）。

然而，John 的真正意图可能是在 Jane 生前为她提供收入，但又要保证她死后他的孩子将继承他的大部分遗产。如果 Jane 也有孩子，或者 Jane 在他死后再婚，他可能会特别担心直接把遗产留给她。因为把财产留给 Jane 之后，等 Jane 去世，她的遗嘱中可能不包括 John 的其他孩子。

利用 QTIP 信托，400 万美元交给 QTIP，Jane 可以从信托中获得维持生活的收入，其余部分留给 John 的孩子，其中包括他前妻所生的孩子。假设 John 的遗嘱执行人做出了适当的选择，那么这 400 万美元都可以满足婚姻扣除标准从 John 的遗产中扣除，尽管其中一些遗产最终会留给他的孩子。然而，这样做的代价是，Jane 的遗产将包括这些信托资产。要符合 QTIP 的要求，配偶必须终身享有信托收入的全部或部分的权益，并且每年或按更高的频率支付给她。

□ 家庭有限合伙（企业）

降低遗产税的另一项策略是把家族企业的少数股权分给几个孩子。在公司里由于缺乏控制，法院允许以相对于多数股权的折价来对这些股份估价。因为遗产税和赠与税在征税时是以转移资产的公允市场价格作为税基的，所以这些折扣能够减少遗产税。

家庭有限合伙企业（family limited partnership，FLP）是一种流行的筹划方法，它能给遗产和赠与税带来折扣。在 FLP 中，赠与人将其财产（通常是企业或不动产）捐给有限合伙企业，同时保留一般合伙权益。然后，再将有限合伙权益赠送给他或她的孩子，并以折扣的方式对权益进行估价。由于有限合伙权益是公司中的少数权益，缺乏市场性，所以会产生折扣。赠与者可以将一个企业分割成几个部分，并在一段时间内将其赠与，从而每个部分都可以获得折扣。

这些赠与可能要征收赠与税，为了最大限度利用年度豁免额，赠与人可以分几年对赠与物进行赠与。通过保留一般权益，赠与人保留了对企业的控制权，这具有显著的非税收优势。然而，美国国税局已对一些涉及 FLP 的案件进行了抗辩，并打赢了一些官司。在这些案件中，赠与人保留了被认为过多的控制权。同时，因为子女的边际税率较低，将有限合伙企业的部分或全部收入从父母转移到子女身上，也能带来所得税优势。

纳税人与美国国税局就遗产估值的争议可能比较大。在一起税务案件中，贺曼贺卡公司（Hallmark Cards）创始人的遗产因估值折扣而省下了超过 2 亿美元的遗产税。估值折扣也帮助了拥有美国最大的私人报社的 Samuel Newhouse，他的筹划节省了超过 5 亿美元的遗产税。该案件由美国国税局提起诉讼，这是当时规模最大的遗产税案件。

□ 知识、信息以及服务的转移

避免赠与税的一种方法是将信息或知识传递给子女。例如，父母可以免费告知孩子一个好的风险投资机会。实际上，这是一份没有征税的赠与。美国国税局不能有效地对其征税。父母给孩子的建议作为赠与是很难征税的，尽管它可能是非常有价值的建议。此外，很难对祖父母为子女提供的婴儿看护服务征收赠与税。父母和子女联合在抵押贷款和商业风险合同上签字，以及为他们提供信息和服务，所有这些都将以财富的形式转移给他们的孩子，但很难征税。

□ 慈善性剩余权益信托和授予人留存信托

在慈善性剩余权益信托（charitable remainder trust）中，捐赠人从慈善信托中获得一笔年金（收入的利息），在指定的将来日期或捐赠人去世后，该慈善机构在资产中获得剩余权益。慈善性剩余权益信托使捐赠人可以得到捐赠财产公允市场价值与捐赠人留存年金现值之间的差额的慈善扣除。

其他策略包括授予人留存信托（granter retained trust，GRAT）以及和 GRAT 近似的授予人留存收入信托（CRIT）及授予人留存单元信托（GRUT）。在 GRAT 下，授予人将资产转移给信托公司，但在一段时间内从信托公司保留固定的收入，而授予人的受益人（通常是子辈或孙辈）之后获得财产的剩余权益。当资产转移到信托公司时，就会有一个出于剩余权益价值税收目的的赠与行为。剩余权益的价值等于转让给信托的资产价值减去授予人留存的年金的现值。当信托管理的资产产生了一个比现价计算中的法定利率要高的收益时，GRAT 是有利的。在低利率环境下，一些顾问认为 GRAT 是特别有用的。GRAT 的一个缺点是，如果授予人在信托期间死亡，信托资产的增值必须包括在授予人的遗产中。

18.3 货币化升值资产而不产生税收：案例研究

许多人现在面临的有关所得税和遗产税筹划的问题都是"低税基的问题"。个别公司以小额资本设立公司，等公司发展起来，就开始向公众发行股票。如果该公司股票被一直持有至死亡，未实现的收益就会逃过所得税，虽然要对股票的价值征收遗产税。但问题是，并不是所有人都想将自己的大部分财产与某个公司股票绑在一起。人们希望分散投资或对冲风险。此外，他们可能还希望将部分股票转换成现金，用于买房或旅游等类似活动。

这些成功人士面临的问题并不新鲜，例如，我们来看兰黛家族明智的税务筹划案例。这个案例说明了货币化策略的基本原则，另外，它也非常引人注目，甚至让税法做出了重要改变，即形成了人们将资产货币化的方法。

雅诗·兰黛（Estee Lauder）在 1946 年以自己的名字建立了一家化妆品公司。到 1995 年年底，这家公司已经成长为化妆品巨头，而且仍然是私人所有。雅诗·兰黛享有公司的大部分股份，其余股份归其子女所有。鉴于非税原因，雅诗·兰黛希望清算自己在公司的股份，也希望公司能够公开上市。特别地，作为首次公开上市（IPO）计划的一部分，她打算出售 2 380 万股股票中的 1 380 万股。[①] 雅诗·兰黛当时估计至少有 87 岁。

但问题是，雅诗·兰黛有大量未实现的收益在她持有的股票中，卖出这些股票会产生大量的资本利得税。雅诗·兰黛持有的股票的税基等于她首次购买股票时的价格。因为该公司成立于 50 年前，我们可以放心地假设她的税基非常低，为了简化说明，我们假设税基为零。以每股 24 美元的价格算，出售 1 380 万股股票将产生 3.3 亿美元的应税收入和约 1.2 亿美元的联邦和州相关税收。

□ 卖空的税收规定

要理解雅诗·兰黛所做的，我们需要知道什么是卖空以及如何征税。卖空就是借入股票并将借入股票在公开市场上出售。在未来的某个时刻，你通过归还借来的股票结束卖空行为。通过"高点卖，低点买"策略，只要在归还股票前股票价格下跌，卖空行为就可以获利。如，将 CE 股票卖空 100 美元，然后 CE 股票跌至 75 美元，卖空行为结束时你可以获利 25 美元。做空自己没有持有的股票被称为无交割保障卖空（"naked" short

---

① 实际上，这 1 380 万股股票是由雅诗·兰黛和她的儿子共同出售，2 380 万股只是一种假设。参见 A. Sloan, "Lauder Family's Stock Maneuvers Could Make a Tax Accountant Blush," *Washington Post* (November 28, 1995).

sale），风险很高。做空你已经持有的股票，借入并卖出多余的股票，这被称为对持有的股票卖空（short-sale-against-the-box）。

要了解如何对卖空行为征税，首先需要知道对正常的股票销售行为如何征税。假如以 15 美元的价格买入 IBM 的股票，然后以 20 美元的价格卖出，你会得到 5 美元的回报，这是 20 美元的收入和 15 美元的税基之间的差额。卖空的收益以同样的方式征税，但时间是相反的。假设你以 100 美元的价格卖出（借来的）GE 股票，股价跌至 75 美元，你再买入 GE 股票，这样操作你将获得 25 美元的收益。[①] 在雅诗·兰黛的案例中，当她打算卖空时，她是从先把卖空价锁定在 3.3 亿美元开始，卖空的收益或损失取决于结束卖空行为时遗产股票的税基，由于未来股票的升值，以及在她去世前股票税基的增加，有可能股票最终的税基大于 3.3 亿美元。

□ 战略

解决方法是雅诗·兰黛从她的儿女（也是她的继承人）那里借入 1 380 万股股票，并在 1995 年 11 月的 IPO 中出售出去。图 18-1 详细说明了这个交易。事实上，这是一个非常大的对持有股票的卖空行为。假设雅诗·兰黛去世，她的遗产中只有三项：（1）卖空股票获取的现金；（2）她原先所持有的 2 380 万股多头股票；（3）她从子女那里借入的 1 380 万股股票（债务）。在她去世时，她持有的 2 380 万股地产多头股票可用于弥补 1 380 万股空头股票。缴纳了遗产税之后，剩余的 1 000 万股公司股票和现金可以按照她的遗嘱分配给她的孩子们。

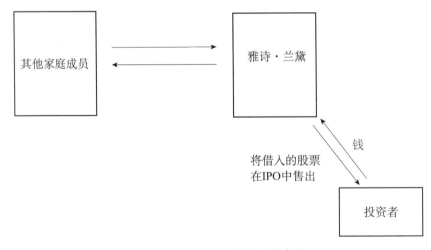

图 18-1　雅诗·兰黛的税收套利

这个策略的结果是，雅诗·兰黛有效地卖出了自己的股票，而没有对其所得征税。她从卖空交易中获得了 3.3 亿美元。因为她做空了 1 380 万股，所以她的 2 380 万股股票中有 1 380 万股没有盈利或亏损的风险。鉴于在她去世后，所有的 2 380 万股股票的税基都会增加，所以 3.3 亿美元收益将免于承担税负，她永久性地规避了 1.2 亿美元的潜在税收负担。

---

① 有个特殊的规定专门用来防止投资者通过避税卖空将短期资本利得转化成长期资本利得。要注意这种条款是存在的，尽管它们在本例中并不会出现。

但雅诗·兰黛的策略更进了一步，她将潜在的税务负担转变为潜在的退税。如何实现的呢？如果股票在她去世后的交易价格超过 24 美元（正常回报可能也会如此），那么当雅诗·兰黛用税基增加的多头股票平仓空头股票时，她的遗产将产生人为的但完全合法的税收损失。事实证明，她的继承人将能够继承税收损失，并用它来抵消他们在自己所持股票中可能获得的其他资本收益。从本质上说，雅诗·兰黛的策略旨在将税收负担转化为退税。

那遗产税的后果呢？1 380 万股空头股票有效地抵消了 1 380 万股用于遗产税的多头股票，只剩下 1 000 万股的净多头股票，以及任何因卖空交易产生的收益。实际上，该策略相对于股票的直接出售增加了雅诗·兰黛的遗产税，因为通过避免资本利得税，雅诗·兰黛去世时便会因此增加其财富数量。但事实证明，即使不考虑由雅诗·兰黛的继承人继承的人为税收损失带来的税收收益，这种操作使个人所得税省的金额也大约是增加的遗产税的两倍。

□ 国会采取行动

对兰黛家族来说，不幸的是，这笔交易吸引了大量公众的关注，国会花了几年时间采取行动反对这种递延纳税筹划技术。作为 1997 年所谓的纳税人救济法案的一部分，国会制定了 1259 款，即"推定出售规则"（constructive sale rule）。推定出售规则要求纳税人在"推定出售"一项"增值的财务头寸"（appreciated financial position）时要确认收益（不确认损失），就像纳税人在推定出售当日以公允市价出售了股票，然后立即回购该股票。

增值的金融头寸指有关股票、债务工具或合伙权益的任何"头寸"，如果以公允的市场价值出售，这些头寸将产生收益。"头寸"包括多头、空头、期货、远期合约和期权。

如果纳税人拥有下列任何一项消除了或基本上消除了全部或全部潜在的收益和损失风险的增值金融头寸，则就被界定为存在推定出售：

- 属性实质相同的财产的卖空；
- 与属性实质相同相抵的名义本金合同，比如股权互换；
- 转移属性实质相同财产的一种期货或远期合同；
- 其他与前面效果基本相同的交易。

1259 款适用于 1997 年 6 月 8 日之后发生的任何推定出售，即雅诗·兰黛执行卖空交易的日期之后。然而，1259 款还包含了这样一项规定：先辈们的推定出售不享受税基递升的免税权利。看来后一项规定是直接针对兰黛家族的。在推定出售规则颁布后不久，兰黛家族进行了一系列交易，以平仓之前的头寸，并采取新的税收策略，但那是另一回事了。

□ 规避推定销售规则

税收筹划者很快制定了几种规避推定出售规则的策略。其中一个技巧是借钱买入一个围绕股票价格波动的领子期权（collar）（卖出看涨股票而买入看跌股票）。通过锁定足够的亏损风险，投资者就能规避推定出售规则。另一种技巧是，投资者简单地卖空一种密切相关但又不相同的股票。可以肯定的是，这种策略的确包含一定的亏损风险和获利潜力，但如果股票高度相关，投资者可能会比简单地持有多头头寸风险小。其他那些将增值的头寸变现但不确认收益的策略包括外汇基金和可变预付远期合约。这些策略有时会失败。2010 年，税务法院裁定亿万富翁 Philip Anschutz 在一起涉及使用预付远期合同的案件中败诉。[①] 然而，使用预付费远期合约的策略已经被许多人使用过，据报道甚至在 2011 年雅诗·兰黛也使用过。[②]

18.4 慈善性赠与的税收补贴

税法鼓励慈善捐赠，而且捐赠越早，补贴越多。捐赠给有资格的慈善机构，无论是生前还是死后都免交遗产税和赠与税。然而，除了这些豁免，捐赠者在世时的慈善捐赠行为还有两项重要税收优势：（1）与遗赠不同，在世时捐赠给有资格的慈善机构的捐赠会产生所得税减免；（2）慈善机构因为是免税的，原则上可以拥有比捐赠者更高的税后回报率。

为了说明税收规则如何鼓励慈善捐赠，假设你正在考虑是将财产遗赠给你的女儿还是捐给慈善机构。如果你处于 30% 的边际税率等级，即 $t_p = 30\%$，那么每 1 美元的慈善捐赠只需要花费你 0.70 美元。暂时不考虑利息，你必须在给慈善机构捐赠 1 美元和增加你的应税遗产的 0.70 美元之间做出选择。假设遗产税税率 t_e 是 60%。你的遗产每增加 0.7 美元会使你多交 0.42 美元的遗产税，只剩下 0.28 美元给你的女儿。所以每捐赠 1 美元给慈善机构会减少你女儿 $1 \times (1 - t_p) \times (1 - t_e)$ 的遗赠，即 0.28 美元。这种差异令人印象深刻。你必须权衡是否要多给你女儿留 1 美元遗赠（其价值是捐赠给慈善机构 1 美元的 3.5 倍以上），所得税和遗产税法规对慈善捐赠产生了巨大的激励作用。

如果慈善机构打算在未来 n 年使用这笔捐赠，慈善捐赠会有更多的税收优势，因为慈善机构是免税的，理论上讲，它可以比捐赠者获得更高的收益。此外，提前捐赠，所得税可以抵扣，而遗赠则不能。现在决定是做税后 1 美元的慈善捐赠还是将 1 美元留作在 n 年后的遗产，两者哪个更优取决于下列不等式：

$$[1/(1 - t_{p0})](1 + R_{ch})^n > [1 + R_P(1 + t_{pn})]^n$$

t_{p0} 和 t_{pn} 分别是捐赠人现在和 n 年后的边际税率，R_{ch} 是慈善机构的税前收益，R_p 是捐赠人个人账户的税前收益。

假设现在（t_{p0}）和未来（t_{pn}）的所得税税率都是 30%，慈善机构（R_{ch}）和捐赠人（R_P）的税前收益率都是 10%，当 $n = 15$ 时，捐赠人遗赠的遗产税税率是 60%。如果税后回报率为 7%，那么现在为 15 年后的遗赠留出的 1 美元将增加到 2.76 美元，在缴纳遗产税之后，你的女儿将得到 1.10 美元。

现在给慈善机构 1.428 6 美元的免税捐赠的税后成本是 1 美元，即 $1.428\,6 \times (1 - 0.3) = 1$（美元）。在 15 年的时间里，它累积到 5.97 美元，即 $1.428\,6 \times (1 + 0.1)^{15}$ 美元，这相当于给女儿遗赠的 5.4 倍。现在捐赠给慈善机构的所得相当于遗赠的 216%（5.97/

① Anschutz v. Commissioner，135 T. C. No 5（July 22，2010）. 第十次巡回审判后确认了这个裁决。

② 见 D. Kocieniewski，"A Family's Billions，Artfully Sheltered"，*New York Times*（November 26，2011）和 J. Drucker，"Buffett-Ducking Billionaires Avoid Reporting Cash Gains to IRS"，*Bloomberg*（November 21，2011）。

2.76）。原因是，如果你在死亡时给予，你就失去了所得税的减免和以税前收益率增值财富的机会。

未来的税率将不得不大幅提高，这样才能证明慈善捐赠的递延是有优势的。此外，随着税率的提高，免税慈善机构相对于捐赠者的投资回报优势可能会更加明显。

当然，非税因素也必须考虑在内。也许从现在到你去世的那一天，你会对选择哪家慈善机构作为你的受益人而改变你的想法。或者，你的品位或经济状况可能会在未来几年发生变化，以至于你更愿意把财产用于自己消费。

持有超过 12 个月的股票的捐赠者可以获得相当于捐赠给慈善机构股票公允市场价值的税收减免。此外，捐助方对捐赠资产价值的增值不缴纳资本利得税。然而，如果股票持有时间不超过 12 个月，就不适用这种税收优惠。在这种情况下，可以用于税收减免的只有股票的原始税基。向年底捐款可以让纳税人决定他们的税率是否高，让他们可以选择捐款，并选择升值的股票。

捐赠人的股票必须持有超过 12 个月才能进行税收扣除，并且税收扣除等于捐赠给慈善机构股票的市场公允价值。另外，捐赠人对于捐赠股票的增值不用缴纳资本利得税。如果持有的股票不超过 12 个月，则不享有这种税收优势，其税收扣除仅限于股票的成本税基。临终前的捐赠都允许纳税人选择捐赠或者继续持有已经增值的股票，以此决定税率的高低。

▮ 18.5　现在赠与和临终遗赠的权衡模型

在一个人的一生中把资产捐赠出去，即使是捐赠给非慈善机构，也可能会有税收优势。为什么呢？通过这种赠与，每年 14 000 美元豁免额中（2013 年按通货膨胀率调整的豁免额，夫妇是 28 000 美元）的每 1 美元不仅仅是免税的 1 美元。它实质上去除了财产的增值或者说是"冻结"财产。也就是说，财产减少了 $(1+r)^n$，r 代表资产的税后收益率，n 是现在距遗赠时的年数。同样的逻辑适用于金额达到联合遗产税和赠与税免税额的捐赠。

对于超过年免税额加上其他免税额总和的赠与，捐款人现在需要缴纳赠与税，但之后将因此获得税收抵免（无利息）。赠予的好处是，捐赠人可以保留赠予资产的增值部分。在特殊情况下，这相当于为已支付的赠与税加上赠与税的利息而获得的遗产税减免。因此，在各种各样的情况下，提前赠与会带来税收优惠。让我们再仔细看看。

假设赠与 1 美元，要缴纳赠与税 t_{e0}。在 n 年后，临终时的边际遗产税税率为 t_{en}。R_k 和 R_p 分别代表子女和父母的税前收益率，t_k 和 t_p 分别代表子女和父母的所得税税率。

这里要注意，1 美元赠与需要花费 $1+t_{e0}$ 美元，其中 t_{e0} 为赠与税率。所以，通过比较现在赠与和将来遗赠的税后增值额，得出要获得与现在的 1 美元赠与等价的遗赠，现在就要准备好 $1+t_{e0}$ 美元。

$$\text{赠与：} [1+R_k(1-t_k)]^n - (t_{en}-t_{e0}) \tag{18.1}$$

$$\text{遗赠：} (1+t_{e0})[1+R_p(1-t_p)]^n(1-t_{en}) \tag{18.2}$$

因为赠与税豁免额是基于临终时的税率表，t_{e0}' 可能会与 t_{e0} 不同。$(t_{en}-t_{e0}')$ 项表示在

n 年后增加 1 美元（从赠与中加回到遗赠中）遗产而征收的遗产税与赠与税（可以被用来抵免）之间的差值。如果 n 年后税率表仍和赠与时一样，那么 t_{e0} 就等于最初赠与时所缴纳的赠与税。为了说明简单，我们假设在以下的分析中税率表不变。

为了说明将遗产税和赠与税结合起来如何能增加提前赠与的优势，假设父母和孩子投资税后收益率相同，都为 r，并且随着时间的推移，赠与税税率和遗产税税率是恒定的，即 $t_e = t_{e0} = t_{en}$。在这种情况下，

$$现在赠与：(1+r)^n \tag{18.3}$$

$$遗赠：(1+t_e)(1+r)^n(1-t_e) = (1-t_e^2)(1+r)^n \tag{18.4}$$

因此，该家庭现在赠与比遗赠多 $t_e^2(1+r)^n$。换言之，

$$\frac{现在赠与}{遗赠} = \frac{1}{1-t_e^2}$$

假如：$t_e = 50\%$，那么

$$\frac{现在赠与}{遗赠} = 1.333$$

也就是说，现在的赠与比遗赠好 33%。这是怎么回事？因为家庭不仅获得了提前支付的赠与税的税收抵免，而且为提前支付的赠与税抵扣了遗产税和相应利息。也就是说，应税遗产的规模因为所支付的赠与税而减少了，再加上投资这些额外基金所获得的收益，因此有了本段开头的结论。

假设一位捐助者在去世前赠与了一位亲戚 100 万美元，并支付了 50 万美元的赠与税。虽然遗产包括了 100 万美元的赠与，但在没有任何特别规定的情况下，遗产不包括这 50 万美元的赠与税。在 50% 的税率下，通过从应税遗产中扣除 50 万美元，这一捐赠可以节省 25 万美元的税款。考虑到遗赠的税收筹划动机，税法规定，去世前 3 年内的赠与，已缴的赠与税要加回到遗产中。

□ 赠与和损失遗赠递升税基之间的权衡

接下来，我们将对模型进行扩展，以解释这样一个事实：从捐赠者到受赠人的许多资产可能具有内在的资本收益，或者可能在未来产生资本收益。这一特点有利于遗赠，因为遗赠所转移的资产在免税的情况下税基得到了递升。受益人保留捐赠人在其生前所赠与财产的原始税基。那么，我们权衡一下，是获得捐赠者税基递升的遗产，还是获得早期捐赠的税收优势？

假设一对父母拥有一家非法人企业 m 年。企业的初始税基是 b 美元，初始价值是 V 美元，企业每年以 r_p 的税后利润率增长。其中一人现在正在考虑把企业赠与孩子们，他还有 n 年才会去世。企业每年分配出去的利润为 d，为简单起见，假设利润分配后，企业所得税税基不变，还是 b。r_p 大于 d 的部分代表现在不用纳税的企业价值增长率。

然而，出售企业要缴纳资本利得税。如果企业的控制权转移给了孩子们，我们假设父母得到的报酬和"红利"与没有转移控制权的时候是一样的。同样，假定孩子的报酬与控制权没有转移时相同。为了使模型简化，我们假设收益率是恒定的，不随时间而改变。但是我们允许父母和孩子对公司的经营效率不同。换句话说，我们允许 r_p 与 r_k 不同。还假设每年的股息固定，为 d。到赠与的那一天，企业的价值就是

$$A = V (1 + r_p - d)^m$$

产生赠与税 $At_{øn}$。假如父母将企业赠与子女，假设当父母去世的时候，公司被立即卖掉。子女必须为企业所有超过其 b 美元税基递升的部分按税率 $t_{øn+n}$ 缴纳所得税。

$$A (1 + r_k - d)^n - t_{øn+n} [A (1 + r_k - d)^n - b] \tag{18.5}$$

将赠与和父母将企业保留至自身死亡时相比，遗赠会比赠与多出：

$$A (1 + t_{øn}) (1 + r_p - d)^n (1 - t_{øn+n}) \tag{18.6}$$

假设 $r_k - d = r_p - d = r$；$t_{øn} = t_{øn+n} = t_e$；$b = 0$，并且 $d = 0$（这样最有利于遗赠），我们发现

赠与：$A (1 + r)^n (1 - t_{øn+n})$

遗赠：$A (1 + r)^n (1 - t_e^2)$

例如，如果 $t_{øn+n} = 30\%$，$t_e = 50\%$，那么遗赠比赠与多 75/70，即 7.1%。然而，如果增值资产在捐赠人死亡后由受益人持有，那么实际资本利得税税率就会更低（比如 20%），则赠与就比遗赠多 80/75 = 6.1%。b 越高，赠与越有优势。人们的直觉是，b 越小，遗赠财产所产生的免税增加税基优势就越大。

除了这些税收方面的考虑，提前赠与的非税成本也必须考虑在内。出于个人原因，捐赠者可能不愿意放弃对这些资产的控制权。众所周知，孩子们会挥霍他们新获得的财富，或者他们可能会背叛他们的恩人（李尔王综合征）。赠与需要将资产转移给可能不太擅长管理资产的孩子，这也需要付出代价。如果资产代表经营业务，这种非税成本会显得尤为重要。此外，捐赠方常常抱怨他们的受赠人在管理转移资产方面做得不好。这种紧张关系对双方来说都是痛苦的。最后，许多父母不愿将财富转移给子女，因为他们担心这样做会让他们失去自力更生的动力。

要点总结

1. 在前面几章对许多相同问题的讨论中也提到了遗产税和赠与税的筹划。有效的税收筹划权衡的是出让人和受让人累积财富上的税收因素和非税因素。

2. 交遗产税的情况很少见。仅有大约 1% 的死亡进行了遗产税申报，仅有大约 0.5% 的死亡产生了遗产税。然而，财富是高度集中的，所以虽然遗产税只适用于一小部分人，但这部分人占据了美国相当大比例的财富。据估计 1% 最上层的家庭（大概 130 万个家庭）约拥有美国 34.5% 的家庭财产净值。

3. 遗产税与赠与税是按转移的资产的市场公允价值征收的，而不是按其税基征收的。

4. 一个赠与人每年可以给一个受赠人 14 000 美元的赠与而免交赠与税。并且 14 000 美元是一

个受赠人的豁免额。例如，如果有 10 个受赠人受赠，那么总的来说，赠与人一年免赠与税的额度为 14 万美元。虽然很多赠与是给家庭成员，但实际上对赠与人和受赠人之间的关系是没有要求的。

5. 2012 年的美国纳税人救济法案设定的遗产税最高税率为 40%，豁免额为 500 万美元（2013 年依据通货膨胀指数化后的豁免额为 525 万美元）。

6. 通常遗产税对配偶和对合格慈善机构的遗赠给予不限数额的扣除。

7. 收入税筹划战略和遗产与赠与税筹划战略有时候会发生冲突。大多数遗产筹划都会带来重要的收入税后果。遗产与赠与税筹划的税收因素和非税因素在实际中也可能冲突。

8. 生前赠与财产相当于"冻结"财产。在美

国税法下，赠与有每人每年 14 000 美元的免税额。每 1 美元的免税额产生的效应要大于 1 美元，因为它也可以作为资产带来收益的扣除额。然而，提前赠与的非税成本是赠与者丧失了对财产的控制权。

9. 死者的人寿保险被列入他的应税遗产中。人寿保险信托可以将寿险从总遗产中扣除。

10. 家庭有限合伙适用于为了赠与和遗产的税收目的而减少转移给子女的有限合伙企业权益的估价。

11. 1259 款的推定销售法规是为了防止纳税人通过避税卖空交易货币化升值金融头寸。税收筹划者有一系列的策略可用于规避推定销售规

则，例如，围绕升值股票而借入资金并实施领子期权，以及可变预付远期合约。

12. 在生前进行慈善性赠与有两个重要的税收优势：（1）不像遗赠，生前向慈善机构赠与可以作为收入税的扣除额；（2）赠与慈善机构财产产生的收益是免税的。

13. 遗赠还是现在就赠与升值财产涉及许多因素。死亡的时候，受益人得到免税税基递升至市场公允价值的资产。然而，如果是赠与的话，受益人保留赠与人的原始税基。提前赠与可以从遗产中扣除赠与的财产，从而减少遗产税。财产的税基越大，股利政策越慷慨，资产将来的升值越少，赠与财产就越优于遗赠财产。

问题讨论

1. 在什么意义上，遗产税和赠与税是"统一的"？

2. 什么是代际转移税？为什么存在代际转移税？

3. 什么是推定出售？国会为什么担心？

4. 所得税和遗产税如何处理人寿保险？人寿保险收益的遗产税可以避免吗？如果是这样，如何操作？

5. 什么是家庭有限合伙企业？如何将其作为税务筹划策略？

6. 在什么情况下，在你的有生之年向慈善机

构捐款比遗赠更有利？哪些非税因素可能会影响你的决定？

7. 赠与而不是遗赠资产的好处是什么？这样做的非税成本是什么？

8. 如果一项资产的税基低于其市场价值，为什么遗赠资产可能比赠与更有效？在什么情况下，您会优先选择赠与？

9. 如果目的是将财产转移给后代，那么税务筹划者是否应该建议将所有遗产资产转移给尚在世的配偶？在筹划这个问题时会出现哪些非税问题？

练习题

1. Carlos 于 2013 年去世，他将 1 000 万美元的财产遗赠给妻子 Sandra。Carlos 还拥有一份价值 200 万美元的人寿保险，他的孩子 Juaii 和 Roberto 都是同样的受益人。Carlos 的遗产要交遗产税吗？

2. Paula 在当年作出以下赠与：2 万美元给 United Way（美国联合慈善总会）；1.5 万美元给

她的弟弟 Skip，她弟弟是一个嗜赌成癖的人；4.5 万美元给她的丈夫 Larry，资助其修建一艘新船；另外，她还为自己的儿子菲利普支付 3.2 万美元，转入 UGMA 账户，这些赠与哪些需要缴税？也就是说，它们在多大程度上超过了年度免税额，开始抵扣联合免税额？

税收筹划的问题

1. 假设你的父母创立了一家非常成功的公司，他们持有 90% 的股票，这是他们大部分财富的来源。他们股票的税基接近于零。你的父母接近退休年龄，正在考虑他们的选择。他们想在 Vail 买一套公寓，在 Vero 海滩买一套冬季住宅。他们也希望每年有足够的钱去旅行。他们想把自己一半的财富捐给慈善机构，尽管他们还没有决定要支持哪些慈善机构，剩下的财富将平分给你和你妹妹。你刚 MBA 毕业，你妹妹正准备上大学。设计一个规划供父母参考，并仔细解释计划的每一部分。

2. 一位刚退休的 70 岁工程师边喝咖啡边和你讨论，今天是把 50 万美元送给他唯一的女儿，还是把 50 万美元拿去投资，未来再把 50 万美元和投资收益遗赠给他的女儿。这位工程师还会再活 10 年。你建议工程师怎么做？仔细解释你的理由，并说明你所做的任何假设，如税率、收益率、支出模式等。

3. 毕业后，你在一个乡村俱乐部遇到了 Big 先生。Big 先生是一位风险投资家，他的股票投资组合大部分集中在一家名为 Blue Hat 的公司。在一起打了几个星期高尔夫球之后，Big 先生向你吐露了他的财务状况。他拥有 3 000 万美元的 Blue Hat 公司股票（每股 100 美元，30 万股），计税基础为每股 20 美元。Big 先生有一个孩子（Big Jr.）。Big 先生今年 75 岁，健康状况不佳，他告诉你，他打算出售一半 Blue Hat 公司股票，并将税后收益投资于国库券，因为他认为股票市场价格已经被高估。假设出售股票所得按 15% 的长期资本利得税税率征税。

一年后，Big 先生去世，他的全部遗产都留给了孩子。由于短期利率的变化，他用卖出的股票购买的美国国债组合没有产生税后回报。在去世之日，Blue Hat 的股价为每股 150 美元。Big 先生的遗产通过清算一部分美国国债投资组合来支付遗产税，如果有必要的话，还可以清算一部分 Blue Hat 公司股票。

考虑两个关于遗产税的提示：首先，遗产税是根据净资产（资产减去负债）的公允市场价值缴纳的。假设这一年的遗产税税率是 45%。第二，用遗产偿还被继承人的债务和将净资产分配给继承人通常需要一段时间。在这个时间里，遗产的资产可以产生收益。为了防止这些收益不被课税，必须就遗产的收益缴纳所得税。假设遗产面临的所得税税率为 40%。有时遗产的应税收入为负。如果遗产在最终的纳税申报单上申报这些净损失，那么这些损失会传递给继承人，否则这些损失就会失效。

a. 在缴纳了所有遗产税之后，Big Jr. 将继承多少遗产？

b. Big Jr. 在 Big 先生去世后的晚些时候，通过出售 Big 先生个人投资组合中的其他股票获得了 500 万美元的长期资本收益。如果不考虑 Big Jr. 可能从 Big 先生那里继承来的任何资本损失，Big Jr. 将为这笔交易支付多少税？

c. 与 a 部分相同的是，Big 先生卖空了价值 1 500 万美元的 Green Hat 公司股票，而不是出售他的 Blue Hat 公司股票，因为 Big 先生认为 Green Hat 公司股票和 Blue Hat 公司股票有一定的关联。假设联邦储备委员会（Federal Reserve）有关卖空交易的规定，禁止他卖空超过多头头寸 50% 的股票。他的卖空所得用于投资美国国债。卖空活动一直持续到 Big 先生去世。Big 先生遗产中的美国国债和 Blue Hat 公司股票足够对 Green Hat 公司股票的卖空平仓及缴纳遗产税。剩下的 Blue Hat 公司股票将被分配给 Big Jr.。在他去世之日，Blue Hat 公司股票的价格上涨到每股 150 美元。Green Hat 公司的股价也有所上涨，平仓需要 2 250 万美元才能完成。Big Jr. 从遗产中获得的 Blue Hat 公司股票的当前市值是多少？

d. 在 Big 先生去世后的晚些时候，考虑到 c 部分的情况，Big Jr. 通过出售 Big 先生个人投资组合中的其他股票获得了 500 万美元的长期资本收益。如果不考虑 Big Jr. 可能从 Big 先生那里继承来的任何资本损失，Big Jr. 将为这笔交易支付多少税？

参考文献

关于遗产税和赠与税的经济学研究文献:

Fisher, I., 1916. "Some Impending National Problems," *Journal of Political Economy* (24), pp. 694–712.

Gale W., and M. Perozek, 2001. "Do Estate Taxes Reduce Saving?" in *Rethinking Estate and Gift Taxation.* Washington, DC: Brookings Institution Press, pp. 216–247.

Joulfaian, D., 2000. "Estate Taxes and Charitable Giving," *National Tax Journal* (Part 2, Sept.), pp. 743–763.

Kopczuk, W., 2009. "Economics of Estate Taxation: Review of Theory and Evidence," *Tax Law Review* (63), pp. 139–157.

Kopczuk, W., and E. Saez, 2004. "Top Wealth Shares in the United States, 1916–2000: Evidence from Estate Tax Returns," *National Tax Journal* (57), pp. 445–487.

Kopczuk, W., and J. Slemrod, 2001. "The Impact of the Estate Tax on the Wealth Accumulation and Avoidance Behavior of Donors," in *Rethinking Estate and Gift Taxation.* Washington, DC: Brookings Institution Press, pp. 299–343.

McCaffery, E., 1994. "The Uneasy Case for Wealth Transfer Taxation," *Yale Law Journal* (104), pp. 283–365.

Mitchell, O., J. Poterba, M. Warshawsky, and J. Brown, 1999. "New Evidence on the Money's Worth of Individual Annuities," *American Economic Review* (December).

Piketty, T., and E. Saez, 2013. "A Theory of Optimal Inheritance Taxation," *Econometrica* (forthcoming).

Poterba, J., 2000. "The Estate Tax and After-Tax Returns," in *Does Atlas Shrug: The Economic Consequences of Taxing the Rich,* edited by J. Slemrod. Boston: Harvard University Press.

Poterba, J., 2001. "Estate and Gift Taxes and Incentives for Inter Vivos Giving in the United States," *Journal of Public Economics* (January), pp. 237–264.

Poterba J., and S. Weisbenner, 2001. "The Distributional Burdens of Taxing Estates and Unrealized Capital Gains at the Time of Death," in *Rethinking Estate and Gift Taxation.* Washington, DC: Brookings Institution Press, pp. 422–449.

Repetti, J. 2000. "The Case for the Estate Tax," *Tax Notes* (March 13).

Slemrod, J., W. Gale, and J. Hines, editors, 2001. *Rethinking Estate and Gift Taxation.* Washington, DC: Brookings Institution Press.

税收与企业经营战略: 筹划方法(第五版)

词汇表

A

权责发生制（accrual accounting） 记录业务经营成果的会计方法。在公司经营活动中，净资产增加时确认收入、净资产减少时确认费用的一种会计制度。净资产等于总资产减总负债。

累积收益和利润（accumulated earnings and profits），参见"earnings and profits"。

收购公司（acquiring company） 在收购中购买目标公司的实体。

收购会计方法（acquisition method of accounting）在合并和收购中使用的财务会计方法。要求收购方用购买价作为目标公司的账面价值。

收购方法（acquisition structure） 收购中所采用的支付方法（现金或股票）以及税务处理方法（应税或免税）。也指用来收购另一家公司的某个子公司的与税收问题有关的方法。

适应性税收筹划（adaptive tax planning） 当纳税身份发生预料之外的变化，且税收筹划不可行时，纳税人可能处在错误的税收顾客位置上，从而发生一定的成本，适应性税收筹划是用来抵消这些成本的一种筹划方法。

调整后的税基（adjusted tax basis） 调整后的账面价值的税收形式。通常等于历史成本减去累计税收折旧。参见"tax basis"。

预约定价协议（advance pricing agreement） 在公司将转让定价呈报 IRS 批准时发生。如果 IRS 批准，只要该公司坚持协议，那么原则上 IRS 不会再质疑该公司的转让定价。参见"Section 482"，

"arm's-length pricing"和"transfer prices"。

逆向选择（adverse selection）。

总认定售价（aggregate deemed sale price，ADSP）在 338 款的选择性条款下，交易被视同出售目标公司资产给收购方的价格。

升值金融头寸（appreciated financial position） 资产中的金融头寸价值超过其税基。

套利技术（arbitrage technique） 通过购买一项资产的同时出售另一项资产，从而使纳税人在净投资额为零、无风险的情况下，取得正税后收益的一种活动。

"A"类重组（A reorganization） 参见"Section 368 A reorganization"。

公平定价（arm's-length pricing） 《税收法典》要求关联方之间使用的转让价格要接近于非关联方之间交易所使用的价格，也就是说，交易各方是"公平贸易关系"。见"transfer prices"，"Section 482"和"advance pricing agreements"

资产出售（asset sale） 指收购方从出售者手中购买目标公司或被出售子公司的资产。

收购转移（assignment of income） 纳税人要求其中一方代表自己将应税收入支付给第三方，同时纳税义务也转让给了第三方（假设第三方处于较低的税级）。根据收入转移原则要求，纳税人只有放弃产生收入的资产，才能成功地转移应税收入。

平均税率（average tax rate） 大体上来说，平均税率等于一些情况下产生的税收除以其应税收入。重要的是，平均税率不是纳税人下一个交易所适用的税率（边际税率），而是所有交易的平均税率。

B

税基（basis）　出售一项资产的收益（或损失）是以资产的售价减去税基来表示。资产税基通常是指购买价格减去累计折旧。参见"adjusted tax basis"。

收入项目（baskets of income）　在这里，外国税收抵免限额必须按不同收入类型或收入"项目"分别计算。美国目前使用这种方法。参见"foreign tax credit limitation"和"country-by-country limitation"。

税前收益率（before-tax rate of return）　投资一项资产，在向任何国内和外国联邦、州和地方的税收当局缴纳税收之前所获得的收益率。

基准资产（benchmark asset）　计算任何特定资产的隐性税收都要有一项基准资产。通过该基准资产，可以比较各种资产的税前收益，除非有其他说明，否则我们使用完全应税公司债券作为基准资产，因为该债券的收入每期都以个人普通收入税税率征税，而债券投资所使用的是税后资金。参见"tax-favored treatment"。

双边税收协议（bilateral tax treaty）　在一系列国家间签署的税收协议，例如，美国与日本之间的税收协议。

Black-Tepper 税收套利策略（Black-Tepper tax arbitrage strategy）　尽管免税养老基金应该是应税债券的一个天然的税收顾客，但传统上，公司的养老基金近 50% 的总资产投资于普通股。其中一个解释是，基金经理们希望投资于风险较高的项目以获得较高的风险报酬，以及由此而来的更高的预期收益。Black 和 Tepper 认为，在养老基金中持有债券，并在养老基金之外用公司债务资金购买风险股票能增加公司的收益。

账面-税收差异（book-tax difference）　指同一笔交易由于会计处理与税务处理的不同而导致的利润差异。一些账面-税收差异是永久性的，例如市政债券的利息，而其他是暂时性的，例如折旧。

补价（boot）　当接受这样一项财产（资金）时，即便在如开办企业和免税收购这样的免税交易中也要确认收益。

分公司利润税（branch profit tax）　针对外国公司在美国的分公司特别征收的一种税，以使它们与外国公司在美国的子公司的税收待遇平等。在美国，外国公司的子公司常要缴纳预提税。和预提税一样，对分公司利润课征的税通常会通过签订税收协定而降低。参见"withholding taxes"。

"B" 类重组（B reorganization）　参见"368 B reorganization"。

内部收益（built-in gain）　指一项资产以结转税基进行交易，而该资产的公允市值超过资产税基。参见"carryover basis"，"carryover basis transaction"和"adjusted tax basis"。

商业目的原则（business purpose doctrine）　参见"valid business purpose"。

辅助信托（bypass trust）　等同于信用庇护信托。参见"credit shelter trust"。

C

资本资产（capital asset）　指如果出售该资产会产生资本利得或亏损，一般包括股票、债券、看跌期权和看涨期权。参见"Section 1231 assets"。

资本资产定价模型（capital asset pricing model，CAPM）　用来估计个别股票预期收益的一种模型。

资本利得（capital gain）　指出售资本资产所造成的损失。通常资本损失只能抵减资本利得。

附带权益（carried interest）　通常，私募股权或对冲基金的普通合伙人会从管理总资产中获得补偿费用以及从基金收益中分得 20% 的利润。后一种利润被认定为附带权益，征收 20% 的资本利得税。

结转税基（carryover basis）　所得财产的税基是从转让人所转让财产的税基结转而来。参见"substituted basis"。

C 公司（C corporation）　一种应税收入会在公司层面征税的组织形式。除非分红或出售股票，否则其所有者（股票持有者）不会被征税。股票持有者承担有限责任，通常不会参与公司管理。C 公司可以是其他公司的子公司，也可以是独立实体。

集权管理（centralized management）　指由最高管理层制定该组织绝大部分决策的一种组织安排。参见"decentralized management"。

慈善性扣除（charitable deduction）　由于慈善性扣除没有限额限制，纳税人赠与和遗赠给各种合格慈善机构的财产都不用缴纳赠与和遗产税。对慈善机构的赠与，纳税人在计算收入税前可以扣除。

慈善性剩余权益信托（charitable remainder trust）

允许为节税将财产捐赠给慈善机构，同时又可以保留该信托资产利息收入的一种信托形式。

检查框条款（check-the-box regulation） 即一系列的财政规章。该规章允许符合条件、但没有被自动视作公司处理的实体，在联邦税收的税务处理上选择这些条款，从而享受公司的税收待遇。这项选择性条款基本上只适用于未注册成为公司的实体。那些不选择公司税收待遇的实体被当作管道实体处理（参见"conduit"）。在某些情形下，该规章允许公司把它们的国外经营实体作为国外分公司或国外子公司在美国缴税。参见"foreign branch"和"foreign subsidiary"。

顾客基础套利（clientele-based arbitrage） 套利的一种类型。顾客基础套利的本质取决于纳税人是从相对高还是相对低的边际税率开始。对高税率的纳税人来说，顾客基础套利就是多头持有相对有税收优惠的资产（该资产负担相对较高的隐性税收）和空头持有相对无税收待遇的资产（该资产负担相对较高的显性税收）。对低税率的纳税人而言，顾客基础套利就是多头持有相对无税收优惠的资产和空头持有相对有税收优惠的资产。

控股权密集型公司（closely held corporation） 仅由少数股东拥有的公司，通常是家族企业或小规模商业企业。相对于股权分散的公司而言，控股权密集型公司的所有者和雇员之间有着更多的信任。事实上，控股权密集型公司一般由公司的所有者进行管理。通过向自己支付大量的薪金和红利，这些既是所有者又是管理者的人员可以逃避部分公司层面的税收。因此，财政部严密监管这些公司以避税为主要动机的非正常交易。

领子期权（双限期权）（collar） 在同一个标的资产上，卖出一个看涨期权，同时买入一个看跌期权，这样可以控制损失的风险，但也阻止了获得潜在收益的机会。见"constructive sale rule"。

可比分析（comparable analysis） 一种评价技术，通常应用于收购行为。运用这种分析方法时，常常依据一些会计指标（如价格/收益）将相似公司的价值和目标公司的价值进行比较。

管道实体（conduit） 也称通道式实体。这些组织获得收益不用缴纳实体层面的税收，而是将收益转移给实体的所有者，所有者再以自己所适用的标准缴纳税收。转嫁实体的例子包括合伙企业、独资企业、S公司、有限责任公司、有限责任合伙企业，例如在纳税申报时，不管这些利润是否已

经分配，合伙人都要按其在合伙企业中的股权份额确认收益或亏损。

推定股利（constructive dividend） 在公司没有宣布发放股利，而股东却从公司收到一些经济利益的情况下会出现推定股利。推定股利与其他股利一样纳税。

推定收入（constructive receipt） 尽管纳税人还没有收到收入，但如果他已经赚取了收入或能够容易地赚取该收入，则他会被视同已收到收入进行处理，例如：（1）能随时提取的，已转入银行账户的贷方利息；（2）可从会计部门获得的年末薪金支票。

推定销售规则（constructive sale rule） 1259款中的一系列规则。该规则规定，没有实现收益，但有价证券实际上已经出售的投资者要缴纳税收，例如避税卖空交易。参见"short-sale-against-the-box"。

持续经营权益（continuity of business interest） 368款的重组条款中满足免税待遇的法定要求。要求目标公司的股东对合并后的公司资产继续保持一定的权益。

契约观点（contractual perspective） 契约具体规定了在各种情况下，各契约方进行决策和取得现金流的各种权利。契约规定中的现金流会影响到资产的交易价格和企业单位的生产组织方式。

控制（control） 用于各种税法相关的定义。控制是与特定一方持有某个实体的比例有关。在许多情况下，控制被定义为持有80%的股份，尽管这是一个经常遭到反对的定义。

受控外国公司（controlled foreign corporation, CFC） 大多数外国公司都由美国公司或个人控股50%以上，这种公司叫CFC。受控外国公司的F分部收入，即使实际上还没有汇回国内，也被视同已汇回国内一样征税。参见"subpart F income"。

凸税收函数（convex tax function） 参见"progressive income tax system"。

公司成立（corporate formation） 指创立一家公司的交易行为，通常要遵循351款的有关规定。

成本税基（cost basis） 财产的税基等于成本价或购买价。参见"adjusted tax basis"，"carryover basis"和"substituted basis"。

分国限额（country-by-country limitation） 指外国税收抵免额必须根据收入来源国分别计算的一种

抵免制度。美国不采用这种制度。参见"foreign tax credit limitation"和"basket of income"。

信用庇护信托（credit shelter trust） 一种基于规避遗产税和赠与税而设计的，用尽配偶双方宽免额的信托。与辅助信托相同。

"C"类重组（C reorganization） 参见"Section 368 C reorganization"。

当期收益与利润（current earnings and profits） 参见"earnings and profits"。

D

分权管理（decentralized management） 低级别的管理人员有较多决策权的一种组织安排。参见"centralized management"。

认定为资产出售（deemed asset sale） 在合约上构造成股票出售，但被视作资产出售课税的一种交易。即便真实情况是出售目标资产，但"推定"已经出售的是目标公司的资产。

递延报酬合同（deferred compensation contract） 雇主和雇员之间的一种合同。雇员同意延期至未来的某个日期再收取现时应得的报酬，由此雇员可以为未来的消费安排储蓄。在后期支付报酬时，雇主可将报酬金额作税前扣除；在后期收到报酬时，雇员应将其纳入应税收入。

固定收益公司养老金计划（defined benefit corporate pension plan） 公司养老金计划的一种。该计划承诺在雇员退休后提供一项固定的收益，收益金额通常以薪金和（或）服务年限为基础，且常以年金的形式发放。

固定缴纳公司养老金计划（defined contribution corporate pension plan） 公司养老金计划的一种。在该计划下，雇主（有时和雇员一起）向一个为雇员积累养老金福利的账户缴纳款项。顾名思义，一项固定缴款计划规定了向计划缴纳的金额。例如，雇员可能被要求缴纳其报酬的5%，以获得相应的由雇主支付的10%的份额。雇员最终的养老金福利取决于向该计划缴纳的金额和该计划的投资业绩。

直接外国税收抵免（direct foreign tax credit） 美国纳税人就其直接支付的外国税收取得的税收抵免。例如，从国外分公司取得收入。参见"indirect foreign tax credit"和"foreign branch"。

折价（discount） 在债券以低于面值的价格发行时，就会出现折扣。折扣代表了延期支付的利息，并在债券规定的期限内得到摊销。它形成债券持有人的利息收入以及发行人的利息费用。参见"premium"，"original issue discount"和"market discount"。

无条件处置（disqualifying disposition） 它是描述这样一种情况的术语：持有人在实施奖励性股票期权后12月内出售所获得的股票。无条件意味着这时对奖励性股票期权与非限制性股票期权一样征税。参见"employee stock option"，"incentive stock options"，和"nonqualified stock option"。

分配（distribution） 指公司支付现金或者财产给股东。财产分配通常按股利课税。但有时也可按资本收益或资本利得课税。

剥离方法（divestiture method） 用来出售或分立一部分公司剩余权益的各种模式。最常见的方法有子公司出售、分立以及股权分离。

股利（dividend） 指从公司的"收益与利润"中支付的分配额，领受者应作为普通收入纳税，但在2002年后通常采用降低后的税率。参见"earnings and profits"和"distribution"。

已获股利扣除（dividend received deduction, DRD） 允许公司就其收到的其他公司分配的股利进行扣除，从而使公司的股利收入只有部分是应税的。已获股利扣除的存在减少了对公司利润进行三重征税的潜在可能性。参见"double taxation"。

股息税合并（dividend tax imputation） 收到公司股息的股东也获得了公司税的税收豁免额，该公司税是在宣告分配股利时就公司收益缴纳的。目的是减轻对公司股利的双重征税（在公司层面征一次，在股东层面又征一次）。也就是所谓的公司税和股息税的两税合一制度。

双重征税（double taxation） 它是用于描述这样一种情况的用语：一个实体的收益（如公司利润）先被征一次公司税，后在所有者层面（既可以是分配股利，也可以是所有者出售其持有的股份所获收益）再被课征一次税。与此不同的是，合伙人和独资企业主的收益仅需按他们各自适用的税率缴纳一次税收。

E

收益和利润（earnings and profits，E&P） 其税

收属性决定了一项分配是按股利、资本收益还是资本利得纳税。累计收益与利润是留存收益的税收形式，而现时收益与利润是净利润的税收形式。

股票有效年税率（effective annualized tax rate on shares（denoted）） 如果股东每年的所有股票收益（包括股利和资本利得）以税率 t_s 纳税，他们最后得到的税后积累将和实际取得的一样。

有效税收筹划（effective tax planning） 这种税收筹划既考虑了实施税后收益最大化决策时的税收作用，也考虑了在存在契约成本的情况下，实施税收最小化策略可能因引入非税因素而产生的大量成本。

有效税率（effective tax rate） （1）就财务报告而言，它是指当期应支付的税收与递延税收费用之和（总税收费用）除以税前净收入。这里，分子与分母都不包括隐性税收。而且，税收费用大小对税款支付的时间安排不敏感（也就是说，现时支付的 1 美元税款和未来若干年后支付的 1 美元税款在处理上没有差别）。（2）就"税收改革者"（如公民税收公平）而言，有效税率定义为当期支付的税款除以税前净收入。其中分子不包括隐性税收和递延税收（递延税收也就是在计算收入税时，税务处理和会计处理之间税款的时间差异）。参见"implicit tax"。

雇员股票期权（employee stock option，ESO） 一种基于权益的报酬。股票期权是在特定时期内（直至契约到期日）以特定价格（实施价格）购买股票的权利。授予雇员股票期权通常附有一个 5～10 年的到期日以及一个实施价格。实施价格常等于授予期权当日基础股票的价格。

雇员股权计划（employee stock ownership plan，ESOP） 固定缴纳公司养老金计划的特殊类型。不像绝大多数固定缴款计划那样，雇员股权计划要求计划的资金主要投资于设立该计划的公司股票，也就意味着雇员股权计划 50% 的资金必须投资于发起公司的股票。与其他固定缴款计划相同的是，公司每年向计划缴纳款项（该款项可税前扣除）。这些款项通常用于购买公司股票或偿还该计划启动时购买公司股票的借款。注意，不要和"雇员股票期权"（ESO）相混淆。参见"defined contribution corporate pension plan"。

实体层面的税收（entity-level tax） 在对实体所有者分配前在实体层面对实体收入征的税收。例如，一般美国公司（参见"C corporation"）必须就其应税收入支付企业层面的税收，公司应申报纳税，并就公司应税收入缴纳税收，这和个人的纳税方式相似。

股权分离（equity carve-out） 指股份公司向公众出售其某个子公司股票的交易，也称为子公司首次公开募股（IPO）。

抵免限额不足（excess credit） 指公司支付的外国税收大于外国税收抵免限额这一情形。参见"excess limitation"和"foreign tax credit"。

抵免限额过量（excess limitation） 指公司的外国税收抵免限额大于已支付的外国税收这一情形。参见"excess credit"和"foreign tax credit"。

一种合伙类型的安排（exchange fund） 在该安排下，资产或有价证券的所有人将资产交给基金管理，从而可以按份额从基金的所有收益中取得报酬。所有者通过向基金缴纳的款项可以获得分散化的资产增值。

显性税收（explicit tax） 指纳税人直接支付给税收当局（包括联邦、外国、州和地方税收当局）的税款。

显性税率（explicit tax rate） 。纳税人就特定资产（用 R_a 表示）向税收当局支付显性税收的比率；代数上表示为 $(R_a - r^*)/R_b$，这里 r^* 表示资产，R_b 表示基准资产的税前收益。

F

家庭有限合伙企业（family limited partnership，FLP） 在这种情况下，出资者将财产投入一家有限合伙企业，同时将一小部分合伙权益赠与他人，通常是给子女。由于该赠与权益缺乏可变现性和控制权，在计算遗产和赠与税时，它们可以税前扣除。

财务会计标准委员会（Financial Accounting Standards Board，FASB） 美国制定财务会计法规的机构。

财务会计基础（financial accounting basis） 为财务会计核算而分配给公司的资产和负债的价值。由于在财务报告与税收处理上有不同的核算程序，通常这个价值和税基不同。

财务报告成本（financial reporting cost） 企业由于报告低账面收入或高权益负债比率而发生的成本，这些成本来源于一些企业与借款人、雇员之间的显性契约（例如组织）以及企业与其他权益持有人之间的隐性契约。

融资政策（financial policy） 指企业在其资产负债表中的融资结构是怎样的（负债与股权）。当企业决定如何为其活动融资时，我们说企业在进行"资本结构决策"。

529 计划（529 plan） 在 529 条款下的一种存钱上大学的税收优惠方法。

《海外账户纳税法案》（Foreign Account Tax Compliance Act，FATCA） 一部对拥有美国纳税人账户的金融机构强制进行广泛收集信息、报告和扣缴要求的法律。

国外分公司（foreign branch） 指公司不通过国外子公司而直接经营国外业务的国外机构。参见"foreign subsidiary"，"foreign partnership"和"check-the-box regulation"。

外国合股（foreign partnership） 一种在其他国家法律组织下的合伙关系。

对外销售公司（foreign sales corporation，FSC） 指税法为给予出口企业一定的经济利益而允许成立的一种特殊的公司。

外国来源收入（foreign-source income） 被认定为从国外而来的收入。

国外子公司（foreign subsidiary） 指在外国税收管辖权下经营的国内企业的子公司。在税务处理上，从国外子公司取得的收入通常不对国内母公司的征税，除非该收益已汇回给国内的母公司。参见"foreign branch"，"foreign partnership"和"check-the-box regulation"。

外国税收抵免（foreign tax credit，FTC） 减轻国外收益双重征税的一种抵免。参见"worldwide tax system"，"foreign tax credit limitation"，"direct foreign tax credit"和"indirect foreign tax credit"。

外国税收抵免限额（foreign tax credit limitation） 对企业所能要求的外国税收抵免额做出限制的法规。参见"foreign tax credit"，"excess credit"和"excess limitation"。

正三角合并（forward triangular merger） 。在该合并下，收购者建立一家子公司，将目标公司合并到收购企业的一家子公司中。

401（k）计划（401（k）plan） 养老金计划的一种，由雇主为其雇员设立。通常雇员每向计划缴纳 1 美元税前款项，雇主也要向计划缴纳配套的等额款项。该款项可以税前扣除，其收益负担的税收可以递延至提取时才缴纳。

摩擦（friction） 在存在交易成本的市场环境下，纳税人实施特定税收筹划战略而发生的交易成本。正是这些摩擦和税收规则约束，使得税收筹划存在如此之高的潜在收益。参见"tax-rule restriction"。

附加福利（fringe benefit） 由雇主提供的福利，例如，雇员服务期间的人寿保险或商务用餐。雇主支付这些福利可以在税前扣除，雇员也不需要为此纳税。

外国税收抵免限额（FTC limitation） 参见"foreign tax credit limitation"。

一般合伙人（general partner） 合伙企业中合伙人的一种，负责管理企业事务，并对合伙企业的所有债务承担无限责任。

G

跨代转移税收（generation-skipping transfer tax，GSTT） 对跨代赠与和遗赠（如遗产由孙辈继承）征收的一种特别附加税。

授予人留存信托（grantor retained trust） 在该信托下，授予人保留财产所获得的收入，放弃对资产的控制，而资产的剩余权益由授予人以外的他人享用。

总资产（gross asset） 指所有的资产，等于负债与所有者权益之和。

遗产总额（gross estate） 通常包括经法院认可的资产和死者的其他遗产，如死者拥有的人寿保险。参见"probate estate"。

H

对冲基金（hedge fund） 针对富有的投资者的一种私募投资基金。除了通常投资于股票、债券和其他进行套利活动和风险控制的金融工具外，对冲基金在其他很多方面与私募股权基金相似。

套期保值（hedging） 降低预期现金流量波动性（或差异范围）的一项活动。对于面临累进税率的公司来说，降低现金流量和应税收入的波动性能够减少预期的纳税义务。套期保值可通过金融工具进行，如期权、互换和其他衍生工具。

隐藏行为问题（hidden-action problem） 策略不确定性的一种。指契约一方已控制了会影响未来现金流量的一个行为选择，而其他契约方却无法观察到这一行为选择；也称为道德风险。参见"strategic uncertainty"。

历史成本（historical cost） 指所购买财产的原始成本。

I

识别问题（identification problem） 指某个契约关系与多个经济解释相一致，而观察者不能区分究竟哪种经济力量在这种关系中处于主导地位。

隐性税收（implicit tax） 源于有税收优惠的资产的税前投资收益低于那些无税收优惠资产的税前收益。纳税人都希望投资活动能获得税收优惠，这就使纳税人哄抬投资品种的价格，从而降低了税前收益率。

隐性税率（implicit tax rate（t_{la}）） 指给定资产 a 与基准资产 b 之间税前收益的差异，代数表示为 $t_{la} = (R_b - R_a)/R_b$。

奖励性股票期权（incentive stock option，ISO） 雇员股票期权的一种。在期权行使日，雇员不用纳税，但要在股票出售日就股票出售价与期权行使价的差额缴纳资本利得税。在这两个日期，税法都不允许公司作税前扣除。

间接外国税收抵免（indirect foreign tax credit） 从外国股份公司收到股利或推定为收到股利时产生，该股利的领受者可获得间接外国税收抵免，因为支付股利的收益已在国外缴纳了外国税收。

信息不对称（information asymmetry） 参见"strategic uncertainty"。

非边际投资者（inframarginal investor） 指倾向于投资某一类资产而不投资于其他资产的投资者，因为投资前者可以获得更高的税后收益。参见"tax clientele"和"marginal investor"。

分期付款销售（installment sale） 购买者向出售者定期支付价值的销售，支付金额包括本金和利息。

无形资产（intangible asset） 无法触摸、没有固定形体的资产，例如顾客名单、熟练的劳动力和商誉。

投资策略（investment strategy） 指企业资产负债表中资产一栏的结构，其中既包括企业用于生产经营业务的积极资产，也包括债券、股票和在其他经济主体中的直接投资等消极资产。

不可撤销人寿保险信托（irrevocable life insurance trust） 设立该信托的目的是持有某人的人寿保险，以确保这份人寿保险单不属于遗产之列。

K

基奥计划（Keogh plan） 为自由职业者设计的一种养老金计划。自由职业者以其收入向计划缴款，其缴纳款项可税前扣除，收益负担的税收可以递延至提取时才缴纳。自由职业者的收入包括独资企业主获得的收入，作为独立的契约方式或作为顾问获得的收入以及特许权使用费。

L

后进先出法（last-in-first-out，LIFO） 一种存货成本核算制度，销售项目的成本按最后入库（后进）的存货成本计算。与先进先出法（FIFO）相反，先进先出法是销售项目的成本按最先入库（先进）的存货成本计算。

有限责任（limited liability） 投资者仅以其投资于企业的金额承担风险，股份公司股东和有限合伙人都承担有限责任。

有限责任公司（limited liability company，LLC） 在州法律下，既不是合伙企业也不是股份公司的混合型实体。在州法律下，这些企业的股东承担有限责任，而在现行联邦税收法律下，它们可以选择作为合伙企业纳税。

有限责任合伙企业（limited liability partnership，LLP） 修改后的一般合伙企业，专为四大会计师事务所这样的专业服务组织而设计。这使该类专业服务组织能像合伙企业那样运作，同时又对合伙人的个人责任进行保护，但不包括保护合伙人违背职业责任的行为。许多但并非所有州都承认有限合伙企业，这些州向有限责任合伙企业提供类似有限责任公司那样的优惠条件；也就是说，承担有限责任而且只课征一次税收。

有限合伙人（limited partner） 有限合伙人对合伙企业的责任仅以其投资于该合伙企业的金额为限。他们不对合伙企业的债务承担无限责任。与绝大多数广泛持股公司的股东一样，有限合伙人通常不积极参与企业的经营管理。

清算分配（liquidating distribution） 指股份公司将其所有资产分配给股东，同时收回公司的所有股票（所有者权益）。

长期绩效奖（long-term performance award） 一种公司报酬计划，基于公司预设的绩效周期内的绩效收益而对员工的支出（股票或现金）。

长期免税利率（long-term tax-exempt rate） 根据税收法典 382 款，用这一利率计算收购后目标公司税收属性的限额。美国政府定期公告这一利率。

M

边际显性税率（marginal explicit tax rate） 现时获得 1 美元额外的应税收入所负担的显性税收的现值。参见 "explicit tax" 和 "marginal tax rate"。

边际隐性税率（marginal implicit tax rate） 现时获得 1 美元额外收入所负担的隐性税收的现值。参见 "implicit tax" 和 "marginal tax rate"。

边际投资者（marginal investor） 对一个或多个资产的投资偏好都相同的投资者，原因在于该投资者从各个资产获得的（风险调整后的）税后收益都一样。边际投资者决定了资产的交易价格，因为该价格使各种资产的税后收益率都一样。参见 "tax clientele" 和 "inframarginal investor"。

边际税率（marginal tax rate） 获得 1 美元额外收入所引起的所有税收的现值。更正式地，指额外的每 1 美元应税收入支付的现时收入税和递延收入税（包括显性和隐性）的现值，应税收入应该还原为包含隐性税收的金额。这个计算包含了现时 1 美元的应税收入对未来期间纳税义务的影响，包括隐性税收和显性税收的影响。参见 "explicit tax" 和 "implicit tax"。

婚姻扣除（marital deduction） 由于婚姻扣除没有限额，因此，个人对配偶的赠与和遗赠不用缴纳遗产和赠与税。

市场折扣（market discount） 市场折扣是当债券在发行后价格下降时发生。市场折扣要在债券期限内摊销完毕，摊销使市场折扣确认为资本利得或普通收入。参见 "original issue discount"。

业主有限合伙企业（master limited partnership, MLP） 该合伙企业有两类合伙人：一般合伙人和有限合伙人。由于有限合伙人不积极参与合伙企业的管理，他们以投资额为限对合伙企业债务承担有限责任。一般合伙人管理合伙企业，并对合伙企业所有债务承担无限责任。

货币化技术（monetization technique） 指实际上不出售资产，而又能将资产转化为现金的方法，

通常不会引起对资产的未实现收益课税。货币化策略常以资产或资产的收入作为抵押取得某种借款。

货币市场储蓄账户（money market savings account） 以税后资金进行的一种投资，从该投资获得的收入（利息）在各期作为普通收入纳税。

道德风险（moral hazard） 参见 "hidden-action problem"。

N

无担保卖空（"naked" short sale） 指卖空者并不持有所卖空的有价证券。无担保卖空的下降风险是无限的。比较 "short-sale-against-the-box"。

净资产税基（net asset basis） 总资产减去负债；一般等于所有者权益。

净经营亏损（损失）（net operating loss, NOL） 这时公司的应税收入为负（或税前扣除额超过总收入）。由于存在净经营亏损，公司当前不需要支付现时收入税。在现行税法下，净经营亏损可以向后抵减两年的收益，从而要求税务当局退还前期已缴纳的税款，或者向前结转最多 20 年，作为未来应税收入的税前扣除。

不可扣除的个人退休账户（nondeductible IRA） 如果纳税人没有或不能（由于收入限制）向个人退休账户或罗斯账户缴纳可扣除的款项，纳税人就会有不可扣除的缴款。该养老金账户的收益在纳税人退休后提款时才需要纳税。其税收待遇与 "single-premium deferred annuity" 相似。

非限制性股票期权（nonqualified stock option, NQO） 雇员股票期权的一种。雇员在期权行使日的收益按个人普通收入税税率支付税收。雇主公司可以就该收益金额确认为公司的税前扣除。雇员在行使日和出售日的股票增值额都要按资本利得征税。

非营利性法人（not-for-profit corporation） 生产特定商品和提供特定服务，收益不征收公司税的免税实体。主要有非营利性医院、大学和宗教组织。

O

普通收入（ordinary income） 指在正常的商业渠道中销售商品和（或）服务所取得的收入。工资

和薪金被划分为普通收入。参见"capital gain"。

普通损失（ordinary loss） 在正常的商业渠道中销售商品和（或）服务而形成的损失，该损失可以抵扣普通收入。

组织形式套利（organizational-form arbitrage） 通过享有税收优惠的组织形式多头持有某项资产或进行生产活动，以及通过不享受税收优惠的组织形式空头持有某项资产或生产活动。

原始发行折扣（original issue discount，OID） 表示债券以低于面值发行的税收术语。原始发行折扣要在债券期限内摊销完毕，它会产生债券持有人的应税利息收入和发行人的利息扣除额。参见"premium"和"market discount"。

超额缴纳（overfunded） 用来描述固定福利公司养老金计划出资状况的术语。公司按照精算方案向固定福利公司养老金计划缴款，超额缴款的计划就是公司向该计划提供的资金超过公司对雇员预期债务的现值。参见"defined benefit corporate pension plan"。

P

合伙企业（partnership） 在企业与合伙人之间充当税收管道的法律组织形式。合伙企业要申报税收收入方面的信息，包括利润表、资产负债表和对每个合伙人的详细分配表。合伙企业实体不缴纳任何收入税。

消极行为损失（passive activity loss） 纳税人没有采取积极行为而引起的损失。除非引起该损失的投资已经出售，否则消极行为损失只能从其他消极收入中扣减，不能从其他（非消极）收入中扣减。

通道式实体（pass-through entity） 参见"conduit"。

养老金计划回转（pension plan reversion） 是指公司结束固定福利公司养老金计划，并取回多余的资产。多余的资产是指该计划的资产价值超过公司对雇员的预期债务现值的部分。也称为"养老金计划终止"。参见"defined benefit corporate pension plan"。

养老金计划终止（pension plan termination） 参见"pension plan reversion"。

完全资本市场（perfect capital market） 一个没有交易成本、没有税收、没有信息不对称、没有摩擦和没有约束的理想市场。

永久差异（permanent difference） 会计处理与税务处理的差异为永久差异。例如，出于财务会计的需要，公司可能会记录商誉，而税务会计则不作记录。再如，免税的市政债券利息不计入应税收入中但是计入会计收入中。

溢价（premium） 指债券以高于面值的价格发行。溢价摊销减少发行人的利息费用，也减少债券持有人的利息收入。参见"discount"。

主要法源（primary authority） 对特定交易合理的税收处理给予最高层次的权威支持。税收法典提供了法定依据，其他的主要依据包括财政规章、法院裁决、IRS行政公告和国会委员会报告。

私募股权基金（private equity fund） 一项投资于其他公司的基金，该基金通过获得控制权益而对企业进行重组。

私人信函裁决（private letter ruling） 与收入裁决相似，但不如收入裁决那样广泛地涉及公众的一般利益。在《信息自由法案》下，公众享有获悉私人信函裁决的权利，但在法庭上不能把信函裁决当判例援引。尽管如此，其对于理解IRS的政策含义还是颇有价值的。

法庭认证遗产（probate estate） 由执行人（如果死者有遗嘱）或管理人（如果死者没有遗嘱）管理的那部分遗产。有些遗产，例如死者的人寿保险，不属于法庭认证遗产。参见"gross estate"。

累进收入税制度（progressive income tax system） 随着应税收入的增加，边际税率也增加的税率表。与单一比例税制对应。在单一比例税制下，所有水平的收入均按同一税率征税。如果税收损失向前结转，那么税收损失不能取得当期的退税，也会产生税制的累进性。也称凸的税率表。

财产分配（property distribution） 指公司向股东分配财产，而不是分配现金。关于这一点有个特别规定，财产分配要像现金分配那样纳税。该规定使公司不能将财产分配确认为损失。

公开交易合伙企业（publicly traded partnership，PTP） 在20世纪80年代早期，一些合伙企业，特别是石油和天然气企业，将它们的合伙股份在有组织的股票交易所上市，这使合伙人更容易出售或购进合伙企业的股份（如纽约证券交易所）。结果是这些合伙企业被视为公司而征税，当然也有一些例外。

Q

附条件股票认购（qualified stock purchase） 这种股票认购是指收购者至少要在 12 个月内购买目标公司 80% 的股票。

附条件可终止财产信托（qualified terminable interest property（QTIP）trust） 充分利用无限婚姻扣除，将遗产税递延到配偶死亡时再缴纳的一种信托，同时，它还确保将信托的剩余权益归配偶以外的第三方（通常是儿童）享用。

R

房地产投资信托（real estate investment trust，REIT） 以信托或公司形式组织的经营实体，其绝大部分收益来自房地产业务。如果每年都将其所有收益分配给受益人或股东，这样的房地产投资信托可以避免企业层面的税收。为了享有通道式实体的待遇，房地产投资信托必须满足这样一些约束条件：至少有 100 名股东，所有权不过分集中，至少 75% 的资产是合格的房地产以及至少 75% 的收入来源于合格的房地产业务。

房地产抵押投资管道实体（real estate mortgage investment conduit，REMIC） 另一种通道式实体。本质上，所有 REMIC 的资产都必须包含合格的抵押资产和与抵押有关的资产。REMIC 有两种类型的所有者：正常利息所有者和剩余权益所有者。前者近似于债券持有人，后者近似于股东（除非 REMIC 不用支付企业层面的税收）。

实现原则（realization principle） 收入确认时就被征税。直到交易确认发生时，收入才被征税。例如，大多数的资产增值都不会被征税，直到资产被卖出，增值真正实现时才确认收入进行征税。

加回折旧（recaptured depreciation） 以前的折旧现在被确认为普通收入，因为已经出售的资产价格超过了调整后的价值（历史成本减累计折旧）。

赎回（回购）（redemption） 指股份公司向股东支付现金或财产，以换回股东持有的部分股票。对赎回按股票出售或分配股利征税。

关联方（related party） 指经济上不独立的各方（如亲属、附属的公司和企业）。IRS 较少担心拥有相反利益的各方在契约中的实质重于形式的问题，更多的是担心关联方之间的实质重于形式的问题。

因为相反利益的各方进行交易是正常交易，他们不可能经常用法律形式订立与经济实质差异很大的合同。

残值法（residual method） 参见 "residual valuation approach"。

残值估价法（residual valuation approach） 收购后，将收购价值分配给目标公司各种有形资产和无形资产的方法。先以评估价值为基础分配给有形资产，再将剩余的或残留的价值分配给包括商誉在内的无形资产。

限制性股票（restricted stock） 在合同上被以某种方式做出限制的股票。通常，从发行日或收购日起的特定期限内，限制性股票持有人不能出售股票。

资本收益（return of capital） 这种分配方式是免税的，但是在这种分配方式下会降低股东持有公司股票的价值。

收入裁决（revenue ruling） 它是实际进行了一系列交易或拟进行一系列交易的纳税人要求澄清交易的税收待遇的结果。IRS 认为这些要求是大多数人所关心的，因而以收入裁决形式公告。收入裁决代表 IRS 的正式政策。参见 "private letter ruling"。

倒三角合并（reverse triangular merger） 收购方建立一家子公司，并将收购公司的这家子公司合并到目标公司中；目标公司作为收购者的子公司而存在。

税收筹划的可逆性（reversibility of tax plan） 指税率或税收法规发生了变化，使现有协议失效，从而合同可以作废，不再履行的一种情况。如果合同不再履行，这将可能出现一些与税收有关的或有事项。因此，订立合同时要考虑税收筹划的可逆性。

已调整风险，或风险调整（risk adjusted） 用来比较风险差异调整后各种备选投资方案的收益的术语。保持税负不变，风险债券需要的收益率会超过低风险债券需要的收益率。因为对于同样金额的已承诺利息和本金，违约风险高的债券的价格低于违约风险低的债券的价格。为了区别不同税收待遇对需要的税前收益率的影响，我们必须调整风险不同的各种债券和其他资产的税前收益率。

罗斯 401（k）计划（Roth 401（k）） 是一种养老计划，在该计划下雇员每向计划缴纳税后 1 美元的款项，就能获得未来税收 1 美元的豁免。

罗斯个人退休账户（Roth IRA） 合条件的纳税人

可以每年向账户缴纳最高 5 500 美元（2013 年的界定）的税后收入。缴款不能税前扣除，但在提款时不再征税。也就是说，如果提款符合一定条件，罗斯个人退休账户所获得的收益不是税收递延，而是免税的。

雇员储蓄激励配套计划（savings incentive match plan for employees，SIMPLE） 小规模雇主为避免其他复杂的养老金计划而向其雇员提供的一种福利。适用于少于 100 个雇员的企业。这个计划为每个雇员开立一个个人退休账户。允许雇员每年选择性地向该账户缴纳税前收入，金额最高达 6 000美元，同时雇主必须向该账户缴纳与雇员等量的金额。

S

S 公司（S corporation） 税务处理类似于通道式实体的有限责任公司。股东在其纳税申请表中申报按股份比例分享的收益（损失），就像合伙人一样纳税。参见 "limited liability company"。

次要法源（secondary authority） 为特定交易合理的税务处理给予主要法源之后的次要权威支持：包括税收专业人士（如会计师和律师）、商业税务服务机构和税收期刊。参见 "primary authority"。

83 款（b）的选择性条款（Section 83（b）election） 允许限制性股票的接收者（公司雇员）选择在授予日按股票价值纳税，而不等到限制取消的未来时期。不管怎么样，股票价值都按普通收入纳税，随后的收益和损失按资本利得纳税（税率取决于持有期）。

162 款（m）（Section 162（m）） 对人均报酬金额达 100 万美元的股份公司的税前扣除所做的限制性规定。通过设立绩效报酬计划或将多余的报酬推迟到可以扣除的期间再发放，公司可以规避这一限制。

197 款（Section 197） 与无形资产（如商誉）摊销相关的税前扣除规定，如商誉。在 1993 年这个规定制定之前，商誉的摊销不能作税前扣除。

332 款（Section 332） 对子公司清算的免税规定。该规定允许公司以免税方式清算其子公司。

338 款（Section 338） 税收法典允许收购者和出售者在出售股票时按出售目标公司资产那样纳税。参见 "Section 338 election" 和 "Section 338（h）（10）election"。

338 款的选择性条款（Section 338 election） 该条款规定收购独立 C 公司股票的交易（该交易将被征税）可以视作收购方购买目标公司资产而非股票的交易。

338 款（h）（10）的选择性条款（Section 338（h）（10）election） 对 C 公司的子公司或 S 公司进行股权收购后的选择性条款。该条款使收购交易被视同收购目标公司资产那样课税。

351 款（Section 351） 对公司成立事务是否满足免税待遇要求的规定，也适用于某些类型的免税收购方式。条款允许大多数公司成立作为非应税事项的条件是：股东不从公司取得现金（补价）。参见 "boot"。

355 款（Section 355） 对进行分立交易的剥离母公司及其股东在分立交易中是否满足免税待遇的规定。参见 "spin-off"。

368 款（Section 368） 管理免税重组的税法规定。

368 款 "A" 类重组（Section 368 A reorganization） 在 368 款下的免税重组——法定股权置换资产的合并。

368 款（a）（1） ［Section 368（a）（1）］。

368 款 "B" 类重组（Section 368 B reorganization） 在 368 款下的免税重组——股权置换股权的合并。

368 款 "C" 类重组（Section 368 C reorganization） 在 368 款下的免税重组——股权置换资产的合并。

382 款（Section 382） 对收购后使用目标公司的税收属性做出的限制性规定。

409 款 A（Section 409A） 递延支付报酬计划的管理规定，包括股票期权计划。该项条款规定，除非满足特定的要求，否则在非递延支付报酬计划中延期支付的报酬要征收 20% 的惩罚税，并加上利息（利率比 IRS 对少付款的罚款利率高 1 个百分点，大约为 9%）。ESO 的行使价格低于授予日价格时（类似回溯期权）适用 409 款的规定。

482 款（Section 482） 该款赋予 IRS 打击滥用转让定价行为的权力。参见 "transfer price"，"arm's-length pricing" 和 "advance pricing agreement"。

1060 款（Section 1060） 收购价值分配给目标公司资产的管理规定。

1231 款的资产（Section 1231 asset） 在交易或经营活动中使用的已持有超过 1 年的非库存资产。出售 1231 款的资产的收益作为长期资本利得课税，而损失则作为普通损失处理。参见 "capital asset"。

1231 款的财产（Section 1231 property） 在交易或经营活动中使用的已持有超过 1 年的非库存资产。出售 1231 款的资产的收益作为长期资本利得课税，而损失则作为普通损失处理。参见"capital asset"。

卖空（short sale） 投资者出售借入的有价证券，并承诺在未来某个时期以证券偿还的行为。卖空者希望证券价格下降，这样，他就能以低于出售时的价格归还借入的证券。

持有卖空（short-sale-against-the-box） 投资者卖空一种他（她）已持有的有价证券。这样，他同时持有同一种证券的空头和多头。

简化的雇员养老金计划（simplified employee pension plan，SEP） 为那些希望避免复杂养老金计划的小规模雇主设计的一种养老金计划。采用该计划的雇主为其雇员（雇员人数不超过 25 人）开立个人退休金账户，并向该账户缴款。与一般的公司养老金计划相似，每年的最大缴款额是 3 万美元或雇员收入的 15% 两者中的较小者。

一次性付清递延年金（single-premium deferred annuity，SPDA） 以税后资金进行的一项投资，该投资的收益在提取时（以年金形式）作为普通收入课税；也就是说，该投资账户的收益负担的税收不是每期，而是递延至提取时才征收。参见"nondeductible IRA"。

小企业（1244 款）［small business corporation (Section 1244)］ 对这些企业的投资总额达到 100 万美元的原始股东允许从他们的其他收入中扣减已实现的资本亏损，使这些原始股东不受制于关于出售原始股的年度亏损扣除限制（该扣除限制现为 3 000 美元）的规定。在该条款下，每个纳税人的年度扣除限额是 5 万美元（联合申报为 10 万美元）。要满足这个条件，企业必须是生产性的企业，而不是主要从事消极投资的企业。

社会负面的经济活动（socially undesirable economic activity） 纳税人为应对税法而从事的立法者未预料到或没计划到的活动。这些活动的主要目的，甚至唯一目的，就是减少纳税人的税负。这种活动对社会没有任何真正有利的非税利益。

收入来源（sourcing of income） 确定收入是来源于本国还是外国的规定。

分立（spin-off） 以免税的方式将公司分成两个或两个以上的独立公司的交易。剥离公司的股东拥有分离后的两个（或以上）完全独立的公司。

分离（split-off） 分立的变形，但可能不是按股权比例将被剥离公司的股票分配给母公司股东。参见"spin-off"。

分割（split-up） 分立的变形，将母公司分成两家公司，其后将两家新公司的股票分配（可能不按比例）给母公司股东。

法定合并（statutory merger） 在州法律下的有效合并。

递升（step-up） 将收购资产的税基上升到市场公允价格或购买价格。

递升选择性条款（step-up election） 在特定的几种股票收购中，递升选择性条款可以提高目标公司资产的税基。参见"step-up"。

税基递升（step-up in the tax basis） 指收购资产的税基（折旧基数）上升到支付的收购价格水平。

递升交易（step-up transaction） 指收购资产的税基递升的交易。参见"step-up"。

股票升值权利（stock appreciation right，SAR） 基于权益的一种报酬，该权利向雇员提供的现金报酬等于特定期间内公司股票市场价格的变化额。雇员行使权利收取从授予日以来股票的增值额时要缴纳相应的税收。与拥有股票期权相似，在股票价格低于授予日的价格时，雇员无须向公司支付这一差价。

股票股利（stock dividend） 公司将额外的股票派发给现有股东。股票股利通常是非应税事项。

认股权（认股权证）［stock right（warrant）］ 股份公司将购买股票的选择权派给现有股东，通常不对分配认股权征税。

股票出售（stock sale） 收购者购买目标公司的股票，或从出售者手中购买被出售子公司的交易。

直线折旧/摊销（straight-line depreciation/amortization） 一种折旧方法。在这种方法下，资产的价值被平均分摊到资产的估计寿命期中。

策略不确定性（strategic uncertainty） 这种状态也称信息不对称。在该状态下，各契约方不平等地获得有关投资的未来现金流的信息。

策略依赖（strategy dependent） 在这种情况下，纳税人的边际税率受其改变投融资活动决策的影响。例如，如果顾客基础套利活动改变了公司的边际税率，就不能再依靠最先计算的边际税率确定最优决策。策略依赖增加了税收筹划的复杂性，也指边际税率是决策的内生变量。参见"clientele-based arbitrage"。

F 分部收入（subpart F income） 通常在税务处理上，从国外子公司获得的消极收入会被推定为已汇回给国内的母公司，因为这些收入的赚取过程已经完成。参见"controlled foreign corporation"。

实质重于形式原则（substance-over-form doctrine） 该原则是指 IRS 通过各项交易的法律形式识破交易的经济实质，并按交易的经济实质对交易活动重新分类。

替代税基（substituted basis） 一项非应税交易中，收入资产的税基由该交易所换出的财产的税基决定。参见"carryover basis"。

对称不确定性（symmetric uncertainty） 指契约各方都能平等地获得关于投资未来可能产生的现金流的信息，但这些信息仍存在不确定性。

T

有形资产（tangible asset） 能够触摸到的资产，例如建筑物、设备和交通工具等。

目标公司（target company） 在收购活动中被收购的实体。

目标公司的税收属性（target firm's tax attribute） 参见"tax attribute"。

应税收购（taxable acquisition） 在该交易中，出售者要确认应税收益或损失。

应税资产出售（taxable asset sale） 为获得现金或其他应税对价而出售目标公司资产的交易。

应税股票出售（taxable stock sale） 为获得现金或其他应税对价而出售目标公司股票的交易。

税收套利（tax arbitrage） 指购买一项资产（多头）和出售另一项资产（空头），虽然净投资额为零，但可取得一个确定利润的活动。参见"organizational-form arbitrage"和"client-based arbitrage"。

税收属性（tax attribute） 实体中与税收有关的特征，例如净经营亏损向前结转额、税收抵免和资产税基。

税基（tax basis） 为进行税务处理而调整财产或资产的价值。它是销售过程中获得收益/损失的一个决定因素。一般情况下，资产的税基等于它的成本。非应税交易要求资产具有税基，一些特殊法规对赠与或遗赠收入的资产的税基做出了规定。参见"adjusted tax basis"。

税收顾客（tax clientele） 面临相似边际税率的纳税人会进行同样的投资，因为纳税人可从该投资中获得最高税后收益率。与其他纳税人相比，这样的纳税人持有不同形式的资产或以特定的方式组织生产的可能性更大。参见"marginal investor"和"inframarginal investor"。

免税（tax exemption） 税收豁免。指企业的收益不用缴纳显性税收。免税意味着税后收益率等于税前收益率。

免税组织（机构）（tax-exempt organization） 不被课税的实体，例如养老基金、大学、医院、慈善机构和宗教组织。

税收优惠待遇（tax-favored treatment） 当一项活动获得税收优惠时，一般征税对象针对的是按个人普通收入税税率即期缴纳全额税款的现时收入。税收优惠是指即期的豁免，如应税收入递延至未来期间纳税或收入按较低的资本利得税税率纳税。参见"implicit tax"。

免税收购方式（tax-free acquisition structure） 免税收购目标公司的方法或技术。取得现金收入的出售者不用确认应税收入。

免税收购（tax-free acquisition） 符合免税条件的收购交易。取得免税对价（如股票）的出售者享受递延纳税的优惠，而取得现金的出售者必须确认该项收购的应税收益。

免税子公司出售（tax-free subsidiary sale） 以收益或损失递延纳税的方式出售子公司。

税收赔偿（tax indemnity） 当享受的税收优惠低于承诺的水平时，交易的另一方（如证券发行者）对纳税人的赔偿。

税法不明确（tax law ambiguity） 税收政策制定得太过一般化，而对于特殊交易的税务处理说明不详细。累进的税法不明确会导致社会负面的经济活动。参见"Treasury regulation"，"revenue ruling"和"private letter ruling"。

税负最小化（tax minimization） 不考虑交易或商业方面的其他问题而简单地最小化税负的活动。税负最小化的最简单方式是获得零收益，但这不是最有效的税收筹划。

税收规则约束（tax-rule restriction） 由税收当局施加的限制，防止纳税人使用特定税收套利技术以会对社会造成负面影响的方式减少税负。参见"friction"。

税收结构（tax structure） 为税收目的而构建的交

易方式。

技术建议备忘录（technical advice memoranda）以 IRS 签发的"信函裁决"的形式出版。它回应了地方 IRS 或行政复议办公室对技术建议的要求，是对复杂税收问题进行的审核。

暂时性差异（temporary difference）　会计处理和税务处理之间的差异属于临时性的差异，这个差异最终会消失。暂时性差异的一个例子是会计和税法因折旧方法不同而形成的差异。

属地税收制度（territorial tax system）　一个国家只对在其国界范围内取得的收入征税的制度。参见"world-wide system"。

总税率（total tax rate）　隐性税率与显性税率的总和。参见"explicit tax rate"和"implicit tax rate"。

传统可扣除的个人退休账户（traditional deductible IRA）　符合条件的纳税人每人每年可向该账户缴纳最高 5 500 美元的税前收益（如果收入不足 5 500 美元，可以是 100％的收入），缴纳的款项可税前扣除。和其他养老金计划一样，该养老金账户的收益享受税收递延，只在纳税人退休后提取时才以普通收入课税。

转让价格（transfer price）　指关联方（如母公司及其子公司）之间转让商品和服务的价格。转让价格可将收入从高税负的管辖权转移到低税负的管辖权。税收当局试图打击滥用转让价格的现象。参见"Section 482"，"arm's-length pricing"和"advance pricing agreement"。

财政部规章（treasury regulation）　由财政部（美国）制定的、对新通过的税收法案进行的一般解释。感兴趣的各方（如税务律师、税务会计师和其他受影响的纳税人）可要求对财政部提出的规章举行听证会。

协定滥用（treaty shopping）　把交易安排在有优惠税收协定的国家进行。

三角合并（triangular merger）　收购方子公司合并目标公司的交易。

信托优先股（trust preferred stock）　为了税收目的，在收到准股权的某段时间内，发行人把股票视作债务。在资产负债表上，这些股票列示于权益和负债之间。信托优先股很受银行欢迎，因为它属于一级法定储备资本。

U

未成年人统一信托法案（Uniform Trusts for Minors Act，UTMA）　在该法案下，向未成年人的赠与每年都可以免征赠与税，虽然未成年人要到 21 岁才有权使用这些赠与。

V

合理的商业目的（valid business purpose）　交易必须有避税以外的其他动机。合理的商业目的必须反映出交易方式的特点，否则美国税务局会对该交易重新定性，这将导致交易享受较少的税收优惠。合理的商业目的是 338 款重组中对免税待遇的一个要求。

W

收入预提税（withholding tax）　指要向国外实体支付股息、利息、租金和特许权使用费之前，支付人应就支付金额缴纳的税收。预提税常因税收协定而减少。参见"treaty shopping"和"branch profit tax"。

全球收入税收制度（worldwide tax system）　一国对其公民、永久居民和居民法人的全球收入课税，并利用外国税收抵免减轻双重征税的一种税收制度，美国有一套全球收入税收制度。参见"territorial tax system"和"foreign tax credit"。

图书在版编目（CIP）数据

税收与企业经营战略：筹划方法：第五版／（美）迈伦·S. 斯科尔斯等著；张云华等译. —北京：中国人民大学出版社，2018.11

（经济科学译丛）

ISBN 978-7-300-25999-4

Ⅰ.①税… Ⅱ.①迈…②张… Ⅲ.①企业管理-税收管理-研究 Ⅳ.①F810.423

中国版本图书馆 CIP 数据核字（2018）第 158485 号

"十三五"国家重点出版物出版规划项目

经济科学译丛

税收与企业经营战略：筹划方法（第五版）

迈伦·S. 斯科尔斯

马克·A. 沃尔夫森

默尔·埃里克森

米歇尔·汉隆　　　著

爱德华·L. 梅杜

特里·谢富林

张云华　缪慧星　等译

Shuishou yu Qiye Jingying Zhanlüe：Chouhua Fangfa

出版发行	中国人民大学出版社				
社　　址	北京中关村大街 31 号		邮政编码	100080	
电　　话	010 - 62511242（总编室）		010 - 62511770（质管部）		
	010 - 82501766（邮购部）		010 - 62514148（门市部）		
	010 - 62515195（发行公司）		010 - 62515275（盗版举报）		
网　　址	http://www.crup.com.cn				
经　　销	新华书店				
印　　刷	涿州市星河印刷有限公司				
规　　格	185mm×260mm　16 开本		版　　次	2018 年 11 月第 1 版	
印　　张	31.75　插页 2		印　　次	2018 年 11 月第 1 次印刷	
字　　数	772 000		定　　价	78.00 元	

Pearson

尊敬的老师：

您好！

为了确保您及时有效地获得培生整体教学资源，请您务必完整填写如下表格，加盖学院的公章后以电子扫描件等形式发我们，我们将会在 2～3 个工作日内为您处理。

请填写所需教辅的信息：

采用教材				□ 中文版　□ 英文版　□ 双语版
作　者			出版社	
版　次			ISBN	
课程时间	始于　　年　月　日		学生人数	
	止于　　年　月　日		学生年级	□ 专科　　□ 本科 1/2 年级 □ 研究生　□ 本科 3/4 年级

请填写您的个人信息：

学　校			
院系/专业			
姓　名		职　称	□ 助教 □ 讲师 □ 副教授 □ 教授
通信地址/邮编			
手　机		电　话	
传　真			
official email（必填） (eg：×××@ruc.edu.cn)		email (eg：×××@163.com)	
是否愿意接受我们定期的新书讯息通知：　　□ 是　　□ 否			

系/院主任：＿＿＿＿＿＿＿＿（签字）

（系／院办公室章）

＿＿＿年＿＿＿月＿＿＿日

资源介绍：

——教材、常规教辅（PPT、教师手册、题库等资源）：请访问 www.pearson.com/us/higher-education。　（免费）

——MyLabs/Mastering 系列在线平台：适合老师和学生共同使用；访问需要 Access Code。　（付费）

地址：北京市东城区北三环东路 36 号环球贸易中心 D 座 1208 室（100013）

Please send this form to：copub.hed@pearson.com

Website：www.pearson.com

序号	书名	作者	Author	单价	出版年份	ISBN
	经济科学译丛					
1	税收与企业经营战略:筹划方法(第五版)	迈伦·S. 斯科尔斯等	Myron S. Scholes	78.00	2018	978-7-300-25999-4
2	组织经济学:经济学分析方法在组织管理上的应用(第五版)	塞特斯·杜玛等	Sytse Douma	62.00	2018	978-7-300-25545-3
3	经济理论的回顾(第五版)	马克·布劳格	Mark Blaug	88.00	2018	978-7-300-26252-9
4	实地实验:设计、分析与解释	艾伦·伯格等	Alan S. Gerber	69.80	2018	978-7-300-26319-9
5	金融学(第二版)	兹维·博迪等	Zvi Bodie	75.00	2018	978-7-300-26134-8
6	空间数据分析:模型、方法与技术	曼弗雷德·M. 费希尔	Manfred M. Fischer	36.00	2018	978-7-300-25304-6
7	《宏观经济学》(第十二版)学习指导书	鲁迪格·多恩布什等	Rudiger Dornbusch	38.00	2018	978-7-300-26063-1
8	宏观经济学(第四版)	保罗·克鲁格曼	Paul Krugman	68.00	2018	978-7-300-26068-6
9	计量经济学导论:现代观点(第六版)	杰弗里·M. 伍德里奇	Jeffrey M. Wooldridge	109.00	2018	978-7-300-25914-7
10	经济思想史:伦敦经济学院讲演录	莱昂内尔·罗宾斯	Lionel Robbins	59.80	2018	978-7-300-25258-2
11	空间计量经济学入门——在R中的应用	朱塞佩·阿尔比亚	Giuseppe Arbia	45.00	2018	978-7-300-25458-6
12	克鲁格曼经济学原理(第四版)	保罗·克鲁格曼等	Paul Krugman	88.00	2018	978-7-300-25639-9
13	发展经济学(第七版)	德怀特·H. 波金斯等	Dwight H. Perkins	98.00	2018	978-7-300-25506-4
14	线性与非线性规划(第四版)	戴维·G. 卢恩伯格等	David G. Luenberger	79.80	2018	978-7-300-25391-6
15	产业组织理论	让·梯若尔	Jean Tirole	110.00	2018	978-7-300-25170-7
16	经济学精要(第六版)	巴德、帕金	Bade,Parkin	89.00	2018	978-7-300-24749-6
17	空间计量经济学——空间数据的分位数回归	丹尼尔·P. 麦克米伦	Daniel P. McMillen	30.00	2018	978-7-300-23949-1
18	高级宏观经济学基础(第二版)	本·J. 海德拉	Ben J. Heijdra	88.00	2018	978-7-300-25147-9
19	税收经济学(第二版)	伯纳德·萨拉尼耶	Bernard Salanié	42.00	2018	978-7-300-23866-1
20	国际宏观经济学(第三版)	罗伯特·C. 芬斯特拉	Robert C. Feenstra	79.00	2017	978-7-300-25326-8
21	公司治理(第五版)	罗伯特·A.G. 蒙克斯	Robert A. G. Monks	69.00	2017	978-7-300-24972-8
22	国际经济学(第15版)	罗伯特·J. 凯伯	Robert J. Carbaugh	78.00	2017	978-7-300-24844-8
23	经济理论和方法史(第五版)	小罗伯特·B. 埃克伦德等	Robert B. Ekelund. Jr.	88.00	2017	978-7-300-22497-8
24	经济地理学	威廉·P. 安德森	William P. Anderson	59.80	2017	978-7-300-24544-7
25	博弈与信息:博弈论概论(第四版)	艾里克·拉斯穆森	Eric Rasmusen	79.80	2017	978-7-300-24546-1
26	MBA宏观经济学	莫里斯·A. 戴维斯	Morris A. Davis	38.00	2017	978-7-300-24268-2
27	经济学基础(第十六版)	弗兰克·V. 马斯切纳	Frank V. Mastrianna	42.00	2017	978-7-300-22607-1
28	高级微观经济学:选择与竞争性市场	戴维·M. 克雷普斯	David M. Kreps	79.80	2017	978-7-300-23674-2
29	博弈论与机制设计	Y. 内拉哈里	Y. Narahari	69.80	2017	978-7-300-24209-5
30	宏观经济学精要:理解新闻中的经济学(第三版)	彼得·肯尼迪	Peter Kennedy	45.00	2017	978-7-300-21617-1
31	宏观经济学(第十二版)	鲁迪格·多恩布什等	Rudiger Dornbusch	69.00	2017	978-7-300-23772-5
32	国际金融与开放宏观经济学:理论、历史与政策	亨德里克·范登伯格	Hendrik Van den Berg	68.00	2016	978-7-300-23380-2
33	经济学(微观部分)	达龙·阿西莫格鲁等	Daron Acemoglu	59.00	2016	978-7-300-21786-4
34	经济学(宏观部分)	达龙·阿西莫格鲁等	Daron Acemoglu	45.00	2016	978-7-300-21886-1
35	发展经济学	热若尔·罗兰	Gérard Roland	79.00	2016	978-7-300-23379-6
36	中级微观经济学——直觉思维与数理方法(上下册)	托马斯·J. 内契巴	Thomas J. Nechyba	128.00	2016	978-7-300-22363-6
37	环境与自然资源经济学(第十版)	汤姆·蒂坦伯格等	Tom Tietenberg	72.00	2016	978-7-300-22900-3
38	劳动经济学基础(第二版)	托马斯·海克拉克等	Thomas Hyclak	65.00	2016	978-7-300-23146-4
39	货币金融学(第十一版)	弗雷德里克·S. 米什金	Frederic S. Mishkin	85.00	2016	978-7-300-23001-6
40	动态优化——经济学和管理学中的变分法和最优控制(第二版)	莫顿·I. 凯曼等	Morton I. Kamien	48.00	2016	978-7-300-23167-9
41	用Excel学习中级微观经济学	温贝托·巴雷托	Humberto Barreto	65.00	2016	978-7-300-21628-7
42	宏观经济学(第九版)	N·格里高利·曼昆	N. Gregory Mankiw	79.00	2016	978-7-300-23038-2
43	国际经济学:理论与政策(第十版)	保罗·R. 克鲁格曼等	Paul R. Krugman	89.00	2016	978-7-300-22710-8
44	国际金融(第十版)	保罗·R. 克鲁格曼等	Paul R. Krugman	55.00	2016	978-7-300-22089-5
45	国际贸易(第十版)	保罗·R. 克鲁格曼等	Paul R. Krugman	42.00	2016	978-7-300-22088-8
46	经济学精要(第3版)	斯坦利·L. 布鲁伊等	Stanley L. Brue	58.00	2016	978-7-300-22301-8
47	经济分析史(第七版)	英格里德·H. 里马	Ingrid H. Rima	72.00	2016	978-7-300-22294-3
48	投资学精要(第九版)	兹维·博迪等	Zvi Bodie	108.00	2016	978-7-300-22236-3
49	环境经济学(第二版)	查尔斯·D. 科尔斯塔德	Charles D. Kolstad	68.00	2016	978-7-300-22255-4
50	MWG《微观经济理论》习题解答	原千晶等	Chiaki Hara	75.00	2016	978-7-300-22306-3
51	现代战略分析(第七版)	罗伯特·M. 格兰特	Robert M. Grant	68.00	2016	978-7-300-17123-4
52	横截面与面板数据的计量经济分析(第二版)	杰弗里·M. 伍德里奇	Jeffrey M. Wooldridge	128.00	2016	978-7-300-21938-7
53	宏观经济学(第十二版)	罗伯特·J. 戈登	Robert J. Gordon	75.00	2016	978-7-300-21978-3

序号	书名	作者	Author	单价	出版年份	ISBN
54	动态最优化基础	蒋中一	Alpha C. Chiang	42.00	2015	978-7-300-22068-0
55	城市经济学	布伦丹·奥弗莱厄蒂	Brendan O'Flaherty	69.80	2015	978-7-300-22067-3
56	管理经济学:理论、应用与案例(第八版)	布鲁斯·艾伦等	Bruce Allen	79.80	2015	978-7-300-21991-2
57	经济政策:理论与实践	阿格尼丝·贝纳西-奎里等	Agnès Bénassy-Quéré	79.80	2015	978-7-300-21921-9
58	微观经济分析(第三版)	哈尔·R·范里安	Hal R. Varian	68.00	2015	978-7-300-21536-5
59	财政学(第十版)	哈维·S·罗森等	Harvey S. Rosen	68.00	2015	978-7-300-21754-3
60	经济数学(第三版)	迈克尔·霍伊等	Michael Hoy	88.00	2015	978-7-300-21674-4
61	发展经济学(第九版)	A.P.瑟尔沃	A. P. Thirlwall	69.80	2015	978-7-300-21193-0
62	宏观经济学(第五版)	斯蒂芬·D·威廉森	Stephen D. Williamson	69.00	2015	978-7-300-21169-5
63	资源经济学(第三版)	约翰·C·伯格斯特罗姆等	John C. Bergstrom	58.00	2015	978-7-300-20742-1
64	应用中级宏观经济学	凯文·D·胡佛	Kevin D. Hoover	78.00	2015	978-7-300-21000-1
65	计量经济学导论:现代观点(第五版)	杰弗里·M·伍德里奇	Jeffrey M. Wooldridge	99.00	2015	978-7-300-20815-2
66	现代时间序列分析导论(第二版)	约根·沃特斯等	Jürgen Wolters	39.80	2015	978-7-300-20625-7
67	空间计量经济学——从横截面数据到空间面板	J·保罗·埃尔霍斯特	J. Paul Elhorst	32.00	2015	978-7-300-21024-7
68	国际经济学原理	肯尼思·A·赖纳特	Kenneth A. Reinert	58.00	2015	978-7-300-20830-5
69	经济写作(第二版)	迪尔德丽·N·麦克洛斯基	Deirdre N. McCloskey	39.80	2015	978-7-300-20914-2
70	计量经济学方法与应用(第五版)	巴蒂·H·巴尔塔基	Badi H. Baltagi	58.00	2015	978-7-300-20584-7
71	战略经济学(第五版)	戴维·贝赞可等	David Besanko	78.00	2015	978-7-300-20679-0
72	博弈论导论	史蒂文·泰迪里斯	Steven Tadelis	58.00	2015	978-7-300-19993-1
73	社会问题经济学(第二十版)	安塞尔·M·夏普等	Ansel M. Sharp	49.00	2015	978-7-300-20279-2
74	博弈论:矛盾冲突分析	罗杰·B·迈尔森	Roger B. Myerson	58.00	2015	978-7-300-20212-9
75	时间序列分析	詹姆斯·D·汉密尔顿	James D. Hamilton	118.00	2015	978-7-300-20213-6
76	经济问题与政策(第五版)	杰奎琳·默里·布鲁斯	Jacqueline Murray Brux	58.00	2014	978-7-300-17799-1
77	微观经济理论	安德鲁·马斯-克莱尔等	Andreu Mas-Collel	148.00	2014	978-7-300-19986-3
78	产业组织:理论与实践(第四版)	唐·E·瓦尔德曼等	Don E. Waldman	75.00	2014	978-7-300-19722-7
79	公司金融理论	让·梯若尔	Jean Tirole	128.00	2014	978-7-300-20178-8
80	公共部门经济学	理查德·W·特里西	Richard W. Tresch	49.00	2014	978-7-300-18442-5
81	计量经济学原理(第六版)	彼得·肯尼迪	Peter Kennedy	69.80	2014	978-7-300-19342-7
82	统计学:在经济中的应用	玛格丽特·刘易斯	Margaret Lewis	45.00	2014	978-7-300-19082-2
83	产业组织:现代理论与实践(第四版)	林恩·佩波尔等	Lynne Pepall	88.00	2014	978-7-300-19166-9
84	计量经济学导论(第三版)	詹姆斯·H·斯托克等	James H. Stock	69.00	2014	978-7-300-18467-8
85	发展经济学导论(第四版)	秋山裕	秋山裕	39.80	2014	978-7-300-19127-0
86	中级微观经济学(第六版)	杰弗里·M·佩罗夫	Jeffrey M. Perloff	89.00	2014	978-7-300-18441-8
87	平狄克《微观经济学》(第八版)学习指导	乔纳森·汉密尔顿等	Jonathan Hamilton	32.00	2014	978-7-300-18970-3
88	微观经济学(第八版)	罗伯特·S·平狄克等	Robert S. Pindyck	79.00	2013	978-7-300-17133-3
89	微观银行经济学(第二版)	哈维尔·弗雷克斯等	Xavier Freixas	48.00	2014	978-7-300-18940-6
90	施米托夫论出口贸易——国际贸易法律与实务(第11版)	克利夫·M·施米托夫等	Clive M. Schmitthoff	168.00	2014	978-7-300-18425-8
91	微观经济学思维	玛莎·L·奥尔尼	Martha L. Olney	29.80	2013	978-7-300-17280-4
92	宏观经济学思维	玛莎·L·奥尔尼	Martha L. Olney	39.80	2013	978-7-300-17279-8
93	计量经济学原理与实践	达摩达尔·N·古扎拉蒂	Damodar N. Gujarati	49.80	2013	978-7-300-18169-1
94	现代战略分析案例集	罗伯特·M·格兰特	Robert M. Grant	48.00	2013	978-7-300-16038-2
95	高级国际贸易:理论与实证	罗伯特·C·芬斯特拉	Robert C. Feenstra	59.00	2013	978-7-300-17157-9
96	经济学简史——处理沉闷科学的巧妙方法(第二版)	E·雷·坎特伯里	E. Ray Canterbery	58.00	2013	978-7-300-17571-3
97	管理经济学(第四版)	方博亮等	Ivan Png	80.00	2013	978-7-300-17000-8
98	微观经济学原理(第五版)	巴德、帕金	Bade,Parkin	65.00	2013	978-7-300-16930-9
99	宏观经济学原理(第五版)	巴德、帕金	Bade,Parkin	63.00	2013	978-7-300-16929-3
100	环境经济学	彼得·伯克等	Peter Berck	55.00	2013	978-7-300-16538-7
101	高级微观经济理论	杰弗里·杰里	Geoffrey A. Jehle	69.00	2012	978-7-300-16613-1
102	高级宏观经济学导论:增长与经济周期(第二版)	彼得·伯奇·索伦森等	Peter Birch Sørensen	95.00	2012	978-7-300-15871-6
103	宏观经济学(第二版)	保罗·克鲁格曼	Paul Krugman	45.00	2012	978-7-300-15029-1
104	微观经济学(第二版)	保罗·克鲁格曼	Paul Krugman	69.80	2012	978-7-300-14835-9
105	克鲁格曼《微观经济学(第二版)》学习手册	伊丽莎白·索耶·凯利	Elizabeth Sawyer Kelly	58.00	2013	978-7-300-17002-2
106	克鲁格曼《宏观经济学(第二版)》学习手册	伊丽莎白·索耶·凯利	Elizabeth Sawyer Kelly	36.00	2013	978-7-300-17024-4

经济科学译丛

序号	书名	作者	Author	单价	出版年份	ISBN
107	微观经济学(第十一版)	埃德温·曼斯费尔德	Edwin Mansfield	88.00	2012	978-7-300-15050-5
108	卫生经济学(第六版)	舍曼·富兰德等	Sherman Folland	79.00	2011	978-7-300-14645-4
109	宏观经济学(第七版)	安德鲁·B·亚伯等	Andrew B. Abel	78.00	2011	978-7-300-14223-4
110	现代劳动经济学:理论与公共政策(第十版)	罗纳德·G·伊兰伯格等	Ronald G. Ehrenberg	69.00	2011	978-7-300-14482-5
111	宏观经济学:理论与政策(第九版)	理查德·T·弗罗恩	Richard T. Froyen	55.00	2011	978-7-300-14108-4
112	经济学原理(第四版)	威廉·博伊斯等	William Boyes	59.00	2011	978-7-300-13518-2
113	计量经济学基础(第五版)(上下册)	达摩达尔·N·古扎拉蒂	Damodar N. Gujarati	99.00	2011	978-7-300-13693-6
114	《计量经济学基础》(第五版)学生习题解答手册	达摩达尔·N·古扎拉蒂等	Damodar N. Gujarati	23.00	2012	978-7-300-15080-8
115	计量经济分析(第六版)(上下册)	威廉·H·格林	William H. Greene	128.00	2011	978-7-300-12779-8
116	国际贸易	罗伯特·C·芬斯特拉等	Robert C. Feenstra	49.00	2011	978-7-300-13704-9
117	经济增长(第二版)	戴维·N·韦尔	David N. Weil	63.00	2011	978-7-300-12778-1
118	投资科学	戴维·G·卢恩伯格	David G. Luenberger	58.00	2011	978-7-300-14747-5

金融学译丛

序号	书名	作者	Author	单价	出版年份	ISBN
1	银行风险管理(第四版)	若埃尔·贝西	Joël Bessis	56.00	2019	978-7-300-26496-7
2	金融学原理(第八版)	阿瑟·J·基翁等	Arthur J. Keown	79.00	2018	978-7-300-25638-2
3	财务管理基础(第七版)	劳伦斯·J·吉特曼等	Lawrence J. Gitman	89.00	2018	978-7-300-25339-8
4	利率互换及其他衍生品	霍华德·科伯	Howard Corb	69.00	2018	978-7-300-25294-0
5	固定收益证券手册(第八版)	弗兰克·J·法博齐	Frank J. Fabozzi	228.00	2017	978-7-300-24227-9
6	金融市场与金融机构(第8版)	弗雷德里克·S·米什金等	Frederic S. Mishkin	86.00	2017	978-7-300-24731-1
7	兼并、收购和公司重组(第六版)	帕特里克·A·高根	Patrick A. Gaughan	89.00	2017	978-7-300-24231-6
8	债券市场:分析与策略(第九版)	弗兰克·J·法博齐	Frank J. Fabozzi	98.00	2016	978-7-300-23495-3
9	财务报表分析(第四版)	马丁·弗里德森	Martin Fridson	46.00	2016	978-7-300-23037-5
10	国际金融学	约瑟夫·P·丹尼尔斯等	Joseph P. Daniels	65.00	2016	978-7-300-23037-1
11	国际金融	阿德里安·巴克利	Adrian Buckley	88.00	2016	978-7-300-22668-2
12	个人理财(第六版)	阿瑟·J·基翁	Arthur J. Keown	85.00	2016	978-7-300-22711-5
13	投资学基础(第三版)	戈登·J·亚历山大等	Gordon J. Alexander	79.00	2015	978-7-300-20274-7
14	金融风险管理(第二版)	彼德·F·克里斯托弗森	Peter F. Christoffersen	46.00	2015	978-7-300-21210-4
15	风险管理与保险管理(第十二版)	乔治·E·瑞达等	George E. Rejda	95.00	2015	978-7-300-21486-3
16	个人理财(第五版)	杰夫·马杜拉	Jeff Madura	69.00	2015	978-7-300-20583-0
17	企业价值评估	罗伯特·A·G·蒙克斯等	Robert A. G. Monks	58.00	2015	978-7-300-20582-3
18	基于Excel的金融学原理(第二版)	西蒙·本尼卡	Simon Benninga	79.00	2014	978-7-300-18899-7
19	金融工程学原理(第二版)	萨利赫·N·内夫特奇	Salih N. Neftci	88.00	2014	978-7-300-19348-9
20	投资学导论(第十版)	赫伯特·B·梅奥	Herbert B. Mayo	69.00	2014	978-7-300-18971-0
21	国际金融市场导论(第六版)	斯蒂芬·瓦尔德斯等	Stephen Valdez	59.80	2014	978-7-300-18896-6
22	金融数学:金融工程引论(第二版)	马雷克·凯宾斯基等	Marek Capinski	42.00	2014	978-7-300-17650-5
23	财务管理(第二版)	雷蒙德·布鲁克斯	Raymond Brooks	69.00	2014	978-7-300-19085-3
24	期货与期权市场导论(第七版)	约翰·C·赫尔	John C. Hull	69.00	2014	978-7-300-18994-2
25	国际金融:理论与实务	皮特·塞尔居	Piet Sercu	88.00	2014	978-7-300-18413-5
26	货币、银行和金融体系	R·格伦·哈伯德等	R. Glenn Hubbard	75.00	2013	978-7-300-17856-1
27	并购创造价值(第二版)	萨德·苏达斯纳	Sudi Sudarsanam	89.00	2013	978-7-300-17473-0
28	个人理财——理财技能培养方法(第三版)	杰克·R·卡普尔等	Jack R. Kapoor	66.00	2013	978-7-300-16687-2
29	国际财务管理	吉尔特·贝克特	Geert Bekaert	95.00	2012	978-7-300-16031-3
30	应用公司财务(第三版)	阿斯沃思·达摩达兰	Aswath Damodaran	88.00	2012	978-7-300-16034-4
31	资本市场:机构与工具(第四版)	弗兰克·J·法博齐	Frank J. Fabozzi	85.00	2011	978-7-300-13828-2
32	衍生品市场(第二版)	罗伯特·L·麦克唐纳	Robert L. McDonald	98.00	2011	978-7-300-13130-6
33	跨国金融原理(第三版)	迈克尔·H·莫菲特等	Michael H. Moffett	78.00	2011	978-7-300-12781-1
34	统计与金融	戴维·鲁珀特	David Ruppert	48.00	2010	978-7-300-11547-4
35	国际投资(第六版)	布鲁诺·索尔尼克等	Bruno Solnik	62.00	2010	978-7-300-11289-3